Library of
Davidson College

FUNDACION
BIBLIOTECA AYACUCHO

CONSEJO DIRECTIVO

José Ramón Medina (Presidente)
Simón Alberto Consalvi,
Miguel Otero Silva,
Angel Rama,
Oscar Sambrano Urdaneta,
Oswaldo Trejo,
Ramón J. Velásquez.

TRADICIONES
HISPANOAMERICANAS

TRADICIONES
HISPANOAMERICANAS

Compilación, Prólogo y Cronología
ESTUARDO NUÑEZ

BIBLIOTECA AYACUCHO

© de esta edición
BIBLIOTECA AYACUCHO
Apartado Postal 14413
Caracas 101 - Venezuela
Derechos reservados
conforme a la ley
Depósito Legal 79-0379
ISBN 84-660-0028-3 (tela)
ISBN 84-660-0029-1 (rústica)

Diseño / Juan Fresán
Impreso en Venezuela
Printed in Venezuela

PROLOGO

1
DEL COSTUMBRISMO AL TRADICIONISMO

EL COSTUMBRISMO hispanoamericano tuvo una progenie hispana y gravitó sobre él, en cierta medida, la imitación de los relatos españoles de "Fray Gerundio" (Modesto Lafuente) (1806-1866), Serafín Estébanez Calderón (1799-1867), Ramón de Mesonero Romanos (1803-1882), Mariano José de Larra, (1809-1837) y también la de las *Historietas nacionales* de Pedro Antonio de Alarcón (1833-1891), aunque trasladados a la realidad novomundista Los temas costumbristas se nutrieron de usos y tipos del pueblo, de críticas de defectos y vicios observados en esa realidad, de la inmadurez política en gobernantes y gobernados en sociedades nuevas, recién advenidas a la independencia.

> "El movimiento costumbrista —dice Luis Leal, feliz intérprete del mismo— es fenómeno que aparece en todas las literaturas de Hispanoamérica. A pesar de su carácter aparentemente realista, el costumbrismo es un movimiento romántico; el costumbrista, al descubrir lo que su país o región tiene de original, da expresión a lo individual. La nota pintoresca, el color local, lo peculiar de los ambientes, lo típico de los personajes, son características románticas." [1]

Ahora bien, para explicar el surgimiento de la "tradición" es forzoso partir del costumbrismo, difundido en Hispanoamérica desde comienzos del XIX y coincidente con la génesis de la revolución emancipadora. Es así cómo en la segunda mitad de dicho siglo aparece un género distinto, la "tradición", que mejor define aspiraciones y estructuras mentales nuevas entre los crea-

---

[1] Luis Leal, *Historia del cuento hispanoamericano,* México, Ediciones D'Andrea, 1956.

dores hispanoamericanos. Ese nuevo género cumplirá, entre otras, la tarea de sustituir al costumbrismo que después de medio siglo, había perdido vigencia por desgaste y carencia de posibilidades.

Si bien no hay en la tradición huellas de una directa o señalada influencia española, puede advertirse algún impacto anglosajón: la técnica animadora del pasado proveniente de Walter Scott o los episodios tradicionales de Washington Irving, quien desarrolla su manera característica en ambientes mozárabes exóticos.

Como excepción puede señalarse la huella hispánica de alguna de las "historietas" de Pedro Antonio de Alarcón, entre las cuales la que más se aproxima al estilo de una "tradición" es la titulada "El carbonero-alcalde" (de 1859).

La "tradición" que también es una expresión romántica, constituye en toda Hispanoamérica un enclave entre el costumbrismo y el cuento-ficción, el cual sólo aparece después de haber señoreado aquélla. La "tradición" es una modalidad de inserción entre la estampa costumbrista y el cuento que toma próspero impulso con las nuevas aperturas del movimiento modernista en la última década del xix.

El proceso habría de ser diferente en otro país del continente: el Brasil, cuya conformación nacional adopta por su lado distinta característica. La independencia la obtuvo el Brasil por etapas graduales y no violentas. Mientras en los países de ascendencia española, siguió a la Independencia una etapa de convulsiones políticas, de revoluciones internas cruentas y desajustes sociales que imprimen un sello peculiar a su evolución nacional, en el Brasil, —colonia portuguesa— el fenómeno histórico de la independencia fue pacífico y lento.

En lo literario, en el Brasil se pasó directamente del costumbrismo al cuento-ficción y a la novela. No hubo la etapa de las "tradiciones", o sea el relato breve de corte tradicional e histórico-imaginativo. Por eso el cuento-ficción brasileño es cronológicamente anterior al hispanoamericano. Joaquín María Machado de Assis (1839-1908) es considerado el iniciador con sus *Contos fluminenses* (en tan temprana fecha como 1869) del cuento-ficción brasileño, mientras en el resto de Hispanoamérica tal tipo de relato de ficción es más tardío y sólo aparecerá a fines del siglo.

Uno de los países que más hondamente sufrió los males de inestabilidad política y del efecto negativo de las revoluciones, fue sin duda el Perú y aquí precisamente habría de surgir inicialmente la "tradición" como una forma literaria de evasión de las circunstancias sociales adversas creadas por las luchas intestinas.

El proceso se advierte con claridad en la propia trayectoria de Ricardo Palma, quien intensifica su producción literaria, dentro de la nueva forma por él creada, coincidiendo con el desencanto personal de su intervención en la actividad política entre los años 50 y 70.

La producción literaria de Palma se hace más intensa en un momento histórico peruano de grave crisis política y financiera.

Semejantes circunstancias podrán apuntarse en los demás países hispanoamericanos. La desazón, el descontento, el pesimismo frente al curso del acontecer real, harían que los "tradicionistas" se refugiaran en la evocación del pasado, para ensayar desde allí un intento de nacionalizar la literatura y de buscar nuevas fuentes de creación menos turbulentas y más apacibles, para afirmar una literatura que no fuera imitativa y dependiente del modelo extraño. La "tradición" ejemplifica así una suerte de literatura de evasión en lo temporal, aunque en lo espacial se mantuviera arraigada a la realidad nativa y propia. La "evasión" no era total, pues sólo operaba en el tiempo mas no en lo referente al escenario.

La evasión del presente y el refugio en una temática afincada en el pasado no fue obstáculo para que se lograra una narrativa con sentido nacional y arraigada a la tierra y libre de ataduras a un modelo europeo. Afirmaba además su originalidad con otra característica: la búsqueda de un lenguaje propio, arraigado en el uso popular (giros populares), trabajado a veces sobre cartabones de fórmulas pasatistas (giros arcaicos) pero las más de las veces reflejo del léxico y modismos característicos del hombre común de estas tierras. El costumbrismo anterior había dado las pautas de ese uso del lenguaje nativo inserto en relatos breves mayormente descriptivos, y esa experiencia se incorporaba a la narrativa más evolucionada volcada en la "tradición".

La "tradición" fue un género con vigencia limitada. Subsistió mientras surgía o se robustecía el relato-ficción y la novela, los que a la postre la sustituyeron. La tradición tuvo así una vigencia relativamente corta, entre mediados del XIX y mediados del XX, como también fue breve la vigencia de la leyenda y el cuadro o estampa de costumbres.

La "tradición" prospera como género intermedio entre la monda transcripción de la realidad y el yerto y simple relato histórico. El culto de la "tradición" suponía poner la historia al servicio de la literatura.

Estudiar el desenvolvimiento de un género que como la tradición abarcó cuando menos un medio siglo de actividad literaria en toda Hispanoamérica, es plantear el proceso de una toma de conciencia de que la literatura debe reflejar la realidad ambiental y las formas de vida de la sociedad en la cual vive el escritor. Este proceso puede observarse a lo largo de todo el continente, medio siglo después de la independencia política. Si bien el costumbrismo inicial había significado una manera nueva de enfocar la realidad, mediante la actitud crítica frente a las clases sociales emergentes, trascurrida la etapa colonialista, actitud esgrimida por autores pertenecientes en una forma u otra a las clases sociales dominantes, la "tradición" representa similar actitud vigilante frente a realidades, instituciones, estructuras, creencias conservadoras o reaccionarias y colonialistas, cuya vigencia se pone en entredicho y cuyas interioridades o vicios, antes soslayados, se ponen también en evidencia con tono burlesco y satírico. De tal suerte se generaliza el culto de la "tradición", la que asume validez continental.

Palma era consciente de la difusión de su género en toda América. En carta a su amigo Vicente Barrantes no vacila en afirmar: "Y no deben ser tan detestables mi forma y estilo en prosa, cuando en América he encontrado tantos y tantos escritores que siguen la escuela por mí creada".[2]

Abundaremos más adelante en diversos testimonios demostrativos de la existencia real de una "escuela de Palma", con representantes conspicuos en todos los países hispanoamericanos.

Por lo pronto podemos establecer que a su impulso, rigió un género nuevo y genuino en toda América y que por lo tanto, corresponde a Palma el título indiscutible de "fundador" de un género, de un estilo y de un impulso que inicia el surgimiento de la literatura auténticamente americana.

II

TENTATIVAS DE DEFINICION

Existe poca uniformidad en los intentos de precisar las modalidades varias que adopta la tradición en los países y aún dentro de la propia obra de un mismo autor.

Se han formulado algunas tentativas de definición sugeridas en general por el estudio de un determinado autor, aunque sin considerar el fenómeno literario en su conjunto y siempre formulando salvedades. Tratando de la *tradición* en Palma, decía Ventura García Calderón con aguda conciencia de la dificultad que entrañaba el propósito:

> "Como todas las cosas ingeniosas y volátiles no cabe en el casillero de una definición. Además las tradiciones cambian de forma y de carácter con el humor veleidoso del narrador... También la manera es desigual. Aquí burlona, allí candorosa para contar un milagro, después libertina, con una simplicidad de abuela cotorra que como ha perdido la memoria les cuenta a sus nietos un cuento azul sin saber si es cuento de mocedad o fantasía." [3]

Un profesor de literatura de nuestros días ha querido encuadrar la *tradición* con un criterio más categórico:

> "Se entiende por *tradición* una narración en prosa, normalmente en tono regocijado y hasta humorístico, en que se mezclan lo histórico y lo anecdótico con lo puramente imaginativo, resultando a veces difícil discernir lo uno de lo otro." [4]

---

[2] R. Palma, *Epistolario,* tomo I, p. 333, carta a su amigo Vicente Barrantes, de 28. 1. 1890.
[3] Ventura García Galderón, *Del Romanticismo al Modernismo,* París, 1912.
[4] Leonel de la Cuesta, estudio preliminar a: Alvaro de la Iglesia, *Tradiciones cubanas,* Montevideo, Ed. Géminis, 1974.

Pero la *tradición,* como su forma antecesora la *leyenda,* ha solido nutrirse de las narraciones orales, de los sucedidos que corren en la boca del pueblo y que trasmiten padres o abuelos a hijos o nietos. Ese carácter de oralidad ha comunicado un nuevo sesgo a la narración y ha liberado a la prosa de las ataduras y limitaciones de un lenguaje academizante y acartonado, cerrado a la expresión popular.

La apertura de la *tradición* hacia las formas expresivas del lenguaje coloquial y al contenido espontáneo en él inserto, la acerca un tanto a las nuevas conquistas de la narrativa contemporánea, nutrida tanto de la vivencia auténtica de lo popular como de la manera fluida y libre del habla popular.

Otro crítico reciente, Alberto Escobar ha ido más lejos en su caracterización de ese tipo de relato:

> "En la tradición adquiere forma un material nuestro, accede a la literatura "realizándose", un complejo de vivencias y experiencias que, por primera vez, poseemos plenamente en lengua española. Así en el contraste y juego de pretérito y presente, de "promesa" y desencanto sociales; de idealidad y desromantización; de piropo, refrán, esgrima verbal e ironía volteriana; de religiosidad y anticlericalismo; (...) perfila Palma el hallazgo de una norma idiomática que consagra en el quehacer *literario* el paradigma de la *oralidad.* He ahí inclusive, revelada de modo evidente, la asombrosa continuidad de nuestra progresión narrativa. Pero ahora se trata de un *tono* oral en la prosa, en la entonación del período, en la elección del léxico y en el empleo de locuciones y proverbios." [5]

La tradición gravita así entre lo histórico y lo literario y se construye con ingredientes diversos provenientes tanto de la fuente culta como de la popular, de lo vivido y de lo imaginado. Es siempre narración corta, evocativa de tiempos pasados, con asuntos tomados del documento escrito o de los meramente oídos de otros labios, pero aderezados con elementos de ficción, con apuntes de costumbrismo local, con ingenio, gracia y humor.

Mas el carácter evocativo no significa que la *tradición* sea una literatura exclusivamente volcada hacia el pasado, de espaldas al presente o evadida de sus compromisos.

La intención es otra: la de poner en relieve la realidad presente a la luz de la crítica y de la sátira que se hace del pasado.

En este orden de ideas, José Carlos Mariátegui demostró ya que la *tradición* de Palma no era nostálgica de un pasado caduco, sino antes bien, la evocación reconstructiva con una intención de realismo burlón y una fantasía irreverente y satírica. Palma y la mayoría de los tradicionistas hispanoamericanos eran liberales y partidarios del régimen republicano y no fungían como acérrimos tradicionalistas.

> "Las *tradiciones* de Palma —dice Mariátegui— tienen, política y socialmente, una filiación democrática. Su burla roe risueñamente el prestigio del Virreynato y de la aristocracia." [6]

[5] Alberto Escobar, *La narración en el Perú,* Lima, Librería Editorial J. Mejía Baca, 1ª ed. 1956; 2ª ed. 1960.
[6] José Carlos Mariátegui, *Siete Ensayos de Interpretación de la realidad peruana,* Lima, Sociedad Editora Amauta, 1928.

Esta observación de Mariátegui puede ser válida para casi todos los "tradicionistas" hispanoamericanos.

A la *oralidad* agregan otros elementos. Por lo general, los tradicionistas hispanoamericanos muestran preocupación por la lengua regional. Ensayan con entera conciencia la incorporación del léxico popular en sus relatos, con el objeto de comunicarles "el sabor local" y la originalidad americana.

Esta preocupación se hace también visible en un plano teórico, pues algunos agregan apostillas de vocabulario a sus relatos y entre ellos, se podría reclutar a los primeros lexicógrafos americanos que —pese a la entonces intransigente oposición de la Academia Española— empiezan a bregar por la incorporación de americanismos al español oficial, y a su Diccionario. En esta común tarea lexicológica destacaron el peruano Ricardo Palma; León Rey, de Colombia; Pensón, el dominicano; Gonzales Obregón, el mexicano; el venezolano Arístides Rojas, etc., al par todos ellos lingüistas y tradicionistas.

Siguiendo el impulso hacia la formulación de una literatura con sentido nacional y emancipada de la tendencia anterior hacia la mera imitación de módulos europeos y a la dependencia de fórmulas clásicas y coloniales, el romanticismo permitió vislumbrar una literatura nativista cuyas expresiones más características fueron el relato costumbrista, la leyenda y la "tradición".

Con tales características propias, la *tradición* resulta una especie de género narrativo, del cuento en su modalidad conocida como "cuento histórico", que puso muy en boga el romanticismo, dotado de facetas muy peculiarmente locales.

El nuevo contenido del vocablo "tradición"

Indudablemente novedoso es el apelativo aplicado a la nueva forma narrativa. Ricardo Palma y Juan Vicente Camacho adoptaron por primera vez esa denominación cuando todavía la forma nueva se encontraba en agraz. El vocablo cobra así una dimensión que no había tenido antes y que acabará por imponerse en todos los países hispanoamericanos. En nuestros días, el contenido del vocablo *tradición* ha merecido una sutil explicación del poeta cubano Eugenio Florit:

> "El *tradicionista* (perdón por lo que creo neologismo) narra a su buena manera lo que oyó decir, lo que leyó en un documento de hace años. Si eso que oyó decir o que leyó tiene una partícula de gracia, de sabor local; si el narrador sabe dar estilo y fluidez a su cuento, entonces lo que no llegó a ser Historia, por menuda y parcial, se queda en *Tradición*."[7]

[7] Eugenio Florit, prólogo a la edición de: Alvaro de la Iglesia, *Tradiciones cubanas,* Montevideo, Ed. Géminis, 1974.

Para nuestros narradores del siglo XIX pareció sin duda insuficiente la denominación de "cuento histórico" y la prueba es el usual subtítulo que evita este apelativo y que consigna —en afán de búsqueda de algo más original, más afín a la índole americana del relato, y a su especial técnica narrativa, denominaciones distintas y diversas. Palma, por ejemplo, utilizó, antes de encontrar el nombre genérico adecuado para sus relatos (o sea "tradición") apelativos tales como "cuento nacional", "romance histórico", "romance nacional", "cuento de viejas", "cuadro tradicional", "cuento tradicional", "cuento disparatado", "cuento de abuela", "crónica", etc.

Sólo después de una década y más, de búsqueda de la denominación más adecuada, adoptó definitivamente el apelativo "tradición". La misma actitud de evitar el uso de "cuento histórico" (aunque sus relatos lo sean en el fondo) se advierte en sus discípulos: "historia tradicional" (Celso V. Torres), "leyenda tradicional" (F. Flores y Galindo), "leyenda histórica" (Clorinda Matto), "crónica peruana" (Aníbal Gálvez), "cuentecillo tradicional" (Nicanor Augusto González), etc.

Pero a la larga se impuso *tradición* como apelativo para nombrar esa especial forma de narrar, que Palma había caracterizado con su indudable talento literario. Sirvió sin duda para englobar todas las diversas denominaciones utilizadas para relatos de la misma índole. La *tradición* resulta así una forma de contar, trascribiendo lo que las gentes se cuentan o pasan de boca en boca, y en parte, como dice el Diccionario de la Real Academia Española, "la comunicación o trasmisión de noticias, composiciones literarias, costumbres, hecha de padres a hijos al correr de los tiempos" o también la "noticia de un hecho antiguo trasmitido de ese modo". Y por derivación, el mismo Diccionario apunta que "tradicionista" es "el narrador, escritor o colector de tradiciones".

Mas el Diccionario en mención no considera la entrada del vocablo "tradición" en la acepción de especie, género o forma literaria. Tampoco existe en otros diccionarios especializados en materia literaria ni en los de americanismos. No obstante esta ausencia de registro tan legítimo de aquella palabra, la especie literaria así denominada ha proliferado extensamente en el Perú y en casi toda Hispanoamérica. Se anota también la ausencia de estudios específicos sobre este fenómeno literario de tan nutrida producción, con exponentes de la más alta calidad. Tan importante producto espiritual merecería capítulos especiales de la historia literaria tanto del Perú como de otros países (Chile, Argentina, Colombia, Guatemala, México, etc.), en donde ha merecido intenso cultivo y difusión en extensos círculos de lectores.

Elementos integrantes de la "tradición"

La "tradición" tal como la definió el propio Ricardo Palma, es una mezcla de historia y de ficción. Pero habrá que agregar todavía que aparte de esos ingredientes fundamentales, por añadidura se encuentran en ella otros elementos: los giros de lenguaje local o antañón, la copla popular, los decires y refranes del pueblo, el cuadro costumbrista, los vocablos de significación especial, el efecto escénico (de procedencia dramática). Estos ingredientes complementarios entran en proporciones diversas y unos u otros son a veces dominantes o a veces también atenuados o inexistentes.

Sobre las características formales de la tradición, Palma agregaba:

> "Estilo ligero, frase redondeada, sobriedad en las descripciones, rapidez en el relato, presentación de personajes y caracteres en un rasgo de pluma, diálogo sencillo a la par que animado, novela en miniatura, novela homeopática, por decirlo así, eso es lo que en mi concepto, ha de ser la *tradición*." [8]

De tal suerte, la *tradición* resulta una peculiar muestra de elementos diacrónicos (situados en el tiempo) y sincrónicos (fuera del tiempo). Temporalmente, la acción se sitúa siempre en un pasado mediato o inmediato. Espacialmente, la acción se desarrolla en un escenario propio del país, o sea en un lugar determinado de Hispanoamérica.

El hecho de que en la *tradición* coexistan elementos de ficción y de verdad ("algo, y aun algos, de mentira y tal cual dosis de verdad", según expresó el propio Palma),[9] no supone necesariamente que el género o especie *tradición* sea un género mixto o como dijo J. de la Riva Agüero, que provenga "del cruce de la leyenda romántica breve y el artículo de costumbres",[10] lo cual enunció dicho crítico repetidas veces. No parece procedente hablar de "cruce" ni de "mixtura", conceptos organicistas ya inaplicables en materia literaria. La *tradición* tiene unidad y autonomía y puede establecerse claramente el deslinde entre *tradición,* leyenda, artículo de costumbres, anécdota, episodio o crónica histórica y otras formas narrativas. En lo de "género mixto" hay reminiscencias de la rutinaria y falsa retórica didáctica decimonónica (Blair, Hermosilla) y también de cierto matiz "evolucionista" (Brunetière) de que está penetrado el estudio de Riva Agüero.

En vez de mixtura, de cruce de géneros o de género nuevo, es acertado antes bien hablar de "superposición de la tendencia costumbrista y criolla sobre la reconstrucción histórica romántica", según lo expuesto por Aurelio Miró Quesada S.[11]

---

[8] Ricardo Palma, *Tradiciones peruanas completas,* Madrid, Ed. Aguilar, 1964, p. 1474.
[9] Ricardo Palma, *Epistolario,* tomo I, Lima, Ed. Cultura Antártica, 1957. (Carta de R. Palma a P. S. Obligado).
[10] José de la Riva Agüero, *Carácter de la Literatura del Perú Independiente* en: *Obras Completas,* tomo I. Lima, P. L. Villanueva, 1962.
[11] Aurelio Miró Quesada S., "Ricardo Palma, la Academia y las tradiciones", en *Boletín de la Academia Peruana de la Lengua,* N° 4, Lima, 1969.

Lo histórico al servicio de lo literario

El auge universal de la investigación histórica en el siglo XIX y la elaboración consiguiente de los estudios más sistemáticos de la historia hispanoamericana con sentido nacional en cada uno de los países recién salidos de la dependencia política, puso en evidencia una abundante materia de episodios aparentemente nimios o anecdóticos, pero significativos, aptos para el tratamiento literario. Esa nueva veta de asuntos o temas de relativo valor histórico pero de interés para la elaboración artística fue puesta en relieve por las creaciones de Ricardo Palma en el Perú. Esa tarea de Palma se fue generalizando en otros países hispanoamericanos con frutos igualmente valiosos. Surgió así el culto de la pequeña historia, de las migajas dejadas por el gran festín de los anales históricos, de la espuma que sobraba de los trabajos de refundición de antiguas relaciones, los pequeños incidentes, los detalles colaterales de relatos o memorias, el rasgo peculiar y privado de los grandes personajes, las impresiones conservadas en la memoria del pueblo sobre sucesos o personas en alguna forma notorias, las debilidades, ingenuidades o ridiculeces de personajes de alguna significación. La elaboración literaria de ese material tan vasto confería colorido y vida de que carecían los relatos históricos secos, escuetos y esquemáticos. Buscando en los rincones del gran cuadro histórico hispanoamericano, los "tradicionistas" captaron esos desechos y los transformaron en jugosas creaciones, en las cuales había elementos de verdad y elementos de fantasía, o sea realidad y ficción entremezcladas con galano talento. Lograron de tal suerte, por medios nada científicos pero literariamente válidos, hacer accesibles muchos cuadros y capítulos de la historia antes ajenos al interés de los pueblos. El hombre común pudo así familiarizarse, por la vía literaria, con muchos sucedidos y personajes históricos ignorados. Por la vía de la *tradición* la historia alcanzó más difusión y atractivo y pudo así llegar a las grandes masas antes renuentes a seguir el curso de los textos históricos especulativos y yertos.

Es evidente que la popularización de la cultura en el siglo XIX determina cierto regusto general por el conocimiento histórico, por las cosas tal como fueron o como se las imagina el pueblo, el que suele preferir las reconstrucciones animadas y amenas, en vez de la información erudita o el dato rigurosamente auténtico. Al poner el pasado al alcance de la masa, expuesto un tanto a su imagen y semejanza, los románticos creían cumplir una misión social que antes no había asumido la literatura. Si así sucedió en Europa, también en América el público se mostraba ávido de penetrar en el acontecer de un mundo que empezaba a tener conciencia de sí mismo. Había pasado ya el auge de la tragedia o de la epopeya, encumbradas en las abstracciones y entelequias alegóricas e infatuadas. Se explica así el buen éxito popular de la narrativa volcada en las formas de novela y cuento y, sobre todo, en sus modalidades afines a la historia, como lo fue la *tradición,* la forma más apta para satisfacer esa inclinación popular hacia la captación del pasado histórico.

III

EXPANSION HISPANOAMERICANA DE LA "TRADICION"

El impacto de la obra de Palma no solamente opera en la extensión del territorio peruano sino que abarca todo el ámbito hispanoamericano.

Clemente Palma, devoto exégeta de su padre, intentó desarrollar este tópico en un artículo publicado en 1933,[12] pero sólo llegó a señalar algunos nombres de autores de diversos países de América que a su vez escribieron *tradiciones,* al impulso de la lectura de las *Tradiciones* de Palma. Este aspecto de la irradiación de la fama de Palma merece un estudio más exhaustivo y menos somero que el de Clemente Palma. No contaba éste sino con una mínima información, proveniente sin duda del recuerdo de las charlas sostenidas con el padre o de la lectura de la correspondencia del mismo, pero no efectuó investigación más profunda.

Podría suponerse que la expansión del prestigio de Palma comienza con la edición de la primera serie de sus *Tradiciones,* en 1872. Sin embargo debe retrotraerse esa fecha a un momento anterior, el de su expatriación en Chile, entre diciembre de 1860 y octubre de 1862. Ese destierro constituye su primera salida del Perú a un medio de interesante horizonte intelectual. El contacto de Ricardo Palma con un ambiente cultural distinto y sobre todo, con redactores y colaboradores de revistas dedicadas a los estudios históricos y literarios (como *Revista del Pacífico* y *Revista de Sud América,* editadas en Valparaíso y Santiago, en la última de las cuales llegó a actuar como codirector) afirmaron su genio creador. No solamente concluye en Chile sus *Anales de la Inquisición de Lima* sino que alienta y estimula la creación ajena [13] y publica "tradiciones". En carta fechada en Valparaíso el 17 de febrero de 1862,[14] consta que Palma alternaba allí con la plana mayor de historiadores chilenos: Barros Arana, Lastarria, los Amunátegui. También lo unía por entonces amistad fraternal con Benjamín Vicuña Mackenna. Recibía lecciones útiles, es cierto, pero también comunicaba inquietudes como político liberal, entonces en plena beligerancia y en plan de propaganda continental contra la invasión francesa en México, y como literato con nuevos impulsos y fervores.

Sus *tradiciones* se imponían como moda literaria y una nueva generación chilena también empezaba a cultivarla, reconociendo a Palma como su maestro, no obstante su juventud.

El culto de la historia y de la investigación documental lo sustrae lentamente por esa época, del cultivo de la poesía lírica y satírica, y lo posesiona

---

[12]Clemente Palma, "La tradición, los tradicionistas y las cosas de don Ricardo Palma", en *Ricardo Palma 1833-1933,* Sociedad Amigos de Palma, 1933, p. 217-231.

[13]Es ilustrativo anotar que Palma prologa una de las primeras novelas de Rosario Orrego de Uribe: *Alberto el jugador* (Valparaíso, 1861).

[14]Carta de Ricardo Palma a José Casimiro Ulloa, en: *Boletín de la Academia Peruana de la Lengua,* Nº 9, Lima, 1974.

cada vez más firmemente en la temática que seguirá desenvolviendo en la prosa de ficción, con base histórica. Sus publicaciones de esta índole, en su mayor parte *tradiciones,* crean a su alrededor amigos y admiradores de las letras y en general, numerosos lectores dentro y fuera de su país natal. Su estada en La Serena (Chile) desde fines de 1861 hasta comienzos de 1862, antes de su regreso al Perú, le permitió trabar amistad con Manuel Concha, que habría de convertirse en tradicionista destacado, y en Valparaíso alternó también con otros literatos que después serían sus discípulos. Por eso, la legión de los tradicionistas chilenos, formada entonces al impulso del propio Palma, precede a las de otros países hispanoamericanos y es tal vez la más numerosa. Palma gana en Chile discípulos y amigos pero también experiencia. A su regreso al Perú, la intensificación de los estudios históricos le proporcionan nuevos materiales. Por eso, es la historia más que la leyenda la fuente primaria en las *tradiciones.*

La historia había sido cultivada por Palma ya desde fecha anterior a su viaje a Chile o sea desde tres décadas antes de recaer en su persona el nombramiento de Director de la Biblioteca Nacional de Lima, en 1884. Debe anotarse que esta Biblioteca que restauró Palma en los años siguientes a 1884 y que recibió en escombros y casi sin fondos importantes, no representó ayuda esencial para su producción literaria sino antes bien preocupaciones y trabajos al margen de su actividad intelectual propia. Ya su obra de escritor estaba hecha en lo sustantivo por esos años de 1884 y siguientes. Pero debe anotarse también que en los años de florecimiento de esa misma Biblioteca, antes del desastre de 1881, había investigado Palma como lector común por lo menos unos 30 años antes (entre 1850 y 1880) cuando no soñaba con ser su director.

Ricardo Palma, escritor influyente

Pertenece Palma a la estirpe de los escritores influyentes en razón de lo sobresaliente de su personalidad, de la originalidad de su concepción literaria, de la riqueza expresiva de su lenguaje, de su arraigo social y del encanto e ingenio de su estilo. En razón de estas calidades no pudo pasar inadvertido ni dentro ni fuera de su país.

Ya en la década del 50, cuando Palma aún no había dado forma definitiva a su obra de creación narrativa, se advierte su impacto sobre un escritor venezolano, algo mayor que él, radicado en el Perú, Juan Vicente Camacho (1829-1872) y contribuye generosamente a la orientación y estructuración de su obra posterior realizada en el Perú, donde se radicó Camacho, como ciudadano adoptivo. Desde mediados de 1854, en las páginas de *El Heraldo* de Lima, Camacho empezó a publicar, al lado de artículos de carácter periodístico, crítico y satírico y de poesías diversas, escritos en prosa narrativa, en los que acogía leyendas o hechos anecdóticos del pasado, en romántica retrospección a los tiempos de la Independencia o de la Colonia, en ambientes locales de Caracas y de Lima, y otras ciudades americanas. Estos relatos histórico-imaginativos en prosa, significaban la superación de la leyenda en verso de los románticos españoles y estaban llamados a constituir una especie literaria típica de América y dotada de especial fortuna en el Perú. Aquellos relatos habrían de tomar el apelativo de "tradiciones" y adquirirían como hemos visto, su estructura formal definitiva y característica gracias al genio creador y a la agudeza y estilo peculiar de Ricardo Palma, cofrade y compañero de bohemia de Camacho.

Dos años antes que Camacho, en 1852, Palma había ya publicado con el subtítulo de "cuento nacional", la leyenda "Flor de los cielos" (en *El Intérprete* de Lima Nºs. del 10 al 15 de mayo, 1852). Al respecto, un crítico ha precisado:

> "Es así como aparece en su primitiva forma de leyenda histórica, en prosa o en verso, lo que por una evolución posterior y el agregado de otros elementos, vendrá a ser la *Tradición*, especie literaria que como producto del romanticismo habría de tener extensa difusión en América y habría de ser un medio de expresión muy americano." [15]

El mismo autor ha revelado el texto de una nota o advertencia de Palma en el mencionado periódico, que decía:

> "Este cuento forma parte de una serie de leyendas y *tradiciones* americanas que con el título de "Noches de luna" se dará a luz a fines de este año."

Si bien el mencionado libro nunca llegó a publicarse, había surgido con su anuncio, por vez primera, el apelativo de *tradición* para esa suerte de relato corto de base histórica. Palma no usaba la expresión en el sentido primitivo de cosa trasmitida sino en la significación derivada de relato basado en ella. Lo cual quiere decir que Palma, desde ese momento —en mayo de 1852—, bautizaba ya la nueva especie literaria, que él y otros escritores de América, incluso Camacho, se encargarían posteriormente de cultivar y caracterizar en su forma definitiva. En el año siguiente, 1853, se publicaron en Lima dos relatos de Palma titulados *Lida* (Lima, Imp. del Mensajero, 1853, 19 p.) y *Mauro Cordato,* (Lima, Tipografía del Mensajero, 1853, 16 p.), a los que su autor no los llama todavía "tradiciones" (aunque lo fuesen en forma todavía rudimentaria), sino al primero "romance histórico" y al segundo "romance nacional"). Es así cómo al cumplir los 20 años de edad, Ricardo Palma había creado ya la estructura y la denominación de la nueva especie literaria, que de inmediato acogerían Camacho y otros escritores de dentro y fuera del Perú. Y aunque Palma vacilase aún en usar el nombre "tradición", el uso y la acogida general lo decidirían a la larga, a su adopción definitiva.

---

[15] Juan Miguel Bakula P., "D. Ricardo Palma en Colombia", en: *Fénix,* órgano de la Biblioteca Nacional, Lima, 1958.

Al año siguiente, en septiembre de 1854, Juan Vicente Camacho usa ya la expresión "tradición religiosa" para rotular un cuento histórico suyo "La virgen de la soledad" (en *El Heraldo* de Lima, N.º 172, 20 de septiembre de 1854) de ambiente venezolano. La anotada tradición es significativa por dos razones: por ser Camacho discípulo de Palma, quien inicia con ella una serie de la misma índole y tendencia y porque empieza a surgir el primero de una pléyade de escritores muy numerosa en casi todos los países de América de habla castellana. Poco después, el propio Camacho se encargará de definir en forma más explícita el contenido y alcance de la nueva especie:

> "La tradición es la historia que cuenta la madre al hijo que arrulla en sus faldas, el cual se duerme extasiado para soñar con la espantosa narración que refiere con los perfiles de la imaginación infantil, que más tarde ha de contar a su vez, a sus hijos. Y en esa cadena interminable va la tradición tomando sucesivamente el perfume de la crédula niña y de la fe sencilla del anciano hasta llegar a nosotros para perderse en la frialdad de la historia..." [16]

Más adelante, Palma habrá de ejercer influencia semejante sobre otros valiosos escritores hispanoamericanos residentes en el Perú, como es el caso de Juana Manuela Gorriti, argentina, natural de Salta y boliviana por matrimonio, establecida muchos años en Lima, entre 1850 y 1880, quien cultivó el "tradicionismo" dentro y fuera de las veladas literarias que organizó en su casa de Lima. Poco después, entre 1874 y 1878, residió también en Lima el escritor boliviano Julio Lucas Jaimes, esposo de la escritora peruana (tacneña) Carolina Freire de Jaimes, de cuya unión nació Ricardo Jaimes Freire, futura gran figura de la poesía modernista hispanoamericana. El vínculo amical de Julio Lucas Jaimes con Ricardo Palma determinó que el primero cultivara también la "tradición". Publicó algunas muestras de esa especie en revistas limeñas como *El Album* (1874), *El Correo del Perú* (1874) y *La Broma* (1878). Igual fenómeno de afinidad literaria se produjo con Nicolás Augusto González, ecuatoriano exiliado en el Perú (entre 1888 y 1907), natural de Guayaquil, buen poeta y excelente narrador, que con el seudónimo "El Proscrito" escribió una desconocida serie de "tradiciones" (en *El Rimac*, de Lima, 1889-1890) y aún más, dentro de la misma línea, algunos relatos patrióticos de admirable adhesión al Perú, que editó conjuntamente con Ernesto A. Rivas y Víctor G. Mantilla.

Este impacto de Palma sobre el venezolano Camacho, la argentina Gorriti, el boliviano Jaimes y el ecuatoriano Nicolás Augusto González opera en el orden de la creación literaria y también en cuanto a la configuración definitiva de la estructura misma de la "tradición" como especie representativa de una inquietud literaria continental. No es el caso de referirse en esta coyuntura a la convergencia de inquietudes similares dentro del propio país natal de Palma y a la vasta gama que conforman sus discípulos de Lima, como José Antonio de Lavalle (con su primera *tradición*: "El Capitán Doria" de 1859, aparecida

---

[16] Juan Vicente Camacho, *Tradiciones y relatos*, Estudio biográfico-crítico y recopilación por Estuardo Núñez, Caracas, Biblioteca Popular Venezolana, Ministerio de Educación, 1962, p. 73.

en la *Revista de Lima*), y de las provincias peruanas (como Clorinda Matto de Turner, del Cuzco, a partir de 1876).

El Magisterio de Palma en Hispanoamérica

Ricardo Palma, el indiscutido creador del género o especie "tradición", cultivó primero la poesía, el teatro, la historia, la leyenda, antes de encontrar su genio creador en la "tradición". Viajó a lo largo de toda la zona costeña del Perú y visitó Chile, antes de sus estadas en Europa (1864 y 1892). Empezó a escribir sus renombradas "tradiciones" a fines de la década de 1850 y las dio a publicidad en revistas y periódicos del Perú e Hispanoamérica. Sus primeros tanteos en este género datan de 1853 pero en esa fecha todavía no logra escindir en sus relatos las formas de la leyenda en prosa o el cuadro costumbrista. A lo largo de por lo menos un lustro irá perfeccionando la estructura y el estilo de lo que finalmente llamará "tradiciones".

Reuniendo dispersas narraciones de este carácter histórico-imaginario, en las que la materia relatada proviene de un hecho sucedido adornado de fantasía, Palma publicó en 1872 una primera serie de sus *Tradiciones Peruanas,* que le dio acceso a la fama continental. Escritores de su misma generación empezaron entonces a escribir relatos de la misma estructura e intención, en todo el ámbito hispanoamericano. Su impacto y su ejemplo operaron sobre sensibilidades afines, y permitieron encontrar una forma de expresión literaria con aire y raíz americana.

Publicó Palma hasta 10 volúmenes de tradiciones durante lo restante del siglo XIX y comienzos del XX, o sea de 1872 a 1910. Sus páginas recogen más de 300 relatos de esa índole. Pinta en ellos ambientes y sucesos de toda la vida del Perú, entre los siglos XVI y XIX, con gracia fina, ingenio agudo e información minuciosa, en un estilo personalísimo y ameno, matizado de expresiones populares, dichos peculiares, letrillas, proverbios. Su fantasía a veces excede o se superpone a la exactitud o veracidad históricas, pero sus dones artísticos justifican el exceso. La expansión de su renombre literario cubre no solamente todo el ámbito del Perú, en donde promueve un movimiento de creadores de la misma especie en todas sus provincias, sino igualmente toda la América hispánica, afanosa de manifestar su personalidad literaria.

Hugo D. Barbagelata, historiador literario uruguayo de validez continental, destaca que "Las *Tradiciones Peruanas,* feliz invención de su ingenio (el de Palma) estaba destinada a recorrer nuestro continente de uno a otro extremo. Resultaba un autor genuinamente nuestro (hispanoamericano)".[17]

Existe unanimidad de criterio acerca del hecho de que Ricardo Palma fue el creador de la especie literaria llamada "tradición". Dentro del Perú tal recono-

---

[17]Hugo D. Barbagelata, *La novela y el cuento en Hispanoamérica,* Montevideo, 1947.

cimiento se manifiesta como consenso de los propios creadores de ese tipo de relato que en diversas formas de expresión, expresan al mismo tiempo, su gratitud, su adhesión o su admiración "al maestro Ricardo Palma". En el exterior, en todo el ámbito hispanoamericano, estas o semejantes muestras son frecuentes en dedicatorias explícitas por los cultivadores del mismo género, o en la correspondencia que mantienen con el maestro indiscutido.

A esas expresiones de los creadores, corresponsales de Palma, como Vicente Riva Palacio y Luis González Obregón (de México), Miguel Luis Amunátegui y Manuel Concha (de Chile), Arreguine y De-María (de Uruguay), Aycinena (de Guatemala), Nicolás Augusto González (de Ecuador) y Juan Vicente Camacho (de Venezuela), estos dos últimos residentes en el Perú por lapso prolongado, se agregan los testimonios de la crítica más autorizada, desde José Toribio Medina hasta Eugenio Florit, más recientemente.

José Toribio Medina, el gran historiógrafo chileno, expone un juicio de validez continental:

> "Generalmente se tiene, y con razón, como fundador de este género literario a Ricardo Palma... (...) y ya ha quedado como el maestro que todos sus sucesores se han empeñado en seguir, aunque justo será reconocer sin superarlo en cualquier momento, pues ninguno con tanto brillo de dicción, tal donaire en el cuento y tal variedad en los cuadros que supo pintar, diera las normas para el género literario que cultivara el primero." [18]

Isidoro De-María, insigne tradicionista uruguayo, decía en 1892 en su extensa dedicatoria a Palma:

> "Esa voz amiga que desde Lima me decía ¡adelante! era nada menos que la de un famoso tradicionista americano, que desde el año 1868 empezó a escribir y publicar sus bellas e interesantes *tradiciones,* de que ha llegado a formar una serie de volúmenes, a cual de más mérito. Se llama Ricardo Palma, estrella de magnitud que brilla en el firmamento de las letras de la América Meridional." [19]

Raúl Silva Castro, erudito crítico chileno, decía en 1926 al prologar un libro del tradicionista Manuel Concha:

> "Concha aborda el mismo género tradicional y legendario que hizo la grandeza de Ricardo Palma y conforme la inclinación del modelo ilustre, prefiere la épocas remotas..." [20]

Al ocuparse de Arístides Rojas, tradicionista de Venezuela, Mariano Picón Salas, formula el siguiente acertado juicio:

> "Arístides Rojas descubre la urgencia de una historia nacional, amena y fácil, y la realiza de modo especialmente atractivo... No pretende emular el estilo ni el ingenio volteriano de Ricardo Palma, que en el Perú había creado el género..." [21]

[18] José Toribio Medina, prólogo a: Aurelio Díaz Meza, *Crónicas de la Conquista,* Santiago, ed. del autor, 1925.
[19] Isidoro De-María, *Montevideo Antiguo - Tradiciones y recuerdos,* Montevideo, Imp. Artística, 1892 (Dedicatoria).
[20] Raúl Silva Castro, prólogo a Manuel Concha, *Tradiciones Serenenses,* Santiago, Ed. del Pacífico, 1952.
[21] Mariano Picón Salas, *Formación y proceso de la literatura venezolana,* Caracas, Editorial Cecilio Acosta, 1941.

Al tratar de los tradicionistas de Venezuela, especialmente Febres Cordero, otro crítico de las nuevas generaciones, Domingo Miliani, apunta sagazmente:

> "Otra dirección romántica es la que en Venezuela, por contagio del Perú, había de llamarse "tradicionismo". Juan Vicente Camacho escribía coetáneamente con Ricardo Palma, algunas de sus "tradiciones" venezolanas en Lima." [22]

Concha Meléndez, la notable ensayista puertorriqueña, al presentar al tradicionista de su país Manuel Fernández Juncos, dice:

> "El estilo y encanto de las *Tradiciones Peruanas* no ha podido precisarlo ni el mismo Ricardo Palma, y ninguno de sus imitadores en la América Hispánica, logra igualarle." [23]

En reciente estudio sobre el tradicionista cubano Alvaro de la Iglesia, el profesor Leonel de la Cuesta, igualmente reconoce el magisterio de Palma:

> "El creador del género fue el peruano Ricardo Palma... Su influencia en la redacción de *Tradiciones Cubanas* de Alvaro de la Iglesia es enorme, junto con la de Pérez Galdós." [24]

Otro testimonio cubano reciente es el del profesor y poeta Eugenio Florit:

> "Este género literario inventado en el Perú por don Ricardo Palma, es rico en aventuras mínimas, en lo que pasa a diario en una ciudad o en una familia." [25]

Por su parte, Luis Leal, al tratar del cuento y la "tradición" en México, reconoce que

> "el relato tradicionalista (fue) género inventado por don Ricardo Palma." [26]

Al prologar la obra del tradicionista Justo Pastor Obligado, el crítico argentino Antonio Pagés Larraya se refiere a Ricardo Palma como "modelo egregio" de aquél:

> "Las coloridas evocaciones (de Palma) crearon toda una corriente literaria en Hispanoamérica... Ninguno de los otros cultores del género logró superar al creador de esos relatos, salpicados de un gracejo inimitable y que participaban a la vez de la historia, del esbozo costumbrista y de la indagación psicológica, pero sin asomo de empaque con atractiva llaneza y que, a falta de otro nombre para calificarlos, llamó sencillamente *tradiciones*." [27]

Es así indudable que Palma había impreso un sello muy original a su modo de narrar, que todos estaban de acuerdo en aceptar sin reservas.

---

[22] Domingo Miliani, *Vida intelectual de Venezuela*, Caracas, Ministerio de Educación, 1971, p. 110.
[23] Concha Meléndez, Introducción a: Manuel Fernández Juncos, *Galería puertorriqueña* Tipos y caracteres. Costumbres y tradiciones, San Juan, Inst. Cultura Puertorriqueña, 1959.
[24] Leonel de la Cuesta, estudio preliminar a A. de la Iglesia, *Tradiciones cubanas*, cit.
[25] Eugenio Florit, en prólogo a: A. de la Iglesia, *Tradiciones cubanas*, cit.
[26] Luis Leal, *Breve historia del cuento mexicano*, México, Manuales Studium, Ediciones D'Andrea, 1956. También Concha Meléndez, en *Antología de costumbristas*... cit., afirma que tiene la *tradición* "su más valioso cultivador en Ricardo Palma".
[27] Antonio Pages Larraya, en: prólogo a *Tradiciones argentinas* de Justo Pastor Obligado, Buenos Aires, Hachette, 1955.

El dominio del idioma en Ricardo Palma constituye el "secreto" de su estilo. Adecúa su lengua al tema tratado; descubre al trabajar el idioma como instrumento estético, ciertos aspectos o sensaciones que le permiten prescindir de enumeraciones o descripciones.

Este tratamiento del lenguaje muestra ya algunas colindancias con la moderna narrativa, en cuanto que ésta ha reivindicado el papel de las sugerencias o evocaciones logradas con los medios implícitos de la expresión verbal.

De este modo sintetiza el estilo, lo adensa, lo hace sugerente más que explicativo. Que lo conocía bien y que lo trabajaba conscientemente, se prueba con sus propios estudios lexicográficos sobre el castellano de América y del Perú que publicó, y con su oposición constante y agresiva a una política idiomática excluyente del aporte hispanoamericano, que entonces seguía la Academia española.

El prejuicio de "la imitación"

Pero reconocer la "maestría" o "el magisterio" de Ricardo Palma no significa necesariamente que se hubiese admitido que todos los *tradicionistas* hispanoamericanos (algo así como un centenar de autores, aparte de otros tantos que aparecieron sólo en el Perú) fueran simples y fieles imitadores del maestro. La irradiación de esta modalidad literaria a todo el continente no constituyó un fenómeno de imitación sino de coincidencia en captar la aspiración de los autores, en descubrir el gusto popular, en adecuar la literatura a las nuevas inquietudes. Esos autores participaron de una preocupación común implícita en el espíritu de la época y que era conducente a crear una típica literatura ambientada en lo americano y al mismo tiempo dirigida a desligarse del modelo literario y los cánones europeos todavía vigentes. Este fenómeno podrá hoy explicarlo aquella rama de la ciencia literaria que se llama sociología de la literatura. La mejor prueba de que esos autores "tradicionistas" interpretaban la inquietud de la época, se encuentra en el hecho de que el género o especie "tradición" cautivó el mayor número de lectores, sobrepasando masivamente a los restantes géneros.

No se trataba pues de imitadores de Palma sino de discípulos, de hombres identificados en el mismo ideal creador, de discípulos que hollaron la misma ruta y bebieron en las mismas fuentes, cada uno en su país y con sus propios medios y posibilidades. Palma había descubierto las vetas explotables, había definido la inquietud "americanista" que informaba a los narradores en todos los ámbitos hispanoamericanos y los había alentado en una acción común, en un movimiento solidario.

Sin embargo, hay un juicio del mayor crítico de su época, José de la Riva Agüero que requiere una rectificación:

> "Los imitadores de Ricardo Palma son legión. Hubo tiempo en que la América Española se inundó de *tradiciones*. Todos los discípulos se le han quedado muy por debajo."[28]

Este juicio se resiente de la excesiva importancia que concedía Riva Agüero a las teorías sociológicas de un autor coetáneo suyo, el francés Gabriel Tarde, autor de *Las leyes de la imitación,* libro de gran difusión a fines del siglo XIX. A los seguidores de una tendencia general, a los coincidentes en la misma inquietud, a los que convergían a un cauce común, se les quería identificar como "imitadores" de alguien o de algo. Este obsesivo prurito conducía con cierta ligereza a clasificar a los autores como imitados o como imitadores, confundiendo un tanto o un mucho los matices distintos que producen los impactos, las coincidencias, las convergencias, los contactos, las semejanzas del "gusto literario" y la compleja trama de las relaciones entre cultivadores del arte.

Con esta errónea actitud crítica, que no sólo es privativa de Riva Agüero sino de muchos otros críticos contemporáneos suyos, se quiso ver en el propio Palma una inspiración "zorrillesca" sobre las primeras tradiciones peruanas, sin reparar que Zorrilla cultivó sólo la "leyenda" en verso, sin ninguna semejanza con la "tradición" y se señaló igualmente como "predecesor" suyo al guatemalteco José Batres Montúfar por la simple circunstancia de haber usado un título semejante: *Tradiciones de Guatemala.* Pero Batres Montúfar es un escritor de otro carácter, creador de narraciones humorísticas extensas y en verso, de costumbres, actuales o casi contemporáneas y su concepto de "tradición" es el etimológico y no el género o especie nueva. Hubo pues el espejismo de juzgar a través de un título equivalente, el contenido de un libro que tal vez no se había leído, y de atribuirle así la condición de influyente o de antecedente.

Pero Riva Agüero acierta en diferenciar los caracteres de *leyenda* y de *tradición:* la primera, según él, es "ficción de la fantasía", vago recuerdo del pueblo o dato histórico embellecido. La segunda, la *tradición,* posee una base auténtica mucho mayor, toma como elementos iniciales hechos ciertos comprobados, y de tal suerte, resulta la verdad engalanada "con pormenores y detalles que le confieren aire de fidelidad".[29]

La "tradición", distinta forma narrativa

La *tradición* como género o especie está inserta y se ubica dentro del proceso del cuento hispanoamericano del siglo XIX y comienzos del XX. Hemos visto ya que tuvo como antecedente el llamado "cuadro de costumbres" o "artículo costumbrista", meramente descriptivo y realista, que reconocía su entronque con los relatos semejantes de Larra, Mesonero Romanos, Estébanez Calderón, etc.

---

[28] José de la Riva Agüero, *Carácter de la literatura del Perú Independiente,* cit., p. 184; también en "Elogio de R. P." en: *Ricardo Palma 1833-1933.,* Lima, S. A. P., 1933.
[29] J. de la Riva Agüero, *Carácter de la literatura...,* cit. p. 202.

La *tradición* contiene mayor proporción de elementos de ficción y, en el aspecto estilístico, agrega mejor y más ágil tratamiento del lenguaje con las notas de ingenio y de evocación que le son características. Hay en ella mayor elaboración literaria, pues el cuadro o artículo costumbrista adopta generalmente una forma periodística y ligera. La *tradición* se viste y se nutre de sustancia histórica pero sin descuidar su peculiaridad literaria que la acerca también al cuento. Fuera del ámbito hispanoamericano, este nuevo género o especie no tiene paralelo y constituye forma típica de la literatura en lengua castellana en el Nuevo Mundo.

Dentro de la narrativa breve, la *tradición* empieza a decaer cuando a comienzos del siglo XX, comienza a tomar aliento el cuento modernista, el lenguaje depurado y el tratamiento literario de los problemas de la psicología individual, en que ya domina la fantasía sobre el realismo. En acelerado proceso, la narrativa corta, pasado el impulso del modernismo, volverá a tomar contacto con los problemas humanos sociales de la época actual, con situaciones insólitas y angustiosas, con técnicas de juego con el espacio y el tiempo más sofisticadas.

La *tradición* habría de surgir así cuando se produce el decaimiento, por trivial y estático y por elemental en su estructura, del cuadro, estampa o artículo de costumbres. Sustituye igualmente a la leyenda (de genuina estirpe española) que comparativamente no tuvo tanta profusión en Hispanoamérica como en España. El desuso de estas formas narrativas por cansancio de sus lectores, dio la nota final a la existencia de la estampa y la leyenda a finales del siglo XIX.

En su lugar, la *tradición* había tomado cuerpo como género o especie de singular animación y dinamismo. El estilo dominantemente descriptivo de la estampa, el cuadro o la leyenda cedió el paso a la forma típicamente narrativa de la *tradición,* adornada con recursos literarios más sugestivos.

De tal suerte, la *tradición* contribuyó al desarrollo de los primeros narradores modernos genuinamente hispanoamericanos, creando las condiciones propicias para el desarrollo ulterior de la novelística en ese ámbito.

La *tradición* juega un papel importante dentro del proceso literario de Hispanoamérica y adquirió autonomía y carácter específico frente a otras formas creativas menos elaboradas y exigentes. Los tradicionistas presentaron episodios en los cuales la naturaleza y la vida de los hombres afloraba en aspectos inusitados, insólitos, prodigiosos, extraordinarios. Tal vez podría atribuirse a ellos la calidad de precursores más cercanos de los actuales creadores de lo real-maravilloso, aunque les faltase el don de un lenguaje más sofisticado y también técnicas de exposición que son características de nuestra época.

Los tradicionistas operaron la superación del costumbrismo sentimental y meramente descriptivo, apoyado en la débil virtualidad de lo objetivo. Tomaron en su mayor parte como punto de partida un hecho aislado de la realidad histórica pero desprendiéndose de la noción de exactitud y de las precisiones historicistas, lo adornaron con los dones de la imaginación. Dentro del marco de las tradiciones se desenvolvió un universo mítico, a veces extravagante y truculento, poblado de personajes envueltos en un halo de misterio, que asumían la condición de resucitados, condenados, sacrílegos, muertos en vida, emplazados, encapuchados y endemoniados, los que alternaban con duendes y diablos vinculados a situaciones en que se alteraba el orden ordinario y natural de las cosas, dejando la solución de las tramas a dictados de fuerzas extrahumanas. En esos ambientes extraordinarios y sobrenaturales se desenvolvían también acciones atribuidas a frailes y monjas que, desdiciendo de su prestigio de santidad o ejemplaridad, resultaban protagonistas de sucesos de escándalo, rompiendo los cauces de una sociedad antañona, represiva y pacata. De esta suerte se lograron relatos que lindaban con el prodigio y el milagro o con lo extraordinario, creando una realidad mítica y maravillosa, en un despliegue de fantasía que fue recurso usual dentro de los asuntos tratados en las tradiciones.

IV

CONTORNOS POSITIVOS Y NEGATIVOS DE LA "TRADICION"

No cabe duda que la *tradición* cumplió un papel importante y significó un notorio avance dentro del proceso de la literatura hispanoamericana en el siglo XIX. Contribuyó a perfilar varias personalidades literarias importantes, a revelar parcialmente el ser americano en la literatura, a superar las tendencias imitativas de modelos europeos, a popularizar la literatura y a perfeccionar el arte de narrar. La "tradición" constituye también la primera tentativa de aliento para definir el carácter original y peculiar de algunas regiones del continente, concurre a la revelación de facetas inéditas de lo provincial dentro de cada país, y recoge las características históricas y geográficas de los pueblos hispanoamericanos. En tal forma se diversifica su tendencia nacionalista en una amplia gama de modalidades lugareñas y no siempre urbanas.

De otro lado, prosperó con ella asimismo un impulso democrático y liberal que condujo a crear una literatura de intención popular. El escritor de tradiciones sintió más vigorosa la necesidad de lograr una expresión literaria accesible a las mayorías, de fácil captación por el hombre común, sobre todo para el perteneciente a las clases medias, dispuestas a recepcionar una literatura que satisfacía, al mismo tiempo, el anhelo informativo tanto como el placer imaginativo. Si la historia estaba dirigida y se escribía para los iniciados de las clases más cultas, el hombre común anhelaba una modalidad creadora que aunara lo real con lo imaginado, la verdad histórica con la ficción. La "tradición" llenó ese vacío y así se hizo popular. Según dijo Palma "para atraer la atención del pueblo creemos útil adornar con las galas del romance toda narración histórica".[30]

La "tradición" llenó de esta suerte, las modestas aspiraciones culturales del hombre común. Descubierto ese anhelo general, los tradicionistas, asumiendo

---

[30]En: "Un virrey y un arzobispo", tradición incluida en la segunda serie aparecida en 1874.

el papel de herederos de la intención docente y didáctica de los costumbristas, adoptaron también el lenguaje coloquial.

Con la *tradición,* que entrañó el culto de lo episódico y de lo pintoresco, la literatura pudo llegar al pueblo, despojada de arreos academizantes y retóricos y de intenciones elitistas.

Aun con las limitaciones que enseguida puntualizaremos, la tradición señala, desde antes que prosperase el cuento y la novela de raíz americana, el surgimiento de una literatura propiamente hispanoamericana.

Pero al lado de esos notorios y valiosos aportes, deben señalarse algunos aspectos negativos o cuestionables. Los tradicionistas hispanoamericanos, por lo menos en su gran mayoría, insistieron en incorporar a sus relatos la intención docente o moralista que Palma supo encubrir con su dominio de la expresión irónica. En cierta manera el propósito didáctico y correctivo contribuyó a restar interés al fluir narrativo.

En general, el tradicionismo rindió excesivo culto a lo episódico y superfluo, enfatizando con exceso en el puro entretenimiento o pasatiempo. Se hizo uso casi obligado de la anécdota volandera, envuelta a veces en la mera liviandad del adjetivo. Era un género fácil al punto de confundirse con la simple crónica periodística, olvidada de la elaboración literaria. Habituó al menosprecio del rigor historiográfico, enseñando a entrar en el dominio de lo propiamente histórico con displicente actitud. Si bien no se caía en la rusticidad, en cambio se abusó a veces de la despreocupación y descuido en el culto del estilo. También es procedente señalar que algunos tradicionistas cayeron alguna vez en la ergástula de lo tremebundo y de lo idílico, de la milagrería y la truculencia, sin que se mantuvieran en el equilibrado nivel histórico-ficticio que supieron imprimir Palma y algunos otros a sus relatos. Finalmente, no están libres —ni el propio Palma— de la tacha de intrascendencia en sus concepciones literarias, por haber permanecido insensibles a las exigencias de una sociedad tan conflictiva como la hispanoamericana en el siglo pasado y aun en el presente.

Se ha dicho por José Miguel Oviedo, que Palma cultivó "un arte menor", carente aún del vuelo de la alta expresión literaria de la obra maestra. Lo mismo podría afirmarse de la tarea de los demás tradicionistas hispanoamericanos, tan cotizados por lo mismo en amplios círculos de lectores comunes, cuya modesta exigencia literaria había resultado fácilmente colmada. El "arte menor" resultaba acorde con la imperfecta estructura de naciones de buena solera pero todavía de imperfecta organización social.

V

HACIA UNA HISTORIA DE LA "TRADICION" HISPANOAMERICANA

(Notas y apuntes)

Argentina

En la República Argentina no tuvo la *tradición* el auge que alcanzó en otros países. Son contemporáneos de Palma, Florencio Escardó (n. 1840) quien produjo unos pocos relatos de este tipo, no recogidos en libro y Bernardo Frías (nacido en Salta alrededor de 1845) autor de un libro denso *Tradiciones históricas de Salta,* que en dos volúmenes se editó por 1890. Esta obra que ha merecido una reedición moderna (Buenos Aires, Ed. Tor, 1923, 320 p.) acredita la vocación del autor, más histórica que literaria, aunque de amena lectura. También es coetáneo del peruano antes citado, J. Pastor Servando Obligado, (Bs. As. 1841-1924), el más fecundo de los tradicionistas argentinos, autor de varias series de *Tradiciones argentinas* (Barcelona, Ed. Montaner y Simón, 1903; el cuarto tomo fue prologado por Ricardo Palma). Sus relatos tienen el tono de crónicas historiales, con escasa galanura literaria.

Azares de la vida llevaron a Juana Manuela Gorriti (de Belzú) (n. en Salta 1818-1892) primero a Bolivia y luego al Perú. Casada con el caudillo y dictador boliviano Manuel Isidoro Belzú, y separada del mismo, vivió en el Perú con sus dos hijos que habrían de desaparecer muy jóvenes. En Lima regentó un establecimiento de educación y su producción literaria empezó vinculada a la generación romántica. Durante su larga residencia limeña (30 años) entre 1845 y 1865 y luego entre 1866 y 1877, produjo poesías, leyendas, novelas y tradiciones, firmemente vinculadas a la tierra y a la suerte del indígena peruano. Promovió con sus publicaciones en *El Comercio, La Broma, El Correo del Perú* y *La Patria* y con sus tertulias literarias, durante los años 1876 y 1877, la afición por el cultivo de la "tradición", como se advierte en el volumen I de *Veladas literarias de Lima* (Buenos Aires, 1892), obra truncada por la muerte. En tiempos más recientes se ha revelado tradicionista un agradable narrador que es Juan Pablo Echagüe, (San Juan, 1877-1950), autor de *Tradiciones, leyendas y cuentos argentinos* (Buenos Aires, Espasa-Calpe Argentina S.A., 1944, con varias reediciones).

Bolivia

En Bolivia la tradición alcanzó logros no exentos de importancia y atractivo. Hay varios nombres que destacan en el siglo pasado. Con el cochabambino Nataniel Aguirre, político, poeta, novelista y dramaturgo (1843-1888), Bolivia inaugura una corriente de tradicionistas de muy señalada calidad. Los otros nombres valiosos pertenecientes a la generación del 80, son Julio Lucas Jaimes, Modesto Omiste y José Rosendo Gutiérrez.

Dice el crítico Fernando Diez de Medina que Aguirre ennoblece el género con la hermosa tradición "La bellísima Floriana", "elevándolo a la categoría de obra de arte". De otro lado escribió la mejor novela histórica boliviana: *Juan de la Rosa,* supuestas memorias de un soldado de la Independencia.

José Rosendo GUTIÉRREZ, (1840-1883) más conocido como historiador y autor dramático, escribió algunos relatos tradicionales que no llegaron a conformar volumen impreso. Julio Lucas JAIMES (La Paz, 1845-1914), padre del notable poeta Ricardo Jaimes Freire, y periodista muy activo, residió varios años en el Perú y publicó tradiciones en varios periódicos de este país, como *La Patria, La Broma, El Album* y *El Correo del Perú,* de Lima y en *El Comercio* de La Paz, y posteriormente entre 1890 y 1899 en *La Nación* de Buenos Aires, con el título "Crónicas potosinas".

De Jaimes se ha dicho que no le iba en zaga a Ricardo Palma por su estilo atractivo y su capacidad de narrador. Comunicó dignidad estética a escuetos relatos coloniales de Potosí. Su libro *La villa imperial de Potosí* (Buenos Aires, 1905) es un conjunto nutrido de tradiciones y leyendas de ese lugar histórico. Dentro de una generación posterior, destaca Abel ALARCÓN (La Paz, 1881-1954), con las narraciones de este tipo que incluye en su importante libro *Era una vez... Historia novelada de la villa imperial de Potosí,* (3ª ed., La Paz, 1935, La Paz, 1952). En otro aspecto, se ha revelado novelista de la historia antigua americana con su obra *En la corte de Yahuar-Huacac,* (Valparaíso, 1915; 2ª ed., Santiago, 1929). Esa inclinación por el "tradicionismo" subsiste hasta tiempos recientes, en que se ha revelado un excelente narrador como Raúl Botelho Gosálvez, (n. 1917).

Colombia

Más inclinado a la crónica histórica y a las memorias es el atractivo y pulido escritor José María CORDOVEZ MOURE, (Bogotá, 1835-1918). Sus tradiciones aparecen insertas en otros contextos. Es notable su libro *De la vida de antaño,* 3ª ed., Bogotá, Ed. Minerva, 1955.

Entre los corresponsales de Palma, destaca su coetáneo Luis CAPELLA TOLEDO, (Santa Marta, 1838-1896), hombre múltiple que abarcó la milicia (llegó a ser General), la política y la literatura. Publicó 3 volúmenes con el título de *Leyendas históricas,* (Bogotá, Imp. de la Luz, 1884-1885). Escribió principalmente tradiciones bogotanas.

Otro escritor representativo es Camilo S. DELGADO, (Cartagena, 1861-1930) médico y escritor de costumbres y evocaciones, quien publicó *Historia, leyendas y tradiciones de Cartagena,* en 4 volúmenes.

Entre los más recientes tradicionistas colombianos se encuentra Enrique OTERO D'ACOSTA, (Bucaramanga, 1883-....), quien además de excelente narrador, se ha distinguido como estudioso de la historia. En el orden de los relatos tradicionales ha publicado *Historietas, leyendas y tradiciones colombianas,* (Manizales, Casa Edit. A. Zapata, 1934) y *Leyendas* (Bogotá, Biblioteca Aldeana de Colombia, 1936, 146 p.).

Igualmente, debe figurar entre los más próximos José Antonio LEÓN REY, (Cundinamarca, 1903-....). Sus producciones literarias alternan con la actividad de jurista. Desde su juventud cultivó el costumbrismo de los ambientes en que transcurrió su juventud. Su producción de tradiciones y leyendas, se inspira en el folklore y la leyenda popular. Miembro de la Academia Colombiana de la Lengua. Su principal obra del género narrativo: *Tierra embrujada,* (Bogotá, Edit. Centro, 1942, 238 p.).

Costa Rica

Exponente mayor de la tradición costarricense es Ricardo FERNÁNDEZ GUARDIA (1867-1950), investigador de las letras e historiador, y por muchos años Director de la Academia Costarricense de la Lengua. Fue autor de una recopilación titulada *Crónicas coloniales de Costa Rica* (San José, 1920).

Cuba

El más representativo de los escritores de este tipo, al lado de Antonio BACHILLER Y MORALES, Francisco y Luis Victoriano BETANCOURT, Francisco de Paula GELABERT, fue Alvaro DE LA IGLESIA Y SANTOS (La Coruña, 1859-1940). Se inició como novelista romántico y folletinesco, pero en los primeros años del siglo XX, empezó a escribir "tradiciones" que constituyen su obra cubana más lograda y perdurable. Ha merecido el aprecio intelectual de don Enrique José Varona y el de Alejo Carpentier, quien seleccionó sus relatos para una edición reciente.

DE LA IGLESIA reunió sus *Tradiciones cubanas* en tres series que subtituló respectivamente *Relatos y retratos históricos* (La Habana, 1911), *Cuadros viejos* (La Habana, 1914) y *Cosas de Antaño* (La Habana, 1916).

Chile

Desde la década del 70 (del siglo XIX), Chile constituyó con el Perú el principal foco de producción de *tradiciones*. La fortuna de este género en Chile se debe a la riqueza de documentación del pasado accesible a los investigadores, al especial desarrollo de los estudios históricos y a la presencia de escritores de valía cultivadores del género.

Un antecedente temprano, aunque todavía no con el carácter de *tradicionista* definido, es Vicente Pérez Rosales (Santiago, 1807-1886), que dejó una obra de memorias titulada *Recuerdos del pasado* (Santiago, 1882 y 1866), obra clásica de la literatura chilena.

El más temprano de los tradicionistas chilenos fue Miguel Luis Amunátegui, (Santiago, 1828-1888), amigo y admirador de Ricardo Palma. Su capacidad de estricto historiador le dio materiales aunque no donosura literaria, para sus *Narraciones históricas* (Santiago, Imp. Nacional, 1876), publicadas separadamente desde 1874.

Del periodismo y de la dramaturgia, surgió Manuel Concha (La Serena, 1834-1891) autor muy celebrado por sus *Tradiciones serenenses,* (Santiago, R. Jover, 1883; última edición, Santiago, Edit. del Pacífico, 1952-1953), en las que presentó el ambiente de la provincia y su vida de antaño.

Enrique del Solar (Santiago, 1844-1893) fue activo y ameno escritor de relatos ambientados en la época colonial. Publicó *Leyendas y tradiciones,* primera parte (Santiago, 1875), segunda parte (Santiago, 1881) y tercera parte (Santiago, 1882).

Justo Abel Rosales (Valparaíso, 1855-1896), corresponde a la década del 90 con sus crónicas históricas que alterna con tradiciones y cuadros de costumbres. Su libro *Historia y tradiciones del Puente de Cal y Canto.* (Santiago, Ed. Difusión, 1947, 166 p.), es nutrido de episodios amenamente relatados.

Aurelio Díaz Meza (Santiago, 1879-1933), produjo ya en el presente siglo, iniciándose como autor teatral. Ha escrito abundantemente hermosas narraciones de marco histórico, contenidas en: *Leyendas y episodios chilenos,* 2 volúmenes, (3ª edición, Santiago, Sociedad Imp. y Lit. Universo, 1930) y en otras ediciones que han contado con el creciente fervor del público lector. (Santiago, Ed. Nascimento, 1975).

Otro tradicionista contemporáneo de Chile es Hermelo Arabena Williams, (Santiago, 1906-1976), escritor de buen estilo modernista, en quien la nutrida información histórica se combina con la frase recamada y elegante (lo cual se aprecia ya en sus títulos) como *Entre espadas y basquiñas* (Santiago, Zig-Zag, 1946), *Blasones, duendes y damillas* (Santiago, Zig-Zag, 1948).

Arabena Williams ha ensayado con buen éxito otros tratamientos de estilo propios de los nuevos tiempos, adicionados de elegancia sustancial que avala su condición de poeta de buena ley.

Cabría la mención de otros autores de tradiciones que acreditan el auge del género en Chile, y que por razones de espacio no caben en esta antología: Valentín Murillo (n. 1841), Daniel Riquelme (1857-1912), Julio Bañados (1857-1899), Luis Orrego Luco (1866-1948), Joaquín Díaz Garcés (1878-1921), autor de *Leyendas y episodios nacionales* (Santiago, Ed. Difusión, 1944, 292 p.) y Fernando Campos Harriet, autor de *Leyendas y tradiciones penquistas* (Santiago, Ed. Orbe, 1975).

República Dominicana

Dos ilustres tradicionistas, cuando menos, cuenta la literatura dominicana: Don César Nicolás PENSON (1855-1902) y don Jesús TRONCOSO DE LA CONCHA (1878-1955).

César Nicolás PENSON (1855-1902). Se considera a este autor como uno de los más destacados narradores de su país. De uno de los volúmenes de su vasta producción, *Cosas añejas* (Santo Domingo, 1891) extraemos una "tradición" característica. PENSON fue colaborador de HOSTOS, periodista de combate e investigador de la historia y de la lengua. Tanto en PENSON, como en el salvadoreño Francisco GAVIDIA y como en otros autores del mismo género, se advierte ya el paso de la "tradición" a la novela histórica y muestran simultáneamente las galas del modernismo.

Otro ilustre tradicionista de su país es Jesús TRONCOSO DE LA CONCHA (1878-1955), quien dejó un hermoso volumen titulado *Narraciones dominicanas* (Santo Domingo, 1946), de intenso ambiente regional, y revelador del culto por el pasado histórico.

Ecuador

Muy poco difundida ha sido la producción de relatos tradicionales de Nicolás Augusto GONZÁLEZ (Guayaquil, 1858-1918). Varias causas han determinado ese escaso conocimiento: en primer término, su largo exilio en el Perú entre 1885 y 1907); en segundo lugar, la dispersión de sus tradiciones en revistas limeñas de limitada circulación y, finalmente, el hecho de que las firmara con seudónimos de difícil identificación ("El proscrito"). Escribió con decoro e ilustración estudios históricos, poesías y comedias. La mayor parte de sus "tradiciones" se ambientan en Guayaquil, su ciudad natal, y también en otros lugares de Centro y Sur América.

Otro notable tradicionista ecuatoriano es Modesto CHÁVEZ FRANCO (El Oro, 1872-1952). Publicó dos nutridos volúmenes de *Crónicas de Guayaquil antiguo* (Guayaquil, Imp. y Talleres Municipales, S.A., 1944). Su versación histórica hace de sus relatos fidedignas expresiones del pasado no exentas de gracia expositiva.

Revelando su vocación de historiador, manifestada en valiosa producción de esa índole, Cristóbal de GANGOTENA Y JIJÓN (Quito, 1884-1954), escribió un sugestivo libro, al par erudito y ameno, *Al margen de la Historia. Leyendas de pícaros, frailes y caballeros*, (3ª edición, Quito, Ed. Casa de la Cultura Ecuatoriana, 1962, 193 p.), en el cual insertó "tradiciones" documentadas en antiguos infolios existentes en la Biblioteca Nacional de Quito, cuya dirección (al igual que Ricardo PALMA en Lima) ejerció GANGOTENA por muchos años, entre 1920 y 1932.

Su contemporáneo J. Gabriel PINO ROCA (1875-1931) realizó semejante tarea en Guayaquil. La formación cultural europea y dedicación constante a la historia reflejan en sus evocaciones. Dentro de su vasta producción historiográfica, destacan *Leyendas, tradiciones y páginas de la historia de Guayaquil* (Guayaquil, 1930).

Guatemala

Tanto como el Perú y México, Guatemala es país de arcaica solera histórica y centro igualmente importante de la obra colonizadora de España. La riqueza de los repositorios históricos determinó la afición por los estudios del pasado, reveladores de episodios curiosos y anecdóticos. Por eso, la *tradición* tuvo asidero en ese material documental abundante que se dedicaron a explotar los autores registrados.

Juan Fermín AYCINENA (Guatemala, 1838-1898), fue autor de unos *Relatos tradicionales* que inicia en su país el auge de este género.

Con más fortuna literaria cultivaron la *tradición* Antonio BATRES JÁUREGUI (Guatemala, 1847-1899), historiador, jurista, diplomático y político que llegó a ser Presidente de su país. Su único libro se titula *Memorias de antaño* (San Francisco-New York, Pacific Press Publishing Co., 1896, 286 p.). No es mucho lo que aporta BATRES en destreza literaria, pero con todo sus relatos despiertan interés.

Manuel DIÉGUEZ FLOREZ (Guatemala, 1856-1919), no supera a Batres en su capacidad de prosador; fue escritor ocasional de poca consagración a la literatura y lo embargaron las exigencias de la abogacía. Su único libro se titula *Tradiciones, artículos literarios y Estudios de Derecho,* (Guatemala, Imp. Sánchez y de Guise, 1923, 252 p.), y fue editado póstumamente.

Agustín MENCÓS FRANCO (Guatemala, 1862-1902), es sin duda el más afortunado entre los autores mencionados. Su talento literario se vuelca en sugestivas e irónicas tradiciones, en un estilo llano pero fluido y sugerente. La fortuna de su libro *Crónicas de la Antigua Guatemala* (1ª edición: 1894-6ª edición: Guatemala, Ministerio de Educación Pública, 1956, 164 p.), acredita sus notables condiciones de escritor.

El nombre de Miguel Angel ASTURIAS no puede estar ausente de esta Antología. Acaso sus leyendas en prosa tienen ciertos elementos vinculados a la tradición tan rica y sugerente de la antigua literatura maya, de donde extrae elementos de un realismo afirmado en el espacio centroamericano. En la médula de sus relatos cortos *(Leyendas de Guatemala)* se aloja el caudal mágico de los mitos indígenas o la levedad de las evocaciones misteriosas de la época posterior a la conquista. La tradición se hace en ASTURIAS materia poética proclive a la ensoñación. Por lo tanto, no cabría encasillarla en la estricta *leyenda* de su connacional BATRES MONTÚFAR. Tampoco cabría identificar su obra con las leyendas del romanticismo español y de sus imitadores.

Honduras

El nacimiento y la iniciación literaria de Rafael Heliodoro VALLE (1891-1959), están vinculados a su tierra natal, antes de tomar residencia en México.
Su obra íntegra de ensayista, cronista, poeta e historiador se volcó desde temprana edad a la revelación espiritual de la América Central. Es poco conocida —no obstante su libro *El espejo historial* y otros intentos— su tarea como tradicionista.
J. M. TOBÍAS ROSA fue escritor eventual, cuya obra se recoge en la antología de su pariente Rubén Angel ROSA.

México

En este pueblo de tan rica gama histórica y profusa literatura costumbrista, era natural que también prosperara con gran vuelo la *tradición*. La precedió el cultivo de la leyenda a la manera de los románticos españoles, y en ese culto destacan José María ROA BÁRCENA (1827-1908), Juan de Dios PEZA (1852-1910) y Heriberto FRÍAS (1870-1928). Con tales antecedentes, se perfilan tres tradicionistas notables.
El primero en el tiempo fue Vicente RIVA PALACIO (México, 1832-1896), hombre múltiple: político, diplomático, militar, historiador y narrador, con dos libros: *Cuentos del General* (Madrid, Tip. Sucesores de Rivadeneyra, 1896, 292 p.) y *Tradiciones y leyendas Mexicanas* (México, J. Ballescá, s.f., ¿1895?).
Luis GONZÁLEZ OBREGÓN (Guanajuato, 1865-1938), produjo nutridas series de *tradiciones* recogidas en sus libros: *México viejo - Noticias históricas, tradiciones y leyendas* (México, 1891-95) y *México viejo y anecdótico* (México, Ed. Patria, 1945, 739 p.), *Vetusteces* (México, 1917) y *Las calles de México-leyendas y sucedidos* (México, Imp. León Sánchez, 1927). Como en Palma, retrocede al pasado para criticar sus costumbres absurdas.
Pero ninguno ha superado el talento fecundo de Artemio del VALLE-ARISPE (Coahuila, 1888-1960), que en los últimos años de su vida ha escrito cerca de una docena de volúmenes que contienen sus hermosas tradiciones. Los más conocidos son: *Libro de estampas. Leyendas, tradiciones y sucedidos del México Virreynal* (Madrid, Biblioteca Nueva, 1934) y *Del Tiempo pasado, tradiciones, leyendas y sucedidos del México Virreynal.* (México, Edit. Jus, 1947).
En tiempos recientes Enrique CORDERO Y T. (Puebla, 1904), agrega a la "tradición" mejicana la nota regional. Proveniente de la práctica del periodismo y de una juvenil producción política, CORDERO ha destacado como cultor de la tradición poblana y a él débese igualmente un volumen de leyendas y tradiciones de su ciudad natal.

Nicaragua

Dentro de las letras de Nicaragua, destaca como principal y más ilustrado tradicionista Gustavo A. PRADO (1886-1951), autor de un volumen con relatos de este carácter: *Leyendas coloniales* (Managua, 1920?), escritor donoso, escapado de la historia estricta.

Panamá

No es abundante el aporte de los tradicionistas panameños. Un título de Narciso GARAY, *Tradiciones y cantares de Panamá* puede llevar a error, pues se trata sólo de una valiosa recopilación folklórica, pero no hay en él ninguna narración del tipo "tradición". En cambio, Salomón PONCE AGUILERA (1868-1945) aunque con poca destreza literaria, nos ofrece estampas vigorosas de este tipo.

Paraguay

Es poca la producción de tradiciones en Paraguay. Los más notables prosadores se han volcado mayormente en la novela y el cuento. Una excepción sería Teresa LAMAS CARÍSIMO DE RODRÍGUEZ ALCALÁ (1889-1970), que cultivó el género por largos años y nos dejó los hermosos cuadros de sus *Tradiciones del hogar* (Asunción, 1921 y 1928).

Perú

Ricardo PALMA (Lima, 1833-1919), el creador del género o especie *tradición*, fue escritor nato y múltiple. A muy temprana edad se inicia como poeta sentimental y romántico (1848) y se entrega luego al periodismo y al teatro. En 1851 empieza su corta carrera de dramaturgo, truncada por su propia autocrítica. Desde 1853 Palma publica leyendas sin mucha originalidad, calcadas algunas del modelo español. A fines de ese decenio sus creaciones en prosa empiezan a tomar nuevo giro. Perfeccionando la estructura de ellas, surgen sus primeras *tradiciones*. Con su habilidad para conciliar lo arcaizante y lo popular, Palma logra impactar a un amplio público lector. Su influencia se ejerce así dentro de su propio país e igualmente en todo el ámbito hispanoamericano. Sus *tradiciones* se reproducen desde entonces extensamente.

A Palma se puede estimar tanto por el sello original de su expresión literaria (estilo), por la creación de un género, especie o forma de narrar muy peculiar (estructura), cuanto por el sentido peruanista o hispanoamericano de sus temas (materia). Además, Palma consigue alcanzar un objetivo definido y logrado hacia la ruptura de la dependencia respecto de otras literaturas extracontinentales y la incorporación de las expresiones populares y de la lengua familiar y coloquial en asuntos americanos, dentro de la literatura culta.

Ricardo Palma publicó a partir de 1872, ocho series de *Tradiciones peruanas* (1872, 1874, 1875, 1876, 1883 (2), 1889, 1891), a las cuales se agregaron 2 volúmenes más, *Mis últimas tradiciones peruanas* (1906) y *Apéndice a mis últimas tradiciones peruanas* (1910). Después de su muerte, apareció la colección de *Tradiciones peruanas,* editadas por Angélica Palma, su hija, en 6 volúmenes, (Madrid, Espasa-Calpe, 1924 y 1925) y más adelante, *Tradiciones Peruanas completas* editadas por Edith Palma, su nieta (Madrid, Ed. Aguilar, 1953). Antes y después de estas fechas se han publicado, en el Perú, América y España más de media centena de selecciones de las mismas, incluyendo versiones al inglés (Harriet de Onís), francés (M. Pomés) e italiano (T. Giurato).

José Antonio de LAVALLE (Lima, 1833-1893), alternó las actividades de diplomático y de escritor. Fue fundador y director de la *Revista de Lima* (1859-1863) en la cual aparecieron las primeras tradiciones de Palma, de Camacho y del propio Lavalle. Escribió biografías, novelas históricas y un conjunto muy estimable de *tradiciones* en las que siguió el modelo de Palma, a quien reconocía como su maestro. En éstas el elemento histórico pesa más que la ficción y el estilo es un tanto anacrónico. Su actitud ante el pasado era conservadora, a diferencia de Palma que lo desmenuzaba con criterio liberal y sarcástico. Se ha hecho una edición póstuma de sus *Tradiciones* (Lima, 1951, 177 p.), reunidas por Alberto Tauro.

Clorinda MATTO DE TURNER (Cuzco, 1852-1909), destacó desde muy joven en el periodismo en Cuzco (directora fundadora de *El Recreo,* 1876), en Arequipa (directora de *La Bolsa,* diario, 1884-5) y en Lima (directora de *El Perú Ilustrado,* 1889-90). Al mismo tiempo, desarrolló sus aptitudes para el cuento, la leyenda, el drama y las *tradiciones.* Con estas últimas publicó dos volúmenes distintos (*Tradiciones cuzqueñas,* Arequipa, Imp. La Bolsa, 1884 y Lima, Imp. Torres Aguirre, 1886) antes de lanzarse a escribir su obra capital que son las novelas de denuncia social: *Aves sin nido* (1889), *Indole* (1891) y *Herencia* (1893).

Clorinda Matto agrega a la *tradición* un elemento nuevo: la emoción social, su campaña en favor de los indios y mestizos de los Andes, la exaltación de sus virtudes dentro del marco de la vida en la provincia peruana.

Aníbal GÁLVEZ (Cajamarca, 1865-1922), se inició en el periodismo y actuó luego, como abogado, en los estrados judiciales. En esta actividad habría de encontrar una fuente poco explotada por los tradicionistas. El examen de antiguos expedientes le permitió descubrir curiosos episodios que forman la trama posterior de sus *tradiciones*. Las reunió en un libro titulado *Cosas de antaño - Crónicas peruanas* (Lima, Imp. de El Tiempo, 1905).

Ventura GARCÍA CALDERÓN (Lima, 1886-1959). Notable escritor, se distinguió especialmente en el cultivo de la crónica literaria, la crítica y sobre todo, el cuento. Su filiación "modernista" señaló nuevas posibilidades a la prosa de ficción en el Perú. Desplegó en Francia una extraordinaria actividad como autor de ediciones de clásicos y modernos autores peruanos e hispanoamericanos. Esporádicamente escribió también para el teatro. Entre sus cuentos pueden hallarse algunas *tradiciones* en las que el rico y delicado estilo y la aptitud evocadora hacen pareja con una escéptica ironía.

Carlos CAMILO CALDERÓN (Lima, 1884-1956). Periodista en sus comienzos, volcó en los viajes su inquietud por conocer el mundo. En la madurez escribió una novela de tipo histórico *(La cruz de Santiago,* Lima, 1925) y otra de costumbres (*El daño,* Lima, 1942) y un relato de viajes y aventuras de fino corte modernista *(La ilusión de Oriente,* Lima, 1943). Al mismo tiempo dio a conocer cuentos y *tradiciones* ambientadas en las provincias peruanas. Publicó *Tradiciones de Piura* (Trujillo, Imp. Moderna, 1944) y *Tradiciones de Trujillo,* (Trujillo, Imp. Moderna, 1944) en las que evidencia sus condiciones de exquisito narrador.

Puerto Rico

En Puerto Rico la tradición tuvo caudaloso cultivo, entre otros, con dos escritores de notable calidad. El más antiguo, Manuel FERNÁNDEZ JUNCOS (San Juan, 1840-1928), de extensa producción con su obra *Costumbres y tradiciones* (San Juan, 1883). En recientes ediciones se ha recogido el resto de su producción de este carácter: *Galería puertorriqueña - Tipos y caracteres - Costumbres y tradiciones* (1883) (México, Instituto de Cultura, 1958, 383 p.) y *Antología de sus obras* (México, Editora Orión, 1960, 188 p.). FERNÁNDEZ JUNCOS es un escritor donoso, con grandes recursos y estilo pulcro que no desdeña el giro popular.

Apareció posteriormente Cayetano COLL Y TOSTE (San Juan, 1850-1930), autor de *Leyendas puertorriqueñas* (San Juan, Edit. Puerto Rico Ilustrado, 1924 y 1925, 182 p.), de *Tradiciones y leyendas puertorriqueñas* (Barcelona, Edit. Maucci, s. a., 3 vols. y San Juan, 1924 y 1925); *Narraciones históricas* (Barcelona, Edit. Rumbos, 1962, 212 p.) y *Selección de leyendas puertorriqueñas* (México, Edit. Orión, 1957, 202 p.).

El Salvador

Dentro del ámbito centroamericano, destacan las figuras de los salvadoreños Francisco GAVIDIA (San Miguel, 1863-1955) y Francisco HERRERA VELADO (1876-1966).

GAVIDIA ocupó las situaciones más destacadas en la actividad intelectual y política. A más de poeta, dramaturgo y ensayista, se destacó como conocedor profundo de la moderna literatura francesa, correspondiéndole el mérito de haber iniciado en las letras al insigne poeta Rubén DARÍO. Como amigo y corresponsal de Palma, se interesó por la narrativa de evocación, lo cual se evidencia en *El encomendero,* relato de alta calidad literaria.

La otra figura es Francisco HERRERA VELADO, buen escritor, dueño de prosa cuidada y narrador de singular vigor, que ha dejado obra considerable.

Uruguay

Uruguay puede exhibir por lo menos dos tradicionistas de calidad: DE MARÍA y ARREGUINE.

Aunque Isidoro DE MARÍA (Montevideo, 1815-1906), es tal vez el único tradicionista que perteneció a una generación anterior de la de Ricardo PALMA, su identificación con el sentido del nuevo género es completa. En sus investigaciones de historiador, halló abundante documentación aprovechada en sus relatos, que corresponden a la época de su madurez.

Igualmente utiliza sus propias experiencias de una larga y laboriosa actividad intelectual. Publicó *Montevideo Antiguo - Tradiciones y recuerdos* (Montevideo, Imp. Elzeviriana de C. Becchi, 1887, 168 p., 2ª edición en 2 volúmenes: 1888-1895).

Víctor ARREGUINE (Montevideo, 1868-1930?), poeta romántico en un comienzo, se renovó en su prosa de cadencia modernista. Publicó *Narraciones nacionales* (Montevideo, 1900) y *Lanzas y potros* (Montevideo, Ed. O. M. Bertani, 1913, 147 p.).

Tanto en DE-MARÍA como en ARREGUINE la *tradición* se vuelca en expresión literaria de valía.

Venezuela

Salido de las investigaciones históricas, Arístides ROJAS (Caracas, 1826-1894), encontró en la "tradición" la forma de dar a conocer la pequeña historia de su país, estudiadas bajo la sombra de viajeros ilustres como Humboldt, constituyéndose Rojas en algo así como el padre del tradicionismo venezolano. Escribió *Leyendas históricas de Venezuela,* obra editada por primera vez en 1890 y luego muchas veces (Caracas, Imp. Nacional, 1972, 2 vols., y Lima, Festival del Libro Popular Venezolano, 1958).

En el Perú había sido cercano amigo y colaborador de Palma, durante una estada de más de 20 años, Juan Vicente CAMACHO (Caracas, 1829 - París, 1872). Dejó multitud de tradiciones desperdigadas en periódicos de Lima, de donde el autor de esta antología las recogió para su inclusión en un volumen: *Tradiciones y relatos* (Caracas, Ministerio de Educación, 1962, 172 p.). Son narraciones de fino y romántico carácter.

Camacho contribuyó decisivamente a acuñar el apelativo de "tradición" en el Perú y en Venezuela.

Proveniente del periodismo, Andrés Antonio SILVA (Caracas, 1850?), volcó sus escarceos históricos en la *tradición*. Publicó algunas en *El Cojo Ilustrado* de Caracas y *El Ateneo* de Lima, seducido como Rojas y Camacho por el ingenio de Ricardo Palma. No llegó a reunirlas en volumen.

Tulio FEBRES CORDERO (Mérida, 1860-1938) es el tradicionista de la zona andina de su país como ROJAS lo es de los llanos. Sus *Tradiciones y leyendas* las publicó por primera vez en su ciudad natal y más tarde las refundió en su libro *Archivo histórico y Variedades* (2 vols., Caracas, Tip. Suramérica, 1931). Sus relatos tienen un original sabor añejo y romántico, muy en consonancia con su actitud de exaltar la acción de los hombres y de la naturaleza en el pasado venezolano.

CRITERIO DE ESTA EDICION

No SE HA INTENTADO hasta hoy —que sepamos— confeccionar antologías especiales de *tradiciones* en cada país hispanoamericano y tampoco una general que abarque las manifestaciones del género en todo el continente. Constituye así la presente selección un primer intento de coleccionar materia literaria tan valiosa y peculiar de esta parte del mundo como son las *tradiciones*.

El estudio de la *tradición* hispanoamericana exige un cauteloso examen textual, a fin de deslindarla de otras formas literarias que adoptan ciertos caracteres similares. Suele suceder que los autores no usen la denominación propia y escojan otras como "estampa", "leyenda histórica", "relato de antaño", "relato histórico", "cuadro viejo", "narración histórica", "episodio", "crónica", "relato tradicional", "anécdota" y otros tantos títulos más elaborados y menos genéricos. También se da el caso de autores que han usado la denominación *tradición* para designar piezas que no tienen el carácter de tales y que son en realidad cuentos o estampas o cuadros de costumbres. No debe sorprender por tanto que esta selección incluya piezas a las que sus propios autores no calificaron como *tradiciones* aunque lo fuesen y que hayamos prescindido de relatos que titulándose "tradiciones" no lo eran en su esencia.

Por razones de espacio y no siendo nuestro propósito trazar un cuadro exhaustivo del género en cada país de Hispanoamérica, nos hemos limitado a incluir en la antología a los autores que se consideran más significativos, dejando para la bibliografía señalar autores y obras no incluidas pero que podrían serlo en una recopilación más extensa.

Tratamos de presentar de cada país una muestra representativa de sus tradicionistas. Al efecto, hemos seleccionado un conjunto de escritores más difundidos en este género o especie, y de cada autor una o dos *tradiciones*. En algunos casos incluimos dos *tradiciones* de un mismo autor cuando las varias maneras y la variedad de temas favoritos de un mismo tradicionista así lo aconsejan.

El lector se dará cuenta de la dificultad de nuestra tarea dada la dispersión de la bibliografía de la materia y la escasez de estudios previos sobre el asunto y sobre la estructura de este fenómeno literario. Al respecto, debe destacarse también el hecho de la inconexión cultural todavía existente entre los países hispanoamericanos, pese a los esfuerzos realizados últimamente con el fin de lograr mayores medios para resolver el problema. Es muy difícil aun encontrar en un solo país la bibliografía concerniente a la veintena de países restantes.

Para la confección de esta obra hemos recibido ayuda bibliográfica invalorable que exige el testimonio de nuestra gratitud a Juan Ignacio Tena, Director hasta hace poco del Instituto de Cultura Hispánica de Madrid, y a José Ibáñez Cerdá, Director de la Biblioteca Hispánica de la misma institución, cuyos fondos y personal se pusieron generosamente a nuestra disposición, así como a tantos otros corresponsales que nos han allegado textos o proporcionado datos acerca del desarrollo de este género en diversos países hispanoamericanos.

En la bibliografía no hemos podido dejar de incluir algunas obras "costumbristas", o también "leyendas" y aun "cuentos", que incluyen tradiciones o que se acercaron tentativamente a ese género en diversos países del continente. Como los títulos a veces no condicen con los textos, hemos incluido algunas fichas que aparentemente no se refieren a tradiciones aunque el texto demuestra lo contrario.

Toda antología supone un criterio previo de selección. En este caso, se ha atendido primeramente a un juicio de representatividad nacional.

Están incluidos relatos provenientes de 19 repúblicas hispanoamericanas. En segundo lugar, se ha adoptado el criterio de incluir para cada país la tradición generalmente considerada como la más característica de la región. Cuando ha sido inevitable conceder alguna flexibilidad al criterio de representatividad, hemos mantenido un prudente deslinde con respecto a "leyenda" (fluir de imaginación) o "estampa" o cuadro costumbrista (apego al espejo de la realidad).

Los relatos seleccionados mantienen en su estructura el vínculo con la historia, al mismo tiempo que la desenvoltura de un cuento popular documentado en antecedentes ciertos y escenificado en una realidad reconocible y precisa. La inventiva entra tanto en la trama o el desarrollo del asunto como en el uso del lenguaje adecuado a la calidad de los personajes, al lugar en que ellos se desenvuelven o al momento en que actúan.

Esta antología intenta al mismo tiempo mostrar en esquema cuán grande fue el impacto de Ricardo Palma en toda Hispanoamérica. Es consecuentemente el producto de una vasta indagación acerca de ese género tan específicamente hispanoamericano creado por Palma a mediados del siglo pasado. La "tradición" resultó el primer eslabón de una corriente nacionalista, que recoge el narrar popular, sobre hechos en parte ciertos, en parte imaginados. Ella respondía a una misma actitud de afirmar la identidad nacional y continental ante el descrédito de una literatura "importada" vigente antes de surgir la *tradición*.

Con esta antología se abre un campo poco transitado por la investigación literaria, no obstante la vigencia del "tradicionismo" durante un lapso de casi un siglo y la abundante producción de este jaez que hubo en Hispanoamérica. No pretende esta primera recopilación agotar las posibilidades de estudio de este género o especie que constituye un capítulo importante de la narrativa hispanoamericana del siglo XIX y que aún deja sus huellas en el presente siglo. Antes bien, ella hace ostensible la carencia de estudios monográficos sobre el proceso y desarrollo de la "tradición" en cada país hispanoamericano, para los que cabría elaborarse sendas antologías críticas, semejantes a la que ya tenemos avanzada sobre la "tradición" en el Perú.

E. N.

TRADICIONES HISPANOAMERICANAS

ARGENTINA

FLORENCIO ESCARDO

NI DIOS NI NAIDES LA PISA

I

EL ÚNICO que inspiraba temores a Rosas, entre los Gobernadores de provincia, era el Dictador de Entre Ríos, Capitán General Don Justo José de Urquiza, hombre lleno de popularidad después de la batalla de *India Muerta* (donde degolló a 500 prisioneros indefensos) que después de haber sido el más seguro sostenedor del partido *Federal,* empezaba a presentarse como contrario, entrañando las esperanzas del partido *Unitario.*

La familia de Urquiza establecida en Entre Ríos, desde la época de la Independencia, había dado a sus hijos una regular educación, enviando a estudiar a Buenos Aires al joven Justo, que aprendió a leer, escribir y sacar cuentas. Escapado del colegio volvió a Entre Ríos y entró de dependiente en una tienda en el "Arroyo de la China", entonces pequeña población de mil habitantes y a donde los gauchos de las cercanías hacían sus compras.

Entre aquellos ignorantes, el joven Urquiza descollaba y como era robusto, ágil, valiente y trabajador, varios desafíos con fortuna y su manejo en el cuchillo le dieron renombre. Económico, habiendo reunido un pequeño capital y ayudado por su padre, dejó el empleo y fundó una tienda en 1820.

Por fin, en una de esas revoluciones tan frecuentes entre nosotros, fue nombrado "Comandante de la Milicia Nacional".

El comandante adquirió en poco tiempo tal fama de inflexible, que los Jefes de Entre Ríos no pudieron prescindir de su ayuda, cuya popularidad se extendía por todo el litoral Uruguayo.

Las milicias que tenía a sus órdenes se aumentaron y cuando Echagüe luchaba contra Paz, Urquiza ya figuraba como uno de los fuertes sostenedores del partido *Federal* en Entre Ríos.

II

Vuelto a esa provincia después de la batalla de "India Muerta", fue nombrado Gobernador en 1846; pero ese cargo público no le hizo perder al antiguo tendero su afición al negocio; si bien le disminuyó las simpatías, pues su avaricia lo imposibilitó de formar un ejército como lo había hecho Rivera con su desprendimiento; y esto que a ese general deseaba tomarlo por modelo.

Pero si bien Urquiza no llegó por los mismos medios que Rivera a realizar su intento, lo consiguió por una vía más expedita: el terror que comenzó así:

Después de la campaña del Uruguay, llamó a las armas a todas las milicias para marchar contra los *Unitarios* de Corrientes. Los contingentes venían de todas partes, pero los gauchos de Mocoretá desertaron.

La campaña se hizo sin ellos y concluida la guerra, conservando tropas en Calá, envió un destacamento a Mocoretá con orden de traer a los antiguos desertores. Habiéndose expatriado éstos, Urquiza dio orden que vinieran en su lugar las familias.

Cuando esas desventuradas llegaron a Calá, las mandó conducir, en principios del invierno, a una colina; no les permitió ni una manta, y por todo alimento, les hacía dar las patas, las tripas, y otros desperdicios.

Sólo una vez, con centinela de vista, podían ir a beber al arroyo de Calá, como si fueran un rebaño!

No podían hablar, y un anciano que quiso dirigirle la palabra fue inmediatamente fusilado.

Este suplicio duró tres meses, al cabo de los cuales permitió a los *negros* que formaban un batallón de infantería, que escogieran *esposas* entre las prisioneras blancas; el resto fue puesto en libertad; pero de 300 solo existían 40.

Las crueldades de este hombre con los prisioneros eran terribles, y dejan muy atrás a las del mismo Rosas.

III

Ningún jefe *federal* se mostró más implacable con los rendidos y sus matanzas sobrepujaban las de Quiroga y Rosas.

Su pasión no era sólo el poder, lo era también la avaricia; subordinaba todo a sus cálculos de comerciante.

Para él lo más claro y terminante de una expedición militar, eran los miles de cabezas de ganado que aumentaba a las que poseía; de este modo pronto fue el primer propietario de Entre Ríos, lo que no estorbaba siguiese su negocio de tendero.

Abusando del poder, prohibió todas las tiendas y pulperías que no tuvieran una autorización firmada de su puño y letra, y como sólo la daba a sus habilitados o a los que lo asociaban, llegó a ser copartícipe en más de 300 casas de negocio.

Pero esto no le bastó. Sembró trigo y para venderlo mejor, prohibió la entrada de harinas so pretexto de proteger la agricultura nacional.

Siendo Presidente de la República, estableció contigua al campamento una gran casa de negocio donde vendía el pan de sus panaderías, el queso y la leche de sus estancias y hasta las frutas de sus huertas y como el sueldo de sus tropas sólo era *la carne,* ésta la recibía como dinero para salarla y venderla a su vez.

Y este tráfico no era oculto; Urquiza iba diariamente a la casa de negocio a saber el resultado e inspeccionar los libros.

Este es el hombre que en 1851 se levantó contra Rosas.

IV

Aliado de los *unitarios,* vino también a serlo del Brasil, que dio su marina, un contingente y dinero.

Rosas, que siempre renunciaba y se hacía reelegir en su puesto de Gobernador, seguro del éxito, lo hizo en el año de 1851; pero Urquiza que esperaba el momento oportuno, aceptó la renuncia en cuanto a las relaciones exteriores y asuntos de paz y guerra de las provincias, recobrando el derecho y las prerrogativas inherentes a la de Entre Ríos, esperando la convocatoria de un Congreso General que fijara su organización definitiva.

En su propósito, arrastró a Virasoro, Gobernador de Corrientes.

Separados Corrientes y Entre Ríos, el movimiento fue robustecido por el tratado de alianza de 29 de mayo entre el Brasil, Entre Ríos y el Uruguay, para la pacificación del Estado Oriental.

El Brasil daba 12.000 hombres; 138.000 ps. fts. al Gobierno Oriental; más 60.000 ps. fts. mensuales en cambio de la hipoteca de una parte de sus rentas y una nueva demarcación de límites a lo que Montevideo accedió.

En junio de 1851 empezaron las operaciones, marchando Urquiza con 4.000 hombres sobre el Uruguay; 12.000 brasileros se hallaban en la frontera del Norte. Garzón acampaba con fuerzas orientales en Paysandú, Virasoro cubría el Paraná y la escuadra brasilera al mando del almirante Greenfeel interceptaba a Rosas con Oribe.

Así, apenas Urquiza pasó al Uruguay, Paysandú cayó en su poder y todo el territorio oriental desde el Uruguay al Río Negro se pronunció en su favor. Entre los jefes, hallábase el general don Servando Gómez, y sin esperar el auxilio brasilero, el 8 de octubre se adelantó hasta el campamento de Oribe.

Una capitulación tuvo lugar y las tropas de Oribe pasaron a las órdenes de Garzón, incorporándose las argentinas a las de Urquiza, siendo de notarse que los batallones argentinos se entregaron *sin banderas,* pues todas ellas fueron llevadas por sus jefes a Rosas.

Se dio un olvido general, *no hubo vencidos ni vencedores,* y Oribe quedó libre para irse o quedarse, respetando, por supuesto, las autoridades del nuevo orden de cosas.

Pacificado el Estado Oriental, Urquiza reunió sus tropas en el "Diamante" formando 30.000 hombres.

La batalla de "Caseros" dada el 3 de febrero de 1852 se siguió a estos sucesos.

V

Vencedor Urquiza, se instaló en Palermo, haciendo su entrada triunfal a Buenos Aires no sin haberla ensangrentado a su arribo con el fusilamiento del valiente coronel que dejaba colgado en un árbol del "Versalles" Porteño.

Su entrada fue de pésimo efecto, pues al frente de las tropas lo hizo en riguroso traje de brigadier, pero con sombrero alto de particular y cintillo punzó de los *federales*...

Este solo hecho lo despopularizó y fue hábilmente explotado por los diarios.

En las elecciones que se efectuaron en Buenos Aires, en abril de 1852, fue derrotado completamente. Tuvo lugar la revolución del 11 de septiembre que lo derrocó del poder y vino el sitio de Buenos Aires que concluyó con el desbande de sus tropas.

Desde aquí la República quedó dividida:

De un lado trece provincias con Urquiza de Presidente; del otro Buenos Aires convertido en Estado soberano.

El caso es que las entradas de las trece provincias no alcanzaban a 200.000 pesos fuertes, sin crédito en el exterior, y las de Buenos Aires eran de 4.000.000, con un crédito ilimitado en la plaza de Londres.

VI

La provincia de Entre Ríos está formada de dos grandes secciones, que lo son la del Paraná y la del Uruguay, divididas por el río Gualeguay.

La sección del Paraná está repartida en seis Departamentos que son: La Paz, Paraná, Diamante, La Victoria, Nogoyá y Gualeguay; y la del Uruguay en cuatro que lo son: Gualeguaychú, el Uruguay, Villaguay y Concordia.

La superficie de esta provincia es de 117.000 kilómetros cuadrados; su población de 100.000 habitantes y la capital es la Concepción del Uruguay (antiguo Arroyo de la China) con una población de 5.000 habitantes.

La riqueza de Entre Ríos puede calcularse en 2.000.000 de ganado vacuno, 2.000.000 de ovejas y 270.000 caballos, yeguas y mulas.

Su comercio consiste en la salazón y exportación de carnes, explotación de las caleras del Paraná y exportación de cueros, sebo, grasa y lana.

Cuando la separación de Buenos Aires, Urquiza estableció la capital de las 13 provincias en el Paraná, población de 7.000 habitantes.

VII

En la cuadra de un batallón que estaba en el Paraná, conversaban varios soldados y un cabo.

—Ya lo hemos oído todos, decía el cabo, *ni a Dios* le ha permitido el General que la pise.

—Y así debe ser, agregaba un soldado.

—¡Cómo no, pues! decía un correntino, si hasta ahora *naides* la ha vencido y siempre ha *peleao* con gloria en *tuitas* partes.

—Y se ha *paseao* vencedora por la América, desde el Plata al Chimborazo, *ande* la fue a clavar el General San Martín, agregaba el cabo.

—Sí, pero a mí me parece, cabo, que *Dios* es más que todos y que él tenía derecho... dijo un soldado.

—*Mirá,* Juan, le contestó el correntino, si *seguís* hablando barbaridades te rompo la crisma; lo que es delante de mí, *ni Dios ni naides* la pisa, y basta de conversar al *ñudo.*

Esta escena tenía lugar entre los soldados del "Batallón Palma" con motivo de la pomposa fiesta de Corpus Cristi, que Urquiza mandó hacer en el Paraná, después de ser Presidente de las trece provincias.

VIII

Jamás se había visto lujo mayor

Las campanas de todas las iglesias se *echaban* al vuelo, acompañadas por millares de cohetes voladores; todas las casas y edificios públicos estaban embanderados, las calles cubiertas de hinojos y las tropas de gran parada formaban en la plaza.

Un decreto del Presidente invitó a todos los empleados, y como en Entre Ríos los desaires a invitaciones semejantes costaban *la cabeza,* no quedó empleado sin asistir ni frac que no saliera a luz.

Las damas estaban lujosamente vestidas, llenando los balcones y las azoteas donde se lucían colchas de todas clases y colores; en fin, aquello era una parodia de las fiestas de *Corpus Cristi* en Buenos Aires.

IX

Al salir la procesión del templo, todo el mundo se prosternó. El general que mandaba la parada mandó rendir armas, y entonces los batallones que formaban en la calle en los cuatro frentes de la plaza, doblaron la rodilla, cubrieron la llave del fusil y descubiertos, rindieron las armas.

Los abanderados lo hicieron de igual modo, tendiendo en el suelo la bandera nacional.

La procesión avanzaba majestuosa, viniendo a su frente Su Señoría Illma. Monseñor Marino-Marini, con la custodia en la mano, cubierto con su magnífico traje de Obispo y su dorada mitra, debajo de palio llevado por seis sacerdotes.

Detrás, de gran parada, venía el Capitán General, Brigadier, Presidente de trece provincias, D. Justo José de Urquiza, siguiéndole el General Pedernera con el *guión*.

En fin, allí iba el cuerpo diplomático, todos los empleados públicos y multitud de particulares con cirios encendidos.

Verdaderamente, la procesión era magnífica, porque, de cierto, no hay pompa religiosa más imponente que la católica.

Las músicas, los cantos, los cohetes y las salvas atronaban el espacio.

X

Cuatro varas antes de llegar a la bandera de un batallón que naturalmente tendida, salía de las filas interceptando parte de la calle, el general Urquiza se acercó a Su Señoría Monseñor Marino-Marini y le dijo al oído: *No la pise*. Era tal el ruido de las músicas, los cánticos y los cohetes, que probablemente Su Señoría no lo oyó o no lo comprendió, siguiendo su camino. Al rato Urquiza volvió a acercarse diciéndole otra vez: *No la pise*. Y como Su Señoría tampoco lo oyera y siguiera avanzando, al irle a poner el pie encima, el general Urquiza, tomándolo violentamente de su capa talar, le dijo con acento amenazador:

—*No la pise... que no es para pisarla!*

Su Señoría se quedó pálido y después de un momento de turbación, bendiciendo a la bandera, desvió la marcha y continuó su camino.

Es de imaginarse cómo se comentaría este incidente y la parte moral que dejaría en los soldados, y en el pueblo, acostumbrado a prosternarse con veneración *ante Dios,* nombre con que generalmente el vulgo designa *la custodia* que se saca en las procesiones.

Así, pues, con razón decía el correntino, a propósito de la bandera de la patria: *Ni Dios ni naides la pisa.*

Montevideo—1875.

[De: *El Correo del Perú,* año V, Tomo V, 30 de diciembre de 1875.]

BERNARDO FRIAS

LA ENCOMIENDA DEL OBISPO

Terminadas que fueron las ceremonias de la fundación de Salta, el Obispo Victoria, que, a lo que va a verse, era un español (o portugués como afirman otros) muy amoroso de su madre patria, España, dio la vuelta a su tierra, después de una gran gresca con el Gobernador, llevando dentro del saco buenas acusaciones contra el señor de Lerma, su colega mayor en los quehaceres del nacimiento de la ciudad de Salta.

Al echar los cimientos de ella y repetido al pisar el estribo de la mula para emprenderla camino al Perú y tomar de allí buque para volver a sus Españas, se cuenta que contrajo el grave compromiso de enviar desde aquellas ultramarinas regiones, un Cristo para la Matriz, como ya le había hecho igual promesa a la iglesia de dominicanos de Córdoba, de enviarle una imagen de la Virgen del Rosario.

La pareja, bendita y llena de ignoradas gracias, salió no se sabe de qué puerto, ni en qué buque ni en qué día de las playas españolas, de donde nos venían todas las cosas, buenas y malas, desde las nobles damas hasta los viles ratones y las chinches.

Iban bien encajonadas, bien provistas de cuanto había menester para que no sufrieran deterioro en la travesía del Océano y mayormente en el trastorno de los más elevados montes helados de la tierra que, para llegar a Salta y en seguida a Córdoba viniendo del Perú, había entonces que recorrer todo eso y vencerlo, primeramente en buque de vela, haciendo las 6.000 leguas que se decía separaban al Callao, y luego las 600 que se tenía en cuenta como interpuestas entre Lima y Salta, y unas 250 que se calculaban desde esta ciudad hasta la de Córdoba; pues entonces las cosas del *otro mundo* tenían que hacer trayecto a la inversa de lo que hoy lo hacen para llegar a estos destinos; siendo así Buenos Aires el último extremo de la carrera.

Como la partida, como el puerto, como el vehículo de transporte, también se tragó el misterio la suerte que corrió aquella nave en su camino, que no volvió a aparecer más.

Pero una apacible tarde de junio del año de 1592, los vigías del puerto del Callao llegaron a columbrar a lo lejos dos puntos negros que se mostraban y desaparecían entre las mansas olas del mar. Buques no podían ser ni por la distancia a que aparecían con tan reducido volumen, ni náufragos tampoco, pues que tiempo ya tenían para haberse hundido en los abismos.

Los misteriosos puntos, sin embargo, que así robaban las miradas de la guardia del puerto sobre el lejano horizonte, fueron tranquilamente acercándose, "sin gobernarlos y sin pilotos, bogando hasta varar en las arenas del puerto, dos cajones".

Así lo hemos encontrado con sorpresa descripto, al ascender, en 1916, la escalera que conduce al camarín de la virgen del Rosario, en el templo de Santo Domingo de Córdoba, escrito en un viejo manuscrito, guardado entre cristales.

Aquellos en un principio dos puntos obscuros, se convertían de esta suerte, en dos cajones llegados del centro del mar, y enderezados por sí mismos hasta asegurarse en el desembarcadero mayor del Perú.

Fueron a ellos los curiosos, y más que curiosos, asombrados guardianes, y leyeron sus rótulos escritos en letras marcadas a fuego, el uno dirigido para la iglesia Matriz de Salta, y el otro para Santo Domingo, de Córdoba; ambos llevando la firma del Obispo Victoria que, por esa misma fecha, pasaba de esta vida en el convento de Atocha, en Madrid.

Era nuestro gobernante superior, después del Rey que se las dormía en la corte, el virrey de Lima Don Andrés Hurtado de Mendoza, marqués de Cañete. Porque estas tierras desiertas, de quienes las armas españolas no habían terminado la conquista todavía, vivían bajo la dependencia del Perú.

El marqués de Cañete, militar como casi sin excepción eran y debían ser en tales remotos días los gobernantes de América, había figurado, como los demás conquistadores, matando franceses en Italia y clavando picas en Flandes.

Esta célebre sombra de Su Majestad era, como Don Felipe II que desde más lejos todavía nos mandaba y disponía de nosotros, cristiano viejo, católico profundo, sin gota de moro, hereje, judío ni sambenitado; y además, hombre de pelo en pecho; por lo que, dándole cuenta de la maravilla, dispuso sobre el punto le prepararan la mula, aunque otros dicen que la virreynal carroza, y otros que sobre mula enjaezada con primor de riqueza; nueva, grave e interesantísima cuestión que puede quemar el seso y preparar la calva a los *sabios eruditos* apasionados de estas riñas, tan útiles como ellos al bien de la humanidad; y rompió así el trote al Callao.

De allí salieron camino a Lima uno y otro cajón, que habían sido examinados por ambas potestades en el puerto; y resultando ser de la encomienda del Obispo Victoria, el Cristo ofrecido para la iglesia de Salta, y la Virgen del Rosario para la de Córdoba.

Iba la piadosa carga conducida a fuerza de brazos de indios, y arreando en procesión a cuantos habían ido con el gobierno desde Lima, y a cuantos desde el Callao seguían a Lima con el gobierno, los más, por adhesión al que mandaba; pues, en aquellas noches de *fanatismo,* había menos aduladores que en nuestros días de las ciencias y de las luces.

Hízoseles en la Capital, en su honor, solemnísimas fiestas, despidiéndolos en seguida la población en masa; por que había que entregarlos a sus dueños, sin aguardar a reclamación.

Partieron para el larguísimo viaje, en que tenían que recorrer media América casi, y trastornar la nevada cordillera de los Andes, otra vez en brazos de los indios cargueros.

No se ha tomado cuenta del tiempo que gastaron en el trayecto, ni del número de brazos empleados en el acarreo. De lo que sí ha quedado memoria es de que, una vez llegado a Salta el cajón de su pertenencia, no recibió el tributo que en tierra del Perú; antes más bien fue desdén y olvido lo que le brindaron; probando al paso cuánta razón tenía San Francisco Solano en haber sacudido sus sandalias al pie del Portezuelo, para no llevar de Salta ni el polvo; pues parece que, como Esteco, era una población que más respondía al jolgorio y al comercio, que al pensamiento de *morir habemus,* de San Bruno.

De esta suerte fue el Cristo echado a un rincón de la sacristía de la Matriz, así, tal cual los enviados peruanos del Virrey lo entregaron.

Los incuriosos vecinos y los pocos edificadores sacerdotes de aquel entonces (en esto un poquito parecidos a los de hoy), ni siquiera, dicen, se preocuparon de abrir la encomienda y ver con ojos propios el contenido; parece que importándoles poco más que un comino todo ello: y tomando lo de la maravillosa aparición en las aguas del Callao por encantadora aventura, muy propicia para llenar la conversación del día y para pasar sobre ella y no volver más; pues, entre la tela de araña y el polvo de los años quedó allí el Santo Cristo olvidado por un siglo. Así como suena, ni más ni menos; cien años guardado sin que volviera la luz del día a besar su corona de espinas.

[Bernardo Frías, *Tradiciones Históricas,* Buenos Aires, Editorial Tor, 1923, 320 p.]

PASTOR S. OBLIGADO

CASAMIENTO A PUÑALADAS

I

ALTO, magro, jaranero y bonachón —aunque cuando *montaba el picazo* se le solía ir de la mano—, decidor y decidido era el frailecito que dragoneaba de capellán castrense en la División del Oeste, contando más chinas casadas, sietemesinos bautizados de barraganas casadas y gauchos desbarraganados, que cuentas su rosario.

Cierta ocasión [*en*] que había salido del Campamento Nacional, cabalgando chúcara mula cuyana, llegó al caer la tarde a un rancho pobre, algo aislado, donde la amiga de un paisano bastante rústico y tan de pocas palabras que le apodaban *el silencioso,* se adelantó alegre y charlatana, saludándole:

—Buenas tardes, Padre; dése contra el suelo y acérquese al fogón: le convidaré con un mate.

— Dios se las dé muy buenas, comadre. ¿Y su hombre por dónde anda?

—Allicito no más, sobando un cinchón bajo el alamar de la acequia quedó mi Ciriaco. ¡Velay! Aquí viene con el más gauchito, que anda buscando *güeyes* perdidos.

Y a su arribo, continuó el diálogo no interrumpido por el cimarrón, hasta hacer sonar bombilla, que cebaba la patrona, agregando el padre capellán:

—Y ya que hablamos de bueyes perdidos, ¿por qué no se casa, don Ciriaco, regularizando su situación, pues olvidó pasar por la sacristía antes de echar detrás de la iglesia numerosa nidada?

—¡Qué quiere, Padre, somos *probes*! Los tiempos andan malos, y al que nace barrigudo que lo fajen es al ñudo.

—Pero para matrimoniarse con una mujer y dos voluntades a veces con una sola basta. ¿A qué andar haciéndole feos al matrimonio?

Y como al frailecito, por demás charlatán, solía írsele *la sin hueso,* ño Ciriaco, de pocas palabras, entre mate y mate, no obstante la conversación de la china, continuaba mudo, los ojos bajos, fija la mirada en el suelo, trazando con el dedo gordo del pie desnudo marcas y contramarcas —único dibujo que alcanzan cuatreros—, moviendo la cabeza a todos lados. Al fin, cual si vinieran arrocinándole reflexiones tan repetidas, contestó en voz baja, masticando o triturando contradicciones interiores:

—Bueno, Padre, si tanto se empeña, ¡bendición más o menos no hará daño!

—Las cosas buenas, hacerlas pronto. Hoy es lunes, y como esta semana tengo muchas almas que limpiar, pues cayeron a ejercicios los más recalcitrantes, el sábado temprano vendré a echarles la bendición para que el domingo, después de misa, salgan todos bien acollaraditos y en gracia de Dios.

El gaucho quedó rezongando en un rincón, tascando el freno o el *bocado,* poco ganoso de probar otro bocado; a la china gordinflona, risueña y mofletuda, temblequeándole prominencias maternales, parecidas a jaleas mecedoras, por ráfagas de risa; y el curita, saltando en su mula, regresó al campamento.

No era jugador, carrerista, ni siquiera gallero, únicamente... ¡poca cosa!, no adelantéis, maliciosas lectoras, pecaminosas murmuraciones. Esa noche, tal vez contento por cerrar cadena de matrimonio con el más empedernido, o quizá por el frío que bajaba de cordilleras, oíasele repetir con frecuencia la jaculatoria de todas las noches:

—¡Dame otro beso, *negrita,* y vámonos a dormir!

Tan cariñosas demostraciones despabilaban al monaguillo, a pesar que ni por el ojo de cerradura, o rendija alguna, descubría la *Perpetua* de todo cura en campaña, hasta que a sus castos pensamientos volvió el intranquilo sacristán, cuando tras mucho rebuscar, descubrió la cama, entre porrones y limetas... ¿qué les parece a ustedes que descubriera...? La botella de ron marca "Negrita", "desdoncellada" por tantos besos —que pecado no era en noches crudas.

II

No pequeña sorpresa tuvo el capellán el sábado siguiente, al no encontrar un alma dentro del rancho, ni a quién preguntar hacia dónde rumbeara el gaucho maula, de no interrogar la gata barcina que saltó por la ventana. Sulfurado por el chasco, volvió a saltar el flete del comandante, que por ligero le había prestado para el caso, diciéndose:

—¡Pues yo no me quedo sin casar!

Y girando la vista en [*su*] contorno, ni muchinga-cazarratones descubría, ya echando de menos la escopeta a su espalda, padrecito tan casamentero que las cazaba al vuelo. Pero, al fin, empinándose sobre los estribos, alcanzó a divisar lejos, muy lejos, [*una*] carretita desvencijada o castillo dislocado trasmontando la loma más allá por donde el diablo perdió el poncho, que con cuatro desportillados trastos viejos, mudaba el gaucho matrero toda la cría, asustado del matrimonio que maldito si distinguía en resultados de lo que practicaban.

—¿Para qué casarse? —se había dicho reaccionando—. ¿Para que al día siguiente me salga la china respondona con el santo y la limosna...?

Y aunque el sol ya picaba fuerte, observando la marcha parsimoniosa de bueyes entecados, retardada por las sentadas de mula culatera, picó el caballo, y antes del cuarto de hora llegó a la Isidora el último de su barraganería.

—¡Párese, amigo! ¿Dónde va? —exclamó cruzando el caballo en medio del camino.

—¡Otri! ¿Di ande me ha salido, tata, pa que tenga que pedirle licencia?

—No habrá resucitado el muerto; pero así no se engaña a la gente. ¿No dijo que viniera a casarlos...?

—Es decir: usted dijo que vendría... no sé si por los cinco pesos de las bendiciones o por otra cosa...

—¡Ah!, maulón, ahora verás; te voy a dar cinco chirlos por deslenguado.

—¡Eso será si le da el cuero, o no se enrede en las polleras! —contestó el gaucho taimado, pelando al mismo tiempo su *alfajor*.

Y allí nomás se trenzaron a cuchillo limpio tajos y reveses, como caricias matrimoniales, a tiempo que la china, en ráfagas de risa intermitente, desde la carreta se desgañitaba:

—¡Jesús, María! No se maten, que la cosa no es pa'tanto.

Y sin parodiar al desencantado autor del *Diablo Mundo,* que achaques de poesía no entendía la cuadrada y sólida barragana, pensaba, sin duda:

—*Que haya un marido más, ¿qué importa al mundo?*

III

A sus gritos, hacían coro llantos de chiquilinada, a punto de quedar sin padre.

—¿Por qué no te has de casar, indino? ¿Para qué lo prometiste? ¿Acaso porque ves sotana, me tomaste por *aguantapulgas* fácil de engañar? —se oía al frailecito, que era una luz en tajos y reveses, y como relámpago para agacharse e írsele al humo con su *alfiler.*

—Me va a perder mi hombre —lamentaba la parte contraria, que había rebanado ya medio hábito de su paternidad, hasta que al poner fin a la lucha, antes de tropezar en el otro medio, de un doble quite y atropellada a fondo cayó al suelo el candidato a marido, o a difunto. Y tirando el cuchillo, dijo el más cuchillero:

—¡Ahora, a curarse, que yo no achuro a caídos!

Y quiso que no quiso, después de fajarle la herida con jirones de su propia camisa sucia, al par aplicaba ungüentos y consejos, bajo el mismo vendaje repetía no hiciera ascos al matrimonio, que, al fin, no es tan malo como lo pintan.

—¡Otri! ¡Lo habrá probao, Padre, con buena suerte!

Viniendo en rumbo opuesto por el caminito a San Rafael, unos guasos arrieros del otro lado se pararon a curiosear tan rara trifulca, y ayudando a subir al herido a la carreta, oían:

—¡Ahora, a casarse tocan! —Y quieras que no quieras, sin una ni dos, casi sin expresar voluntad de partes, haciendo intervenir como testigos a viajeros que por el polvo levantado poco veían lo que atestiguaron, echó la bendición entre dos latines, rubricando la partida sobre el misal, y agregando tres cruces los que no sabían firmar, que eran casi todos, y saliéndose con la suya, casorio en media pampa, como no logró el virrey de Lima, en circunstancias semejantes para los casamientos de Real orden.

Esa noche, en los fogones del campamento [de] vanguardia se comentaba la hazaña, repitiéndose las palabras que de regreso al rancho del que ya no tenía a qué huir, refería el convaleciente todavía medio abombado:

—¡Caramba con el Padrecito éste, que había sido pieza! Como hombre me venció; como cura me curó, y como capellán me matrimonió entre pedregales y cordillera, donde cizaña y *mio-mio* germinan más que yerbabuena.

La tradición no agrega si este casamiento a puñaladas dio fruto de bendición, o semillero de apuñaleadores.

No será éste todo un cura ejemplar de mansedumbre; pero exaltado en buenos propósitos, creía que todo medio era bueno para alcanzar buen fin, o que en muchos casos y cosas el fin justifica los medios...

[*Décima serie,* págs. 171-176.]

[De: *Tradiciones argentinas,* Buenos Aires, Hachette, 1955, p. 253-257.]

LA PRIMERA SANGRE

(Tradición de 1809)

Al Dr. G. Udaondo

I

—La primera sangre que hubo de correr por la independencia de esta tierra, fue la de mis nalgas —nos dijo pestañeando un día el grave ministro de Hacienda.

—¡Cómo! ¿Dio usted algún gran galope llevando la noticia de la revolución de mayo, como D. Gregorio Gómez dentro del regatón la llevó a Chile?

—Nada de eso.

—¿O acaso un tropezón en falso le hizo resbalar, y no de arma blanca ni de fuego, sino de arma verde recibieron las de sentarse sin cuenta heridas de verde zarzal?

—Nunca fui muy de a caballo, por más que buenas estancias dejo a mis hijos, ni anduve en malos pasos, aunque, por mi mal, tropezón más de uno pegué en la vida.

—Creía al teniente Vélez (hermano del sabio codificador, según reza su lápida conmemorativa a la entrada del paseo Sobremonte, en Córdoba) y al teniente Balcarce (hermano de los cuatro generales de este nombre) las primeras víctimas de la patria en el encuentro de Cotagaita, allá por Suipacha.

—Sí, en el Alto Perú...; pero la revolución de mayo, como todas las cosas, tuvo su preparación, y hasta hubo una revolucioncita de prueba, puede decirse, y sin duda por su corrección salió mejor el 25 de mayo de 1810. Justamente el año antes, por aquellas alturas del Chuquisaca, se puso en ensayo la escena, y sus primeros papeles, aquí bien copiados y allí mal distribuidos, hubiéronme de costar sangre.

Diálogo tal oíamos una mañana acompañando a cierto respetable ministro, contemplando la casa en actual demolición, Defensa, 70, mientras que abriendo sus grandes ojos en blanco, nos refería el tema de la presente tradición:

«Aquí estaba la escuela de D. Francisco Argerich, después que dejara las húmedas bóvedas en cuyo subterráneo inauguróse posteriormente la célebre asociación Lautaro. Si estas paredes hablaran, ¡cuántas curiosidades no oiríamos! Pero mejor es como están: así mudas, todo pasa en silencio, lo bueno como lo malo; de buenas o malas acciones, ni pizca queda de memoria en un pueblo donde al día siguiente todo se olvida.

Puesto que de la sabia escuela de la experiencia, con ser la que más alecciona, ningún provecho sacamos, y como inexperto pueblo, siempre niño, marchamos a tientas, sin brújula segura, sin mirar más para atrás que para adelante, ni cuidarnos más del mañana que del ayer, todo es para el caso la misma cosa, y así todo en embrollada confusión rodando va a un abismo.

Lo mismo, de esta Escuela salieron malas y buenas cabezas. Recuerdo en la fila de adelante el banco de los dos Juanes, donde se sentaron sucesivamente por algunos años, primero Juan el tirano, y luego Juan el mártir; más atrás el de los dos Conchas; el banco del virrey, frecuentado por el último hijo de Liniers, y el otro de Saavedra, Escalada, Oromí y tantos otros aventajados que figuraron más tarde.

Así en una antigua familia de brillantes inteligencias, que antes y después descollaron entre D. Cosme y D. Cosmecito Argerich, lumbreras de la ciencia médica, y un cura y coronel, y médicos y abogados y literatos, hubo un maestro de escuela de ese nombre, que tanto dejó nombre por su dura disciplina como por su patriotismo».

Y colgando la palmeta (que más liberales principios rompieron ya, como el cepo), recordaremos su patriotismo y cómo a punto estuvo de perder la cabeza en la conspiración revolucionaria, a haber perdido la serenidad.

Por eso nada diremos aquí de otros célebres escueleros ni del verdugo, así llamado el futuro general Concha, porque de poste de ignominia servía al pobre designado

Al rincón
Quita calzón...

II

Eran Juan y Juanito los dos muchachos de más linda letra en toda la escuela... El uno, ya salido de ella con tan lindos rasgos caligráficos como los de su hermosa fisonomía, de claros ojos azules sobre rósea tez, disimulando todo el infierno de pasiones que hervían dentro de su pecho. El otro, más modesto, más parco, más moderado, parecía que al venir a substituir en su asiento al primer Juan de la buena letra, heredara la de su antecesor.

Alguien ha dicho con más verosimilitud aquello de que el estilo es el hombre, que el carácter es el carácter.

No quisiéramos repetirlo, pues que hombre de muy buen carácter conocemos de pésimo carácter, y prueba al canto presentaba la escuela de D. Francisco Argerich en el muchacho más lindo y de más bella letra, pero tirano desde su infancia sobre cuanto chicuelo caía bajo su férula.

Sea de ello lo que fuere, la verdad es que el año de 1805, salido ya Rosas de la escuela, no había mejor letra en aquélla que la del niño Juanito, después honrosamente conocido por el Sr. D. Juan Bautista Peña, ministro de Hacienda, presidente de la Municipalidad, del Banco y de muchas otras cosas buenas a que su acrisolada honradez, energía, espíritu económico y hombría de bien en todo sentido, le llevaran a presidir.

III

Comezón revolucionaria ardiendo venía ya hacía años por el virreinato y la América toda. Sin duda, lo que es el mal ejemplo.

Atrevidos yanquis, en América, inventado habían para el uso particular dentro de casa la igualdad de los hombres y otras máximas nocivas y antihigiénicas en las viejas sociedades europeas, y universalizándolas hábiles franceses que todo se asimilan, ensayaron el traje del nuevo mundo, adaptando a sus anticuadas costumbres los principios indebidamente llamados *de la revolución francesa,* cuando en verdad lo son de la *americana.*

Pero, así como de esta centella, chispa saltó prendiendo en la vieja Francia, y entre ellos un momento la República iluminó al mundo, así de aquella revolución de la Francia saltó otra, prendiendo a lo que escapó de las llamas en este nuevo mundo; pues donde la espada de Lafayette no llegó, alcanzaron los resplandores de sus más elocuentes conciudadanos.

En México, en Venezuela, Quito, Cuzco y la Plata y el Plata, empezaron a echar humo sus papeles, y papelito corrosivo dejaba olor a papel quemado.

Aquí, por ejemplo, después de la reconquista en 1806 y la expulsión de los ingleses en el año siguiente, los hijos del país dijéronse:

—Nos bastamos y sobramos para nuestro capote; no queremos capota ajena.

Poco después, el 1º de enero de 1809, en un movimiento local, los criollos probaron un último esfuerzo (siempre en ensayos) y dejaron a los europeos bajo su influencia.

Ya al pueblo le iban creciendo alas y necesitaba las del cóndor para remontar por encima de los Andes.

Pero antes de hacer volar sus soldados por tan altos riscos y precipicios, expuestos a romperse una pierna los pobrecitos, si no se rompieran las dos, como que saltaban las mayores alturas de la tierra, echaron a volar sus ideas, los nuevos principios que como chisperos de la revolución llevarían triunfantes por toda el haz de la América en la punta de sus bayonetas.

Papelito canta, se dice hoy. Papelito vuela, se decía entonces; y por todas partes aparecieron éstos encendidos e inflamables, causaban pequeños incendios que con más o menos dificultad se conseguían apagar.

No había en Buenos Aires otra imprenta que la de Expósitos, y de ella sólo salían catecismos y cartillas. Pequeños periódicos manuscritos circulaban con cautela, y el boletín de la revolución germinando corría, o más bien circulaba con dificultad y mucho sigilo.

IV

Virreinaba por entonces en el Perú (1806 a 1816) aquel buen mozo que sin otra carta de recomendación que su gallarda figura cautivó tanto a Carlos IV. Viéndole, al pasar en la carroza real, cómo disciplinaba sus soldados, y sin decir agua va, ni para ello dar motivo, de capitán lo saltó a coronel, de Madrid a México y de allí a virrey del Perú. Bien que este favorecido de la fortuna y de Su Majestad que se cita como uno de los modelos de virreyes honrados.

Fue este valiente soldado que acababa de dominar con su presencia la primer chispa de sublevación casera en el regimiento de la Concordia, y los ensayos revolucionarios en Quito y Charcas, a quien años después y por un mismo correo llegárale a un tiempo: Consejo de Carlos IV para que desconociera la majestad de su hijo Fernando VII; de éste, para que no hiciera caso a papá; de su hermanita Joaquina para que acatara en ella a la única soberana de la América; de los insurrectos para que se insurreccionara; de Pepe Botellas para que no conociera más dios que Napoleón, y de sus más adulones, para que alzándose con el santo y la limosna se declarara rey del Perú.

Verdad que eran demasiadas tentaciones para no caer un pobre viejo, a quien no le quedaban más ojos que los de su Ramonica.

Pero todavía no le había llegado la época de los acertijos, como la desciframiento de aquellas tres bolsitas por travieso fraile criollo dejadas sobre la mesa de su real despacho, conteniendo *sal-habas-cal,* florestal entre dos vegetales que deletreaban de corrido *sal-Abascal,* moño de aquí y pronto viejo virrey, antes que os abramos las entendederas, para que comprendas indirectas.

Lo que sí le había llegado era un papelito revolucionario, que lo maltraía sin sombras, por más de ser poco asustadizo el fiel viso rey.

Tantas y tan repetidas correspondencias caían a palacio en Lima, decomisadas o sorprendidas en los correos de Potosí, Chuquisaca, la Paz, el Cuzco,

Quito, Caracas y aun de Buenos Aires, que al fin dio por convencerse que el nido estaba en esta última.

—No hay más —se dijo—; sin duda que allí está el busilis y en ella funciona la máquina revolucionaria, ¡qué chamusquina mayúscula, peor que la inquisitorial, habrá en la plaza Mayor para el primer autor que caiga de estos papelitos! Y al fin cayó uno.

Sorprendiólo el mariscal Nieto, que lo era no sólo de su abuela la tuerta, sino para todos, como bisnieto para su tatarabuelo.

Se lo mandaba al virrey de Lima, encontrado en Chuquisaca, ciudad a la que arribara con algunos patricios engañosamente llevados.

Antes que él llegaron allí Arenales, Monteagudo y otros bravos chisperos de la emancipación revolucionaria.

Como que de su doctoral Universidad acababan de salir graduados en derecho el Dr. D. Mariano Moreno, D. Manuel Alejandro Obligado, D. Vicente Anastasio Echeverría y otros hijos de Buenos Aires, yendo desde aquí a lomo de mula, por graduarse en la Universidad más vecina, pues sólo distaba cosa así como de mil quinientas millas, y el Dr. don Vicente López y Planes, que recibió las borlas del doctorado sobre su sahumado uniforme de capitán de patricios, vencedor de los ingleses, laureado cantor de las primeras glorias argentinas, como fue después el himno de la patria andante. . . . .
. . . .

Entre envoltorio de escapularios y otros papeles, uno iba de clara letra y de más claro espíritu, pues clarito cantaba:

«Ya somos grandecitos, como que contamos trescientos años bajo yugo. Tenemos edad para gobernarnos, y es tiempo que dejemos de engordar a extraños. La América es de los americanos, como la España de los españoles.

Bueno es recordar que si los tiranos parecen gigantes, sólo es porque sus vasallos siguen de rodillas.

Parémonos y seremos hombres de la misma altura. Ya es tiempo de sacudir tan funesto yugo. Si con Túpac-Amaru fuimos vencidos, es porque no estábamos unidos. Que de la Tierra del Fuego al golfo mexicano se oiga un solo grito: ¡Emancipación! Tiempo es de enarbolar la bandera de la libertad».

Estas y cantinelas por el estilo repetía el papelito revolucionario que con otros, bajo grueso sobre, recibió el 3 de febrero de 1810 el virrey Cisneros, del señor virrey Abascal, traído en cien días de Lima a Buenos Aires.

El virrey del Perú encargaba seguir la pista con suma reserva hasta descubrir al autor del libelo que había sorprendido el correo del Alto Perú, en momentos que al mariscal Nieto daban tanto trabajo coyas e insurrectos.

Por todas las esquinas pusieron avisos ofreciendo morrudo sueldo al escribiente de mejor letra que se presentara.

Nada; todas eran garabatos de cartulario y patitas de moscas. No se encontraba, casi casi como al presente, plumífero de buena pluma ni escribano que supiera escribir, apenas medias plumas.

Pues, señor, oidores y cabildantes, oficiales, alguaciles y ministriles chamuscábanse la mollera por descubrir al encubridor. ¿Quién será?

Que el papelito partiera de aquí no había duda. No solamente era grueso, feo, ordinario, como todo el que de España nos mandaban, sino que aun la fecha estaba groseramente tergiversada: «Buenos aires tome usted», empezaba, acabando con la simulada exclamación: «¡Santa María!»

¿Quién no descifraba correctamente: *Puerto de Santa María de Buenos Aires?* El seudónimo era más intrincado, pero fuera Pedro o Diego, de Buenos Aires venía.

V

Por vencidos se daban cuando casualidad rosarina puso al inquisidor sobre la pista.

De misa mayor salía compungido y persignándose con agua bendita de la célebre iglesia de Jesuitas (Colegio de San Ignacio) el no menos célebre fiscal Villota, doctor de campanillas, graduado *in-utroque,* quien con su gerundiana elocuencia confundir pretendía a los doctorcillos de la revolución.

Iba ya a bajar del cancel al pretil, cuando a curiosidad llamóle un blanco papel, recién pegado, en el que con hermosa letra se ofrecía buena gratificación al alma caritativa que, a más de serlo, fuera también honrada y quisiera entregar en la sacristía grueso rosario con *paternosters,* de oro, que en la azotaina y tinieblas de maitines habíase extraviado.

Limpiando el zorro del fiscal sus viejas antiparras:

—O mucho me equivoco —se dijo arrancando el papel—, o esta es la misma letra de aquel otro.

Y doblándolo se lo echó al bolsillo.

Tempranito acudió a la audiencia al día siguiente; cotejó con el oidor Caspe los dos manuscritos, y ambos encuentran similitud tal en la letra, que exclamaron contentos:

—¡Ya apareció aquello!

Mas llega Leiva, síndico del cabildo, y apenas nota semejanza; viene el alcalde Lezica, y la encuentra menos. Pero, en fin, ¿de quién es la letra?

¿De quién ha de ser?, ¡de su autor! ¡Que salga el autor!, empieza la grita, como en la presentación de cierto principillo que yo me sé, sospechando el pueblo zumbón gatuperio real, empezó ante las mismas barbas del padre legal a aclamar al autor del hijo de la reina. ¡Que salga el autor! ¡Que salga el autor!...

¡Habráse visto barrabasada igual! Ni en Triana, patria de Pilatos. . . . .

Y de investigación en investigación, del coro a la sacristía, por curas y sacristanes sacóse en limpio que el rosario en mala hora perdido era de la señora de Lezica; que el plumífero de tan lucido aviso escribiente fue nada menos que su propio sobrino, el niño Juanito, y que donde tan linda letra y otras lindezas enseñaban era en la escuela del Sr. D. Francisco Argerich.

VI

El fiscal inquisidor hizo llamar ante la Audiencia al niño, y entre cariños y halagos, y haciéndole fiestas y dictándole la misma frase: *Cansados estamos de amos, y tiempo es ya de que mandemos en casa,* púsole frente al reciente dictado la carta devuelta por el virrey del Perú.

Tan parecidas eran las dos, que, al ser interrogado Juan Bautista, ni pestañeó.

—¿De quién es esa letra?
—No sé.
—¡Pero... es la misma!
—Parecida, no puedo negarlo, pero yo no la he escrito.

Y de ahí no salía. No le sacaban de sus trece.

Hubo conciliábulo, y el Sr. D. Francisco de la Peña volvió a llevar a su hijo, y el alcalde Lezica (su tío) lo apadrinó, y Rivadavia recomendaba al niño: «¡cuidado con revelar nada!», y el otro Sr. D. Francisco Argerich iba y venía y andaba que no se le pegaba la camisa al cuerpo, con cerote mayor que los dados por su palmeta.

Segundo conclave celebróse, donde oidores y ministriles, y entre ellos Villota y Caspe, con dulces y halagos, primero, y con amenazas finalmente, volvieron a interrogar al niño de la hermosa letra.

—Pero ¿tú has escrito esto? Es el mismo perfil, rasgos, todo igual. Confiesa.

Y el niño, enérgico desde la cuna, que *nonis:*
—Esa no es mi letra.

Y recaditos van, y consejos vienen, y por fin dice el virrey a su secretario:
—Pues bien: si la letra es del mismo y no hay modo de persuadir al niño, apliquesele el principio de su propio maestro, *la letra con sangre entra,* y después de una azotaina confesará. ¿Quién le mete a esos jeroglíficos que no entiende?

No hubo más. Por tercera vez citados fueron padre, hijo y espíritu santo; es decir, el señor de Lezica, marido del rosario, o de la Rosario perdidosa del mismo.

Nada que sospechar daba niño tan formalito. Menos, el Sr. D. Francisco de la Peña, español seriote, grave y más godo que el rey, y como aquél ignoraba que era llamado a presenciar la azotaina de su vástago.

—Confiesa, niño, la verdad —repetíale al subir con él de la mano la ancha escalera del Tribunal.

Y la verdad declaró.

Pero cuán maravillados quedaron todos, y como alelado el padre, cuando al ser por última vez preguntado:
—¿Es de usted esta letra a la suya tan parecida?
—Sí —contestó Juan Bautista.
—¿Dónde la ha escrito?
—En la escuela.
—¿Por orden de quién?
—De señor maestro.
—Escriba usted, señor escribano.
—¿Cómo se llama su maestro?
—Don Francisco Argerich.
—¿Dónde vive?
—Reconquista, número 70.
—¡Alguacil! —ordenó el fiscal. —Vaya usted e inmediatamente conduzca aquí al maestro Argerich. . . . .
. . . .

VII

Pero, por mucho que volaron alguaciles y esbirros, voló el pájaro, y a la sazón, con viento en popa y sin detenerse en Montevideo, iba Argerich muy de prisa por esos mares de Dios, a toda vela, y no paró hasta el Brasil, de donde sólo regresara cuando nuestros padres ya tenían patria.

—¿Qué había sucedido?

Que halagando al de la buena letra, el Sr. Argerich hizo copiar por el niño Juan Bautista Peña las cartas proclamas y correspondencias que Rivadavia, Moreno y Belgrano enviaban incitando a revuelta a los patriotas del Alto Perú, y cuando llegóse a sospechar allá que los cabecillas anduvieran por acá, bajo pena de azotes, que aun sin prometer muchos daba, conjuróle Argerich al más riguroso secreto sobre el papelito extraviado.

Pero azotes por azotes, compelido el niño entre dos azotainas, y desconfiando de la frágil naturaleza infantil, el maestro, advertido por Rivadavia, que sus amistades en la Secretaría del virrey teníanle al corriente de la investigación, aconsejó a uno que pusiera pies en polvorosa, aviso que no se hizo repetir, y al otro que confesara la verdad y cantara de plano, pues ya no habría peligro ni para el inocente copista.

En verdad, empezaba siendo mucho niño el que después fue mucho hombre, así en finanzas como en moralidad administrativa, el renombrado ministro de Hacienda Sr. D. Juan Bautista Peña, de grata recordación.

Si algún crítico impertinente llegó a murmurar al verlo pasar: «Sobre esos zapatones pisando van muchos millones», con más exactitud pudo decirse: dentro de esa cabeza germina un gran financista.

Ministro, presidente del Banco, de la Municipalidad, de asociaciones de crédito, senador, comerciante, estanciero, no era de esas reputaciones de vidrio de aumento, pues que a la distancia y al través de treinta años acrecienta.

No reconocía más que una moral, y como hombre público y particular fue hombre de bien y honrado a carta cabal.

La misma dedicación ponía en la hacienda pública que en sus intereses, pues miraba a aquélla como cosa suya, no para hacerla propia (a la usanza del día), sino para defender la patria hasta de tantos patriotas y galápagos que de puros patriotas nos están dejando sin patria. De algo así como excesiva economía se le criticaba, y de adagio quedó: «más agarrado que D. Juan Bautista». Pero si no sabía tirar la plata, ni empeñar al Estado en onerosísimos empréstitos, supo, sí, hacerlo prosperar dentro del presupuesto.

A punto estuvo, no de unificar la deuda, sino de extinguirla, cuando por espíritu de oposición, con ocultos manejos y chicanas hizo ésta zozobrar su proyecto.

Aplicaba sencillamente los mismos sanos principios a la hacienda pública con los que levantara por su laboriosidad su fortuna, y así no salía de su presupuesto, no dejaba ningún ramo improductivo o estacionario, hacía producir la mayor renta, repetía que no había economía pequeña, pues todas eran economías, y que de centavos se forman los tesoros, como de gotas de agua el mar. Que todo gasto superfluo es desquicio. Gastaba menos de lo que entraba. Nada adquiría el Estado sino en pública licitación y previo examen de peritos, nombrados de cada gremio, con lo que daba participación en la cosa pública a la mayor parte de sus honrados conciudadanos, interesándoles en su prosperidad.

¡Cuántas veces el simple buen sentido es el mejor administrador! La experiencia enseña más que los libros.

Los hombres de su tiempo hicieron época, y estadistas como D. José María Paz, D. Juan Bautista Peña, D. Francisco de las Carreras, D. Domingo Olivera, el Dr. Ferreira, no tuvieron ediciones. Por eso se repite, mirando melancólicamente al pasado cuando se recuerdan ministros típicos en la época de D. Valentín: escrupuloso y honesto administrador como el general Paz, recto como Alsina, económico como Peña, brillantes inteligencias que aconsejaban desde sus diversos ministerios al primer gobernador constitucional, y tan joven que tuvieron que habilitarle edad para gobernar...

Los hombres honrados no se han acabado en el país, pero el molde de aquellos honestos y desinteresados ciudadanos, enérgicos y sinceramente patriotas, sin ostentación, se ha roto ya........................

. . . .

Por esto, refiriéndonos cándidamente sus primeras travesuras revolucionarias, nos decía un día:

—En verdad, la primera sangre que expuesta estuvo a correr en esta plaza por la revolución de la independencia fue la de mis nalgas.

Si estaría bien sentado el señor ministro de Hacienda D. Juan Bautista Peña sobre sólidos principios, quien con tanta firmeza desde niño los defendía hasta exponer en grave e inminente peligro sus asentaderas.

[Pastor S. Obligado, *Tradiciones Argentinas,* Barcelona, Editorial Montaner y Simón, 1903, 392 p.]

JUAN PABLO ECHAGÜE

ESTOMBA, EL HEROE LOCO

Fue el de su vida un sol sin aurora.

Cuando se hundió en la noche, no salió ya de ella sino por la misericordiosa puerta de la muerte. Su rutilante carrera empezó detrás de las banderas y las ideas de su tierra, cuando en ambas orillas del gran río, bandera e ideas estremecían los espíritus. Llamábase Juan Ramón Estomba, y ciñó a los veinte años la chaquetilla de los gloriosos regimientos que el año 10 apuntalaron con sus armas al país naciente. En el correr de los años, su vida íntima había de vincularse al ejército, de modo tal, que éste constituiría su familia y su hogar; en cierto modo, también su corazón y su cabeza. Enlazado a toda la historia épica de nuestra tierra aparece su nombre; desde las primeras expediciones libertadoras que conmovieron el régimen colonial en el interior, hasta la hazaña perínclita de San Martín; desde la resistencia armada contra el caudillo artero, hasta la cruzada civilizadora que avanzaba fortines y dilataba fronteras en la pampa salvaje. Nombre de héroe es el de Estomba, pero también símbolo de drama. Nadie mejor que este soldado de América recuerda aquellos paladines antiguos invencibles en la batalla, pero sobre los cuales se abatía de pronto algún terrible anatema que les desbarataba la existencia. El joven que ganaba en Suipacha su primer galón, el subteniente que se rebelaba en Huaqui contra la suerte adversa y tomaba luego su desquite en Tucumán y en Salta, estaba marcado por la fatalidad: su mente formada en la pelea, en una pelea ilusoria sólo por su mórbida imaginación vista y sentida, iba a desintegrarse.

Brillante oficial perteneciente a la plana mayor de héroes que condujo los ejércitos del Plata en las jornadas de la Independencia, Estomba ganó denodadamente sus ascensos todos, en horas decisivas para el porvenir de la patria. Era capitán de dragones y hallábase al lado de Belgrano en Vilcapugio y Ayohuma, cuando una tremenda herida le tendió en el campo entregándolo inerme al adversario que le sepultó prisionero en las casamatas del Callao. Durante siete años se consumió de impotencia y contenida rabia en una mazmorra, soñando con el amplio cielo continental que desde adolescente lo embriagara de libertad y de luz. Complemento del drama sombríamente bello de su vida fue aquel cautiverio, durante el cual, como el halcón de la balada, rompíase las garras contra los barrotes de su celda, mientras afuera se desenvolvía sin él la gesta de América. Pudo San Martín rescatarlo y devolverlo con su antiguo grado al ejército argentino en el Perú, merced a un canje de rehenes. Y apenas restituido a su palestra, el torbellino de los entreveros y las cargas lo arrebata en la campaña de la Sierra con Arenales, en la toma de Lima, en el ataque al Callao, en la persecución de los vecinos. Todas las campañas del Perú contaron a Estomba entre sus campeones, aun después del austero retiro del Libertador. Palmo a palmo defendió su causa sobre el campo de la derrota en Torata y Moquegua, y salvado por milagro de aquel desastre que las divinidades adversas de la guerra nos concitaron, el teniente coronel Estomba, más indomable que nunca, dase de nuevo a perseguir su ideal de independencia entre las crepitaciones de la batalla. Indisolublemente atado a la suerte del Ejército de los Andes se mantuvo, o por lo menos a los desgarrados restos del mismo que de las cruentas refriegas de la cruzada sobrevinieron, hasta cuando, ya coronel, cayó nuevamente preso en el Callao.

Mas el pájaro libre habíale cobrado horror a la jaula y sobre los derroteros de la marcha, a favor del terreno fragoso, entre las dislocadas mesetas del altiplano, eludió Estomba la enconada búsqueda de sus carceleros burlados y corrió a incorporarse al ejército de Bolívar. Quedaba aún allí un último torneo de gloria para el extinguido Ejército de los Andes: el dramático episodio de Matucana.

Volver a la libertad era para él volver a la lucha. A la causa de América se abrazó otra vez y agregó a sus laureles el triunfo de Junín, así como la expedición libertadora a la provincia de Ica. Era de esos contrincantes de la escuela de Lavalle —jefe innato de todos ellos—, que cuando un ideal los impelía atropellaban a cierra ojos al peligro persiguiendo su triunfo contra el acero, contra las balas, contra la emboscada, contra la muerte. Espadas zigzagueantes, corazones de fuego, brazos de hierro en el choque bélico: eso fueron los justadores de aquella generación cuyos trofeos de guerra jalonan en América pampas, mares y montañas. Para cortar la carrera de Estomba, para volver a la vaina su resplandeciente espada, fue necesaria aquella enredada y equívoca historia de conspiración y rebeldía que determinó el regreso a su patria de los jefes argentinos retardados en el Perú. Obscura madeja de infidencias generosamente abandonadas al olvido...

De vuelta en su tierra, lo arrastra la borrasca de odios que anarquiza el país. De los héroes hacían los caudillos locales poco caso, aunque gracias a ellos se vieran libres de extranjero yugo. Y a uno de ellos, a Facundo, cuya voluntad siniestra gravitó sobre casi todas las vidas culminantes de aquel tiempo, tocóle también influir sobre la del coronel Estomba, dando al traste con sus empeños organizadores de una fuerza de caballería destinada a participar en la guerra del Brasil. Cerrado el camino por ese lado, volvió los ojos hacia otros enemigos de la patria, y a la frontera con el salvaje depredador marchó. Allá fue, como fue al Norte, a despejarle a la independencia y a la civilización las rutas del porvenir.

¡Cuán ingrata debió parecerle aquella vida de fortines, de constante sobresalto con el arma al brazo, de escaramuzas en pleno desierto; vida obscura, sacrificada y mísera; vida de asechanzas, sorpresas y traiciones frente al bárbaro, comparada con la de épicos encuentros que antes vivió! Nostálgicos y marciales llegarían hasta él en los vientos de la pampa aquellos ecos.

Algo le turba, sin duda, el espíritu al héroe, sorbido ahora por la montaraz llanura, cuando recuerda la justa continental de antaño, pues los documentos oficiales que le toca redactar se dirían impregnados de añoranzas lejanas.

A la sazón la guerra civil desgarra al país, y cuando estalla la revolución de diciembre de 1828, el coronel Estomba sirve con Lavalle. ¿Cómo no estar con él? Fueron compañeros de armas, lidiaron juntos por la independencia de América, y eran, además, afines sus espíritus por el ímpetu bélico y el ideal generoso. Cuando Rauch al frente del Ejército del Sur aprestábase a luchar contra las abigarradas milicias de Rosas, Estomba, incorporado a él, sufre un súbito acceso de insania. Gestos delirantes, órdenes desatinadas, fatigosas maniobras que extenuaban vanamente a la tropa lo denunciaron. Hasta que la crisis reventó. En circunstancias en que hacía ejecutar ejercicios a su regimiento, un adversario ilusorio se le apareció en la planicie, y fue aquella desenfrenada carga de caballería al vacío que reveló plena y dramáticamente su demencia. ¿Leyenda o historia? En todo caso, la escena se impone a la imaginación por su grandeza.

¡Helo ahí cabalgando al frente de sus soldados! Al viento la cabeza, desnuda la espada, desorbitados los ojos, otea la llanada revolviendo nerviosamente la espuela en los flancos de la bestia. Oleadas de sombra y fuego reflejan en sus pupilas la trágica tormenta que le desintegra el sentido. Bajo el azul del cielo ondulan los pastos al soplo de la brisa, y el hexámetro famoso canta acaso en la memoria del guerrero, incitándolo a la loca embestida. "Como un campo de espigas ondea la batalla", ha dicho Homero, y al conjuro de esta imagen visiones fantásticas pasan por el calidoscopio de su cerebro en derrumbe. ¿Qué, sino enemigo en marcha sobre él puede ser aquello que ensombrece el horizonte, levantando tolvaneras y despidiendo chispas al fulgor del sol?

¡A la carga!

Arrastra el alucinado en su furia al dócil aunque atónito regimiento y se precipita desbocado contra los espectros. Repiquetea la tierra bajo los cascos de los bridones. Humo de pólvora, olor de sangre, cascos de metralla, gritos de muerte voltejean en torno suyo. ¡Primeras glorias de los ejércitos de la libertad, dianas triunfales de Tucumán y Salta, imprecaciones y gemidos de Ayohuma, casamatas del Callao, epopeya de Torata y de Moquegua, hordas de Facundo, chuzas y alaridos de la indiada!, ¡íbais allí mezclados a la tromba! Huyen ante la acometida los españoles de la Independencia, los montoneros de la guerra civil, los salvajes de la pampa; huyen en el viento, en el espacio, hacia las nubes, hacia la noche...

Cuando el ejército ilusorio se disipó en la infinitud, Estomba había entrado para siempre en la tiniebla; los últimos jirones de su razón quedaban sembrados en el trayecto de su arremetida demencial.

Tres meses después, su vida se apagaba también en el asilo de hombres de Buenos Aires.

¡Destino injusto! ¿Por qué aquella prolongada y triste agonía en un hospicio? ¿Por qué no murió en su ley, es decir, en un auténtico campo de batalla aquel valiente?

[Juan Pablo Echagüe (Jean Paul) *Tradiciones, Leyendas y Cuentos Argentinos,* Espasa Calpe Argentina S.A., 1944, 144 p.]

JUANA MANUELA GORRITI

COINCIDENCIAS

I. — EL EMPAREDADO

ERAMOS diez. Habíanos reunido la casualidad, y nos retenía en un salón en torno a una estufa improvisada el más fuerte aguacero del pasado invierno.

En aquel heterogéneo círculo, doblemente alumbrado por el gas y las brasas del hogar, el tiempo estaba representado en su más lata acción: La antigüedad, la edad media, el presente, y aun las promesas de un riente porvenir, en los bellos ojos de cuatro jóvenes graciosas y turbulentas, que se impacientaban, fastidiadas con la monotonía de la velada.

El piano estaba, en verdad, abierto, y el pupitre sostenía una linda partitura y valses a discreción; pero hallábanse entre nosotros dos hombres de iglesia; y su presencia intimidaba a las chicas, y les impedía entregarse a los compases de Strauss y las melodías de Verdi. Ni aun osaban apelar al supremo recurso de los aburridos: pasearse cogidas del brazo a lo largo del salón, y cuchicheaban entre ellas ahogando prolongados bostezos.

—Hijas mías —díjoles el venerable vicario de J..., que notó su displicencia—, no os mortifiquéis por nosotros. Os lo ruego, divertíos a vuestra guisa. Yo, de mí sé decir que me placerá oíros cantar.

¡Cantar! Bien lo quisieran ellas; pero arredrábalas el repetido *io t'amo* de los maestros italianos, en presencia de aquellas adustas sotanas, y se miraban sin saber cómo excusarse.

¡Y bien! —continuó el vicario—, si os detiene la elección, que lo decida la suerte.

Y levantándose, fue a tomar del repertorio el primer cuaderno que le vino a la mano.

—¡Coincidencias! —exclamaron las niñas, riendo.

—Ea, pues, hijas mías, a cantar las coincidencias.

Las jóvenes rieron de nuevo.

—¡Bueno, os alegráis al fin!

—Señor, el cuaderno está en blanco —dijo la niña de la casa—. Su inscripción es el proyecto de una fantasía para dedicarla al profesor que me enseña el contrapunto.

—¡Coincidencias! Eso más bien que de cantos, tiene sabor de relatos —dijo una señora mayor.

—Y quien dijo *relatos* —añadió otra— quiso decir pláticas de viejos.

—Y quien dijo pláticas de viejos, quiso aludir a mis noventa inviernos —repuso con enfado cómico el vicario.

—Y para castigar la culpable susceptibilidad de ese ministro del Señor —replicó la matrona simulando el énfasis de un fiscal—, pido que se le aplique la ley al pie de la letra y se le condene al relato de una coincidencia.

—Y para mostraros que los diez y ocho lustros no han podido quitarme la complaciente obediencia debida a tan amables jueces, referiré una muy singular coincidencia que por mucho tiempo hizo vacilar mi espíritu entre lo casual y lo sobrenatural.

A estas palabras los bostezos cesaron como por encanto, y las jóvenes, perdiendo su timidez, acercaron sus sillas y rodearon al anciano vicario.

—Era yo cura de S..., y me había comprometido el de H..., a predicar el sermón de su fiesta.

Sin embargo ésta se acercaba y yo todavía no lo había escrito, subyugado por la pereza que se apodera del ánimo en la vida de los campos.

En fin, llegó la víspera, el cura de H..., me envió a buscar, y hube de ir allá sin haber puesto mano en mi obra, creyendo que la vista del lugar, del templo y los preparativos de la fiesta fueran un estímulo a mi negligencia.

Pero llegado a H..., presentóseme otro obstáculo: las visitas.

Para superar este inconveniente fui a encerrarme en una celda de la Compañía, edificio vasto y solitario, donde podía aislarme como en un desierto. ¡Vana esperanza! Aun allí vinieron a sitiarme durante el día entero los oficiosos saludos.

Alarmado en fin por el escaso tiempo que me quedaba para hacer aquella composición, apenas llegó la noche encerréme con llave y me puse a escribirla.

En el curso de mi obra quise citar una frase que yo creía de Tertuliano, y no recordando el capítulo que la contenía, échéme a buscarla.

Sentía pesada la cabeza, y mis manos por momentos se paralizaban sobre las páginas del libro. Eran las doce de la noche.

—No busquéis vuestra cita en Tertuliano; se encuentra en el capítulo octavo de las *Confesiones* de San Agustín.

Al escuchar aquel apóstrofe, levanté la cabeza, sorprendido, y vi sentado delante de mí un clérigo.

Iba a preguntarle cómo había entrado, pues la puerta estaba con llave, cuando él, tendiendo hacia el fondo de la celda una mano demacrada y pálida, me dijo:

—Yo duermo allí.

A estas palabras hice un movimiento de asombro que me despertó.

Era un sueño, pero la voz del clérigo sonaba todavía en mi oído: "No busquéis vuestra cita en Tertuliano; se encuentra en el capítulo octavo de las *Confesiones* de San Agustín.

Sin darme cuenta de lo que hacía, cogí aquel libro y lo abrí en su capítulo octavo.

La frase que solicitaba, encontrábase allí.

Sorprendido por aquella extraña coincidencia, díjeme: Sin embargo, el sueño da algunas veces grande lucidez, y mi recuerdo, avivado por su influencia, ha venido bajo la figura fantástica del clérigo.

Y seguí mi trabajo sin pensar más en aquel incidente.

Al siguiente día, cuando, concluido mi sermón, dirigíame a la iglesia, encontré en el claustro a un arquitecto, que me dijo había sido enviado de Lima para dar otra forma a aquel edificio a fin de que sirviera al establecimiento de un colegio nacional.

Acababa la fiesta y vuelto a casa del cura, fui con él a ver los primeros trabajos del arquitecto.

Al echar abajo la pared medianera, entre la celda que yo ocupé y la siguiente encontróse la pared doble, y en su estrecha separación el cadáver de un jesuita.

¿No es verdad que mi fantástico sueño y la presencia de ese cadáver emparedado fueron una extraña coincidencia?

Sin embargo las jóvenes, aunque se preciaban de espíritus fuertes, estrecharon sus sillas mirando con terror las ondulaciones que el viento imprimía a las cortinas del salón.

—Pues que de coincidencias se trata —dijo el canónigo B...— he aquí una no menos extraordinaria.

II. — EL FANTASMA DE UN RENCOR

Servía yo, hace ocho años, el curato de Lurín y fui llamado para administrar los sacramentos a una joven que se moría de tisis. Trajéronla de Lima en la esperanza de curarla, pero aquella enfermedad inexorable seguía su fatal curso y se la llevaba.

¡Un ángel de candor, bondad y resignación! Alejábase de la vida con ánimo sereno, deplorando únicamente el dolor de los que lloraban en torno suyo.

Mas en aquella alma inmaculada había un punto negro: un resentimiento.

—Pero, hija mía, es necesario arrojar del corazón todo lo que pueda desagradar al Dios que va a recibiros en su seno: es preciso perdonar —le dije.

—Padre, lo he perdonado ya —respondió la moribunda—. Es mi hermano y mi amor fraternal nunca se ha desmentido. ¡Mas, en nombre del cielo, no me impongáis su presencia porque me daría la muerte!

—Ese mal afecto se llama rencor —le dije con severidad— y yo, que recibo vuestra confesión, yo, ministro de Dios, os ordeno en su nombre que llaméis a vuestro hermano y le deis el ósculo de perdón.

—Hágase la voluntad de Dios —murmuró la joven, inclinando su pálida frente.

Y yo, haciendo montar a caballo a un hombre de la familia, lo envié inmediatamente a Lima.

La enferma fue una brillante joya del gran mundo, codiciada por su belleza y sus virtudes. Mas ella, que recibió siempre indiferente los homenajes de los numerosos pretendientes que aspiraban a su mano, fijóse al fin en un joven militar, valiente, buen mozo y estimable, pero que por desgracia se concitara la enemistad del hermano de su novia en una cuestión política. Nada hay tan acerbo como un odio de partido, y si el oficial sacrificó el suyo al cariño de la hermana de su enemigo, éste prohibió a aquélla recibir al militar, sublevó contra él la familia, y rompió la unión deseada.

El joven oficial, desesperado, se suicidó; la pobre niña se moría, y el hermano entregado a profundos remordimientos, deploraba amargamente la fatal locura que lo arrastró a causar tantos desastres.

En tanto que mi enviado marchaba a Lima, la enferma entró en delirio.

—No vengas, Eduardo —decía con fatigoso acento—; quiero morir en paz; y tu presencia, tu voz, la voz que condenó a Enrique, me impedirían perdonarte. ¡He ahí que viene! —continuó, con terror—. ¡Asesino de Enrique, aléjate, huye, o te doy mi maldición!... ¡Ah!

Esta exclamación fue acompañada de un grito que atrajo en torno del lecho a la familia.

—¿Qué tienes, Rosalía? ¡Rosalía! ¿qué sientes? —le preguntaban.

—¡Socorro! —exclamó la enferma—. ¡Socorro para Eduardo, cuyo caballo espantado de mi sudario acaba de arrojarlo a tierra, donde yace sin sentido!

—¡Está delirando —dijeron los suyos— y no podrá recibir los sacramentos!

No de allí a mucho, mi enviado llegó solo.

—¿Y Eduardo?

—El caballo que montaba, espantado al atravesar un grupo de sauces, a la entrada de las primeras huertas del pueblo, se ha encabritado arrojándolo contra una tapia. Lo he dejado sin sentido y vengo en busca de auxilio para volverlo en sí y traerlo.

Trajeron, en efecto, a Eduardo, repuesto ya de su caída.

A su vista el delirio se desvaneció en la mente de la enferma, que reconociendo a su hermano, le tendió los brazos, y los restos de su resentimiento se fundieron entre las lágrimas y los besos fraternales. Recostada en el pecho de su hermano, recibió los sacramentos y en sus brazos exhaló el último suspiro.

Las jóvenes lloraban escuchando el triste relato del canónigo.

—Válgame Dios —exclamó una señora—, y qué fuerte olor de sacristía han esparcido en nuestro ánimo estas historias de clérigos. Será preciso para neutralizar el incienso, saturarlo con esencia de rosas. Y pues que de coincidencias se trata, allá va una de tantas.

—Hable el siglo —repuso el vicario con un guiño picaresco.

[De: J. M. Gorriti, *Narraciones,* Selección de W. G. Weyland, Buenos Aires, Ediciones Estrada, 1936, p. 237-242.]

BOLIVIA

NATANIEL AGUIRRE

LA BELLISIMA FLORIANA

I

*Donde el lector oirá de los labios de una doncella del siglo XVI
un conocido verso de un famoso poeta de estos tiempos*

DON ALVARO Rosales Montero, y doña Ana Quintanal, extremeños nobles, unidos entrambos en santo matrimonio, viniéronse a estas Indias a fines del siglo XVI, siguiendo la corriente general en busca de fortuna y fijaron su residencia en la Villa Imperial de Potosí, tan famosa entonces en el mundo entero por las riquezas proverbiales de su cerro, como ahora en el más reducido de las letras americanas por el rico filón de tradiciones y leyendas, explotado con diversa suerte por felices ingenios y medianos escritores, que de todo hay en la viña del Señor.

Corrido apenas un año desde su llegada, en día de pascua de Navidad y, por consiguiente en la estación de las flores, concedióles el cielo una hija, a la que «por ser ella misma una flor de rara hermosura y por el nombre de su madre», según dice nuestro cronista, llamáronla Floriana. La niña creció feliz y contenta bajo el amparo de sus padres, en el santo temor de Dios y adornada cada día de nuevas perfecciones, tanto en su persona como por sus virtudes. Hermosa, recatada y amable como ninguna, habría sido la más dichosa de las mujeres, si la felicidad corriese parejas en este valle de lágrimas con las prendas personales y merecimientos de cada criatura. Pero, ya sea que por inescrutables juicios de la Providencia «las cosas más bellas de este mundo tengan siempre el peor destino», o ya porque realmente anduviese entonces suelta y ciega la fortuna, cúpole la suerte más lastimosa que ha hecho célebre su nombre por sus desdichas.

Trece años tendría la doncella, cuando comenzaron a disputarse la posesión de su mano los más nobles y ricos caballeros de la Villa y cuantos a ésta venían o pasaban por ella con cualquier motivo. Solicitáronla muchos por varias veces de sus padres, sin obtener esperanza alguna; porque «éstos sabían que Floriana no pensaba en tomar estado, ejercitada siempre en la virtud y recogimiento de su casa». Todos ellos rondaban incansables la calle, sin conseguir que la doncella se asomase a las ventanas, y a ninguno le fue dado traspasar el dintel de la puerta para hablarle. Los vecinos oían por las noches serenatas interrumpidas casi siempre a cuchilladas. Frecuentemente la luz del día vino a mostrarles las sangrientas huellas de las contiendas encendidas por los celos.

En la época a que se refiere el autor de los anales, distinguíanse entre la innumerable turba de pretendientes, por su constancia y méritos personales, don Julio Sánchez Farfán, corregidor de Porco, tan gallardo y apuesto joven como cumplido caballero; el capitán don Rodrigo de Alburquerque, notable personaje que había venido a levantar gente a su costa para el servicio del Rey en Chile; y el gobernador del Tucumán, don Pedro de N. (llamámosle así porque la crónica no dice su nombre) que al pasar por la Villa Imperial a la Ciudad de los Reyes, a verse con el virrey, había admirado en una fiesta pública a tan sin par hermosura y sentídose encadenado al suelo en que moraba, olvidando los graves asuntos del gobierno. Floriana en la plenitud de sus encantos, perfectísimo dechado de belleza y de virtudes, seguía mostrándose sin embargo más insensible y desdeñosa que nunca a los halagos del amor. Por otra parte, sus padres alarmados por aquel asedio incesante de la casa y hasta por el clamor del vecindario, «doblaron su recogimiento, tanto, que los días festivos a solo el alba se presentaban en las calles para ir a misa».

El amor desesperado debía buscar naturalmente alianzas en la inexpugnable fortaleza; y las consiguió un día por el medio que llamaba infalible Filipo de Macedonia, y que los amantes, muy doctos en todo como es sabido, suelen emplear constantemente, sin estudiar, muchas veces, las máximas de tan famoso guerrero. Una criada, mestiza, muy despierta, ganada por el gobernador del Tucumán, se dio modos de introducir en el libro de oraciones de Floriana, cierta misiva amorosa, que ésta leyó teñidas del vivísimo carmín del rubor sus mejillas de azucena, y arrojó en seguida «al fuego de un brasero que cerca de allí le deparó su enojo».

Ignórase a punto fijo lo que la tal misiva contenía, pero que ella no fue tan conmovedora y comedida como era de esperar, siendo inspirada por tal belleza y dirigida a tan discreta y recatada doncella, harto claro lo demuestra la noble respuesta que la cupo y que ha logrado salvarse íntegra del olvido para perpetua lección de atrevidos galanes y provechosa enseñanza de inexpertas muchachas, que se hallan frecuentemente expuestas a semejante peligro.

Floriana había escrito con mano trémula de indignación las siguientes palabras:

«Señor mío: Hanme dicho que el cielo os negó el nacer de nobles padres, y yo así lo creo, porque lo acredita la desatención de vuestro papel; mas, él tuvo su merecido, porque semejantes liviandades no merecían otra cosa que el fuego».

Don Pedro, que debió ser tan presuntuoso como descortés, ofendióse en extremo de esta contestación. Burlado en su amor, si aun merece este nombre el fuego impuro que abrasaba su pecho, sólo dio oídos a su orgullo lastimado. Se imaginó que don Alvaro hubiese dicho a su hija que no era digno de pretender su mano, por no ser de tan clara estirpe como ella, y resolvió vengarse en él «sacándole al campo a reñir sobre el caso».

No tardó la ocasión en mostrarse propicia a su intento. Supo un día que don Alvaro debía ir a San Clemente, donde acostumbraba pasearse, y allí se dirigió ciego de furor, para esperarle y provocarle como tenía resuelto.

Ajeno de lo que pasaba llegó muy pronto al dicho paraje el padre de Floriana, y fue grande su sorpresa al ver al gobernador trastornado por la ira, que le salió al encuentro procurando manifestarle su resentimiento, pero sin acertar más que a injuriarle con descomedidas razones. Le oyó en silencio hasta que hubo concluido, costándole no poco trabajo enterarse de lo que aquél se quejaba; disculpóse en seguida como leal caballero; acusó de todo el mal a la osadía de don Pedro; y, como en aquellos tiempos a palabras tales sucedía siempre la razón del acero, no paró en desnudar la espada y cruzarla al punto con la de su inesperado adversario.

Dios sabe cuál habría sido el fatal resultado del singular combate, si no se hallasen cerca de allí casuales testigos que, sin notarlo entrambos caballeros, los vieron acometerse como cristiano y agareno, o para valernos de una comparación más propia del tiempo y del lugar, como castellano y vascongado.

Era aquella la época del año en que los habitantes de la Villa Imperial solían concurrir a San Clemente en busca de solaz y distracciones, costumbre que, según creemos, se conserva aún entre sus descendientes y que debe dejar en su ánimo fuertes impresiones para toda la vida. Se nos ha referido (y lo repetimos de paso por vía de ilustración) que un notable potosino suspiraba tristemente a las faldas del Vesubio, ante el panorama más encantador del mundo, que preguntándole un amigo por la causa de aquel suspiro, contestó sin vacilar: «¡Oh! si pudiese hallarme en San Clemente!...»

Dos señoras, que allí gozaban de esa felicidad, que harto comprendemos por el santo amor de la patria, acudieron presurosas a interponerse, no sin peligro, entre los combatientes; y «se dieron tan buena maña» que consiguieron separarlos por un momento. Mas, todos sus esfuerzos habrían sido inútiles, —porque ambos porfiaban en volver a acometerse, y especialmente don Alvaro, herido ya a las primeras, aunque no de gravedad—, si no acudiese más gente al lugar de la lucha, obligando a los adversarios a irse cada uno por su lado, pero no sin prometerse venganza para la primera ocasión.

Entre tanto, Floriana, recogida en su cuarto y entregada como de costumbre a esas labores de pasatiempo de las damas de su clase, no sospechaba siquiera el peligro que corrían su buen padre y su propia fama. Quién sabe no pensaba ya ni remotamente en el osado gobernador, que juzgaba curado de su indigna pasión por el merecido desdén, cuando vio llegar a don Alvaro descompuesto, pálido y ensangrentado.

Llena de sobresalto quiso precipitarse al punto en sus brazos, inquiriendo por la causa de aquel trastorno.

—Padre y señor, ¿quién ha podido injuriaros de esa suerte? —comenzó a decir la desgraciada; pero se detuvo y retrocedió asustada ante un ademán imperativo del irritado caballero.

Expúsole éste en breves palabras lo ocurrido en San Clemente, y pasó a «darle muchas y muy sentidas reprensiones», echándole en cara su silencio y la reserva que había guardado con él y su buena madre en aquel delicado asunto. «Ardiendo en ira» por lo que sabía de la conducta indigna del gobernador, pero reportándose cuanto pudo, como hija sumisa y cariñosa, le oyó Floriana hasta que hubo terminado, y se disculpó en seguida, diciendo que había querido evitarle el enojo de saber el caso, y que, por otra parte, no esperaba de ningún modo que don Pedro tomase tan insensato partido, cuando era de suponer que sufriese más bien en secreto el castigo de su falta.

Un tanto calmado con esto el buen caballero se retiró luego del cuarto de su hija, dejando a ésta entregada a diversos sentimientos que alternativamente atormentaban su pecho. Unas veces el dolor la sumergía en un mar de lágrimas, y otras el deseo de la venganza la envolvía en una hoguera que secaba el llanto de sus ojos. Ya pensaba solamente en la aflicción de sus padres; ya daba oídos al grito de su honra ofendida, figurándose con razón que su nombre corría por la Villa, mancillado por la calumnia, que encontraría una poderosa aliada en la envidia. Creemos (aunque se le olvidó consignarlo a nuestro cronista) que, acusando entonces de todo el mal a su funesta belleza, se dijo con amargura, pues nadie pudo decirlo con más fundamento que ella

¡Ay, infeliz de la que nace hermosa!

II

La mansa cordera se torna leona

No sabemos si después de los sucesos que llevamos referidos, pensaba el gobernador desistir de sus criminales intentos, para seguir su camino a la Ciudad de los Reyes, dejándose ya de indignas liviandades. Lo más probable, sin embargo, es que el presuntuoso caballero conservase aún la esperanza de subyugar a la altiva doncella; porque en hombres de su carácter el necio amor propio no descubre las imperfecciones, ni la fealdad de las faltas cometidas, y más bien considera a estas últimas como nuevos merecimientos, pudiendo decirse de él, con todo fundamento, que tiene realmente ojos que de lagañas se enamoran. Don Pedro se halagaba pues, acaso, con la idea de que Floriana no vería en su conducta más que la violencia de la pasión que le había inspirado, y que se ablandaría al cabo, hasta el punto de reconocerse esclava de su voluntad.

Mas, sea de esto lo que fuere, no pasaron dos días desde su riña con don Alvaro sin que se hallase perdido el seso, más confiado y envanecido que nunca. Y es el caso que aquella criada mestiza que antes había sobornado, se presentó en el momento más inesperado en su casa, y le dio a solas cierto recado, que pronto adivinarán nuestros lectores, mereciendo en cambio una abundante propina, y ¡cosa inaudita de parte de un hombre de tal suposición y tantas campanillas! una cariñosa palmada en la mejilla.

No bien llegó la noche, salió nuestro gobernador de su casa embozado en luengo manto y calado el sombrero hasta los ojos, recatándose cuanto podía para no ser detenido en la calle por gente importuna; y se fue en derechura a la de su ofendido contrario don Alvaro. Llegó pronto a una tienda que al lado del portal había; la abrió con una llave que llevaba en el bolsillo, y penetró en ella, cerrando tras sí la puerta y dejándola solamente entornada. Al mismo tiempo, como si quien le esperaba hubiese observado sin él notarlo su llegada, se abrió también otra puerta fronteriza de la tienda que comunicaba a ésta con la casa, y dio paso a una mujer que, lejos de recatarse por su parte, se adelantó al encuentro del caballero con la cabeza erguida y dejando caer al suelo su mantilla.

¡Era la bellísima Floriana! Vestía sencillamente de blanco sin atavío ninguno; su larga y abundante cabellera de un negro resplandeciente, flotaba a sus espaldas, retenida tan sólo a la altura de la nuca por un lazo encarnado; su rostro un tanto pálido, la mirada tranquila y profunda de sus grandes ojos, el porte en fin de toda su persona, comunicaban a su belleza la majestad de una diosa. Al verla el gobernador se sintió todo él turbado como un vasallo ante su soberana; y con el sombrero en la mano, inclinada la cabeza, apenas pudo saludarla, diciendo con voz trémula:

—"Señora, aquí tenéis a vuestro esclavo y fino amante", palabras a las que nuestro sensato cronista quisiera que hubiese sustituido con más verdad estas otras: "el indigno que dos veces os ha ofendido".

Y esto mismo debió pensar la doncella cuando al eco solamente de la voz que le era odiosa, se transformó en un punto de Diana majestuosa que antes parecía, en violenta Némesis, ciega de furor.

Con mano convulsa de ira sacó, en efecto, una ancha y bien afilada navaja que en la manga llevaba, y "como una leona arremetió a cortarle la cara al gobernador", gritando al mismo tiempo, sin cuidarse de que la pudiesen oír de la casa o de la calle:

—¡Mal caballero! llevaréis en el rostro la marca de vuestra infamia.

El iluso amante no esperaba tan extraño recibimiento; no era él, como hemos dicho, nada receloso ni desconfiado en tratándose de su persona y de una conquista de amor. Pero por grande que fuese su sorpresa al ver sobre sí "aquel monstruo de belleza y de iras", cuando se imaginaba encontrar una rendida paloma, no llegó hasta el punto de impedir que procurase su propia conservación. De este modo, con la misma presteza que su hermosa enemiga trataba de ofenderle, rebatió por su parte el tajo con una mano y procuró hacerse para atrás, impidiendo el ver deshecho su rostro, mas no sin que la navaja penetrase en su palma hasta los huesos, ni sin que, tropezando en un madero que allí había, cayese él mismo pesadamente al suelo, donde al fin consiguiera Floriana su intento, si con un esfuerzo supremo no lograra levantarse él en seguida, requiriendo la daga de su cinto, para ofender a su vez con más furor a su contraria.

—"¡Traidora!" —exclamó con voz sorda, avanzando hacia ella en ademán que no permitía esperanza alguna de piedad, ni aunque Floriana la hubiese demandado entonces de rodillas...

La lucha no podía ser dudosa entrambos: la fuerza, la destreza, el arma... todas las ventajas estaban de parte del caballero.

¡Pobre, incauta doncella! mejor fuera que nunca hubiese querido humedecer los mortales. ¡Oh, funesta pasión de la venganza! origen de la guerra interminable entre castellanos y vascongados; de las horrorosas matanzas de Munai-Pata y sus labios en el néctar envenenado de los dioses, tan caro en aquel tiempo a de Guaina; de los crímenes de los Vicuñas; de...

Pero no nos entreguemos tan pronto a tan dolorosas exclamaciones; porque nuestra heroína era al fin mujer como todas, y no hay quien sepa salir más airosamente que ellas de los trances más apretados. A falta de la fuerza podía valerse de la astucia, como hizo ciertamente, consiguiendo recobrar la ventaja en menos tiempo del que llevamos perdido.

Inspirada por el peligro se había apoderado, en efecto, de un lío de ropas que descubrió allí por su buena suerte, y lo había arrojado con tal acierto sobre el caballero, que logró envolverlo en éstas, de modo que le embarazaron la vista y los brazos a un mismo tiempo; y sin esperar a que pudiese librarse de aquel estorbo, tomó en seguida con ambas manos el madero que en el suelo estaba, y descargó con él tan fuerte golpe en la frente y el pecho de don Pedro, que lo vio desplomarse de espaldas, sin habla y sin sentido.

Acudieron en esto al ruido, por una parte las gentes de la casa y por otra muchos vecinos y transeúntes de la calle, y viendo al gobernador ensangrentado, sin señales de vida, juzgaron que acababa de pasar a otra mejor, con indefinible angustia de Floriana.

—"Le habéis muerto, señora", dijeron unos y otros a la doncella.

Y aterrada entonces por estas palabras, que confirmaban la idea terrible que ya había asaltado su mente, sólo pensó en huir de aquel sitio fatal, llevándose consigo el torcedor remordimiento, en vez de la satisfacción de la venganza que antes, al venir, se prometiera.

III

De qué modo aconteció a nuestra heroína el mismo percance que a la princesa Melisendra

Grande era ciertamente el dolor que ahora sentía; pero nunca pudo igualarse al de don Alvaro y doña Aña, que fue inmenso cuando llegaron a informarse del suceso. Floriana saboreaba únicamente las heces más amargas de aquel néctar ponzoñoso de la venganza, de que antes hemos hablado; se horrorizaba de sí misma, como el armiño al contemplar una mancha en su resplandeciente blancura; mientras que sus desolados padres no sólo deploraron tanto como ella la falta que había cometido, sino que midieron también sus fatales consecuencias con ojos más acostumbrados a mirar las realidades de la vida. ¿Qué iba a ser de aquella hija de su amor que formaba todo su encanto y su orgullo? ¿la verían arrastrada brutalmente al encierro de los criminales por la mano de los alguaciles? ¿contemplarían empañado en un momento el antiguo lustre del blasón de su familia? ¿oirían su nombre, respetable hasta entonces, pronunciado por todas partes con fingida lástima o no disimulado desprecio? —Todas estas preguntas se les ocurrieron naturalmente, figurándose que otras tantas furias vengadoras venían a murmurarlas cruelmente a sus oídos.

Su primer cuidado fue en consecuencia mandar que se incomunicase la casa, cerrando las puertas que daban a la calle y asegurándolas por dentro lo mejor que se pudiese, para ganar tiempo y ocultar a la doncella o procurar su evasión, sin ser observados por gente importuna o sospechados por la justicia. Mas, no tardaron en comprender cuán difícil les sería conseguir lo uno y lo otro; porque Floriana desvanecida en brazos de su madre no podía darse cuenta del peligro, ni favorecer su propia salvación; y porque muy pronto oyeron gran tropel de gente que se aproximaba a la casa, con gritos muchas veces repetidos y cada vez más distintos de "¡la justicia! ¡el corregidor!"

Especialmente esta última palabra *el corregidor* ejerció al punto una influencia irresistible, verdaderamente mágica en el ánimo de cuantos la oyeron en la casa. Don Alvaro que se esforzaba por conservar su entereza como varón animoso, se quedó helado de espanto; su pobre esposa lanzó un grito de indefinible angustia, estrechando fuertemente a su hija contra su seno, cual si hubiese visto saltar ante ella a un león hambriento, para arrebatarle aquella presa, los criados temblorosos rehusaron seguir cumpliendo las órdenes de sus amos; el mayordomo, anciano y fiel servidor, que acababa de dar vuelta a la gran llave de la puerta principal, huyó aterrado a ocultarse en lo más recóndito, sin atreverse a poner los pesados aldabones, como si ya hubiese cometido un crimen horroroso, y como si ya le siguiese el verdugo con la cuerda en la mano para colgarle; de todos los labios salieron, en fin, estas palabras:

—¡No hay esperanza!

Y era que por entonces regía interinamente la Villa Imperial el famoso Oidor don Juan Díaz de Lupidana, inexorable y celosísimo magistrado, a quien tendremos ocasión de conocer con más espacio en lo sucesivo, bastando por ahora a la inteligencia de nuestro fiel relato, el apuntar ligeramente el terror que infundía su nombre.

Resonaban ya fuertes golpes en las puertas mal cerradas de la casa, cuando los padres de Floriana resolvieron hacer un supremo esfuerzo para salvarla, cada uno por su parte y según se lo inspiraba el conflicto del momento. El anciano don Alvaro se ciñó una larga tizona de Toledo y embrazó un antiguo escudo, que pendían de la pared al lado del retrato de un su abuelo conquistador de Granada, proponiéndose defender hasta la muerte el único asilo posible de su hija; y la infeliz madre, puesto el corazón en Dios, intentó aún por última vez sacar a la doncella del letargo fatal que imposibilitaba su fuga. Postróse en consecuencia de rodillas ante el estrado en que dejó a Floriana extendida; estrechó fuertemente una mano de ésta contra su corazón que parecía saltársele del pecho, y la llamó por varias veces con ese acento de madre desesperada que el hijo no puede, no, dejar de oír ni en el fondo del sepulcro, y que reanimó al cabo a la doncella.

Volvió ésta en efecto al uso de sus sentidos como de un sueño profundo, sin poder coordinar sus confusas ideas; razón por la cual doña Ana tuvo que recurrir todavía a ese poder inmenso del amor materno, para explicarle el peligro que la amenazaba, con palabras intraducibles que, copiadas fielmente por el cronista, hubiesen bastado para laurearlo entre los poetas más sublimes del mundo. La desesperación de sus padres, de que ella era causa, la propia humillación, el oprobio que la amenazaba, se presentaron entonces a la mente de Floriana que, por una nueva reacción, volvió a ser la altiva y animosa dama que vimos antes salir al encuentro del gobernador.

Con voz tranquila suplicó a sus padres que procuraran estorbar todavía la entrada a los que en su demanda venían, y sin esperar la respuesta corrió a arrojarse de una ventana que caía a un oscuro callejón a espaldas de la casa, mientras que don Alvaro, su esposa y los criados se apresuraban a cumplir la instrucción que les había dejado, sintiéndose ya reanimados por la esperanza de verla en salvo.

No era muy alta la ventana, y la infeliz fugitiva pudo haber llegado al suelo sin grave daño, si no le ocurriese —¡oh, desventura!— el mismo accidente que cuenta el romance antiguo de la princesa Melisendra, cuando quiso descolgarse del balcón a la grupa del caballo de su enamorado esposo don Gaiferos, pues se le asió ni más ni menos el faldellín de un madero saliente del marco de la ventana, y se quedó pendiente en el aire, sin poder valerse ella misma, ni aun pedir socorro, más desgraciada en esto que la hija putativa del gran Emperador Carlomagno, a la que pudo socorrer al menos en el instante su señor natural y valeroso caballero.

IV

De quién tuvo entonces la gloria de don Gaiferos, y de cómo es imposible que dos rivales procedan de concierto en los trances más apretados

En este punto nuestro cronista pasa a darnos cuenta de lo que sucedió entre tanto en casa de don Alvaro, gravísima falta de atención para la dama que abandona en trance tan lastimoso; pero de que merece entera disculpa, si se reflexiona que pudo apresurarse él mismo a descolgar a Floriana, después de más de un siglo en que pasaba aquello, y que, por consiguiente, se vio en la necesidad de seguir el hilo de los sucesos para llegar naturalmente al desenlace de esta aventura. Y tanto es así, que por más esfuerzos que hemos hecho por nuestra parte, para no incurrir en la nota de descorteses a los ojos de las hermosas lectoras de *La Revista,* no hallamos más recurso que implorar su perdón y continuar trascribiendo la crónica en el orden que la compuso el autor.

El formidable don Juan Díaz de Lupidana había logrado por fin penetrar al patio de la casa, precedido de cuatro hombres que le alumbraban el paso, y seguido de una multitud de alguaciles armados hasta los dientes y de gente curiosa o comedida, como siempre sucede en casos semejantes. Demudado por la cólera, con la vara en lo alto, —aquella vara símbolo de la autoridad y la justicia, que él sabía empuñar mejor que Minos su cetro— el Oidor daba miedo a cuantos le veían, y aterró al infeliz don Alvaro que rindió a sus pies tizona y escudo, prefiriendo detenerlo con ruegos y lamentos, lo que hizo también doña Ana, cayendo de hinojos y estrechando sus rodillas.

Pero aunque los padres de Floriana no pudieron más que ganar el tiempo que fue preciso para que los rudos alguaciles los separasen a viva fuerza del paso del corregidor, a una orden terminante que éste les dio en seguida, ese tiempo precioso fue bien empleado por la mestiza que conocemos; pues que consiguió deslizar algunas palabras al oído de una persona amiga que entre la gente curiosa descubrió por fortuna.

Más listo que la justicia había velado el amor aquella noche, como todas, con los ojos fijos en casa de la doncella; y de esta suerte no fueron de los últimos en acudir al ruido del suceso muchos caballeros que hacían la consabida ronda, y entre ellos don Julio Sánchez Farfán y el capitán Alburquerque; los cuales caballeros, con el egoísmo propio de los enamorados, se felicitaban acaso de encontrar una ocasión vanamente deseada hasta entonces, de acreditar su pasión a los ojos de la ingrata señora de sus pensamientos.

La criada que los conocía a todos, no vaciló un momento en la elección, y acercándose a don Julio, le dijo que Floriana podía necesitar de auxilio; por lo que convenía buscarla en el callejón a donde la había visto arrojarse desde la ventana. —¿Por qué se apresuró a comunicárselo a él y no a otro alguno, al capitán Alburquerque, por ejemplo, que había seguido con ansiedad todos sus movimientos? ¿sabía la mestiza que los servicios de don Julio serían más agradables a su señora? —Estas y otras cuestiones que se nos ocurren ahora de un modo al parecer inoportuno, son de la mayor gravedad para nosotros, como verán después nuestros lectores. Mas, ya que don Julio no espera a que se lo digan dos veces, ni se detiene un instante con inútiles preguntas, corramos tras de él y de su rival Alburquerque, quien debe haber sospechado la verdad con la perspicacia que el amor presta a los que bien lo sienten.

Cuando el favorecido caballero llegó al pie de la ventana, la cuitada doncella respiraba ya apenas, ahogada por la sangre que afluía a su cerebro; visto lo cual por él, se apresuró a hacer lo mismo que don Gaiferos con Melisendra, tomándola de los brazos y atrayéndola fuertemente, para desgarrar el faldellín que estorbaba su descenso. Pero, como don Julio no cabalgaba un robusto corcel que sostuviese su propio peso y el de la dama, sucedió que al desplomarse ésta, perdió el buen caballero el equilibrio, y rodó junto con ella por el suelo, al propio tiempo que llegaba a aquel sitio el capitán que le seguía las pisadas, y que se apresuró a envolver en su capa a Floriana, procurando levantarla en sus brazos.

No bien logró ponerse en pie don Julio, advirtió aquello con enojo. En el momento en que se halagaba con la idea de ser el único salvador de la doncella y cuando esperaba ya encontrar por la gratitud un acceso a ese corazón cerrado a las protestas y ruegos del amor, veía presentarse a un rival odioso, para compartir con él tan envidiable gloria y rarísima fortuna. Por su lado, el capitán no podía resignarse a abandonar la palma de la victoria, deseoso más bien de arrebatársela de entre las manos, como lo demostraba la prontitud que había puesto en seguirle, inspirado por los celos. En cualquiera otra situación esos dos hombres fuertes y animosos podían felicitarse de propender al mismo fin, doblando los medios de alcanzarlo (tratándose de una arriesgada empresa de guerra por ejemplo); pero en aquel instante, sin desconocer los peligros que rodeaban a Floriana, la presencia de cada uno de ellos debía ser insoportable para el otro. Si por un milagro de prudencia entre rivales, hubiesen resuelto salvar juntos a la doncella, no habrían hecho, tampoco, más que dilatar el momento fatal de la ruptura; porque cada una de las miradas de aquélla, la más leve atención de su parte con uno de ellos, habría sido un tormento peor que la muerte para el que se creyese desdeñado.

—Paréceme, caballero, que está de más uno de nosotros en este sitio, —dijo don Julio al de Alburquerque, desenvainando la espada.

—Cabalmente pensaba en lo mismo, y os lo dijera en idénticas palabras a las vuestras, si antes no fuera preciso auxiliar a esta señora, —contestó el capitán, poniéndose en guardia.

Y tuvo entonces lugar una espantosa lucha entre las sombras de la noche, en ese estrecho callejón que apenas ofrecía espacio a entrambos caballeros para moverse o parar los golpes del adversario; lucha que Floriana no podía seguir con la vista en sus peripecias, pero que ella conocía que se verificaba, por el clíquetis de los aceros, sin tener fuerzas para estorbarla, ni pedir auxilio; que ciertamente lo hiciera si le fuera posible moverse o dar voces, aun a riesgo de atraer sobre sí el mismo peligro de que antes huía.

Por otra parte, aquel extraño combate no fue de larga duración; y no tardó en oír la doncella una voz moribunda que decía:

—Muerto soy... ¡confesión!

Sucedióse un momento de silencio pavoroso, al cabo del cual distinguió el ruido de los pasos de un hombre que se le aproximaba. ¿Era don Julio? ¿Era el Capitán Alburquerque? ¿Deseaba Floriana que fuese el primero o el segundo? ¿Le era esto indiferente? Como ven nuestros lectores, no podemos prescindir de formular preguntas de ese género, en cualquiera ocasión que se nos ofrezca; pero sin llegar aún a ningún resultado; porque la crónica que seguimos, guarda un silencio que nos desespera a este respecto. Sin embargo, aún después de dos siglos y medio que han pasado desde entonces, parécenos sorprender un suspiro que se escapó del pecho de la doncella, aliviándola de una extraña pesadumbre, cuando reconoció al vencedor.

Era éste el de Sánchez Farfán, que se apresuró a ofrecerle la mano con respeto, rogándole al mismo tiempo que se alejase con él de aquel sitio, para salvarse de sus perseguidores. Pero ella lo rehusó, pidiéndole que la dejase abandonada a su destino; porque la nueva desgracia de que había sido causa involuntaria, le indicaba claramente, a su parecer, que no debía sustraerse a una justicia superior a todo poder humano.

Don Julio no lo consintió, como es fácil comprenderlo, ni lo consintiera en ningún caso, aun a riesgo de acarrearse el odio de Floriana en lugar del afecto que esperaba; y como se oyese ya en aquel instante ruido de gente y de armas, no vaciló en arrastrar consigo a la doncella, huyendo por la parte opuesta, sin saber precisamente a dónde se encaminaba.

Llegaron así en breve espacio a un solar encerrado entre las altas paredes de las casas vecinas y el profundo barranco del arroyo que separaba la ciudad propiamente dicha, de las cabañas habitadas por los indígenas trabajadores de las minas. Al reconocerlo el caballero se sintió desconcertado por un instante; porque estaba persuadido de que aquel lugar no tenía más entrada ni salida que la del oscuro y estrecho callejón, por donde sin duda venían el corregidor y sus gentes, o al menos una parte de éstas, como pudo observarlo en seguida. ¿Vería burlados sus esfuerzos por la extraña fatalidad que perseguía a la doncella?...

—¡No, por mi alma! —exclamó el animoso don Julio, tomando resueltamente el único partido que a su entender le quedaba; y envolviéndose el brazo izquierdo con la capa desenvainó otra vez la espada enrojecida por la sangre de su rival, mientras decía a Floriana:

—Mi deber es salvaros, señora, a pesar vuestro, del mundo entero y del destino. Ruégoos que procuréis ocultaros en lo más sombrío de este sitio, mientras vuelvo a buscaros; pero si me lo impide un poder superior... la muerte, por ejemplo, recordad alguna vez que os he amado, de tal modo que sólo viví para consagraros mi alma por el placer de amaros, sin la esperanza de ser correspondido.

Floriana comprendió entonces la magnánima resolución del caballero; quiso impedirla, comenzó a decirle que no tentase a la Providencia, cuya mano veía ella distintamente; mas, nada pudo conseguir de él, porque ya se había apresurado a volver sobre sus pasos, y lo vio internarse otra vez en el callejón por donde había venido.

Llegado que hubo don Julio a la presencia de los alguaciles, detúvoles con un ademán imperioso, diciéndoles en seguida:

—¿Buscais, por ventura, al matador del capitán don Rodrigo de Alburquerque? Pues entonces, tenéislo delante de vosotros, dispuesto a probaros con la espada en la mano, que lo mató como bueno, en leal combate.

Y sin esperar a que volviesen de la sorpresa que les había causado la aparición de aquel hombre y sus extrañas palabras, arremetió contra ellos con tal denuedo, que logró abrirse paso por entre sus filas, y se alejó de prisa, esperando con razón que le siguiesen; lo que ciertamente hicieron avergonzados de que un solo caballero se burlase de tal modo de más de diez agentes de la justicia, exponiéndolos al enojo del severo corregidor.

Nunca huyó caballero alguno con más placer ni satisfacción que don Julio aquella noche. A cada paso que avanzaba, a cada vuelta de esquina que hacía, corriendo siempre en dirección opuesta al sitio en que había dejado a Floriana, se felicitaba más de la ligereza de sus piernas; él, que hasta entonces sólo había creído que un hombre de su clase debía fiarse únicamente en su animoso corazón y la fuerza de su brazo.

Cuando al cabo de algún tiempo logró, por último, que los sabuesos de don Juan Díaz de Lupidana, perdiesen su pista y desistiesen de su persecución, mohínos y desconcertados, determinó volver al solar, rodeando una gran parte de la ciudad, sumida ya en el silencio del reposo, después de la agitación y el ruido de los pasados sucesos. Pero en vano buscó a Floriana que había desaparecido; en vano recorrió aquel sitio a la luz del alba que comenzaba a blanquear el horizonte; en vano la llamó por repetidas veces, sin oír más que el bramido del torrentoso arroyo, acrecido por las lluvias, en su lecho profundo.

V

Cómo el niño Amor embazó bonitamente una flecha
en el corazón de un juez prudente y respetable,
y le hizo cometer los desaciertos que han comprometido
su buen nombre ante la historia

¿Qué había sido de la bellísima doncella? Ni las pesquisas del amor, ni las de la justicia, de don Julio o del formidable corregidor, tuvieron resultado alguno satisfactorio a ese respecto, por más de una semana. La explicación del enigma estaba reservada a otro poder que cuenta siempre con agentes más listos de su parte, como se comprobó entonces del modo que verán nuestros lectores.

Tenía el gobernador de Tucumán un sobrino *azoguero,* notable y muy influyente por supuesto, que formó querella contra Floriana, y apretaba en que fuese buscada y puesta en prisión, mientras que el mal ferido y peor burlado tío yacía en el lecho, devorado por la fiebre. El tal sobrino prodigó a manos llenas el dinero, con la confianza de que nunca le faltaría éste en sus arcas, afluyendo a ellas de las prodigiosas entrañas del cerro proverbial; pagó espías, compró delatores, y no tardó en ponerse al corriente de los pasos y el paradero de la que había osado insultar al que él apellidaba honra y prez de su familia.

Sería la hora de la queda de una noche lluviosa, más negra que boca de lobo, cuando por medio de uno de sus espías, acabó de reunir los datos que necesitaba, y resolvió encaminarse sin pérdida de tiempo a la morada del corregidor, que no estaba lejos de la suya.

Don Juan Díaz de Lupidana había rezado el santo rosario con su servidumbre y tomado ya su jícara de chocolate; pero aún no pensaba en buscar el descanso del lecho a las fatigas del gobierno. Sentado delante de uno de esos braseros, usados todavía hoy mismo en la Villa Imperial, a falta de estufas o chimeneas, meditaba sobre los deberes que le imponía su cargo, con el codo apoyado en el brazo de su sitial y la frente en la palma de la mano. Recordaba que algún tiempo antes la Real Audiencia de la Plata había confiado a su prudencia y firmeza el gobierno de la villa, despedazada por los bandos de los castellanos y vascongados, y exasperada por "el natural codicioso y cruelísimas entrañas" de su predecesor don Juan Ortiz de Zárate; recorría en su mente las sabias medidas con que había restablecido la tranquilidad pública; interrogaba a su conciencia si había cumplido su deber, mandando colgar de la horca a muchos criminales, a los montañeses y manchegos cómplices del corsario Drake, y se respondía que el rigor de la ley había sido y era necesario para el buen servicio de Dios, del rey y de la sociedad; se felicitaba de la aprobación que habían merecido sus actos de la corona; se imaginaba que pronto sería llamado a la Península, para ocupar un puesto en el Real Consejo de Indias; oía las bendiciones del pueblo, sus lamentos y sollozos al abandonar la villa para encaminarse a España... Pero en ese instante una idea horrible que le acosaba sin descanso, volvió a asaltar su imaginación, disipando sus ensueños. Descompuesto por la ira, lanzó un juramento, se levantó del sitial, y recorrió a grandes pasos la estancia, diciendo en alta voz estas y otras entrecortadas razones:

—¡Un alto funcionario de la corona puesto a dos dedos del sepulcro por una niña mimada y despreciable!... ¡burlado yo por primera vez!... ¡yo, el Oidor Lupidana! ¿Qué dirá la audiencia? ¿Qué pensará el virrey? ¿Qué cuenta podré dar al soberano?

—Diréisles que la culpable ha expiado su crimen. Os basta extender la mano para cogerla, —contestó una voz desde la puerta.

El azoguero había llegado a ésta sin que lo sintiese el Oidor en su preocupación, y había percibido el monólogo, comprendiendo sin dificultad su sentido.

Un rayo de alegría iluminó el semblante del magistrado: las arrugas que el tiempo y las arduas funciones de su cargo habían trazado en su frente, desaparecieron por un momento de ella; mientras que sus ojos dilatados y brillantes buscaban a su inesperado interlocutor.

Un cuarto de hora después, el corregidor en persona, sin cuidarse de la lluvia, corría en dirección al barrio habitado por los indios *mitayos,* siguiendo los pasos del espía que puso a su disposición el azoguero, y seguido él mismo por sus más fieles corchetes, provistos de armas y linternas que ocultaban a precaución bajo sus capas españolas.

No podía perder un instante, so pena de verse burlado por segunda vez, según se lo había prevenido el sobrino del gobernador. Mas, como nuestros lectores ignoran todavía lo que pasó a nuestra heroína desde la noche memorable en que la dejó don Julio en el solar, digámosles cuanto hemos averiguado a este respecto, mientras don Juan Díaz vuela a apoderarse de ella entre las sombras.

Floriana, forzosamente abandonada por don Julio, había visto de lejos abrirse paso a su salvador por entre los alguaciles, y más tranquila por lo que a él concernía, procuró darse cuenta de su propia situación, recorriendo el solar donde se hallaba. Por lo pronto no descubrió puerta alguna, ni entrada practicable de ninguna clase en las altas paredes que lo cerraban por tres de sus lados. Era preciso vadear el arroyo; pero se hallaba henchido por el agua de una tempestad que había caído sobre las cimas de los cerros, y el barranco que le servía de cauce parecía cortado a pique, sin señal de senda por donde pudiese bajar la doncella.

—Dios lo quiere, —murmuró resignada a su suerte, y sentóse en una piedra, determinando esperar a su salvador o a sus perseguidores.

Oyó en esto un ruido extraño por el lado del arroyo, y siguiendo aquella dirección con los ojos, distinguió una figura humana, suspensa al parecer en los aires, sobre las aguas turbias y espumosas. ¿Era la sombra del gobernador que ella creía muerto? ¿Por qué la perseguía en el momento en que deploraba más su crimen? Ella no había querido matarle... se vio en la necesidad de proveer a su defensa... daría su vida por reanimarle, si antes no moría ella misma de dolor y remordimientos.

Un grito de terror se escapó de su pecho; se le erizaron los cabellos; sintió frío en el corazón y cayó desvanecida.

Al volver en sí, se encontró acostada sobre una piel de llama, en una choza miserable de toscas piedras y ramaje. A su lado velaba una india anciana, cubierta de andrajos y excesivamente demacrada, en la actitud de las momias de sus abuelos, pudiéndose tomar a ella misma por una momia recién exhumada de alguna *huaca,* a no ser el brillo de sus ojos clavados en la doncella. El hijo de esta infeliz que se encaminaba a las minas, para llenar la faena de la noche, la había encontrado desmayada en el solar y conducídola a su choza, donde la dejó confiada a los cuidados de su madre, volviendo en seguida al rudo trabajo que le llamaba. Floriana le había tomado por la sombra vengadora del que ella creía su víctima, en el momento en que cruzaba el arroyo por sobre una larga viga atravesada en lo alto del barranco, especie de puente aéreo, del que sólo podía hacer uso un hombre descalzo y acostumbrado como él a ese ejercicio.

Guarecida en la choza y fielmente servida por sus humildes huéspedes, tuvo la satisfacción de comunicarse con sus padres, y de saber por ellos que ni don Pedro ni el capitán don Rodrigo habían muerto de sus heridas, aunque ambos yacían en el lecho, siendo en extremo grave el estado del segundo. Mas, como muy luego llegaron a su conocimiento las instancias del sañudo azoguero y las pesquisas del temible corregidor, determinó buscar un asilo en casa de una dama principal de la Plata, relacionada de su familia.

Aquella noche, precisamente a la hora en que el magistrado venía en su demanda, sin cuidarse de la lluvia, la doncella disfrazada disponíase a subir en una mansa mula que tenía del diestro el tímido mayordomo que conocemos, transformado en escudero de andante dama, a pesar del terror que le inspiraba la horca siempre lista en el gobierno interino del Oidor.

—Mañana tendré un asilo para llorar tranquila. ¡Benditas las sombras de la noche que protegen mi fuga! —pensaba la doncella.

Pero de entre esas mismas sombras protectoras brotaron a su vista los corchetes de don Juan Díaz de Lupidana; se vio rodeada por ellos sin esperanza alguna de burlarlos todavía, sola, abandonada por sus huéspedes y el mayordomo, que habían huído, cual si el terror les prestase alas en ese instante; la luz inesperada de las linternas hirió sus ojos, deslumbrándolos súbitamente; se sintió, en fin, asida por una mano de hierro, que oprimió su delicado brazo como una argolla.

Estaba perdida sin remedio, a su juicio, como la paloma convulsa en las garras del milano. Era inútil implorar compasión o hacer un solo movimiento... ¿Qué rasgo de piedad podría esperar de parte de aquellos hombres? ¿Qué lucha desesperada no habría servido únicamente para encender su furor? No le quedaba, pues, más que dejarse conducir por ellos sin contrariarlos, resignándose a sufrir en silencio las invectivas y sangrientas burlas con que sin duda no tardarían en abrumarla.

Y sin embargo, la doncella que esto pensaba, padecía un error propio de su alma purísima, que no sospechaba siquiera el poder fascinador de la belleza; así que su asombro llegó a ser mayor que su miedo, cuando sintió que aquella mano que magullaba su brazo, se debilitaba por grados, deslizándose temblorosa, hasta que se posó ligera en la suya, mientras que una voz tímida y llena de cariñoso respeto murmuraba, o más bien balbucía, estas palabras:

—Perdonadme, señora... ¡Ah, perdonadme!

Era que el íntegro, el severo, el inexorable Oidor don Juan Díaz de Lupidana, el pacificador de la Villa Imperial despedazada antes por los bandos de castellanos y vascongados, el que hacía justicia con la horca levantada a las puertas de su despacho, había asido primero a "la niña mimada y despreciable" con toda la fuerza de que era capaz su mano derecha, y la había visto después a la luz de la linterna que tenía en la izquierda, pudiéndose decir que llevaba en aquella la justicia y que un mal genio gobernó la otra, ganando la ventaja.

¿Será cierto que en la peregrinación de la vida nos acompaña de un lado el ángel bueno, para guiarnos por la senda de la salvación, mientras que camina del otro el ángel caído, deseoso siempre de perdernos? ¿Deberíamos creer que la mano siniestra, más torpe y débil, obedece al influjo del Enemigo? Cuestiones son éstas de tan elevada filosofía que no podemos tratar por ahora someramente, reservándonos dilucidarlas en un infolio separado; razón por la cual rogamos a nuestros lectores que vayan resolviéndolos como mejor se los dé a entender su conciencia.

Decíamos que el corregidor vio a la doncella, lo que es mucho; y réstanos añadir que la vio en traje de india acomodada, lo que es demasiado. No sólo la vio, en efecto, *bellísima* como la había formado el Supremo artista en sus inescrutables designios, sino también —tengamos compasión de don Juan Díaz— en el traje más a propósito para realzar sus encantos: con el *acsu* y la *lliclla* de finísima lana de vicuña y alpaca, reservada antes para el uso exclusivo de las hermanas y esposas del Inca; dispuesta su hermosa cabellera en delgadas e infinitas trenzas, flotantes a sus espaldas; apenas calzados sus diminutos pies por las sandalias enchapadas de plata... ¿Qué más se necesitaba, por ventura, para trastornar la cabeza de un hombre, aunque fuese la de un provecto Oidor de aquellos tiempos? ¿Vale acaso la toga más que la coraza de Aquiles, que no fue invulnerable a las saetas del maligno cegüezuelo? ¿No abrasa más fácilmente el fuego los añosos troncos de los árboles, que el tallo vigoroso y lleno de savia de las plantas? "El niño Amor no quiso, en fin, perder la ocasión que se le ofrecía de triunfar de un alma de hombre como los demás, aunque era la de una juez prudente y respetable", según dice nuestro cronista, cuya autoridad invocamos todavía en caso de tanta gravedad.

—Perdonadme, señora... ¡oh, perdonadme!, —balbuceó, pues, don Juan Díaz de Lupidana, como queda dicho anteriormente; y con las razones más comedidas que le permitía su extraña turbación, rogó en seguida a la doncella que se dignase admitir su compañía.

Cuatro hombres se pusieron delante para alumbrarles, caminando para atrás o cuando mucho de costado; los restantes les siguieron a respetuosa distancia, alineados marcialmente como escolta de honor. Diríase que una infanta de Castilla, recientemente arribada a la proverbial Potosí, había tenido el capricho de recorrer a esa hora el barrio más pobre y miserable de los indios, revestida en el antiguo traje de las Coyas, tan venerable para aquellos.

Y en verdad sólo esta explicación hubiese podido satisfacer, también, a muchos vecinos de la villa que, al ruido de los pasos de tan sorprendente comitiva, asomaron la cabeza por el postigo de sus puertas, preguntándose inútilmente quién era aquella india de extremada belleza, digna hija del sol, acompañada de tal suerte por el formidable don Juan Díaz, encorvado respetuosamente como un vasallo.

Sólo uno entre todos adivinó, acaso, la explicación del enigma. Un rondador nocturno que a esa hora caminaba inquieto por las calles, lanzó en efecto una exclamación de alegría, al descubrir de lejos a la doncella; pero temeroso, sin duda, de que le reconociesen los corchetes, apretó el paso, perdiéndose entre las sombras.

¿Sería don Julio? ¿Sintió el Oidor estremecerse a la doncella cuando oyó aquella exclamación del rondador desconocido? Ya lo veremos oportunamente, poniendo por ahora punto a nuestro relato, a fin de abrir nuevo capítulo.

VI

"Caer en las brasas"

Al día siguiente no hubo quien ignorase en la Villa Imperial la captura de Floriana y el lugar donde ésta se encontraba cautiva; porque tanto el sobrino de don Pedro que la denunció al corregidor, como los padres de la doncella, informados por el mayordomo, tenían interés en divulgar el suceso, aunque por diversos motivos. El primero quería que fuese conducida inmediatamente al más inmundo calabozo de la cárcel pública, sin miramiento alguno, y los segundos imploraban la protección de sus amigos, a fin de que procurasen conseguir que volviese con fianza a su casa; pero nadie logró ver, ni obtuvo siquiera una promesa de audiencia del severo magistrado.

Sin embargo, era tal el respeto y hasta el terror que éste había infundido a todos con su notoria justificación y comprobada entereza, que nadie se atrevió a censurar su conducta, ni aun a concebir una sospecha del verdadero motivo por el que tenía presa a Floriana en su propia morada, contentándose cuando más con decir por lo bajo:

—Ya veremos lo que resuelve su señoría, con el tino y acierto que le caracterizan en servicio del rey y gobierno de la villa.

¡Ay! si le hubiesen visto entonces. ¿Qué habrían dicho de él los mismos que tan favorablemente le juzgaban? No sabemos si les hubiese causado disgusto, horror, desprecio o lástima; porque el venerado y temido Oidor que ellos acostumbraban contemplar bajo su gran peluca empolvada, revestido de la toga, con la vara en la mano, ceñudo, estirado y tieso, estaba a la sazón ridículo o espantoso, llorando a veces de rodillas como un niño, o amenazando otras como un furioso demente a la doncella, sin oír en cambio de sus lamentos y amenazas más que estas u otras palabras parecidas:

—"Don Juan, sois mi juez". "Don Juan, no sois ya mozo". "Me dais miedo y lástima, don Juan". "Mirad que me arrojo de la ventana, si no os marcháis".

Pasó un día y otro, una semana, dos, sin que nadie supiese lo que había resuelto el inexplicable carcelero. Al cabo de ese tiempo la mísera Floriana ya no reía o miraba con lástima al magistrado; un solo sentimiento, uno solo se había apoderado por completo de ella; el miedo, el terror de aquel anciano grotescamente horrible, en el que se figuraba ver un monstruo, un demonio. Con las manos juntas le pedía que le enviase al encierro de los criminales, al calabozo de un asesino que le causaría menos espanto; le proponía que la hiciese colgar de la horca por el verdugo; oraba con fervor, pidiendo al cielo la muerte que la salvase de una afrenta. No le quedaba ya, sin embargo, ni el recurso de arrojarse del balcón para estrellarse en las baldosas de la calle; su carcelero había hecho poner fuertes rejas a la única ventana de su cuarto, y cuando no la importunaba de cerca, velaba a la puerta, sin dejar por eso de rogar o amenazarla.

Una noche cayó a sus pies una piedra arrojada por la ventana; se inclinó vivamente, animada por una esperanza que no la había abandonado acaso, y descubrió un papel que envuelto a la piedra venía. Era una carta sin firma, sin inicial alguna: carta de amante receloso, desdeñado, pero dispuesto al sacrificio. "Si vuestra voluntad no tiene parte en tan extraño cautiverio, llamadme, señora, y os salvaré a costa de mi vida que os pertenece", —decía aquel amante misterioso.

La doncella corrió al punto a la reja y, pegando el pálido y hermosísimo rostro a los hierros.

—Don Julio ¿estáis ahí? —murmuró con acento de profunda emoción.

Un hombre embozado salió al momento del portal fronterizo donde sin duda esperaba; vino a colocarse al pie de la ventana; y la cautiva y él cambiaron algunas palabras, en voz tan baja, que apenas parecía el susurro del viento entre las rejas.

Cuando el espantoso don Juan Díaz entró poco después en el cuarto, cuya llave tenía siempre consigo, como hemos dicho, se creyó trasportado repentinamente al séptimo cielo desde el más profundo círculo del infierno, tan dulce fue la sonrisa con que le recibió la doncella, extendiendo una mano, que el rídiculo viejo se apresuró a besar, cayendo de rodillas.

—Pienso, don Juan, que al cabo venceréis, —le dijo Floriana, aprendiendo a disimular en el conflicto; "pero concededme todavía un plazo hasta mañana, para recibir mi última palabra".

VII

Donde se prueba que no es una hipérbole de los poetas exhalar el alma en un beso

Era noche de un viernes de cuaresma. Los criados del corregidor habían ido a oír ejemplos a la Compañía de Jesús, y no quedaron por consiguiente en la casa más que don Juan y la bellísima cautiva. Aquél necesitaba, es cierto, más que otro alguno escuchar dichos ejemplos, para salvar su pobre alma de la perdición eterna; pero en nada pensaba menos que en esto empedernido y ciego, o más bien se encontraba en la absoluta imposibilidad de pensar en otra cosa que Floriana, tan resuelto a conseguir el amor de la doncella que, si el ángel de las tinieblas le pidiera en cambio esclavizarse a su capricho, no vacilaría un momento en firmar con su sangre el pergamino tradicional del doctor Fausto.

No creía, tampoco, su causa tan desesperada, como ya sabemos, y se entregaba por el contrario a los más dulces ensueños de su imaginación, contando el tiempo que trascurría por los latidos de su pecho y repitiendo la palabra mágica que había oído de la doncella: venceréis, don Juan, venceréis. En su impaciencia recorría a grandes pasos su estancia y hablaba en voz alta consigo mismo como un demente.

—¿Y por qué no? ¿Qué importan mis canas? ¿Qué mis arrugas? ¿No soy el hombre más poderoso de la villa? ¿No miro más alto, mucho más todavía? ¿Y quién podría, sobre todo, amarla como yo? ¿Sería ése un mancebo frívolo, inconstante y lleno de vida, por ventura? Pero ese mancebo no vería en ella su más ardiente, *su último amor!*...

Entre tanto don Julio subía a la reja por medio de una cuerda nudosa asegurada fuertemente a los hierros y limaba dos barras para dar salida a Floriana, mientras que ésta acechaba a la puerta, temblando como la hoja en el árbol, pero resuelta a defender el paso con una daga que su salvador había puesto entre sus manos...

Terminado que hubo el caballero, llamó en voz baja a la doncella, y, pasando a su esbelto talle otra cuerda que tenía preparada, bajó en seguida a la calle para ayudarla en su descenso y recibirla entre sus brazos.

Pero, no bien puso los pies en el suelo Floriana, cuando el caballero se disponía a desembarazarla de la cuerda que rodeaba la cintura, se irguió ante él majestuosa, digna, admirable, deteniéndole con un ademán imperioso en tanto que le decía:

—Juradme que no ha de salir nunca de vuestros labios una palabra de amor, caballero... ¡Jurádmelo! me entregaré a vos como a un hermano.

Don Julio inclinó la cabeza, cruzando los brazos sobre su pecho con un suspiro, mientras que Floriana hacía deslizarse la cuerda a sus pies.

—¡Sea! murmuró en seguida, con tan triste acento, que parecía la palabra resignada de un hombre herido mortalmente en el corazón.

En ese momento una luz súbita iluminó la oscura calle en que se encontraban, y un grito salvaje de dolor y rabia, que nada tenía de humano, resonó en medio del silencio de la noche. Un brazo descarnado y velludo, provisto de una linterna, y una cabeza horrible de condenado, bajo un gorro piramidal, de blanco lino, aparecía en la reja, por el mismo espacio por donde salió la doncella. Don Juan Díaz había percibido en medio de sus ensueños el ruido extraño que necesariamente causara aquella evasión, y corriendo al cuarto de Floriana se había sentido caer de su séptimo cielo en un abismo más hondo que el mismo infierno.

—Venid, *hermana mía,* —dijo don Julio a la dama, ofreciéndole el brazo para ayudarla; pero ésta apenas podía dar un paso o sostenerse sobre sus piernas, tanta era su debilidad física a consecuencia del tormento moral que había sufrido en su encierro.

—Hermana, perdonadme, —volvió a decir entonces el caballero, levantándola en sus brazos y huyó con ella entre las sombras, mientras que don Juan seguía aullando desde la ventana.

La doncella no había opuesto resistencia alguna a la acción de su salvador y, más bien rodeó su cuello con los brazos. Sentíase tranquila, dichosa tal vez, sobre aquel pecho valiente y leal que abrigaba por ella un amor inmenso, todavía sin esperanza. Se dejó conducir en silencio, con los ojos cerrados, como si quisiese reconcentrarse en sí misma, entregada a una muda oración en la que sin duda iba envuelto el nombre del caballero a la mansión del eterno... Pero al cabo de algún tiempo conoció que las fuerzas abandonarían a don Julio; los brazos de éste la estrechaban ya débilmente a su pecho; su respiración era más fuerte y anhelosa; y se sintió, por último, depositada, con un supremo esfuerzo, sobre un poyo.

Vio entonces que se encontraban en un sitio que no le era desconocido. Era este la plaza del Gato, que servía de mercado y que nadie podía visitar por la noche, no habiendo objeto para hacerlo. El caballero estaba de pie ante ella; la miraba en silencio con indefinible expresión de ternura, de amor, de angustia; pues todo esto se leía en sus ojos a la luz de la luna que brillaba en ese instante, en la quiebra de dos nubes sombrías.

Repentinamente abrió don Julio los brazos, lanzando un gemido; vaciló un segundo, y se inclinó sobre el seno de Floriana, cual si quisiera estrecharla aún contra su pecho, uniendo sus labios con los suyos.

La doncella sintió un ósculo helado en la mejilla, y levantándose sorprendida más que indignada, dejó caer pesadamente la cabeza, que iba a reclinarse en su regazo. ¡El buen caballero acababa de darle, sin embargo, toda el alma en ese primero y último beso del más constante y desdeñado amor!

VIII

De lo que siempre calló doña Floriana

Don Juan Díaz de Lupidana corrió inútilmente por las calles de la villa, seguido de algunos hombres que había logrado reunir precipitadamente, en busca, no de la justicia de que era ministro, sino de la venganza que necesitaba para aplacar el volcán que hervía en sus entrañas. Era ya muy tarde de la noche, cuando al pasar por la plaza del Gato, sombrío, desconcertado, espantoso como nunca, "llamó la atención de sus gentes el ladrido lastimero de unos perrillos en la oscuridad". Acercáronse dos hombres a aquel sitio y volvieron a comunicarle que había allí un cadáver.

—Veamos, —dijo el magistrado, obedeciendo a la costumbre de su cargo, y se aproximó a su vez con la linterna que aún llevaba él mismo en la mano. Pero apenas se inclinó a reconocerlo, lanzó una horrorosa carcajada.

—¡La traidora le mató! —dijo en seguida, volviendo a reír como un insensato.

Esa risa, ese grito estaban preñados de mil horrores ocultos en aquella alma, convertida ella misma en un genio del Averno. Floriana era culpable de un nuevo crimen; su rival había sido burlado de un modo más bárbaro que él mismo por la traidora; él, don Juan, podría perseguirla sin descanso a nombre de la justicia... todo esto significaban aquella risa que envidiaría el ángel rebelde y aquella exclamación que parecía el rugido de una fiera.

Sin embargo, por más que hizo registrar el cadáver de don Julio, no se encontró herida alguna, ni otro signo que revelase una muerte violenta, como esperaba el magistrado.

—¿Le daría un filtro envenenado?...

Esta idea volvió a iluminar el rostro de don Juan con un resplandor del infierno, y le acarició durante toda la noche, para disiparse también al siguiente día; porque reconocido nuevamente el cadáver por facultativos, declararon éstos que no había huella de veneno, ni de enfermedad, y aquella muerte era un *misterio*.

Según las ideas de aquel tiempo esta palabra "misterio" significaba, no sólo algo inexplicable y desconocido, sino también una cosa sobrenatural en la que se descubría la acción de la Providencia o de Satanás en persona. Para los lectores de nuestro siglo la ciencia ofrecería, acaso, alguna explicación satisfactoria, con el temible "mal de las montañas", el *sorocche*, por ejemplo: pero nosotros creemos, más bien, que el enamorado caballero recibió ya la herida mortal, en el momento en que Floriana le prohibió para siempre hablarle de su amor. Su vida consagrada a ese único sentimiento, no tenía desde entonces ningún vínculo en la tierra.

Don Juan no pudo, pues, encontrar el pretexto de su venganza. Llamado poco después por la Real Audiencia, dejó tras sí recuerdos imperecederos en la villa; pero unidos ya a un nombre desprestigiado. Muy poco tiempo antes le había precedido por el camino el gobernador de Tucumán don Pedro de N. para morir oscuramente en La Paz, víctima de un tabardillo. Del capitán don Rodrigo de Alburquerque, sabemos que murió también de la herida que le infirió don Julio, en la célebre noche de la primera evasión de Floriana.

Cuando ésta volvió a la casa paterna se notó con asombro, que conservando aún su extremada belleza, inspiraba ya únicamente un sentimiento de respeto y hasta de miedo, a cuantos la veían. Su rostro estaba pálido como el mármol; sus ojos miraban sin ver cuanto la rodeaba, y sólo brillaba en ellos un rayo de esperanza, cuando los levantaba al cielo. ¿Buscaba allí la patria primitiva como ángel proscrito en el valle de las lágrimas? ¿No descubría, también, una sombra pálida que la miraba con amor y angustia, semejante al buen caballero en aquella noche que no le era posible olvidar?

"Muy más dura que el mármol y la roca" habría sido si no le amase... Pero ved aquí precisamente lo que calló para siempre doña Floriana.

[De: Nataniel Aguirre, *Obras Varias*. Lib. C. Bouret, París-México, 1911, p. 11-54.]

JOSE R. GUTIERREZ

LA VIRGEN DEL CARMEN, REO DE REBELION

(Narración Histórica Paceña, dedicada a don Ricardo Palma)

I

LA CRÓNICA del coloniaje se halla casi toda en los conventos o en los palacios episcopales. Allí estaban el cerebro, el alma, el hígado, el vientre, las manos y los pies, la conciencia y la razón de chapetones, criollos e indios. En aquellos buenos tiempos nadie formaba un pensamiento, sin haber hecho hervir antes la idea a la lumbre del confesor, de la madre abadesa o del prelado. Los americanos vivían entre pañales física y moralmente y no daban un paso, no ejercitaban ninguna de sus facultades, sin previo permiso de sus tutores, entre los que tocaba la primera voz y el voto decisivo a las gentes de iglesia.

Si es justo reconocer y ver por la mayoría del clero que ejercía el monopolio de la ilustración y la ciencia, fue la que empujó el nuevo mundo a la emancipación, ya poniéndose a la cabeza de los patriotas, ya instigando siquiera el espíritu de independencia o cuando menos con la complicidad de la tolerancia, también es preciso advertir que sin ese contingente eficaz, sin esa poderosa palanca, la obra de la revolución se habría retardado quién sabe cuánto tiempo más. La indiferencia, si no el ejemplo del clero, arrastró a las masas en el torrente que cambió la faz política del nuevo Mundo.

No hubo cohesión, no hubo espíritu de cuerpo en el clero de América. Los obispos —y no todos— en general nacidos en la metrópoli, fueron los únicos que sostuvieron con ardor la causa real. Se mostraron como verdaderos energúmenos en combatir las ideas nuevas. De allí su divorcio con el clero, la impopularidad que adquirieron entre sus feligreses.

No por otro motivo el obispo Orellana casi tuvo trágico fin en Cabeza del Tigre.

Quizá no hizo sino pagar el odio general que cundía contra los prelados. Uno de ellos, protagonista de este desmadejado relato, había cobrado funesto renombre en la inolvidable revolución del 16 de julio de 1809 en la ciudad de La Paz.

Don Remigio de la Santa y Ortega,[1] natural de la villa de Yecla, reino de Murcia, obispo de Panamá, trasladado a La Paz en 24 de julio de 1797, tomó posesión de la silla el 10 de febrero de 1799. Venía al espirar un siglo y con las ideas de éste a estrellarse con la aparición de otro que no le era dado comprender.

Hombre dominado por los apetitos materiales, ha dejado proverbial fama por su gula. Cuando había engullido lo que bastaría a dejar ahítos a una docena de glotones, entraba a su recámara a hacer uso de su pluma de ave como los antiguos romanos y volvía a sentarse a la mesa, renovando la operación diversas veces.

Cada uno juzga a los demás por sí y La Santa no podía ser la excepción de esta regla. En la primera visita que hizo a su Seminario poco se cuidó de la escasa educación literaria que se daba a los alumnos; su preocupación principal fue la de averiguar si se les nutría bien. Informado de que recibían alimento tres veces cada veinte y cuatro horas, se afligió profundamente, deplorando el ayuno que a su entender sufrían los niños y mandó darles de comer una vez más. Estas cuatro asistencias al refectorio se llamaban por su orden: *almuerzo* (a las 8 a.m.), *comida* (a las 12), *merienda* (a las 4 p.m.) y *cena* (a las 8 p.m.). Ya se concibe el gusto que los muchachos tendrían de ocupar las mandíbulas cada cuatro horas, en vez de estudiar el *Bárbara-celarem* y los barbarismos escolásticos.

A esa enfermedad o vicio era consiguiente la irascibilidad de su carácter. En mi niñez he oído referir multitud de picantes anécdotas producidas por su fosfórica índole. No tomarán a mal los lectores que sazone esta fría relación con dos de ellas.

Hasta hace pocos años se conservaba, aunque muy desvirtuada, una costumbre tradicional del coloniaje. Era la *entrada* del carnaval, el domingo de carnestolendas. La hacían personajes grotescos que iniciaban el buen humor, caracterizando en ridículo a las autoridades y principales vecinos de la ciudad. Se supone ya que el obispo no había de quedar olvidado. Inquisición aparte y haciendo un guiño con su poco de malicia y su dosis de inocencia a la veneración que la cogulla y el báculo imponían, no faltaba el personaje respectivo que, con mitra y anillo, iba repartiendo zurdas bendiciones a los hijos de Baco y a los muchachos que le rodeaban.

Aconteció que el primer carnaval que le tocó a La Santa en su nueva diócesis,

---

[1] El obispo La Santa era además "Teniente Vicario General de los Reales Ejércitos por el Patriarca de las Indias".

al salir de la catedral camino a su palacio, acertó a tropezar con el obispo de carnaval, que, entre la zambra y las rechiflas, iba caricaturando a lo vivo a su ilustrísima. Este no fue dueño de sí mismo; olvidando todas las conveniencias de su alta posición, lanzóse sobre el máscara con agresión manifiesta. Huye asustado el mitrado de farsa y el prelado verdadero aprieta la carrera tras él por largo espacio, hasta quedar cansado. No debió ser corta la diversión de los *gualaichos* y hasta de los hombres graves ante tan inesperada y típica comedia.

Para referir el otro episodio, hay que introducir a la escena un nuevo personaje, el secretario de Cámara de Su Señoría Ilustrísima.[2] Formaba la más completa yunta, el más precioso *pendant* con su amo dignísimo. Estaban ambos completamente vaciados en un solo molde, en cuanto a costumbres y sobre todo en impetuosidad de genio. Aunque se dice que el secretario llevaba ventaja en las viarazas y que el amo se las soportaba con no común paciencia. Un bufido del obispo producía un terremoto de su curial. Digno discípulo de tal maestro.

Aconteció pues que en un día en que La Santa pontificaba en el templo de la Concepción, con motivo de no sé qué fiesta, llegó un momento en que debía el Secretario, según rito, quitarle la mitra de la cabeza.

Distrájose sin duda: entre tanto su Ilustrísima en vano meneaba membrudo cogote con visible impaciencia. Cansado de no ser atendido, tomó en una ráfaga de mal humor la mitra con la propia, ungida mano; y la arrojó al suelo con rabia no disimulada.

Esto era rastrillar la cazoleta y provocar la explosión. El bienaventurado secretario, que cayó en cuenta de su torpeza, en vez de reconocer su falta, irritóse más contra... la mitra echada a tierra y le aplicó tan oportuno puntapié que fue volando a media iglesia a caer entre las espantadas beatas, que no acertaban a explicar lo que pasaba.

Algunas supusieron que el diablo se había introducido en el episodio, otras protestaron haber visto un ángel que arrebataba la mitra al *tata* obispo y predecían su muerte; no faltó alguna que lo atribuyó a cierto pecado gordo de la madre abadesa, que alguna vez hizo bailar a S. Iltma. la *Kachúa,* al compás de la copla popular: *"Ai panti huiscacha".*

Excepción hecha del secretario, el Obispo La Santa era muy celoso de su autoridad e imponía todo el despótico y supersticioso respeto a que estaban acostumbrados sus antecesores. Si las crónicas de la capital del virreinato están llenas de las pretenciosas y soberbias exigencias de los prelados hasta con las Audiencias y los mismos Virreyes, fácil es calcular con cuánta más razón los diocesanos de provincia, cuyo rango no hallaba contrapeso en la reducida categoría de los corregidores o gobernadores intendentes posteriores, eran tenidos y considerados con una sumisa reverencia y acatamiento que rayaba en idolatría.

---

[2] Se llamaba doctor Francisco Antonio de Isaura, y malas lenguas decían que era... *sobrino* del Obispo.

Encumbrado a tan alto puesto, La Santa era la encarnación del poder absoluto en lo religioso y así miraba también la potestad real en lo temporal. El menor acto, la menor palabra, el pensamiento siquiera de contradecir los más injustificados actos de gobierno se traducía como un pecado digno de condenación eterna.[3]

Tal era el hombre que debía teñir la púrpura pontifical con la sangre de los protomártires de la independencia americana; antes que Goyeneche les alzara el cadalso. Ese era el Obispo de La Paz, cuando tuvo lugar la inmortal revolución del 16 de julio de 1809.

II

En la tarde de aquel día salió la acostumbrada procesión de la Virgen del Carmen. Aprovechando de ella, los patriotas se lanzaron al cuartel y consumaron el primer acto de audaz desafío a la dominación española.

Nadie osó resistir. Sólo el Obispo La Santa se lanzó como un energúmeno entre las turbas, echando espuma y proclamando la reacción. El cabildo abierto y el pueblo en masa lo pusieron recluso en su palacio, después le exigieron que deponga la autoridad diocesana y por último lo confinaron a la quebrada del Río abajo.

Cuánta sería la furia del soberbio prelado, no es preciso decirlo. Enarboló en los valles de Irupana e Inquisivi el estandarte real, se hizo capitán general de una numerosa turba fanática, azuzada por sus homilías de guerra y sus bendiciones infernales. Ya veremos después a donde le condujo su ciego proselitismo.

Entre tanto los patriotas, queriendo manifestar los sentimientos católicos y recordando el día en que tuvo lugar la aurora de la independencia, resolvieron invocar a la Virgen del Carmen, como a patrona de la santa causa que iniciaron y ordenaron se celebrase una nueva procesión. En ella apareció la sagrada imagen con el bastón de mando en la mano y sustituida la corona que antes orlaba sus sienes, con el sombrero tricornio, emblema de la República. Iguales distintivos mostraba el niño Jesús que llevaba en sus manos. La fiesta religiosa era a no dudarlo simbólica. Su significado no escapó a los ultrarrealistas.

Debelada la revolución por Goyeneche, regresó La Santa a La Paz, después de haber dado batallas y hecho victimar ferozmente a Lanza (Victorio) y Castro, que acosados por miles de indios, murieron defendiéndose hasta el úl-

---

[3]Esta no es exageración. Tal era el derecho público del coloniaje, ligado íntimamente con su derecho eclesiástico y proclamado en las homilías de varios prelados como San Alberto y Sánchez Matas. En otro estudio *ad hoc* lo haré constar. Ni que extraño era eso en América cuya educación fue la del absolutismo, si en la misma época el clero francés hacía circular un *Catecismo* en que se declaraba pecado mortal el hecho de no obedecer los caprichos de Napoleón. (Véase a Laurent, *Filosofía de la humanidad,* tomo 13.)

timo momento. Entonces el Obispo se tornó en consejero de sangre del general arequipeño y contribuyó como ninguno a llevar a la horca el 29 de enero de 1810 a Murillo y sus compañeros.

Pero ni la sangre había aplacado la sed de venganzas del bilioso Obispo. En su intolerancia, llegó hasta donde no se habría atrevido el fanatismo más delirante. Acordóse de que la Virgen del Carmen había patrocinado a los insurgentes, y creyó indispensable seguir un juicio, por delito de rebelión a la Reina de los Cielos. ¡Espanta audacia tamaña en un prelado católico!

Ella caracteriza mejor que hecho alguno la índole de la autoridad real en aquellos tiempos y explica como no lo hacía un volumen de filosofía, la naturaleza de los obstáculos que tenía que superar la causa de la emancipación.

No tengo detalles sobre ese grotesco y sacrílego proceso. Es, sí, sabido que la Virgen fue llevada de su templo al de San Agustín, con rogativas públicas. En el atrio de esta última iglesia salió la imagen del doctor de la iglesia al encuentro de la madre del Salvador, que allí fue despojada de las insignias que le pusieran los revolucionarios. Luego, con la cabeza desnuda, ella y el sagrado niño, fueron introducidos al templo y depositados allí hasta el día siguiente, como en especie de reclusión.

Una misa de expiación o purificación fue celebrada a la otra mañana y luego el Padre de la Iglesia restituyó a la Santísima imagen y a su divino hijo la corona y el cetro, que tenía anteriormente, terminando la ceremonia con una procesión a Santa Teresa.

La Santa creyó con esto haber dado el golpe de gracia a la insurrección. ¡Se engañó! Pocos meses después tuvo que fugar de Castelli, teniendo la suerte del Obispo Orellana, que él merecía con más razón. Volvió después de Guaqui, para abandonar definitivamente su catedral, trasladándose a Puno, donde llevó hasta los archivos de la Curia, resuelto a no pisar más una ciudad tan rebelde y maldita como le parecía La Paz. Por fin, renunció la mitra y por Cédula Real de 5 de octubre de 1816 se le admitió la renuncia, otorgándole pensión anual de tres mil pesos, con lo cual se volvió a España.

En fin de cuentas, lector, tenemos por ahora que hubo Obispo que por servir al rey y a la religión siguió juicio criminal a María Santísima. Líbrete Dios de caer en manos de un fanático de esa catadura, que no tiene otro castigo que la picota de la historia. Allí he querido colocar hoy día a D. Remigio, antes que se extinga la tradición de los hechos que llevo referidos.

La Paz, 8 de noviembre de 1876.

[De: *Revista Peruana*, Lima, año I, tomo I, páginas 66-70, 1879.]

JULIO LUCAS JAIMES

DONDE SE PRUEBA EL COMO EL DIABLO ES UN EXIMIO ARQUITECTO

I

El cuento que me propongo referiros, donosísimas lectoras de *El Album*, pertenece a aquellos buenos y cristianos tiempos en que el diablo andaba suelto, entretenido en jugar malas pasadas a la flaca humanidad y su autenticidad (la del cuento, no la del diablo) está certificada por cronistas de la talla de Martínez Vela y el siervo de Dios Fray José de Yepes, predicador y protector de los indios del corregimiento y villa imperial de Potosí, de manera que habéis de tenerlo por cosa sucedida real y verdaderamente y creeréislo como escrito por quien murió en olor de santidad muy pronunciado.

Para más señas, era el año 1591 y entró a gobernar la villa imperial, por S.M. don Felipe II, el general don Juan Ortiz de Zárate, del hábito de Calatrava, séptimo corregidor de Potosí.

Ved si las señas son mortales y si admiten género de duda, estando además, como están, escritas en letras de molde.

Pero dejemos los preámbulos y vamos al cuento.

II

Corría el año de mil quinien... es decir, no era el año lo que corría, porque lo que corría era un torrente con ínfulas de río que al chocar en las asperezas, recodos y pedrones del cauce, producía un permanente ruido prolongado por el eco en la doble fila de colinas, que formaban una larga y no interrumpida cadena a sus costados.

Pero no solamente corría, sino que corre ahora mismo, y seguirá corriendo, mientras no se pare, el susodicho río llamado de Yocalla, a cosa de treinta millas de la antigua villa imperial y hoy republicana ciudad de Potosí, cuya universal fama, me ahorra la tarea de decir en qué punto del globo terráqueo se halla situada.

La quebrada de Yocalla es una señora quebrada, profunda, rocallosa, cenicienta, sembrada de enormes fragmentos de granito y adornada de todas las grietas y cavidades con ásperos cardos y rudas ortigas. Allí la naturaleza se mostró suegra y no madre y el viejo Eolo, puso para refresco de esas soledades, el más crudo y sutil de sus vientos, que es como si dijéramos el tiple, de su elenco, de tal manera silba colándose en los huecos y meneando la maleza.

En la parte más angosta, se alza gallardo y atrevido el arco ovalado de un puente, cuyos cimientos se afianzan en las peñas y cuya ojiva parece lanzada al espacio por la mano de los Titanes, gente fornida que diz colocaba unas sobre otras las montañas para escalar el cielo y así diera a su proyecto felice cima si el terrible Júpiter no la hiciera añicos con un rayo, en castigo de su atrevimiento.

Como que era una lisura ponerse en competencia con el que tiene el poder en la mano, cuando es sabido que a la postre ha de meter a uno en un zapato, porque el que manda, manda y . . .

Pero, ¿quién me mete a mí en esas honduras, ni qué pepinos le importan los Titanes a las donosas lectoras de *El Album*?

Cojo pues de nuevo el hilo de mi cuento y me vuelvo a mi puente, el cual era y es tan alto, tan gallardo, tan majestuoso y tan atrevido que no parece fabricado por humanas fuerzas, y en cuanto a su solidez, sirvan de testigo y fiador los doscientos ochenta y tres años que forman los dos siglos y pico que van trascurridos, los cuales le han visto impasiblemente cabalgando sobre el río sin moverse jamás ni aun para las diligencias más precisas.

Y eso, que le falta en el centro mismo del arco una de aquellas enormes piedras con que está fabricado y se ve desde lejos el hueco exactamente como si fuera el de un indino diente de tres raigones arrancado por el doctor Lince o por cualquier otro dentista que para el caso viene a ser lo mismo.

Y reclamo toda vuestra atención para este hueco, pues en él estriba todo el interés de nuestro cuento, como lo veréis probablemente si con santa resignación seguís leyendo.

III

Era el caso que en el pueblo de Yocalla, como a cosa de dos o tres tiros de arcabuz del dichoso río, había un indio; es decir, había muchos indios puesto que con uno no había de formarse pueblo; pero como no he de referiros la historia de todos, sino solamente la del héroe de mi cuento, dejo a los otros y sigo con mi susodicho indio, del cual dicen las crónicas que era el más apuesto y gallardo mozo de veinte y cuatro años que se paseaba por aquellos contornos.

En el mismo pueblo había un Curaca muy ricote y bonachón y vivía en la apacible compañía de mi señora la Curaquesa su esposa, india que en mejores tiempos debió de ser un prodigio de hermosura a juzgar por lo que se trasuntaba de entre las 14 arrobas de carne que representaba su femenina humanidad; y más se confirmaban esos barruntos al ver una preciosa india de 16 años, hija suya que diz era su retrato vivo.

Si sería linda la chica cuando era conocida por todos con el nombre de *Chasca* (Lucero) a causa de tener dos luceros por ojos, aparte de su redondo cuello, su enhiesto seno y contorneadas formas, cosas que vistas separadamente causaban mareos y en conjunto embriagaban con la dulce embriaguez del néctar.

¡Si tendría novios un semejante pimpollo! Como que se veía asediada por una legión de adoradores que pasaban la pena negra con sus desdenes a pesar de írseles todas las noches en tañer dulces flautas en los alrededores del rancho de su ingrato dueño.

Y no era porque en un cuerpecito tan remonono, se encerrara un alma fría y de cántaro, sino porque ya su corazón había sido herido por los arpones del amor, rindiendo vasallaje ante otro dueño, el cual venía a ser precisamente nuestro bello indio de 24 años llamado Calca, con quien trabamos conocimiento al principio de este párrafo.

Amábanse ambos como dos tórtolas y más de una vez la blanca luna había iluminado el delicioso grupo que formaban sentados sobre los rústicos poyos, enlazadas las manos, fijos de entreambos los dulces ojos cargados de ternura y anhelantes los pechos donde el corazón daba mil saltos, mientras el Amor batiendo sus alas los rodeaba de una tibia y voluptuosa atmósfera de felicidad.

Nada más natural que el que el buen Curaca sacase a los chicos de cuitas y echase sobre ambos la coyunda matrimonial; pero sobre que el padre de Chasca era noble Curaca, y tenía además un centenar de ovejas, doce yuntas de bueyes y algunas fanegadas de terrenos cultivados, había el que el bello Calca, era pobre tributario, tan escaso de hacienda como grande de corazón, fuerte para el trabajo y diestro en el tañer de la zampoña y en el disparar peladillas con la honda.

Con todo y alentado por el amor de la espléndida Chasca, cobró bríos el buen Calca y se fue en derechura al Curaca para formular en toda regla una demanda matrimonial.

—No eres más que un excelente chico, le dijo éste, y mi hija que es la más dulce paloma de estas comarcas no ha de pertenecer sino a quien se haga digno de merecerla; ya aumentando su hacienda o ya dándole mayor lustre y valimiento.

—Un año os pido de plazo, al cabo del cual o habré muerto y sereis libre para disponer de su suerte o habré alcanzado la doble condición que exigís a quien haya de ser dueño de tan gran tesoro.

Y desapareció del pueblo, sin que nadie supiera su paradero.

IV

Pasáronse los meses y la hermosa Chasca no cesaba de regar con sus lágrimas el mismo poyo confidente de sus dichas y en él renovaba todas las noches el juramento de no pertenecer a otro en tanto que viviera el dueño de su alma.

Asediábanla a más y mejor los pretendientes, y no era el más flojo el hijo del alcalde, mozo letrado que sabía leer, escribir y las cuentas, y que prometía ser, andando el tiempo, uno de los más ricos propietarios del pueblo.

Al buen Curaca le parecía una ganga el chico y a mi señora la Curaquesa se le iba el alma porque entroncase con la chica; pero había una promesa de por medio y los indios son intransigentes en este punto.

Por esos mismos tiempos un español llamado José Gutiérrez de Garci Mendoza, había descubierto las salinas que se encuentran a algunas leguas más allá de Yocalla y que por ello se llaman al presente salinas de Garci Mendoza, y había establecido allí un activo trabajo constituyendo en breve espacio una bien organizada población.

Jefe de los indios del trabajo era nada menos que nuestro Calca a quien por el prestigio que habían sabido granjearle su sagacidad, su constancia en el trabajo y su valor en las ocasiones arriesgadas, habíale alcanzado del corregimiento su patrón Garci Mendoza, el bastón de Curaca de Salinas.

Así, llorando Chasca, acariciando esperanza la Curaquesa y reuniendo dinero Calca, esperaban todos el día en que espirara el plazo, mientras el hijo del alcalde y el buen Curaca hacían las cosas de modo que el mismo día y sin esperar una hora más, se realizara el enlace del alcaldito y la curaquilla.

V

Era una noche de truenos, oscura como un antro; no se distinguía la palma de la mano y llovía a cántaros. De vez en cuando un relámpago rasgaba las tinieblas e iluminaba con una fatídica luz la agreste quebrada de Yocalla y el trueno llenaba los aires repercutidos por los cerros cuyos peñascos parecían desgajarse con terrible estruendo.

De las colinas inmediatas se precipitaban arrastrando cuanto hallaban al paso, abundosos torrentes que en breves momentos tornaron el río en un verdadero brazo de mar invadeable.

En una de sus orillas hallábase de pie un hombre. A la luz de los relámpagos se veía un semblante demudado por la más honda desesperación.

Retorcíase el infeliz y en un rapto de suprema angustia: "¡a mí, espíritu de las tinieblas, a mí Satanás, rey del infierno!" exclamó con terrible acento.

Diez mil relámpagos brillaron en este instante, el abismo parecía abrir sus horribles fauces y un trueno mayúsculo estremeció los cielos y la tierra.

El diablo acudía a la demanda y tocando en el hombro a Calca, que no era otro quien lo invocaba: "heme aquí, le dijo, pide; pero debes saber que desde este momento me pertenece tu alma."

Sacando fuerzas de flaqueza: "quiero, le dijo, que sobre este río construyas un sólido puente de manera que antes del canto del gallo en la madrugada esté concluido; si lo consigues, será tuya mi alma; en caso contrario..."

—Se sobreseerá en el asunto, añadió el diablo, que a fuerza de tratar con escribanos y jueces, les había aprendido su dialéctica, no perdiendo ocasión ni ripio para ostentar su erudición forense, y sacando un pergamino, extendió el pacto y puso su firma, invitando a poner la suya a Calca. Pero éste puso una cruz por no saber firmar, lo cual, visto por el diablo, le hizo dar un respingo dejando caer el pergamino al suelo.

Acto continuo se puso Satanás en obra. El mismo cortaba las piedras, las pulimentaba, hacía la argamasa, afianzaba los cimientos y trabajaba con una actividad diabólica.

Ya estaban colocados los cimientos; el aliento de Satán secaba las junturas de manera que no ofrecían solución de continuidad; ya se levantaba por ambos costados una parte del arco; el diablo redoblaba la tarea, mientras el infeliz Calca, ya en plena conciencia de lo que le esperaba, miraba con terror que la obra llegaba a su término.

De súbito se sintió como movido por un resorte y cayó de rodillas, clamando con todo el fervor de su alma la ayuda del arcángel San Miguel, y las más sinceras lágrimas del arrepentimiento inundaron sus mejillas.

En esto el puente se destacaba ya a la débil penumbra que, disipada la tempestad, aparecía anunciando la proximidad del día; no faltaba sino una pequeña parte del centro y el diablo sudaba y resudaba trabajando por doscientos. Faltaba sólo una piedra para rematar la obra. Calca escondió la cabeza entre las manos; pero ¡cosa más singular! el diablo no podía levantar el enorme sillar que tenía cortado pues pesaba como el mundo, y es que encima descansaba el glorioso San Miguel, invisible para el espíritu maligno.

Pugnó éste por cortar otras y otras y todas pesaban igualmente de manera que se daba a todos los diablos de despecho. Hizo una nueva tentativa y la levantó al fin, se echó a caminar con ella a cuestas; ya la empujaba a su sitio, cuando se escuchó sonoro majestuoso el canto del gallo.

Un terrible estampido resonó entonces, iluminando de amarillo y verde toda la quebrada; un olor de azufre de betún se esparció por el aire, y los primeros rayos del día, iluminaron el gallardo Puente del Diablo con la susodicha piedra de menos, exactamente como se encuentra hasta el día.

VI

Era un domingo y las campanas de la iglesia de Yocalla repicaban como si no hubiera infierno.

Las indias y los indios vestían de gala, y en toda la callejuela que conducía desde la casa del Curaca al templo, había de trecho en trecho arcos de molle y ramos de hinojo.

Los tamboriles y las gaitas sonaban en toda la extensión del caserío. Grandes columnas de humo denunciaban la presencia de los hornos donde se cocía el pan de la fiesta, y todas las muchachas casaderas con la *phanta* de lujo y el *acsu* plegado al talle luciendo sus exuberantes contornos, llevaban ofrendas a la casa de los novios.

Verdad es que todavía no he dicho que se trataba de un casorio; pero ya lo sabéis y sigamos andando.

Una gran comitiva presidida por el Alcalde y el Curaca se puso en marcha, caminito de la iglesia. Entre muchas indiecitas de muy buenas barbas, iba la hermosa Chasca, triste, ojerosa, cabizbaja; y entre un grupo de jóvenes indios, iba no más satisfecho y contento el hijo del Alcalde que sabía leer, escribir y sacar cuentas.

Ya sabemos, amabilísimas lectoras, por qué iba triste ella, pero no sabemos por qué, él iba triste, y no era sino porque nunca había conseguido ni una palabra afectuosa, ni una mirada de la que iba a ser su esposa. En realidad no la amaba porque era muy egoísta para abrigar tan noble sentimiento, y sólo pretendía satisfacer su vanidad; pero se le hacía muy cuesta arriba el unirse a una mujer que no hacía en su vida otra cosa que llorar por otro. De manera pues, que iba de mala data y hasta hubiera querido que algún accidente diera al traste con la boda.

Llegó la comitiva a la puerta del templo en donde esperaba el cura revestido como en las ocasiones solemnes; pero cuando ya unía las manos de los dos novios, abrióse la comitiva en dos alas y dio paso a Calca que llegaba sin poder apenas contener el aliento.

Un rayo caído en ese instante no produjera mayor efecto. El Curaca enmudeció; mi señora la Curaquesa protestó; el Alcalde imitó al Curaca, su hijo sintió una súbita alegría y el cura juntando las manas de Calca y de Chasca, les dio la bendición nupcial, en medio del content de los jóvenes concurrentes que se miraban unos a otros como diciendo: "si vosotros quisierais podríamos seguir su ejemplo."

Después he sabido de buena tinta que los dos héroes de nuestro cuento, vivieron felices y contentos y que la bella Chasca le obsequió a su adorado Calca con dos chiquillos como dos rollitos de manteca.

Entretanto lo que hay de positivo y firme es el Puente del Diablo, construcción cuyo origen nadie conoce, si no es por la conseja que he tenido la honra de contaros.

[De: *El Album,* año I, N° 17, Lima, 1874.]

ABEL ALARCON

AUTO DE FE

UNA MAÑANA, la niebla envolvía aún la ciudad de Lima e iban rasgando sus cendales los primeros transeúntes que cruzaban por la Plaza Mayor y la calle de Mercaderes; eran negros bozales y criados que dirigíanse a la compra, bostezando y santiguándose; un par de corchetes malcarados que regresaban de alguna pesquisa; uno que otro clérigo que se encaminaba a la parroquia, batiendo pliegues de pulcro manteo y dejando al pasar un vestigio de fragancia, cual aquel galano de Potosí, Francisco de Aguirre, que la despedía tal, que a una cuadra de distancia sabían, según las crónicas, si había de venir o si fue ya su señoría; eran, en fin, algún tahúr y algún amante que, soñolientos, tambaleaban arrebozados en la capa.

Mientras las campanas de Santo Domingo, San Francisco, San Agustín y del Monasterio de la Concepción, llamaban a misa, en la cámara del tormento despojaron de vestiduras a una infeliz judía; y como expresó que no diría nada; y aun lo que dijese, por la fuerza del dolor, se tenga por no válido, los verdugos sujetáronla a la mancuerda y dieron una primera y segunda vuelta, hasta que la joven lanzó un suspiro y desmayóse, en tanto que la sangre resbalaba en rubíes por la tierna blancura de sus molledos.

Horas más tarde, el ayudante de las cárceles secretas, al observar que no volvía aún del deliquio la moza, a quien dejaron en un estradillo, aplicóle tres veces al rostro un espejo, el cual levantó sin la menor empañadura, pues la muerte había vidriado ya los ojos, amoratado los labios y congelado el adorable cuerpo de la judía, que el verdugo, un lego de Santo Domingo, al mismo tiempo que atormentaba, con la crueldad de su oficio, había besado disimuladamente con indecible lujuria.

Tan luego que se suspendió la audiencia de la judía, compareció la pobrecita criolla Beatriz de Olivos, bañada la faz en llanto; pero en los señores inquisi-

dores no hacían ya efecto las lágrimas, y así el presidente del tribunal, con gravedad intimidante, díjole: no lloréis más, porque tenéis que hablar muy largo. Luego, haciendo la cruz con su mano seca y amarilla, interrogó:
—¿Juráis decir la verdad en todo lo que se os pregunte?
—Sí, juro.
—Decid cuál es vuestra patria, quiénes son vuestros padres, de qué os ocupábades y si sois cristiana nueva.

Beatriz, cortando los sollozos y llevándose varias veces el pañizuelo a los ojos, fue dando las correspondientes respuestas, mientras el notario, con temblorosa mano, las hacía constar en el proceso, aproximando a éste la nariz cabalgada por los anteojos, cuya armadura parecía haber ido ennegreciéndola en consonancia con el envejecimiento de su persona, tal que aquella armadura y los cristales de miope que abrazaba, eran ya como una parte de su rostro, cual una adherencia que se la habían formado los años, sin la que habría dejado de ser él, esto es Don Joan Castillo de Benavides.

En seguida, el presidente le ordenó que rezara el padre nuestro, credo y avemaría; y la criolla lo hizo devotamente; pero trabándose, algunas veces, no porque ignorase esas oraciones, sino por atemorizada, lo cual se consideró indicio de falta de cristianidad y dio margen a que, en tanto se le amonestara a decir la verdad, se comenzase a desnudarla, para gran sonrojo de ella y deleite del lego de Santo Domingo, que tentaba ya sobre el corpiño.

—Se os ha acusado —profirió el inquisidor— y no será porque fuérades inocente, así sabréis el pecado de que se os acusa.
—Digo a vuesa merced que no lo sé —expresó atajando al verdugo—. ¿Quién me acusa?
—Eso no se dice.
—Sospecho quién es. Dios le castigará por su calumnia.
—Tened la lengua. Si supiésedes quién, no os atreveríades...
—Digo que debe ser venganza de galán, o falso testimonio de enemigo, pero si vuesa merced dijese de qué y fuese cierto, habré de confesalle, como que soy de cristianos viejos.
—Si ansí no lo hiciéredes, os desnudarán completamente y atarán a la mancuerda.
—Juro decille todo a vuesa merced.

El señor inquisidor no tenía sino un simple denuncio contra Beatriz, sin precisión de hechos ni pruebas; mas como hallábase enterado de las diversas prácticas hechiceras, contra las que se expidió un famoso edicto, algunos años ha de los sucesos que se narran, esto es por la cuaresma del año 1629; enterado, pues, de esas prácticas creyó bien aconsejado sacar la confesión de Beatriz, enumerando varias de las que conocía y comenzó así su interrogatorio:
—¿Guardáis una piedra de ara consagrada, para que os quieran bien?
—Jamás la tuve.
—Para que no os abandone vuestro amante ¿rezáis ciertas oraciones, como la de San Erasmo, de las palmas, de las estrellas, o la de Sancta Marta?

—No rezo ninguna dellas, sino las que me enseñó mi madre.

—Esa plaga de hechiceras, de la que formáis parte —expresó el inquisidor ajustándose con una mano el bonete y apuntando con el índice de la otra— esa plaga hase inventado cierto género de oraciones supersticiosas, especialmente la de Sancta Marta, la cual es de herética gravedad y apostasía; de poco temor de Dios y gran daño de almas y conciencias, y escándalo del pueblo christiano, y contravención de los preceptos de la Sancta Madre Iglesia, y a lo que por Nos y por los edictos generales de la Fe está proveído y mandado...

La grave oración, a la que se refería su merced, no era sino el brote místico de una ilusionada, la cual imagina que el amor con que su pecho arde, fue el mismo que abrasó a la hermana de Lázaro, y siente la delicia de unir sus labios a los divinos de Jesús, con un soñado beso.

Si tal alucinación alumbra el rezo a Santa Marta, es, en verdad, muy subida, y con ella no se elevó ninguna santa, según se cree, ya que Catalina de Siena, con la suya, alcanzó únicamente a poner los labios en el costado sangrante del Nazareno, "que la sació hasta darle el deseo de dejarlo todo para seguirle".

He aquí el embeleso místico que entrañaba pravedad y apostasía: "Señora Sancta Marta, digna sois y sancta, de mi señor querida y amada, de la Reina de los ángeles huéspeda y convidada. Señora Sancta Marta, benditos sean los ojos con que a Dios mirasteis, y los brazos con que le abrazasteis y la boca con que le besasteis y los pies con que le buscasteis."

Prosiguió su interrogatorio el buen inquisidor:

—¿Habéis hecho conjuros con invocación de demonios y de Dios y sus santos, y echado suertes con cedazos, y dado polvos de ara consagrada, y tomado simiente de varón y un candil y soga de ahorcado, y gotas de aceite y sangre y sal y culantro, para que apareciesen en el agua de una redoma, haciendo cruces, las figuras de los hombres con quienes se habían de casar las mujeres, que se valieron de vos para sus consultas?

—Nunca hice esos conjuros ni invocación.

—¿Adoráis al demonio, para fin de saber las cosas que deseáis, ofreciéndole cierta manera de sacrificio, encendiendo candiles y quemando incienso y otros olores y perfumes; y, usando de ciertas unciones, le invocáis y adoráis con nombre de ángel de luz, y esperáis de él las respuestas, o imágenes y representaciones aparentes de lo que pretendéis, para lo cual vais al campo, de día y a deshoras de la noche, embriagada con ciertas bebidas de yerbas y raíces, llamadas el achuma y el chamico y la coca?

—¡Dios mío!... Jamás hice tan feas cosas.

—¡No invoquéis el nombre de Dios en vano!

—El sabe que...

—¡Basta! —interrumpió—. Decid si hacéis la suerte de las habas y la piedra imán consagrada.

—Tampoco.

—¿Habéis aconsejado a algunas mujeres, que en lugar de caricias y halagos se pasen la mano por... y después por el rostro y que así los hombres las querrían?

—No.

—¿Habéis refregado con maíz blanco y cocimiento de flores los cuerpos de las mujeres, que solicitaron vuestro consejo para algún efecto amatorio?

—Nadie me conoce en Potosí por hechicera.

—¿Tenéis pacto con el diablo, y aconsejáis a vuestros clientes que salgan con vos al campo, para besar ahí la parte posterior de vuestro patrón?

—No, no. ¿Por qué me pregunta vuesa merced esas cosas? —atrevióse a reclamar Beatriz.

—Peores tal vez las hacéis, hechicera, y queréis engañarme con vuestro falso recato. No arguyáis, si no queréis que os haga sentar en el potro.

Al amenazar, sacó su tabaquera, aspiró un polvo de rapé y después de estornudar, continuó:

—¿Sois maestra de remedios amatorios y los preparáis con ungüentos de varias clases, haciendo entrar en su composición la carne del pajarillo que llamáis patilla?

—Nunca los he compuesto.

—Para que las mujeres tengan fortuna con sus galanes, ¿no habéis untádoles manos y pies con una pomada hecha de yerbas olorosas, y, luego, no las habéis sahumado nombrando a la Palla Inga en vuestro conjuro?

—No conozco esa pomada.

—¿No adivináis haciendo suertes con hojas de coca, alumbrada por tres mechas, formadas con los cabellos de los galanes de las mujeres que os piden adivinar; y, luego de haber mascado esas hojas, no las echáis a una olla de aguardiente, a la cual aproximáis el oído, asegurando que la olla os dirá en secreto lo adivinado?

—En Potosí, solamente las indias brujas dicen que hacen eso.

—Esas son las del oficio; pero vosotras, criollas, os convertís también en brujas y hacéis un maleficio para vengaros de un galán. Aprendéis brujerías para esos casos: pocos días ha, me confesó una moza que aderezáis muñecas de cera o de trapo; les␣claváis alfileres en la cabeza o en el corazón, en los brazos o piernas, según la parte del cuerpo donde queréis que padezca el amante que os burló; y para que surta el maleficio, hacéis esconder el muñeco en una esquina del colchón del embrujado. ¿Diréis que no?...

—Oí decir que algunas hacían eso; pero yo no lo hice.

—¿Habéis dado a los hombres o aconsejado darles de beber chocolate, mezclado con polvos de ara consagrada y sangre menstrual, para que permanecieran fieles a sus amores?

—Jamás lo hice.

—Bueno, habéis agotado ya mi paciencia con vuestras negativas. Se os ha acusado y no será por santa. Agora confesaréis, con vuestra propia boca, el delito que aparece habéis cometido, por las deposiciones de los testigos —profirió mintiendo, pues no existía sino un simple denuncio escrito, con un nombre supuesto que envió, con el conductor de la criolla, aquel señorón desengañado.

—¿Quiénes son los que me acusan? —demandó la moza, mientras las lágrimas discurrían con brillo de diamantes por sus ojos.

—No es menester que lo sepáis. ¡Ea! Damián, sujetadla a la mancuerda y dadle la primera vuelta.

Beatriz deshízose del verdugo; cayó de hinojos y cubriendo con las manos los desnudos senos, imploró misericordia.

El ordinario, compadecido, pidió que se oyera a la mujer sin aplicarle tormento, siendo así que demostraba hallarse arrepentida y resuelta a confesar su delito.

—¿Qué hicisteis, pues, que no sea una de las hechicerías que habéis negado? ¡Habréis inventado otra!, exclamó el inquisidor. Hablad pronto, que tenemos que examinar a muchos reos.

—Como la virgen me oye, yo no soy hechicera, y sólo, una tarde, en la Plaza del Gato, la Magdalena de Asoz, me ha dado un papel, en que estaba un conjuro, escrito con sangre.

—¿Dónde está ese papel?

—Lo he rompido.

—¿Qué decía?

—Yo no sé leer; me dijo que decía: Santísima Trinidad y San Pedro y San Pablo y portal de Belén, y diablos patrones, haced que me quiera bien mi amante y nunca me olvide. Y la Magdalena ha dicho que ese conjuro es tan fuerte, que si fuera posible, levantaría no sólo las personas, sino los muertos de sus sepulturas.

—Será necesario hacella traer a esa Magdalena de Asoz —determinó el inquisidor—. ¿Y en cuanto a vos, no hay nada más?

—Nada más —respondió temblando—, nada más; y si vuesa merced quiere que me confiese todo con un cura, me confesaré agora mesmo.

Esta actitud resuelta, decidió a dar por concluido el interrogatorio.

—Cubrid vuestras carnes y volved a la prisión —indicó el inquisidor, mirando de reojo el bien moldeado busto moreno de la moza.

Beatriz suspendió hasta los hombros la camisa, que el verdugo, desgarrándola, se la había bajado a la cintura; aseguróse el cabezón labrado, entró en el jubón, y con la cabellera suelta a la espalda en madejas, cual se ve en la mujer después de una lucha de amor o de dolor, salió arrastrando el fleco de su manto, seguida del corchete, que iba en busca de otro desgraciado ser para el tormento insaciable.

Substanciadas las causas de los infelices reos, que no cabían ya en las prisiones, entre los cuales hallábase la pobre Beatriz, el Tribunal del Santo Oficio determinó celebrar un Auto de Fe, cuya ejecución fue obra de un fanatismo convertido en locura, y que por venir del cual constituye la tragedia de más sangre y lágrimas, que se representó en el tablado del sacratísimo tribunal, y que se registra en los amarillentos pergaminos de la Inquisición, que tuvo por sede la ciudad de Lima.

Verificado aquel acuerdo, la primera diligencia fue encargar al doctor Luis de Betancurt y Figueroa, Fiscal de la Inquisición, que presentara al señor Virrey el pliego que lo contenía y manifestaba: "que el día referido celebraba Auto del Tribunal del Santo Oficio, para exaltación de nuestra santa Fe Católica y extirpación de las herejías, y que se hacía saber a su Excelencia, esperando acudiría a todo inconveniente, a la autoridad y aplauso dél, como príncipe tan celoso de la religión católica y culto divino".

El tribunal, por medio de otros delegados, dio a conocer la resolución inquisitorial a la Real Audiencia, al Cabildo Eclesiástico, al Cabildo Seglar, a los Prelados de los Conventos y a la Universidad Real.

Las primeras horas de ese día deslizábanse entre uno que otro toque de campana llamador a devociones; entre uno que otro carruaje, cuyas ruedas chirriaban al rodar por los trechos empedrados; entre el cruzar distanciado y flojo de los transeúntes de variada vestimenta; y entre los lentos quehaceres de la vida colonial; mas, las diez dadas, alteraron la monotonía del vecindario agudos sones de trompetas y clarines, que vibrando se esparcían en las ondas del aire, y luego el grueso ruido de la suntuosa cabalgata de los oficiales del tribunal, que, con uniforme de gala y altas varas, recorría las calles principales, atrayendo a la multitud, ávida de gozar del lucimiento de la representación del Santo Oficio, así como de oír al alguacil, quien, en la plazoleta de la inquisición, primero, y después en la plaza pública, colocándose frontero a la puerta central del palacio, desenrolló un pergamino, y articulando con fuerza tal que le ponía en movimiento las orejas y la barbilla, anunció:

"El Santo Oficio de la Inquisición hace saber a todos los fieles christianos estantes y habitantes en esta ciudad de los Reyes, y fuera della, cómo celebra Auto de la Fe, para exaltación de nuestra santa fe católica, a los 23 de enero, día de San Ildefonso, en la plaza pública desta dicha ciudad, para que acudiendo a él los fieles católicos ganen las indulgencias que los Sumos Pontífices han concedido a los que se hallan a semejantes actos, que se manda pregonar para que llegue a noticia de todos".

Las notas de trompetas y clarines alborozaron a la turba, y sus ecos, fríos y agudos como dagas, atravesaron los temblorosos corazones de los reos. El alguacil, después de dar el pregón en la plazoleta de la inquisición, plaza pública y en las esquinas de algunas calles, enrolló y anudó con una cinta su pergamino; la suntuosa cabalgata siguió recorriendo la ciudad y al fin volvió a la casa inquisitorial.

La víspera de la celebración del Auto de Fe, había de verificarse la procesión, para el traslado de la cruz verde, de la capilla del Santo Oficio al tablado, en el cual se le formó un altar de magnífico adorno. Era una cruz de más de tres varas de alto, propiedad de los dominicos, quienes la llevaron a dicha capilla, después de engalanarla con flores, que empezaban ya a marchitarse en sus brazos, al calor de la llama de los numerosos cirios, entre los que habíanla colocado, y cuya palidez hacía resaltar la fuerte pintura de la cruz, que recordaba a la de los travesaños de una cerca.

Serían, poco más o menos, las tres de la tarde, cuando comenzó a formarse la procesión de la cruz verde, y las cuatro cuando se puso en movimiento, encabezándola Francisco López de Zúñiga, Marqués de Bayde, que conducía el estandarte de la Fe, una de cuyas borlas era llevada por Hernando de Santa Cruz y Padilla, Contador Mayor del Tribunal de Cuentas; y la otra, por el linajudo Francisco Gutiérrez de Coca, a los cuales seguían ministros y notables de la ciudad, y las comunidades de San Francisco, San Agustín, San Juan de Dios y la Compañía de Jesús. Luego veíase a los calificadores, familiares, comisarios y oficiales del Santo Oficio, quienes acompañaban a Fray Luis de la Raya, Provincial de Santo Domingo, que cargaba la cruz verde, a la cual iban custodiando religiosos de tal orden, con cirios encendidos, mientras el coro de la Catedral, entonando lúgubremetne el himno *vexilla regis prodeunt*, rasgaba el silencio e infundía temerosa reverencia en los que contemplaban la procesión, que, por fin, al atardecer, llegó al tablado, donde el Prior del Convento de Santo Domingo recibió el verde madero y lo colocó en un altar de gran atuendo, al mismo tiempo que en el canto del versículo *hocsignum crucis* alargaba sus notas en el aire, y las sombras de la noche destejían las gasas nacaradas del crepúsculo.

La cruz verde, triunfante de los herejes, erguida sobre el altar, parecía crecer y poblarse de ramas como un árbol, al juego de la vaga luz proyectada por el parpadeo de cirios y farolas.

A la mañana siguiente, el lucido acompañamiento, que esperaba a las puertas del Palacio, poníase en marcha, precedido de clarines que, sonoros, anunciaban la salida de su Excelencia. El gentío estacionado en calles y plazas, colgado como racimos en los gruesos antepechos de los balcones, prendido audazmente a los tejados coloniales, veía pasar a la compañía de arcabuceros de la guardia del reino, a los Colegios de San Felipe y de San Martín, a dos bedeles con sendas mazas al hombro, los cuales precedían a los doctores de la Universidad Real, cuya gravedad acrecentaban sedeñas mucetas; al cabildo eclesiástico, antecedido por el pertiguero, que enseñaba luenga vara guarnecida de plata; y al secular, por los maceros de dalmática carmesí; a los regidores y alguacil mayor de la ciudad, a los jueces, administradores de la real hacienda y a los alcaldes ordinarios. Seguía el cortejo y prolongábase con diversos funcionarios, entre los que, tras de los reyes de armas, se notaba a los oficiales del tribunal mayor de cuentas, a los fiscales, a los licenciados y a los cinco señores oidores de la Real Audiencia. Al fin aparecía el virrey, en medio de la guardia de a pie; y a su paso, en nervioso caballo tordo, de sangre arábiga, aplaudíalo la turba, que se encrespaba en calles y plazas; y la clase florida, que sonreía en los balcones, o bajo las persianas alzadas de los miradores. Su excelencia iba muy grave, todo él pensando en la muerte, todo vestido de negro; en su fúnebre atavío eran las notas de luz, sólo el joyel de su gorra y el oro de su venera. Tras la sombra del virrey pasaban, brillando al sol, ringleras de lanzas, y flameando al viento los acairelados pendones.

El cortejo avanzó por las casas de la inquisición, donde se incorporaron los inquisidores, caballeros en mula, con capelos negros e insignias de su delegación; dobló por la cuadra del Arzobispado, alcanzó el Cabildo y penetró en la plaza. Cuando en ésta se presentaron el estandarte de la Fe, el virrey, el tribunal del santo oficio y la real audiencia, sonaron los clarines, se rindieron las armas y abatiéronse las banderas. La compañía de gentiles hombres lanzas y la de los arcabuceros, colocáronse a los lados del tablado; y el virrey, subiendo a éste, tomó asiento bajo el dosel de riquísimo brocado con flocadura de oro. El Espíritu Santo difundía rayos en el cielo del dosel, y de las caídas de éste pendían tres serafines, que desplegaban sus alas de oropel.

Sobre la mesa cubierta de terciopelo verde, y entre dos candeleros, reminiscencia de los malhechores que actuaron en la tragedia De la Calavera, se angustiaba un Cristo, en cruz de ébano con cantoneras de plata, y esa vez, la intercesión que brotó de sus labios fue por los inquisidores: Padre, perdónalos, porque no saben lo que hacen.

A derecha e izquierda de su excelencia colocáronse los inquisidores, y a uno y otro lado de éstos, en la grada siguiente, los señores de la real audiencia y del tribunal de cuentas, habiendo quedado para los cabildos eclesiástico y secular, universidad, comunidades y colegios, las restantes del famoso tablado, en la construcción del cual emplearon cincuenta largos días, varios maestros y un enjambre de negros; tablado cuya arboladura, que sostenía cubierta cobijadora de tanta gente, parecía la de un inmenso barco. Costó mucho trabajo y dinero esa fábrica de muerte, en que, a siniestra del tribunal del santo oficio, hallábase el palco, adornado con seda de color naranjo, desde el cual, rodeada de las esposas de las dignidades, contemplaba la virreina, acariciándose, de vez en cuando, el rostro con el plumaje crespo del ventalle.

Iniciose la ceremonia más luctuosa, que refieren las crónicas de la inquisición en América, con la adoración de la famosa cruz verde, alzada sobre el altar de rico paramento, donde ardían los blandones y los pebeteros exhalaban humo fragante, que desataba cintas y colgaba coronas azules en el aire.

El secretario más antiguo, Martín Díaz de Contreras, pronunció, con voz cavernosa, la protestación de Fe; y el virrey así como las demás altas dignidades, prestaron el juramento ante cruz alta y poniendo la mano en misal, mientras los cabildos y el pueblo hacían otro tanto, levantando la diestra y exclamando: ¡amén, amén, amén!...

Tras del sermón que predicó Fr. Joseph de Cisneros, sobre el auto que había de celebrarse, el otro secretario, Pedro de Quiroz y Argüello, leyó la bula de Pío V, otorgadora de providencias para la inquisición; y antes de procederse a la lectura de las causas, el tribunal pidió campanilla de plata para el virrey, lo cual, traducido en buen romance, quería decir que éste agitándola, interrumpiera la relación de aquéllas, cuando creyese conveniente, a fin de acelerar trámites y proceder a la publicación de las sentencias, contenidas en el cofre que relucía en el bufete de los secretarios, circundado por sucios legajos; por salvaderas, en las que brillaban, como pulverizadas gemas, las arenillas de diversos olores, y por grandes tinteros en los que, para trazar rasgos, iban bebiendo los picos de blancas plumas.

Llegó la hora de abrir el cofre de lágrimas, que encerraban las sentencias. Era la del atardecer; un viento frío hinchaba la cubierta y telones del tablado, y llegaba a mecer blandamente a los serafines que pendían de las caídas del dosel inquisitorial; inclinaba la llama de los blandones; hacía trinar los prismas de cristal de las farolas; e inflamaba el estandarte de la Fe, el cual, apoyado en el altar del verde madero, mostraba una cruz en el corazón de su escudo; en el flanco diestro, una espada y un ramo de oliva; en el siniestro, una palma; y el lema: *Exuge, Domine, et judica causam tuam...*

¡Agudo fue el que en un símbolo expresó tanta ironía!...

Entró la noche; el viento alentó los flameros, que acababan de colocarse para combatir las sombras, y estalló una luz de capilla ardiente, en que resaltaron de modo fantástico las figuras y colores del escenario. Empalidecieron los rostros como la cera de los blandones, pese al gozo que producía la celebración de un festival tan grande como era un auto de fe, con el que honraba a Dios el santo oficio. El virrey, todo vestido de negro, habría parecido un trasunto del caballero de la mano en el pecho de Domenico Theotocópuli, si el fruncido ceño no cambiase la expresión melancólica de su cara dura y alargada; el reflejo rubí de una farola jugaba en la cadena de la que colgaba la venera, y hacía correr dos gruesos hilos de sangre. Sobre las figuras de los inquisidores, a media altura de la de su excelencia, flotaba una claridad verdosa, que daba a sus solideos visos de piel de sapo; más abajo, los uniformes de los oficiales de la real audiencia y de los del tribunal de cuentas, surgían de una polvareda violácea; desde la fila de asientos que, casi al nivel del piso, ocupaban los enmucetados doctores de la universidad real, hasta la banca de los cabildos, y de ahí hasta la entrada del tablado, todo hallábase envuelto en una luz de azafrán, en medio de la que se desengalanaba la cruz verde, pues las flores que cubrían sus brazos, deshacíanse en pétalos, que como mariposas nocturnas revolaban sobre los blandones, y luego caían mustias sobre las áureas bordaduras del paramento del altar.

En esa iluminación funeraria, el coro de juzgadores y espectadores parecía el de la "Danza de la Muerte", atribuida ayer al Rabí D. Sem Tob; y reproducíase el cuadro que describe el anónimo en su ingenioso poema, ejecutado con donaire, pese a su concepción sombría; cuando en el que desde el pontífice y el emperador, hasta el alfaquí y el santero, comparecen, llenos de miedo, ante la intrusa, que dice:

> *Yo so la muerte cierta a todas criaturas*
> *que son y serán en el mundo durante,*
> *demando y digo: o omne ¿por qué curas*
> *de bida tan breue en punto pasante?*

> *Pues non ay tan fuerte nin resio gigante*
> *que deste mi arco se pueda anparar,*
> *conuiene que mueras quando lo tirar*
> *con esta mi frecha cruel traspasante.*
> *E porque el santo padre es muy alto sennor*
> *que en todo el mundo non ay su par,*
> *e desta my dança será guiador,*
> *desnude su capa, comience a sotar;*
> *non es ya tiempo de perdones dar,*
> *nin de celebrar en grande aparato,*
> *que yo le daré en breue mal rrato:*
> *dançad, padre santo, syn mas de tardar...*

Llora el pontífice la pérdida de sus beneficios y su bermejo manto; se lamenta el emperador, porque no hay ya rey ni duque esforzados que puedan defenderlo de la muerte; ésta hace estremecer al condestable amenazándole: Mas verdad vos digo que al cantar del gallo/Seredes tornado de otra figura,/ el abogado, en oración decepcionada, se interroga:/ ¿Qué fue ora mesquino de quanto aprendy?/ /De mi saber todo e mi libelar?; y el físico, el labrador, el usurero y el recaudador, gimen en la evocación, tétrica a la vez que festiva, del desconocido e inexorable poeta, que no perdona/a dos donsellas fermosas, a las que no valieron flores e rosas./ Nin las composturas que poner sollían,/poeta según quien, lo último que, airada, dice la muerte, es:

> *A todos los que aquí no he nombrado*
> *de cualquier ley e estado o condición,*
> *les mando que bengan muy toste priado*
> *a entrar en mi dança sin escusación.*
> *Los que bien fisieron abrán syempre gloria,*
> *los quel contrario abrán dapnación.*

Los personajes de la tragedia del auto actuaban en la escena culminante; el virrey, visiblemente fatigado, agitaba la campanilla a media lectura de cada causa, y entonces el tremendo inquisidor, Juan de Mañozca, que hubiera sido el que mejor danzara en la mascarada espiritual del anónimo, impartía, gozoso, orden al familiar del santo oficio, quien la repetía al alcayde de las cárceles secretas, el cual, armado de bastón negro, conducía a cada penitenciado para oír su sentencia. Y subían, en medio de la rechifla de la masa que se esponjaba al pie del tablado, y pasaban, cadavéricos, llorosos, temblantes, entre la cruz de una religión falsa y la espada de una justicia perversa: los bígamos, los blasfemos, los hechiceros y adivinos, los astrólogos y alquimistas, los excomulgados, los cristianos apóstatas, los judaizantes; y tal y cual, de acuerdo a la gravedad de su falta, con gruesa soga al cuello, o con mordaza; con coroza de una vara de alto, lamida por llamas infernales y asaltada por demonios, sierpes y dragones, o con sambenito amarillo de rojas aspas, que colgado, después, en un arco de la iglesia mayor, conservaría la memoria del delincuente, como conservan la de egregios cardenales, los capelos cubiertos de polvo y telarañas, que se ve frente a la capilla de la Virgen del Sagrario de la Catedral de Toledo.

Cada uno presentábase con su insignia escarnecedora; y todos con una vela verde en la mano, cuya llama simbolizaba la fe, y cuyo color, la esperanza...

¡Ay! esa noche, bajo la coroza blanca, apareció también el bello rostro, empalidecido, de Beatriz de Olivos. Sus ojos aterciopelados, que habían llorado tanto, lloraban todavía y... lloraron al día siguiente, en que, junto con otras desgraciadas, se le vio recorrer las calles, desnuda de la cintura arriba, montada en bestia de albarda, y recibiendo azotes a voz de pregonero. Inclinada sobre la cruz de la cabalgadura, ponía en cobro sus rotundos senos con el negro cabello, que corría en dos madejas azuladas por la luz, mientras amorataba su fina espalda la ofensa de los silbantes canelones. ¡Ah, jamás habían visto las calles de Lima una penitente tan bonita!...

Para la moza, en esa borrasca de amargura, el pensamiento de la vuelta a Potosí, fue como un faro, y un deseo de venganza le ensanchó el pecho...

La turba, de al pie del tablado, ululó de júbilo cuando, al fin, oyeron su sentencia los judíos relajados, quienes, en medio del gentío que les arrojaba lodo, cáscaras y piedras, fueron llevados, por la cuadra del palacio, a la calle de San Lázaro, y de ahí, pasando por el puente del mismo nombre, hasta la puerta de la Iglesia de los Desamparados, donde fueron entregados a la justicia ordinaria, que los condujo al quemadero, prevenido en las afueras de la ciudad.

Al mismo tiempo, el virrey y su cortejo se dirigían a las casas de la inquisición; los frailes de Santo Domingo llevaban al convento su adorada cruz verde, cantando el miserere; y el pueblo festejaba el famoso auto, con el que el santo tribunal condenó a destierro, galeras, cárcel, mazmorra y fuego.

En tanto la carne y huesos de las víctimas se transformaban en ceniza, y su sangre, en humo, que buscaba la amplitud y altura del espacio, las estrellas, rutilando en todo el manto del cielo, contemplaban nada más que otra vuelta macabra de la historia...

[Abel Alarcón, *Era una vez... Historia novelada de la villa imperial de Potosí*, 3ª edición, La Paz, Fundación Universitaria Simón I. Patiño, 1952.]

RAUL BOTELHO GOSALVEZ

LA CALAVERA

No eran centenares sino millares de personas las que acudían de todas partes a Potosí, en aquel umbral del siglo XVII, atraídas por el magnetismo del fabuloso cerro, cuya riqueza argentífera era asombrosa. Del oeste, con las caravanas de llamas y mulos que regresaban de Arica, luego de entregar en aquel puerto los cargamentos de plata, venían ceñudos aventureros, de esos que cansados de vegetar en la molicie de la costa y recoger oro de paludismo en las tierras dulces y ponzoñosas del trópico, cual si confiasen su vida al tumbo de unos dados, en un albur habían decidido probar fortuna en la fragosa y berroqueña tierra de los Andes altoperuanos. También del sur, dejando las pampas cuyo horizonte embestían las astas del ganado salvaje, llegaban hombres de otra calaña, desde el montaraz amansador de potros, áspero chalán forrado en cuero, hasta el pequeño funcionario cansado de dormitar la siesta colonial en las aldeas pobres y sin ilusiones, abiertas a los devastadores malones de la indiada bravía. De Lima y Santiago, a su vez, venían segundones ambiciosos, cortesanos sin fortuna, clérigos de misa y olla, alarifes, artistas, cómicos de la legua, heterodoxos que huían de la Inquisición, y, en fin, una abigarrada colmena humana que se vaciaba en el crisol potosino que ebullía al fuego de la riqueza.

Entre esos millares de gente ávida y ambulante llegó un día un monje. Llevaba raído sayal, cuya descolorida capucha, bajada hasta las cejas, servía de marco a una cara exangüe y palidísima. La enmarañada barba entrecana, los ojos obsesivamente fijos, el silencio e insignificancia de aquella ruin figura de santón le procuraba un raro atractivo místico. Traía en la nudosa mano un resobado bordón donde golpeaba el oscilante y pesado cilicio anudado a la cintura y, cabe el brazo siniestro, una calavera humana, meticulosamente descarnada, símbolo de la transitoria vida del hombre.

Nadie sabía a punto fijo de dónde venía el monje, ni lo que venía a hacer en Potosí, pues los pocos que venciendo su respetuoso temor, le habían dirigido la palabra en los altos del camino, tropezaron con un oscuro y esquivo silencio. Presumiendo que aquel monje cumplía un purificador voto de silencio, le dejaron en paz, yendo hasta él sólo para alcanzarle limosnas o besar la cruz de su tosco rosario.

Llegado que hubo la caravana a las goteras de la Villa Imperial, el monje se separó de ella. Mas no llamó a puerta de convento alguno, tampoco entró a orar a ninguno de los numerosos templos de la ciudad, sino que ambuló como desorientado por las estrechas callejas potosinas, se detuvo en una plazuela y allí, a gatas sobre el duro empedrado, como las bestias del Señor, abrevó en el agua helada del arroyo que manaba de un rebosante aljibe público. Saciada su sed, se afirmó en el bordón para encaminarse a los suburbios por el lado en que la ciudad se empina y toma los repechos que conducen al Cerro Rico.

Anochecía. Rachas de viento frío y aullante lamían los desnudos pedregales del páramo. El monje, mudo y miserable, con la calavera a cuestas, empezó el ascenso al cerro. Cruzábase de tanto en tanto con lúgubres y andrajosos grupos de mitayos encadenados, que abandonaban su agobiador turno en las minas. Brutales capataces chasqueaban el látigo sobre aquellos semidesnudos y dolientes seres, a quienes el sufrimiento había vuelto casi insensibles. El viento, gruñendo en las escarpas, zamarreaba los polvorientos pliegues del sayal, pero el monje, sin mirar, sin sentir, sin hablar, ascendía lento como ánima en pena que subiese la cuesta del infierno.

Cuando cerró la noche y los astros colgaron del aterciopelado vacío, el monje se detuvo frente al misterioso hueco de una mina abandonada. Entró allí y desapareció en la espesa tiniebla de aquel pozo horizontal que olía a barro y ácidos minerales. Acezante de fatiga, tanteando con sus huesudos dedos la roca resbalosa, buscó un lugar para reposar y allí se tendió, rendido, poniendo de apoyo para su extraña y pálida cabeza la calavera que traía bajo el brazo.

La gente de Potosí estaba habituada a todas las extravagancias, desde las que le procuraban los magnates enriquecidos por el río de oro blanco que manaba del Cerro de plata hasta las que de por sí brindaban los miembros de la taifa migradora, acampada en aquella feria de esplendor e indigencia que era la ciudad, por eso no se percató de la presencia del monje. Manso y mudo, lastrado quién sabe por qué horrible penitencia, el ermitaño se integró en el desordenado número de viandantes de la villa. Todos los días, hubiese sol, lluvia o nieve, apenas sonaban en el aire cristalino los primeros maitines, el monje abandonaba la cueva del cerro, y grave, callado, humilde, bajaba a la ciudad. Durante todo el día iba por calles, plazas y mercados, mendigando en silencio y con los ojos puestos en la calavera. La gente le miraba marchar, encorvado sobre el bordón, con la blanca calavera bajo el brazo, o detenido en los portales. Al comienzo su aspecto extraño, su silencio, la cadavérica expresión de su cara hundida bajo la capucha, dieron que hablar, pero después de corto tiempo nadie se ocupó de él, pues concluyó por convertirse en una figura casi familiar. No obstante, cuando en algún camino solitario un viandante se le cruzaba, aligeraba el paso y se desviaba para no encontrarlo de frente. Era un santo sin duda, pero la feroz lumbre de sus pupilas negras, bajo las ojeras profundas, imponía ese miedo que el común de la gente siente cuando se encuentra ante lo sobrenatural.

Así transcurrieron varios años. El monje, con notable regularidad, bajaba todos los días de su cueva, recogía limosnas y cuando el sol iba a ponerse, volvía a su aislado escondrijo. En todo aquel tiempo nadie le escuchó una palabra, ni se atrevió a acercarse al oscuro retiro que habitaba de noche. Lo único que sabían de él era que no causaba daño a nadie, que oraba sin pronunciar palabras y que, descalzo y mísero, con lluvia, sol o nieve, transitaba como can sin dueño por la ciudad. ¡Sí, no cabía duda de que se trataba de un beato y mudo penitente, cuyos sufrimientos y mansedumbre le darían un sitio en la mansión de los elegidos!

Pero un día, en el otoño de 1679 el monje dejó de bajar a la Villa Imperial. La inquieta gente del burgo, habituada a la diaria presencia del santo ermitaño, hizo conjeturas y, al final, un considerable gentío convino en acudir en romería hasta la cueva del cerro para socorrer al asceta, quizá enfermo y famélico entre las lóbregas paredes de roca de la mina abandonada.

Y así se hizo en efecto. Con pompa litúrgica varios clérigos que portaban altas cruces de oro macizo precedieron a la muchedumbre que formaba el cortejo. Llevaban velas y antorchas encendidas. La masa negreaba sobre el ocre y la pizarra del suelo enhiesto. Llantos histéricos y gemidos ahogados se mezclaban a los cánticos religiosos y las oraciones en coro, pues una comunicativa corriente de fanatismo los recorría.

Dos largas horas demoró la viboreante multitud en ascender hasta la oquedad donde habitaba el ermitaño. Los sacerdotes al llegar al umbral se detuvieron y volviéndose a la multitud pidieron que se arrodillase en tierra y orase; luego, alumbrados por dos cerones violaron la oscura soledad de aquel retiro.

En un rincón, sobre un haz de paja medio podrida, hallaron al monje. Estaba inmóvil, rígido, con los dedos engarfiados sobre la calavera como si alguien hubiese intentado en su trance de muerte arrebatarle aquel fúnebre trofeo. Los sacerdotes comprendieron que Dios había llamado a su seno a aquel santo y rezaron arrodillados. Al abandonar la cueva dispusieron que se trajese una angarilla para bajar a Potosí los venerables restos.

La muchedumbre al saber la muerte del virtuoso ermitaño, como castigada por una terrible desgracia, prorrumpió en sollozos; algunos se golpeaban, lúgubres, el pecho afligido: "¡Mea culpa, mea culpa!", exclamaban.

En la angarilla cubierta de ricos mantos, hacia el atardecer bajaron el cuerpo del monje. La procesión iba hosca, triste, cabizbaja, pensando en aquel pobre fraile. Todos habían besado con unción y de rodillas el mugriento sayal, para confortar su propia alma.

Mientras descendían a la población los religiosos, a manera de nueva lisonja para los potosinos, a quienes Carlos V y Felipe II colmaron de halagos, dándoles escudo nobiliario el primero y obsequiándoles el estandarte de Lepanto el último, resolvieron guardar como reliquia los restos de aquel monje solitario, ejemplo de santidad y virtud para aquella urbe saturada de pecadores, de manera que más adelante fuese beatificado como santo potosino.

Hacia la noche llegaron al atrio de San Benito, donde celebrarían las ceremonias mientras llegase de Charcas la autorización arzobispal para enterrar al pie del altar mayor los venerables restos. Y de este modo el ermitaño quedó expuesto hasta medianoche a la devoción de millares de potosinos que acudieron a depositar a sus pies flores y besos.

Cuando el relente de la noche dispersó a la multitud y sólo quedaron unos pocos seres que oraban arrodillados en las gradas de piedra, los frailes benitos decidieron entrar el cadáver al templo y cuatro robustos legos levantaron la angarilla. Pero antes de trasponer las anchas y elevadas puertas de madera y bronce, sucedió un hecho insólito. La calavera, como una amarillenta rosa de ónix, se desprendió del engarce de los endurecidos dedos del ermitaño y rodó sobre la escalera de granito. El golpe hundió el hueso occipital y por ahí asomó el extremo de un pergamino cuidadosamente doblado. Uno de los frailes, sorprendido, se apresuró a levantar del suelo la calavera, mientras se detenían los legos que llevaban la angarilla, donde el cadáver pesaba como si fuese de plomo. El fraile extrajo el pergamino oculto en la huesosa bóveda y lo pasó al anciano superior del convento, quien allí mismo leyó la siguiente confesión escrita con prolija letra de cadenilla:

"Yo, Juan de Toledo, natural de la villa del mismo nombre, confieso haber dado muerte a mi esposa doña Leonor de Mogrovejo y Luna, ansí al su muy villano amante Pedro de Arzans, vecino que era de esta ciudad de Potosí, que fingiéndose mi mejor amigo mancilló mi honor pecando de adulterio con mi esposa, cuya liviandad logró con engaños y perjurios. Otrosí, he degollado al de Arzans con mis manos, hele arrancado los ojos, hele cortado la lengua impostora y, pedazo a pedazo, deshice su rostro barbilindo. Durante muchos años he llevado conmigo su monda calavera, para recordarlo a todas horas y saber que estaba bien muerto, porque si mil veces viviera, mil veces le mataría. No estoy arrepentido de ello porque pudiera repetirlo, aunque tenga que cumplir voto de pobreza y de silencio como anacoreta, durante el resto de mi existencia".

[De: Raúl Botelho Gosálvez, *Los toros salvajes y otros relatos,* Santiago, Edit. del Pacífico, 1965, p. 93-99.]

COLOMBIA

JOSE MARIA CORDOVEZ MOURE

VILLETA

Villeta tuvo importancia desde su fundación, porque está situada en la mitad del camino que era indispensable recorrer para ir y venir del exterior o de los puertos del Atlántico a la capital. En sus inmediaciones se montó el primer trapiche de hierro movido por agua que se conoció en Colombia, debido al distinguido caballero inglés don Guillermo Wills, por allá en el año de 1840, en la hacienda de *Cune*. Poseía un buen establecimiento de fundición de cobre, dirigido por don Timoteo Román; estaba rodeado de plantaciones de caña de azúcar y pasto de guinea; la principal ocupación de sus moradores era el acarreo de mercancías de importación y exportación, y el comercio de miel, azúcar y aguardiente; está edificada en el centro del valle que riegan el río Bituima y la *Quebrada,* cuyas aguas no son potables porque contienen bastante azufre y sulfato de hierro; pero son muy medicinales, especialmente para curar el reumatismo y las afecciones cutáneas; con una temperatura media de 25° centígrados, morigerada por los vientos que soplan del *Aserradero* y del *Alto del Trigo,* en medio de lujosa y variada vegetación, todo lo cual contribuía a que ese fuera y aún sea buen lugar para salir a temperar los habitantes de la altiplanicie.

A principios de este siglo se estableció allí una respetable colonia de socorranos —que así se llamaba entonces a los hoy oriundos del departamento de Santander— entre los cuales sobresalía don Juan Vargas, caballero cumplido, rico, emprendedor, que pretendía, como César y Bolívar, dictar tres cartas a un mismo tiempo, aunque se equivocara al dictar, por lo cual le resultaban monstruosos adefesios, entre los que recordamos la misiva que dirigió a Honda para que le enviaran por el correo *quinientas piedras grandes* para molerlas antes de que se pasara la caña. En puntuación observaba una regla tan sencilla como fácil, no conocida de Marroquín, o que olvidó incluir en su tratado sobre la materia. Después de dictar el texto, paseándose en cuerpo de camisa en el corredor de la casa, firmaba y ordenaba a sus atónitos escribientes que hicieran la distribución de puntos y comas para que no quedasen desaliñadas las cartas.

Construyó Vargas la primera casa alta que se conoció en el lugar, al costado oriental de la plaza: el piso bajo lo reservó para sí, y el alto era el refugio que encontraban los viajeros en aquel entonces inhospitalario pueblo, porque don Juan era aficionado a oír relaciones de viajes, y amigo de servir al forastero; su casa era la de todo el mundo. El departamento destinado a los transeúntes se componía de una sala y dos alcobas laterales, con puertas a un balcón que daba a la plaza; en una de las alcobas había gran cama de caoba, de estilo inglés, con columnas y cielo raso semejante a un baldaquino. En ella durmieron, entre otras muchas notabilidades: el sabio Mutis, el barón de Humboldt, los virreyes Antonio Amar y Juan Sámano, el Libertador cuando iba a morir a Santa Marta, Santander cuando se le condujo a las bóvedas de Cartagena, el santo arzobispo Mosquera al partir para su inicuo ostracismo en el año de 1852, don Mariano Ospina al emprender la campaña de occidente en el año de 1861, y los generales Mosquera y Obando cuando venían en dicho año hacia la sabana.

En el año de 1844 se estableció en Villeta la distinguida señora doña Juana Sánchez de Moure, en busca de salud, obtenida la cual resolvió quedarse a vivir allí y constituirse en *providencia* para los viajeros y menesterosos del lugar. Por la muerte repentina de don Juan hubo de rematarse la casa que perteneció a éste, viniendo a ser propiedad de la señora Sánchez. Esta nobilísima anciana no era rica; pero vivía de su trabajo, cuyos productos empleaba en mantener aseada y paramentada la iglesia, en socorrer a los pobres y en proporcionar a los forasteros lo que necesitaran, para lo cual tenía muebles de repuesto y muchos objetos de reconocida utilidad, que no es fácil llevar de una parte a otra sin evidente riesgo de destrucción. Desde entonces se puso de moda Villeta para ir a temperar, y no hubo quien tratara a esa matrona que no se sintiera como subyugado por la bondadosa influencia que ejercía su amable presencia, cultos modales, y más que todo, su conversación, que era fuente inagotable de agudeza o historias instructivas. Poseía en alto grado lo que se llama don de gentes.

Mientras vivió doña María Ignacia Moure, hija de la señora Sánchez, mantuvo la tradicional costumbre establecida por su santa madre, de "dar posada al peregrino" en Villeta.

Don Miguel Cané, ministro de la Argentina en Bogotá, en los años de 1881 y 1882, refiere en su interesante libro *En viaje,* la acogida que le hizo la señora Moure, del modo siguiente:

"Las autoridades locales de Villeta, con algunos amables vecinos que se habían unido, salieron a recibirnos y conducirnos al hotel. ¡Al hotel! Un bogotano se pone pálido al oír mencionar el hotel de Villeta; ¡qué sería de nosotros cuando contemplamos la realidad! Felizmente para mí, se me avisó que un amigo me había hecho preparar alojamiento en una casa particular. Fui allí y recibí la más cariñosa acogida de parte de la señora Moure, que junto con las aguas termales y un inmenso árbol de la plaza, constituye lo único bueno que hay en Villeta, según aseguran las malas lenguas de Bogotá. ¡Qué delicioso me pareció aquel cuartito, limpio como un ampo, sereno, silencioso! ¡Había una cama! ¡Una cama con almohadas, sábanas y cobijas! Hacía un mes que no conocía ese lujo asiático. La dulce anciana cariñosa, rodeándome de todas las imaginables atenciones, me traía a la memoria el hogar lejano y otra cabeza, blanqueada como la suya, haciendo el bien sobre la tierra".

Nunca pudo resignarse la señora Sánchez con el destierro de Manuel José, que era como llamaba al arzobispo Mosquera, sobre quien tenía el ascendiente que le daba el haberlo amamantado. El ilustre prelado la llamaba tía Juanita, y la obedecía como un niño en los días que permaneció en Villeta, en su casa, mientras daba algún respiro la aguda enfermedad que sufría, para continuar el camino del extranjero, adonde lo lanzaban las aberraciones políticas de ese tiempo, viaje del cual no había de volver. En su cariño maternal llegaba la señora Sánchez hasta quitar el breviario de las manos al ilustre enfermo, porque los médicos le habían prohibido la lectura. Al colocar al arzobispo en el *guando* en que debía conducírsele hasta Honda, lo acomodó la señora como hace una madre con su hijo al acostarle en la cuna, le besó la frente, en seguida se arrodilló para recibir su postrera bendición, contempló por última vez aquel rostro dulce y majestuoso, y con voz entrecortada por los sollozos que la ahogaban, le dijo: *¡Manuel José, ruega mucho a Dios por los que te persiguen!*

Durante los pocos días que permaneció el general Mosquera en casa de la señora Sánchez, en el año de 1861, le presentaba aquél a los diferentes jefes y oficiales que entraban a hablarle.

Tomás —le dijo cuando se vio a solas con éste— te veo rodeado de gentes que te *amarrarán* en el momento en que menos lo pienses. Seis años después permitieron al general Mosquera que pernoctara en la misma casa, de paso para el Perú, a donde se le llevaba desterrado por consecuencia de la conjuración del 23 de mayo de 1867. ¡Ah, tía Juanita —exclamó el proscrito al verla y abrazarla— quién hubiera dicho que se cumpliría la profecía que usted me hizo en esta misma casa!

El infortunado general José María Obando, a su paso por Villeta en el año de 1861, se hospedó en la morada de la señora Sánchez, y como eran antiguos conocidos y amigos, aquél la puso al corriente de varias de las medidas que pensaba tomar al entrar a la capital.

—Eso será —le replicó la señora— si antes no lo matan, porque la guerra es guerra.

Ocho días después caía Obando alanceado en el campo de *Tierranegra.*

Después del 18 de julio del año antes citado, se conducía, siendo el escarnio de las almas viles, a don Mariano Ospina y demás compañeros de infortunio, para sepultarlos en el castillo de Bocachica. Al llegar a Villeta, se les puso en el inmundo edificio llamado cárcel, y como la desgracia produce el vacío alrededor de quienes son sus víctimas, nadie se atrevía a prestar el más insignificante servicio a los presos, que carecían de todo; pero esta ley no tocaba con la señora Sánchez. Se presentó en la prisión y obligó al oficial de la escolta a que permitiera que ella, "tía de Tomás Mosquera", proporcionara camas y alimentos a aquellos distinguidos caballeros, mientras permanecieran en el lugar.

En toda la comarca era conocida la señora Sánchez con el distintivo cariñoso de *misiá Juanita,* y aunque muy querida y respetada, no le faltaba uno que otro malqueriente. Sucedió, pues, que un vecino anciano le entabló pleito por una medianía que a él le tocaba mantener. Citada la señora al juzgado, pidió su contendor, con lujo de grosería, que se le nombrara curador, porque ya estaba muy vieja y no sabía lo que hacía. Doña Juana, sin inmutarse ni darse por notificada, contestó la andanada así: señor juez, nombre usted al señor don Gregorio Ramírez dos tutores: uno porque lo necesita como jovencito menor de edad, y otro para que le enseñe urbanidad. Ante este escopetazo salió despedido don Gregorio, desertando de la demanda.

Tal era, a grandes rasgos, el carácter de una de nuestras matronas colombianas, cuyo hogar era asilo obligado de los forasteros que iban a Villeta por cualquier causa, en donde encontraban las costumbres de la mejor sociedad. Allí murió la señora Sánchez en el año de 1871, después de ochenta y siete años de abnegación y sacrificio en favor de sus semejantes, llorada de todo un pueblo y admirada de cuantos la trataran. Aún viven muchas personas en Bogotá que pueden abonar nuestro dicho, y en la plaza de Villeta la opulenta ceiba que sembró aquella anciana con propia mano, en el año de 1848.

[De: J. M. Cordovez Moure, *De la vida de antaño,* 3ª edición, Bogotá, Edit. Minerva, 1955.]

LUIS CAPELLA TOLEDO

UN ORDENANZA INFAME

No HAY quien ignore en América que Córdoba atravesó con su espada a un ordenanza.

—¡Cruel!... dicen los unos.

—¡Bárbaro!... dicen los otros.

Y los que blasonan de conocer los motivos por los cuales el héroe de Ayacucho cometió aquel homicidio, repiten:

—¡Presuntuoso!...

Esos motivos, que consigna la leyenda vulgar, son los siguientes:

Córdoba, que tenía confianza y demasiado concepto de sí mismo, un día, vestido de riguroso uniforme, miróse al espejo y exclamó con orgullo:

—Joven, buen mozo, valiente, rico, amado de las mujeres, Córdoba, ¿qué te falta?

—Juicio, mi General, le contestó el ordenanza que se mantenía a poca distancia de él.

Y el guerrero, por eso no más, desenvainó la espada, y lo pasó de parte a parte.

En el hecho estamos de acuerdo; pero veamos ahora la causa que indujo a Córdoba a cometer aquella muerte, en ésta, sí, *Leyenda histórica*.

Con las fuerzas que bajaron por el río Cauca después de la acción de "Chorros-Blancos", en Antioquia, iba una *voluntaria*.

Dicen que había perdido a su marido en aquel combate, y que Córdoba, no obstante, lo hacía aparecer como presente en las listas de revista.

Y fue que se valió de este medio para darle una ración, porque la viuda no había querido regresar a Medellín.

¿Había motivos para ello?...

¡No lo sabemos!

Pero Misericordia, su hija, a la sazón de ocho años, se parecía tanto al General Córdoba, y gastaba éste con ella tales extremos, que en el batallón *Antioquia,* entre los oficiales y entre los individuos de tropa, no faltaban cuchicheos.

Quien decía que el cabo Uribe, muerto en Chorros-Blancos, ni siquiera había conocido a la viuda; quien que era simplemente camarada de ella; en fin, todos concluían por que aquella mujer guardaba algún secreto.

Dicen que la mies brota lo mismo en el estiércol que en la almáciga guardada!...

Como es sabido, después de Tenerife, Córdoba ocupó a Barranca-Vieja, en donde se detuvo, después de apresar la artillería enemiga, más tiempo del necesario.

¿Cuál fue la causa de semejante demora?

¡Misericordia era huérfana otra vez!...

—Fidel, le dijo Córdoba a su ordenanza, con enternecimiento: —esa niña queda sola en el mundo; ampárala, y sé tú su padre desde hoy.

—Muy bien, Coronel, —le repuso el ordenanza.

Y era de ver aquellas atenciones.

Misericordia, como *La Hija del Regimiento,* vestía uniforme de cantinera; sólo que llevaba los galones de cabo 1º y que pasaba revista de presente con el nombre de su padre.

Fidel y Misericordia andaban solos por todas partes. Rivalizaban en atenciones y cuidados para con el Coronel. En Barranquilla, en las Sabanas de Corozal, durante el sitio de Cartagena, en Pichincha, en Junín, en Ayacucho...

Después de la ocupación del Alto-Perú y de los acontecimientos del año de 1825, Córdoba, General de División ya, paró mientes en la falsa posición en que se hallaba colocado, a causa de llevar consigo a todas partes una joven de quince años, a quien los unos reputaban como allegada por la sangre, y los otros como allegada por el amor...

Y resolvió llevarla a La Paz, y colocarla en un convento de monjas, en donde educaban señoritas.

El viaje, aunque con el beneplácito del Gran Mariscal, fue hecho con algún misterio, de tal modo, que la ausencia de Córdoba ni siquiera se hizo constar en la orden general.

En el tránsito, el héroe se adelantaba de ordinario para alejar toda sospecha; porque a los quince años, casi no se concibe en las mujeres una inocencia purísima, máxime si han tenido la escuela de los campamentos y la sociedad de los soldados. Pero Misericordia era inocente como una alondra. Córdoba, ya se sabe, era hombre de pocas intimidades, adusto, temido; y su tolda de campaña o su casa particular, pues que en toda población siempre la montaba, no eran para el acceso de quienes lo querían. La niña andaba sólo con el ordenanza, y éste la cuidaba como a una hija.

Y para el caso de que se nos pidan pruebas de la inocencia y candor de aquella niña, allá van las siguientes:

Durante el sitio de Cartagena, Córdoba con su batallón apoyaba la artillería que hacía fuego sobre la ciudad desde la Popa. Montilla, General en Jefe, rendido por el insomnio y la fatiga, llegó una mañana al cuartel del jefe antioqueño, y quiso descansar.

—Misericordia, le dijo, sácame las canas de la cabeza, y por cada una ofrezco darte un caramelo.

La niña se dio a la tarea y a poco Montilla se durmió.

Aquello fue motivo para un arreglo de cuentas de nunca acabar. Montilla siempre estaba adeudado, según ella.

Después de Ayacucho, Monet se hallaba prisionero. La niña, que lo había visto departir con Córdoba antes de la batalla, le llevó una taza de café.

—Tómela usted, señor General, le dijo.

—¿Y quién es usted, que tanto se interesa por mí? la interrogó el fiero castellano, picado entre la gratitud y la curiosidad.

—Yo soy la cantinera del General Córdoba, le repuso la joven con la más dulce inocencia.

En Chuquisaca, una mañana, Misericordia se acercó a Córdoba, algo enfadada, y le dijo:

—El Gran Mariscal te ama mucho, y tú no eres hombre para mandarme donde él a que me abrace y que me bese.

Ya sabemos que Bolívar llamaba a Sucre *impecador*. Acogió éste a la niña, en quien antes había reparado con paternal cariño, y la besó en los ojos y en la frente.

Iban a llegar a La Paz.

Córdoba, que tenía casa preparada, se detuvo en una posada e hizo adelantar a Fidel y a Misericordia.

A la mañana siguiente llegó muy temprano, y con la impaciencia de su carácter, pidió sus prendas de parada.*

---

*Ya se sabe lo rumboso que era Córdoba.

Puesto de riguroso uniforme, mirábase al espejo.
—¿Y la niña? preguntó.
El ordenanza guardó silencio.
—Quiero verla antes de hablar con las hermanas Mercedarias.
Fidel no se movió.
—¿Por desgracia, ha enfermado Misericordia?
El mismo silencio.
Córdoba, con un principio de disgusto, reparó en su ordenanza, y lo halló pálido y trémulo!
Cerró instintivamente la puerta de la alcoba que daba salida a la sala.
—¿Y bien?...
—¡General!... ¡General!... exclamó una voz que parecía salir de lo profundo.
¡Córdoba corrió!... La pobre niña le tendió los brazos!...
—¡Me hizo beber aguardiente!... le dijo.
¡Y cayó desmayada!...
Loco, ciego de furor, el León de los combates rugió de tal modo, que hasta los elementos parecieron estremecerse. Aquello era la conmovedora odisea de los dolores infinitos... Volvió a mirar a todos lados y se halló con su ordenanza de rodillas, pidiéndole *misericordia*.
A tal nombre, lo que el héroe tomó por una profanación y un insulto, tiró de la espada y... sin misericordia lo atravesó por el corazón...

Si hubiera de seguirse un juicio moral a la memoria del General Córdoba por este hecho, yo apelaría a los padres de familia!...

[De: Luis Capella Toledo, *Leyendas históricas*, 3 vols., Bogotá, Imp. de la Luz, 1884-1885.]

CAMILO S. DELGADO

LA MONJA ALFEREZ

A FINES de 1607 desembarcó en Cartagena, después de largo cuanto penoso viaje emprendido desde Cádiz, un oficial del ejército español, con el grado de alférez, el cual oficial después de haber obtenido la dirección de la casa donde habitara un capitán de apellido Eguiña, se dirigió a la morada de éste, y colándose de rondón hasta el corredor, preguntó a un hombrecillo de cincuenta y pico de años si vivía allí y se encontraba visible la persona por quien solicitaba. El interrogado dejó a un lado una espada cuya empuñadura limpiaba, y poniéndose de pie, replicó:

—Yo soy Eguiña.

Al escuchar esta contestación, el alférez se echó en los brazos del capitán, exclamando lleno de júbilo:

—¡Tío mío!... ¡Querido tío!...

Eguiña, imprevistamente atacado por aquel sobrino caído del cielo, y atortujado por los brazos del mozo, quien los tenía muy robustos, abrió la boca para contestar; pero las palabras se le atragantaron como si le hubiesen apretado fuertemente la garganta.

—Pues sí, tío, yo soy Catalina... su sobrina Catalina Erauzo...

Explicación que, lejos de volver el habla al capitán, le constriñó más la garganta. Y no fue sino algo más tarde cuando pudo articular penosamente un ¿tú?... con voz salida como de profunda caverna.

Catalina, efectivamente sobrina de Eguiña, comprendiendo la emotividad de su tío por lo inesperado de la presentación, aguardó a que se repusiese y luego entró en explicaciones.

Hija de acomodada familia vizcaína, desde la niñez dedicaron a Catalina al estado religioso. Un día, en el período del noviciado, fue atacada la Madre Abadesa de una fiebre maligna, tan intensa, que creyeron llegado el último momento de ella. Llamaron al médico del convento, y como el anciano galeno de éste estuviese también enfermo, envió a un sobrino suyo, acabado de graduar en una famosa escuela. Era este médico un hombre inteligente, y, a más de inteligente, buen mozo. Llegó al convento, examinó a la superiora, a quien creyó realmente grave, y la recetó. Rodeaban el lecho de la enferma casi todas las novicias, cuyos rostros no veía, pero que, por lo mismo, impresionaban el espíritu, como todo lo misterioso, tanto más cuanto dentro del misterio se ocultaba un rostro de mujer. Fijóse en una de las novicias y creyó ver tras el velo que cubría las facciones de la joven un rostro agraciado. Nunca había amado, y se enamoró de ella, con lo terriblemente intenso de la primera pasión.

Por su parte, la novicia observó a su vez la atención que le prestaba el joven, y se retiró algo lejos, ocultándose tras una de las monjas. La gravedad de la Abadesa era cada día mayor, por lo cual el joven médico creyó conveniente visitarla muchas veces al día, tanto por la enferma como por la contemplación del ser amado. Hubo, en una de las tantas visitas que hiciera a la Abadesa, un momento en que la novicia, por quien sintiera amor enloquecedor, se hallaba algo alejada de las demás. El médico haciendo como quien busca algo, pasó cerca de ella y le dijo quedo, muy quedo: "Amo". ¿Qué influencia produjo en la novicia este verbo que hiere las fibras más íntimas del corazón? Probablemente la de una chispa de fuego sobre un polvorín, porque, al día siguiente, cuando el médico atravesaba por uno de los corredores del convento, se abrió con sutileza la puerta de una celda y asomó la cabeza de la novicia. "Amo", murmuró quedo al doctor, al mismo tiempo que cerraba rápidamente la puerta.

Murió la Abadesa, y el médico y la novicia, que era Catalina, no volvieron a verse, hasta que un día, comprendiendo Catalina que no había nacido para entregarse a la vida austera de un convento, resolvió fugarse de él, como efectivamente lo efectuó en la noche del 18 de mayo de 1607. Refugiada en un bosque próximo a la ciudad, se alimentó de frutas y raíces durante tres días, al cabo de los cuales, disfrazada de hombre, se dirigió a Victoria, adonde supo que se había trasladado el joven médico. Se le presentó vestida de mujer, y le dijo quién era ella. El médico que la había amado por intermediación del misterio, al contemplar sus facciones, balbuceó algunas frases de excusa que hirieron el corazón de Catalina. La joven juró vengarse. Por la noche lo buscó, lo provocó, lo obligó a batirse y lo mató.

Y supo matarlo con la destreza de un maestro de armas, porque en el convento, desde pequeña, y llevada por su carácter varonil, aprendió con el jardinero, un viejo veterano de los tercios de Flandes, el arte de la esgrima.

Y, ante el cadáver del hombre a quien amara lealmente juró vengarse de todo aquel que tratara de galantearla.

Luego recorrió varias poblaciones de España, viviendo de ocupaciones reservadas al sexo masculino. Guiada por la originalidad de su carácter y su amor a la libertad, se embarcó en un buque que se dirigía a Cartagena de Indias.

Dotada de carácter aventurero, dice la misma Catalina en una autobiografía que dejó escrita, tuvo multitud de lances y contiendas, de los cuales casi siempre salió victoriosa, especialmente en las intrigas de amor con *muchachas americanas*.

Por lo sabrosa y original, romántica y novelesca, merece citarse la siguiente, que le ocurrió en Cartagena de Indias.

Y fue el caso que al descender cierta noche por una escala que pendía del balcón de alguna casa donde hacía el amor a dama joven y casada, se enredaron sus pies en aquélla, perdió el equilibrio, y cayó al suelo, recibiendo fuerte golpe en la cabeza, golpe que le hizo perder el conocimiento. Acertó a pasar por allí un ayudante, pariente cercano del gobernador don Diego Fernández de Velasco, y viendo un hombre que yacía sin movimiento, se acercó a él y lo remeció con fuerza. Como no respondiera a su llamado, le desabrochó el dormán, con el objeto de palparle la región del corazón. Su asombro fue tan intenso que se quedó pasmado.

—¡Cristo Padre! —exclamó al fin y al cabo. ¡Si es una mujer!

En aquel momento Catalina abrió los ojos, respiró fuertemente, se llevó las manos al pecho, y comprendiendo que su incógnito había sido descubierto, recobró las fuerzas, se levantó presto, y agarrando al desconocido por un brazo, le dijo con reconcentrada ira, en la cual el pudor se sobreponía a todo:

—Hay secretos que cuestan la vida. Defendéos si sois caballero. Si no lo sois os mato como a perro.

Desenvainó la espada y se puso en guardia. El ayudante del gobernador dio unos pasos hacia atrás y trató de excusar la falta que cometiera por su ignorancia sobre el sexo a que pertenecía el alférez. Catalina no oyó razones y lo atacó bravamente. El joven se defendió con valor y trató de desarmar a su contrario, único recurso que le quedaba expedito en su condición de caballero y de militar. Catalina, sin escuchar razones, redobló el ataque con habilidad digna de un maestro de esgrima. El combate duró pocos minutos, al cabo de los cuales cayó sin vida su contendor. Huyó el alférez hasta la casa de su tío, a quien refirió la aventura desde la cruz a la fecha. El capitán entró en temblores y juró que el lío en que se había metido su sobrina iba a costarles, cuando menos, varios años de presidio.

Vino el día, sin que el capitán hubiera podido calmar, con el sueño, la excitación nerviosa. En cambio, Catalina roncó con la tranquilidad de un benedictino. El de Eguiña "caló el chapeo, requirió la espada" y salió cuasi loco y sin rumbo fijo. Dos horas después regresó a la casa, y, despertando a Catalina, quien continuaba roncando como si nada grave le hubiera acontecido, le hizo saber que una goleta estaba a punto de darse a la mar, y que era indispensable para tranquilidad de ambos, que se marchase en ella cuanto antes. Catalina obedeció, más por deseos de continuar recorriendo el mundo, que por miedo a los agentes del gobernador, y aceptando del tío una bolsa de dinero a medio llenar, se despidió de él, se embarcó en la goleta para cuyo capitán llevaba una carta de Eguiña, y se alejó de las costas de Cartagena.

En Guamanga, a consecuencia de una aventura amorosa, fue herida de gravedad. Creyéndose ya en brazos de la muerte, reveló a un sacerdote su verdadero sexo. El obispo de Lima, a quien el sacerdote llevó la noticia de su descubrimiento, le hizo una visita, la consoló con paternal cariño y le envió su médico para que la asistiera. Catalina se salvó, y cuando estuvo en posibilidad de emprender viaje, con recursos que le consiguiera el obispo, regresó a Cádiz, donde Felipe IV, sabedor de las hazañas de Catalina y los servicios que prestara a la causa de la conquista, le concedió ochocientos escudos de recompensa. El Papa Urbano VIII le permitió vestir siempre traje de hombre, además de muchas dádivas que le hizo.

Catalina, no amoldándose a una vida apacible como la que llevara después de su regreso a Europa, resolvió volver a América, y en 1635 se embarcó en la Coruña, rumbo otra vez a Cartagena, con un sueldo de sesenta pesos de a veintidós quilates al mes, que le asignó el rey, para que continuase prestando sus servicios contra los indígenas.

En Cartagena, después de haber resistido como mujer a los flechazos de Cupido, se enamoró locamente de un gallardo sargento, y fue tal la pasión que este hombre llegó a inspirarle, que resueltamente, y llevada de su carácter impetuoso, así se lo manifestó en un rapto de locura pasional.

El sargento, que en cualquiera otra ocasión hubiera aceptado sin titubear el amor que espontáneamente se le brindaba, resistió... no por virtud, sino porque en Catalina no encontró rasgos de esa belleza, de ese donaire, de ese no sé qué, que conmueve y subyuga el corazón, porque sabido es que, para que amor impresione, en la persona amada no hemos de ver defecto alguno que nos choque y nos la haga antipática.

Y en los rasgos de Catalina había dónde escoger defectos.

Uno de sus biógrafos la describe así:

"Cara no fea ni bonita. Negros, brillantes y muy abiertos los ojos. Las fatigas, más que los años, le alteraron pronto las facciones. Llevaba los cabellos cortos, como los hombres, y perfumados, según la moda. Vestía a la española. Poseía aire marcial, llevaba bien la espada, y su paso era ligero y elegante. Sólo las manos tenían algo de femeninas, en las palmas más que en los contornos. Su labio superior estaba cubierto por negro y ligero bozo, que sin ser verdadero bigote daba un aspecto viril a su fisonomía."

De la pasión amorosa de Catalina, no correspondida, surgió la desesperación, y de ésta la locura. Y cierto día, creyéndose despreciada por el sargento, se le encontró a las puertas de la muerte, por efectos del veneno que tomó, según cuentan viejas crónicas. Ya en las ansias de la muerte pensó en la salvación de su alma y pidió un confesor. Este, en vista del profundo arrepentimiento de Catalina, la absolvió del horrendo pecado.

[Camilo S. Delgado, *Historias, leyendas y tradiciones de Cartagena,* 4 vols.]

ENRIQUE OTERO D'ACOSTA

NO HAY DEUDA QUE NO SE PAGUE...

La Villa de Arma, poblada a mediados del siglo XVI a nombre del Adelantado Benalcázar, gozó la fama, en los primeros lustros de su vida, de ser tierra rica en minerajes; esto, sus aries bonancibles y la condición de tener en su territorio numerosos indios de *encomienda,* atrajo buena suma de españoles que llegaban a la naciente población en busca de horizontes propicios para colmar sus esperanzas de bienestar.

Entre los muchos andantes y maleantes aventureros que arrimaron por aquellos contornos, contábase un Damián Vázquez Montiel, quien se decía extremeño, y que andadas pocas semanas de pernoctar en la villa empezó a ocupar la curiosidad general. Venía este sujeto de las lejanas tierras del Perú, y de ahí que se apedillase el *perulero.*

Hombre érase de unos cuarenta años, membrudo, de grandes fuerzas y empuje, y con más resabios que una niña bonita; él, jugador; él, enamoradizo; él perito escanciador en los ventorros y bodegones del villorrio. ¿Y qué diremos de sus pendencias y zafarranchos? ¡Válanos la Santa Virgen de La Antigua, que aquel terribilísimo gavilán tenía espantados a los vecinos timoratos, y desasosegados a los más levantiscos espadachines del lugar! De buena casta viénele al galgo el ser rabilargo, como que el aventurero, según se rumoraba, había sido mílite de aquel Francisco Hernández Girón, que se alzara en el Perú en deservicio de su Majestad, con manifiesto escándalo de toda la cristiandad de estas Indias del Mar Océano.

—Buenas y santas tardes, maese Farfán.
—Muy buenas y santas nos las depare Dios, señor licenciado.
—¿Qué se cuenta en la villa?
—Cuéntanse muchas nuevas.
—Sepámoslas, señor maese, y que ellas vengan por bien.

—Por mal vendrán; que donde resuella el *perulero* no puede esperarse bendición.

—¡Cristo nos valga! ¿Y qué nueva fechoría ha hecho ese truhán?

—Nada, señor licenciado: que ayer, estándose en el mesón, se ayuntó con otros dos perdidos y se pasaron la noche en vilo, corriendo los dados...

—No descubro la novedad, maese Farfán, como que el *perulero* no ha hecho en su vida otra cosa que tirar la taba.

—Pues la novedad está en que a la del alba vino el alboroto: que si me corrió *chivas,* que si no... que seor pillo, que ladrón desuellacaras. Y espadas afuera. Cuchillada por aquí, tajos acullá, revés que te saluda...

—¿Y qué?

—Que los dos engañados hicieron monipodio contra el *perulero* para castigalle su bellaquería, y ya, ya le tenían en aprietos, cuando (¡Jesús me asista!) vieron que de un rincón de la estancia salía un desconocido, quien, tirando de la hoja a toda priesa, se les descolgó encima a los mandobles con certeza y con fiereza, tales que si no ponen luego al punto los talones en la nuca, en un despabilar de ojos les vuelve cisco.

—¿Y qué?

—Ahí nada... Sino que el desconocido se traía tal olor de azufre, que ya nadie dubita érase el diablo mesmo!

—¡Ave María Purísima!

—¡Sin pecado concebida, María Santísima!

Esto platicaban al punto de la oración el maese de campo Diego López Farfán y el señor licenciado Muñatones, cura y vicario de la villa. Esto departían los dos buenos vecinos a la caída de una calurosa tarde de agosto y en una calleja de Arma, mientras el sol se hundía en el poniente posando sobre la tierra sus besos de rosicler.

La verdad sea para Dios, mi Dios para los buenos y los buenos sean para el cielo. El hecho es que érase público y notorio, pública voz y fama, que el *perulero* tenía ajustado pacto con el Demonio. Su reconocida irreligiosidad, las blasfemias que a menudo se le oían, su milagrosa buena suerte en los lances de capa y espada, las cuantiosas sumas de oro que disipaba en compañía de hombres alegres y de mujerzuelas cortesanas, y en fin, otros pespuntes que no se escapaban a las avisadas comadres, hacían presumir todo aquello. Por eso decía doña Mónica, una veneranda dueña que servía en la casa de don Jerónimo Fernández Vahamonde:

"Que el Damián tiene dada su alma al *Patas-Puercas* (y aquí se persignaba la dueña), es cosa que no puede remitirse a duda, porque sé de quien puntualmente lo ha averiguado, que durante su estancia en los reinos del Perú, cierta noche, hallándose en la ciudad de los Reyes, hizo el contubernio. Y ello fue desta manera: que subiéndose a un altillo vecino a la ciudad, púsose a dar voces diciendo: ¡Oooh! ¡Don Leandrooo! ¡Ooooh! ¡Don Leandrooo! (que es el modo de llamar al *enemigo),* y que en punto de media noche vióse un espantable relámpago, el cual relámpago tenía tamaña cola, y en el último culebreo de dicha cola apareció montado un hombrecillo negro, peludo él, cornudo y dentón, que en tan extraña cabalgadura aproximóse al Damián, y apeándose le dijo desta suerte: *¿Qué me querés, chivo chivito?* A lo cual Damián replicóle: *Daros mi alma para que en trueque me déis el poder de dominar a mis enemigos en mar y tierra; el de ganar el corazón de las doncellas y el bien de la riqueza.* Esto pidió el desdichado, y diciendo y haciendo, concluyeron el concierto, y sacándose el *perulero* unas gotas de sangre del lado del corazón, signó la escritura de contrato, con lo cual el *enemigo,* dando un grandísimo berrido, desapareció por los aires a horcajadas sobre una nube negra y dejando tras sí tal pestífero olor, que en toda la ciudad lo sintieron..."

¿Era esto verdadero? ¿Era conseja de dueña medrosa y visionaria? La respuesta tendrá quien leyere lo siguiente:

Y fue y sucedió el caso de que cierta noche de viernes santo platicaban algunos vecinos de Arma en la plaza mayor de la villa, esperando la procesión de La Soledad, cuando ¡héte que se allega el Damián Vázquez Montiel!

—Buenas noches tengan sus mercedes.
—Séanlas para voaced.
—¿Habrá estado por aquí Pero Díaz?
—No le hemos visto.
—Lo aguardaré, que de él quiero despedirme.
—¿Por ventura os marcháis?
—Sí, que me voy.
—¿Podríase saber el rumbo?
—Que se puede: la tierra caliente...

Dijo esto el *perulero* y empezó a cantar en falsete.

> *En la puente tuve cita,*
> *pero no vide la dama;*
> *¡llora, llora, corazón,*
> *que llevo perdida el alma!*

Cantaba así el aventurero, cuando los circunstantes vieron que avanzaba hacia el grupo un jinete caballero en negrísima mula.

—¿Daréisme razón, señores, de Damián Vázquez Montiel?
—¿Qué me queréis?
—Os esperan en la puente, y por vos vengo. Cabalgad zaguero, si os place.
—Que me place.

Y ágil cual una ardilla saltó Damián sobre la grupa del negro animal.

Y entre el asombro de los allí presentes, partió la mula a todo escape, como envuelta en un huracán, y echando sopletes de fuego por ojos, boca y nariz, alejóse entre las sombras de la noche, viéndose en la distancia cual si fuera una gran bola de fuego.

Los atemorizados vecinos, dando diente con diente, empezaron a salmodiar el "¡Santo Dios, Santo Fuerte, Santo Inmortal!", y entre tanto se oían en los aires, como los ecos postreros de una voz que cantaba dolientemente:

*¡Llora, llora, corazón,
que llevo perdida el alma!*

Y nunca más volvió a saberse del *perulero* Damián Vázquez Montiel...

[De: *Leyendas,* Bogotá, Biblioteca Aldeana de Colombia, 1936, 146 p.]

JOSE ANTONIO LEON REY

LAS CAMPANAS DE FOMEQUE

¡Las campanas de la tierra nativa! Nada como ellas para evocar recuerdos que se recataban en lo íntimo de la conciencia, o para despertar en el alma las más puras elaciones.

Ya desde nuestra infancia gustábamos de sus repiques que preludiaban fiesta, o de sus dobles lentos que invitaban a la meditación y al recogimiento. Y cuando después de algunos años de ausencia de nuestro lugar volvemos a escuchar su tañido, que con ningún otro puede confundirse, reviven entonces ante nuestros ojos todos aquellos tiempos primaverales, aureolados con la maravilla de una multitud de cuentos de hadas, de embrujos y de tesoros fabulosos.

Oír nuevamente las campanas, es recordar ese cúmulo de leyendas que en las tardes, después de terminadas las ocupaciones del día, allá en el ambiente tibio del hogar, escuchábamos embelesados de boca de nuestros padres, o de alguna tía bondadosa, o del ama crédula y buena.

El toque de nuestras campanas es la voz misma del pueblo que nos vio nacer, voz que entra derechamente al espíritu para recordarle el cumplimiento de los deberes y para animarnos en toda obra de superación personal.

Un pueblo sin campanas sería un pueblo mudo, un pueblo sin voz y sin espíritu. Y a veces se me antoja que el tañido de las campanas también contribuye poderosamente en el modelado de la personalidad: las campanas graves y de son enronquecido deben poner allá, en el subconciente algunos miligramos de prudencia y de discreción, y las de claro tañido, de notas altas y puras, ¿no dejarán en el espíritu el incentivo de las nobles empresas, y la ambición de la gloria, y el afán de perfeccionamiento, y el aguijón de la justicia?

Pero no se trata ahora de hacer consideraciones sicológicas, sino de entrarnos por el florido atajo de la leyenda, partiendo, eso sí, de los datos que la realidad suministra.

De las tres campanas que hay en Fómeque, la mejor de ellas es de un tañido incomparable por su sonoridad y pureza, fue regalada por don Joaquín Nieto en el año de 1821 y recibió por nombre el de María Concepción. Se habla en el lugar de que algún arzobispo, admirado por la bondad de la campana, propuso alguna negociación por ella, a fin de llevarla para la catedral de Bogotá, pero los feligreses manifestaron poco deseo de desprenderse de su joya.

La segunda, de sonido un tanto bronco, que se llama María del Carmen, fue fabricada en 1908 y lleva las iniciales del presbítero Jacob Gómez Navarro, cura que fue en esa época.

La última, la más pequeña, como que apenas tendrá unos treinta y cinco centímetros de altura, no tiene nombre alguno sino una inscripción según la cual su antigüedad remontaría hasta el año 1029.

Podría hacerse un estudio sobre la autenticidad de esta preciosa joya, que envidiaría cualquier anticuario, pero ello es completamente extraño a este trabajo. Así llegaríamos hasta descubrir cómo aquella reliquia fue descolgada por pequeña y de escaso valor de las torres de alguna vieja catedral peninsular para embarcarla hacia el nuevo mundo y destinarla luego al uso de nuestra villa oriental.

Con todo, y según se cuenta en los contornos, ninguna de las campanas existentes resiste una comparación con la famosa campana del diablo. ¿El diablo con campanas? Pues, sí señor, y vaya la historia:

Al sureste de Fómeque levántase con imponencia y majestad la cordillera de los Organos, llamada así porque sus rocas afectan formas fantásticas, que unas veces parecen las ruinas de castillos gigantescos y otras, los restos de monstruosos órganos cuyas trompetas se dirigieran desafiantes a los cielos.

Allí los rayos caen de continuo, desprendiendo de la altura bloques inmensos de piedra que ruedan con estrépito hasta la planicie.

Hablar de los Organos en Fómeque es nombrar la región del misterio, como que la imaginación lugareña gusta de poblar aquellas soledades con seres imaginarios. Y hasta las viejas en sus consejas los toman como el tema obligado de sus impresionantes relatos.

La belleza agresiva y grandiosa de aquella cordillera la hace digna de que los turistas del país la visiten.

Algunos años después que don Miguel de Ibarra, valeroso vástago castellano, echara las bases de la villa en 1593, el párroco de ella llevó, después de mil penalidades ocasionadas por lo intransitable del camino, que trasmontaba el páramo de Cruzverde, una valiosa campana de plata, tan famosa, que todavía de ella conserva memoria el pueblo.

Naturalmente fue grande el alborozo de los moradores, porque en realidad se trataba de un suceso digno de músicas y cohetes. Por eso no hubo nadie que no saliese a encontrarla y que no celebrase el hecho en alguna forma en la naciente aldea. Empero, como llegase la comitiva cuando ya comenzaba a anochecer, hubo de quedarse la campana en la plaza a fin de bendecirla al día siguiente y colocarla en el sitio que se le tenía preparado en la humilde capilla.

A todas estas el Patas, o Mandinga, o el Pingas —que todos estos nombres solían y suelen darle al Demonio en la villa cuyo nombre recuerda al misterioso dios Fu o Fo de los chibchas—,* se hallaba muy asendereado y poco tranquilo por la llegada de este nuevo y terrible enemigo suyo que constantemente les está recordando a los vivos sus sobrenaturales destinos.

Y sin que de nadie fuese visto estuvo fisgándolo todo y aun tuvo el atrevimiento de meterse entre el cortejo de recepción de la campana, y con gran contentamiento suyo olió que su terrible enemiga no había recibido las aguas bautismales y que, por consiguiente, todavía era un objeto profano que bajo su dominio caía y al que bien le podía echar las garras encima, lo cual le venía como de molde.

La población entera dormía. Pues he aquí cómo en menos de nada y sin que nadie se percatase en ello, con la mayor naturalidad y frescura del mundo, Mandinga se monta en la campana y, caballero en ella, se va muy sí señor por esos aires y llega en derechura a depositarla en el lugar que mayor seguridad le brinda, el cual no es otro que el más alto cerro de la cordillera de Los Organos.

¡Y con tal rapidez y donosura realizó su hazaña, que bien podría decirse que jamás bruja alguna montó con más firmeza y aplomo en su escoba para encaminarse al aquelarre, que nuestro Pingas en la campana!

Al clarear la nueva aurora la consternación de los fomequeños no es para contada, pues unos eran de parecer que los indios de Ponta, que tan remolones se mostraban para recibir la nueva fe, se la habían sustraído; pero de esta afirmación no se podía presentar la menor prueba ni el más ligero indicio. Otros llegaban hasta culpar a algunos castellanos, muy amantes del oro y que también se dejaban deslumbrar por la plata, pero pronto se desechó tan temerario juicio, no sólo porque no cabía en cabeza humana el que un cristiano pusiese sus manos en cosas sagradas, sino porque no faltó quien sin más dimes ni diretes puso al Patas de vuelta y media al sindicarlo como al único capaz de acometer la desusada empresa de robarse la campana. Todos asintieron a esta respetable opinión y no hubo más que hablar, pues el pobre Mandinga quedó con este singular entuerto encima.

Pero el demoníaco propósito, si era que alguno tenía cuando se trasteó con tanta viveza la presea que iba a ser destinada al culto divino, no se adivinó por entonces. Lo único que se veía claro era el impedir por ese medio que la voz de Dios congregase a la fervorosa grey, formada en gran parte de indios que le habían sido arrebatados al enemigo malo por los padres agustinos, misioneros virtuosos, entre los cuales descolló el muy celoso y muy noble fray Lorenzo Rufas de Victoria.

Años más tarde se supo cierto que lo que el Pingas quiso buscar fue más que todo una distracción (si es que él puede hallar en algo distracción) llena de irrespeto para el Señor.

* Antiguamente la villa llamábase Fumeque.

¿Y cómo vino aquel convencimiento? La casualidad, a la que tanto poder suelen atribuirle los eruditos, despejó el misterio: un viernes santo de no sé qué año, día en que las campanas enmudecen, un viajero que cruzaba los páramos que circundan la cordillera de Los Organos, al trasponer una altura a eso de las tres de la tarde, tuvo para quedarse pasmado y como clavado en tierra cuando sintió sobre los propios montes que delante de sí tenía el repique argentino y alegre de una campana, seguido de una carcajada descomunal que retumbó en las oquedades de las rocas y puso pavor en el corazón de aquel malaventurado viajero que mal hacía en andar en semejante ocasión por aquellos yermos, en vez de asistir a los oficios recordatorios de la pasión.

Desde entonces, cuando los cazadores de venados recorren esos lugares, siempre han buscado la campana del Diablo: encontráranla de seguro si se les ocurriese acercarse a Los Organos en un viernes santo y a las tres de la tarde...

La poesía popular, que encarna las aspiraciones y sentimientos del pueblo, recogió también esta bella y extraña tradición en una copla que pude escuchar de labios de un cantor campesino en una venta de mi tierra:

¡El Diablo te lleve a ti
cual se llevó la campana,
si no vinieres, morena,
a visitarme mañana!

[De: *Tierra embrujada, tradiciones y leyendas*, Bogotá, Editorial Centro S.A., 1942, p. 23-28.]

COSTA RICA

RICARDO FERNANDEZ GUARDIA

VERSOS Y AZOTES

A PRINCIPIOS del mes de diciembre de 1574, jugaban una tarde a la primera cuatro vecinos de la ciudad de Aranjuez, en casa de uno de ellos llamado Francisco de Fonseca. Los otros tres eran el alcalde ordinario Juan Barbosa, el alguacil mayor Diego de Trigueros y Pedro Díaz. Este había quedado fuera de la mano y mientras sus compañeros miraban absortos los naipes, vio salir del monte a un hombre y acercarse cautelosamente. Al reconocerlo le hizo señas con disimulo para que no entrase y el hombre se volvió por donde había venido. Terminado el juego, Pedro Díaz se fue con el alcalde a casa de éste y allí le dijo:

—He visto a Domingo Jiménez.
—¿Dónde? —preguntó Barbosa muy interesado.
—Cuando estábamos jugando lo vi salir del monte y volver a meterse en él.
—¿Creéis que lo pueda prender sin mandamiento?
—Sí, porque sabéis que ha huido de la cárcel.
—La carta de justicia no viene consignada a mí —objetó Barbosa— y no sé si lo pueda prender.
—Sí podéis.

El alcalde se rascó la cabeza visiblemente contrariado. Al cabo de un rato tomó la vara de justicia y se fue de mala gana diciendo:

—Voy a prenderlo.

Pedro Díaz se quedó esperando el resultado. La ausencia de Barbosa no fue larga y al regresar dijo desde la puerta con satisfacción mal disimulada:

—Domingo Jiménez está retirado en la iglesia de San Francisco. ¿Podré sacarlo de allí?

—Eso no, pero debéis ponerle espías para que os avisen cuando salga.

El escribano Domingo Jiménez había huido de la cárcel de Cartago, donde estaba preso de orden del muy ilustre señor Alonso de Anguciana de Gamboa, gobernador y capitán general de la provincia de Costa Rica, por haber compuesto unos versos que éste calificó de libelo contra su persona; y suponiendo que trataría de refugiarse en Nicaragua, despachó un propio a la ciudad de Aranjuez, situada en el camino, para que le prendiesen si por allí pasaba; pero como no tenía confianza en las autoridades, que le eran desafectas, envió la carta de justicia a su buen amigo el capitán Pedro Alonso de las Alas, el cual imaginándose que el fugitivo no se atrevería a presentarse en la ciudad, la remitió a Nicaragua. En cambio Domingo Jiménez estaba casi seguro de que en Aranjuez no le echarían garra; porque los pocos vecinos que habían quedado en esta población, fundada siete años antes en las cercanías de Puntarenas, estaban de pleito con el gobernador por haberles ordenado trasladarse a la nueva ciudad del Espíritu Santo, donde se proponía trabajar unas minas de oro, y las propias autoridades eran las que acaudillaban la resistencia.

Después del gran desastre del viejo Perafán de Rivera, tan enérgico y valeroso como infortunado, los pobladores de Costa Rica habían pedido a la Audiencia de Guatemala que les nombrase para gobernador a su antiguo compañero Anguciana de Gamboa, uno de los primeros conquistadores, hombre principal y rico, quien después de su viaje a España con Juan Vázquez de Coronado en 1564, había vuelto a Granada de Nicaragua de donde era vecino. Tenía bastante predicamento en Guatemala por su matrimonio con una sobrina del licenciado Alonso López Cerrato, presidente que fue de la Audiencia. Anguciana era además, según él mismo lo aseguraba, "experimentado, ansí en lo tocante al gobierno de españoles como en el modo de atraer a los naturales indios de la dicha provincia de Costa Rica al gremio de nuestra santa fe católica y dominio de Su Majestad". Pero es lo cierto que su verdadero propósito al volver a la tierra donde había batallado tanto, era el de explotar las minas recién descubiertas en el valle de Coyoche, que al principio se creyeron de oro y después resultaron ser de cobre. Trajo de Nicaragua esclavos negros y algunos indios mineros, herramientas y otras cosas necesarias, en todo lo cual gastó más de veinte mil pesos, sin provecho alguno.

Los vecinos de Cartago se arrepintieron pronto de haberlo pedido para gobernador, porque desde su llegada resolvió trasladar la ciudad a su antiguo asiento en el valle del Guarco. Cartago estaba entonces en el sitio de la Mata Redonda, o sea en lo que hoy se llama la Sabana, al oeste de San José, donde la había puesto Perafán en 1572; y esta nueva traslación, cuando acababan de instalarse allí, implicaba para los habitantes infinitos perjuicios, trabajos y molestias. Como puede verse, razón había de sobra para el gran descontento que causó esta medida; pero Anguciana no toleraba protestas ni contradicciones y las reprimió con rigor, siendo una de sus víctimas el escribano y poeta Domingo Jiménez. Muy impacientado ya por la resistencia de los vecinos de Cartago, se irritó sobremanera con la que también le opusieron los de Aranjuez. Confiaron éstos la defensa de sus intereses a los escribanos Francisco Muñoz Chacón y Francisco Magariño, y como no tenían tan cerca como los de Cartago la mano dura de Anguciana, hablaban de él con mayor libertad, en particular la mujer del alcalde Barbosa, María Verdugo, quien no se mordía la lengua para decir que su padre había tenido mejores criados que el señor gobernador, jactancia que a éste le pareció el colmo de la irreverencia cuando la supo, porque se preciaba de ser "hidalgo y de mucho cuidado", según sus propias palabras.

Para guardar las apariencias y no comprometer a las autoridades de Aranjuez, Domingo Jiménez se asiló en el convento de San Francisco, donde fue muy bien recibido y tratado a cuerpo de rey por fray Juan de Medina, gran admirador de sus habilidades de poeta. Con todo no se privó de pasearse por el pueblo de noche y aun de día, procurándole sus amigos un buen caballo y los bastimentos necesarios para llegar a Nicaragua.

Pagó la generosa hospitalidad de fray Juan escribiendo unas espinelas con alusiones a la tiranía de Anguciana, y después de su partida el franciscano corrió a llevarlas nada menos que a casa del alguacil mayor, donde se juntaron varios vecinos para oírlas leer. En sus décimas el escribano glosaba la primera estrofa de una canción muy popular del trovador gallego Juan Rodríguez del Padrón, amigo y compañero del enamorado Macías. Fray Juan les dio lectura relamiéndose los labios:

Vive, Leda, si podrás,
y no penes atendiendo,
que segund peno partiendo,
ya no esperes que jamás
te veré ni me verás.

Por no ver mi perdición
parto desta tierra aflito,
huyendo de Faraón
a tierras de promisión,
dejando aquesta de Egito;
y sin duda esta partida
me da pena sin compás
sólo de verte afligida;
mas tú, vida de mi vida,
vive, Leda, si podrás.

En verme partir de ti
no penes ni vivas triste;
yo voy contigo y sin mí,
que desque te conocí
jamás de mí te partiste,
espera y ten confianza,
sólo aquesto te encomiendo,
que el tiempo hará mudanza:
Tras la tormenta hay bonanza
y no penes atendiendo.

Pensando en esta partida
el corazón se me parte
y arráncaseme la vida,
por quererte tan querida
y no poder ya gozarte.
De ti no sé qué será,
por lo cual voy padeciendo;
y también pena me da
ver que no te veré ya,
que segund peno partiendo.

La vida podrá partir,
que sin ti yo no la quiero;
y en no poderte servir
lo siento más que el morir,
por lo cual viviendo muero.
Y siento un dolor tan fuerte
creyendo me olvidarás,
que me ha de causar la muerte,
por donde verme ni verte
ya no esperes que jamás.

Pero con todo te pido,
aunque veas que estoy ausente,
por el bien que te he querido
que no me eches en olvido,
que yo te tendré presente.
Por última despedida
me da un abrazo y no más,
pues a ello amor te convida,
y haz cuenta que en la vida
te veré ni me verás.

No hubo más que una voz para celebrar el ingenio del escribano y, después de haber despellejado de nuevo los presentes al gobernador, Pedro Díaz, que tenía buena letra, se llevó las décimas para copiarlas. Anguciana recibió muy pronto la noticia del desacato y se vino de Cartago sobre la marcha con su escribano de gobernación y unos cuantos amigos, a fin de que le prestasen mano fuerte en caso de necesidad, para meter en cintura a los desobedientes de Aranjuez. El mote de *Judas,* que María Verdugo puso al capitán Pedro Alonso de las Alas, permite creer que éste fuera el denunciante. No conocía el gobernador las décimas, pero le bastó saber que se le trataba en ellas de Faraón para ponerse en camino resuelto a hacer un castigo ejemplar. En cuanto echó pie a tierra puso manos al proceso criminal contra los culpables, y no bien llegaron a su poder los versos ordenó la prisión de Juan Barbosa, Francisco Magariño, Francisco de Fonseca, Esteban de Mena, Diego de Trigueros, Pedro Díaz y otros. Por gran suerte para fray Juan de Medina, Anguciana no se había resuelto todavía a hacer mangas y capirotes del fuero eclesiástico como sucedió más tarde.

Los presos fueron remitidos a la nueva ciudad del Espíritu Santo, donde Anguciana los tuvo en la cárcel y a varios en el cepo mientras se ventilaba el proceso, que se fue alargando a pesar de la impaciencia del gobernador por tomar su desquite. Hábilmente dirigidos por el escribano Muñoz Chacón, los acusados se defendían con gran tenacidad. Muñoz Chacón era un adversario terrible. Inteligente, astuto y valeroso no se dejaba amedrentar por el arbitrario Anguciana. Domingo Jiménez y Francisco de Fonseca eran sus amigos y los tres fueron compañeros de Perafán en su famosa expedición al río de la Estrella, y fundadores de la ciudad de Nombre de Jesús, de cuyo cabildo formaron parte. De Muñoz Chacón se contaba que en las márgenes de la bahía del Almirante había sacado de sepulturas de indios oro bastante para llenar dos cajones, que tuvo que abandonar al pie de un árbol donde los enterró, dejando con ellos el corazón, según refiere fray Agustín de Ceballos.

Como todos los tiranos vulgares, Anguciana tenía ojeriza a la gente de pluma, sobre todo desde que Domingo Jiménez lo había zaherido con la suya, bien tajada por cierto. Así fue que un memorial de quejas dirigido a la Audiencia y redactado por Muñoz Chacón, de acuerdo con Magariño, le hizo perder la poca serenidad que había podido conservar. Mandó inmediatamente que trajesen a Cartago a los dos escribanos, y sin más trámites que las confesiones de ambos, dictó sentencia contra Muñoz Chacón, el 12 de febrero de 1575, condenándolo a que le diesen doscientos azotes por las calles, caballero en un rocín de albarda y con pregón de su delito, a seis años de destierro para galeras y, en caso de que lo quebrantase, a doce años al remo. El escribano apeló el mismo día para ante la Audiencia de este fallo inicuo, pero el gobernador no quiso admitir la apelación. La ciudad se conmovió hondamente al saber que un conquistador, un hombre de calidad que había servido honrosos cargos públicos iba a ser infamado de modo tan injusto. En momentos en que le sacaban para montarlo en el rocín, llegaron a la puerta de la cárcel fray Juan de Torres, guardián del convento de San Francisco, acompañado de dos religiosos de su orden, de los capitanes Juan Solano, Bartolomé de Avila, Alonso Pérez Farfán y otros vecinos principales, y suplicaron al alguacil mayor Juan de Quiroga y al verdugo Francisco de Benavente, que demorasen la ejecución de la sentencia hasta tanto hablaban con el gobernador. Accedieron ambos, pero Anguciana se mantuvo inflexible y Muñoz Chacón sufrió la pena infamante, llevando en las manos una real provisión en que se mandaba a los gobernadores de Costa Rica otorgar las apelaciones que ante ellos fuesen interpuestas.

No satisfecho con tan cruel venganza, Anguciana despojó al escribano de los indios que Perafán le había encomendado en Bagaces y Ujarraz, dándolos a su amigo y partidario Pedro Alonso de las Alas, y lo remitió preso a Guatemala, donde por fortuna había jueces. A pesar de los graves cargos que le hizo, entre otros el de haber participado en la traición de los Contreras en Nicaragua, la Audiencia falló el 6 de marzo de 1576 revocando todo lo hecho y actuado por el gobernador después de la apelación interpuesta por Muñoz Chacón, y mandando restituir a éste públicamente en su honra y fama. Cuando se dictó esta sentencia reparadora, Diego de Artieda Chirino acababa de tomar posesión del gobierno de Costa Rica y estaba entendiendo en el juicio de residencia de Anguciana, a su vez en el banquillo de los acusados para responder de todas las tropelías que cometió, no siendo la menor haber tenido a los frailes franciscanos dos meses en el cepo. Domingo Jiménez y Muñoz Chacón pudieron regresar a sus casas y defender sus intereses ante el nuevo gobernador, hombre bueno y justiciero.

Tras la tormenta hay bonanza

El 13 de mayo de 1577 fue un día de fiesta en Cartago. Todo el vecindario salió a presenciar el acto de reparación ordenado por la Audiencia. El gobernador, llevando a su lado a Muñoz Chacón y al frente de una brillante comitiva, compuesta de los miembros del cabildo y la nobleza, todos a caballo, recorrió las calles de la ciudad, a la vez que el indio pregonero Bartolomé iba diciendo en altas e inteligibles voces:

"Sepan todos los vecinos y moradores de esta ciudad de Cartago que el muy ilustre señor Diego de Artieda Chirinos, gobernador y capitán general por Su Majestad de estas provincias de Costa Rica, Nicaragua y Nicoya, por mandado de Su Majestad, por una real provisión emanada de la Real Audiencia e Chancillería que reside en la ciudad de Santiago de Guatemala, restituyo a Francisco Muñoz Chacón, vecino de esta ciudad, en su honra y fama y prístino estado en que estaba antes que por Alonso de Anguciana de Gamboa, gobernador y alcalde mayor que fue de estas provincias, fuese condenado y ejecutado en la pena corporal en que le condenó; y mando que por ello no sea conviciado, so las penas de derecho, por cuanto Su Majestad revocó lo por él hecho y le quita cualquier infamia en que por lo susodicho pudo incurrir, y le tiene recibido en el prístino estado".

El gobernador dio un testimonio del acto solemne a Muñoz Chacón y lo firmaron con él, en calidad de testigos, el capitán Juan Solano, alcalde ordinario de la ciudad y maestre de campo de la provincia, el capitán Alonso Pérez Farfán, el tesorero Cristóbal de Aguilar Alfaro, el contador Domingo Jiménez, los regidores y muchos vecinos de nota. En cuanto a los indios de que Anguciana lo había despojado, le fueron devueltos por mandato de la Audiencia.

Es probable que Domingo Jiménez no se privara de cantar el gozo de volver a ver a Leda, encarnada sin duda en un bella y lozana cartaginesa; pero no hemos tenido la suerte de que hasta nosotros haya llegado ninguna otra de sus composiciones poéticas.

[De: *Crónicas coloniales de Costa Rica,* San José, 1920.]

PALABRA DE CABALLERO

EL 25 DE NOVIEMBRE de 1661 la ciudad de Cartago estaba consternada por la muerte del maestre de campo don Andrés Arias Maldonado, gobernador y capitán general de la provincia de Costa Rica. El dolor del vecindario era muy justo. En los sesenta y siete años transcurridos desde su fundación, no había tenido la ciudad gobernador tan bueno, afable y caritativo como don Andrés. Todos se lamentaban de haber perdido a un verdadero padre y se compadecían del desamparo en que dejaba a sus hijos el capitán don Rodrigo, el sargento mayor don Bartolomé y doña María.

En los ratos de profundo abatimiento que sucedían a los de desesperación, desfilaban por la mente de la infortunada doña María los recuerdos de su vida y de la bondad inagotable de don Andrés, modelo de padres y esposos. Se veía en la casa solariega de Marbella con su madre doña Melchora de Góngora, unas veces dichosas por la presencia de don Andrés, otras infelices cuando éste salía a pelear contra los enemigos del rey, regresando siempre con nuevas y honrosas heridas. Sentía desgarrársele el corazón al pensar en el dolor de su anciana madre, la cual había tenido que quedarse sola en España, inconsolable por la muerte de su primogénito el bizarro capitán don Juan Arias Maldonado, que pereció guerreando en el principado de Cataluña. Al oír los sollozos de don Rodrigo acudían a su memoria las extrañas circunstancias que marcaron el nacimiento de este hermano, el 25 de diciembre de 1637, y los muchos sinsabores que había dado a doña Melchora en su niñez por su fogosidad extraordinaria, carácter impetuoso y grandes travesuras, que no lograban refrenar las severas correcciones de su madre y menos las reprimendas de don Andrés, en quien encontraba siempre indulgencia, sobre todo cuando volvía de la calle sin camisa o sin zapatos, por haberlos dado a unos de tantos pilluelos, sus compañeros preferidos. Recordó con amargura el júbilo de la familia el día que se recibió la real cédula de don Felipe IV, en que premiaba los méritos y servicios del maestre de campo con la gobernación y capitanía general de Costa Rica, origen de tantas ilusiones ahora cruelmente defraudadas. ¿Por qué no se habían quedado todos en Marbella resignados con su pobreza, en vez de venir a las Indias en busca de quiméricos tesoros? Y ante la desconsolada doncella surgía la risueña visión de su madre, de los parientes y amigos, del Mediterráneo azul frente a la Sierra Blanca, de los olivares y viñedos pintorescos, de todo lo que amaba y había sido el marco de su infancia. Muerto don Andrés, ¿qué iba a ser de ella tan lejos de doña Melchora? No le quedaba más amparo que don Rodrigo, quien aunque menor que don Bartolomé había probado valer mucho más que éste; pero tampoco le inspiraba mucha confianza el hermano que tanto había hecho cavilar a su madre. Bien era cierto que el mozo turbulento se había convertido en apuesto caballero, cuyo afable trato y finos modales le ganaban todas las voluntades; que desde su llegada a Costa Rica la conducta de don Rodrigo había sido intachable, dando pruebas de ser hombre de valor y provecho, así en la expedición contra los indios sublevados de Tariaca, como en el desempeño del corregimiento de Turrialba y Ujarraz. Con todo, doña María abrigaba el temor de las consecuencias de su genio arrebatado y de sus ardientes pasiones.

  Los vecinos de Cartago no tenían ningún motivo para desconfiar del joven capitán. Al contrario, juzgándole digno hijo de su padre por lo que de él conocían, pidieron a la Audiencia de Guatemala, por medio del cabildo, que le nombrase gobernador interino de la provincia, solicitud que fue calurosamente apoyada por los franciscanos. La Audiencia no tuvo inconveniente en acceder a este deseo, y el 27 de febrero de 1662 tomó posesión don Rodrigo del alto cargo que tan inesperadamente le deparaba la suerte a la edad de veinticuatro años. En su alma inquieta se anidaba una fuerte ambición que de ella se había apoderado desde que tuvo noticias de la provincia de Talamanca. Reconquistar a los indios indómitos que desde hacía más de medio siglo habían sacudido el yugo español y en cuyas tierras era fama que abundaba el oro, le parecía empresa digna de ser acometida por un Arias Maldonado. Sin parar mientes en los obstáculos y peligros que le pintaban, se puso en camino con sólo diez hombres en el mes de abril y la fortuna favoreció su audacia. Siete tribus del río Tarire se dejaron seducir por su bondad y gentileza y consintieron en dar la obediencia al rey; pero luego lo atacaron otras y tuvo que refugiarse en un fuerte que había tenido la precaución de construir. Desde allí pidió auxilio a Cartago, diciendo en su carta que aun cuando le era posible retirarse con sus propias fuerzas no lo haría, por ser hijo de quien era y para que no se creyese que tenía miedo. Esta arrogancia juvenil cayó mal en Cartago, ciudad vidriosa y descontentadiza, casi siempre en pugna con sus gobernadores, y en nada estuvo que predominase el parecer de los que pretendían dejar a don Rodrigo abandonado a su suerte.

  El gobernador era demasiado joven e inexperto para aprovechar tan dura lección y siguió aferrado en su proyecto. En vez de reñir con los que habían querido jugarle esta mala pasada, perdonó el agravio y con su don de gentes pudo al fin interesarlos en la empresa. Allanados los obstáculos, que no fueron pocos, salió de nuevo en junio de 1663 para Talamanca, pero esta vez "con la infantería más lucida de esta provincia —escribe don Rodrigo al rey— y prevenciones tan considerables que causan admiración a los que han creído imposible lo que tengo por empeño. Así pudiera atribuir a prodigio las dificultades que he vencido". El gobernador llevaba trescientos hombres y fueron más prodigiosas todavía la marcha de la expedición por un camino de inauditas asperezas y la facilidad con que se sometieron los indios, contra los cuales no hubo que desenvainar una espada ni disparar un arcabuz. Razón tenía fray Juan de San Antonio para decir de don Rodrigo lo que San Lucas del Bautista: *Manus Domini erat cum illo;* mas no se sabe lo que diría el buen franciscano al despertar una mañana en el corazón de la temible Talamanca y ver que sólo él y cuatro hombres fieles quedaban en el campamento del gobernador; los demás habían desertado sigilosamente durante la noche con sus oficiales. Era la muerte segura a manos de los indios; pero en esta ocasión los infieles dieron ejemplo de nobleza y caballerosidad a los cristianos. Lejos de hacer ningún daño a don Rodrigo, premiaron su generoso comportamiento escoltándolo con el mayor respeto hasta dejarle sano y salvo en el primer pueblo de españoles. La mano de Dios no lo había desamparado como sus compañeros.

Esta negra traición en que tomaron parte los más distinguidos oficiales de la milicia de Cartago, descendientes de conquistadores, es un misterio para la posteridad. Sin embargo, motivos hay para suponer que fue urdida de antemano, porque con ella coincidieron las gestiones de Tomás Calvo para que el cabildo desconociera y prendiese al gobernador a su regreso de Talamanca por excomulgado. ¡Extraña pretensión! ¿Por qué podía estar excomulgado el piadoso don Rodrigo? Su devoción, el amor que le profesaban los franciscanos, los testimonios escritos de éstos a su favor excluyen toda sospecha de un grave pecado contra la fe. Otra debió de ser la causa que según el alcalde Tomás Calvo le ponía fuera de la comunión de los fieles, y ésta de índole tal que permita explicar, sin disculparla, la conducta vergonzosa de los desertores. El espíritu de solidaridad contra el forastero ha sido siempre característico en los hijos de Cartago, y no sería remoto que hubiesen querido castigar así alguna afrenta inferida a uno de ellos. La conjetura más plausible parece ser la de un lío amoroso de don Rodrigo con una dama que debía de ser encopetada, y la justifican el empeño que hubo en echar tierra al asunto, así como la indulgencia del gobernador con los traidores, entre los cuales había probablemente un marido que le ataba las manos.

Para evitar complicaciones, el general don Martín Carlos de Mencos, presidente de la Audiencia, trasladó a don Rodrigo a la alcaldía mayor de Nicoya; pero éste se fue en 1666 a Guatemala, donde le llamaba el destino. La fama de sus aventuras lo había precedido en la capital del reino, y la nobleza festejó al joven gobernador de gallarda presencia, emparentado con los duques de Alba y los condes duques de Benavente. Habiéndose entregado a una vida de placeres y devaneos acabó por enamorarse perdidamente de una nobilísima señora, que era un portento de belleza, y pronto fue correspondido con pasión tan fuerte como la que él sentía. No era fácil ocultar en una ciudad como Guatemala una intriga amorosa entre personas de tanto viso, sobre todo habiendo en ella quien se encargaba de publicar con escándalo todo enredo de este género. Vivía entonces allí un buen hombre, natural de la isla de Tenerife, que se llamaba Pedro de Betancourt. Recién llegado se propuso estudiar para sacerdote, pero fracasó a pesar de su acendrada aplicación. Dios no le había dado gran entendimiento, aunque sí la más ardiente caridad y una fe sin límites; y como su mayor anhelo era vestir un hábito, le aconsejaron que tomase el de la orden tercera de San Francisco, para lo cual no necesitaba saber nada. Movido por los sentimientos altruistas en que abundaba su corazón, Betancourt, fundó la modestísima casa de caridad de Bethlehem, destinada a cuidar de los pobres convalecientes a su salida del hospital; y no encontrándose satisfecho con tan buena obra, emprendió la persecución de los pecados contra la castidad, para él los más aborrecibles. Todos los lunes y sábados en la noche salía por las calles de Guatemala, sonando una campanilla y pidiendo a voces lastimeras un padrenuestro o un avemaría por las benditas almas del purgatorio y los que estaban en pecado mortal. Lo grave del asunto era que solía plantarse y clamar con insistencia frente a las casas en que según las malas lenguas se rendía culto al amor clandestino; y puede imaginarse sin dificultad lo molesto y peligroso que resultaba el hermano Pedro para muchas gentes. Así, no fueron pocas las tandas de bofetadas, puntapiés, palos y cintarazos que le propinaron en sus nocturnas y virtuosas correrías.

Es muy probable que a noticia de Betancourt hubiesen llegado los amoríos de don Rodrigo y la hermosa dama, siendo así que el marido de ésta los sospechaba y se moría de celos. Resuelto a salir de dudas, el puntilloso caballero determinó armar una celada a su mujer, fingiendo que se iba por dos o tres días a una quinta, y se ocultó en un lugar vecino de la ciudad con el propósito de volver de sorpresa. Raro es que ardid tan trillado no resulte eficaz. Aprovechando la ocasión, don Rodrigo hizo preparar en su casa una cena suculenta y la dama acudió a la cita a las nueve de la noche. Fray José García, uno de los biógrafos de don Rodrigo, relata con prolijos detalles lo que pasó después de la cena. No siendo franciscano ni lector de teología, no me atrevo a tanto y me iré derecho al desenlace de la aventura, que fue muy trágico. La dama murió de repente en brazos de don Rodrigo y éste, desesperado y con la cabeza perdida, se lanzó a la calle espada en mano, tal vez con intención de matarse. De pronto, una voz lo interpeló en la sombra:

—Señor don Rodrigo, ¿qué extraña causa os tiene tan fuera de hora y solo en la calle?

Reconociendo al hermano Pedro, azote de los amantes, el caballero le respondió muy desabrido:

—Harto más extraño es que un hombre, cuya profesión debe ser el recogimiento, ande en la calle a esta hora.

—En busca de vuestra merced vengo para exhortaros a que enmendéis los errados pasos de vuestra vida.

Estas palabras hicieron profunda impresión en el ánimo del atribulado amante.

—Tarde es ya para enmienda, hermano Pedro. Dejad que prosiga mi camino con mis pecados y mi espantoso infortunio.

—Nunca es tarde para un acto de contrición y no hay infortunio que la misericordia de Dios no pueda remediar.

Al oír esto brotó como un relámpago en la mente de don Rodrigo la convicción de que la Divina Providencia había puesto al hermano Pedro en su camino para salvarle. Postrándose a sus pies lo impuso de la horrible desgracia que le ocurría y le suplicó que alcanzase de Dios el perdón de sus culpas, ofreciéndole enmendarse y ser uno de sus compañeros si lograba sacarlo del abismo en que había caído.

—Vamos, vamos a casa de vuestra merced —le dijo Betancourt— que yo le prometo en el nombre de Dios el remedio que desea, sólo porque se cumpla esa palabra.

Llegaron a la casa y el hermano Pedro, después de contemplar un rato con ojos de compasión a la difunta, le tomó una mano y dijo en tono solemne: "En el nombre de Dios os mando que volváis a la vida." El milagro se realizó y al regresar el marido celoso su linda consorte estaba en el lecho conyugal.

Don Rodrigo, esclavo de su palabra, se fue a la mañana siguiente a la casa de Bethlehem; pero el hermano Pedro le dijo que aún no era tiempo, pues tenía que probar antes su vocación. Varias veces insistió el arrepentido caballero en solicitar su ingreso en la hermandad, hasta que por fin un día le mandó Betancourt que se vistiese el más lujoso de sus trajes, lo llevó a una carnicería y le puso en el hombro una caña con dos pedazos de carne que colgaban de las extremidades. Así lo paseó por las calles de Guatemala, en medio de la irrisión de la plebe. Atraídos por el bullicio, el presidente de la Audiencia y el obispo hicieron detener sus coches. Al ver de lo que se trataba, creyeron que don Rodrigo se había vuelto loco y ambos intentaron poner fin al afrentoso espectáculo, pero todos sus ruegos fueron inútiles. Después de tan dura prueba el hermano Pedro consideró que don Rodrigo era digno de ser uno de sus compañeros y le puso el hábito de la orden tercera de San Francisco.

Esta fue la última y también la más sonada de las conquistas de Betancourt. No hacía dos meses que don Rodrigo edificaba al vecindario de Guatemala con su piadosa y humilde conducta, cuando murió el hermano Pedro, el 25 de abril de 1667, en olor de santidad. Poco después el hombre que con sacrificio tan grande de su orgullo había renunciado a las vanidades del mundo, tuvo que luchar con una tentación muy fuerte, al recibir la cédula en que el rey recompensaba los servicios que le había prestado en la gobernación de Costa Rica con el título de marqués de Talamanca. Don Rodrigo prefirió el de hermano mayor de la pobre casa de Bethlehem que Betancourt le había legado al morir, con la recomendación de convertirla en orden monástica. El cumplimiento de esta última voluntad del fundador debía costarle veintinueve años de luchas e infinitos sinsabores. Con perseverancia inquebrantable puso en seguida manos a la fábrica de la iglesia y del hospital de Bethlehem, formuló las constituciones de la hermandad y fijó el nuevo hábito de sus miembros. Una vez obtenida la aprobación de estas reformas, los bethlehemitas pronunciaron votos de obediencia y hospitalidad y eligieron prefecto al hermano Rodrigo de la Cruz. Para todo esto fue necesario vencer grandes dificultades, que sólo eran preliminares de otras mucho mayores. Después fundó el hermano Rodrigo un nuevo hospital para mujeres, origen de la orden de las bethlehemitas que todavía existe.

Con el objeto de conseguir los medios necesarios para ensanchar sus obras, pasaron dos hermanos a pedir limosna al Perú. El virrey, que lo era entonces el conde de Lemos, llamó al hermano Rodrigo y éste, después de haber fundado en Lima el hospital de Nuestra Señora del Carmen, se fue en 1672 para España y Roma, a fin de solicitar que se confirmase todo lo hecho. En Madrid tropezó con la oposición de los consejeros de Indias, quienes juzgaban que había ya bastantes órdenes religiosas en la monarquía española. En cambio tuvo el apoyo de la reina madre doña Mariana de Austria y sobre todo el de la duquesa de Abeyro, mujer del duque de Arcos, señora muy piadosa y caritativa que daba grandes limosnas para misiones de América, la India, el Japón y las islas Marianas. La duquesa hospedó al hermano Rodrigo en su casa, dándole el dinero necesario para ir a Roma. Once meses estuvo en la capital de la cristiandad luchando con toda clase de obstáculos, hasta que por fin logró que el papa Clemente X expidiese los breves que solicitaba. Regresó entonces a Madrid y, gracias a la influencia de la duquesa, obtuvo que el Consejo de Indias diera el pase a los breves pontificios. Al volver a Guatemala recibió allí la grata noticia de que sus hermanos habían fundado el hospital de San Francisco Javier en la ciudad de México. En Guatemala sólo se detuvo un mes y se fue al Realejo, embarcándose para el Perú, donde fundó los hospitales de Chachapoyas, Cajamarca y Piura. Estuvo de nuevo en Guatemala en el año 1678, y por más que le rogaron detenerse en esta ciudad, regresó muy pronto al Perú, huyendo quizás de recuerdos que le atormentaban. Tres años más tarde pasa de nuevo rápidamente por Guatemala, sigue para México, se embarca en Veracruz y llega a Madrid con nuevas pretensiones en favor de su hermandad. En la corte encuentra siempre la hospitalaria acogida de la duquesa de Abeyro y el apoyo de la reina madre; pero también la oposición tenaz del Consejo de Indias, que le prohíbe ir a Roma. El hermano Rodrigo desobedece al Consejo y parte con cartas de recomendación de doña Mariana de Austria para el papa, el embajador de España y varios cardenales; sin embargo fracasa por la hostilidad del Consejo. Regresa a Madrid en 1684 y esta vez se hospeda en casa del general don Fernando Francisco de Escobedo, gran prior de la orden de San Juan y antiguo presidente de la Audiencia de Guatemala.

Los señores del Consejo de Indias recibieron muy mal al hermano Rodrigo de la Cruz por su desobediencia a las órdenes del rey. Durante varios meses se negaron a oírle, hasta que uno de ellos, don Lope de Sierra Osorio, que también había sido presidente de la Audiencia de Guatemala, logró aplacarlos. El hermano Rodrigo pudo entonces volver a Roma, donde permaneció dos años gestionando sin descanso, y, por último, obtuvo la creación de la orden bethlehemítica. El 7 de mayo de 1687 pronunció votos solemnes en manos del cardenal Carpeña y el 14 de junio siguiente fue nombrado por el papa prefecto general de la nueva orden. Después de tan señalado triunfo regresó a Madrid para solicitar el pase de los breves pontificios. Allí lo aguardaban nuevas desazones en el Consejo de Indias, que se opone más que nunca a sus deseos. Comienza entonces una lucha encarnizada entre fray Rodrigo y los poderosos señores del Consejo. Durante los nueve años que duró esta lucha, la indomable energía de fray Rodrigo no tuvo un instante de flaqueza. El Consejo cedió por fin, dando el pase a los breves el 18 de abril de 1696. Así dejó cumplida el galante caballero la palabra empeñada al hermano Pedro en su lecho de muerte.

Cincuenta y nueve años tenía fray Rodrigo de la Cruz cuando asumió con pleno derecho el título de primer prefecto general de la orden bethlehemítica, y pudo haber pensado en un descanso bien merecido; pero su alma era la de un luchador infatigable. Se fue en seguida para México y de allí al Perú con el propósito de ensanchar los trabajos emprendidos por sus hermanos. No volvió a Guatemala hasta 1703 para asistir al capítulo general de la orden; estuvo después en el Perú y otra vez en Guatemala en 1709; y sin haber tenido un momento de reposo desde el día en que traspuso los umbrales de la casa de Bethlehem, murió en la ciudad de México el 25 de setiembre de 1713.

Don Rodrigo Arias Maldonado personifica al caballero andaluz del siglo XVII, intrépido, generoso, enérgico, creyente y apasionado. Su vida novelesca tiene bastante analogía con la del famoso sevillano don Miguel de Mañara. Ambos tuvieron una juventud borrascosa; pero deteniéndose de pronto en el camino de la perdición, consagraron el resto de su vida a la caridad, la más excelsa de las virtudes.

CUBA

ALVARO DE LA IGLESIA

PAPELITO "JABLA" LENGUA

Al Dr. Federico Grande Rossi

No HAY colores bastantes negros en la paleta del historiador para pintar la invasión colérica en Cuba. Nuestro risueño cielo debió entenebrecerse ese día fatídico, en que el misterioso viajero del Ganges desembarcó, invisible, por el litoral de San Lázaro y fue a llamar a la puerta del número... ¿quién sabe el número ahora, desde que Pote hizo un ídem de la numeración de las casas?

Ocurrió esto el 25 de febrero de 1833. El pobre catalán que dio posada al peregrino, un tal Soler, vivió tan sólo once horas. Al anochecer de aquel día en casa del famoso *Pancho* Marty había cuatro negras atacadas del cólera, a los tres meses se habían enterrado 8.315 cadáveres... Al terminar el año la asoladora epidemia tumbará con su guadaña doce mil habitantes. ¡El cólera! Quiera Dios no sea él quien meta en cintura a los bárbaros del siglo XX que avergüenzan hoy en Europa a la civilización.

Un sabio médico, el doctor don Manuel Piedra, sin más antecedentes que el examen del primer caso, diagnosticó el mal de cólera morbo asiático. Su juicio levantó contra él una montaña de odio. No pudiendo pelear con el azote, le entraron a pedradas al que había descubierto su presencia. El capitán general don Mariano Ricafort que había conocido el cólera durante su mando en Filipinas, vio al enfermo y convino con el protomedicato en que Piedra tenía razón. Pero el *populo barbaro* no se dio a partido: quería matar a Piedra. Ricafort tuvo que poner dos lanceros a caballo para custodiar su casa y una escolta para que siguiera el carruaje cuando hacía sus visitas. De esto no debe reírse el lector, porque ahora mismo, cuando la bubónica, no faltaron deseos de hacer lo mismo. Los bárbaros son eternos como la muerte.

La alegre ciudad cambió radicalmente de aspecto. Cayó sobre ella un velo de tristeza. En la mitad del día las calles estaban solitarias, cruzaban por todas partes furgones y carros conduciendo cadáveres, la mayoría de los transeúntes eran sacerdotes, médicos, notarios, estudiantes de medicina, empleados del obispado y las parroquiales que cumplían sus tristes deberes.

Se rompieron todas las relaciones de parentesco y amistad; se temía todo contacto exterior. El miedo había convertido a todos en egoístas. Las familias pudientes abandonaban La Habana para ir a esconderse a las más lejanas fincas; pero a muchos de los fugitivos les alcanzó el cólera en un camino real y allí murieron sin auxilio.

La mayor parte de los establecimientos estaban cerrados, los puestos ambulantes desaparecieron, la vida civil sufrió como una parálisis general y toda actividad mercantil se trocó en quietud.

Las autoridades, huérfanas de elementos para hacer frente a una epidemia de tales porporciones, apelaron a los mismos recursos empíricos de la Edad Media; se hacían salvas por las fortalezas tres veces al día para ahuyentar el cólera a cañonazos; en todas las plazas se encendían grandes hogueras de virutas y brea que apestaban el ambiente. Los sanos procuraban preservarse del azote empapando los pañuelos en vinagre, en cloruro, en soluciones de alcanfor; se inventaron por la especulación, que vivió siempre de las calamidades públicas, porque el especulador no tiene Dios ni tiene entrañas, parches y papelillos que se recomendaban como infalibles contra la invasión.

Y el cólera, en tanto, se burlaba de toda previsión y de todo preservativo. Contrariando todas las presunciones, de San Lázaro saltaba a Jesús del Monte y de allí al Morro. Su movimiento trazaba las más extrañas curvas; parecía seguir el salto del caballo sobre el tablero de ajedrez; otras veces su marcha era la del alfil... Inútil es decir que los salvajes que habían apedreado a Piedra ya no podían meterse con él, porque unos habían muerto y otros estaban muertos de miedo.

En menos de tres meses la epidemia barrió en La Habana con una tercera parte de su vecindario. Murieron siete sepultureros y nadie disputaba ya el oficio. No cabiendo los cadáveres en el cementerio de Espada se improvisó uno frente a la Quinta de los Molinos. Se abrió allí, rozando con lo que es hoy calzada de Ayestarán, una fosa tremenda y muchos, sin estar muertos, fueron enterrados entre cal viva.

En la ciudad no se recogían solamente cadáveres en las casas: en las calles se cargaban carretas, y en montón, sin reconocimiento facultativo, iban para las fosas.

El municipio dedicó para esa operación negros propios y otros traídos de fincas próximas, porque es bueno decir que casi todas las operaciones de la zafra fueron suspendidas y... vamos a nuestro cuento que ya es hora.

Cayendo la tarde, salía una carreta con veintidós cadáveres para el cementerio de los Molinos. Sentado en la barra del vehículo fúnebre, con indiferencia del que ha llevado tanto *cuero* en esta vida que le importa tres pitos dejarla, iba un negro carabalí, medio soñoliento, que arreaba de vez en cuando los mulos para vencer la cuesta de San Luis o sea de la Reina. Ya cerca de Belascoaín, que era todo monte, un movimiento de la carreta y un gruñido sordo le hicieron volver la cabeza sorprendido; pero sin duda no dio importancia el africano a una cosa y la otra, porque continuó su camino apaciblemente. La carreta penetró en el paseo de Tacón, que no era tal paseo sino un camino carretero, por la razón sencilla de que no habiendo venido aún a Cuba este procónsul, mal podía haber hecho aquel paseo que lleva su nombre.

Ya había rodado un buen trecho el fúnebre convoy entre maniguazos, rompiendo el silencio de aquel solitario paisaje, cuando un nuevo temblor de la carreta y un nuevo ronquido, hicieron volverse al carabalí. Lo que vio era para tumbar de espaldas a un blanco; pero el negro se quedó como si tal cosa. En la carreta estaba sentado un muerto. Es decir, un muerto no, un vivo que había sido dado por muerto. Sucedió que en la recogida de aquella tarde, entró un empedernido borracho que tranquilamente dormía la mona en los portales de la Plaza Vieja. Esto ocurría todos los días. El fresco de la noche, el traqueteo de la carreta sobre un pavimento... capaz de resucitar los muertos, hicieron que nuestro curda volviera a la vida e incorporándose en la carreta, murmurara tal vez: —¿Quién va a pagar la otra?

El carabalí, sin perder su ecuanimidad, se limitó a decir entre dientes:

—Tú *tá* jugando...

El presunto muerto resucitado, no conforme con que estando vivo y dispuesto a empujarse un cañazo lo llevaran en carreta como reo de muerte, se dispuso apearse.

—*Cueta* —gritó el conductor—, *cueta* enseguida...

—¿Cómo acuesta —replicó el otro—, acaso estoy enfermo para ir acostado?

—Tú no *tá felmo* —repuso el carabalí—, *tú ta muelto*.

—¿Muerto yo, negro? ¿Pero no ves que los muertos no hablan?

—Yo no sé *ná;* tú *ta muelto* como *sotros* y yo tiene que *llevá* camposanto...

El borracho entendió sin duda que aquello no tenía arreglo posible sin apelar a los argumentos contundentes, y se resignó a llegar hasta el cementerio en calidad de muerto, confiado, no podía ser de otro modo, en que allí lo declararían vivo. A menos que no tropezara con un galeno como el de marras que lo condenara a ser enterrado vivo, diciendo:

> ...*calle el necio,*
> *¿querrá saber más que yo?*

Porque cuanto al incorruptible carabalí era inútil tratar de convencerlo. A todas razones respondía con la invariable muletilla:

—Yo lleva *veintidó muelto*... aquí va *clito: papelito jabla lengua*...

[Alvaro de la Iglesia, *Tradiciones cubanas,* Ed. L. A. de la Cuesta, Montevideo-Madrid, 1974, 186 p.]

CHILE

VICENTE PEREZ ROSALES

TIERRAS AURIFERAS

ALLÁ por el año 1847 arrendaba yo la hacienda de Comalle, propiedad de aquel distinguido literato y adusto mandatario que, siéndolo de Curicó, donde ella se encontraba ubicada, solía escribir a su amigo Luis Labarca cuando el pueblo tendía a insurreccionarse: "Pronto iré a hacer temblar a esos zamarros con el ruido de las ruedas de mi birlocho".

Comalle y los tupidos bosques de Chimbarongo, como ahora se dice, eran entonces la morada y el seguro escondite de aquellos afamados ladrones *pelacaras* que hacían temerosos, con sus atroces correrías, los mentados Cerrillos de Teno; y como habían sido hasta entonces inútiles cuantas medidas había adoptado la autoridad para purgar aquellos lugares de semejante plaga, solicité y obtuve el cargo de subdelegado de esa temida sección del departamento de Curicó, con el solo objeto de manifestar con hechos que el azote no siempre merece el vituperio de los filántropos. Fueron los más acaudalados propietarios del lugar mis activos inspectores; armáronse los inquilinos y, capitaneados éstos por sus respectivos patrones, en todas partes se persiguió al bandido y en ninguna se substituyó la relegación al dolor físico. No teniendo ya el bribón dónde asilarse, ni buen techo ni comida por castigo en aquellas aulas que llamamos cárceles, verdaderas escuelas de nefandos crímenes, tuvo forzosamente que abandonar el teatro de sus depredaciones y buscar más allá de los Andes la impunidad que no encontraba en Chile. Poco tiempo después ya podía viajarse por los cerrillos del mentado Teno sin llevar el viajero ni un solo cortaplumas en el bolsillo.

Es preciso que nos emancipemos alguna vez del fascinador influjo de la mal entendida filantropía. El hombre, en cuanto animal, cobija en su corazón el germen de los más atroces actos; y si es cierto que la educación ahoga, en general, el desarrollo y crecimiento de tan funesta semilla, también lo es que la misma educación muchas veces los perfecciona. La educación, además, sólo puede surtir morales efectos sobre el virgen corazón del niño, quien no teniendo aún nociones fijas ni de virtudes ni de vicios, no tiene tampoco por qué desechar la honrada senda que un buen profesor puede indicarle. Pero la educación está muy lejos de obrar idénticos efectos sobre el corazón del hombre adulto, cuando éste ha llegado a familiarizarse con el crimen. La planta que al nacer puede arrancarse con sólo el leve esfuerzo de la presión de los dedos, cuando llega a su completo desarrollo, sólo la excavación o el hacha puede extirparla del suelo donde se la dejó crecer. De aquí el proverbio español, que no por ser vulgar deja de ser cierto, que "moro viejo no puede ser buen cristiano".

En el moro viejo es, precisamente, donde predomina la parte animal sobre la intelectual; y a la parte animal sólo puede hablársele con el atractivo del pan o con el temor del dolor físico. ¡Cuántos hombres fieras no hemos visto caminar hacia el patíbulo con la más espantable serenidad! ¡Cuántos no hemos visto salir de la Penitenciaría y de las cárceles despidiéndose con cínica sonrisa de sus compañeros, con un repugnante *¡Hasta luego!* ¿Hay alguno que se dirija al rollo del mismo modo? Ninguno. El dolor físico hace que el tigre admita sin morderla, en su propia boca, la cabeza del domador.

La simple reclusión sólo produce fastidio y no escarmiento en la mente del endurecido criminal, por no poder en ella satisfacer el mar de vicios donde enfangado ha vivido, y es seguro que más aprovecharía a la pública seguridad una media docena de bien aplicados garrotazos al falseador de cierros, cada ocasión que se les sorprendiese cometiendo el crimen, que un año de reclusión al abrigo de mejor techo que el que antes de cautivo le cobijaba, y con mejores y gratuitos alimentos que aquellos que sólo a fuerza de trabajo podía proporcionarse cuando libre.

No quiere esto decir que la reclusión del ladrón no sea un medio de evitar temporalmente que siga robando como lo hacía cuando libre. ¿Pero basta la privación de la libertad? ¿Devuelve acaso el ladrón al despojado lo que le quitó por astucia o por violencia, a menos que la casualidad no ponga en manos de la policía el robo? ¿Devuelve el ladrón a la comunidad los gastos que le impone su temporal reclusión? Si al ladrón, en vez de darle una felpa a tiempo y mandarle después a rascarse a otra parte, se le encierra, enciérresele enhorabuena, pero obligándole a pagar en el encierro con violentos y forzados trabajos, ya el sustento que debe a la sociedad, ya el robo que debe al despojado.

En los robos y asesinatos de los Cerrillos de Teno terciaban también los indios pehuenches, circunstancia de muy pocos conocida y cuya certidumbre tenía yo antes de transformarme en sátrapa de aquellos lugares. Llegaban todos los años aduares de pehuenches al departamento de Curicó, provistos de plumas de avestruz y de breas para vender, y nadie descubría ocultas en esas mercaderías la garra del ladrón ni el puñal del asesino.

No atinaba a encontrar el modo de librar a mi subdelegación de semejante plaga, por lo bien constituidas de las partidas de aves de rapiña, que con distintos disfraces lo infestaban todo. Tenían esas sociedades sucursales en Concepción y en Coquimbo. Los animales robados en uno y otro de estos dos lugares caminaban para los Cerrillos o para los bosques de Chimbarongo. En el punto de reunión se hacía el canje, y nuevos arrieros conducían al mercado de Concepción los animales de Coquimbo, y al mercado de Coquimbo los de Concepción. Mas, como no siempre convenían a los intereses de esas sociedades unidas las traslaciones, se entregaban a los pehuenches grandes partidas de caballos chilenos, que gozaban de alto precio en Cuyo, a trueque de animales vacunos para la siguiente primavera. Los pehuenches pagaban siempre con munificencia esas compras a plazos, a expensas de los robos que hacían en las haciendas de ultracordillera.

Encontrábame de visita en casa del señor don Mateo Moraga, arrendatario de Teno y uno de mis más activos inspectores, cuando, entrada la noche, vino un pehuenche todo ensangrentado a avisarme que el jefe de su reducción, Taipangue, que no era otro, como vine a saberlo a destiempo, que un bandido de sangre española que así desempeñaba el papel de capitanejo como el de honrado y sencillo campesino vendedor de animalitos para engorda, acababa de matar a su hermano, deshaciéndole a pedradas la cabeza. Muy irritado con este denuncio, a pesar de los esfuerzos que hacía Moraga para que le esperase, iba a montar precipitadamente a caballo para trasladarme con los *huasos* que me acompañaban a la reducción o toldería de tal Taipangue, cuando se nos apareció dando gemidos una pechuencha, ensangrentada también, diciendo a voces que no fuesen pocos *soldados,* porque habiendo sabido el cacique que su cuñado había venido a denunciarle, había hecho montar su gente y dispuéstolo todo para repeler la fuerza por la fuerza. Dióse inmediatamente aviso a los inspectores don Luis Labarca, dueño de Rauco, y don Jorge Smith, yerno de Irisarri, para que se me reunieran con su gente, y una hora después, acompañados con el médico de Talca, don Pedro Moller, ya estuvimos en la toldería. Aunque pocos, porque aún no se me habían reunido los demás compañeros, creí que esto no pasaría de aquí, hasta que las contestaciones altaneras, la vista de un cuerpo bañado en sangre, y al parecer exánime, y el intento de arrebatarme por la fuerza a un prisionero, me obligaron a atacarlo sin consideración ni miramiento alguno. Vertióse sangre, es cierto, pero también lo es que quedó ileso el principio de autoridad.

Si yo me hubiera demorado en agredir, si yo por acatar lo que enseñan algunos compasivos criminalistas, que la defensa sólo debe superar al ataque en lo que fuese estrictamente necesario para inutilizarle, si yo me hubiera puesto a medir el largo y la profundidad de las heridas, tal vez no estuviera ahora recordando este episodio, que siempre se aparece a mi memoria cuando veo a un pobre vigilante atacar con sólo su mala espada a un bandido que lo hiere con pistola, y que no mata al malhechor porque no se diga que se ha excedido en el ataque y se le someta a juicio.

Como quiera que fuere, la prisión del herido Taipangue, la de algunos de sus principales mocetones, y el temor de que las declaraciones de éstos pusieran en claro las maniobras de los demás vendedores de plumas y de breas, hicieron tomar a los cerrilleros de *chiripá* el rumbo de los *malales* del Sur de San Rafael, en la provincia de Mendoza.

Los santiagueños, que son siempre los apuntadores y los directores de escena en el drama tragicómico de nuestra vida pública, comenzaban a dormitar, cuando a un francés que vivía en el piso bajo de la casa de Solar (hoy Hotel Inglés), pobre de riquezas monetarias, pero riquísimo de arbitrios, ya que no disponía de monedas, de pomadas ni de afeites para imponer a los maridos contribuciones indirectas, se le ocurrió la peregrina idea de explotar al soltero y al casado, vendiendo muchas esperanzas de caudales por poquísimo dinero.

Alojaba yo, cuando iba de la hacienda a Santiago, sobre el aposento de este buen industrial, y observaba que cuando estaba solo ni siquiera se movía, al paso que cuando estaba acompañado era tal el ruido de choques de baldes y sonajera como de molinillos de café que allí se hacían, que daba ya al demonio con semejante vecindad, cuando vi salir corriendo al francés, sin sombrero, en mangas de camisa, gritando como loco por el patio: "¡Protección! ¡Protección! ¡Chile es un pozo de oro! ¡Yo no sé cómo sacarlo!"

¡Oro!, dijiste. El alboroto se hizo general; detuviéronse en la puerta de calle muchos mirones, otros entraron: el cuarto del francés se pobló de curiosos. Todos oyeron boquiabiertos los gritos de aleluya con los que el sabio químico les anunció que en la composición de todos los terrenos de Chile entraba, en prodigiosa abundancia, el elemento oro; tanto, que hasta en los ladrillos de su propio cuarto le había encontrado; y todos vieron con sus propios ojos, sobre una mesa artísticamente acomodada, alineados, montoncitos de distintas tierras, cada uno con una tarjeta que indicaba la procedencia de ella, la cantidad de oro que producía por cajón y los quilates del precioso metal, representados por pellitas homeopáticas, colocadas al lado de cada montón, en su correspondiente frasquito. Veíanse también en aquel improvisado laboratorio una pequeña hornilla, algunos crisoles, frascos de azogue, algunos ácidos o líquidos misteriosos, y sobre una tarima bastante sólida, algo que parecía máquina, cuidadosamente tapada con un tapete.

El sabio profesor, acosado por las preguntas y cansado de hablar, después de regalar dos cartuchitos de tierra y dos pellitas que no hacían falta a su colección, a los que le parecieron más idóneos propagandistas, despidió con súplicas exigentes a las visitas, pues tenía algo de importancia vital que hacer a esa hora; cerró cuidadosamente su cuarto con candado de letras, hizo como que encargaba algo en secreto a su compañero, que hacía veces de sirviente, y desapareció, dejando por un momento como estatuas a los reverentes curiosos, que parecían envidiar la suerte del futuro dispensador de las riquezas.

Apenas comenzó a circular por Santiago la noticia de este portentoso descubrimiento, cuando, como siempre sucede en estos casos, aparecieron supuestos alquimistas que, explotando la sencilla credulidad de grandes y de chicos, con el resultado de falsos ensayos que les vendían, dieron más peso a la verdad del primitivo descubridor.

Concurrieron a esas oficinas, de descarada ratería, hombres serios y circunspectos, y a ninguno vi salir de ellas sin que dejase de llevar tierra en los bolsillos, contento en el semblante y un mar de locas esperanzas en la mollera.

A consecuencia de estos ensayes, cuya riqueza subía o bajaba el ensayador, según el aspecto más o menos *pagano* de la víctima que le iba a consultar, no quedaron en el país ocres ni antiguos relaves que no se denunciaran; mas, como estas propiedades nada valían si no se disponía del secreto que les daba valor, secreto que sólo podía aprovechar la compañía que uniese sus caudales a los talentos del inventor, luego se pusieron en planta mil arbitrios para sorprenderle.

Cada cual se creía en posesión de algún hilo que conducía a este misterioso ovillo; llovieron por todas partes invenciones que cuidadosamente se ocultaban a las envidiosas miradas de los que se veían privados de semejante tesoro. En una palabra, llegó a tanto la fiebre de las tierras auríferas, que hasta muchos de los que comenzaron por engañar se engañaron; en tanto grado es cierto lo que dijo el poeta, que la sed del oro da siempre al traste con la razón del hombre.

[Vicente Pérez Rosales, *Recuerdos del pasado,* Santiago, Editorial Zig-Zag, 1949, 500 p.]

MIGUEL LUIS AMUNATEGUI

POR SER CRISTIANO

I

La guerra de Arauco ha sido la más tremenda de que haya memoria humana.

Ha durado, no años, sino siglos.

Ha devorado millones de pesos y millares de hombres, lentamente, sin provecho y sin gloria.

Ha abundado, no sólo en sangre, sino en atrocidades.

Los araucanos no daban cuartel a los españoles después del combate.

Asesinaban a los prisioneros en medio de tormentos horribles; les sacaban el corazón palpitante para comérselo a bocados; les arrancaban los huesos para hacer flautas o pitos; y les cortaban las cabezas para pasearlas en las puntas de las lanzas, o para jugar con ellas a la chueca.

Unicamente perdonaban a los vencidos cuando tenían la espectativa de un cuantioso rescate, o cuando podían emplearlos en provecho propio como carpinteros, herreros, o en otros oficios semejantes.

Por lo contrario, dejaban con vida a todas las españolas cuya blancura y belleza despertaban sus apetitos sensuales para que les sirviesen de hembras, más bien que de concubinas, en sus serrallos.

La existencia de estas desventuradas era mil veces peor que la muerte. Las pobres cautivas tenían que cubrir sus delicados cuerpos con una tosca jerga, y que soportar las sucias caricias de sus raptores.

Con razón, la guerra de Arauco ha sido maldecida por las madres, las esposas y las hijas; y ha dejado un recuerdo doloroso, que se ha prolongado hasta nuestros días.

Guerra oscura y mortífera, de sorpresas y emboscadas.

Guerra de forajidos.

Guerra execrable.

II

A fines de 1578, dice un cronista, Chile era todo inquietudes y todo alboroto, todo batallas y todo mortandades.
Los indios del sur estaban completamente sublevados.
Saqueaban y quemaban las casas de los conquistadores.
Asaltaban y destruían los ranchos de los indígenas sometidos.
Robaban los ganados, las cosechas y a las mujeres,
Mataban a los hombres y a los niños.
Destrozaban las imágenes de los santos y las cruces.
Tantos latrocinios, tantas devastaciones, tantos incendios, tantas muertes, tantos estragos, habían esparcido la alarma y el terror.
Importaba mucho escarmentar a aquellas hordas feroces, que, no sólo acometían ya de improviso, sino que también se atrevían a embestir ejército contra ejército.
Una impunidad más larga podía ocasionar la pérdida de la parte austral del país.
Movido por la urgencia del peligro, el mariscal don Martín Ruiz de Gamboa se trasladó a Valdivia con toda la tropa que pudo reunir, para sofocar un alzamiento que había estallado en esta provincia.
Luego que el general hubo llegado a su destino, ordenó que el capitán don Juan Matienzo se pusiese al frente de todas las fuerzas disponibles, y persiguiese a los rebeldes hasta su completo exterminio.
Esta orden era más fácil de dar, que de ejecutar.
Después de haber asolado la comarca, los bárbaros se habían encastillado en una quebrada situada en las inmediaciones de Villarrica y se habían parapetado detrás de los montes y de las rocas.
Tipuante, cacique afamado por su bravura y por su astucia, acaudillaba aquella hueste terrible, compuesta de fieras con cara humana.
¿Quién sería bastante osado para penetrar en su guarida?

III

La naturaleza había dado a los salvajes el valor.
La experiencia les había enseñado la táctica.
Poco a poco, los indígenas se habían ido adiestrando con la multitud de refriegas en que habían tomado parte desde el descubrimiento de Chile.
Tipuante había fortificado con palizadas, fosos y trincheras la estrecha garganta donde había establecido su campamento.
Las asperezas del terreno y las obras del hombre impedían que la caballería pudiese maniobrar.

Era necesario que los conquistadores arremetiesen a pie contra aquellos leones bravíos, que se habían guarecido en una fortaleza, o si se quiere, caverna, donde sus dientes y sus garras podían y debían causar destrozos considerables.

El 12 de enero de 1579, don Juan Matienzo atacó a los insurrectos con un denuedo extraordinario.

Los españoles se bajaron de sus caballos, y se precipitaron sobre los enemigos a paso de carga.

Los naturales estaban engreídos por su número, por sus fortificaciones y por sus pasados triunfos.

El choque fue terrible.

Se peleó, no sólo con las armas, sino también con palos y con piedras.

Se luchó cuerpo a cuerpo, y mano a mano.

La acción comenzó a mediodía, y terminó con el ocaso del sol.

Las sombras de la noche vinieron a separar a los combatientes, cansados, pero no saciados de matar.

La batalla quedó indecisa.

Los dos bandos cantaron victoria; pero el hecho es que los asaltantes no habían logrado su propósito.

En definitiva, los indios habían perdido mucha gente; pero habían conservado la posición que ocupaban.

IV

Durante el combate, los indígenas tomaron prisionero a don Estevan de la Cueva, mancebo de veintidós años, que se había distinguido por su valor en varios encuentros anteriores.

Apenas don Juan Matienzo supo que aquel animoso joven estaba en poder del enemigo, envió un parlamentario para solicitar su rescate, costara lo que costara.

Los indígenas quisieron celebrar una junta general para discutir la proposición con la madurez que el negocio requería.

En consecuencia, todos los guerreros fueron, lanza en mano, a una llanura inmediata y comenzaron a deliberar sobre el asunto.

Algunos opinaron que debía aceptarse la solicitud.

La oferta de gorras, plumas, collares, galones y otras zarandajas satisfacían su vanidad y la devolución de sus propios prisioneros acrecentaba su fuerza.

Otros pensaban que aquella propuesta debía rechazarse sin vacilar.

—Acabamos de perder, —dijeron—, a nuestros más esforzados capitanes, Calmavida, Aullanga, Pelebei, Aimango, Contaval, Maqueíbu, Raldican, Liquepangue, Purquen, Arigachon, y Llanquipillan. Es justo, por consiguiente, que ese cristiano sea sacrificado en el campo de batalla, para desagravio de los muertos y para estímulo de los vivos.

Esta segunda opinión era sostenida por el mayor número.

Mientras tanto, el pobre preso, atado de pies y manos, estaba presente a la deliberación y esperaba de un momento a otro su sentencia, cuyo significado desfavorable no podía ocultársele, vista la disposición de los ánimos.

Una mujer vino a dar a la cuestión un giro diverso y una solución imprevista.

V

El cacique Tipuante tenía una hermana, llamada Lacalma, muchacha arrogante y voluntariosa, que ejercía un prestigio mágico sobre sus compatriotas por su hermosura y bizarría.

Lacalma era valiente como esa Frecia y tierna como esa Guacolda, pintadas por don Alonso de Ercilla en su inmortal epopeya.

Varios jefes principales habían solicitado su mano con anhelo, pero ella la había rehusado con esquivez hasta la fecha, porque abrigaba el pensamiento secreto de casarse con algún español de mucha estofa.

La vista de don Estevan de la Cueva prendió una hoguera voraz en el pecho de la joven, que, ciega de amor, determinó salvar a toda costa al cautivo para que fuera el héroe de sus sueños.

Impulsada por su pasión, la intrépida amazona se presentó en medio de la asamblea y con voz imperiosa dijo a los caudillos congregados:

—Ese prisionero no debe morir.

—Si no debe morir, es preciso aceptar el valioso rescate que se ofrece por él.

—No debe tampoco ser rescatado.

—En ese caso, debe adjudicarse como esclavo al guerrero que le ha capturado.

—No puedo tampoco consentir en ello.

—¿Qué pretendes entonces?

—Una cosa justísima. Vosotros conserváis la vida a las españolas para casaros con ellas. Yo os acompaño en todas vuestras expediciones y no tengo ninguna porción en vuestro botín. Sin embargo, como participo de todos vuestros peligros y fatigas, es incuestionable que tengo derecho a una recompensa análoga. Exijo, por tanto, que me entreguéis ese cautivo para hacerle mi marido.

Los padres conscriptos de aquel turbulento senado juzgaron la argumentación irrefutable y aunque murmurando entre dientes, se vieron obligados a prestar su consentimiento a la pretensión de la joven.

Lacalma había ejercido en esta circunstancia la misma prerrogativa reclamada por Pocahontas en la América Inglesa para salvar la vida del célebre capitán Smith, el conquistador de Virginia.

VI

Luego que obtuvo el beneplácito de la asamblea, Lacalma se dirigió al prisionero; cortó por sí misma sus ligaduras y le dijo con su voz más dulce:

—Si deseas librarte de una muerte segura, es menester que te cases conmigo.

Don Estevan de la Cueva le contestó con efusión:

—Aun cuando no tuviera el suplicio en perspectiva, estaría dispuesto a casarme contigo.

—¿Me amas entonces?

—Te debo la vida y quiero emplearla en tu servicio.

Lacalma era hermosa.

Tenía un cuerpo robusto, majestuoso y bien formado como el de la Diana cazadora; unos ojos grandes, negros y húmedos, esos ojos de ternera que los poetas antiguos atribuyen a Juno; unos dientes blanquísimos, como dos sartas de perlas finas y otras varias perfecciones cuyo inventario sería prolijo y fastidioso practicar.

No le hagáis asco por ser india, porque la hermosura suele también existir entre las indias, sobre todo, entre las de Valdivia, si hemos de dar crédito a los historiadores y a los viajeros.

Con pocas excepciones, la mujer gallardea en todas partes.

Una gota de rocío es un diamante líquido, aunque brille en la yerba del campo.

Una flor es una obra maestra, aunque brote en una tierra sin cultivo.

Sobre todo, la escasez de mujeres hacía que los conquistadores tributasen a las indias un afecto que en el día nadie les profesa.

Testigos Hernán Cortés y la famosa doña Marina.

Sea lo que fuere, el miedo de la muerte, la gratitud, el amor, ello es que don Estevan de la Cueva consintió en casarse con la hermosa cacica.

El enlace se celebró con gran fiesta y aparato.

VII

Había trascurrido un mes desde el matrimonio mencionado.

Sin embargo, a pesar de la perfecta unión que había entre los recién desposados, Lacalma estaba meditabunda, triste, displicente.

No era la muchacha contenta que acaba de casarse y se halla en la cúspide de la dicha.

Lejos de esto.

Más que una novia, parecía una viuda.

A primera vista, se conocía que llevaba una espina clavada en el alma y que la herida se iba enconando más y más.

Deseoso de esclarecer aquel misterio, Tipuante esperó que su hermana estuviera sola, y apenas pudo hablarla en secreto, le dijo con tono cariñoso:

—¿Eres feliz?

—No.

—¿Qué te falta?

—Todo.

—¿Por ventura tu marido no te trata como debe?

—Mi marido se conduce conmigo bien y mal al mismo tiempo.

—Explícate con franqueza.

—Se porta bien, porque me trata con afecto y se porta mal, porque es, no mi marido, sino mi hermano.

—Habla más claro todavía.

—Don Estevan de la Cueva me ha declarado que no se casará real y verdaderamente conmigo, hasta que yo reciba el bautismo y adore a su Dios.

—¿En qué pasa el tiempo contigo?

—Se sienta a mi lado, o se pasea conmigo en el bosque.

—¿Nada más?

—Nada más. Ni siquiera me toma la mano.

—¿Qué te dice?

—Me habla de religión, del cielo, de la Virgen María, de Dios. Sostiene que no puede casarse conmigo hasta que yo sea cristiana.

La conferencia quedó terminada en este punto.

Tipuante sabía todo lo que había deseado averiguar.

Efectivamente, don Estevan de la Cueva era casto como un cenobita, y cristiano como un padre de la iglesia y se había propuesto tratar a su mujer como a una hermana, hasta que un sacerdote hubiese bendecido su unión.

VIII

Inmediatamente Tipuante convocó a sus parciales y a sus amigos y les manifestó que don Estevan de la Cueva era un infame que había engañado a su hermana con un casamiento irrisorio, y que, por medio de persuasiones y halagos, trataba de seducirla para que traicionase a los indígenas.

Todos los concurrentes decidieron sin discrepancia alguna que el miserable debía pagar con la vida su delito.

El odio contra el antiguo prisionero de guerra palpitaba vivo en los corazones.

En el acto, don Estevan de la Cueva fue tomado por sorpresa y despojado de sus vestidos.

Luego que estuvo desnudo, los indios le ligaron los pies y las manos con fuertes cuerdas y le sacaron la piel con la prolijidad con que se desuella a una res en el matadero.

Terminada esta operación, ataron al infeliz en un palo, que enterraron en el suelo.

Don Estevan de la Cueva, amarrado en aquel palo, ofrecía a la vista la imagen de Cristo clavado en la cruz.

El cuerpo del pobre mozo no estaba cubierto de varias heridas, sino que todo él era una llaga única, desde la cabeza hasta los pies.

Aquella masa de carne chorreaba sangre por todos sus poros.

Lo más horrible en aquel espantoso martirio era que aquel tronco colorado y sangriento respiraba, se movía, se quejaba.

Aún no había muerto, cuando los indios comenzaron a sacarle las canillas para hacer flautas y pitos.

[Miguel Luis Amunátegui, *Narraciones históricas,* Santiago, Imp. Nacional, 1876.]

MANUEL CONCHA

UN CURA VENCIDO POR UN MOCHO

ERA UN hombrecillo de cuatro pies de alto, por otros cuatro de ancho, con rostro redondo como trazado a compás, y siempre humedecido por la traspiración; con nariz roja como mingo de billar, semioculta por dos mejillas protuberantes y relucientes como la superficie de un espejo; con dos ojillos negros y chispeantes bajo unos párpados caídos como bambalinas de teatro; con boca sin labios, como cortadura hecha sobre papel con una navaja afilada, pero siempre animada por una sonrisa constantemente irónica o sarcástica. Por último, sobre su despejada y ancha frente, y sobre sus descomunales orejas, se hacía notar una enmarañada cabellera de pelo gris. Por allí no había pasado el peine ni la mano del barbero, como en las selvas tropicales no se ha dejado oír el golpe del hacha de la civilización.

¿Quién era este personaje?

Era el poeta repentista de más talento que, en 1782, había en La Serena.

Y, ¿quién era este poeta?

Era don Clemente Morán, cura vicario de la parroquia del Sagrario, pues entonces había otra denominada de Santa Inés.

Por esa misma época, existía otro personaje no menos célebre que el anterior.

Este era un hombre alto, de facciones varoniles, pero cuyo conjunto manifestaba al truhán, al tronera, al tunante.

Vestía el hábito de los dominicos, porque era lego del convento de Santo Domingo.

Se llamaba Francisco López, y compartía, con el cura Morán, la fama de poeta.

Este fue el célebre padre López, de quien se cuenta que, habiéndose retirado, a deshoras y ebrio, al convento, el prior, que lo esperaba, lo hizo conducir a la cárcel del claustro, y ordenó que le remacharan una barra de grillos, en presencia de la comunidad, para ejemplo y escarmiento de otros.

Mientras dos hermanos legos cumplían las órdenes, el padre López se dirigió al prior y, con su socarronería habitual, y aumentada entonces por el licor, le dijo:

>—*En esta casa, señor,*
>*Nos castigan al revés:*
>*Los yerros de la cabeza*
>*Nos los ponen en los pies.*

Es fama que la comunidad se echó a reír, y habiéndole caído en gracia la improvisación al prior, dio contraorden sobre lo de los grillos, y lo dejó dormir la mona en el calabozo.

El cura Morán fue el reverso de su antecesor don Juan Nicolás Varas. Este fue humilde y afectuoso, por consiguiente querido de todos. Aquél, todo lo contrario, atrabiliario, cascarrabias y algún tanto grosero, no era ni querido ni respetado, cuando más era temido por sus versos que fueron muy celebrados. En el púlpito profería palabras de un vocabulario poco decente, y que en una taberna habrían sonado mal.

Las modas de las mujeres era su tema favorito. Cuéntase que una ocasión pronunció estas palabras: "Perras viejas ensolimanadas, ¿por qué os acicaláis? ¿No estáis viendo que el mismo diablo os desprecia y desdeña?"

Al día siguiente, de pie en la puerta de la iglesia viendo entrar a las mujeres, para en seguida criticarlas y reprenderlas en la plática, notó a una señora anciana, muy compuesta, a quien dijo:

—Dispénseme, comadrita: lo que dije ayer, en la plática, no fue por usted.

—¡Las cosas de mi compadre, si ya nadie le hace caso! —respondió la señora.

Además, era el cura Morán muy desaseado en el vestir y muy glotón en el comer.

Fray Francisco López hizo su retrato en una preciosa décima. Después de hablar de un titiritero que, en una casa, con las gracias de sus muñecos, costeaba o hacía la diversión general, dice así:

>*Sacó un mono hecho pedazos,*
>*de una figura infeliz*
>*con una sobrepelliz*
>*compuesta de mil retazos;*
>*tenía por embarazos*
>*sotana, poncho y gabán;*

*en fin, era un charquicán
de inservible trapería,
y un letrero que decía:*
ESTE ES EL DOCTOR MORAN.

A pesar de su descuidado traje, y de sus costumbres poco pulcras y caballerescas, el cura Morán leía mucho, y sabía al dedillo las opiniones de los enciclopedistas franceses, de quienes era ciego partidario; y a tal punto llegó su afición a la lectura de libros que, por entonces, manifestaron doctrinas nuevas y desconocidas, que, sin tener necesidad, habló a don Joaquín Gallardo para que le llevase los libros parroquiales.

Durante el tiempo que Gallardo corrió con los libros, ningún nacido, o poquísimos, fueron bautizados con el nombre que sus padres quisieron ponerles. He aquí la prueba.

Cuando había algún alumbramiento, luego acudía el cura Morán, se entiende después de habérsele llamado, seguido de Gallardo con el libro bajo el brazo, con su gorro de seda negro, que le ocultaba las orejas, lo que lo hacía más sordo de lo que era, y con los indispensables parches, de papel, de sebo con tabaco, del tamaño de un peso fuerte, en las sienes.

—¿Qué nombre desean ponerle a la criatura?
—Encarnación.
—¿Cómo? —replicaba Gallardo, poniéndose una mano tras la oreja.
—¡Encarnación! —le gritaban.
—¡Ajá! Ya estoy.

Y principiaba a redactar la partida que, una vez concluida, leía, con voz nasal, de esta manera:
"Hoy día tanto, de tal mes, bauticé a Ascensión...".
—Encarnación, le hemos dicho.
—¿Cómo?
—¡Encarnación! ¡¡Encarnación!!
—Yo entendí... Pero lo mismo da para el caso, y como los libros deben llevarse con limpieza...

Y la criatura se bautizaba con el nombre que había oído don Joaquín. Y todo, por no enmendar. Esta escena se repetía casi siempre.

Por eso dijimos que la mayor parte de los nacidos, en aquella época, tenían el nombre contra la voluntad de sus padres o padrinos.

Pues cuando algunos insistían en que se enmendara la partida, terciaba en la discusión el cura Morán, y salía vencedor don Joaquín Gallardo.

El cura Morán tenía un verdadero encono con el lego López, aunque en público trataba de disimularlo, porque éste hizo circular las siguientes décimas:

*El pueblo está conmovido
porque brotó de la sierra,
como criadilla de tierra,
un ente desconocido:
Dicen que tanto ha mordido
que ni escapó el sacristán;
de conocerlo el afán
hubo de asaltarme ciego,
fui a buscarlo, pero luego
en él conocí a Morán.*

*Dije para mi capilla:
Morán aquí haciendo el guapo,
cuando no sabe, ese sapo,
ni la cosa más sencilla!...
Una tan gran maravilla,
caso tan original,
engaño tan sin igual
los siglos no han registrado,
pues si Morán se ha ordenado,
¡puede hacerlo un animal!*

Morán no se quedó con la píldora, y contestó con estos otros versos, que fueron muy celebrados:

*Con el mismo retintín,
    tilín,
Donde las toman las dan,
    talán,
Y a veces en el cogote,
    monigote.*

*Si a mí me encuentras un zote
tú, que no estás ordenado,
¿qué serás, torpe donado?
tilín, talán, monigote.*

*Y, sépalo el dios Eolo
    tan sólo,
aunque te cause escozor
    por
la causa que no lo has sido,
    corrompido.*

Ser lo que soy has querido
y aunque mucho has trabajado,
a donde estás te has quedado,
¡tan sólo por corrompido!

Estos *ecos*, más graciosos que epigramáticos, pues eran groseros, dieron lugar, poco después, a una serie de cartas escritas en décimas que se cruzaron entre los dos vates y que la gente ilustrada de aquella época se apresuró a copiar.

Empero, donde estos dos ingenios rivales aguzaron su entendimiento, fue en una fiesta que dio el corregidor don Pedro Antonio Balbontín de la Torre.

No sabemos si el corregidor celebraba su cumpleaños, o el de su señora, lo cierto es que la gente más notable de La Serena estaba convidada a comer. Y don Pedro, al invitar al prior de los dominicos, le había suplicado que le permitiera convidar al lego Francisco. Comprendiendo el prior el objeto, accedió a los deseos del corregidor. Cuando se retiró don Pedro, el prior hizo llamar al lego, y estando solos en la celda, le dijo:

—Hermano Francisco, ha tenido el insigne honor de ser convidado a comer en la casa del corregidor. Le prevengo, hermano, que guarde la debida compostura, tanto por el hábito que viste, cuanto por las personas con quienes estaremos reunidos.

—Vuesa paternidad no quedará descontento; pero si el señor cura Morán...

—Hágase sordo, hermano, a las indirectas del vicario.

—Eso sería poco honroso para el convento.

—Pero muy conforme a nuestra santa y humilde orden.

—Su paternidad debe suponer que cuando a uno le tiran la lengua...

—Muérdasela, hermano.

—¿Y si me obligan a contestar al señor cura?

—Conteste, hermano, con alguna sentencia edificante.

—Así lo haré, su paternidad.

—Retírese, hermano, arréglese el hábito y el cerquillo lo mejor que pueda, que dentro de poco hemos de asistir al convite.

Era costumbre entonces, beber aloja, mistela y ponche, antes de comer, y la mayor parte de los asistentes cargaron la mano, como vulgarmente se dice, al lego López, a fin de achisparlo para que, de esta manera, perdiera el encogimiento al verse entre tantas personas de respetabilidad, y fiscalizado, además, por el prior.

En la mesa, el cura Morán le lanzó un fuerte puyazo en una décima, que el lego contestó en una moderada quintilla que nadie aplaudió. Por segunda vez lo provocó Morán, y con la misma humildad contestó López. Orgulloso con su doble triunfo, el cura le lanzó un tercer reto. Entonces López, que ya estaba algo achispado, se puso de pie, con vaso en mano, y dirigiéndose al prior, le dijo:

—Vuesa paternidad no podrá negar que he cumplido con las palabras del Evangelio. Me han pegado en una mejilla y he presentado la otra, pero como Cristo no nos dijo qué debía presentarse después de ser abofeteado en las dos mejillas, con permiso de vuesa paternidad y de estos señores, voy a dar una fraterna, o más propiamente dicho, una categórica respuesta a las invectivas del señor cura. Y, haciendo una inclinación de cabeza, pronunció:

—Si usando moderación,
Morán, no te he desarmado
y por eso te has alzado
como un lúbrico Nerón,
ha llegado la ocasión
que te zurre la badana:
Señores, esa sotana,
como ustedes bien lo han visto,
está deshonrando a Cristo
de la noche a la mañana.

Los aplausos estallaron, y el prior fue uno de los que más aplaudió la ocurrencia del lego López.

Había cumplido la promesa que hizo a su prelado, y alentado con el éxito, dirigiéndose a la esposa del corregidor, le dijo:

—Esopo vino a esta tierra,
pero vino disfrazado,
dejó en Grecia sus talentos
pero trajo sus harapos.

Téngase presente que el cura Morán, rechoncho y gordo, no era una figura agradable.

—Bravo, bravo! —gritaron todos.
—¿Qué responde a la alusión el señor cura? —preguntó el corregidor.
—Yo nunca acostumbro callarme, y propongo la solución de la siguiente:

Vestir hábito y no ser
lo que el hábito figura,
eso es dar a conocer
que alguien ni tuvo valer
para alcanzar la tonsura.

Todos comprendieron la alusión, y aplaudieron la ocurrencia. En ese momento el prior, picado en el amor propio, dirigiéndose a López, le dijo:

—Veamos qué responde a esto el hermano López.
—Sé decir a vuesa paternidad, replicó éste, que el cuello no vencerá jamás a la capilla, y alzando el vaso, replicó:

>—Contáronme cierto día
>que Gallardo, el de la curia,
>se quejaba de las ratas,
>sin moderación alguna,
>la cera y hasta el pabilo
>le birlaban como furias;
>mas las ratas protestaron
>agregando esta denuncia:
>Que por la cera inquiriesen
>a la sotana del cura.

El cura quiso responder, pero los aplausos le ahogaron la palabra; por otra parte, el hartazgo le había ofuscado el entendimiento. Comprendiéndolo así López, le espetó la siguiente décima:

>—Una cazuela, un jamón,
>cuatro prietas bien asadas,
>dos rellenas empanadas
>y la pierna de un lechón,
>no se sopla un Anfitrión
>sin sentirse trabucado;
>así, si el cura ha callado,
>no lo ha vencido mi ciencia,
>su no probada abstinencia
>su suelta lengua ha trabado.

La comida concluyó, habiendo quedado vencedor, en ese torneo de insultos, tan propio de aquella época, el hermano lego fray Francisco López, con gran alegría y contentamiento del prior.

Réstanos decir que debemos la mayor parte de la copia de los versos, a un amigo cuyo nombre no ha querido que revelemos. ¿Cómo llegaron a su poder?
Por una casualidad.
Haciendo el inventario de una testamentaría, le fue necesario registrar algunos papeles muy antiguos, entre ellos encontró los versos indicados; y acordándose de nosotros, se los puso en el bolsillo, plenamente convencido de que no perjudicaba a los herederos.
Con datos orales de personas ancianas, que en su juventud oyeron a sus padres algo acerca de estos dos personajes, hemos completado los materiales para este artículo.

[Manuel Concha, *Tradiciones serenenses*, Santiago, Editorial del Pacífico, 2ª edición, 1952-1953.]

ENRIQUE DEL SOLAR

DON LORENZO DE MORAGA, EL EMPLAZADO

I

CORRÍA EL año de 1641, año infausto para la capital de Chile, pues ha pasado a la historia unido al recuerdo de una horrorosa catástrofe.

Eran las nueve de la mañana del 10 de mayo y el padre fray Luis de Lapo, venerable religioso agustino, tomaba tranquilamente mate sentado a la puerta de su celda.

Un rayo de sol de otoño llegaba a los pies del sacerdote que por sus años y achaques preferían su dulce calor al ambiente de su oscura celda.

Fray Luis de Lapo era todo un personaje de la sociedad colonial. Su juventud, empleada en las rudas tareas de las misiones, su ciencia de todos conocida, y sobre todo en severidad de sus costumbres, le habían conquistado un puesto envidiable entre sus hermanos del sacerdocio.

El Obispo Villaroel lo amaba como amigo y le consultaba en los casos difíciles. El había revisado la célebre obra de *Los dos cuchillos,* y desempeñado otras comisiones de no menos confianza que el Obispo le encomendara.

Su reputación de sabio tenía además el sello académico pues antes de tomar el hábito se había graduado de doctor en ambos derechos en la célebre Universidad de San Marcos de Lima, que juntamente con la de México, era el emporio de la ciencia en esta parte del mundo.

Querido de todos y rodeado de una doble aureola de fe y saber, fray Luis era sin embargo modesto hasta el punto de haber renunciado tres veces el puesto de provincial de su orden.

Las aspiraciones de su vejez, se cifraban en hacer el bien a sus semejantes, y en procurarse libros curiosos, con cuyo comercio vivía dulcemente entretenido.

Aquella mañana se había retirado del confesionario más temprano que de costumbre para gozar del sol, y al par que saboreaba su mate jugaba con un perrillo, cuyas gracias le embelesaban, o hacía preguntas sobre la doctrina cristiana al chico indio que le servía, el cual, descalzo y en actitud humilde, aguardaba a que su amo concluyera el mate para *cebarlo* otra vez.

Así entretenido permaneciera mucho tiempo, a no venir a distraerlo el portero del convento, con la noticia de que lo buscaban en la portería.

—¿Es alguna señora, mi hermano? preguntó el fraile.

—No, mi padre.

—Si es algún pobre que viene por limosna, dígale que me aguarde un instante.

—Quien pregunta por su paternidad, respondió el lego, es el capitán don Lorenzo de Moraga, que dice le precisa hablarlo.

—Pues que pase mi amigo el capitán, y celebro la ocasión que me ahorra ir a verlo.

Entregó fray Luis el mate al sirviente que le aguardaba, y se dispuso a recibir la visita anunciada.

II

Pocos momentos después, se presentaba a la puerta de la celda un hidalgo seco y avellanado, de expresión dura y continente marcial, envuelto en una larga capa de esclavina, que llevaba terciada con arrogante despejo.

—Buenos días tenga el señor capitán, dijo alegremente el fraile, tendiendo las manos al recién llegado.

—Iguales los dé Dios a su paternidad, respondió el militar.

Después de los ofrecimientos de silla y del indispensable mate, que no fue aceptado, el capitán Moraga indicó al fraile que venía a buscarlo para tratar un asunto de la mayor urgencia y gravedad.

—Pues si es así, entrad a mi celda, donde no vendrá nadie a interrumpirnos. Yo, pobre viejo, amo más el sol y la vista de estos árboles, que las frías paredes de mi habitación, porque, amigo mío, los años pasan y uno se va helando. Vamos, pues, entrad.

Hubo a la puerta su pequeña cuestión de etiqueta.

Fray Luis como dueño de casa y cortés que era, quería que entrara primero el capitán y éste pugnaba por marchar en pos del religioso.

Después de la frase sacramental de —la iglesia por delante—, que usaban nuestros abuelos, palabras a las que el padre Lapo contestó festivamente, cedió el sacerdote, flanqueando el primero el umbral de la austera celda.

III

Mucho se habla en nuestros días del lujo de los frailes de la colonia, haciéndose gala de calumnias las órdenes religiosas que dieron a España sus mejores escritores, y a la iglesia los obispos más esclarecidos.

La celda del padre Lapo no respiraba sino humildad y pobreza.

Su escaso mobiliario se componía de una pobre cama, cuatro sillas de baqueta tachonadas con clavos de cobre dorados y una mesa de pino, sobre la que se veían libros y papeles y un crucifijo de una vara de alto.

El pavimento no tenía estera sino hasta la mitad, y debajo de la mesa se extendía un pellejo de cordero, sobre el cual posaba sus plantas el anciano monje.

Excusado es decir que las paredes no estaban empapeladas y de ellas pendían dos retablos de mal gusto, representando el uno la huida a Egipto de la Sacra Familia, y el otro la conversión de San Agustín.

Tales eran las riquezas de un fraile de campanilla, cuya cómoda existencia fingen envidiar hoy los que afectan por ellos un desprecio tan injusto como ingrato.

IV

—Ahora que estamos solos, amigo mío, dijo fray Luis, trancando la puerta con un garrote de algarrobo, podéis hablar con entera confianza. Ante todo, ¿a quién buscáis? ¿al amigo o al confesor?

—Ambos me son necesarios en este momento, dijo el capitán, y a ambos recurro, porque me hallo en una situación tan desesperada que no se vio nunca ningún hombre.

—Pues entonces los dos os escuchan.

—Salvadme, padre mío, salvadme, prorrumpió el hidalgo. Acabo de cometer un asesinato horrible; aunque los hombres, bien lo sé, me perdonarán, siento sobre mí, el peso de la justicia divina.

Aterrado fray Luis hizo un movimiento repulsivo; pero, vuelto sobre sí mismo, miró con caritativa compasión al miserable que se arrastraba a sus pies.

—Horrible es vuestro crimen, le dijo, pero no es de aquellos que el Señor no perdona. Alentaos, capitán y referidme el suceso.

Arrodillóse Moraga a los pies del fraile, y con voz ronca, comenzó su confesión de esta manera:

—Una pasión terrible, padre mío, me ha traído a este extremo. Los celos y despecho de un amor desdeñado me han convertido en asesino.

Yo no era malo hasta el momento en que concebí un amor infernal por una de mis esclavas. Pertenecía ésta a la casta de indios que nosotros desdeñamos tanto, pero que lleva en el alma el odio contra nuestra raza y el sentimiento de una dignidad altiva que nada alcanza a doblegar.

María, que así se llamaba, opuso una resistencia inesperada a mis deseos, y lo que al principio era para mí un vano capricho se trocó al poco tiempo en delirio y desesperación.

Halagos, amenazas, todo cuanto pude poner en juego, no bastaron a vencerla. Mis días eran atroces, de mis noches huía el sueño y estaba tal que me desconocía a mí mismo.

Pasaron algunos meses, y al fin me persuadí de que sólo la vencería haciéndola mi esposa.

Pero ¿qué se hubiera dicho de mí? ¿Cómo había de degradarme hasta tal punto, exponiéndome a las burlas de mis amigos y al desprecio de una sociedad orgullosa en la que el más pobre de los hidalgos cree tener sangre real en sus venas? No, me dije, la hija de esa raza humillada no puede subir al tálamo de un caballero, y mi necio orgullo me perdió.

—¡Miseria y vanidad! interrumpió el fraile.

—Sí, tenéis razón, padre mío. Yo debí vencer mis preocupaciones y no tuve fuerzas para ello.

María, siempre impasible a mis ansias, no me concedía ni la más ligera esperanza. Yo la perseguía por todas partes, pero en vano.

Un día me dije: es preciso que esta mujer ame a otro para que se resista a mis ruegos de esta manera. Indagué entre mis esclavos y sirvientes y vi por desgracia que no me engañaba. María amaba a un africano que me servía.

Saberlo y tomar mi resolución fue uno.

Anoche di licencia a mis sirvientes para asistir a una función religiosa que se celebraba en San Francisco. Sólo quedaron en casa María y una vieja que era sabedora de mi plan.

Esta noche me dará la fuerza lo que me niega la libertad, pensé; y al ver sola y abandonada a la que tanto codiciaba, quise poner en planta mi plan.

Omitiré detalles, bástos saber, padre mío, que no logré mis intentos por haberse opuesto el esclavo amante de María, que, temeroso de lo que iba a suceder se había quedado oculto en la cocina de la casa.

Fracasó mi plan, y al verme así burlado fue tal mi furor que me arrojé sobre el negro que apenas me opuso una ligera resistencia.

Iba a castigarlo por mi mano, cuando los golpes que sonaban a la puerta, me advirtieron que la demás servidumbre volvía del templo.

Una idea satánica cruzó por mi mente.

Conociendo demasiado el carácter del esclavo, me persuadí que un castigo de mi mano no sería penoso para él, como el verse afrentado ante sus compañeros.

Mis esclavos y criadas volvían. Era preciso que ellos viesen su humillación, y al sentirlos cerca ordené a mi mayordomo que atara a aquel infeliz y lo azotara en presencia de todos.

No se hizo esperar el cumplimiento de mi bárbaro mandato.

El esclavo desnudo de su traje sufrió su castigo sin lanzar un ¡ay!. Sólo de cuando en cuando fijaba en mí los ojos como una amenaza aterradora. A mis plantas la bella María imploraba piedad, pero sus ruegos no lograron conmoverme en aquellos instantes de vértigo.

El esclavo casi expiraba a la fuerza de su dolor y yo mandé parar al verdugo con la intención de renovar el suplicio.

Aquello era poco, quería proseguir mi venganza y podía faltarme la víctima.

—¿Y no recordasteis un instante, interrumpió fray Luis, que aquel ser era un semejante vuestro, de cuya vida debíais dar cuenta a Dios? ¿No pensasteis que la sangre de la inocencia grita venganza a los cielos contra los que la vierten? ¿No teméis, desgraciado, la justicia divina?

El acento del fraile era severo como los juicios eternos. Moraga, aterrado, prosiguió:

—Nada vi ni pensé, padre mío, estaba ciego y sediento de venganza.

—¡Desgraciado!

—Pero falta aún lo más terrible; el esclavo quedó atado al sitio de la ejecución, todos se habían retirado y yo solo permanecía allí.

Yo que nunca he temblado, temblé entonces y el remordimiento comenzó a hacer su oficio.

El negro se agitaba en las ansias de su agonía. No lo mataba mi verdugo, lo mataba la afrenta que le había inferido delante de la que amaba.

Su mirada fija me tenía aterrado y comprendí que a estar ese hombre libre de sus ligaduras infaliblemente me mataba.

El infeliz, sin embargo, estaba muriendo. ¡Ay! padre mío, todavía escucho sus palabras: —Don Lorenzo de Moraga, me dijo con ronco acento, tiembla ante la justicia de Dios. Redimido como tú por la sangre de Cristo, soy yo un hermano tuyo y tienes que responder de mi muerte.

"Malvado, prosiguió con desesperado esfuerzo, cuenta bien las horas, porque al cumplirse los tres días darás cuenta de mi sangre en el tribunal del Dios de las venganzas".

—Sí, dijo el fraile, "hay un Dios en el cielo que tiene a su cargo la tutela de estos pequeñines; que no nos lo dijo en vano el Redentor que los ángeles custodios están viendo la cara de su padre".

Bien haceis en temer, porque vuestro crimen es grande. Pero proseguid, hermano mío.

—¡Perdón, Dios mío! exclamó el penitente y, anudando la narración que había interrumpido las palabras de fray Luis, continuó de esta manera:

—No sé lo que pasaba por mí en aquel instante. El negro había expirado y yo era su asesino. No temía la justicia de los hombres que podía fácilmente evadir, lo que me era horrible era el emplazamiento, cuyas palabras todavía escucho...

—Ahora, padre mío, decidme ¿será verdad la predicción del esclavo? ¿deberé comparecer ante Dios en el término fijado? ¿me perdonará por fin el Señor?

—Los juicios del eterno son un abismo impenetrable para los míseros mortales; pero es un crimen, hijo mío, dudar de la bondad de Dios. Dios es justicia y clemencia y manda igualmente su sol sobre los malos y los buenos; pero ¡ay del que insulta al caído, y se acerca al altar con las manos manchadas en sangre inocente!

¡Manualmente obrasteis y quieran los cielos suspender vuestro castigo! Inmenso es, sin embargo, el poder del arrepentimiento; hijo mío, humillaos, orad incesantemente a fin de aplacar al cielo ofendido.

Si al fin se ha de realizar la predicción del negro, es cosa que no sabré deciros; pero de todas maneras os está bien obrar como si indefectiblemente hubieseis de comparecer a dar cuenta de vuestro crimen en el término que os han fijado. Permaneced estos días en riguroso ayuno, cubrid vuestras carnes de cilicios, orad y esperad.

La confesión había terminado y fray Luis apenas se daba cuenta de lo que acababa de oír.

Despidió a Moraga, dándole antes saludables consejos, y una vez solo, dirigióse a la iglesia y se postró a orar ante el altar del Señor de la Agonía.

V

Dejemos al fraile en oración delante de aquella imagen, cuyo culto han consagrado los años; y sigamos a Moraga que, acongojado, y trémulo, se dirigió a su casa a cumplir las instrucciones que del agustino había recibido.

Anonadado por la maldición del esclavo, su pensamiento se asemejaba en un todo al del triste reo que va caminando a la horca.

Se sentía perdonado de Dios con la bendición del sacerdote; pero el horroroso castigo que aguardaba para una época tan próxima le causaba tal temor, que los que lo hallaban al paso se espantaban de su aspecto.

Por su parte, Moraga estaba en una situación tal, que hubiera confesado a gritos su crimen, con tal de desviar de su cabeza la justicia divina.

Así es como lo encontraron al atravesar la calle del Rey (hoy del Estado) sus grandes amigos el capitán don Luis de las Cuevas y el corregidor de Colchagua don Valentín de Córdoba, y le preguntaron por el estado de su salud; él no tuvo dificultad de revelarles lo que le pasaba.

Los buenos hidalgos, no hallando palabras con que confortar a su amigo, lo acompañaron silenciosos hasta su casa, donde lo dejaron abandonado a sus temores, sin aceptar o persuadirse de si aquel hombre deliraba o estaba en su cabal juicio.

Estos caballeros testificaron la verdad de tan notable suceso que el obispo Villaroel consiguió más tarde en su célebre relación del terremoto de mayo.

VI

¿A qué cansar al lector con referirle las austeridades a que se entregó Moraga en el secreto de su habitación?

Basta para él que lo introduzcamos a su retiro, que no era otro que el cuarto donde fue inmolado el esclavo emplazador.

Van corridos tres días desde que el infortunado capitán oyó su sentencia. Las sombras de la noche han huido de la tierra, y el cielo iluminado por la luna resplandece con dulce serenidad.

Todo es hermoso en rededor y la naturaleza, aún no desnuda del todo de sus galas, se muestra llena de indefinible encanto a los hijos de la sencilla Santiago, que al toque de la queda y después de la cena patriarcal y el infaltable rosario, habían buscado el sueño para reparar las fatigas del día.

Casi todos dormían en la ciudad; el silencio, que reinaba en sus calles, parecía indicarlo así por lo menos.

Sólo Moraga vela. El señor duro y cruel que tres días antes se entregaba a rabiosas venganzas sobre un indefenso esclavo, envidia en aquellos instantes, la suerte de su víctima.

Nadie ha lavado ni en las paredes ni en el enladrillado pavimento la sangre del infeliz esclavo que, con sus negras manchas, parece todavía clamar justicia contra el que la vertió.

Los días que Moraga ha pasado allí han sido eternos como el dolor del precito, amargos como los remordimientos que lo desgarran. Se ha visto a solas con su conciencia y este testigo inflexible le presenta a cada instante el espectáculo de su crimen.

Una fuerza superior lo tiene enclavado a esa estancia donde los cielos que vieron la ferocidad del verdugo, escucharon también los lamentos que la víctima exhaló en la desesperación de la hora suprema.

Quien viera allí a Moraga cubierto el cuerpo con un cilicio de cerdas y desgarradas sus espaldas con la disciplina del penitente, no le habría de ningún modo reconocido.

Habían desaparecido el caballero arrogante y el brioso lidiador de las campañas de Arauco: lo que de él quedaba no era ni una sombra.

No penden de las paredes las lujosas espadas de Toledo ni el casco ni la cota del guerrero que fue; el polvo las afea: pronto el orín las consumirá.

¿Y de qué podrán servir los arreos militares al que no se cuenta ya entre los vivos? ¿De qué la espada al que no puede defender su vida contra una potencia superior e invisible?

De la pasada grandeza no quedan otras prendas en aquel cuarto desolado que un reloj pendiente del muro, cuyo ruido aterra a su dueño, y un alto crucifijo de bronce puesto sobre una mesa, entre dos cirios, cuya luz amortiguada y vacilante proyecta siniestros resplandores en las paredes y en el pavimento.

Los labios del emplazado se abren para orar; el viento oyó acaso algunos versículos del miserere, entrecortados por suspiros que se precipitan unos tras otros... Después vuelve el silencio, la plegaria y tras ésta los gemidos.

Ardiente calentura lo devora; sus ideas se extravían, y en el delirio de la fiebre acaricia por instantes sueños de gloria y placer, que pasan a su vista veloces como un rayo corta el cielo ennegrecido por la tormenta.

Aquel hombre moría en la plenitud de la vida: se veía sorprendido en la mitad de su carrera por el fallo de la Providencia justiciera y se desprendía de la vida con terrible violencia.

Pero si acaso pasaron por su cerebro las ilusiones del placer mundano, pronto se convenció de que no era tiempo de entregarse a ellas.

Hojas secas que arrebata la brisa otoñal, las había visto desaparecer.

En el porvenir no le quedaba qué aguardar, sino el juicio de Dios. La única esperanza a que se asía era la misericordia del Eterno Juez.

Su delito había sido terrible y la sentencia de muerte fulminada por el esclavo no podía ser más justa.

El así lo sentía y por eso más con gemidos del alma que con palabras imploraba la clemencia de Dios.

VII

Iban a sonar las diez y media de la noche, hora en que el esclavo expirara tres días antes.

Iba, pues, a cumplirse el plazo fatal. Un terrible temblor sobrecogió al amo culpable.

Parecíale oír una voz de la eternidad que lo llamaba, y asiéndose a la última esperanza, corrió a abrazarse del crucifijo.

Quiere andar, pero su pie vacilaba: sin embargo, guiado por la desesperación, llega a la imagen sagrada y desploma la frente sobre su peana, estrechándose frenético al pie de la cruz.

Bien necesitaba el infeliz de tan poderoso auxilio. Un ruido subterráneo, que llegaba a sus oídos, lo aterró de tal manera, que no vio oscilar la estancia y abrirse a su alrededor la tierra en muchas y profundas grietas.

El instinto de salvación presta a Moraga una energía suprema. Quiere huir, pero la puerta le resiste; un nuevo remezón lo arroja al suelo sin sentido.

—¡Perdón! alcanzó a clamar.

Las murallas se juntaron y el emplazado quedó bajo sus ruinas.

VIII

Este terrible episodio del terremoto de mayo de 1647 consta, según hemos indicado, de la *Relación* del obispo Villarroel, que fue, en aquella tremenda circunstancia, el ángel de la ciudad, el amparo de las familias y el consuelo de todos.

El venerable obispo lo refiere, apoyándose en el testimonio de personas respetabilísimas, que aún vivían cuando se escribió. Nadie entonces lo contradijo, y nosotros no nos creemos autorizados a ponerlo en duda.

[De: *El Correo del Perú*, Nº XLIII, año IV, 1874.]

JULIO ABEL ROSALES

ANIMAS, DIABLOS Y FANTASMAS DEL PUENTE DE CAL Y CANTO

I

CHILE, como todas o casi todas las naciones del mundo, especialmente europeas y asiáticas, ha sido visitada en los tiempos pasados por inmenso número de seres invisibles que han asustado a los mortales dejándose ver en diversas formas, ya figurando enormes fantasmas caminantes o estacionados en lugares determinados; ya tomando la forma de pájaros o animales raros, de aspecto horrible; o ya como ánimas en pena o ánimas alzadas en grupos numerosos, formando a veces bulliciosas camorras, como las de los gatos en agosto. En cuanto a brujos y brujas, han existido en tan crecido número, que sobre ellos se encuentran en los archivos antiguos no escasos expedientes formados para castigarlos o simplemente para averiguar su existencia en ciertas localidades, como Chillán y Chiloé.

Sólo notamos que en Chile no se han conocido los útiles y comedidos enanos o duendes familiares de Alemania, Francia, Escocia, etc., que a veces hacían el servicio de la casa barriéndola, preparando la comida, sacudiendo los muebles o lavando los platos, y los quienes, al menor enojo con los sirvientes o dueños de casa, se montaban en cualquier palito que encontraban a mano, sobre todo si era de culén o de escoba, y volaban por los aires hasta perderse de vista. Los tales duendes, además de ser útiles en trabajos manuales, hablaban como simples mortales a la familia y se entrometían en todo.

II

En nuestro país los duendes, ánimas o fantasmas han sido mudos, porque no han personificado, según la creencia popular, sino al mismo diablo o a seres condenados a vagar por la tierra, expiando faltas pasadas o haciendo recordar a los vivos sus desmanes y pecados. En Santiago no hay calle ni sitio público alguno en que el vulgo no haya visto aterrado esas apariciones del otro mundo, algunas inexplicables, verdaderos misterios para el miedoso pueblo, y otras simplemente engaños de imaginaciones alucinadas, propias de crédulos y tímidos. Y como el miedo es contagioso, el que una vez aseguraba haber visto un fantasma, aun cuando hubiera sido su propia sombra, de seguro que los que le oían el cuento lo creían sin ninguna duda. Por esto, era difícil que el pueblo del siglo pasado dejara de ver visiones en la gran obra del puente, cuando en ella había muerto tanta gente, ya por las sublevaciones o ya por el rigor del trabajo. Lo que fue creído en ese siglo siguió creyéndose en el presente, esto es, que el diablo y sus ayudantes y las ánimas de todos los que allí murieron, gustaban de venir a hacer diabluras en el puente y sus alrededores. Bien pudiera decirse que habitantes de la otra vida, en no pequeño número, se habían enamorado de aquella obra colosal de piedra, ladrillo y cal, amasada con el sudor y la sangre de todos los mulatos, zambos y bellacos de Santiago.

III

En efecto, según la creencia popular, fue el mismo Zañartu quien primero vino del otro mundo a reconocer, no sólo el puente, sino la ciudad, en la víspera de la avenida grande, que tuvo lugar el 16 de junio de 1783, ya mencionada en otro lugar.

Era de noche en esa ocasión, cuando sintióse por algunas calles de Santiago la marcha acelerada o acompasada de una extraña calesa seguida de algunos soldados a caballo. Instintivmente eso causaba un miedo atroz, porque sabíase que, después de la muerte de Zañartu, ningún otro gastaba ese lujo de noche. Una mujer que por curiosidad se asomó a la puerta de su casa para saber la verdad del caso, cayó desmayada, asegurando después que había reconocido al mismo finado Corregidor en la calesa. En la misma noche atravesó ésta a escape el puente de Cal y Canto y llegó a la quinta en que aquél vivió, causando el espanto de los cuidadores. Otro tanto sucedió en el vecino monasterio, a cuyos patios penetró la calesa y salió pronto, como para pasar una rápida revista, mientras las monjas quedaban más muertas que vivas de puro miedo. Decididamente, Zañartu velaba por la ciudad y por las obras que había levantado, sin embargo que de éstas sólo el puente libró bien en la extraordinaria avenida de esa fecha.

IV

Pero después de aquella fecha fue cuando espíritus de todas formas tomaron posesión del puente, muy especialmente en la época en que se empezaron a trabajar los actuales tajamares.

Después de las diez de la noche no había persona que se atreviera a pasar el puente para uno u otro lado, porque el bullicio que se sentía de los centenares de obreros invisibles que trabajaban encima de él, debajo y en sus inmediaciones, infundía pavor al más valiente. Ya eran grandes piedras que se sentían caer desde elevada altura, ya el ruido seco y continuado del que cantea piedras, o ya el rumor confuso de mucha gente que trabaja a la vez, haciendo todo esto la ilusión, para los poquísimos que solían aproximarse a la ribera, de una enorme faena en actividad. No faltaba en estos casos ni el ruido de las cadenas de los presidiarios, ni el chasquido del látigo del mayordomo, ni el quejumbroso canto del negro bozal.

La ilusión era completa: los trabajos de construcción del puente y de los tajamares se repetían en las altas horas de la noche por los espíritus invisibles. Cuando los habitantes de Santiago dormían tranquilamente, las almas de los negros y mulatos que en esas obras dejaron el sudado pellejo, vagaban en distintas direcciones recorriendo los sitios en que en vida pasaron tantas pellejerías.

V

En otras ocasiones no se percibía ruido alguno, y cuando varios solían juntarse para atravesar el puente, divisaban en su cima una rueda de altos fantasmas blancos danzando en círculo, como tomados de las manos. Después se unían formando un solo cuerpo que aumentaba en proporciones gigantescas, como un enorme remolino girando rápidamente sobre sí mismo.

Si había uno o dos que pretendían seguir adelante, los demás huían llenos de miedo, y así se hacía general el temor en todos, quienes concluían por echar a correr a escape en dirección de sus viviendas.

A veces estas visiones desaparecían por muchos días, pero después solían dejarse ver en otra forma, como en la de pájaros de alas enormes que revoloteaban con ruido siniestro debajo de la arquería o animales de muchas patas que se alargaban mientras más caminaban, o simplemente como chonchones, pero que, a pesar de que daban en el aire sus inofensivos gritos, volando a cierta altura en todas direcciones, asustaban a las mujeres y niños, quienes corrían a esconderse dentro de las casas, poniendo a las puertas sólidas trancas.

El miedo a las cosas del otro mundo era entonces de tal manera extraordinario, que hoy nos parece exageración de cronistas el saberlo y recordarlo. El estudiar sus causas no entra en el plan de este trabajo, por lo cual sólo refiero los sucesos tales como se cuenta que pasaron, sin agregarles comentario de ningún género.

VI

En vida del Obispo Aldai empezó una vez a correr por la ciudad la noticia de que el ánima de Zañartu andaba penando por el puente, aunque otros decían que no era una sino muchas las ánimas que allí se reunían como en familia.

Pasado un poco de tiempo, el miedo de muchos vecinos del puente fue aumentado con una estupenda noticia, cual era la de que Zañartu o algún otro personaje del otro mundo, o tal vez el mismo diablo, bajaba a caballo todas las noches la rampa sur y a trote largo seguía por la calle del Puente camino de la ciudad. Los que se habían atrevido a asomarse para ver pasar la visión, aseguraban temblando que el tal trote lo causaba un animal de formas extravagantes, algún enorme dragón, cuyo cuerpo no alcanzaban a distinguir bien porque el miedo les ponía alas, y corrían a sus casas antes que el fantasma o el diablo les diera alcance. Varios formales vecinos consiguieron de la autoridad eclesiástica el que un sacerdote fuera al puente a poner en apretura a las molestas ánimas, por medio de conjuros y de asperjes. Otrosí, que el eclesiástico debía mandar que el ánima de Zañartu, siendo efectivo que andaba haciendo de las suyas en el puente se fuese con su música a otra parte, con las penas del caso y mediante el requerimiento correspondiente.

Como todo esto fue así concedido, una noche salió, en consecuencia, el sacerdote elegido, con estola y sobrepelliz, seguido de algún acompañamiento y llevando caldereta, matraca y otros aperos del caso para el gran combate que iba a librar en la cima del puente, lugar elegido para practicar la ceremonia del conjuro. Iba también una hermandad o cofradía, que llevaba un estandarte blanco y velas encendidas.

Al llegar a la plazuela o subida del puente, los más miedosos de la procesión empezaron a quedarse atrás, y a medida que avanzaban, el partido de los de retaguardia iba engrosándose y a su vez debilitándose las filas delanteras. El miedo iba ganando terreno. Para dar más valor a los tímidos o por ser necesario así para la ceremonia, el conjurante mandó tocar la matraca, y este sonido seco, que parecía la música tocada en alguna danza de difuntos, como en los cuentos, de otro tiempo y otros países, haciendo eco en las oscuras y desiertas orillas del río, infundió una especie de pavor entre los circunstantes.

Cuando el gran miedo hacía ya su obra, sintióse un ruido sordo que parecía venir del lado norte del puente hacia la ciudad, y esto hizo temblar de terror a los más. En un instante que dejó de tocar la matraca, todos creyeron percibir el estrépito que formaban algunos escuadrones de caballería que se acercaban. Era seguro que las ánimas alzadas, o algunos diez mil diablos de a caballo, venían a disputar el paso del puente a los asustadísimos mortales de la procesión, a los cuales se les iban quedando atrás las piernas, pues se negaban a continuar adelante, como declarándose en huelga. Aún faltaban algunos metros de distancia para alcanzar a los dos tercios de la jornada o subida, cuando el presbítero, que también llevaba un miedo atroz, y a instancias de sus más inmediatos feligreses, comenzó a rezar el *Magnificat anima mea,* que el pueblo llama la *Magnífica,* a la cual atribuye hasta ahora la virtud de espantar lejos a los espíritus malignos. Pero a este tiempo se oyó resonar en la cima del puente algo como instrumento diabólico, sonido estruendoso, horrible, como dicen será la trompeta del juicio final. Oír esto y echar todos a correr, como movidos por un resorte, fue todo uno. Parecía aquello un ganado de tímidas ovejas que hubiera avistado a hambriento lobo.

La confusión que se siguió fue espantosa. Unos caían, rodando atropellados por los más ágiles, y otros empujaban y eran empujados a su vez. En breve la calle del Puente quedó desierta, pues cada uno corrió a encerrarse con doble tranca en la casa. Entonces cuatro hombres del pueblo, que no lejos bebían en la calle atravesada de Santo Domingo, quisieron ir a trabar pelea a puñal con el mismo diablo si se presentaba. El aguardiente y el puñal les había dado bríos de sobra, no menos que el deseo de hacer una hazaña. Nuestros rotitos son capaces de ganársela al mismo demonio... Cuando, al subir el puente, divisaron un bulto que bajaba y creyeron fuese el fantasma o demonio, se animaron unos a otros y emprendieron una marcha de frente, casi al trote. Pero tropezaron con la caldereta de cobre que poco antes había quedado abandonada en la fuga, y el ruido metálico que produjo parece que asustó al diablo, porque echó a correr hacia atrás, puente arriba, en cuatro patas, dando unos como grandes bufidos.

—Por mi vida que *esto* parece ser el caballo de *don Peiro,* dijo uno de los cuatro hombres, y todos soltaron una estruendosa risotada al conocer el error caballuno de que eran víctimas.

Así era en efecto. El diablo no pasaba de ser un manso caballo de don Pedro del Villar, que desde la chacra de éste, en la Cañadilla, solía venirse de noche a la suculenta pesebrera de la casa del amo, en la calle de las Agustinas. Asustado el animal por las luces y la matraca, cuyo sonido nunca habían oído sus caballunas orejas, dio algunos sonoros bufidos, que la asustada gente tomó como cosa de la otra vida. El miedo, convertido en terror pánico, hizo todo lo demás. La trompeta del juicio final, que los tímidos devotos creyeron oír como el anuncio de una invasión de muchos miles de diablos sueltos o ánimas alzadas, no pasó del fuerte ventarrón que arrojó por las anchas vías nasales el asustado caballo de *don Peiro.* El miedo es cosa viva...! dice nuestra gente del pueblo, y con sobrada razón, a juzgar por lo que dejamos contado.

Pero el vulgo siguió creyendo en las ánimas del puente, porque en lo del caballo sólo dieron crédito algunos pocos. Y luego, esto era un caso aislado, que no podía echar por tierra la creencia general que había en la aparición de espíritus en ese lugar.

VII

Las apariciones misteriosas parece que disminuyeron durante los años de la guerra de la independencia; pero volvieron en noviembre de 1822, el mes del temblor grande. Visiones de otro género se vieron en las grandes creces del río durante los crudos inviernos de 1827 y siguientes.

Entonces, cuando el Mapocho llenaba su cauce de tumultuosas aguas, aparecían de noche algunas figuras blancas que se paseaban por la superficie de ellas, semejando flota de navíos con velas desplegadas. Otras veces eran abultados pájaros de alas blanquísimas que se bañaban, dando pequeños gritos como de mujer, formando bullicioso concierto de voces que el viento apagaba o llevaba hasta dos o más cuadras "río arriba" o "río abajo". Debajo del puente las aguas formaban torbellinos espumosos, batidos por aquellas enormes alas que tenían el brillo de la nieve.

¿Eran estas apariciones las sirenas del Mapocho que ningún poeta ha cantado? ¿O eran las ánimas de los que en otro tiempo habían aparecido como terroríficos espectros o fantasmas de quienes los vivos habían huído haciendo la señal de la cruz, vueltas ahora inofensivas y vistiendo el albo traje, símbolo de pureza, después de larga y dura expiación?

Parece indudable que las ánimas cumplieron el plazo que se les había fijado para andar vagando por estos mundos, y, purgadas las culpas, tomaron el límpido ropaje con que debían entrar a la eterna mansión de luz y de gloria, a donde no se permite a nadie vivir penando, ni mucho menos andar alzado... A lo menos esta fue la creencia popular en el primer tercio de años del siglo presente.

VIII

Tranquilo un poco de tiempo los traficantes nocturnos del puente de Cal y Canto con la desaparición por completo de las antiguas visiones, volvieron a aparecer terribles allá por los años de 1835. Bultos blancos salían de un repente a los pasajeros, tomaban un tamaño enorme y se dejaban caer con saña feroz sobre los infelices. Al día siguiente amanecía un cadáver despojado de la ropa, formando en la cima del puente un charco de sangre.

Estas continuas apariciones no se limitaron al puente mismo, sino también a sus rampas y calles vecinales, en donde esparcían el terror. Pero no tardó en saberse la verdad del caso pues una sospecha indujo a la autoridad a vigilar a cierta gente de mala vida que, tarde de la noche, salía llevando atados ocultos de trapos blancos. Los pretendidos duendes fueron tomados presos, resultando ser unos cuantos bandidos que habían formado sociedad para robar y saltear en el puente a los tímidos pasajeros, asustándolos con sábanas levantadas por palos.

Era jefe de esta banda de malhechores un hombre que parecía gigante por su estatura, llamado Alejo *Candelilla,* panadero de profesión, que en el año arriba mencionado trabajaba en la Cañadilla en una panadería de don Pedro Arias, conocido propietario de ese barrio, tanto entonces como ahora, cuyo señor me ha referido este hecho en el mismo día en que esto escribimos.

El bandido *Candelilla* fue el terror de cuantos tenían que atravesar el puente. Una vez capturado, volvió la tranquilidad a los transeúntes y desapareció de muchos hogares el temor a nuevos y desgraciados percances.

IX

Desde aquellos años hasta ahora aún se mantienen las creencias sobre fantasmas o duendes. En estos mismos días, un diario serio de esta capital, *La Tribuna* del lunes 13 de agosto, publicó en su sección de crónica lo siguiente:

"*El brujo del puente de Cal y Canto*—. El pueblo de Chile, que conserva aún muchas de las supersticiones del coloniaje, ha dado en correr estos días una tradición sobre el puente de Cal y Canto.

Se dice que en 1877, antes de la gran avenida, se vio a la media noche, sobre el puente citado, a un hombre vestido de blanco que lo atravesaba en toda su longitud, haciendo movimientos de beodo.

Hay abuelas que sostienen a pie juntillas el haber oído al brujo ése, lanzar extraños gritos que, más que de seres humanos, parecían de bestias feroces.

El brujo o duende se estuvo sobre el puente hasta que los primeros rayos de luz de la mañana lo hicieron desaparecer.

Estas mismas personas aseguran que el jueves, en medio de las tinieblas espesas de la noche, atravesó una sombra blanca por el aire, como cayendo rectamente del cielo, y fue a descansar sobre el machón destruido del puente de Cal y Canto.

Varios hombres del pueblo que asistían a la crece del río, mirando desde la ribera la tumultuosa corriente de las aguas, pudieron oír voces aterrantes que cruzaban el aire, uniendo sus descompasados sones al ruido de las aguas.

Esa sombra blanca no cesó de gritar en toda la noche, y luego desapareció sin saber cómo ni por dónde. Al día siguiente el puente era destruido por las aguas."

[Abel Rosales, *Historia y Tradiciones del Puente de Cal y Canto,* Santiago, Editorial Difusión S.A., 1947, 166 p.]

AURELIO DIAZ MEZA

—¡ES MIA! YO LA ESPANTE...
—¡ES MIA! YO LA COGI...

A Gabriela Mistral

CUANDO Pedro de Valdivia y su expedición emprendieron la primera jornada de cuatro leguas, desde el Cuzco a Oropeza, el día 20 de enero de 1540, —aceptando la fecha indicada por Pérez García, y no comprobada todavía por ningún investigador moderno— los soldados de Diego de Rojas regresaban ya de su desastrosa exploración por la Altiplanicie boliviana, al oriente del Titicaca, completamente desbaratados, hambrientos y sin control alguno, en dirección al valle de Tarija, para seguir al Cuzco, o a las poblaciones del Bajo Perú, dispuestos a correr la suerte que quisiera depararles el Gobernador Pizarro quien se había manifestado siempre bien poco magnánimo con los partidarios de su desgraciado rival y víctima, don Diego de Almagro.

Estas tropas, compuestas en su gran mayoría por los almagristas que escaparon de la degollina con que terminó la batalla de las Salinas, habían salido del Cuzco para "descargar la tierra" hacía poco menos de dos años en busca de las ponderadas y fáciles riquezas, que al decir de los indios, existían en la gran meseta de Sur América central, en las regiones limítrofes de las actuales repúblicas del Perú, Bolivia, Argentina, Brasil y Paraguay.

Solamente los jefes, los oficiales, los funcionarios y unos cuantos soldados distinguidos de la expedición eran pizarristas; el resto, los soldados de tropa, arcabuceros, artilleros, ballesteros, los infantes en general, eran almagristas; iban a pie, en castigo de haber sido leales a su jefe y protector. ¡Parece que el Mundo no ha cambiado mucho desde entonces a estas fechas!

Si la idea del Marqués Pizarro y la de sus hermanos Gonzalo y Hernando era la de ahorrarle trabajo al verdugo del Cuzco —"funcionario" que tuvo necesidad de tomar siete ayudantes, a raíz de la victoria de las Salinas, para dar abasto a las tareas de su cargo, en estos días— los vencedores lo consiguieron sin mayores responsabilidades con la organización de las citadas expediciones.

En las dilatadas llanuras que se extienden entre bosques impenetrables —dice un investigador— a las márgenes de los ríos Tuichi, Mapire, Beni y Madera, tenían los expedicionarios que abrirse paso cortando árboles gigantescos y amontonando piedras y trozos de madera para cubrir pantanos y dar paso a la expedición. Los anchos y torrentosos ríos eran cruzados en balsas y por toda esa tierra, pobre y cenagosa, no encontraban otros alimentos que coco de palma y yerbas, bajo un sol abrasador, y constantemente molestados por los naturales que les cortaban los pasos y les arrojaban flechas y piedras.

A poco, los víveres se agotaron y las enfermedades de la altura, la tupición de insectos venenosos, los trabajos y el hambre empezaron a diezmar la tropa e indios de servicio.

Uno de esos expedicionarios, que después llegó a ocupar el cargo de Gobernador de Chile, Rodrigo de Quiroga, decía, varios años más tarde en un documento público, que en aquella malhadada expedición "se iban quedando los cristianos de tres en tres y de cuatro en cuatro, fatigados e desfallecidos e enfermos de hambre y cansancio, e abrazados unos con otros, morían e pasaban desta vida".

Otro, el Capellán Castrense, Rodrigo Gonzalo Marmolejo, más tarde primer Obispo de Santiago, asegura que los soldados no atinaban a llevar ni sus equipajes más indispensables, y que él se vio obligado, "con gran pesadumbre, a enterrar, junto a un cementerio de indios, los ornamentos y vasos sagrados" para alivianar la carga.

Ante desgracias tan grandes, los jefes de la expedición tuvieron que ordenar la vuelta. Al regresar al valle de Larecaja, situado en la parte oriental del lago Titicaca, después de haber recorrido hacia el oriente setecientas leguas en las condiciones que tan brevemente he apuntado, se pudo conocer la magnitud de la catástrofe; habían perecido "todos los indios e negros de servicio", que eran cerca de diez mil, y "de los trescientos españoles sólo llegaron ochenta"...

"Se agotaron todos los recursos, pues se comieron casi todos los caballos y los perros, y viéndose ya en salvo, los hombres besaban la tierra. Venían desnudos, llagados los pies y espaldas, tan flacos y desfigurados que no se conocían y tan estragados sus estómagos, que les hacía mal cualquier comida."

En esta espantosa empresa y en otra del mismo estilo y consecuencias, —a que me referiré en seguida— figuraron los hombres más notables de la conquista de Chile.

Antes de arribar a Larecaja esta desbaratada expedición, —que iba al mando del Capitán Pedro Anzúrez— encontróse en el camino con las avanzadas de un refuerzo de tropas, víveres y abundantes recursos que le enviaba el Gobernador del Perú, sabedor de los trabajos "ni pensados ni creídos" que aquellos desgraciados almagristas habían tenido que soportar.

Dispuesto un largo descanso para que los sobrevivientes pudieran reparar su agotamiento, esos indomables aventureros continuaron su viaje hasta Tarija, donde estaba el grueso del refuerzo de soldados enviados por Pizarro. El proyecto del Capitán Per Anzúrez era el de volver sobre la fracasada conquista buscando otro camino y llevando acopio de recursos y de elementos de zapa con el propósito de abrirse camino por entre los exuberantes bosques.

La nueva empresa partió, pues, a la conquista de los Chiriguanos, pero no ya a cargo de Anzúrez, que fue relevado del mando, sino al de otro capitán pizarrista llamado Diego de Rojas.

Muchos de los sobrevivientes se incorporaron otra vez a la nueva expedición; pero hubo algunos —los menos— que prefirieron volverse al Perú, dispuestos a afrontar las persecuciones de Pizarro, antes de exponerse, de nuevo, a morir en medio de atroces sufrimientos.

Estaban aún a pocas leguas de Tarija, en camino a Potosí y Huanchaca, cuando llegó al campamento de Rojas el soldado Luis de Toledo, que ya formaba parte de la expedición que organizaba en el Cuzco el Capitán Pedro de Valdivia para la conquista de Chile. Ido a presencia de Rojas, díjole éste:

—Señor Soldado, paréceme haber visto a Vuestra Merced en el Cuzco en la compañía del Capitán Mercadillo...

—Allí estuve, y bajo su bandera me encontré en las Salinas, contestó el interpelado; pero ahora soy criado del señor Capitán Pedro de Valdivia, me llamo Luis de Toledo y he venido trayendo cartas para Francisco de Villagra, vuestro Maestre de Campo, para Francisco de Aguirre y para vos, ésta, terminó, abriendo la pechera de su jubón y extrayendo de entre algunos papeles, un pliego que entregó al Capitán.

—Venga el pliego, señor de Toledo y pasad, si queréis, al toldo del Maestre Villagra, que es aquel de penachos granadinos que veréis a la derecha, saliendo. ¿Cuándo habréis de regresar al Cuzco?

—Al día siguiente que me despachéis con la respuesta, señor Capitán.

—Os anticipo que, por mí, no os retardaréis.

Cuando Rojas leyó la carta del Capitán Valdivia, su boca formuló una mueca de marcado desprecio y llamando a su secretario, Martín Jerez, le ordenó:

—Escribiréis una carta mesiva al Capitán Pero de Valdivia diciéndole que es mi señor y dueño, pero que no cuente con mi gente para su conquista de Chile; que la expedición a los Chunchos y a los Chiriguanos podrá estar muy desacreditada con el malbarato de Per Anzúrez; pero que aun ésta será gloria comparado con lo que ya se conoce y lo que se espera conocer de la que va a Chile. Item que impediré cualquier deserción de mis soldados y que le agradeceré no mande mensajeros para llevármelos; y le repetiréis que es mi señor y mi dueño.

—¡San Carlos!, dijo en seguida el Capitán Rojas, saliendo de su tienda. ¡Este Pero de Valdivia se figura que en el Mundo no hay más tierra que la suya!

Tres días más tarde, Luis de Toledo partía de regreso al Cuzco llevando las respuestas de Rojas, Villagra y Aguirre. Ya conocemos la de Rojas. Los otros, experimentados como estaban del fracaso de la expedición a los Chunchos, decían al Conquistador de Chile que para el caso de vislumbrarse un nuevo descalabro en los Chiriguanos, contara con ellos; pues lo mismo era "servir a Su Majestad aquí o allá" y que "mejor era servirle comiendo que no quedarse muerto de hambre en tierra sin consagrar".

"E conmigo irán otros capitanes con sus criados", decía, particularmente, el prestigioso Capitán Francisco de Aguirre.

Relatar los padecimientos que sufrieron los expedicionarios de Rojas en esta "entrada" a los Chiriguanos, sería repetir lo que ya dije en el párrafo anterior, de Per Anzúrez en su exploración de los Chunchos. Toda la experiencia recogida en esta expedición desgraciada y todos los elementos que se acumularon para vencer a la naturaleza; todo el empecinamiento y la enorme fuerza de voluntad de aquellos hombres de fierro, se estrellaron, de nuevo, contra los obstáculos de la selva inexorable.

En cuatro o cinco meses, estos hombres, acostumbrados a no retroceder ante ninguna dificultad, recorrieron la apartada región que se extiende hacia el Brasil y parte del Paraguay, siguiendo el curso de los ríos, y esperando encontrar, alguna vez, los valles que fueran aptos para una colonia; pero por todas partes no hallaron sino bosques cerrados, a través de los cuales debían abrirse paso a fuerza de hacha, o corrientes turbulentas que no se dejaban cruzar sin grave peligro.

Los víveres, a su vez, iban disminuyendo; fue necesario racionar estrechamente a los soldados, y aún más a los indios de servicio. Pronto se experimentaron las consecuencias: los indios "morían de hambre y se comían unos a otros, cosa de grandísima admiración entre los españoles".

Estos, a su vez, comenzaron a manifestar un profundo descontento sin reparar en la subordinación militar. Algunos "se desvergonzaban" y sencillamente no obedecían, a pesar del prestigio en que tenían a sus jefes, Diego de Rojas y Francisco de Villagra.

De esta expedición formaban parte, como dije antes, casi todos los conquistadores que vinieron a Chile, excepto los once o trece que salieron con Valdivia de Cuzco y algunos de los quince o veinte que se le fueron juntando en el camino, antes de que la columna llegara a Tarapacá.

Estaban allí los soldados que más se habrían de distinguir en la colonia chilena, y que iban a ser los fundamentos de su sociedad primitiva; Francisco y Pedro de Villagra, Francisco de Aguirre, Diego García de Cáceres, Rodrigo de Araya, "Don" Francisco Ponce de León; Juan Bohon y Bartolomé Flores, ambos de origen alemán; Juan Jufré, Juan Dávalos Jufré, Diego de Velasco,

Rodrigo de Quiroga; los presbíteros Bachiller Rodrigo González Marmolejo y Diego Pérez; Santiago de Azócar, Jerónimo de Alderete, Juan Fernández de Alderete, Juan de Cuevas Bustillos y Terán, Francisco de León, Marcos Beas, Francisco de Riberos, Pedro de León, Juan de Cabrera, y muchos más, cuyos nombres sería inútil apuntar por ahora.

De esa gente, quince habían venido ya al descubrimiento de Chile con don Diego de Almagro. Estos eran Pedro Gómez de Don Benito, Antón Díaz, García Díaz de Castro, Francisco de Galdámez, Juan Godínez, Don Francisco Ponce de León, Francisco de Raudona, Juan Ruiz, Luis Ternero, el negro Juan Valiente, Marcos Beas, Juan de Funes, Juan de la Higuera, Alonso Sánchez y Gaspar de Vergara.

Los sufrimientos de esos soldados fueron sencillamente inenarrables, y toda su esperanza era regresar al punto de partida, para de allí correr cualquier albur, que nunca sería tan terrible como los martirios que estaban experimentando.

—Ha dos días comí las últimas raíces que pude coger en el pantano que atravesamos por favor de Dios, dijo Francisco de León a su vecino Lope de Quiñones, que, desfallecido, había abandonado la rienda del caballo que lo conducía. ¡No tengo nada que daros y vive Dios que lo querría para mí!

—Ya no me sostengo sobre el caballo, señor Francisco de León y de buena gana me abandonaría a mi suerte sobre esta tierra maldita, replicó Quiñones; y si no lo hago es porque, como cristiano, no me es dado disponer de mi vida y de este trance quiero salvar siquiera el ánima.

—Pues, ¡qué queréis!; yo no aguanto más y me abandono a mi suerte, dijo León, dejándose resbalar de su cabalgadura, la cual, a su turno, dobló los cuartos delanteros, hundió el hocico, y tumbó su cuerpo en tierra. ¡Que Dios te ampare, hermano, díjole a su bestia al verla desfalleciente, que de tu amo no podrás tener ayuda!

Y sentado en el suelo, metió su rostro, desfigurado por el hambre, entre los brazos cruzados sobre las rodillas en ángulo.

El agotado Quiñones echó pie a tierra, y se arrastró hacia su compañero, echando instintivamente una mirada angustiosa a su alrededor, en busca de algún socorro que no había. Cuarenta o cincuenta pasos más atrás venían Marcos Beas, Lucas de Cifontes y Rui Jiménez, quienes apresuraron su andar para prestar alguna ayuda a los desfallecidos caballeros.

—¿He de morir de hambre, santo cielo?... imprecó, en un desesperado arresto, Lope de Quiñones, dando al mismo tiempo un fuerte golpe con una vara que en la mano traía, sobre un tronco de arbusto.

Francisco de León levantó su cabeza en el mismo instante en que una culebra, espantada con el golpe de Quiñones, huía por entre la yerba...

—¡Allá va! exclamó León, apelando a los últimos restos de su energía, y corriendo tras la sabandija para darle alcance.

Quiñones, a su vez, partió tras de su compañero y llegó a él en el preciso momento en que Francisco de León cogía el reptil, ya muerto.

—¡Es mía! gritó Quiñones, dando un manotón a la cuebra; ¡yo la espanté!

—¡Es mía! vociferó León, ehando pie atrás: ¡yo la cogí!

Y esos dos hombres, que un momento antes desfallecían de hambre, echaron mano a las espadas "y se mataran" si no se hubiesen interpuesto, con energía, Marcos Beas y los otros que más atrás venían.

"Apaciguados los combatientes, convinieron en partir la prenda, para saborear cada uno la mitad", concluye diciendo el señor Thayer Ojeda, descubridor de este extraño episodio de aquella malaventurada expedición.

—Paréceme, señor Maestre, que no debo cargar sobre mi conciencia la completa desventura o la muerte de los caballeros que me han acompañado en esta "entrada", dijo a Francisco de Villagra el Capitán Diego de Rojas, al final de una larga conversación que ambos tuvieron con los capitanes, al vivaquear, después de un día de repechada por un espantoso desfiladero.

—Disponed, señor, como os lo mande vuestro corazón, que estoy para obedeceros con la conformidad que me conocéis, respondió el leal Villagra.

—Llano estoy a licenciar la tropa, una vez que lleguemos a tierra cristiana; sólo pienso en la suerte que correrán los almagristas que a mi amparo vienen, ya que nada podré hacer por ellos, pues con esta empresa, desacreditado quedaré ante el Marqués, sin hacienda y endeudado.

—He oído que algunos desean pasar a Chile con Pedro de Valdivia...

—Y vos, ¿qué haréis, señor Villagra?

—Si vuestro propósito es licenciar y no me queréis por vuestro criado, iré también a Chile. Hanme llegado nuevas cartas de Valdivia. Salió de Arequipa hace dos meses y debe estar acampado en Tarapacá.

—Si mi tropa quiere pasar a Chile, que lo haga, señor Maestre; desde ahora le doy licencia; cuanto a vos, mi viejo amigo y camarada, Dios me es testigo de que os deseo, de corazón, toda la buena ventura de que vuestra lealtad es meritoria.

Y Diego de Rojas mantuvo entre sus brazos, largamente, a uno de los más grandes políticos que iba a tener la conquista de Chile en sus primeros veinte años.

En los siguientes días, los desbaratados restos de la expedición fueron partiendo de "veinte en veinte" y por diversos caminos, a juntarse con la columna de Pedro de Valdivia, algunos, o con dirección al Perú, los otros.

Rodrigo de Araya, salió, el primero, con "obra de veinte soldados", por el camino de Potosí; fue también el primero que se juntó al Conquistador de

Chile, aumentándole su reducido número de soldados a un total de treinta y seis hombres, más o menos.

Desprendióse, después, Francisco de Aguirre, desde Tupiza, "con veinticinco soldados", tomando un camino más largo, por Suipacha, Quinca, Sapoleri, Aguas Calientes, hasta Atacama la Grande (San Pedro de Atacama) con un recorrido de doscientas leguas, en donde esperó a Valdivia.

Y por último partieron Francisco de Villagra y Juan Bohon, por Tarija, con "más de ochenta caballeros e infantes" con dirección a Tarapacá.

La llegada de este refuerzo, que fue el segundo que recibiera la expedición, salvó del fracaso definitivo a la estupenda empresa de la conquista de Chile que había emprendido Pedro de Valdivia con ocho soldados...

[Aurelio Díaz Meza, *Leyendas y Episodios Chilenos*, 3ª edición, Santiago, Soc., Imp. y Lit. Universo, 1930.]

HERMELO ARABENA WILLIAMS

A MODA COQUETA, BASQUIÑA SUELTA; Y A VIEJO OIDOR, CORTO CALZON

NUNCA se deslizaron con tanta soltura y desenfado las costumbres coloniales como a principios del siglo XVII. Los empingorotados Oidores de la Real Audiencia, lejos de morigerarlas, les dieron alas traviesas y licenciosas, haciendo solemne profesión de un lujo versallesco. Chupas de fino moaré, festoneadas con florecillas multicolores; casacas y calzones carmesíes o azules; pelucas de enrizado pocete al estilo de Carlos III y capas de Segovia flotantes, fueron las prendas del buen gusto y del mejor abolengo. Las galanterías de los hombres a quienes las leyes de Indias encargaban velar por el mantenimiento de las buenas costumbres y de la sobriedad pública, produjeron más de algún desliz en la tímida sociedad de esos días.

Aquel amor al boato auguraba calamitosas consecuencias en lo económico y en lo moral.

Inquieto por la recrudescencia de estas calamidades, que bajo los influjos del Maligno llegaban —¡quién lo creyera!— hasta el venerable Monasterio de las "Tres Isabelas" en Osorno, "Su Ilustrísima y Reverendísima Señoría, Doctor y Maestro, Don Fray Bernardo Carrasco y Saavedra" —virtuoso dignatario peruano, a la sazón Obispo de Santiago de Chile y miembro del Consejo de Su Majestad—, vióse en la dura obligación de legislar sobre la materia, conminando con severas sanciones la diabólica elegancia de los trajes femeninos.

Consecuente con este propósito, subióse al campanario el afligido pastor y no cesó de tocar a rebato mientras no obtuvo se aprobara por el Sínodo celebrado en Santiago a comienzos de 1688 la "Constitución" que transcribimos fielmente, sin suprimirle una tilde ni encogerle una mayúscula:

"Por Cédula de diez y ocho de Octubre de mil seiscientos y ochenta y dos, su Fecha en San Lorenzo, ruega, y encarga Su Majestad, el Rey Nuestro Señor, al Ilustrísimo Señor Obispo de esta Ciudad, modere la profanidad de los Trajes en las Mugeres, y le avise de los medios más concernientes, para ponerlos en modo decente y modesto. Y porque la principal causa en los Gastos del vestir, es el traher las Sayas de encima muy altas, por la vanidad de descubrir la profanidad, y riqueza de los interiores; sobre ser inmodesto el Trage, descubriendo sobre los pies mucha parte; por tanto, ordenamos, y mandamos a todas las mugeres de cualquier Estado, y condición que sean, suelten las Basquiñas hasta los empeines, y talones del pie; sin descubrir otra parte: pena de perdidas las Basquiñas de encima; y exhortamos a las Justicias Reales cooperen en esto al santo zelo de Nuestro Catholico Rey y Señor".

¡Pobre Obispo Carrasco! Murióse lidiando con las tapadas y con los tapujos de las incorregibles santiaguinas... Pero... perdónesenos el floreo. En realidad, este dignatario dominicano no concluyó sus días entre nosotros, pues fue promovido, por real cédula de 22 de marzo de 1694, a la sede de La Paz, en donde parece que falleció. Después siguieron pelechando los años. Españoles, peruanos y paraguayos alternaron en el episcopado de la "noble y leal" ciudad de los Tajamares. Llegó, al fin, un chileno, Su Iltma. Don Manuel de Alday y Aspee, nacido en Concepción y, por ende, todo un cerebro y todo un carácter, que tan pronto ciñóse la mitra, acarició con su cayado, de lo lindo y por parejo, a todo el redil.

Erguido en medio de tanto remezón escandaloso, hizo vibrar la cátedra sagrada con sus fogosas catilinarias. Y, en el deseo de perfeccionar la obra de sus antecesores, el año 1763, séptimo de su gobierno apostólico, convocó a los eclesiásticos del Reyno a un nuevo Concilio, que metió más miedo que el volcán Peteroa en su erupción del año anterior. Entre otras cosas, en este Concilio se acordó prohibir, "bajo de precepto grave, a las Mugeres, levantar la Ropa de los Faldellines, Sayas o Basquiñas, con el exceso que se iba introduciendo"; y se dispuso "la baxassen, demanera que llegase a los Tobillos, dentro, y fuera de sus Casas: como también, cubriesen los Brazos hasta el comedio entre el Codo y la Muñeca, cuando salgan fuera de Casa, o en ella reciban Visitas..."

Naturalmente que con esta medida las Cleopatras criollas alargaron, mal de su grado y a regañadientes, aquella otra medida, en extremo ligera y tentadora, de sus prendas de vestir.

Sin embargo, la legislación penal patrocinada por Su Iltma. Don Manuel de Alday y Aspee rindió, al poco tiempo, frutos antagónicos: los escotes y demás caminos libres de las sayas disminuyeron apenas, al paso que las visitas de casa y corte aumentaron con misterio inquietante.

Nada habría sido eso, con ser más de algo. Lo increíble, lo despampanante, lo extraordinario, era la molicie y la bambolla que empezaban a despuntar entre las toquillas de las religiosas selladas con votos solemnes.

Ya en tiempos del Obispo Carrasco, quejábanse las autoridades eclesiásticas de la mucha pobreza de este Reyno y, en especial, del atraso de los Monasterios, cuyas rentas eran escasas y redituaban apenas para el sustento diario. Estas circunstancias lo determinaron a prescribir que las fiestas celebradas tanto por los conventos como por las "monjas particulares", no podían exceder de "cincuenta luces", y a encarecerles paternalmente que moderaran el pagano derroche de fuegos en las veladas que a tales fiestas precedieran; "por quanto Nuestro Señor mas se pagaba de los corazones devotos y ajustados a la Pobreza religiosa, que a exterioridades que olían a vanidad".

¡Razón que le sobraba tenía el mitrado! El demonio de la gula y del lujo se había introducido, con solapados pies, en las celdas de las esposas del Señor. Así, en los días de la madre abadesa, de la tornera mayor o del capellán, se abrían las rejas al mundo y a sus pompas, y el chocolate espumoso, los "buñuelos de viento" y las luminarias asaltaban a una, en profano desfile, la complaciente clausura conventual.

Pero lo dicho palidece ante el batiburrillo que armaban las religiosas en las ceremonias preliminares al "Nacimiento de Nuestro Redentor". ¡Aquello era peor que el desbordamiento del Mapocho! Entonadas las "Antíphonas de Vísperas", irrumpía una de bandurrias, regalos y comilonas que, año tras año, amenazaban con aligerar católicamente de sus caudales a las más holgadas congregaciones.

Tanta "profanidad" en los gastos obligó al episcopado chileno a proscribir, en forma terminante, los animados festejos monjiles.

Si bien las reverendas acataron tan dura sentencia, para la mayoría de los vasallos del Reyno los Sínodos fueron de fugaz eficacia.

El relajamiento de las costumbres siguió imperando entre moros y cristianos.

¿Lo que no conseguía su "Cathólica Magestad" iban a conseguirlo el Gobernador y el Obispo, en contra de la picaruela sonrisa de las doncellas o del imperativo ceño de los Oidores?

Los señores clérigos lucían por la ciudad el capote y la chupa de seda, se gastaban unos vuelos en los puños de la camisa y ¡vaya qué chapeados aderezos de plata en sus caballerías! Si hasta solían llevar doncellas en las galantes ancas de su cabalgadura y, antes de decir misa, tomaban tabaco "en polvo" y aun "en humo"...

Todo esto podría tolerarse, con algún disimulo, pues los hidalgos de peluquín y calzón tampoco lo hacían mal; pero que los señores clérigos se dieran el lujo de hilar sutilmente en los sermones, anticipándose a Fray Gerundio en sus inverosímiles intepretaciones de las Sagradas Escrituras, eso no lo podemos permitir...

En 1769 fondeaba en Valparaíso, procedente del Callao, *El Gran Poder de Dios*. Este velero llegaba armado, de lonas a bodegas, con las armas de la elegancia. Traía encajes de Flandes, "basquiñas de chamelote y faralá", piezas de seda y terciopelo, agua de Colonia, joyas toledanas y hasta unas cuantas golillas, inestimable presea para los Oidores.

Tan codiciado surtido hizo recrudecer la plaga del boato entre doncellas y varones, parecida si no igual, a la ocasionada por San Sebastián, abogado de la peste, y por San Juan Evangelista, tutelar de la langosta...

Entre ofertas y dádivas rivales, la preciosa carga del velero se volvió humo en las generosas manos de tantos galanes.

No faltaron hijosdalgos mozos, dados con alma y faltriqueras a las mozas, que entre rejas y juramentos, trocaran buena parte de las cosechas por género y prendedores de diamantes, para satisfacer la vanidosa condescendencia de las criollitas.

Si hasta el propio Don Andrés del Alcázar, Conde de la Mariquina y señor de la Fuente de Rosalejo, no cabiendo en sí por ser dueño de unas hebillas con piedras...' falsas, tuvo el capricho de ir donde un maestro platero para exigirle que se las engastara en un anillo, en la esperanza de que, ceñidas en su aristocrática mano, pasarían por finas...

Y como la pasión del lujo está siempre removida por las tenazas de Satanás, abogado de imposibles y artífice de picardías, no fueron pocos los escándalos que provocó este derroche de elegancia.

Baste recordar el caso de un cabildante sin latines pero sí de muchos patacones de plata, que enamorado de una preciosa mulatilla, no se anduvo parco en ataviarla desde el tocado a los pies con galas superiores a las de su legítima cónyuge.

No tardó en saber ésta el buen precio de aquellas relaciones y, fingiendo ignorarlo, esperó con alterada paciencia la ocasión propicia para castigar a los autores de su desgracia.

Salía una mañana la ofendida del Hospital de los "Hermanos Capachos", vale decir, de los Hermanos de San Juan de Dios, cuando tropezó con la feliz pareja, trabada en dulce y abandonado coloquio. Verla e irse sobre la mulatilla y sobre el asorochado esposo, con las uñas convertidas en espolón de ataque, todo fue uno. En vano el sorprendido contrincante trató de evadir la súbita agresión. Asiéndola de la caudalosa cabellera, la dama paseó a la mulatilla, a voz de pregonero, a lo largo de toda la cuadra, dejándola con manifestaciones inequívocas de su cariño en el traje y en la cara, mientras el seductor huía con la golilla a mal traer.

¿Tuvo la culpa la mulatilla
o sólo fueron celos de lujo
los que indujeron a la damilla?
Diz que al hidalgo se le redujo
tanto la gasa de la golilla
con la azotaina de su consorte,
que perdió idilio, compás y porte.

Si Su Señoría el Señor Gobernador Don Andrés de Ustáriz, mandatario de estos dominios a comienzos del siglo XVIII, despertara de las losas sepulcrales e hiciera una breve visita ocular por las calles de nuestro demundado Santiago del Nuevo Extremo, en compañía de un ministro de fe —pongamos por caso, del severo Doctor Carrasco y Saavedra—, la rendida gracia de las faldas a medias faldas... le helaría de sorpresa el corazón.

Desde la época de los Oidores hasta hoy día, la historia del traje se ha repetido, pero al revés, o si se quiere, con la cabeza para abajo. A los hidalgos del siglo XVII, que usaban calzón corto, se les alargaron después los pantalones, y a las damas de opulenta basquiña de ocho metros —¡longitud reglamentada por Su Majestad!— se les acortó el ruedo, en forma de calzón dieciocheno.

Nunca podrán comprenderse los caprichos de la moda, como tampoco los del corazón femenino, aquel jeroglífico de la inconstancia, al decir del experimentado cronista Córdoba y Figueroa.

Mas, aunque tales caprichos no encuentren, a veces, explicación y no siempre el hábito haga al monje ni el diploma al letrado, tengo para mí, lector, que el hombre o la mujer, cualquiera que sea su linaje, ciña ropa talar, basquiña o americana, lleva a menudo, de botones adentro, o mejor dicho en las venas, un poquito de horchata con malicia...

[Hermelo Arabena Williams, *Entre espadas y basquiñas, Tradiciones chilenas,* Santiago, Empresa Editora Zig-Zag S.A., 1946.]

REPUBLICA DOMINICANA

CESAR NICOLAS PENSON

EL SANTO Y LA COLMENA

EL CASO fue curioso, *de primera*.

Tomaron pie de ahí los pacíficos ciudadanos para deducir castigos providenciales y vaticinar en contra de la usurpación del territorio de la antigua Española por las engreídas huestes del afortunado sucesor del que auxilió a Bolívar.

Se había cometido una profanación, y el cielo había fulminado los rayos de su ira sobre el osado perpetrador de tamaño sacrilegio.

Así lo aseguraban, juraban y *perjuraban* los habitantes de la ciudad capital de la Primada, y los comentarios llovían en los corrillos que era un contento.

Veían en aquel suceso una señal cierta de que el patriotismo humillado de los altivos y valientes quisqueyanos podía lisonjearse; a saber: que así como el santo de piedra aquel indignado se había lanzado de su nicho haciéndose añicos, para dar muerte al salvaje perpetrador de semejante atentado, del mismo modo se revolvería el país contra sus extraños dominadores y se harían pedazos ambos, quedando incólume el principio de la libertad y la autonomía del pueblo dominicano.

En fin, que todo era mirar aquello, considerar, santiguarse y vaticinar la multitud reunida la mañana de aquel día en el atrio de la esbelta y preciosa capilla de Regina Angelorum.

Año funesto el año 22, había visto del vetusto régimen colonial surgir en una noche, la del primero de diciembre, una nacionalidad, el flamante Estado libre de *Haití español* que había sido a la voz de un hombre ilustre, pero en mal hora inspirado, y a los setenta días justos, desaparecer bajo los cascos de los caballos de Occidente, para dar lugar a una grande hegemonía de esclavos, que se extendía del cabo Tiburón a punta Engaño.

Núñez de Cáceres, por su ligereza o por el despecho de no haber alcanzado una gracia que pedía, según versiones, nos entregó maniatados al absorbente vecino, el cual ha sido siempre calamidad y pesadilla que no sabemos cuándo querrá Dios, o el tiempo, o el progreso, o el machete quitárnosla de encima.

Pues así como se engulle un buñuelo, nos sorbieron, sólo que del 44 para abajo se les atragantó la espina; pero cuanto a Núñez de Cáceres, no tiene justificación, y eso se dirá en otro lugar cuan largamente se contiene.

Adueñado Jean Pierre Boyer, Presidente de Haití *uno e indivisible* (!) del territorio de la inmaculada Española, sus tropas ocuparon algunas iglesias como fueron por ejemplo las del ex convento domínico y Regina Angelorum; mientras las familias azoradas se disponían a emigrar, y cerraba sus gloriosas puertas la imperial y pontificia Universidad de Santo Tomás de Aquino que granjeó a Quisqueya el título de Atenas del Nuevo Mundo; el cual ha pasado, con el cetro de la primacía del saber, a la espiritual ciudad norteamericana.

La capilla de Regina Angelorum es uno de los más famosos y mejor construidos templos de la *Ciudad Antigua,* y da frente a la calle del mismo nombre, hacia el Norte.

Su construcción, a juzgar por su estilo, data del siglo XVII; no obedece a ningún orden.

La fachada es sencilla sin tener nada que admirar en ella. Dividida en dos cuerpos, abajo se abren tres arcos romanos, y en el del medio, la puerta; arriba dos ventanas, a los lados, casi encima de cada ventana, una cabeza de santo, y el centro ocúpanlo dos pequeños estribos entre los cuales hay un nicho con dos columnitas talladas en relieve que sostienen un frontis y sobre el frontis un medio óvalo. En la base de éste se destaca un busto de mujer coronado de laurel, encima un águila con las alas desplegadas; y a un lado y otro del busto hay más esculturas. En lo alto una cruz, a un lado y otro dos ángeles y a la derecha el campanario.

El interior es claro, bien ventilado y de agradable aspecto. Tiene imágenes no malas venidas de México y el Perú en el siglo pasado, y una Santa Lucía, costeada por los primeros africanos llegados a este suelo.

Allí están depositados los restos del Libertador-marqués y del noble prócer Pedro Alejandrino Pina, aquél vaciado en molde antiguo.

Hacia el Oeste se prolonga un edificio vastísimo provisto de ventanas y coronado de un repecho, el cual edificio constituía el convento de monjas de Regina. Tiene espaciosos salones y patios, y se comunica con el templo. Las monjas abandonaron esos edificios cuando la cesión de la isla, y en 1818 las señoras Doña Francisca Perpiñán y Doña Clara González de Hernández los repararon.

Pero lo que falta en la fachada de la iglesia para completar su adorno, y en que acaso poquísimos se hayan fijado, es un santo de piedra que estuvo en el mencionado nicho hasta 1822, imagen que por extraño modo vino a sufrir la misma suerte que el águila de piedra que estaba sobre la puerta de

San Pedro, en la Catedral, que el escudo de armas del Adelantado D. Rodrigo de Bastidas sobre la capilla del *Obispo de piedra,* el de Ruiz Fernández de Fuenmayor, sobre la capilla de las Animas, los de Dávila, Landeche, Oviedo y otros que estaban en casas particulares, y por último, que las armas reales que adornaban la puerta de la Fuerza, Cuartel de Milicias, Matadero y otros sitios.

La salvaje cruzada contra lo que representaba nuestros claros orígenes e ilustre abolengo, no perdonó símbolo ninguno; y milagro fue que escaparan los tantos grandiosos monumentos que hacen de la ciudad toda de Santo Domingo un monumento y el primero de América, por haber sido la primera ciudad fundada en ella.

Oían siempre los militares que ocupaban a Regina un rumor sordo que no sabían a qué atribuir, y el mejor día vieron revolotear unas abejas ¿pues dónde cree el pío lector? detrás del santo *en persona* que estaba presidiendo en la fachada de la iglesia.

¡Vaya unas abejas antojadizas!

Ocultáronse allí los laboriosos animalucos y labraron calladitos su panal, seguros de gozar de inmunidad a la sombra de la venerable efigie.

No contaron con la gula de los hijos del Massacre.

Vistas las abejas por unos cuantos de ellos se les volvió la boca agua; mas contentándose con mirarlas un día y otro día, sin saber cómo andaría ese panal ni cómo pillarle a esa altura y detrás del santo que parecía proteger a las artífices de él, con su aspecto grave y beatífico.

Seguramente "no estaban maduras".

Pero como el diablo sugiere siempre medios al que se deja tentar, hubo al fin un *mañé* más emprendedor u osado que los otros, que no se conformase con estar mirando embobado las abejitas desde la mañana hasta la noche, como un pastor de bucólicas, y ofreció por los manes de Dessalines y Biassou, coger la colmena o perecer.

Celebráronle la resolución, heroica por cierto, los compañeros, y esperaron a la siguiente mañana.

Había que vencer la altura, poner profana y sacrílega mano sobre el santo de piedra violando su dominio secular y registrarle atrevidamente las espaldas para ver dónde se ocultaban las buenas abejitas y hurtarles su codiciado fruto.

Ni siquiera pararía mientes el tuno en aquello de

> *Por catar una colmena*
> *cierto goloso ladrón*
> *del venenoso aguijón*
> *tuvo que sufrir la pena.*
> *La miel (dice) está muy buena:*
> *es un bocado exquisito;*

por el aguijón maldito
no volveré a colmenar.
¡Lo que tiene el encontrar
la pena tras el delito!

Pero él quiso probar fortuna a todo trance, sin cuidarse de la pena amarga con tal de saborearse el dulce delito, que es precisamente en lo que neciamente, y aun abdicando la razón, incurrimos todos los días.

Armóse con una escalerita, y se dispuso a escalar el segundo cuerpo de la simplota fachada.

Debajo se agruparon los *compagnons* curiosos por ver cómo saldría con la suya el "goloso ladrón", y alguno que otro transeúnte se quedó parado a mirar qué diablo de empresa era aquélla que entre manos traían los mañeses de Regina.

El castrador de la colmena trepó por su escalera sin ninguna dificultad y se agarró a la cornisa del primer cuerpo, bregando por afirmar allí los pies, y buscando inútilmente asidero.

Sudó y se afanó en vano.

Los otros le armaron una algazara infernal.

Reanimado por la gritería, el goloso descastrador redobló esfuerzos, y llegó a asomar medio cuerpo sobre el nicho de la imagen, extendiendo la mano a ver si podía alcanzar el oculto tesoro que se empeñaba en defender y encubrir el testarudo santo de piedra.

No había medio de llegar a la colmena.

Nueva algazara de los de abajo.

Por fin, aburrido y desesperado, y anda mais, probando ya la pena sin consumar el delito, pues las alarmadas moradoras del nicho revueltas empezaban a zumbar roncas y amenazantes en torno del ladrón, echó el resto, jugó el todo por el todo y con fuerza empuñó el ropaje del santo, que no pestañó siquiera.

Creyó el insensato que la pesantez de la imagen o las raíces que había echado en su secular asiento serían parte a prestarle un apoyo suficiente para invadir el nicho y reducir a las iracundas abejas a su última trinchera; y así fue que no se cuidó primero de pensar en leyes de equilibrio ni nada de eso, sino que resueltamente se encaramó al nicho y dio un apretado y místico abrazo al impasible santo de piedra.

¡Noramala!

El santo de piedra (y es fama que lo vieron demudarse y echar chispas por los apagados ojos) se indignó tanto de verse así sobado y profanado por un salvaje invasor hereje, que, sin encomendarse a Dios ni al diablo, se arrojó de lo alto del nicho a la calle, llevándose en su tremebunda caída al infeliz haitiano.

Viéronle venir los de abajo y se desbandaron.

La irritada efigie cayó en la calzada del atrio y se hizo pedazos, y bajo su peso aplastó al sacrílego y osado profanador de abejas santas y santas imágenes.

Se oyó angustiado gemido, y un río de sangre brotó entre los despedazados miembros del santo de piedra.

La muchedumbre se agolpó allí estupefacta.

Es imposible pintar los gestos trágicos y las cómicas morisquetas y voces lamentables de las comadres.

—¿Lo ve Ud.? ¡castigo de Dios! ¡Jesús, Ave María Purísima! ¡Profanar esos bárbaros las iglesias, y después poner la mano en los santos!...

—¡Buenísimo! juraba una energúmena, haciendo bailar en el aire unos dedos flacuchos con uñas como bayonetas.

Los del sexo varón se compungían y encogían de hombros; y todos admitían que aquello tenía que resultar infaliblemente; porque Dios no podía mirar con ojo quieto que le ocupasen así no más sus casas, y de *ñapa* que le sobasen sus santos, aunque estuviesen encaramados en las nubes.

De ahí, como dijimos, se extendió la consideración hasta juzgar y creer que aquella usurpación inicua de nuestro territorio tenía también que acabar mal, exactamente como el ladrón de la colmena y el santo de piedra.

El nicho en que estuvo éste, se ve hoy vacío.

Muchos como yo, se habrán preguntado acaso más de una vez, por qué está ese nicho vacío.

Ahí ha quedado como señal de aquella nefasta época.

Abril de 1891.

[De: *Cosas añejas, tradiciones y episodios dominicanos,* Santo Domingo D. N., Biblioteca Taller 9, 1972, p. 189-195.]

M. DE J. TRONCOSO DE LA CONCHA

EL CURA DE LOS INGENIOS
Y EL INGENIO DE LOS CURAS

POR LOS años de 1686 a 1689 era cura del partido de Los Ingenios el presbítero don Diego Salomón de Quesada. Denominábase así a la porción de tierra que va desde el río Nigua hasta el Nizao, muy adentro de lo que es hoy la rica y poblada común de San Cristóbal.

El padre Quesada era uno de los sacerdotes más distinguidos de la colonia. De familia linajuda, rico, inteligente, de buen porte, maneras elegantes, su prestigio era grande, así en la clerecía como en los medios sociales.

A esas calidades y condiciones se debía probablemente el haber sido designado para servir la cura de almas del partido de Los Ingenios, el cual, aunque rural en toda su extensión, servía de residencia a los señores a quienes pertenecían los ingenios de laborar azúcar allí establecidos. Muy conspicua debió de considerarse esta posición cuando, superponiéndola al nombre nada común del padre Quesada, le ganó a éste como título de distinción el de "cura de los Ingenios" con que se le nombraba, al referirse alguien a su excelencia de gran señor o a algún rasgo suyo. Porque lo cierto era que, adonde quiera llegase, hacia él convergían las miradas, y, si hablaba, de sus labios estaba pendiente todo el mundo.

Gobernaba la arquidiócesis el arzobispo don fray Fernando de Carvajal y Rivera.

Entre el señor arzobispo y el P. Diego Salomón de Quesada no existieron nunca buenas relaciones. Cascarrabias ambos, celoso el primero de la nombradía del otro, se encontraban pocas veces y, cuando esto sucedía, ya tenía provisión la gente de iglesia, y aun la que no lo era, para una buena comidilla.

Así las cosas, ocurrió un día, según la tradición el de la Natividad de Nuestra Señora, que estando ya el arzobispo revestido de sus ornamentos para pontificar, se personó en la sacristía de la Catedral el P. Quesada, quien llegaba más tardíamente de lo excusable. Su presencia fue saludada con un murmullo de los clérigos allí reunidos, revestidos unos de sobrepelliz y de capas y dalmáticas los que debían asistir al arzobispo. El murmullo se fue extendiendo hasta llegar a los oídos del prelado: "el cura de los Ingenios", "el cura de los Ingenios"...

Vuelta la cara para los circunstantes, y encontrándose su mirada con la del P. Quesada, el arzobispo, en tono mitad sorna y mitad admonición, exclamó:

—¿Quién es ese que ahora llega? ¿el cura de los Ingenios, eh?

La respuesta no tardó, arrogante y con punta:

—Sí, ilustrísimo señor. El cura de los Ingenios.

Agregando en seguida:

—¡Y *el ingenio de los curas!*

Los nervios del arzobispo se conmovieron.

Contúvose, sin embargo.

Adoptando aire de mansedumbre dijo luego de un rato:

—¡Anjanjá! ¿Conque el ingenio de los curas? Eso tendrá que probármelo.

—Cuando su señoría sea servido de ordenármelo, replicó Quesada.

II

Al día siguiente, el secretario de cámara y gobierno de la arquidiócesis avisó al canónigo que el domingo próximo, en la iglesia de San Nicolás de Bari y en la misa a que asistiría de capa magna el señor de Carvajal y Rivera, debía ocupar la cátedra sagrada. El tema era todavía para aquella época algo espinoso y requería profundos conocimientos teológicos: la inmaculada concepción de la Virgen María.

Llegó el domingo. El templo se hallaba lleno de fieles. El anuncio de que el P. Quesada predicaría era bastante para que mucha gente se dispusiese a ir a escucharlo. Agregado a eso, según los comentos de la gente de sotana llegados hasta el vecindario, que el predicador iba a ser sometido a prueba, para justificar su arrogante aserto de que él era "el ingenio de los curas", no hay que decir cómo fue más grande de lo acostumbrado la concurrencia. Es de saberse, además, que el ilustrísimo señor de Carvajal y Rivera tenía por hábito interrumpir al orador con la advertencia de que les explicaría a los fieles algún pasaje del sermón que su señoría no juzgase lo suficientemente claro para la comprensión de los oyentes, y todo el mundo quería saber cómo se comportaría el P. Quesada, sabedor de esa manía del ordinario, para quedar bien con éste y con sus admiradores de la feligresía.

Pasado el evangelio subió el predicador al púlpito. Abordó el tema, con el convencimiento de quien poseía bagaje sobrante para desarrollarlo como era debido. Apenas, sin embargo, llevaba de estar hablando diez minutos, cuando el ilustrísimo señor arzobispo, requiriendo el báculo y poniéndose de pies, se encaró con el predicador y le dijo:

—Aguarde un momento su paternidad. Voy a explicar lo que acaba de decir.

Por un instante, Quesada calló. Repuesto de la impresión que le produjo la intempestiva interrupción del prelado, quitóse con ademán respetuoso el bonete, y exclamó a su vez:

—Perdone su ilustrísima el arzobispo, mi señor. Yo lo explicaré mejor.

Sentóse su señoría. La cólera que le produjo aquella arrogante y desusada conducta del cura de los Ingenios era, no obstante, demasiado viva para que pudiese ocultarla.

Continuó el predicador.

Llevaba ya cerca de media hora el sermón, cuando, reproduciéndose la anterior escena, volvió a exclamar el arzobispo, dirigiendo su mirada hacia la tribuna sagrada:

—Calle un momento su paternidad. Voy a explicar lo que ha dicho.

—Perdone su ilustrísima el arzobispo, mi señor. Yo lo explicaré mejor, —volvió a replicar, ahora sin pausa, el predicador.

Prosiguió el sermón.

Esta vez no volvió a tomar asiento el arzobispo. Queriendo como ensancharse dentro de sus ornamentos y moviendo nerviosamente el pie izquierdo, mientras su mano derecha apretaba con fiereza el báculo, miró con ojos vidriados por la cólera al predicador.

—¡He dicho a su paternidad que voy a hablar!

Su voz era airada.

Ya Quesada no replicó. Poniendo oídos de mercader a las palabras del ordinario, siguió predicando, aunque su voz no era la normal de momentos antes, porque un ligero temblor movía sus labios, y la lengua —como si quisiese secársele— se le pegaba de los dientes.

El auditorio, por su parte, no escuchaba. Sus miradas iban del dosel arzobispal al púlpito, reflejando la impresión producida por el incidente y la ansiedad general de saber cómo finalizaría.

Terminó el sermón. Antes de que el predicador descendiera de la cátedra el arzobispo había dejado el solio. Fuese el P. Quesada a la sacristía. Tomó su teja. Se encaminó a la puerta. En ese momento, un teniente-cura de la Catedral, seguido de un pertiguero, se le opuso en su camino.

—Reverendo padre: su señoría ilustrísima me ha ordenado conducirle a la celda del Cabildo.

III

No hay que hablar del cisco que en toda la ciudad armó la prisión del cura de los Ingenios. Como ocurre siempre, se formó un partido por éste y otro por el arzobispo. Entre la clerecía el mayor número de opiniones favorecía al ordinario. En el pueblo la opinión dominante se manifestaba a favor del cura.

La cuestión principal, el busilis —que decían todos— había quedado en pie.

—¿Habíale probado al arzobispo el cura de los Ingenios que él era "el ingenio de los curas"?

Pasaron varias semanas durante las cuales se estuvo instruyendo el correspondiente expediente al arrogante clérigo.

Un día, por la ciudad de Santo Domingo circuló un rumor, que fue acentuándose con vivos de verdad, hasta no quedar dudas de su certeza.

—¡Se fugó el cura de los Ingenios!

La autoridad del arzobispo había sido burlada y para restablecerla estaba tomando las disposiciones conducentes a ese fin el gobierno de la colonia.

IV

Inquirir cómo había pasado aquello fue el único pensamiento de todos los vecinos de la vieja Santo Domingo de Guzmán desde ese momento.

—¿Qué había sucedido?

Empezando el día mismo de la prisión del cura, un criado suyo, de toda su confianza, había estado yendo a mañana, medio día y tarde, a llevarle desayuno, comida y cena. En cada ocasión se personaba el fámulo con una batea bien provista, la cual, conducida sobre su cabeza, sujetaba con ambos brazos, en forma tal que casi le cubría el rostro.

Este detalle fue advertido por el preso, quien desde entonces comenzó a formar un plan seguro de evasión.

Cuando ya lo hubo madurado bien, contando de una parte con la obediencia del criado y de otra con la facilidad con que la batea lo protegería, una tarde le dijo a aquél, apenas llegado con la cena:

—Quítate esa ropa y dámela...

—Ahora, ponte mi sotana...

—Pásame la batea: yo me voy. Cuando mañana temprano venga el teniente-cura para acompañarme a oír misa, le dirás que me fui y que ignoras adónde. Cómete, si quieres, lo que trajiste y bébete la botella de vino que está sobre la mesa. Y... adiós!

—Que Dios acompañe a su merced, mi padre.

V

Se dijo que el padre Quesada había salido con dirección a España en un galeón venido días antes y el cual zarpó del puerto de Santo Domingo ese mismo día.

Esto, sin embargo, no interesa mucho al caso. Para el pueblo, y singularmente para quienes habían tomado partido por el cura de los Ingenios, el quid estaba en que, al burlar su arresto de tan ingeniosa manera, triunfó en el reto que le había hecho al arzobispo.

Y así, todos decían:

—No hay duda de que se lo probó. *El cura de los Ingenios es el ingenio de los curas.*

[De: *Narraciones dominicanas,* Santiago, Rep. Dominicana, Editorial El Diario, 1946, p. 59-64.]

ECUADOR

NICOLAS AUGUSTO GONZALEZ

LA PREDICCION CUMPLIDA

A mi amigo el Sr. D. José María Saravia

(Tradición)

I

COMENZABA a alborear el gran día de la Independencia Americana.

Ya en la ciudad de San Francisco de Quito se habían alzado en armas, desconociendo el Gobierno de José Bonaparte: Salinas, Morales, Quiroga, Castillo, el Marqués de Selva Alegre y tantos otros héroes y mártires de la historia del continente; y habían fundado esa Junta de Gobierno, que debía durar tan pocos meses y terminar de una manera tan inesperada como trágica su efímera existencia.

Los piratas ingleses infestaban estos mares. Declarado por Napoleón I, el bloqueo continental, los hijos del leopardo británico, se vengaban saqueando y destrozando posesiones españolas de América, que, después del infame pacto de Bayona, habían pasado a ser patrimonio del hermano del conquistador del mundo, proclamado Rey de España por la debilidad de Carlos IV y la cobardía de su hijo, que reinó, después, con el nombre de Fernando VII.

Entre esos piratas ninguno como Brown, que recordaba por su ferocidad, a aquel sir Francis Drake, que la hija de Ana Bolena armó caballero, en recompensa de sus robos y asesinatos.

Brown recorrió el Pacífico al mando de una escuadrilla, desde California hasta el Estrecho de Magallanes, imponiendo exorbitantes contribuciones a los habitantes de Panamá, Guayaquil, el Callao y Valparaíso.

De Guayaquil sacó en su primera correría dos mil onzas de oro, y la segunda vez que entró al puerto, arrancó mil onzas a los vecinos, asesinó a los comisionados que le llevaron la contribución, y perdió, por último, la vida, en el combate a que lo retaron los hijos de ese valeroso pueblo.

Esto dice la Historia; pero la tradición popular cuenta las cosas de un modo más novelesco, haciendo intervenir en la muerte de Brown a un joven, a un niño, que ilustró muchos años después su nombre, cayendo heroicamente al pie de la bandera de su hermosa ciudad, en la batalla de Pichincha.

Llamábase ese joven Abdón Calderón, y pertenecía a una de las más distinguidas familias del Ecuador.

Vive todavía su hermana, doña Baltasara, matrona respetabilísima, que fue la compañera de don Vicente Rocafuerte, cuyo apellido ha honrado con sus excelentes virtudes.

II

En una nebulosa mañana del año de 1813, la escuadrilla de Brown fondeó frente a la casa del Cabildo en el puerto de Santiago de Guayaquil, e inmediatamente y sin esperar la visita de sanidad, desprendióse una canoa del costado de la goleta capitana y fue a atracar al pie de la escalera de cañas de la ya nombrada casa consistorial.

En aquella época no existía el ancho malecón que corre hoy a todo lo largo de la ciudad, ceñido con elegante y fuerte muro de piedra, sembrado de árboles, adornado con cómodos asientos de hierro y madera, y cruzado por dos líneas férreas: la del tranvía y la del tren que recibe y conduce mercaderías, durante todo el día, desde el muelle hasta la nueva Aduana, y viceversa.

Las mansas y plateadas ondas del caudaloso Guayas besaban libremente, con desmayado rumor, las paredes y las columnas de los edificios, teniendo que atracar las embarcaciones en las escaleras de las casas.

Llegó, pues, como hemos dicho la canoa de Brown al Cabildo, y saltaron de ella dos hombres, armados hasta los dientes. Todos los miembros del Ayuntamiento se encontraban reunidos en la sala de sesiones hacía dos o tres horas, desde que se avistaron los buques, del famoso pirata.

—Venimos, dijeron los bandidos, a advertiros de parte de nuestro Jefe, que si hoy en todo el día, no entregáis mil onzas de oro, que se os imponen como contribución, mañana saltará nuestra gente, incendiaremos vuestra ciudad, y pasaremos a cuchillo a todos sus habitantes, hombres, mujeres y niños.

Iban a contestar los atribulados cabildantes, cuando se presentó en la sala un joven de hasta dieciocho años, vestido con un traje de hilo blanco, compuesto de ancho pantalón y chaqueta y ostentando en la pechera de su riquísima camisa de batista, tres gruesos brillantes. Cubría su cabeza elegante y fino sombrero Jipijapa, por debajo de cuyas alas se escapaban los ensortijados rizos de su rubia cabellera. La mirada de sus grandes ojos azules era profunda y melancólica. Llevaba un rollo de papeles en la mano izquierda y apretaba con la derecha, delgada, blanca y nerviosa, como la de una mujer, el puño de un bastoncillo, débil y flexible como una víbora de coral, cuyo color tenía.

—Antes de que contestéis, exclamó, dirigiéndose a los miembros del Cabildo, imponéos de la voluntad de vuestras madres, de vuestras esposas, de vuestras hermanas y de vuestras hijas. Y vosotros, añadió encarándose con los hombres de Brown, que le miraban con asombro, llevad a vuestro jefe ese papel, que encierra la resolución en que estamos de morir todos, antes que permitir que se nos ultraje y se nos robe.

Y arrojando dos papeles, uno en la mesa del Alcalde y otro a los pies de los bandidos, salió grave y serenamente, sin que nadie intentara detenerle.

El Alcalde abrió temblando el pliego que le estaba dirigido: era una manifestación del vecindario, negándose a todo avenimiento y ofreciendo rechazar la fuerza con la fuerza.

El pliego dirigido a Brown, era un documento que la Historia ha conservado en sus más bellas y consoladoras páginas, como que contenía la declaración firmada por las principales señoras de Guayaquil, de que preferirían la muerte de sus hijos, de sus padres, de sus esposos, de sus hermanos, antes que consentir en las pretensiones de Brown, a quien llamaban verdugo y cobarde, con entereza varonil.

Entre las señoras que firmaban ese notable documento, se hallaban las Tolas, las Carbos, las Merinos, las Avileses, las Elizaldes, las Parejas, las Laváyenes, etc., etc., parientas casi todas del que escribe estas líneas.

Los enviados de Brown lanzaron terribles juramentos y se reembarcaron, profiriendo amenazas horribles.

Pero el miedo de los miembros del Ayuntamiento pudo más, momentáneamente, que el valor de las hijas de Guayaquil, esas nobles mujeres a quienes Humboldt llamó las Georgianas de la América del Sur.

III

Cuatro horas después, una ancha canoa *de piezas,* (embarcación que se usaba mucho en aquel tiempo) dejaba a dos individuos de número del Cabildo y a un vecino notable de Guayaquil, cuyos nombres no recordamos, a bordo de la goleta capitana de Brown. Los tres hombres eran portadores de las mil onzas que había exigido el temible aventurero.

Brown los recibió amablemente: hízoles beber y comer con él; pero cuando los desdichados quisieron volver a tierra; una sonrisa siniestra contrajo los labios del pirata que exclamó:

—No, señores, no volveréis a ese pueblo orgulloso: partiréis a un imperio muy dilatado y muy hermoso para los que tienen la conciencia tranquila.

—¿Qué imperio es ése? se atrevió a preguntarle uno de ellos.
—¡El de la Muerte!
Y dicho y hecho; el infame inglés ordenó que se les colgara de los penoles.

Súplicas, ofrecimientos de crecidas cantidades de dinero, nada logró conmoverle; y los habitantes, que esperaban en los balcones de las casas de la ribera, la vuelta de sus infelices compatriotas, tuvieron el dolor de presenciar el crimen sin poder evitarlo.

Pero un joven, el mismo que había dado una prueba tan grande de su entereza, entregando en el Cabildo la *Manifestación Patriótica* del vecindario y la protesta de las señoras, recorrió en un momento las calles; levantó los ánimos, infundió confianza a unos tres o cuatrocientos hombres, y poniéndose a su cabeza, voló con ellos a desatar todas las pequeñas embarcaciones que se pudieron encontrar en la orilla del río.

Aquella multitud, que respiraba odio y venganza, iba armada con escopetas viejas, con cuchillos, con lanzas y con machetes.

Brown se apercibió de que algo inusitado pasaba en la ciudad y ordenó zarpar. De los tres buques que componían su escuadrilla, dos lograron salir al momento del puerto, a favor de la marea; pero la goleta que montaba el pirata, se vio obligada a retardarse un poco más, a consecuencia de no haber podido levar prontamente el ancla y de haberse roto los cabos que sujetaban la vela superior del trinquete.

Entre tanto los guayaquileños se acercaban, silenciosa y ligeramente, al buque, a fuerza de remos.

Brown comprendió que era necesario atemorizarlos y mandó disparar uno de los pedreros de la goleta, y tocar zafarrancho de combate.

Pero antes de que ninguna de las órdenes se hubiera ejecutado, algunas de las canoas habían atracado a los costados del barco, y treinta o cuarenta hombres, con el machete y el cuchillo en la diestra, se encontraron en el puente, ebrios de coraje y anhelosos por vengar la muerte de sus compatriotas. A la cabeza de esos valientes el jovencito rubio y delicado, que ya conocemos, blandía una larga espada, con una fuerza de que no se le hubiera creído capaz.

—¡Aquí todos! gritó Brown a los suyos, echando mano a sus pistolas.

En un instante se vio rodeado por los desalmados que componían el equipaje, y el combate comenzó en el estrecho puente de aquella embarcación.

Los guayaquileños atacaban con furia: los bandidos se defendían con la serenidad y disciplina a que estaban acostumbrados.

Brown animaba a los suyos con enérgicos juramentos, disparando incesantemente sus pistolas. De pronto vio caer a su Teniente y se lanzó en lo más recio de la pelea, empuñando una corta hacha de abordaje. Todo cedía al empuje de su brazo acostumbrado a matar. Los asaltantes rodaban a sus pies con el cráneo abierto exhalando apagados gritos de dolor. Era ese hombre el huracán violento que desgaja y arranca los seculares árboles de la selva. Pero uno de los hijos de Guayaquil se interpuso en su camino y le dijo:

—¡Atrás!

Brown se detuvo; no por cumplir la orden, sino por el asombro que le ocasionaba su adversario.

Era éste, un niño, cuyo blanco traje estaba manchado de sangre, y en cuyos rizos de oro se quebraban amorosamente, los últimos rayos del moribundo sol tropical.

El bandido le miró un instante, hizo silbar su hacha terrible sobre la cabeza rubia del delicado joven, y prorrumpió en una carcajada hueca, horrorosa, que terminó en un gemido.

El niño había crecido como un gigante a los ojos del pirata, porque lejos de huir, de rendirse o de implorar su misericordia, acababa de tirarle una estocada, que le atravesó un muslo. Entonces Brown se convirtió en una fiera. Pero su adversario ágil como uno de los tigres de nuestros bosques enmarañados, esquivó hábilmente sus primeros golpes, y simulando un ataque falso al pecho, le cortó de un mandoble la mano con que empuñaba el hacha. El bandido de los mares lanzó un rugido ronco, que nada tenía de humano y arrancándose del cinto una pistola la disparó a quemarropa sobre su enemigo; pero el tiro no salió y el joven David guayaquileño hundió su espada en el pecho del coloso, el cual cayó pesadamente sobre un montón de muertos. Tuvo, sin embargo, tiempo de incorporarse todavía y decirle:

—¡Me has muerto! ¡Eres un valiente y serás un héroe!

Los piratas al ver muerto a su jefe se rindieron a discreción. Los tripulantes de los otros dos buques cayeron en poder de un corsario francés que cruzaba esas aguas y que dio buena cuenta de ellos.

Los libertadores y vengadores de Guayaquil, fueron recibidos con indescriptible entusiasmo en la ciudad.

IV

Algunos años más tarde, proclamada ya la independencia de Guayaquil, que se declaró república autónoma, el General Antonio José de Sucre salió de la ciudad con el ejército auxiliar colombiano-peruano. La republiquita, como patriotas la llamaban, armó tres batallones y un escuadrón, que marcharon a la campaña, campaña que comenzó desgraciadamente en los campos de Guachi, y terminó el 24 de mayo de 1822, con la espléndida victoria de Pichincha, que abrió a Sucre las puertas de Quito.

Ese día se cumplió la predicción de Brown.

El teniente de la primera compañía del batallón "Yaguachi", Abdón Calderón, se batió con un denuedo de que hay pocos ejemplos en la Historia. Herido por cuatro balazos, no quiso retirarse del combate hasta que oyó tocar diana a la banda de su batallón. Entonces, como el griego que anunció en

Esparta la victoria de Maratón, cayó exánime en brazos de sus soldados que, le idolatraban, exclamando:

—¡Hemos vencido! ¡Ahora se puede morir en paz! [1]

Sucre lo ascendió a capitán, después de muerto, ensalzando en la orden del día su raro y heroico valor; y cuando Bolívar tuvo conocimiento de los hechos del noble joven, dispuso que se pagara el montepío de su grado a la madre de Calderón; que no se nombrara otro capitán a la primera compañía del batallón "Yaguachi"; y que cuando en las revistas de comisario se pronunciara su nombre, todos los soldados respondieran:

—¡Murió gloriosamente en Pichincha; pero vive en nuestros corazones! [2]

—¡Ay! ¡Aquella era una generación distinta de la nuestra! ¡Cuánto hemos descendido desde entonces acá! ¡Los hombres de esa época eran titanes! ¡Los de la nuestra son menos que pigmeos!

¡Decididamente la mísera raza humana degenera!

¡Hagamos siquiera algo porque nuestros hijos no se avergüencen de nosotros.

El Proscrito

[De: *El Rimac,* año I, Lima, 22 de mayo de 1890, N° 19, p. 287-289]

---

[1] Histórico.
[2] También histórico.

MODESTO CHAVEZ FRANCO

ROBINSON CRUSOE ESTUVO EN GUAYAQUIL

Lo QUE vengo a contarles hoy, mis queridos contertulios, no es tradición ni leyenda. Y lo voy a decir de una vez: Es un hecho comprobado que Robinson Crusoe estuvo en Guayaquil.

¿Quién no sabe de Robinson Crusoe, el joven náufrago asilado en una isla desierta, en una zona raramente surcada por los barcos en el siglo XVIII, y cuyo ingenio aguzado por su abandono le proporcionó durante 5 años, con los recursos naturales de la isla, las comodidades apetecibles en una situación tan excepcional? Este hecho fue real también, sólo que el escritor Daniel Defoe, quien lo noveló, le agregó los episodios que hicieron más interesante su relato y cambió el nombre del héroe original y el punto geográfico del escenario.

Tan mundial y duradero ha sido el éxito de esa novela que subió a la categoría de las inmortales; y así como en busca de *las huellas* de Don Quijote miles de escritores y viajeros han recorrido La Mancha, sugestionados por el verismo de Cervantes que en ese real escenario hizo actuar a su personaje imaginado, cientos de escritores y viajeros también se dedicaron a averiguar lo que de cierto hubo en la aventura de Robinson. Hasta que dieron con ello. Hoy se sabe que la isla del cuento es una de las del archipiélago de Juan Fernández, propiedad de Chile desde su independencia, paralela a Valparaíso a 300 millas de la costa y con extensión de 22 x 5 km., en terreno montañoso, selvático y muy fértil, con abundancia de agua potable.

De los publicistas modernos que he leído sobre tal investigación, elegí por conciso al escritor y marino argentino D. Emilio Biggeri, explorador frecuente de esos parajes hoy ya muy conocidos, principalmente como ruta hacia los puertos petroleros de Magallanes. Hoy la Juan Fernández tiene puertos y poblaciones y un presidio en la bahía de Cumberland. Y en la boca de la cueva que parece fue el primer habitáculo de Robinson, hay una gran estela o lápida grabada con la inscripción recordatoria, fijada allí en 1875 por la tripulación del buque inglés Challenger. Su principal fauna terrestre son las cabras salvajes, descendientes de las que abrigaron y alimentaron a Robinson. Sus rebaños se ven como grandes manchas blancas por los montes y ribazos de la isla, uno de cuyos cerros tiene el nombre de Mirador de Robinson.

Pero veamos lo que ha revelado la investigación: El náufrago que Defoe tomó para héroe de su novela fue un marino escocés llamado Alejandro Shelkirk, abandonado en esa isla desierta el año 1704 por su capitán, en castigo de una disputa o motín a bordo. Probablemente fue un buque pirata de los en que eran muy frecuentes las riñas a causa de los repartos de las presas.

Las informaciones dicen que la expedición corsaria de Woodes-Rogers, armada en Bristol, salió a sus correrías por el Atlántico contra las naves y puertos españoles el 2 de agosto de 1708, con las naves Duck y Duckesse al mando de Rogers y el famoso filibustero Dampier del que Guayaquil guarda tan malos recuerdos. Pero las borrascas los obligaron a pasar el Cabo de Hornos y salir al Pacífico poniendo rumbo al único refugio más cercano en esas soledades, las islas de Juan Fernández.

Por allí rondaba otro buque pirata al mando de Etienne o Eaton y Eduardo Courtney que se incorporó a la aventura, haciéndose así una fuerte escuadrilla.

Gabriel Pino Roca nos dejó dicho que en esa expedición iba también el médico Dr. Dover, cuyo nombre se hizo después mundial por el éxito de los llamados "Polvos de Dover", de su invención, para curar disenterías y otros males análogos.

Rogers fue también el cronista del viaje, pero su impericia hace deficientes y obscuros sus informes. Al narrar el encuentro del solitario, por ejemplo, no dice a qué buque perteneció, por qué fue la disputa o algún otro detalle que hubiera hecho más interesante la historia misma de lo que luego habría de ser un suceso de literatura mundial. Verdad es que a esos hechos ellos no les daban importancia en sus vidas de azares y delitos o tal vez los calló por reserva de *moral profesional*. Dice que el 1º de febrero de 1709, frente a Juan Fernández, destacaron una chalupa a buscar fondeadero y distinguieron una gran hoguera en la playa, lo que les hizo suponer que la isla estaba ocupada por españoles y se prepararon entonces para un ataque. Al amanecer regresó la chalupa llevando un hombre de cabellos y barba largos, vestido con pieles de cabra, que con gran dificultad se hacía entender ya, pero evidentemente un civilizado de raza blanca e inglesa. Era Alejandro Shelkirk.[1]

Relató que hacía 5 años residía en esa isla, abandonado por su capitán a raíz de un disgusto. Que lo abandonaron con las siguientes provisiones: su fusil, una libra de pólvora, balas, tabaco, un hacha, un machete, una olla, una

---

[1] Nuestros datos de otra fuente, del siglo XVIII dicen que hacía 4 años, 4 meses que el capitán Pradling lo había abandonado allí junto con otros dos tripulantes a causa de una riña; pero 6 meses después los otros dos fueron recuperados por los mismos que los abandonaron, quedando él solo en la isla. Tenía 30 años de edad.

Biblia y sus instrumentos y libros de marina, lo que reveló, pues, que no era un simple marinero sino un alto oficial como se comprobó después. Dijo que sin dejarse abatir por la soledad y la tristeza de los primeros tiempos, fue aguzando su ingenio para con tan precarios recursos ir poco a poco cubriendo sus principales necesidades. Construyó dos cabañas con juncos y con pieles de cabras que iba matando a medida de su hambre y ahorrando su pólvora como materia vital. Con ella o por los medios primitivos de choque con pedernales o frote de maderas logró hacer fuego sobre el que velaba siempre para conservarlo. Cuando se le acabó la pólvora tuvo que urdir las trampas y tretas más ingeniosas de la cacería salvaje. Variaba su alimentación con frutas silvestres que allí abundaban, así como coles, nabos y otras legumbres.[2]

El Robinson Shelkirk de nuestra Crónica se hacía ropas y calzado de piel de cabra cosidas con un clavo de que hizo aguja y cuando se le inutilizó el cuchillo lo reemplazó con un trozo de aro de barril encontrado en la playa. Había perdido la costumbre de hablar y le era muy difícil hacerse entender.

Bueno pues: los buques de Woodes-Rogers levaron anclas el primero de febrero, haciendo agua y carne fresca de cabras, y mientras ellos toman rumbo, acabemos de conocer a Shelkirk, de quien hemos sospechado por sus instrumentos y sus libros de marina, que no era un simple marinero sino un marino dueño de algún cultivo intelectual y perito en su oficio, todo lo cual fue confirmado por Rogers al darle en el acto mismo del zarpe el entonces importante cargo de Contramaestre de su nave.

Y ahora sí, embarquémonos en los buques y hagamos poner rumbo hacia el puerto de esta Crónica, que es lo único que en ella nos corresponde, pues lo demás, *mutatis mutandi,* es de don Emilio Biggeri, de Dampier, de Rogers y de Shelkirk, el probablemente legítimo Robinson Crusoe. La expedición siguió su aventurero viaje y entre esas aventuras estuvo el ataque y saqueo de Guayaquil que nos es conocido como la Sexta Invasión Pirática, el 2 de mayo de 1709, siendo Gobernador de Guayaquil, primero de la serie de estos funcionarios hasta entonces llamados Corregidores, el coronel maestre de campo don Geró-

---

[2]Otros abandonados en la misma forma habían vivido antes en esa isla. El pirata Jacobo L' Hermite dejó allí en 1624 a 6 voluntarios de quienes no se supo más. En 1681 el pirata Sharp hizo reembarcar precipitadamente a sus hombres al avistar 3 barcos españoles que andaban en su busca y abandonó involuntariamente a un indio nicaragüense, de la costa de Mosquitos, que se había internado y extraviado en la selva en cacería de cabras. Este se quedó con sólo lo que llevaba encima, su vestido, un fusil, un cuchillo y un cuerno de pólvora. A éste lo recogió Dampière mismo, que iba en la expedición de Cook. En 1686 el pirata Davis dejó también a 9 voluntarios que 3 años después fueron recuperados por un barco británico. El pirata Anson también recaló en ella y así alguna otra correría pirática. Probablemente ellas fueron dejando allí restos y semillas de las frutas y legumbres que luego se reprodujeron en estado selvático.

Hasta hoy abundan silvestres melocotones, papas, higos, cerezas, membrillos, etc., etc., hijos de esos huesos y provisiones arrojados por los abandonados y los visitantes. Abundan las aves marinas, cuyos huevos y carne pudieron ser manjares para un hombre en la situación de Shelkirk, y los peces, moluscos y crustáceos son tan buenos que gozan de fama para conservas. Por último allí fue que sucumbió en 1915 el gran crucero alemán Dresden, en la anterior guerra europea.

nimo de Boza y Solís y Pacheco, acusado, el pobre, por la historia, de cobardón y algo más, porque visiblemente entró en componendas con los piratas que en verdad estuvieron en el principio más asustados que él y luego se alentaron con sus claudicaciones, hicieron horrores en nuestra ciudad y a él lo dejaron indemne.

Y puesto que es real y efectivo que esa expedición asaltó a Guayaquil, que de contramaestre en uno de esos buques vino Alejandro Shelkirk, que este Shelkirk es el pseudo Robinson Crusoe, ergo... Robinson Crusoe estuvo en Guayaquil y pisó su suelo y se llevó muchas de nuestras cosas, amigos míos, que era lo que veníamos a probar, aditando estos datos a la bien nutrida y narrada "Página de Historia" de Gabriel Pino Roca, en que describe dicho asalto. La escuadrilla pirática, llevándose un buen saqueo, en que entraron hasta las joyas personales de las familias, llegó a California, Manila, Batavia y por el Cabo de Buena Esperanza regresó a Inglaterra el 1º de octubre de 1709.

Pero aquí les traigo otra versión que me ha intrigado, no solamente por la identidad con la de Robinson sino por lo del nombre mismo de Robinson, llevado por un indígena de la costa de Moskite o Mosquitos, hallado por el corsario Dampier en 1684 en la misma Juan Fernández, esto es 25 años antes del escocés Shelkirk. Para mayor exactitud les traigo el texto del relato del mismo Dampier, que tomo de una obra del año 1779, titulada: "Historia General de los viajes o nueva colección de las relaciones de los que se han hecho por mar y tierra y se han publicado hasta ahora en diferentes lenguas de todas las naciones conocidas". "Obra traducida del inglés al francés por el Abate Antonio Francisco Prevost y al castellano por don Miguel Terracina. Madrid, 1779."

"El 21 de marzo (de 1684), dieron vista a esta isla —una de las Juan Fernández— y el día siguiente anclaron a dos cables de la playa. La más viva impresión de Dampier era volver a ver un indio *mosquito* que se había dejado allí en 1681 cuando entró en el Mar del Sur con Sharpe por el istmo de Darién. Se llaman *mosquitos* una nación indiana de las inmediaciones del cabo Gracias a Dios, entre Honduras y Nicaragua y es muy amiga de los ingleses de la Jamaica. Al instante echamos al mar la canoa. Ya se hallaba el *mosquito* en la costa, y cuando nos acercamos, otro *mosquito* que llevábamos fue el primero que saltó en tierra, corriendo hacia su compatriota, a quien llamó hermano, arrojándose a sus pies todo a lo largo, el rostro contra el suelo. El otro lo levantó y habiéndolo abrazado se echó también a sus pies, el rostro contra la tierra, de donde fue levantado del mismo modo."

"Detuvimos con gusto por gozar de la admiración y ternura de una ceremonia tan afectuosa. Después de los cumplimientos de los indianos nos acercamos a abrazar al que habíamos encontrado y que estaba gozoso de ver arribar a sus antiguos amigos que creía iban de propósito a buscarlo. Llamábase Will, y el otro *Robins,* nombre que habían recibido de los ingleses, porque no teniéndolos entre ellos, miran como un gran favor ser nombrados por alguno de nosotros."

He aquí el nombre que nos sorprende, pues es mucha coincidencia. Probablemente Defoe, el autor del *Robinson Crusoe,* fue en este indio en el que fundó su novela, agregándole para el otro simplemente la sílaba SON (hijo), y haciéndolo Robin-son, derivado de Robin, pues el relato de la vida aislada de Crusoe es exactamente el de la de este indígena como lo vamos a ver:

"Este indiano se había quedado solo más de tres años en la isla, y aunque los españoles, que sabían que lo habíamos dejado allí, lo buscaron muchas veces, nunca pudieron encontrarlo. Había estado en los bosques cazando cabras cuando el capitán inglés hizo embarcar su gente haciéndose a la vela sin echarlo de menos.

No tenía más que su fusil y un cuchillo, un frasco pequeño de pólvora y un poco de plomo. Después de haber gastado el plomo y la pólvora halló el modo de aserrar con su cuchillo el cañón de su fusil en pedazos pequeños y hacer de ellos harpones, lanzas, anzuelos y un largo cuchillo. Calentaba primero las piezas al fuego, que encendía con la piedra de su fusil y ya calientes las batía con piedras y les daba las formas que quería. Aserrábalas después con su cuchillo de que había hecho una especie de sierra; les hacía punta a fuerza de brazo y las endurecía a su gusto. Con estos instrumentos tuvo todas las provisiones que produce la isla, cabras y pescado. Dijo que antes de haber hecho anzuelos se vio precisado a comer vacas marinas, que es alimento muy ordinario pero que después no las mató más que para hacer correas de la piel para pescar. A media milla del mar tenía una choza pequeña, cubierta de pieles de cabras. Su cama estaba sobre estacas de 10 pies de alto, cubierta de las mismas pieles. No le había quedado vestido y con una piel cubría la cintura. El día antes que entráramos en la bahía había divisado nuestro navío, y no dudando que fuésemos ingleses tenía muertas desde la mañana tres cabras y cocidas ya para obsequiarnos."

¿Cuál de los dos fue el Robinson?

[Modesto Chávez Franco, *Crónicas del Guayaquil antiguo,* 2 vols., 2ª edición, II tomo, Guayaquil, Imp. y Talleres Municipales S.A., 1944.]

CRISTOBAL DE GANGOTENA Y JIJON

LA VIRGEN DE LA EMPANADA

CON SOBRA de razón podemos, como dijo un chispeante cronista quiteño, considerarnos el pueblo más feliz de la tierra, pues que hasta el Cielo tuvo siempre con nosotros deferencias que otros pueblos no han logrado.

Y si esto es así en la friolera de los cien años que llevamos, apenas, de vida independiente, ¡qué nos diremos si pasamos la vista por el período colonial!

¡Esos sí que eran tiempos maravillosos! ¡Qué de apariciones, qué de prodigios, qué de cosas estupendas! La Virgen, los santos, las ánimas benditas, eran tan familiares entonces en Quito, que se los encontraba al voltear de una esquina, que se presentaban en una reunión agradable de familia, en fin, en cualquier parte. Evidentemente, en tiempos del Rey, hasta los habitantes del otro mundo eran más sociales que en la época menguada que alcanzamos.

Y para probar, amigo, que Dios no abandona a los suyos, como lo hacían el Rey y su Consejo de Indias con la mísera colonia, ¡alguien debía de acordarse de nosotros!, voy a contarte la verídica historia que verás, si no te aburre el recuerdo de cosas viejas.

Era Oidor de la Audiencia de Quito en 1707, don Cristóbal de Cevallos, natural de la ciudad de La Plata, en el Alto Perú, señor más preocupado de misticismo que del despacho diario de la Real Cancillería.

En todas y en las más vulgares ocasiones de la vida, creía el buen togado ver manifestaciones de lo sobrenatural. Su Divina Majestad no tenía, en criterio del Oidor, otra cosa que hacer que preocuparse de su persona: los santos de las láminas hablaban, las esculturas se animaban, y los más vulgares trastos del hogar servían de peana a las apariciones que a diario le ocurrían.

Era el 15 de junio del año mencionado, fecha en que Nuestra Santa Madre la Iglesia celebra la fiesta de San Cristóbal gigante y mártir, que, por lo que cuenta su vida, debió ser de muchas fuerzas y de caletre escaso...

Nuestros abuelos sabían festejarse: en día de santo, nada de golosina, de copita de vino bautizado al visitante; entonces todo era más sólido, más suculento. Así el doctor Cevallos, celebraba su día de días en un almuerzo de los que se pegan al riñón, de esos que dejan al individuo sumido en la placidez propia de un estómago agradecido.

Las diez de la mañana eran cuando se sentaron ante amplia mesa el Oidor y sus invitados: la rica vajilla de plata lucía su esplendidez, y en ella se ofrecían los suculentos manjares, de aspecto más eficaz que el mejor de los modernos aperitivos con que ahora solemos intoxicarnos. Tras el sabroso puchero indispensable, tras el arroz a la valenciana, tras las diversas carnes adobadas con primor, circulaban ampliamente las copas de los generosos vinos de España, y la alegría, el donaire de los huéspedes crecían con las libaciones.

—*Bonum vinum laetificat cor hominis*, señor don Cristóbal. —Exclamaba uno de los comensales, gordo prior de un convento.

—En verdad que no lo bebí mejor en mi vida, —decía un Regidor del Cabildo.

—A vuestra salud, y que sea por muchos años, —apuntaba un pretendiente...

En esto vinieron las empanadas, tan famosas siempre en Quito, potaje suculento que hoy, para verlo en el plato, hemos de calzar lentes, pero que, en la época a que me refiero, alcanzaban proporciones homéricas.

Al verlas venir un profesor de San Luis, que se las daba de erudito, citó la "Cena Jocosa" de Baltasar del Alcázar.

> *¡Qué oronda viene y qué bella!*
> *¡Qué través y enjundia tiene!*
> *Paréceme, Inés, que viene*
> *para que demos en ella.*

En aquel tiempo las empanadas de morocho, por ser tan grandes, no se servían en el plato, sino en una hoja de papel redonda, asentada en una torta de pan.

Unos tienen el vino alegre, otros lo tienen triste; a cada uno le da por su tema, ya es sabido.

El doctor Cevallos se aprestaba a meterse entre pecho y espalda la reverenda empanada que tenía delante, cuando al llevársela a la boca la dejó de pronto caer lleno de asombro.

—¡Madre mía! ¡Virgen Santísima!, decía fijos los ojos en el papel sobre el que había reposado la empanada. —¡Milagro, señores, milagro, portento!

Y cogiendo religiosamente la hoja de papel en que la empanada había dejado la mancha de la manteca en que había sido frita.

—¿No veis, decía, la imagen de la Madre de Dios?

Todos los comensales se precipitan, las sillas de vanqueta hacen estruendo al voltearse, los invitados se apiñan al rededor del Magistrado, y todos reconocen en el papel grasiento la imagen de la Reina del Cielo.

¡Milagro!, gritan todos al unísono. Unos caen de rodillas, otros dan voces que se oyen desde la calle, y la multitud, al ruido, invade la casa del Oidor, que tembloroso, emocionado, subido, en una silla, exhibe en alto el papel manchado de manteca, en el que todos ven ya a "La Virgen de la Empanada".

Los frailes que habían asistido al interrumpido almuerzo se adueñan del papel mantecoso, y la procesión se ordena y la milagrosa imagen es transportada al Oratorio de la casa, para exponerla en medio de luces y de flores, a la veneración de los fieles.

El ruido del milagro con que había sido favorecido el doctor Cevallos se esparció como un reguero de pólvora por la feliz ciudad de Quito, y no hubo quien dejara de ir a admirar el portento; la casa del Oidor estuvo más concurrida que iglesia en día de Jubileo.

El Obispo don Diego Ladrón de Guevara fue informado del prodigio, pero, hombre de mayor seso que el doctor Cevallos, se guardó bien de pronunciarse en favor de la ridícula manía del magistrado. Y, cuando hubo adquirido la convicción de que don Cristóbal había dado rienda suelta a su tema de lo sobrenatural, trató por todos los medios, de cortar el escándalo, mas no fue el remedio aplicado tan pronto que no tomara la superstición grandes proporciones.

Entre las exhortaciones del Obispo y las citaciones del Comisario del Santo Oficio, se pasaron tres días, que fueron otros tantos de fiestas celebradas en honor de Nuestra Señora de la Empanada, con misas solemnes y sermones gongorinos en honor de la milagrosa aparición.

Por fin, el Comisario del Santo Oficio, en nombre del terrible Tribunal de la Fe, obtuvo la entrega del papelito... y el señor Ladrón de Guevara, verdadero iconoclasta, con escándalo público, quemó a Nuestra Señora de la Empanada, y nos quitó, así, una gloria nacional, privando a tortilleras, tamaleras, buñoleras, etc., de la patrona que netamente les correspondía. Es fama que desde esta profanación, se han vuelto indigestas las empanadas de morocho.

[De: Cristóbal de Gangotena y Jijón, *Al margen de la historia,* Quito, Editorial Casa de la Cultura Ecuatoriana, 19??, 3ª ed.]

J. GABRIEL PINO ROCA

LA PROCESION DE ANIMAS

Es INCUESTIONABLE que las benditas ánimas del purgatorio tuvieron, durante el coloniaje, marcada predilección por los países de América española, pues que, conforme a lo que dijeron y escribieron innumerables y respetables testigos de la época, éstas aparecían y se paseaban por las principales villas y ciudades del Continente en altas horas de la noche, entrando procesionalmente en las iglesias, y saliendo de súbito, a la vuelta de una esquina, a cualquier trasnochador, implorándole, con un cavernoso canturreo que en el silencio de la hora llegaba claramente hasta el interior de las casas vecinas al lugar, oraciones y novenas, que les acortasen su penar.

Quienes tuvieron tan intempestivo cuanto desagradable encuentro, referían, repuestos del susto consiguiente, que el cuerpo de estas extrañas visitantes de ultratumba, era algo impreciso; decían, que sus rostros, de desesperante palidez, revelaban angustias de muerte, y que sus ojos eran como hierro candente. Llevaban sobre las cabezas, largos cucuruchos blancos, y eran, del mismo color, las largas y vaporosas mantas en que se envolvían. Por entre sus pliegues, asomaban manos huesosas, que sostenían grandes cirios coronados por una luz mortecina, y, al desfilar pausadamente, repetían en tono sepulcral: Rogad a Dios, hermano, por el rescate de las almas que están en el purgatorio. ¡Brrrr..., qué miedo!

De esta suerte, se presentaron en Bogotá, Quito, Lima, el Cuzco, Trujillo, Arequipa, etc., y, también, en esta noble y leal ciudad de Santiago de Guayaquil, inspirando, desde su primer asomo: respetuosa devoción en las clases superiores, miedo cerval, en la masa del pueblo.

En todas partes se establecieron congregaciones especiales, encargadas de recoger limosnas para aplicarlas a misas y novenas por la pronta redención de sus necesidades, llegando a tener tal auge y respetabilidad las tales cofradías, que, fue título social, el ejercer sus sindicaturas. Había día determinado en la semana, en que, al son de campanillas, se salía por las calles, a recoger las consabidas dádivas. Aquí, hasta hace poco, como recordarán muchos de mis lectores, subía a las casas, uno de esos limosneros, con un platillo contrahecho en plata, en el cual, sobre el borde, y a derecha e izquierda de una pequeña cruz, se veía, dos figurillas envueltas en llamas, en actitud de implorar. El tal sujeto, antes de llegar al término de la escalera, endilgaba la siguiente muletilla: "Alabado sea el Santísimo; una bendita caridad para las ánimas del purgatorio". La tradicional costumbre ha caído en desuso.

Las ánimas, en cambio, intercedían ante la Corte Celestial, obteniendo para sus devotos no pocas gracias y milagros.

Largo y cansado sería el enumerar los muchos que se les atribuía en Guayaquil, y, como para muestra basta un botón, allá van dos, de diversa índole, y de los más sustanciosos.

Conocida era en todo el corregimiento, la muy gran devoción que por las ánimas benditas, tenía el caballero don Silvestre Florencia y Barrientos, y toda su larga familia. El susodicho llevaba hechas a la cofradía apreciables limosnas, y era semanal la misa que hacía celebrar en la iglesia de San Francisco, por la pronta liberación de todas ellas. Un buen día, cayó mi hombre en cama, con ansias de muerte: un dolor agudo le atravesaba la boca del estómago, quitándole la respiración, agravando su triste situación, los copiosos vómitos y frecuentes accesos de tos. El protomédico, y dos galenos más, o sea, todo el cuerpo de matasanos de la ciudad, llamados a junta, declararon, después de corta deliberación, que se trataba, nada menos, que de "cólico miserere" y que, no pudiendo el paciente *tragar la bala* a causa de las arcadas y golpes de tos, el caso era fatalmente perdido, y que, a don Silvestre, se le enfriaría el cielo de la boca antes de dos horas.

Debo satisfacer la natural curiosidad de mis ambles lectores, explicándoles lo que los discípulos de Hipócrates en aquel siglo, llamaban *tragarse la bala*. Era, ni más ni menos, que engullirse una bola de plomo, del tamaño de un coquito de Chile. Estas no podían faltar, bajo penas gravísimas, en ninguna botica, para recurso tan apremiante. Las había: de una onza, y de media onza de peso. Pretendía la ciencia de ese entonces, que el "cólico miserere" no era otra cosa, que la torcedura de alguna tripa; de modo que, lo único que podía volverla a la normalidad, era, un objeto pesado, que, pasando por su interior, la obligase a desenvolverse. Si el plomo salía por el otro extremo, estaba salvado el paciente, si no, se iba al hoyo con la bala adentro, pagando entonces su familia, al boticario, un peso, en lugar de cuatro reales, que era lo que costaba su importante servicio, cuando se devolvía.

En apremio tal, la atribulada esposa de don Silvestre, hizo encender ocho ceras, ante el cuadro de las ánimas, que había en San Francisco, solicitando fervorosamente su intervención; y ello fue que, contra el fatal diagnóstico de los galenos, y únicamente aplicándole al moribundo, cataplasmas calientes de linaza sobre el pecho, y ayudas de cocimiento de verbena, el sentenciado estuvo en pie, al tercer día, con asombro de todo el vecindario.

José del Valle, natural del Morro, era carpintero de oficio, y ducho en construcciones navales. Había logrado amasar algunos cuartos, con los que adquirió una pequeña propiedad en su pueblo. Tenía gran devoción por las benditas ánimas. No había misa que se celebrara en obsequio de ellas, a que él dejara de asistir, y, cada sábado, hacía arder una vela en sufragio de ellas. Trasladado a Guayaquil, para trabajar en los astilleros reales, en que de pronto hubo gran faena, pudo, después de un tiempo, mediante rigurosa economía, comprar un pequeño solar cerca al Puerto de la Marina, sobre las faldas del cerro, que cercó, y sobre el cual levantó una buena covacha, tomando dinero a interés, con garantía de su finca en el Morro. Pero, los oficiales reales suspendieron de contado, y por razones que permanecieron ignoradas, las construcciones navales, de las que del Valle, con su trabajo, se prometía sacar la cantidad prestada y el honrado artesano, veía con angustias mortales, que no iba a poder cumplir con su compromiso en el plazo estipulado. Y, su acreedor, era de aquellos prestamistas que no aguantaban pulgas. Desesperado, imploraba el pobre, el auxilio de las benditas ánimas. Este no se hizo esperar, pues, una noche soñó, que dos ánimas se acercaban a su lecho, y le decían al oído: "¡Andrés... Andrés... cava al pie del viejo tamarindo que hay en tu patio, y tus angustias cesarán...!" El honrado artesano, no bien rayó la aurora, se puso a la obra, y, a poco de excavar tierra, dio con un cántaro de barro lleno de onzas de oro, con lo que, no sólo saldó su deuda sino que acrecentó notablemente su fortuna.

Las ánimas se presentaban en Guayaquil, regularmente, a las doce de la noche, en las plazoletas de las iglesias, y, con mayor frecuencia, en la de San Francisco. También se las había visto por las inmediaciones de la Aduana Real, por donde algunos deducían, que, entre ellas, las habría, de sujetos, que en vida tuvieran que hacer con tales dependencias.

Era Iñigo Verdejo, oriundo de Villanueva del Rebollar, de la diócesis de Zaragoza en el reino de Aragón, habilísimo herrero y fundidor, mozo de 26 años, alto, fornido, y de un valor rayano en la temeridad; pero, por otra parte, tributario fanático del librito de las cuarenta horas, y diestrísimo cubiletero de las muelas de Santa Apolonia, motivos por los cuales, cuando su buena estrella se le volvió del rabo, allá en la tres veces coronada ciudad de los Reyes, se quedó sin un cuarto, de los muchos que ganara fundiendo campanas en varios lugares, vaciando anclas y forjando cadenas y herrajes en la maestranza del Callao, para los buques de la Real Armada. Fue entonces cuando vino a Guayaquil y se puso a trabajar con provecho en el puerto de la Marina. Pero seguía de malas, y aquí como en Lima, no le calentaban los pesos en el bolsillo.

—¡Voto al chápiro verde! —exclamó una noche que, entre trago y trago, oía repetir lo del hallazgo del maestro Andrés, por revelación de las ánimas—. Si aquellas buenas personas saben dónde hay tesoros escondidos, me lo han de decir, que yo, después, y en pago, he de rezarles todas las oraciones que quieran y necesiten. ¡Como no se escondan mañana, se las entenderán conmigo!

Y, tal como lo dijo y concibió, lo puso en obra al día siguiente.

Entrada la noche, y cuando todos los portones de las casas estuvieron cerrados, y la plaza desierta, y obscura como boca de horno, pues no quedaba en ella más luz que la que despedía una lámpara de aceite colocada al pie de una hornacina que encerraba una figura de madera, simulacro del Santo Padre de Asís, a poca altura, y cerca a la puerta principal de su templo; el truhanesco aragonés, armado de un farolillo y varias velas de sebo, atravesó con paso firme la plazoleta, hasta alcanzar una de las esquinas del pretil, formado por grandes losas de ladrillo rojo. En aquel lugar, se levantaba entonces, un humilladero, como se ve hasta hoy, cercano a casi todas las iglesias en el interior de nuestro país.

Era, el de nuestra referencia, una gran cruz de madera de roble, sostenida por un pedestal de piedra formado por cuatro amplios escalones.

El impávido hijo de Villanueva de Rebollar, avanzó hasta la cruz, fijó un clavo a cierta altura del madero, colgó de él su farolillo, encendió la vela, sacó un frasco del bolsillo de la chaqueta, y se metió un buen trago entre pecho y espalda. Luego desprendió del cinto una reluciente navaja gaditana, la abrió y, sentándose sobre el tercer escalón, la colocó a su lado y se puso a tararear una vieja canción de sus montañas, remojando de tiempo en tiempo el gaznate.

Así, en espera de la aparición de las señoras ánimas, quedóse medio dormido.

De pronto, despertó, oyendo un murmullo de voces que se acercaban, eran... ¡las ánimas!... tal y como se las habían pintado. Venían en larga procesión, unas tras otras, y se encaminaban al sitio en que él se encontraba. Paseando su vista sobre la larga hilera, le pareció, como si fueran unas cuarenta.

—¡Ca...nastos! —se dijo, enderezándose en el asiento, y echando mano de la navaja— la cosa ha sido cierta; y me place, porque esa buena gente me dice ahora dónde hay dinero oculto, o se las tiene conmigo, que no soy manco.

La primera ánima, llegó, y se detuvo al pie del humilladero, a un paso de distancia del guapo aragonés, que se había puesto de pie, y, descubriendo el rostro cadavérico, clavó los ojos, que eran dos ascuas en Iñigo Verdejo, implorándole en una voz gangosa.

—Rogad a Dios, cristiano, por las pobres ánimas del purgatorio—, a lo que éste, le contestó rápido, sin inmutarse:

—Mire, hermanita, yo rogaré con gusto por vuestras mercedes todo lo que quieran y sea de su agrado; diré diariamente cuantos paternosters y avemarías tengan a bien mandar, y todas las que falta les hagan para salir horras de sus penas, de que mucho me conduelo, y, hasta rezaré misas, si se les antoja, y los frailes me lo permiten; pero, antes, me dicen sus señorías, como lo hicieron con el buen maestro Andrés, dónde hay oro o plata enterrados, de los que, también tengo yo urgencia suma, o, con esta navajita, que es milagrosa, las saco yo a todas, ahora mismo del purgatorio, y las despacho a los mismísimos infiernos. Y, blandiendo el arma, continuó, imperativo:

—¡Ea, ¿en qué quedamos?... usirías tienen la palabra!

No acababa de pronunciar esta frase blasfema, cuando sintió, sobre la suya, una mano de fuego que le hizo soltar la navaja, escuchando, al mismo tiempo, esta tremenda sentencia:

—¡Descreído, impío, blasfemo... mientras que un sincero arrepentimiento y una vida ejemplar no te rescate de las puertas del Averno, a cuyos umbrales te encuentras, sentirás esa mano sacrílega, envuelta en el mismo fuego que nos abrasa!

. . . .

El desgraciado en efecto sentía, que un volcán le devoraba la mano, de que cayera la navaja. Por vez primera lo dominó un terror pánico..., quiso correr, mas sus pies estaban yertos..., su cuerpo se bamboleó, y rodó por el suelo privado de sentido.

Volvió en sí, cuando las campanas llamaban a los fieles a misa matinal, y se abrían, para darles paso, las puertas de la iglesia de San Francisco, a la que Iñigo Verdejo, pálido y tembloroso, entró en carrera desalada, pidiendo a gritos, confesión. Oyósela el padre guardián, sujeto de gran virtud, quien, luego de escuchar el fiel relato del ejemplarizador suceso con las ánimas benditas, calmó los mortales dolores del converso, sumergiéndole la mano en agua bendita.

Iñigo Verdejo no volvió a salir del convento, en que vistió el hábito de donado. Encerrado en el más absoluto silencio, se le veía entregado a los quehaceres del culto; por eso lo llamaban los más, "el lego mudo", otros, el "hermano Panchito", pues, dejó su nombre, para tomar el del seráfico fundador de la Orden. Todo momento libre que tenía, lo pasaba arrodillado en fervorosa súplica frente al gran cuadro de las ánimas, que colgaba de una de las paredes de la iglesia. Vivió así muchos años, alcanzando edad avanzada, y después de sus días, se aseguraba, que había muerto en olor de santidad.

¡No era para menos!

[De: Gabriel Pino Roca, *Leyendas, tradiciones y páginas de la historia de Guayaquil,* Guayaquil, 1930, p. 93-97.]

GUATEMALA

ANTONIO BATRES JAUREGUI

LAS FANTASMAS DEL PALACIO

SIEMPRE habíamos creído, con el famoso Jorge Manrique, que los antiguos tiempos fueron los mejores; pero cayó en nuestras manos un legajo apolillado, que contiene hechos muy notables, acaecidos durante el régimen colonial, y escritos por algún curioso, que presenció la ruina de la Antigua Guatemala y la traslación de la capital a este valle de la Virgen, como los viejos le llamaban; y todo fue leer el amarillento manuscrito, para regocijarnos de no haber nacido en aquellos siglos, no sólo porque ya ha rato que hubiéramos pasado a mejor vida, sino porque se espeluzna el cuerpo al ver la serie de calamidades que aquejaban a los buenos pobladores de la orgullosa ciudad, en las faldas de los volcanes.

Sin hablar del temblor de tierra que hubo el 4 de marzo del año 1751, que derribó templos y casas; sin dar importancia a las erupciones volcánicas, que arrojaban ceniza hasta Ciudad Real de Chiapas y León de Nicaragua; sin atribuir alcance alguno a la trapisonda de los frailes *chapetones de barcada,* de la comunidad de la Recolección, que apalearon a los dragones y oficiales, el 12 de julio de 1762; sin sobresaltar nuestro espíritu las reyertas entre ambas Potestades; ni turbar nuestro ánimo los robos escandalosos que se cometieron por entonces; ni los crímenes horrendos que narra el anónimo cronista, hasta el punto de que no faltaran conatos de insurrección contra la Majestad de don Felipe el Casto; sin hacer caso de nada de eso, debe saber el curioso lector que los *antigüeños,* que entonces se llamaban muy nobles y leales vecinos de la capital del reino de Guatemala, tiritaban de miedo, hasta el Capitán General D. Pedro de Salazar y Herrera, Natera y Mendoza, caballero de la orden de Monteza, comendador de Vinaroz y Benicarlo, capitán de granaderos de reales guardias españoles y mariscal de campo de los reales ejércitos, que tantas pruebas había dado de coraje, cuando fue a visitar el castillo de Omoa.

Eran las *almas negras* las que infundían miedo y mantenían flaco y azorado al capitán general, cuyo palacio visitaban casi todas las noches, ora decía el bueno del comendador, en demanda de oraciones, ora augurando nefastos días para la ciudad de los caballeros de Guatemala.

Ni los exorcismos, ni las rogativas, ni los votos, desterraron del jardín del palacio la nocturna visita de las *almas negras*. A la media noche se veían atravesar, con mesurado paso, tres fantasmas envueltas en sendas capas, por las galerías que conducían al ameno vergel de aquella estancia.

Una de ellas, que siempre caminaba adelante, se introducía a un fresco cenador cubierto de rosas y madreselva: las otras dos se dirigían a las puertas del jardín, y aparecía entonces un bulto blanco, como con los suaves contornos de una mujer joven, llevando una pajuela de mortecina luz en la mano izquierda, y deteniendo con la derecha el espeso velo que recataba su semblante.

Allan Kardec y sus secuaces dirían hoy que el bulto blanco era un espíritu puro. Aquella nívea figura, al través del ropaje, dejaba presentir divinas formas; algo sobrehumano en la esfera del arte; algo atrayente, a no haber sido la obscuridad de la noche, lo silencioso del sitio; y más que todo, las *almas negras,* que venían a hacer fúnebre compañía al fantasma blanco.

Lo cierto del caso es que se esparció el rumor no sólo entre el vulgo, sino hasta entre la gente encopetada, de que quienes se daban cita en el cenador del jardín del Presidente, eran las almas en pena de tres negros, que hallándose en la capilla de la cárcel, sentenciados a horca, habían degollado atrozmente, el año 1766, al padre Cristóbal Villafañe, que los auxiliaba a bien morir. Esos salvajes morenos habían trancado la puerta de la prisión con el gran Crucifijo de la capilla, y hecho desesperada resistencia desde el sagrado lugar en que se hallaban.

Cuando el carcelero tocó la campana del cabildo, para pedir auxilio, ocurrió la mayor parte de la ciudad, pensando que tocaban a levantamiento, que podía suponerse, por lo irritado de los ánimos, con motivo del estanco del tabaco. Ocurrieron todos armados, y hasta las mujeres llevaban piedras; pero, sorprendidos de la horrible tragedia, unos se volvieron lastimados, y los más ociosos aguardaron hasta las seis de la tarde, hora en la que suspendieron en la horca a los tres negros; dos de ellos ya muertos a balazos y el otro todavía vivo.

—No hay duda, decían las medrosas ancianas, que las *almas negras* son las de los asesinos, y el fantasma blanco debe ser el mismo padre Villafañe, que perdona a sus bárbaros matadores.

Las recatadas niñas escuchaban con pavor y púdico recogimiento los decires aquellos, no sin parar mientes en las femeniles formas del *espanto* blanco, y en la circunstancia de que para otorgar un perdón, no había necesidad de repetidas citas y largo discreteo, como tenían aquellas almas, al decir de los pocos que se atrevieron a verlas desde lejos. Pero hay tantas cosas incomprensibles en el espiritismo, que no era extraño que el difunto sacerdote hubiese tomado las formas mórbidas de una venus calipigia.

Era el 15 de febrero del año 1767, y se notaba movimiento inusitado en el palacio de los capitanes generales. Un gran baile se daría en aquella noche, con motivo de la boda de la primogénita hija del Excelentísimo señor Salazar y Herrera, Natera y Mendoza, de la bellísima doña Elvira de esos cuatro apellidos ilustres, considerada por lo demás como la doncella que superaba en hermosura y donaire a todas las otras del reino. El dichoso mortal que había obtenido la palma, entre los muchos cortejos de la feliz prometida, se llamaba don Fadrique de Toledo y Dávalos, apuesto mancebo, gallardo como pocos, valiente y rico cual ninguno.

La flor y nata de la ciudad iría a la boda: unos a admirar a la joven de veinte primaveras y a ponerse en inminente peligro de violar el mandamiento que nos veda desear la mujer del prójimo; otros a criticar sin piedad a la novia: y todos a ver si a las doce de aquella noche se les ocurría a los *espantos* llegar al cenador, y acaso penetrar al salón del sarao; que hasta eso era posible, si se considera que según la historia sagrada, se apareció a una reina, el día de las bodas, un carnero con un gran collar, y cuernos de oro, no se sabe si presagiando riquezas y deshonra para el coronado marido, o augurándole que su pueblo sería manso y fácil de gobernar.

No faltaba quien dijera, por lo bajo, que el negro que sobrevivió a sus dos compañeros en la capilla había, al caminar a la horca, emplazado al capitán general ante la presencia de Dios, como hicieron los hermanos Carvajales con el monarca español Fernando IV, que fue citado a juicio de ultratumba, y hubo de comparecer a los treinta días de haberlo emplazado sus víctimas.

Los únicos que no parecían preocuparse en la fiesta eran la voluptuosa y encantadora doña Elvira, que radiante de belleza y ebria de dicha, recorría del brazo de don Fadrique los ricos salones de la presidencia, después de recibir ambos la bendición nupcial, que les otorgó el Ilustrísimo y Reverendísimo señor Arzobispo, Doctor don Francisco José de Figueredo y Victoria.

Sonaron las once y media de la noche, sin que ocurriese ninguna novedad, pues no es del caso relatar que a una de las otras jóvenes, pretendidas por el doncel, le dio una *pataleta* al escuchar el *sí,* que lo hacía para siempre dueño de la hija del gobernador del reino.

Algunos curiosos se acercaban de vez en cuando a las vidrieras del corredor principal, a ver si columbraban las *almas negras;* y hasta hubo una señora, tan nerviosa y amiga de dar noticias, que anunció con chillona voz, que ella acababa de percibir al duende blanco, con *todito* el aire del padre asesinado.

¡Cosa rara! Sin embargo, desde que doña Elvira había cambiado de estado, jamás volvieron los espectros a asustar a ninguno en el palacio.

En las tibias noches de marzo, a la luz de la luna, cuando todavía disfrutaban los dichosos novios del primer mes de casados, solíase verlos ir del brazo a sentarse bajo las enredaderas del mismo cenador del jardín, cual si nunca hubieran tenido miedo a las fantasmas.

La gente mordaz y envidiosa comenzó a decir entonces que los *espantos* negros eran el mismo don Fadrique y sus dos criados; mientras que la blanca aparición había sido la doncella enamorada, que gustaba de ir a sabrosas citas con su noble prometido.

A los oidores de la Real Audiencia, a los miembros del Santo Oficio, al muy leal Ayuntamiento, y a los demás empleados y servidores públicos, no les era lícito sospechar siquiera que la lindísima hija del gobernador del reino anduviese a deshoras de la noche entre las rosas del jardín.

Por el contrario, recordaban que a Daniel se le había aparecido un cabro, en el año tercero del reinado de Baltasar, y a San Juan una bestia de siete cabezas, y al señor Santiago un caballo blanco, y a San Antonio, en el desierto, muchos bultos de formas mórbidas, tan tentadoras como las del *espanto* blanco.

El espiritismo estará de parte de los encopetados señorones. La tradición denuncia a los amantes, de haber asustado a la gente crédula de aquellos tiempos, con las nocturnas entrevistas en el fresco cenador. La historia los absuelve, recordando que Aspasia y Pericles, Marcelo y Julia, Adelaida y Lotario, Romeo y Julieta, Pablo y Virginia, la reina Margarita y otras muchas reinas de la hermosura, en todas partes y en todos tiempos, han puesto a la casta luna por testigo de sus juramentos, y a las dormidas flores por prendas de sus promesas.

[De: Antonio Batres Jáuregui, *Memorias de antaño*, San Francisco y New York, Pacific Press Publishing Co., 1896, 286 p.]

MANUEL DIEGUEZ

LA CUESTION DE LAS ALMOHADAS

En los principios del año de 1590, la ciudad de Guatemala vio con escándalo un hecho, calificado como precursor del Anticristo, por muchas piadosísimas matronas de las que murieron después en olor de santidad.

El hecho era que las *dos potestades,* es decir la Iglesia y el Estado, que, según el Derecho Público de la época, debían vivir en feliz consorcio, paz perpetua y armonía inalterable, acariciándose dulcemente como esposos en la luna de miel, andaban ahora mal avenidas y armando gresca, por quítame allá esas pajas, a manera de matrimonio desdichado en que ha metido su cola el diablo.

Y la culpa no era entonces de la tierna esposa.

El esposo, o llámese poder civil, estaba a la sazón representado por el Lic. Pedro Mayén de Rueda, ex oidor de la Chancillería de Granada quien acababa de tomar las riendas... no, entonces no se había inventado la metáfora de las riendas del gobierno, ni la del freno de la ley, porque no se había caído en la cuenta de que no hay dificultad, retóricamente hablando, en que los pueblos sean caballos. Diré, pues, sin metáforas que el Lic. Mayén de Rueda acababa de tomar la Gobernación del Reino el 21 de julio de 1589.

Y cuentan las historias que este don Pedro Mayén de Rueda fue el hombre de más negras entrañas que jamás haya ocupado sillas presidenciales en el mundo. Astuto, colérico, de instintos feroces, enemigo de toda superioridad y amigo de violar todo derecho, pronto se hizo aborrecer del pueblo que, (como el pobre no tiene otra cosa), acostumbra pagar con odio o con cariño el mal o el bien que se le hace.

La esposa (en el místico matrimonio de que he hablado), o sea el poder eclesiástico, estaba personificado en el Ilustrísimo señor don Fray Gómez Fernández de Córdova, nieto del Gran Capitán y Obispo de esta Diócesis desde

1574. Era este prelado hombre de eminentísimas virtudes y el ídolo de sus feligreses.

Pobre y humilde como los inmediatos discípulos de Jesús, caritativo como un San Vicente, este obispo parece realidad viviente en el siglo XVI, de dos grandes idealidades del siglo diez y nueve, idealidades que se llaman Monseñor Bienvenido y el Cura del Pilar de la Oradada, quien al decir de Campoamor sintetizando su pobreza, "como todo lo dan, no tiene nada".

Este prelado de Guatemala asistió al tercer concilio mexicano en 1585, construyó edificios y fundó un colegio, sin embargo de lo cual, no pediré para él a la severa historia su canonización como amigo *del progreso,* porque tengo para mí que nuestros mayores ni aun conocieron la sacramental palabrota.

Un desgraciado incidente vino a hacer que subiera de punto el desacuerdo entre las dos potestades.

Sucedió que el Gobernador, quiso sacar del Convento de San Francisco a un muchacho que se había hecho novicio. Negóse el padre Guardián, sulfuróse el Presidente; y hubo de parte del primero aquello de "estoy firme en mi derecho", lo cual no pasa de ser una cándida baladronada; y hubo de parte del segundo aquello de "yo mando", lo cual es más categórico y ha sido siempre más eficaz. Y tanto hubo, que al fin el Lic. Mayén, que como queda dicho, era hombre de malas *chinches,* ¡plas! le pegó una bofetada al padre Salcedo, que así se llamaba el Guardián; y aun le hubiera pegado dos si éste, más imbuido en las doctrinas evangélicas, le hubiera presentado la otra sagrada mejilla.

El Obispo devoró el ultraje; pero no volvió a visitar al señor Mayén.

Así las cosas, vino la Semana Santa de 1590, y con la Semana Santa una cuestión gravísima, tan importante como la mayor parte de las cuestiones que se suelen discutir en los Concejos Municipales.

Tiempo hacía que los oidores de la Real Audiencia, venían sosteniendo con tanta energía como copia de razones la siguiente proposición, considerada por algunos partidarios como la última palabra de la ciencia administrativa en la materia de que se trata.

Los oidores decían: el derecho de llevar alfombras, almohadas o cojines a la iglesia para arrodillarse, es prerrogativa del Capitán General, de los oidores y de algún empleado de la Real Hacienda. Por ende, ni los alcaldes ordinarios ni los caballeros de la ciudad, aunque sean descendientes de conquistadores, pueden usar en la iglesia las susodichas alfombras ni los susodichos cojines.

Los alcaldes ordinarios y los caballeros de la ciudad habían estado siempre por la proposición contraria.

En 1590 estaban a la cabeza de los caballeros de la ciudad, Don Carlos de Arellano y Don Pedro de Alvarado, este último de linaje de Conquistador, y ambos de genio turbulento y amigos de llevarle la contraria a la Real Audiencia, circunstancia que concurrió para que la cuestión se hiciese más calurosa al aproximarse la Semana Santa de aquel año de triste recordación.

Además, hay que advertir que en la época a que me refiero, aún no había el Consejo de Indias definido tantos y tan importantes puntos de derecho político para las colonias, como definió después.

Cómo deben sentarse los oidores, si el agua bendita y el *pax tecum* deben darse primero al Obispo y después al Presidente; si los alcaldes mayores pueden entrar a la audiencia con espada; qué número de prebendados han de recibir al Presidente y a Oidores cuando vayan a oír misa a la iglesia metropolitana; en qué orden marcharán en las procesiones los altos dignatarios del Estado; cuándo puede el Obispo llevar la cauda levantada por el caudatario, etc., etc., son todas materias sobre las cuales se dieron más tarde leyes sapientísimas; pero que a la sazón todavía eran objeto de las disquisiciones filosóficas de los hombres pensadores. En el mismo caso se hallaba la proposición de los oidores sobre cojines, pues aún no se había emitido la cédula de 26 de julio de 1652, que prohíbe a los alcaldes llevar alfombras, sillas y almohadas a la Iglesia. De aquí que el punto fuese controvertido. Y lo peor del caso era, que los jurisconsultos del Reino, llamados a dar luz en el asunto, hallábanse divididos en opiniones, sosteniendo unos a la Real Audiencia y otros a la Municipalidad.

El astuto Gobernador, aprovechaba todos estos elementos de discordia. Pensaba que si la *cuestión de los cojines* pudiera llevar a los partidarios de uno y otro bando a medidas de hecho, él, Mayén, lograría primero desacreditar a la Audiencia y a la Municipalidad, cuyos informes ante el Rey fueron siempre una amenaza para los capitanes generales; segundo, mortificar al Obispo, sobre todo, si como era probable, se obtenía que la mal aventurada cuestión diera sus frutos de riñas y turbulencias, el mismo Jueves Santo y en la Iglesia Catedral; y tercero, caer con todo el peso de la autoridad sobre los revoltosos, entre los cuales él tendría cuidado de poner a sus enemigos.

Por eso al mismo tiempo que el maquiavélico Licenciado afectaba gran imparcialidad en la cuestión, y aseguraba que él no podría concurrir a los divinos oficios, azuzaba secretamente a unos y otros para que sostuviesen la prerrogativa de las almohadas.

El miércoles santo la exaltación de los ánimos llegó a su colmo; los caballeros congregados en junta resolvieron: 1°, que oirían los divinos oficios sobre cojines, aunque fuera a pesar de todas las audiencias de Nueva España; y 2°, que era necesario ir preparados para rechazar la fuerza con la fuerza.

El Presidente se reía de todo esto con risa diabólica.

Y entre tanto, ¿qué hacía el Obispo? Ibase a derramar sangre de sus feligreses, acaso en la misma catedral, y el obispo permanecía impasible. El también se sonreía bondadosamente, con esa confianza y esa pachorra de las gentes que todo lo esperan de la Providencia.

Amaneció al fin el funesto jueves santo de 1590. Los oficios divinos debían comenzar a las ocho de la mañana. A las siete el templo estaba rodeado de espectadores, deseosos de ver pasar en vistosa comitiva, a *lo más granado* de la ciudad, como hoy se diría.

La municipalidad había hecho colocar en la iglesia, dos largas filas de sillas, y a su lado sendos cojines destinados a las nobles rodillas de los nobles caballeros.

A las ocho en punto, la comitiva salió de las casas reales con dirección a la catedral. Venían aquellos ilustres ciudadanos vestidos con los trajes pintorescos de la época, algunos muy pálidos, todos con armas ocultas; y, ¿por qué no decirlo? la mayor parte de ellos con una medrana, sólo igual a su vanidad. ¡Y pensar que aquellos caballeros se iban a romper el pellejo y la crisma por algunos cojines más o menos! Hay para dudar si nuestros padres tenían los sesos en su sitio.

Al llegar a la puerta del templo, los caballeros fijaron su atención en unos enormes carteles fijados en el cancel y en las paredes, y escritos con letras tan grandes que podían ser leídos a buena distancia. Detuviéronse un momento para leer, y entraron a la iglesia. Se sabe que un Oidor, después de leer el cartelón, penetró riéndose a la catedral; pero no se ha podido averiguar por qué.

Llegados los oidores al sitio que les estaba destinado, lo primero que hicieron fue arrojar a un lado los cómodos almohadones, y arrodillarse sobre las frías losas del piso. Todos los demás asistentes hicieron lo mismo, a manera de soldados que ejecutan un movimiento prescrito por la táctica militar. Y como en aquel momento comenzaban los oficios divinos, todos se persignaron; y cuenta la tradición que jamás los orgullosos hijos de los conquistadores habían oído más devotos los oficios del jueves santo. ¿Cómo puede explicarse tan extraño desenlace?

Para los que no quieran admitir la intervención presidencial, y vean estas cosas de tejas abajo, como suele decirse, acaso sea una explicación el siguiente edicto contenido en el cartel relacionado.

No respondo de su exactitud, porque hace tiempo que leí esto; y la fidelidad de mi memoria, allá se va con la fidelidad de algunos de mis buenos amigos.

Decía el edicto poco más o menos: "Su Señoría Ilustrísima ha sabido con mucha tristeza de su corazón, cómo algunos fieles, olvidándose del consejo del apóstol que censura las disensiones en el templo (Epístola 1ª de San Pablo a los Corintios), andan haciendo alborotos y escándalos sobre quienes puedan usar almohadilla en la casa de Dios. Por tanto, su Señoría Ilustrísima, manda que mientras S. M. otra cosa no disponga, puedan usar cojines en la iglesia todos los que por sus achaques ocultos, por la debilidad de sus fuerzas corporales, o por otra causa semejante, no puedan, sin riesgo de desmayarse, prescindir de las almohadillas. Por mando de su Señoría—Br. Diego Félix Carranza de Córdoba".

Es claro que ninguno quiso confesar achaques ocultos, ni debilidad de fuerzas corporales. El Obispo conocía a sus paisanos.

Dolió tanto esta salida del Obispo a Don Pedro Mayén, que más tarde, cuando éste llegó a perder la razón, uno de sus temas era que el Obispo lo cargaba en el bolsillo, y no lo dejaba resollar.

Quizá algún lector no le dé toda la importancia que merece a la cuestión de los cojines.

Pues yo le regalaré un par de cojines bordados, para que oiga misa en la catedral, al hombre público centro-americano que me convenza de que todas nuestras peloteras, desde la independencia para acá, han reconocido en su verdadero origen motivos menos fútiles que la cuestión de las almohadas de 1590.

[De: Manuel Diéguez Flores, *Tradiciones, artículos literarios y estudios de derecho,* Guatemala, Imp. Sánchez & de Guise, 1923, 252 p.]

AGUSTIN MENCOS FRANCO

HERMANO ENFERMO Y JUBILADO

HAN DE ESTAR y estarán, mis queridos lectores, que por el año de 1653, estaba el Hermano Pedro de San José Bethancourt, de venerable y grata memoria, más afanado que nunca en la fundación del hospital de Convalecientes y del Convento de Betlemitas.

Era de verle vistiendo la túnica y capa azules de la Tercera Orden de San Francisco, atada al cinto asperísima correa, descubierta siempre la cabeza, empuñando grueso bastón; era de verle, digo, andando la ceca y la meca, pidiendo de casa en casa, una limosna por el amor de Dios para aquellas obras de caridad. Obsequiábanle muchos con dinero, ropa o comestibles; pero no pocos le daban con la puerta en las narices y aun hubo un precursor de nuestros actuales demócratas que por toda limosna le asestó un bárbaro bofetón.

En una de estas santas correrías encontró a un hombre de negros hígados que le dijo de mal talante: "Hermano: sólo tengo un mulo que darle. Lléveselo si puede". Era el tal animalito patituerto y rabicorto; pero tan cerrero y de malas pulgas, que nadie hasta entonces había logrado el imponerlo; motivo por el cual su bilioso propietario esperaba que de una coz tumbase al imprudente mendigo. ¡Calcúlese, pues, cómo se quedaría de estupefacto y boquiabierto al ver que apenas se le echó la soga al cuello, caminó tras el Hermano Pedro, más manso que una paloma y más humilde que una cordera!

Desde ese día trabajó el susodicho mulo como un tal, uncido mañana y tarde a la carreta, en las benéficas obras de su nuevo patrón. No podía sin embargo, quejarse de su suerte; porque a excepción de los potros del señor Presidente, de las jacas del señor Obispo, ningún solípedo guatemalteco gastaba como él, tan buenas mantas ni tan aseados pesebres, tan suculentos forrajes, ni tan sabroso baño.

Ni se crea que por ello lo critique. Bien merecido se lo tenía, pues además de ser tan trabajador era también un mulo sabio como pocos. Ni alteraba sus horas de comer, ni hacía la vieja a la hora del trabajo, ni daba mucho qué hacer a su patrón; porque entre las muchas habilidades que tenía, estaba la de descargarse por sí solo, según las crónicas aseguran.

Carpinteros, albañiles y betlemitas trabajaban un día de invierno en la construcción del hospital, cuando cayeron unos torrenciales aguaceros de padre y muy señor mío. Suspendieron entonces los trabajos, albergáronse en los próximos edificios, y sólo el protagonista de esta historia se quedó al aire libre sufriendo pacientemente el chubasco.

Lo vio el Hermano Pedro y le gritó con la mayor sinceridad del mundo: "Hermano Mulo: ¿No ve que se está mojando? Póngase bajo techo". Obedeció inmediatamente el interpelado, celebraron la gracia los circunstantes y bautizáronlo desde entonces con el nombre de "El Hermano Mulo".

Los trabajos y las fatigas quebrantaron al cabo del tiempo su salud y tuvo que guardar cama el pobrecito. Toda la comunidad apresuróse a prestar auxilios a tan importantísimo miembro de la casa, y merced a ellos escapó de las garras de la pelona.

Algunos días llevaba de estar ya restablecido; pero bien hallado con aquella vida de mimos y de holganza, se hizo el delicado y el remolón por algún tiempo.

¡Cómo se estremecía de gusto el muy ladino cuando le sobaban blandamente la barriga! ¡Cómo le brillaban los ojos cuando le ofrecían los bien escogidos alimentos! ¡Cómo sacudía el rabo cuando le abrigaban con calientes cobertores!

La farsa, sin embargo, hubo de terminar y el asno volvió a las andadas yendo y viniendo con la carreta. Al presentarse de nuevo en las calles de la Antigua Guatemala, tuvo ocasión de ver cuánta era su popularidad entre los vecinos. Pero si por una parte esa circunstancia llenó de satisfacción, por otra no dejó de sorprenderse al notar que, en vez de su antiguo nombre, se le había puesto apodo: "El enfermo del Hermano Pedro".

El 25 de abril de 1557,* después de larga y penosa enfermedad, murió en el seno del Señor el abnegado apóstol Pedro de San José Bethancourt, hoy tan injustamente olvidado y malamente comprendido. Al saber la infausta nueva todas las clases sociales corrieron unánimes al convento de Betlén, ansiosas de contemplar por última vez el apacible semblante del justo, de recoger alguna de sus reliquias, de besar al menos sus modestos hábitos.

El entierro que se le hizo fue digno de sus méritos y virtudes. Expúsose su

---

*Falleció el lunes 25 de abril de 1667 a las 15 horas. J. I. R. M.

cadáver en capilla ardiente en el templo de la Escuela de Cristo y condújosele después en solemne procesión al de San Francisco, en cuyas bóvedas se le preparó honrosísima sepultura.

Formaban el cortejo fúnebre el clero secular y el regular, la Real Audiencia y el muy noble Ayuntamiento, las Cofradías y las órdenes de Terceros, y en una palabra, todas las corporaciones civiles, militares y religiosas de aquella época. Presidían el duelo los hermanos betlemitas, el Ilustrísimo señor Obispo don fray Payo Enríquez de Ribera, descendiente de los duques de Alcalá y el excelentísimo señor presidente y capitán general don Sebastián Alvarez Alfonso Rosica de Caldas, caballero de la orden de Santiago y señor de la Casa de Caldas. Las personas más notables de la capital disputábanse el honor de llevar el cadáver y una inmensa muchedumbre lo seguía llena de tristeza el corazón, cuando no de lágrimas los ojos. Al llegar a San Francisco y a los acordes de la marcha fúnebre que tocara numerosa orquesta, se le colocó en riquísimo catafalco. Celebró las exequias el señor Obispo y por último subió a la cátedra sagrada a pronunciar la oración fúnebre el padre jesuita don Manuel Lobo, confesor del difunto y el más famoso de los oradores sagrados de aquel entonces.

Mucho dieron qué hablar tales sucesos a los desocupados vecinos de la Antigua Guatemala. Quiénes encomiaban el discurso del padre Lobo, como el mejor que se hubiera oído en el Nuevo Mundo; otros se hacían lenguas de lo vistoso de los trajes que ostentaban los acompañantes y algunos no acababan de ponderar el gentío que asistió al entierro. Pero lo que más se encarecía y comentaba en tertulias y corrillos, era el caso que habían visto algunas viejas octogenarias con "aquellos ojos que se habían de comer los gusanos", según ellas decían y repetían. Y era que tras la fúnebre comitiva, caminaba solitario y lacrimoso el hermano Mulo, agobiado, no sólo por el peso de los años, sino también por los dardos del dolor.

Yo no sé si decían verdad aquellas venerables abuelas; pero lo que sí sé, y puedo repetir a ustedes, es que apenas el hermano Pedro estuvo bajo la tierra, la comunidad de Betlén celebró capítulo para tratar de los asuntos importantes de la Orden. Y uno de esos importantísimos asuntos ¡quién lo creyera! era el relativo a decir qué se hacía con el inválido cuadrúpedo que se había encanecido en el servicio del Convento.

¿Se le despacharía al otro mundo, para librarlo de penas y arrojar su cadáver a la voracidad de los zopilotes? ¡Qué ingratitud la de pagar de ese modo sus largos e importantísimos servicios!

¡Se le echaba a la calle o se le vendía al primer transeúnte para que el pobre acabase sus días bajo el látigo de algún jayán? ¡Qué barbaridad exponerlo a nuevas fatigas cuando ya ni podía con la carga de los años!

En tan grave aprieto la comunidad encontró una resolución salvadora. Puesto que el pobre había sido el fiel compañero del Santo fundador y prestado tantos auxilios a los enfermos y envejecido en los trabajos de la casa lo natural era concederle su jubilación. Sí señor: su jubilación.

Así se hizo efectivamente; y desde entonces se vio libre de su empleo con casa, mesa y ropa limpia aseguradas.

La noticia corrió bien pronto de boca en boca y de lengua en lengua y durante mucho tiempo no se habló más que del dichoso *jubilado de Betlén.*

Desde el instante en que se le notificó su jubilación, se dio una vida de príncipe, como si dijéramos.

¡Con qué envidia lo contemplaban sus compañeros de la vecindad, refocilarse sobre la verde hierba, y tenderse panza arriba para recibir los rayos del sol! ¡Cómo se les caía la baba al ver que el programa de vida de tan feliz mortal se reducía a tres elocuentísimas palabras: comer, beber y dormir!

Más respetado que el Bucéfalo de Alejandro, más famoso que el Rocinante de don Quijote y más agasajado que el Babieca del Cid, no había solípedo en cien leguas a la redonda que le echase la pata en eso de llevarse una existencia regalona.

¿Que rompía los huertos de los vecinos? Pues en vez de llevarlo al poste se le conducía respetuosamente al convento. ¿Que se entraba a las enfermerías del hospital? Pues vengan sal y cebada para acariciarlo. ¿Que se metía al templo a la hora de los divinos oficios? Pues en vez de echarlo se le hacía lugar entre los fieles.

Pero como quiera que nada es eterno en este mundo, una noche lio la maleta, estiró la pata y se marchó al otro barrio.

Los betlemitas agradecidos, en vez de arrojarlo al basurero a ser pasto de las aves de rapiña, le dieron honrosa sepultura, al pie de un naranjo del convento en la que un chusco puso furtivamente un papelote con el siguiente epitafio:

Aunque parezca vil cuento
Aquí donde ustedes ven,
Yace un famoso jumento
Que fue fraile del convento
De Betlén.
Requiescat in pace, amén.

No se crea que su fama se extinguió con la muerte; todo lo contrario: fue creciendo de día en día hasta el punto de que los padres don Manuel Lobo y don José García de la Concepción, le dedicaron un capítulo en la Historia de la religión de Betlén.

Por lo demás, ¡cuántos de nuestros políticos envidiarían la popularidad del héroe del cuento! ¡Ay! ¡Y de cuán pocos de nuestros gobernantes puede decirse lo que del Hermano, enfermo y jubilado de Betlén: ¡Trabajó en beneficio de la humanidad!

¡Dichoso mulo!

[De: A. Mencós Franco, *Crónicas de la Antigua Guatemala,* 6ª edición, Guatemala, Ministerio de Educación Pública, 1956, 164 p.]

MIGUEL ANGEL ASTURIAS

LEYENDA DEL SOMBRERON

El Sombrerón recorre los portales...

EN AQUEL apartado rincón del mundo, tierra prometida a una Reina por un Navegante loco, la mano religiosa había construido el más hermoso templo al lado de las divinidades que en cercanas horas fueran testigos de la idolatría del hombre —el pecado más abominable a los ojos de Dios—, y al abrigo de los vientos que montañas y volcanes detenían con sus inmensas moles.

Los religiosos encargados del culto, corderos de corazón de león, por flaqueza humana, sed de conocimientos, vanidad ante un mundo nuevo o solicitud hacia la tradición espiritual que acarreaban navegantes y clérigos, se entregaron al cultivo de las bellas artes y al estudio de las ciencias y la filosofía, descuidando sus obligaciones y deberes a tal punto, que, como se sabrá el Día del Juicio, olvidábanse de abrir el templo, después de llamar a misa, y de cerrarlo concluidos los oficios...

Y era de ver y era de oír y de saber las discusiones en que por días y noches se enredaban los más eruditos, trayendo a tal ocurrencia citas de textos sagrados, los más raros y refundidos.

Y era de ver y era de oír y de saber la plácida tertulia de los poetas, el dulce arrebato de los músicos y la inaplazable labor de los pintores, todos entregados a construir mundos sobrenaturales con los recados y privilegios del arte.

Reza en viejas crónicas, entre apostillas frondosas de letra irregular, que a nada se redujo la conversación de los filósofos y los sabios, pues ni mencionan sus nombres; para confundirles, la Suprema Sabiduría les hizo oír una voz que les mandaba se ahorraran el tiempo de escribir sus obras. Conversaron un siglo sin entenderse nunca ni dar una plumada, y diz que cavilaban en tamaños errores.

De los artistas no hay mayores noticias. Nada se sabe de los músicos. En las iglesias se topan pinturas empolvadas de imágenes que se destacan en fondos pardos al pie de ventanas abiertas sobre panoramas curiosos por la novedad del cielo y el sinnúmero de volcanes. Entre los pintores hubo imagineros y a juzgar por las esculturas de Cristos y Dolorosas que dejaron, deben haber sido tristes y españoles. Eran admirables. Los literatos componían en verso, pero de su obra sólo se conocen palabras sueltas.

Prosigamos. Mucho me he detenido en contar cuentos viejos, como dice Bernal Díaz del Castillo en *La Conquista de Nueva España,* historia que escribió para contradecir a otro historiador; en suma, lo que hacen los historiadores.

Prosigamos con los monjes...

Entre los unos, sabios y filósofos, y los otros, artistas y locos, había uno a quien llamaban a secas el Monje, por su celo religioso y santo temor de Dios y porque se negaba a tomar parte en las discusiones de aquéllos y en los pasatiempos de éstos, juzgándoles a todos víctimas del demonio.

El Monje vivía en oración dulces y buenos días, cuando acertó a pasar, por la calle que circunda los muros del convento, un niño jugando con una pelotita de hule.

Y sucedió...

Y sucedió, repito para tomar aliento, que por la pequeña y única ventana de su celda, en uno de los rebotes, colóse la pelotita.

El religioso, que leía la Anunciación de Nuestra Señora en un libro de antes, vio entrar el cuerpecito extraño, no sin turbarse, entrar y rebotar con agilidad midiendo piso y pared, pared y piso, hasta perder el impulso y rodar a sus pies, como un pajarito muerto. ¡Lo sobrenatural! Un escalofrío le cepilló la espalda.

El corazón le daba martillazos, como a la Virgen desustanciada en presencia del Arcángel. Poco necesitó, sin embargo, para recobrarse y reír entre dientes de la pelotita. Sin cerrar el libro ni levantarse de su asiento, agachóse para tomarla del suelo y devolverla, y a devolverla iba cuando una alegría inexplicable le hizo cambiar de pensamiento: su contacto le produjo gozos de santo, gozos de artista, gozos de niño...

Sorprendido, sin abrir bien sus ojillos de elefante, cálidos y castos, la apretó con toda la mano, como quien hace un cariño, y la dejó caer en seguida, como quien suelta una brasa; mas la pelotita, caprichosa y coqueta, dando un rebote en el piso, devolvióse a sus manos tan ágil y tan presta que apenas si tuvo tiempo de tomarla en el aire y correr a ocultarse con ella en la esquina más oscura de la celda, como el que ha cometido un crimen.

Poco a poco se apoderaba del santo hombre un deseo loco de saltar y saltar como la pelotita. Si su primer intento había sido devolverla, ahora no pensaba en semejante cosa, palpando con los dedos complacidos su redondez de fruto, recreándose en su blancura de armiño, tentado de llevársela a los labios y estrecharla contra sus dientes manchados de tabaco; en el cielo de la boca le palpitaba un millar de estrellas...

—¡La Tierra debe ser esto en manos del Creador! —pensó.

No lo dijo porque en ese instante se le fue de las manos —rebotadora inquietud—, devolviéndose en el acto, con voluntad extraña, tras un salto, como una inquietud.

—¿Extraña o diabólica?...

Fruncía las cejas —brochas en las que la atención riega dentífrico invisible— y, tras vanos temores, reconciliábase con la pelotita, digna de él y de toda alma justa, por su afán elástico de levantarse al cielo.

Y así fue como en aquel convento, en tanto unos monjes cultivaban las Bellas Artes y otros las Ciencias y la Filosofía, el nuestro jugaba en los corredores con la pelotita.

Nubes, cielo, tamarindos... Ni un alma en la pereza del camino. De vez en cuando, el paso celeroso de bandadas de pericas domingueras comiéndose el silencio. El día salía de las narices de los bueyes, blanco, caliente, perfumado.

A la puerta del templo esperaba el monje, después de llamar a misa, la llegada de los feligreses, jugando con la pelotita que había olvidado en la celda. ¡Tan liviana, tan ágil, tan blanca!, repetíase mentalmente. Luego, de viva voz, y entonces el eco contestaba en la iglesia, saltando como un pensamiento:

¡Tan liviana, tan ágil, tan blanca!... Sería una lástima perderla. Esto le apenaba, arreglándoselas para afirmar que no la perdería, que nunca le sería infiel, que con él la enterrarían..., tan liviana, tan ágil, tan blanca...

—¿Y si fuese el demonio?

Una sonrisa disipaba sus temores: era menos endemoniada que el Arte, las Ciencias y la Filosofía, y, para no dejarse mal aconsejar por el miedo, tornaba a las andadas, tentado de ir a traerla, enjugándose con ella de rebote en rebote..., tan liviana, tan ágil, tan blanca...

Por los caminos —aún no había calles en la ciudad trazada por un teniente para ahorcar— llegaban a la iglesia hombres y mujeres ataviados con vistosos trajes, sin que el religioso se diera cuenta, arrobado como estaba en sus pensamientos. La iglesia era de piedras grandes; pero, en la hondura del cielo, sus torres y cúpula perdían peso, haciéndose ligeras, aliviadas, sutiles. Tenía tres puertas mayores en la entrada principal, y entre ellas, grupos de columnas salomónicas, y altares dorados, y bóvedas y pisos de un suave color azul. Los santos estaban como peces inmóviles en el acuoso resplandor del templo.

Por la atmósfera sosegada se esparcían tuteos de palomas, balidos de ganados, trotes de recuas, gritos de arrieros. Los gritos abríanse como lazos en argollas infinitas, abarcándolo todo: alas, besos, cantos. Los rebaños, al ir subiendo por las colinas, formaban caminos blancos, que al cabo se borraban.

Caminos blancos, caminos móviles, caminitos de humo para jugar una pelota con un monje en la mañana azul...

—¡Buenos días le dé Dios, señor!

La voz de una mujer sacó al monje de sus pensamientos. Traía de la mano a un niño triste.

—¡Vengo, señor, a que, por vida suya, le eche los Evangelios a mi hijo, que desde hace días está llora que llora, desde que perdió aquí, al costado del convento, una pelota que, ha de saber su merced, los vecinos aseguraban era la imagen del demonio...

(...tan liviana, tan ágil, tan blanca...)

El monje se detuvo de la puerta para no caer del susto, y, dando la espalda a la madre y al niño, escapó hacia su celda, sin decir palabra, con los ojos nublados y los brazos en alto.

Llegar allí y despedir la pelotita, todo fue uno.

—¡Lejos de mí, Satán! ¡Lejos de mí, Satán!

La pelota cayó fuera del convento —fiesta de brincos y rebrincos de corderillo en libertad—, y, dando su salto inusitado, abrióse como por encanto en forma de sombrero negro sobre la cabeza del niño, que corría tras ella. Era el sombrero del demonio.

Y así nace al mundo el Sombrerón.

[De: *Leyendas de Guatemala,* Lima, 1º Festival del Libro Centroamericano, 1958?.]

HONDURAS

RAFAEL HELIODORO VALLE

LA VIRREYNA DE LA ESMERALDA

> ... *otras que por acá se dicen chachihuitl; las finas de estas son esmeraldas.*—Motolinia—.

Se desbordaba el vino añejo en el pichel de plata y la fruta se helaba en la fuente de cristal. Trajeron los pajes el chocolate Soconusco.

Comentaban el virrey y el oidor las insolencias del pirata y bajo las pestañas del visitador se hundían —como en noche lóbrega— los halcones ariscos de sus ojos. El padre confesor charlaba con la virreina y el médico acariciaba con la lengua el prócer vino carlón. Todos miraban de hito en hito al señor capitán que en el lienzo llamaba la atención por la sortija de la esmeralda. Era una insólita piedra, de alucinante dulzura, que sólo cintilaba en las noches en que las estancias virreinales encendían todas las arañas. La virreina se embobaba lindamente al mimarla con los ojos, y en vano el médico buscaba en los libros de Monardes y de Hernández alguna yerba o piedra de maravilla para calmarle aquella angustia. Era, en verdad, una mínima gema, en la que el pintor concentró su más húmeda nostalgia: los inquisidores, por creerla endemoniada, la hubieran quemado en un auto de fe; los capitanes de las naos la habían visto arder en las lontananzas del mar, revuelta con el ámbar; el padre confesor, haciendo la señal de la cruz, aseguraba que era una de las del oratorio de Moctezuma o quizá de las que guardaban, entre los ritmos y colores de la mitología, como presea de Quetzalcoatl. Pero el virrey, que era muy aficionado a los libros en que se habla de comarcas de fábula, sostenía, atuzándose el bigote, que la piedra había sido quitada a la cabeza de un manatí, porque era santo remedio para el mal de la ijada como las que un encomendero había encontrado, al caer el crepúsculo, en la montesina Oaxaca.

Clara, verde, madura, la esmeralda de la virreina abría surcos de luz en la tierra y en el mar como las farolas de las carabelas... Se acordaban todos de las máscaras de turquesas que el cacique de Tabasco regaló a Grijalva; y el visitador, arreglándose la gola de encaje de Malinas, exclamó sobresaltado:

—¡Y la que el cacique de Pasto dio a Pizarro, tan grande como un huevo de paloma! ¡Y la que Cortés envió al César potentísimo, quebrada y piramidal como un trofeo de brujería, y tan grande como la que Diego de Ordaz halló en una canoa surcando el Marañón!

El padre confesor interrumpió:

—Fueron 99 las que Cortés mandó al rey con los procuradores y engastados en oro iban cuatro esmeraldicas. Fueron 7.000 las que repartió Jiménez de Quesada entre sus soldados locos. Según los indios, en ellas residía una divinidad. Los tarascos y los peruanos las empleaban como preseas funerarias y los conquistadores las quebraban a veces con martillos para ver si de verdad eran esmeraldas...

La gema sortílega efundía en la sala una claridad amaneciente. Sin duda alguna que el pintor había sido también lapidario y si los indios la hubieran sacado de la veta después de sacrificios y ceremonias, él la habría cincelado con un buril purificado, como ella, por el tiempo.

Entre las arandelas se apaciguaban las nueve de la noche. Los pajes trajeron aguas de olor. En el abanico de la virreina palpitaba la frescura de una de aquellas esmeraldas que —según Cervantes de Salazar— eran "muy probadas para la embriaguez" o resplandecía el color de la isla de Mindanao como en aquella de que habla el padre Jiménez.

—Las esmeraldas —dijo el médico, pidiendo la venia—, dan inquietud y alegran el sombrío amor y las mejores son las que se hallan más al levante y más abajo de la línea equinoccial. Algunas veces las encuentran ya ochavadas y "los artífices no las podrían labrar mejor". ¡Sus Excelencias saben que en Tenochtitlán había orfebres que las engastaban y labraban muy bien!

Sonreía pícaramente el confesor, evocando a los cronistas eclesiásticos. Por los espejos azogados parecían desfilar carabelas al sol, en busca de especierías y joyeles... La virreina movió displicentemente el abanico delicioso... En el ventalle de pluma verde con argentería de oro temblaba un cuco de oro célebre. Entusiasmado, el erudito confesor hizo revelaciones que asustaron la luz.

—La Asunción de Catedral, lleva al pecho una esmeralda de todos colores que vale más de 1.000 pesos, eso sin contar las 3.257 del tesoro; la custodia de Borda sostiene 2.653; el cáliz del arzobispo Rubio y Salinas lleva 312; Nuestra Señora del Rosario 442; la corona de la Soledad de Oaxaca y el traje de San Francisco casi no se ven al peso abrumador de sus gemas; en el copón que regalaron los jesuitas de San Pedro y San Pablo brillan 139; el obispo michoacano Escalante, lucía un pectoral de 62 esmeraldas vivas...

De pronto, el virrey, pidiendo un poquito de canela para su Soconusco, añadió:

—Pues ese pectoral llevaba tantas como las del bastón que uno de mis antecesores regaló a su médico Dumón. Después de todo, ¿qué vale la sortija de esmeralda que le embargaron al pobre caballero don Alonso de Avila?

—¿Sería esa —repuso el visitador atónito— una de las que se perdieron en la Noche Triste cuando murieron muchos cristianos y 56 caballos a más de la yegua brava del señor capitán? ¡Se imaginan Sus Excelencias a los soldados heridos y famélicos, pero cargados del oro y las joyas de Sus Altezas! ¡Estas son palabras mayores de Juan Ochoa de Eleazalde!

El paje, tomando graciosamente la mancerina de plata, le puso el ingenuo comentario de la canela.

—Ahora sí —exclamó el virrey— quiero contarles el episodio que yo llamaría "de las esmeraldas capitanas". Es algo que debiera grabarse en la raíz de caoba de un bargueño o cincelarse en una copa de oro de la Valenciana. Yo creo que es algo breve pero espléndido y que cabe en un gobelino, en un azulejo, o sobre la tapa de un arcón. Cuando Cortés cruzó el mar para casarse con Doña Juana, llevó 5 esmeraldas finísimas, que bien valían 100.000 ducados: una era como una rosa, otra como pez de ojos de oro, otra ya no me acuerdo cómo, por las que unos genoveses le ofrecieron en la Rábida más de 40.000 ducados; pero la que bien vale una nueva Conquista era aquella en forma de campanilla, badajo de rica perla y el lema "Bendito quien te crió".

Era más de media noche. En el claro cielo de la Nueva España diríase que brillaban todas las pedrerías. La virreina entreabría los ojos para embriagarse con el dulzor de la esmeralda imposible, mientras en la pluma verde del ventalle ardía el cuco de oro. Apenas se retiraron el visitador, el médico y el capellán, los pajes cerraron las ventanas por donde se entraba la frescura grata de la noche. Se habían apagado en el aire los últimos ecos de las campanas que anunciaron la llegada del galeón de Manila, y allá lejos, en las lamparitas de aceite votivo, se purificaban las ánimas en pena. Pasaba el último furlón.

[De: *El espejo historial*, México, Edit. Botas, 1937.]

J. M. TOBIAS ROSA

LEYENDA DEL PUENTE MALLOL

I

Hace algunos años que tuve de huésped a un venerable anciano, oriundo de Sabanagrande, quien había llegado a este pueblo de Ilma con el objeto de comprar varias cargas de pimienta gorda y algunas docenas de sombreros de palma, de los que se elaboran en este lugar.

En las conversaciones que con frecuencia teníamos, pude comprender que el viejecito aquel tenía gran acopio de conocimientos diversos, adquiridos, sin duda alguna, en los innumerables viajes que había efectuado por las distintas repúblicas centroamericanas.

Una tarde que nos hallábamos en mi escritorio, conversábamos sobre el progreso habido en estos últimos años en la ciudad de Tegucigalpa. Indicaba el anciano que la construcción del puente de Comayagüela, la del Mercado y la edificación de la Mansión Presidencial, habían sido las obras más importantes ejecutadas por el Gobierno en estos últimos tiempos, a pesar de la crisis monetaria que ha afectado profundamente a este país con motivo de nuestras revueltas asonadas.

—Sabe usted —me dijo el viejo— ¿quién construyó el puente que hoy llaman de Mallol?...

—La historia nos afirma —le repliqué, tomando un libro que se encontraba sobre la mesa—, que ese puente fue construido por el alcalde Mallol. Oiga usted la relación de ese trabajo; y, abriendo el libro leí al anciano lo que se ha escrito acerca del particular.

—¿Cree usted que es cierto todo eso que ha leído? —me dijo el anciano en son de sorna.

—Todo lo que la historia nos dice —le repliqué—, tiene el sello de la verdad, pues los hechos anotados por ella, han sucedido realmente.

—¡Qué cándido es usted!... —me dijo el anciano—. Los escritores consignan en sus libros muchas cosas bonitas que ellos mismos inventan para solaz de sus inocentes lectores. Para demostrar a usted que ese señor Mallol que tanto alaba la historia no fue el que mandó a construir el puente citado, le referiré una leyenda que mi padre me contó hace muchos años. Oiga usted; y cuando termine mi relato, puede hacer el juicio que crea conveniente acerca del particular.

II

A principios del siglo XIX había en el pueblo de Comayagüela una lindísima joven llamada María, quien, en unión de su anciana madre, vivía dedicada a sus labores domésticas. Con el producto de su exiguo trabajo, se sostenían pobremente; y, debido a su honradez acrisolada, merecían el respeto y las consideraciones de sus vecinos y amigos.

Diez y seis primaveras contaba la encantadora muchacha, cuando acertó verla, a principios de un mes de abril, un apuesto joven que vivía en Tegucigalpa, quien se prendó de la hermosura de aquella virgen llena de candor. Pronto las relaciones se hicieron más frecuentes entre los dos jóvenes; y el mancebo se decidió a pedir a la madre de María la mano de ésta, para hacerla su esposa.

No tuvo inconveniente la anciana para dar el consentimiento que tanto anhelaban los novios; pero puso una condición indispensable, que la boda no podría efectuarse antes de la Nochebuena.

En aquel tiempo se iba de Comayagüela a Tegucigalpa, pasando el río por unas enormes piedras, que habían logrado colocar a través de la corriente, a poca distancia unas de otras.

Cuando el Choluteca crecía mucho, sus aguas cubrían aquellas piedras, y entonces no había lugar de atravesarlo, interrumpiéndose así la comunicación entre aquellas poblaciones vecinas.

El novio de María trabajaba con ardor en la construcción de la casa que serviría de hogar. En estas labores se encontraba cuando fue requerido por la autoridad militar para ir a desempeñar una comisión fuera del país.

El tiempo era muy lluvioso y el río estaba tan crecido, que las piedras que servían para cruzarlo, se encontraban a muchos metros bajo las revueltas aguas, que furiosas arrastraban enormes árboles que se estrellaban en las rocas de las orillas con pavoroso estruendo.

Varias veces llegó el novio de María a la orilla del río con el fin de comunicar a su prometida la infausta nueva de su viaje, pero jamás pudo verla, y convencido de la imposibilidad de cruzar el río perdió la esperanza de despedirse de aquella mujer a quien él conceptuaba como su futura esposa.

La víspera del viaje, por la tarde, cuando el joven se encontraba encerrado en el cuartel de donde saldría para su destino, la pobre María llegó a la orilla del río con el único objeto de admirar la enorme avenida que se había hecho hasta entonces. Al poco rato de estar en la margen de aquel revuelto río, vio que un hombre de siniestra figura montado en una briosa mula, venía por la orilla del río, hasta llegar al lugar donde ella se encontraba.

—Perdone usted, señorita —dijo el desconocido, sin apearse de su cabalgadura—, pero traigo para usted un recado del joven Rafael, a quien conoce usted perfectamente. Le manda a decir aquel señor que ha deseado despedirse de usted, porque sale mañana al amanecer para Guatemala en una comisión militar, y que no sabe si regresará luego o tendrá que permanecer fuera de la patria por mucho tiempo.

Esta noticia aterró a la infeliz doncella, pues destruía todas las esperanzas de que se verificara su enlace en el tiempo fijado por su madre. Después de haber dado rienda suelta a su dolor, exclamó:

—¡Oh,... cuánto diera por poder ahora mismo cruzar ese río!... Si yo pudiera llegar a Tegucigalpa, lograría que el jefe que allá manda, me dejara a Rafael;... pero no puedo... ¡Dios mío!... Más crecido está ese río implacable, y mi prometido se irá sin recibir mi último adiós... ¡Virgen Santísima!... haced que luego se descubran las piedras que el río ha cubierto, para poder pasar a la vecina ciudad, aunque sea a media noche, e impedir así la marcha de mi futuro esposo...

—Vea, niña —dijo el desconocido—, deje de implorar el auxilio del cielo que por ahora no le será propicio. Yo he cruzado el río, puedo hacer que usted pase también a la orilla opuesta; pero antes quiero que me diga qué cosa puede darme en pago de mi trabajo.

—¡Usted!... —respondió María—, ...¿usted puede pasarme al otro lado?... ¿Tendría tiempo de conseguir una barca para ese fin?... ¡Ah!... si hace lo que dice, yo le pagaré la suma que me indique.

—No necesito que me dé dinero —dijo el hombre misterioso—, pues en vez de construir una barca, para que Ud. cruce el río, le construiré un sólido puente de cal y canto.

—¡Un puente!... —exclamó aterrada la niña... —¿Usted puede hacer un puente?... Para hacerlo se necesita de mucho tiempo, y Ud. me ha dicho que Rafael partirá mañana...

—El puente estará concluido antes de la media noche, pues... pues soy capaz de hacerlo!... Si usted me da su alma en pago de mi trabajo, podrá pasar el río antes de la una de la mañana, y tendrá tiempo para hablar con el jefe militar sobre el viaje de don Rafael, y probablemente conseguirá que no se efectúe el viaje.

—¡Mi alma!..., —dijo la doncella—. ¿Mi alma dice Ud. que quiere en pago del puente que me ofrece construir?... ¡Jesús!... Pero,... ¿quién es usted?...

—Soy, —dijo el interpelado—, el espíritu rebelde que anda en las tinieblas. He visto la desgracia que te aqueja, pobre joven, y he deseado ayudarte. Si crees que el río pronto bajará, estás muy equivocada, pues en el estado que tiene actualmente, permanecerá por 8 días más... Resuélvete inmediatamente a lo que he dicho, pues de lo contrario, perderás para siempre a tu futuro esposo, ya que de ese viaje es probable que no vuelva jamás...

—¡Ay! —dijo María con moribundo acento—. ¿Por qué te gozas en atormentarme? Haz la caridad de pasarme a la otra orilla, pero mi alma no puedo ni debo dártela...

—¿Caridad has dicho?... —dijo el demonio—. La caridad es una virtud que no conozco ni puedo practicar... Como veo que prefieres perder tu porvenir, me retiro y no me volverás a ver nunca...

—¡Ah!... no... —exclamó María con locura—. No te vayas... te lo suplico. ¡Haz el puente!... Te daré mi alma... todo,... todo,... pero quiero ver a Rafael antes de que se marche...

—Corriente —dijo el diablo—. Te entregaré la obra antes de que el gallo lance al viento su sonoro canto, pues después de esa hora no me es dable permanecer sobre la superficie de la tierra.

Pronto se oyó en las orillas del río un pavoroso ruido que hacían los albañiles y los canteros rompiendo grandes bloques de piedra al golpe de enormes masas de hierro; y un enjambre de trabajadores invisibles, acopiaban los materiales y colocaban los andamios gigantescos que servirían para la construcción de aquella obra diabólica...

Cuando María volvió en sí, oyó aquel fatídico ruido de los obreros invisibles, quienes a pesar de las sombras de la noche, trabajaban con tesón en las pilastras; y, llena de pavor, se dirigió a su casa, sin querer informar a su madre nada de lo que le había sucedido.

Penetró al pequeño jardín que había cultivado siempre con amor, y notando que una matita de nardos tenía una hermosa vara coronada de blancas y olorosas flores, la cortó. Luego invitó a su madre para que la acompañara a la Iglesia, a pesar de lo avanzado de la hora, pues quería ofrendar a la imagen de la Concebida, Patrona del pueblo, aquellas flores que tanto estimaba.

La complaciente señora acompañó a su hija, y una vez que estuvieron de rodillas ante la sagrada imagen, la infeliz María, colocó a los pies de la Virgen su vara de nardos, diciéndole desde el fondo de su corazón, estas palabras:

—¡Madre mía!... defiéndeme del peligro en que el amor me ha colocado; hazlo por el inmenso amor que le tuviste a vuestro adorado Hijo, y por las lágrimas que derramaste cuando lo viste pendiente del afrentoso madero... Salva mi alma de las garras del demonio, a quien en un momento de locura, se la he ofrendado hace poco.

Luego que llegaron a la casa, María pretextó estar indispuesta, y se retiró a su habitación, mas cuando sintió que su madre ya se había dormido, salió de su cuarto, encaminando sus pasos al río. Acostumbrada a la oscuridad de la noche, pudo distinguir que el trabajo del puente marchaba velozmente.

Estaban construidas las pilastras y la mayor parte de los arcos, faltando únicamente la clave del arco central para que aquella obra estuviera concluida. Dirigiendo la vista por la orilla del río, vio que de una ladera vecina, venía el hombre —con quien había hecho el horrible trato—, trayendo en sus nervudos brazos una enorme peña que serviría para que el puente quedara ya en servicio. María, llena de terror, gritó al demonio con voz sollozante:

—¡No hagáis el puente!... ¡No puedo daros mi alma!...

Y una voz cavernosa, como un eco fatídico, le respondía:

—¡Es tarde!... Tu alma me pertenece...

Entre tanto, la pobre joven, muerta de miedo, veía aproximarse al hombre siniestro que apenas podía avanzar con la enorme mole que llevaba a cuestas...

De pronto, vio en la orilla opuesta una claridad que iluminaba perfectamente todo el puente que estaba casi concluido; y a los pocos momentos observó que una hermosa señora, rodeada de un resplandor vivísimo, cruzó velozmente por el puente, dejando atravesada, sobre el hueco que faltaba que llenar, una hermosa vara de flores que traía en sus angélicas manos.

La visión desapareció misteriosamente, mientras que el hombre negro llegaba al fin al extremo opuesto del puente. Colocó jadeante la enorme mole de granito que llevaba, en el espacio vacío, haciendo esfuerzos violentos para que descendiera a ocupar el sitio a que estaba destinada.

Sin embargo, a pesar de los poderosos golpes que le daba, la piedra no descendía y el demonio, enfurecido, lanzaba tremendas blasfemias que los bramidos del río eran incapaces de sofocar...

En esta ardua empresa se encontraba el Rey del Averno, cuando el alegre canto del gallo le sorprendió y, dando un grito pavoroso, se precipitó de cabeza en las revueltas y tumultuosas aguas que rugían con estrépito formidable.

Un trueno prolongado resonó en el espacio; y el empuje formidable de la corriente, arrastró los andamios que los diablos habían construido para ejecutar aquella obra colosal.

Un ruido horrible se oyó bajo la mole o clave que Satanás no había podido colocar en el hueco fatal; y aquella piedra enorme descendió hasta quedar a nivel de la superficie del puente. Entonces María pudo atravesarlo, y encaminándose a la vecina ciudad, obtuvo allí que el jefe militar dejara exento del viaje a su prometido...

Desde entonces, ese puente fue conocido con el nombre de *Puente del Diablo,* aunque la actual generación afirme que tal obra es hecha por ese señor Mallol...

Si alguno de mis lectores duda de la relación que he hecho anteriormente, le diré como el poeta:

Un viejo me la contó;
yo a todos se la cuento;
y,... pues la historia no invento,
responda el viejo... y... no... yo!...

[De: Rubén Angel Rosa, *Tradiciones Hondureñas,* Comayagüela, Honduras, Imp. Bulnes, 1952.]

MEXICO

VICENTE RIVA PALACIO

EL VOTO DEL SOLDADO

I

ALLÁ POR el año de gracia de 1521 pasó a las Indias en busca de fortuna, y a servir al Emperador en las conquistas de Nueva España, un soldado español llamado Juan de Ojeda.

Erase Juan de Ojeda un mocetón en la flor de la edad, extremeño de nacimiento, y tan osado y valeroso como perverso y descreído, y tan descreído y perverso como murmurador y maldiciente. Pusiéronle por mote sus compañeros "Barrabás", tanto por lo avieso de su condición como para distinguirle de un Ojeda a quien el "Bueno" le llamaban por sus costumbres irreprochables, y de otro que llamaban el "Galanteador", porque andaba siempre en pos de las muchachas de los caciques y señores de la tierra.

Túvole Hernán Cortés gran afecto por su valor y por la presteza y diligencia con que todas las comisiones y trabajos del servicio desempeñaba. Pero mejor que los compañeros de Ojeda conocía sus malas cualidades, y a esto debido, ni le dio nunca mando que importar pudiera, ni guarda le confió de prisioneros a quienes se atreviera a sacrificar o a poner en libertad a cambio de algunos cañones de pluma llenos de polvo de oro, moneda supletoria bien usada en aquellos días.

Una tarde, ya después de la toma de la capital del poderoso imperio de Moctezuma, y cuando el ejército de Cortés se había retirado a la ciudad de Coyoacán, mientras se trazaban y comenzaban a levantarse los suntuosos edificios que de núcleo debían servir a la moderna México, Juan de Ojeda departía alegremente con un grupo de soldados de caballería, hablando de sus recuerdos y sus esperanzas, sazonado plato de conversación entre soldados.

Como palabra saca palabra, según dice el proloquio vulgar, hubo de llegarse en el giro de aquella plática a referir que algunos de los soldados conquistadores, sin duda arrepentidos de algo que sobre su conciencia pesaba, y en desagravio de sus pecados, habían tomado el hábito de religiosos, y vida hacían de misioneros tan ejemplar como escandalosa había sido la que llevaron como soldados.

Ocurriósele entonces a alguno de los presentes decir que "Barrabás" tendría que parar en fraile por lo mismo que, siendo soldado, había parado en diablo. Rióse "Barrabás" alegremente de la ocurrencia, y tomando en seguida un aire solemne, dijo a sus compañeros: —Por la salvación de mi alma, yo prometo meterme a fraile el día que mi caballo sea Dios. Parecióles a los otros que aquello era una blasfemia, y temerosos de los castigos que Cortés imponía a sus soldados en casos semejantes, fuéronse escurriendo uno en pos de otro, dejando a "Barrabás", que repetía burlonamente: "El día que mi caballo sea Dios".

II

Habían pasado ya muchos meses, y corría para los conquistadores de México casi tranquilamente el año de 1524; y digo casi tranquilamente, porque, vencidos los mexicanos y sometido voluntariamente al Rey de España el de Michoacán, Hernán Cortés ocupábase activamente en el establecimiento del Gobierno de la colonia y en la reedificación de la ciudad de México.

Pero, por una parte, Cortés era inquieto y emprendedor; y, por otra, como incitándole a nuevas aventuras, a sus ilusiones se ofrecía un territorio tan inmenso como desconocido, y la conquista de las Hibueras vino a ser el resultado de aquellas constantes y tentadoras seducciones.

Organizó Cortés su expedición, y salió de México, rumbo al oriente, en demanda de nuevos reinos que ofrecer, como tributarios o como vasallos, al Emperador Carlos V. Y formando parte de aquella expedición salió, siguiendo a su caudillo, el famoso entre sus compañeros, Juan de Ojeda, jinete en aquel caballo cuya apoteosis esperaba, para cambiar él por la armadura del soldado el tosco sayal de los religiosos.

No estaba el caballo de Ojeda en la primavera de su vida, y por más que el descanso le hubiera traído macizas carnes, los años y los trabajos le hacían ya poco vigoroso para la campaña; y como aquella era muy ruda y el camino muy largo, al cruzar la expedición por el Petén, reino entonces importante, si no poderoso, enfermó el caballo, y, por mayores diligencias que se hicieron, no pudo continuar su marcha ni salir del pueblo. Desesperado estaba Ojeda, porque quizá aquel caballo era el único cariño de su vida. Juró y blasfemó hasta cansarse; pero visto que la cosa no tenía remedio, suplicó a Hernán Cortés que recomendara al cacique y a los principales señores del Petén el cuidado de aquel caballo que, como un depósito sagrado, quedaba entre sus manos.

Tanto por la utilidad que prestaban entonces los pocos caballos con que contaba el ejército español, como por complacer a un soldado tan valiente como Ojeda, Cortés, por medio de sus intérpretes o *nahuatlatos,* como allí se llamaban, encareció, hasta con grandes amenazas, al cacique y a los que le acompañaban el cuidado y las atenciones que debían tener con el viejo animal, refiriéndoles los grandes servicios que prestado había y la gran utilidad que de aquellas bestias se tenía en la guerra.

Llego el momento de la partida, y Ojeda emprendió la marcha, no sin haberse despedido del abandonado rocín y sin haber echado por aquella boca todos los votos y juramentos que le inspiraba tan triste situación y las burlas de sus compañeros, que descaradamente lo atribuían a la blasfemia de haber querido hacer un Dios de su caballo.

Los sencillos itzaes, que así se nombraban los naturales de aquella tierra, se encontraron en el mayor embarazo para cumplir las indicaciones del conquistador a la hora de su vuelta. Porque, no conociendo qué clase de huésped era el que había quedado allí, no encontraban medio de tratarlo como ellos deseaban; pero, en fin, les ocurrió alojar el caballo en la mejor de las casas de la población y ofrecerle abundante comida de conejos, gallinas y aves sazonadas cuidadosamente al estilo del país, y grandes jarros con una bebida regional que los españoles llamaban pitarrilla.

No por la natural tristeza de encontrarse abandonado entre gente extraña, ni por falta de apetito tampoco, dejó el caballo de aprovechar la espléndida hospitalidad de los indios; pero por causas que los sabios explicarían fácilmente, no llegó a probar bocado y murió de hambre a poco tiempo.

No podría describirse la consternación de los indígenas cuando por el pueblo circuló la terrible noticia de que el huésped había expirado. ¿Qué contestar a Cortés? ¿Cómo librarse de su enojo? ¿Cómo presentarse siquiera a su vista después de aquello, que él podría considerar como el resultado de un gran crimen?

Convocóse una numerosa asamblea para discutir el partido que debía adoptarse en tan críticas circunstancias; y después de varias opiniones emitidas con timidez al principio y con gran energía en el curso de aquella discusión, a propuesta de los más sabios del pueblo vinieron todos a convenir en que lo más acertado era hacer una imagen del caballo en mampostería y colocarlo entre los dioses del pueblo, para que a su vuelta Cortés pudiese ver que, si el huésped había fallecido, el pueblo le había colocado en el número de sus dioses.

Así se hizo, y en el idioma de aquel pueblo conocíase el nuevo dios con el nombre de Izimin-Chac, que significa Animal del Trueno, sin duda porque los indios creían que el caballo era el que producía el estampido de las armas de fuego que disparaban los jinetes.

Contábase luego que Juan de Ojeda, al recibir la noticia de aquellos acontecimientos, tomó el hábito de San Francisco, y fue en su vejez espejo de misioneros.

III

Casi un siglo después, por el año de 1618, dos misioneros franciscanos, fray Juan de Orbita y fray Bartolomé de Fuensalida, llegaron al Petén, hasta entonces no convertido al cristianismo, y encontraron objeto de la mayor veneración la mal formada estatua del caballo.

El P. Orbita, en presencia de aquello, no pudo contener su indignación, y llevando en la mano una piedra que había arrancado del templo, montó sobre el caballo y le hizo pedazos a fuerza de golpes.

Los naturales de la tierra huyeron, espantados de aquella profanación, gritando mueras al extranjero.

[De: Vicente Riva Palacio, *Cuentos del General,* Madrid, Tip. Sucs. de Rivadeneira, 1896, 292 p.]

LUIS GONZALEZ OBREGON

EL BARBERO DE SU EXCELENCIA
TRADICION DEL PALACIO NACIONAL

INVARIABLEMENTE, desde el día en que tomó posesión del virreinato de la Nueva España, el segundo conde de Revillagigedo, tenía la costumbre de que lo afeitasen todas las mañanas, a las 7 en punto.

Poco antes de esta hora, entraba el maestro barbero a la cámara del Virrey, provisto de pichel y bacía de plata cincelada y reluciente, paños finos de cambray y bolsa de cordobán que a modo de estuche, contenía las navajas.

El Conde hallábase ya sentado en cómodo sillón frente a la vidriera de uno de los balcones que caían a la plaza del Volador, y mientras el barbero asentaba las navajas y hacía la jabonadura, leía S. E. las quejas y solicitudes que la víspera habían sido depositadas en un buzón, que por su orden se había colocado en la puerta principal del Real Palacio.

El barbero, a quien todos conocían sólo por su nombre de pila, llamábase Teodoro Guerrero, y era un viejecito simpático, como de setenta años de edad, enjuto de carnes, color moreno, de ojos verdes y muy vivos, bastante calvo y todo rasurado.

Vestía el traje de los barberos de su época, pero a causa de sus años y tener que salir muy de mañanita para servir a su clientela, traía siempre puesta su capa, que sólo se quitaba en el acto de ir a afeitar.

Con el Virrey ponía particular cuidado. Colocábale un paño finísimo en el pecho, otro atrás para limpiar las navajas, y mientras el Virrey se detenía la bacía encajada en el cuello, Teodoro untábale la jabonadura a dos manos, pero con suma pulcritud y habilidad.

En seguida, no sin probar el filo de la navaja en uno de los dedos, procedía a desmontar la barba, y a continuación, previa agua limpia con que enjuagaba el rostro del Virrey y nueva untada de jabón con los dedos, seguía la operación de desencañonar, pero sin producir irritación en la piel ni hacer sangre, ni causar la más mínima molestia.

El Virrey continuaba leyendo, y Teodoro, después de peinar la cabellera empolvada y tejer la trenza de la coleta, exclamaba satisfecho, sacudiendo los paños:

—¡Buena salud, excelentísimo señor!

Y S. E. le contestaba:

—¡Gracias Teodoro!

El barbero recogía entonces todos los menesteres de su oficio. Salía como había entrado, silencioso, inclinándose con respeto ante S. E., procurando en esta vez no darle las espaldas, pero sin pronunciar siquiera unos corteses y secos Buenos Días.

El segundo Conde de Revillagigedo, como es bien sabido, fue un modelo de virreyes. La Nueva España le debió mucho. Durante su sabia administración progresaron la agricultura y las industrias, las ciencias y las letras. Los cargos públicos fueron desempeñados por ciudadanos inteligentes y probos, y destituidos los inútiles, los perezosos, los ignorantes. La ciudad de México se embelleció mucho y ganó en limpieza y en higiene. Calles, plazas, paseos, fuentes, baños, edificios, todo fue objeto de particular reforma, pues aquel esclarecido Virrey era infatigable, y trabajaba día y noche para dar cumplimiento a las múltiples atenciones inherentes a su empleo y a los mil proyectos que a cada paso realizaba.

El Conde, por su misma labor, no perdía el tiempo en vanas y pueriles conversaciones, y ni a la hora de afeitarse se permitía con su barbero un poquito de palique.

Y hay que tener en cuenta que los barberos son tentadores, porque son de suyo comunicativos y curiosos. Hablan de lo que no les importa. Saben vidas ajenas. En aquellos tiempos todavía más, pues con excepción de la Gaceta que salía pocas veces al mes, con noticias insípidas y desabridas para el vulgo, el barbero era entonces el único órgano de la chismografía y de las huecas noticias con que se llenan los diarios de nuestros días.

Así es que Teodoro, el barbero, era en apariencia la excepción de la regla general, y el segundo Conde de Revillagigedo estaba encantado con él, pues nunca interrumpía la lectura de las cartas ni desplegaba los labios para solicitar el más pequeño favor, como cualquier otro lo hubiera hecho, aprovechando el cotidiano trato con S. E.

—¡Cuántos me adulan —exclamaba para sí el Conde—, por conseguir empleos o recomendar a parientes o amigos! Mi secretario tan discreto: los oidores tan prudentes; los canónigos tan buenos; el Arzobispo tan caritativo; los priores, guardianes y provinciales de frailes tan observantes; las encopetadas abadesas y las superioras de monjas tan austeras; mis alabarderos tan fieles y mis pajes tan serviciales, ¡pero qué más!, los cocineros y los galopines de este Real Palacio, todos, unos de palabra y otros por escrito, me han pedido cargos y distinciones, recomendaciones y favores... sólo mi barbero nada, en cuatro años que hace que me afeita!

Pocos días faltaban para que Revillagigedo dejase al sucesor el virreinato. Una mañana del mes de julio de 1794, a la hora de costumbre, entró Teodoro al aposento del Virrey. Inclinóse, como era de reglamento; preparó los útiles, y con gran sorpresa suya el Conde no leía, sino que inició una conversación en estos términos:

—Teodoro, tú has sido el más cumplido de mis criados. Pronto dejaré el gobierno y deseo servirte. ¡Pide lo que gustes!

—Gracias, Excelentísimo Señor, y ya que S. E. es tan bondadoso, y que de modo tan franco me abre las puertas de su liberalidad, ¡cuán feliz sería si me concediese seis gracias, una cada mañana de las que venga a afeitar a S. E.!

—¡Concedidas! Comienza hoy pidiendo la primera.

—Que en los días que faltan de Gobierno a S. E. me permita un ratito de charla. ¡Admiro y quiero tanto a Su Excelencia!

—¡Concedida, concedida! ¡Pero sin adular...!

La segunda mañana estaba el Virrey de muy buen humor y Teodoro le pidió *su castellana,* alegando que no quería quedarse sin un recuerdo suyo. La tercera el reloj, complemento indispensable de aquélla, y ante cuya carátula había fijado su vista S. E. tantas veces; y aunque el Conde observó que el valor de las gracias iba en aumento, lo propio que la calidad de los elogios, aguantose mal de su grado, y esperó, no sin algún temorcillo, pero sí con gran curiosidad, saber las tres gracias que faltaba conceder para liquidar cuentas con el rapabarbas.

—Excelentísimo Señor —dijo Teodoro la mañana del cuarto día—, perdóneme mi atrevimiento, pero estoy muy pobre, tengo un hijo varón que presto está a recibir el grado de licenciado, y los gastos ascienden a 789 pesos 5 reales, ni más ni menos.

—¡Cómo! —exclamó el Virrey.

—Ni más ni menos, Excelentísimo Señor, he aquí la cuenta detallada —dijo Teodoro, sacando de la bolsa un papel doblado en cuatro partes.

El Virrey leyó:

GASTOS DE LICENCIADO EN ARTES

Depósito de repetición	$	21 4 reales
Su convite	$	6 0 "
Adornos del General y cera	$	1 6 "
Refresco	$	22 4 "
Suma.........	$	51 4 reales

NOCHE TRISTE

Su depósito	$	626 2 reales
Niños que abren los puntos	$	20 "
Convite con chirimías	$	60 "
Cera, poco más de	$	42 0 "
Tijeras para los Doctores que despabilen las velas	$	9 3 "
Mozos y sacristanes	$	30 "
Suma.........	$	688 5 reales

IMPRENTA

Convites	$	50 0 reales

—De modo y manera —agregó el Virrey—, que tenemos de un lado 51 pesos y 688 pesos 5 reales de la Noche Triste, son 739 pesos 5 reales, y 50 pesos de los convites; exactos 789 pesos 5 reales!

El Conde se levantó del sillón, se dirigió a un pupitre, y sacó de uno de sus cajoncillos 49 onzas flamantes y 6 escudo nuevecito, con el busto de Carlos IV, y entregando la suma a Teodoro, dijo:

—Los tres reales que sobran para puros.

—Gracias, S. E. Muchísimas gracias en mi nombre y en el de mi hijo.

Llegó la quinta mañana, y el Virrey, acabado de afeitar, preguntó con sorna:

—¿Cuál es la quinta merced que tengo que hacer hoy a mi sincero y desinteresado servidor?

—S. E. —contestó Teodoro—, dirá que abuso, pero soy padre y un padre ¿qué no hará por sus hijos? Años ha que tengo, S. E., desde la edad de doce años y de criada en un convento de la limpia Concepción, de esta corte, a una hija mía, doncella tan inclinada a la vida religiosa, que sólo espera un alma caritativa que la dote para profesar...

—Comprendo —dijo el Virrey—, la gracia de hoy no es tan corta, pero en atención a que ya tenía pensado dotar a una huérfana antes de irme de estos reinos, y a que espero que mañana serás más moderado... concedido el dote!

El sexto día amaneció S. E. nervioso y triste. Pocos le faltaban para abandonar su alto puesto, y a medida que el tiempo se acercaba, huían los amigos, se eclipsaban los cortesanos, y no pocos ingratos, sordamente, preparaban los capítulos de acusación en la residencia, juicio a que eran sometidos todos los virreyes después de su gobierno.

El estado de S. E., aquel día, lo comprendió desde luego el buen barbero. Procuró extremar sus respetos, afeitar con el mayor cuidado, de modo de no producir molestia alguna. Peinó con igual esmero al Virrey, trenzó suavemente los cabellos con la cinta de la coleta y casi en secreto pronunció la frase sacramental de:

—¡Buena salud, Excelentísimo Señor!

El Conde se puso en pie. Sintió ese dulce bienestar y frescura que experimenta uno cuando acaba de ser afeitado por una mano hábil. Pensó que el rapabarbas no se atrevía a pedir la última gracia, y aunque temeroso, por su parte, de la cuantía, pero picado de curiosidad, interrogó a Teodoro, y éste le contestó:

—Excelencia. Ya soy muy viejo y viudo y no tardaré en morir. Mis hijos ya tienen, gracias a S. E., un porvenir risueño. Yo amo esta tierra porque es la patria de estos hijos y de su santa madre, que en paz descanse. Vine aquí muy joven con vuestro padre, el año de 1746. He ejercido en México 48 años mi oficio, y a 11 virreyes antecesores de S.E. he afeitado. Con excepción del Marqués de Croix, que era un poquillo enojón, de todos conservo gratos recuerdos por sus talentos y por sus bondades y por sus mercedes.

A los Excelentísimos señores Marqués de las Amarillas, Cagigal de la Vega y Marqués de Cruillas, a los tres les hice sus pelucas, de pita de maguey por cierto, y quedaron contentísimos. Al Sr. Bucareli y Ursúa le curé un cáustico en su última enfermedad. A Don Matías de Gálvez, le puse sanguijuelas, y a Don Bernardo una ventosa, y lo quise mucho; dicen que se quería levantar con el reino. Al Sr. Haro y Peralta, cuando era Virrey, como nunca ha querido a los nacidos en América, una vez que le sacaba yo una muela matriculada, en el momento de darle el jalón, me dijo, escupiendo sangre a borbotones: ¡Bárbaro, criollo habías de ser! Al Sr. Flores, vuestro antecesor, lo traté muchísimo. Su hijo se casó aquí y era muy alegre y gustaba que le cantase, acompañadas con la guitarra, coplas populares como aquella que dice:

> *Tengo una salsa compuesta*
> *y me falta el perejil:*
> *Dámelo perejilera,*
> *que te lo vengo a pedir.*

O aquella otra:

> *No son todos cazadores*
> *los que por el monte van:*
> *Unos cazan las perdices*
> *y otros las hijas de Adán.*

Revillagigedo había cambiado de humor. Serio y reservado por sí, sin embargo, la charla de aquel viejecillo y su modo lleno de intención al canturrear las coplillas, lo hicieron sonreír, y preguntó al barbero:

—Pero Teodoro ¿a qué hora pides la última gracia?

—Me divagué, E. S. El padre de S. E., a quien tanto debí y con quien vine a la Nueva España, donde me hice hombre, me ha traído tantas cosas a la memoria. Pues bien, E. S., soy paisano vuestro, nací en La Habana, quisiera morir en la tierra de mis padres y servir allá, con mi oficio, los pocos años que me restan de vida.

El Conde le contestó:

—Eres el más excelente de los barberos. Has conseguido de mí cuanto has querido. Me has recordado dos cosas únicas que me consuelan en los tristes días de desengaños: mi padre muerto y mi patria ausente. Ve, prepara tus cosas, despídete de tus hijos, que en breve partiremos juntos. Yo voy a Madrid, pero te dejaré en La Habana.

[De: Luis González Obregón, *Las calles de México, leyendas y sucedidos,* México, Imp. León Sánchez, 1927.]

ARTEMIO DEL VALLE-ARIZPE

LA EJECUCION DE UN DIFUNTO

MARTÍN OLIVEIRA estaba preso. Era este hombre un portugués alegre, decidor, astuto y vehemente. Ganaba a cualquiera con su llaneza. En todo ponía una alegre gracia para reír. Se congojó mucho con pesadumbre de la prisión. Se le acabaron allí sus dichos y sus cuentecillos; se apagó su bullicioso gracejo. Una gran melancolía lo tenía rendido, angustiándole el corazón, sumiéndolo en el abismo de los dolores. Martín Oliveira estaba en la Cárcel de Corte porque le dio muerte a uno de esos seres vigilantes, activos, inteligentes, que cuidan celosamente de nuestra tranquilidad; quiero nombrar con esto a un alguacil. Este alguacil, llamado Ginés Irolo, perseguíalo con tenacidad, y Martín Oliveira le dio tan soberana puñalada que con ella le sacó en el acto el alma del cuerpo; pero, en vez de agradecerle, de premiarle esa generosa acción, porque lo quitó de las constantes penas de este bajo mundo sublunar, y lo mandó a gozar de la santa presencia de Dios, los ingratos jueces lo echaron en la cárcel, y después de emborronar mucho papel sellado, lo condenó la Sala del Crimen a pena de la vida, sólo por haber hecho un eminente servicio al alguacil. Un bien con un mal se paga.

Ese alguacil que, gracias a Martín Oliveira dejó los largos sufrimientos y decepciones que hay en este mundo malo, y fue a disfrutar de las delicias inefables del Paraíso, a oír suaves músicas de querubines, de serafines y de ángeles, y a codearse con vírgenes, santos, arcángeles, tronos, potestades y dominaciones; ese alguacil lo perseguía para llevarlo a que le formaran proceso que, de seguro, tendría por sentencia el total perdimiento de sus bienes y destierro de México; pero como Martín Oliveira tenía el bueno, el exquisito gusto de querer mucho a esta tierra preciosa, únicamente para defenderse de ese intempestivo viaje a que lo iban a obligar y para retener sus bienes, le dio al mentado alguacil, sin ninguna mala intención, sin ningún mal propósito, pues era de magnífica alma, le dio una puñalada de tan buen aire que lo dejó mortal en el suelo. Pero unos entrometidos vecinos que lo vieron ejecutar aquella acción benéfica, en vez de aplaudírsela, lo cercaron, lo maniataron y se fueron con él a las volandas los muy mequetrefes, ante un alcalde ordinario, y este hombre desconsiderado lo envió, sin decir oxte ni moxte, a la cárcel, a la Cárcel de Corte, en donde se le cayó el corazón en nieblas y sombras al bullanguero portugués.

Martín Oliveira fabricaba clandestinamente, para deleite de sus conciudadanos, pues se preocupó siempre mucho por el bien de ellos, fabricaba chinguirito, zambumbia, yagardiza o vino de sidra, tecuín, ojo de gallo, excomunión, charape, bigarrote, polla ronca, chamuco, vino resacado de cola, vino de salvado y vino de mezquite, nochole, chuanaco, ojito de virgen, patas de venado, quebrantahuesos, timbiriche, alegría de soldado, cantincara, tuba, ostoche, sangre de conejo, capolotle, garapo, obolinque, zacumbia, bingüí, finisterre y ocpatli, del que dice el padre Motolinía en sus *Memoriales* "que es melecina o adobo del vino que embeoda neciamente". Estas bebidas eran sacadas por destilación en alambique u obtenidas ya de frutas fermentadas o ya del pulque, también fermentado, al que se le mezclaban cosas sabrosas, exquisitas y raras. Todos esos vinos y quinientos cincuenta y dos más, nombres variados y pintorescos, estaban sometidos al intransigente Juzgado privativo de las bebidas vedadas por ser "de los licores simples, compuestos o artificiales, prohibidos en los principales alcabalatorios del reino", castigando ese Juzgado, con extremado rigor, tanto a los fabricantes como a los consumidores, con penas de azotes, seis años de galeras, perdimiento de bienes y destierro. Constantemente se publicaban bandos rigurosos en contra del "vino y la borrachez", aumentando las penas citadas y castigando con prisión y azotes la "simple embriaguez", que era la producida por el abuso de las bebidas que se permitían, y si se reincidía se cortaba el cabello a los delincuentes, si éstos eran judíos, y si eran mulatos o mestizos, aparte de la inevitable trasquilada, se les aplicaban, muy bien repicados, cincuenta azotes, y si por tercera vez incurrían en la falta, les daban cien magníficos zurriagazos, además de la tonsura inevitable, y se les ponía en un obraje por tres años. Los españoles y criollos iban presos también por tres años a la cárcel, y sus mujeres, por igual tiempo, a la Casa de Recogimiento para "mujeres perniciosas e insolentes".

Primero, los alcaldes mayores y ordinarios no cesaban de perseguir con rigurosa tenacidad a fabricantes, vendedores y compradores; después se nombró al capitán del Juzgado de la Acordada, para perseguir con escrupulosa y constante severidad a los infractores de los reales bandos prohibicionistas "para destruir ese pernicioso abuso contra la salud pública y los reales intereses; luego se establecieron los terribles jueces especiales, dedicados a la extinción de la bebida, y a quienes la gente llamaba "capitanes del chinguirito", que eran pagados por los comerciantes españoles para que ejercieran una policía meticulosa, poniendo gran empeño en acabar con las bebidas criollas, para que así sólo se vendiera el aguardiente que ellos importaban de su tierra.

A Martín Oliveira, por fabricar y vender de esas bebidas embriagantes, de las prohibidas, se le decomisaron para la Real Cámara y Fisco todos sus bienes y se le condenó, además, a destierro perpetuo; pero como matara al alguacil únicamente para hacerle el plausible servicio de que fuese a conocer personalmente a Dios, el destierro ya no fue de México, sino del mundo; con lo que él, aunque no le gustara, salía ganando, pues aquí abajo, al fin y a la postre, todo es penas y lamentos, y no hay bien que sea completo y que dure. Pero Martín Oliveira estaba marchito y descolorido; huía toda conversación y andaba abatido por una tenaz melancolía, y comer o no comer le daba lo mismo. Horas y más horas se pasaba inmóvil, ensimismado, ante una cosa invisible que tenía ante los ojos, y, de repente, saltaba de modo brusco a la alegría, a una alegría ardorosa, exaltada; pero su locuacidad vehemente se le acababa de pronto y, poniendo unos ojos inquietos, aterrorizados, entraba en un silencio helado y volvía a tratar a solas con su corazón de las penas que lo consumían, para luego subir al súbito arrebato de un gozoso entusiasmo y pasar, al momento, a la negrura de sus meditaciones tenaces.

Con este repentino y continuo subir y bajar de la alegría a la tristeza, se le iban pasando lentos, muy lentos, los días. Se le encendieron unas calenturas y el médico dijo que le vinieron porque el estómago cargado le descompuso los humores, y que los calorcillos de su enfermedad se le entraron en los huesos, que por eso no podía dar paso, y en una cama de las de la enfermería se la pasaba retorciéndose y quejándose por los dolores fuertes que, sin cesar, decía le andaban por todo el cuerpo. Pero un domingo le cargaron más de golpe los dolores y dijo no poder ir a oír la misa, y que la pena de privarse del santo sacrificio le traspasaba todo el corazón más, mucho más que los largos e inacabables sufrimientos de su enfermedad de calenturas; y daba ayes y suspiros enormes, poniendo tiernos ojos de añoranza entre un temblor de lágrimas que a dos hilos sinuosos le corrían por la cara llena de aflicción.

Lo dejaron solo y, mientras que todos los presos, con sus guardianes, estaban en la capilla de la Cárcel de Corte oyendo la misa a un uncioso fraile franciscano, Martín Oliveira saltó rápido de la cama, ya sin ningún mal, ni chico ni grande, y se fue, casi corriendo, a las hediondas secretas de la prisión y, subiéndose en la sucia tarima, echó su bordado ceñidor por una viga, se ajustó bien el otro extremo al cuello con un nudo ciego, dio un salto y quedó colgando del techo como movedizo racimo de uvas. Se añudó con la faja la vida tomando la muerte con sus propias manos. Sin decir Jesús me ayude, se fue rápido para el otro mundo a ver a Satanás; pues dicen que los mercaderes, los sastres, los libreros y los cambistas, apenas cierran el ojo envían su alma a los profundos y apretados infiernos, y que pasan en sus calores, si no completa la eternidad, sí una buena temporada de quince a veinte siglos. Y Martín Oliveira, por mercader y por suicida, llegó más pronto que ninguno al Averno, cayendo en los grandes peroles hirvientes del insaciable Pero Botero.

Acabada la misa fue el médico con su lanceta para darle una sangría con la que se le rebajarían, sin duda alguna, los humores; pero, como no lo encontró, dio parte al alcalde, y éste y los sotas empezaron a buscar a Martín Oliviera por toda la cárcel, de arriba abajo, y al fin lo encontraron en las letrinas, colgado de una viga en un lento vaivén de péndulo cansado. Se dio parte a los alcaldes de corte, quienes, al momento, bajaron rápidos a la cárcel y se trasladaron a los hediondos beques para ver el cadáver, y abrieron en seguida una minuciosa averiguación entre los reclusos para saber si alguno de ellos había inducido al portugués a que tomara la fatal determinación que tomó; pero habiéndose demostrado claramente que nadie lo había ayudado ni aconsejado para que se decidiera a la atroz resolución de arrancarse la vida, y como era domingo y día, además, del santo doctor Tomás de Aquino, se le pidió licencia al ordinario de este Arzobispado, ilustrísimo señor don Juan de Mañozca y Zamora, para ejecutar inmediatamente en el portugués Martín Oliveira la sentencia a que lo tenía condenado la Sala del Crimen por homicidio del alguacil Irolo.

En el instante, el canónigo magistral, asesorado por sabios jurisperitos y teólogos muy agudos, se puso a estudiar atentamente, con toda su exquisita ciencia, los voluminosos autos del proceso, y en menos de dos horas se concedió, con todos los nimios requisitos de ley, el permiso pedido para aplicar en aquel difunto la pena que en vida se le señaló, y así, a las once de la mañana, se puso el cuerpo del desdichado portugués en una mula de albarda y en las ancas montó un indio vestido de colorado para sostenerlo, y con trompeta, timbales y pregonero, anduvo recorriendo las principales calles de la ciudad. El pregonero, en cada esquina, como era de rigor, publicaba "con altas y entendidas voces" el delito por el que se condenó a la horca a Martín Oliveira, prohibiendo, bajo graves censuras, que se rezara por él ni la más pequeña oración, ni siquiera un fragmento de avemaría. Por fin lo condujeron a la "ene de palo", o séase la horca, que se alzaba fatídica en la Plaza Mayor. Lo subieron a ella, y el verdugo, "el autor de las grandes obras", con todas las ceremonias con que se ahorca a los vivos, colgó el cuerpo inerte de Martín Oliveira, salvo el que un fraile le presentara el crucifijo, pues muerto como estaba para qué lo quería ya el infeliz delante de los ojos.

Allí quedó el cadáver, balanceándose al aire, hasta pasada media tarde; fue a verlo toda la ciudad, en aglomerada confusión, como en un jubileo. Se alzó una terrible, densa tolvanera, que oscureció la tarde, enturbiando el polvo al sol como con nubes espesas. La gente empezó a dar estremecidos gritos de pavor, a santiguarse consternada y a rezar, y decía que aquel maldito portugués era el mismísimo diablo que levantaba aquella obscuridad profunda, ennegreciendo con noche el claro día; y todos, grandes y chicos, comenzaron a apedrear con furor el cadáver, abriéndole las carnes y haciéndole tortilla la cabeza; y lo hubieran despedazado en mínimos fragmentos con la larga pedrea, si es que no sale la guardia del virrey a sosegar con las armas a la multitud enardecida. Los ministros de la justicia bajaron de la horca el cuerpo del portugués y lo llevaron a la albarrada de San Lázaro, en donde lo arrojaron para que lo sepultaran en sus vientres los perros.

Así se ahorcó a un difunto en la Muy Noble, Muy Leal, Insigne e Imperial ciudad de México-Tenoxtitlán, andados siete días del mes de marzo del año de 1649 de nuestra redención. Dios nos dé muerte con que lo conozcamos. Amén.

[De: Artemio del Valle-Arizpe, *Libro de Estampas, Leyendas, Tradiciones y Sucedidos del México Virreynal*, Madrid, Biblioteca Nueva, 1934.]

ENRIQUE CORDERO y T.

LOS CAMOTES DE SANTA CLARA

¡AY POR DIOS! madre Abadesa, que ya no es posible tolerar a esta chiquilla de María de los Angeles, que todo lo enreda, en todas partes mete bulla y es guerrosa como no se ha visto ninguna; aquí la traigo a Su Reverencia para lo que usted ordene a nosotras y a ella.

Esta queja era muy frecuente en el tranquilo convento dominicano de las religiosas de Santa Inés de la Puebla de los Angeles en el año de 1676.

Se trataba de una mozuela de casi trece años de edad a quien le llamaban Angelina, cuyos padres, por su precoz inteligencia y su asombrosa emotividad la enclaustraron como novicia, con la fe y la esperanza de que llegara a muy alto, descontando el altar de la santidad, o, ¡a lo mejor!, quizá, pues santas hay que como Angelina así se iniciaron.

La superiora demostraba por Angelina un gran cariño y comprensión; tenía muy en cuenta su corta edad, tolerándole sus constantes travesuras; mas, en cada queja le fruncía el ceño, y se ponía severa, para al final acariciarla maternalmente encomendándole ¡no vuelvas a hacerlo! ¡Y mandándole: rezarás a nuestro Padre Santo Domingo diez padrenuestros con sus dos avemarías para que te haga juiciosa!

Pero llegó el día en que todas las monjitas y también las novicias clamaron contra Angelina. A esta última queja la madre abadesa, en pro de la tranquilidad y disciplina de la casa, tomó la resolución de mandarla de castigo, por algunos días, al claustro del convento, también dominicano, de las madres de Santa Rosa de Lima.

Fue muy recomendada a la madre superiora de éste con el antecedente "de inaguantable", no de maldad sino de inquietud física, cultural e intelectual, todo esto muy comprobado en el anterior convento.

¡Bien! —dijo la madre superiora a Angelina al recibirla— como bienes de castigo te designo como lugar la cocina con sus labores inherentes, empezando por barrer y lavar el piso de ladrillo, el brasero, los trastos, etc.

—¡Está bien, madre! —dijo humildemente Angelina.

Habían transcurrido tres semanas y, ya fuera porque quería demostrar el cambio de su modo de ser, para que la regresaran al convento de Santa Inés, o porque le embargaba gran tristeza estar postergada, o porque extrañaba el cariño y papachos de la superiora de la otra casa o, porque entraba a la adolescencia, reflexiva, lo cierto que era ya otra muchacha; tuvo un cambio sorprendente para estas monjas y las novicias, quienes la empezaron a considerar en los bajos quehaceres a que estaba sometida. Todo lo que tenía encomendado en la cocina lo desempeñaba muy bien, con santa resignación, por lo que la madre cocinera pidió a la superiora que le cambiaran de empleo. Advirtiendo sus cualidades en economía doméstica le encargaron la despensa.

Esta era surtida variada y abundantemente con las donaciones que recibía el convento de casas particulares, comercios —de todas clases, desde pulperías hasta verduras, combustible de carbón y leña—, pero resaltaba por la frecuencia y cantidad el camote que de distintos pueblos de la Mixteca les traían. Por esta circunstancia toda la comunidad consumía este tubérculo en el desayuno y en las comidas, ya asado ya hervido, "a pasto", como alimento completo; pero a todas las tenía el camote "hasta el copete".

Se le ocurrió, en solemne ocasión que visitaría el convento el Ilustrísimo y Reverendísimo Señor Obispo, don Manuel Fernández de Santa Cruz y Sahagún, a la madre superiora, obsequiarle alguna golosina pero que fuera exquisita y desconocida para el prelado. Llamó a la madre cocinera y le transmitió su deseo; ésta, afligidísima porque no tenía idea alguna para complacer a la abadesa llamó a las otras madres de la cocina, las ayudantes, nadie sugería nada. Ante tal conflicto y penas Angelina acudió diciéndoles "no se agiten sus mercedes por tan poca cosa, el problema está resuelto y fácilmente; daremos a Su Ilustrísima, camote"; unánimemente lanzaron las monjitas un grito de desesperación y en coro prorrumpieron: ¡camote... camote al Señor Obispo! La madre cocinera le respondió ¿estás loca o eres una necia?, si ya nadie aquí lo desea y hasta su olor nos marea. Mas Angelina insistió: sí, sí, camote al Señor Obispo, ¡camote, y hasta "se chupará los dedos al saborearlo, porque será "bocato di cardinale".

Y afanosamente sacó buena ración de camote y se puso a elaborar su golosina: hirvió en agua los tubérculos, los mondó y echó en un cazo "con lumbre lenta"; estuvo por dos horas moviendo la pasta que se había hecho, a la que agregó buena ración de piña y la necesaria cantidad de azúcar y estando a punto de cajeta sacó el cazo, dejando enfriar el contenido, con el que empezó a hacer pequeñas porciones dándoles la forma de bollos; después los decoró con pinturas vegetales.

En este trajín de Angelina toda la comunidad estuvo presente y dio fe del prodigioso invento y del exquisito sabor de la golosina, aprobando que se le obsequiara al jerarca eclesiástico. Llegó éste, como lo había anunciado y al término de su visita se le dio ¡camote! Qué exquisito dulce, manifestó, pidiendo más y asegurando que había sido una "dulce sorpresa"; además solicitó que se le pusieran algunas piezas en una cajita para regocijarse en los subsecuentes días.

Añaden a la leyenda: que Angelina ya no regresó al convento de Santa Inés de donde la enviaron de castigo al de Santa Rosa, porque desde ese día fue considerada, distinguida y mimada, pero tampoco se quedó en él porque no tenía vocación para monja contemplativa.

Hizo vida completa de seglar, matrimoniándose, formando un hogar feliz con su esposo a quien dio muchos, muchos, hijos, trabajando todos en un pequeño obrador de dulces que expendían en un también pequeño establecimiento junto al Convento de Santa Clara, siendo el producto predilecto y más vendible el camote de su invento, que en cajitas de cartón ostentaba una etiqueta con la leyenda "Camotes de Santa Clara".

[De: *Leyendas de la Puebla de los Angeles,* Puebla, Fotolitografía Leo, 1975.]

NICARAGUA

GUSTAVO A. PRADO

EL PAQUETE DE LA CINTA NEGRA DE FRAY ANTONIO DE LA HUERTA CASSO

EN LA SALA Capitular de la Catedral de León hay un cuadro que representa al Obispo Fray Antonio de la Huerta Casso, con un gato a sus pies, un gato romano, raza hoy casi perdida, porque los ejemplares que aún se miran, han perdido su tamaño y su magnífica estampa.

Fray Antonio ocupó la silla Episcopal por los años de 1795. Era en los tiempos en que los estudios Universitarios estaban cobrando vigor en nuestra antigua Universidad, y él, entusiasta por las buenas culturas, fundó con sus propios dineros las Cátedras de Disciplina Eclesiástica y Medicina y Cirujía. Las Cátedras estuvieron funcionando hasta el día en que él falleció de una manera trágica: de la manotada que le diera el gato, en la yugular.

Refiere la tradición que el gato se había comido el parvo yantar de Fray Antonio y éste por castigo le había encerrado en un cuarto. Algunas horas después, cuando fue a sacarle, se despertaron en el felino las viejas levaduras y lanzándose sobre el Fraile, le hirió la yugular. La hemorragia le causó la muerte.

El retrato al óleo que existía en la Sala Capitular, desapareció un día de tantos, para no volver más a su puesto. En el orden cronológico le siguió el Padre Dominico, Fray Nicolás García Xerez, conocido en la historia con el nombre del Obispo de los Nublados.

Digamos algunas palabras más acerca de Fray Antonio de la Huerta Casso, en lo referente al empuje que diera a la Universidad de León. Paralelo a este empuje está la figura prócer del más ilustre de los Gobernadores que hubo en la Provincia. Nos referimos al de don Juan de Ayssa, que fue el fundador de la primera escuela para los indios. Fue él quien trajo las cartillas de San Juan a Nicaragua, impresas en la primera imprenta que llegó a Guatemala, llevada de México por el Obispo Fray Payo de Rivera. Al pie de la

Cruz que frente a todos los templos se veía hasta hace pocos años y que la ignorancia de las cosas ha hecho desaparecer, se fundó bajo la dirección del cura Doctrinero la primera escuela. Estos dos hombres son los fundadores de nuestra cultura.

En 1803, murió Fray Antonio y hasta 1810, llegó a hacerse cargo de la Diócesis de la Provincia Fray Nicolás García Xerez, último Obispo de Nicaragua y Costa Rica.

Tenía algunos días de ocupar la Diócesis, cuando una noche, uno de sus pajes, Francisco Quijano, que después fuera Canónigo de la Catedral, llamó a otro de los pajes y le dijo lleno de miedo y de curiosidad:

—¿Oís —le dijo— que Su Señoría está hablando con alguien?

Eran las 11 de la noche, el silencio zumbaba y apenas la solemnidad de la hora perturbaba la soledad nocturna. Aguzaron los oídos y observaron que solo, el Obispo hablaba. Empujados por la curiosidad se acercaron al ojo de la llave y vieron que el Obispo sentado en una hamaca, estaba solo. La sorpresa de ellos fue grande y pensaron que Su Señoría estaba loco. El Obispo hablaba y hacía pausas como para escuchar lo que le contestaba su interlocutor. Un rato después todo quedó en silencio y abriendo la puerta que tenía cerrada salió y llamó a los pajes y les pidió el sobrepelliz para servir de asistencia a una ceremonia. Bajó a la sala de recibo, sentóse en su silla episcopal y continuó la conversación interrumpida.

Los pajes curiosos siguieron observando. Cuando Su Señoría les dijo:

—Alístense y salgan inmediatamente a llamar al Maestro de Coro, al Secretario de la Curia y al Campanero.

Luego llamó a su criado que dormía profundamente y le dijo:

—Vas a avisar al correo que va para Granada y le dices que lo he menester para que marche muy de mañana.

Secretario de la Curia era el Licenciado don Jerónimo Guerrero de Arcos. Una vez todos los llamados en su presencia, les dijo:

—El Sacristán va a preparar los ornamentos para un servicio fúnebre de pontifical y sobre la manta negra pondrás las insignias de Obispo. Tú, campanero, doblarás misa para Obispos, a las 7 de la mañana. Ud. Maestro de Coro, llamará a los músicos para que ejecuten una réquiem solemne y en cuanto a Ud. don Jerónimo Guerrero de Arcos, se va con mis pajes al archivo, para buscar en el tramo quinto, hacia la derecha, un paquete de forma alargada, asegurados con vueltas de cinta negra y me lo trae.

Todos se inclinaron respetuosamente, y salieron de retro a cumplir las órdenes del Obispo García Xerez.

Al amanecer todo era movimiento en el Obispado. Nadie había dormido. La luz sagrada de la aurora se colaba tímida y envolvía con sus transparencias hialinas las llamas vacilantes de las candelas.

Sea por el azoramiento causado o por la brevedad de las órdenes del Obispo o por la prisa que se dieron en encontrar el paquete que les indicaran; es el caso que no habiéndolo hallado tornaron a ver a Su Señoría, para que les repitiera nuevamente la dirección en que éste hallábase. El Obispo sin volverse, pues estaba escribiendo una carta, les dio nuevamente las mismas instrucciones y continuó escribiendo. En el silencio oíase el rasqueo de la pluma de ave sobre el papel vitela, margen sin cortar, en que hacía el mensaje. Luego de terminado dobló el plieguecillo y poniendo una gota de lacre pegó el extremo de una cinta violeta y luego de darle otro doblez pegó el otro extremo de la cinta. Satisfecho, lo puso debajo de la salvilla de plata, levantóse y vio la desierta Plaza de Armas. En ese instante llamaba la campana la primera misa. La vibración de la campana se distendió por los ámbitos de la ciudad dormida aún.

El correo esperaba adormilado sobre el poyo adosado a la pared del zaguán. Un paje fue a despertarlo y de manos del propio Señor Obispo, recibió un paquete que contenía una nota para el Cura Párroco de Granada, en donde dábale órdenes estrictas para proceder inmediatamente.

El hombre correo partió. Era fama de ser ligero para correr como un caballo.

A las 6 de la mañana fueron notificados los Canónigos y sacerdotes para la asistencia a la misa y a las 7 la ciudad era presa de la más viva curiosidad al oír los dobles en la Catedral. Todos se preguntaban quién habría muerto por la noche.

El sacristán se dedicó al arreglo del templo durante la madrugada y refirió que cuando hallábase en el Revistorio poniendo en orden los ornamentos sacerdotales, vio la figura pálida de Fray Antonio de la Huerta Casso, a quien él conociera y sirviera en las mismas funciones; pero jamás supo explicarse, si por una fuerza involuntaria o por que oyera un ruido extraordinario se dirigió a la Cripta de los Obispos. La cripta está en las bóvedas y pasa precisamente debajo del Altar Mayor, orientada de Norte a Sur. Bajó serenamente a la Cripta y con gran sorpresa vio que el ataúd que guardaba los despojos de Fray Antonio estaba vacío y sus restos tirados en el suelo. Inmediatamente salió a dar parte al Señor Obispo García Xerez, de lo que había visto y severo y tieso como era García Xerez, le dijo brevemente:

—No lo toquéis.

A las 8, cuando todos los Sacerdotes del Venerable Cabildo Eclesiástico desfilaban del Palacio Episcopal a la Catedral, dio orden Monseñor García Xerez que todos se dirigieran a la Cripta. Levantaron los restos los Canónigos rezando las oraciones de difuntos; tomaron los mismos el ataúd y lo trajeron en procesión cantando:

Miserere mei domine secundum magnun misericordiam tuam...

Puesto sobre la manta el ataúd y las insignias episcopales sobre el cadáver incorrupto aún, empezó la misa a grande orquesta. Terminados los Oficios Divinos, tomaron el cadáver en hombros los Canónigos y bajaron a la Cripta en donde duerme esperando la resurrección de la carne.

El Obispo García Xerez guardó profundo silencio sobre los sucesos que venimos narrando; pero la curiosidad de las gentes era muy grande y sabedores de que se había enviado un correo expreso al Cura de Granada, esperaron el regreso del correo para preguntarle. A algunos les dijo que le habían regalado con algunas cosas y a los Señores, es decir a los chapetones españoles, les refirió que había llevado al Cura de Granada una nota y unos documentos y éste después de haberse enterado de su contenido había pedido a toda prisa su roquete, su bonete y demás insignias sagradas y el Libro de los Casamientos. Ordenó al Sacristán que trajera su mula, no dijo a nadie para dónde iba ni quiso que nadie le acompañara.

Después se supo todo:

El Cura se había dirigido directamente a una finca situada en los aledaños de la ciudad, en donde vivía una pareja de jóvenes de distinguida familia de manera irregular, amancebados, dice la Iglesia. Les dijo que llegaba de parte del Obispo García Xerez para casarlos a lo cual se allanaron sin demora.

Sobre esta pareja existía un antecedente. El joven habíase enamorado locamente de la niña que fuera su martelo y la familia de ésta se negó a consentir en que matrimoniara. Toda la influencia de la posición de la familia opositora se ejerció sobre el ánimo del Obispo Monseñor de la Huerta Casso, para que se archivaran las diligencias matrimoniales, como así fue. La pareja dispuso entonces largarse de los hogares y fueron a unirse sin más bendiciones que la de Dios en la finca a donde llegó el Cura a casarlos.

Satisfecha poco a poco la curiosidad de las gentes, muchos se preguntaban: ¿Y era sólo ésto?

León—Nov. de 1938.

[Revista *Centro,* León, año I, vol. I, diciembre 1938-enero 1939.]

PANAMA

SALOMON PONCE AGUILERA

LA APUESTA

—HECHO QUE todo el mundo podrá negar por lo inverosimil —dijo el buen viejo arrellanándose en su desvencijado asiento—, pero yo creo, porque lo he presenciado con estos ojos que van amortiguándose en sombras, cada vez más tristes, y por lo densas e impenetrables.

José Antonio era un excelente muchacho, a quien vi nacer; fui su maestro de primeras letras, y supe inspirarle la rara habilidad de que dio muestras magníficas en muchas ocasiones. Tenía memoria prodigiosa, y era debido, seguramente, a la facilidad y gracia con que recitaba todo cuando leía en sus libros o aprendía oyéndolo a otros, que se atenuaba la poco agradable impresión de su figura. Mediano de cuerpo, ancho de espaldas, brazos cortos y de musculatura recia, cabeza grande con frente alta y pensativa, pelo áspero como el de su raza, moreno acentuado sin confundirse con el negro, nariz un tanto deprimida desde su nacimiento, con ventanas redondas, como esos tragaluces que llaman ojo de buey, y un cuello corto, que apenas levantaba sobre aquel cuerpo, como esas bolas de piedra que rematan las columnas macizas de ciertos jardines. Tal era José Antonio Salvador, a quien todo el mundo conocía con el apodo de *El Peregrino,* apodo que le cuadraba muy bien, y que no le disgustaba, pues él mismo había sido el autor de su segundo bautizo, por lo andariego y amigo de aventuras que era; apodo, en fin, que acabó por agradarle más que el nombre que le puso el cura cuando derramó en su cabeza el agua que lo hizo cristiano.

El Peregrino (éste será su nombre en el curso de esta historia) unía a la gran memoria para aprender y no olvidar, notable habilidad para tocar la guitarra y otro instrumento que no recuerdo cómo se llamaba, que no he vuelto a ver, pero que tenía algo de semejante en la forma, aunque más largo y angosto, que los tiples que por aquí vemos ahora.

De este instrumento, de una armonía melancólica y dejativa, era del que se acompañaba para cantar en plazas y tabernas el inmenso repertorio que aportaba a cuantas fiestas populares o religiosas tenían lugar en veinte leguas a la redonda. Por medio sencillo y fácil, *El Peregrino* llegó a ser un tipo de reputación bien cimentada, popular como muy pocos, simpático para muchos y admirado de todos, pues ya la fama iba ungiéndolo con algo que tenía irradiaciones de lo épico o legendario.

Y era, en realidad, digno de verse aquel hombre cantando acompañado de un instrumento que parecía interpretar con fidelidad als vagas aspiraciones de su espíritu. Los versos de toda clase y forma salían a relucir de aquel cerebro, anaquel vastísimo de rico tesoro poético.

Décimas a lo adivino, décimas correctas y aun de corte clásico, redondillas, octavas, cuartetos endecasílabos, seguidillas, sonetos místicos de los contemplativos del siglo de oro, fragmentos del teatro español clásico, composiciones de poetas que él mismo no sabía quiénes eran, ni le importaba saberlo, porque el objeto que se proponía era sólo saber bastante, aunque la escogencia no fuera selecta, y una que otra décima o redondilla original de su propia fábrica, hechas a su modo y gusto; todo esto, digo, lo tenía metido en la cabeza, pronto a salir a manera de evocación o conjuro, ya cantando con aire de trovador vagabundo, ya en forma de recitación con tristes dejos de declamación pobrísima y vulgar.

En más de cien justas...

—Diga usted, tío Lucas —dijo uno de nosotros, interrumpiéndole—: ¿Qué es eso de décimas a lo adivino?

—Voy a decíroslo; pero, mucha atención, ¿eh?

—Se llama a lo adivino esas décimas porque son siempre cuatro, y cada una de ellas termina, respectivamente, con el verso que le corresponde en la cuarteta o redondilla, que sirve, como si dijéramos, de tema para un asunto cualquiera. Es, mejor dicho, una especie de glosa, puesto que los cuatro versos de la redondilla vienen a ser los finales de las décimas. Se llaman a lo adivino, sobre todo, porque generalmente el concepto de la estrofa que se glosa en las décimas encierra un pensamiento grosero, desvergonzado, y hasta impío y blasfemo, pensamiento que en el desarrollo de la composición, se trueca en delicado o fervoroso, en grave y profundo, debido todo ello al mayor ingenio de quien hace el ajuste poético. ¿Habéis entendido?

—Sí, sí...

—Pues bien: como iba a decir, *El Peregrino* triunfó más de cien veces de los adversarios o émulos que le salieron al encuentro para disputarse el mérito de cantar versos y más versos en sucesión ininterrumpida de tonos y modulaciones no despreciables. La fama de *El Peregrino* siguió aumentando, trasmontó la cordillera, y llegó al otro lado, allá en las regiones que baña el mar del Norte.

Por ese entonces, es decir, cuando *El Peregrino* estaba en el apogeo de la gloria, comenzó a desarrollarse en el país una nueva riqueza: la exportación del caucho y de la tagua, y como fueran descubiertas grandes plantaciones del uno y de la otra en las montañas que miran al Atlántico, la emigración comenzó a ir de esta provincia, ávida de ganancias soñadas, quizá de fortunas que prometían halagos para un porvenir no lejano; y yo, que fui de los más entusiastas emigrantes, arrastré conmigo a *El Peregrino* para que fuese a ganar en poco tiempo lo más preciso para su matrimonio, pues en vísperas se hallaba de casarse con una muchacha de aquí de Anzurema.

Como era bastante pobre, el consejo mío le agradó; preparó las alforjas con poco de vestir y escasas provisiones de boca, se las puso al hombro y empuñó el enfundado instrumento de música, que era, por decirlo así, la segunda parte de su ser.

Diez días de marchas forzadas por montañas abruptas, por desfiladeros apenas suficientemente amplios para ir uno tras otro, inclinados bajo el morral que agobiaba sin tregua, escasos de comida, porque viajábamos por tierras despobladas, y con miedo en el corazón, porque cada noche que acampábamos bajo un árbol de sombra protectora nos veíamos obligados a hacer hogueras alrededor de nuestras camas para que el tigre, cuyo rugidos oíamos como anuncios de muerte, no se atreviese a penetrar al lugar en que estábamos. Eramos nueve o diez, y por turno a cada uno correspondía hacer la guardia desde las ocho de la noche hasta el amanecer, en que la luz se iba filtrando por aquel dombo inmenso de verdura sin límites.

Al fin llegamos a una cumbre digna para anidar en ella las águilas, y desde allí divisamos el mar del Norte, obscuro y severo como tierra sombreada por pinos y cipreses. Bajamos y bajamos la dura cuesta hasta encontrarnos con una aldehuela que demora sobre la playa, que besa con respeto de vasallo sumiso.

Como era pequeñísima la población, la gente que a ella había acudido de otras partes, con el mismo propósito que a nosotros nos movía, se vieron obligados a pernoctar en tiendas de campaña extendidas por gran trecho de la playa desierta.

Una casa comercial americana nos compraba todo el producto de nuestras extracciones; ya marchábamos muy bien en nuestra aventura, porque desde la segunda semana de trabajo comenzamos a ahorrar de treinta a cuarenta pesos.

El Peregrino cantaba todos los sábados por la noche en la tienda de un jamaicano, y desde el principio empezó por despertar interés entre los naturales y la colonia emigratoria, aumentada cada día, atraída por la sed de dineros ganados sin mayor esfuerzo.

Una noche que *El Peregrino* atraía la atención de todos con sus cantos de sabrosa armonía, presentóse un individuo de raro aspecto en la taberna donde aquél estaba, lo saludó muy atento apenas hubo terminado la canción comenzada, y lo invitó a tomar una copa de cognac. Esa copa fue el principio de unas relaciones que quedaron, al parecer, firmes desde aquel momento.

El desconocido cantaba también, y desde que libaron él y *El Peregrino* la cuarta o quinta copa, pude comprender que se trataba de un reto para cantar hasta que cada contendor agotara el repertorio aprendido. El que primero callara era el vencido.

—Lo ganado de la semana.

—Acepto —dijo *El Peregrino.*

—Y si usted pierde, tendrá la bondad de irse conmigo, siquiera por dos días, al pueblo en que yo vivo. Unas cinco leguas de aquí, hacia el Norte.

—Y si usted es el vencido —replicó *El Peregrino*—, se quedará conmigo en buena juerga otros dos días. La derrota del amigo se celebra siempre sin ofensa del que pierde, y sin orgullo para el que supo ganar en la porfía. ¿No es así?

—Así es —contestó el desconocido dando una vuelta sobre los talones y un chasquido con la lengua, que fue algo como una interjección incomprensible.

No sé qué especie de aversión supo inspirarme aquel hombre apenas le conocí, un sábado, día en que nuestros bolsillos se llenaban de dinero por las ventas efectuadas a la casa americana exportadora.

Flaco, desgarbado, nariz prominente en forma de pico de loro, la mandíbula inferior larga y estrecha hasta terminar en punta, boca hundida, bigote ralo, pelo escaso y ensortijado, ojos pequeños y de mirar vivo y siniestro, frente muy alta y despejada, color de barro oscuro con fondo de palidez amarillenta, taciturno por temperamento, nervioso e impresionable como si sus nervios fueran resortes de alambre, sólo se le veía una que otra vez en la semana cuando venía a preguntar por *El Peregrino* para ir a la taberna a cantar, rociando la garganta con tragos de un color amarillo que tenían sabor de naranja.

La gente había dado en decir —y quizá en eso tenía razón— que cada vez que el desconocido se presentaba en alguna parte, olores fuertes de sepultura descubierta, unas veces, o de elementos sulfurosos, otras, se extendían como si salieran de él.

Todo el mundo había notado la rareza del hecho, pero nadie se atrevía a decirlo. El desconocido, que no tenía amigos, que casi no hablaba con nadie, que vivía, en fin, una vida rodeada de misterio impenetrable, inspiraba cierto temor de niños, que en todos los hechos naturales de la vida ven acontecimientos maravillosos o extraordinarios, y en vez de atraer por su porte o por sus maneras, repelía, alejaba a cuantos se encontraban con él. Sólo *El Peregrino*, puntilloso, como pocos, en su arte del canto popular, era quien se le acercaba, y eso, casi siempre, para discutir sobre tonos y modulaciones de la voz. Se despedían, y al desconocido nadie volvía a verlo sino tres o cuatro días después, acompañado siempre de *El Peregrino.*

La noche de un sábado comenzó el torneo. Se había convenido en cantar versos de la misma forma y género, sin repetir uno solo, pues el que incurría, aun cuando fuera por olvido, en decir otra vez la misma estrofa, perdía la apuesta, sin apelación de ninguna clase.

Desde el comienzo se formaron dos partidos: uno, de *El Peregrino,* y otro, del desconocido. Apuestas y porfías, y hasta uno que otro disgusto se suscitó entre los partidarios de los dos contendores.

El Peregrino cantó admirablemente hasta las doce de la noche con voz clara y firme. El desconocido dio bastante de su repertorio, casi todo nuevo para nosotros los que formábamos el auditorio, y el canto quedó interrumpido para continuarlo al otro día desde temprano.

Noté que *El Peregrino* se hallaba un poco preocupado desde que pudo apreciar la fuerza de su contendor, y algo como un recelo vago, le iba por dentro con insistencia mal disimulada.

Oímos misa, en la arruinada capilla del lugar (era domingo), y observé que *El Peregrino* estuvo más fervoroso que otras veces y que masculló más oraciones de las que tenía por costumbre cuando asistíamos juntos a la iglesia.

Seis horas bien cantadas habían transcurrido desde que comenzó de nuevo la disputa de los cantadores. *El Peregrino* comenzaba a flaquear; la voz, en su garganta, se hacía áspera; sus dedos descallados por el continuo rasguear del instrumento, brotaban sangre, y el temor de la pérdida se reflejaba ya en su semblante con lividices o pasmos de una inevitable derrota.

El desconocido, en cambio, sonreía, plegando sus labios delgadísimos como burlándose de su adversario, arremetiendo siempre con una tenacidad y empuje increíbles, como si apenas comenzara a decir lo de su repertorio. El de *El Peregrino,* ¡ay!, se iba agotando poco a poco; los anaqueles de su gran memoria ya estaban casi vacíos.

Las dos de la mañana sonaron en el reloj de la taberna.

Otro sorbo de agua de goma azucarada, con aguardiente, resfrescó las gargantas de los contendores. *El Peregrino* se sentía fatigado, sus piernas flaqueaban, su mirada era débil, su cabeza se inclinaba sobre el pecho, y sudor copioso brotó de su frente, que ardía con los tormentos de la fiebre.

Los ojos del desconocido brillaban cada vez con destellos que tenían algo de siniestro, cuando volvieron a repetirse las redondillas.

El Peregrino estaba vencido: ya el adversario le había cantado cuatro o cinco de seguida, y reía irónicamente su triunfo, cuando el primero, en un arranque de soberano esfuerzo, se le encara y le canta esta copla improvisada:

> *¡Ah, negro! Tú eres el diablo,*
> *según te pinta mi idea,*
> *y, por si acaso lo fueres,*
> *Magnificat anima mea.* *

Y se santiguó en seguida.

---

*Se escriben así las tres primeras palabras del CANTICO de Nuestra Señora para formar el verso.

No había acabado de hacer la señal de la cruz sobre su cuerpo cuando una obscuridad intensísima lleó el recinto de la taberna. El reloj sonó de modo extraño, como si hiriesen bruscamente el alambre en espiral que golpea el martillo que indica las horas; el tubo de la lámpara colgada saltó en pequeños pedazos, algunas botellas rodaron por el suelo, y olor fuerte de azufre, que casi nos asfixiaba, se esparció en derredor nuestro.

Sólo pudimos ver, a través de las sombras espesas, dos puntos luminosos como ojos de cocuyo, que se iban alejando hasta perderse completamente.

Todos temblábamos, poseídos de un terror extraño. El desconocido desapareció repentinamente, y *El Peregrino* no volvió a cantar nunca más.

Murió hace muchos años, después de una vida ejemplar, consagrada, en gran parte, al culto de Dios, y las últimas palabras que salieron de sus labios moribundos fueron las divinas del *Magníficat*.

[De: S. Ponce Aguilera, *De la gleba,* Panamá, 1914.]

PARAGUAY

TERESA LAMAS DE RODRIGUEZ ALCALA

JUNTO A LA REJA

La temperatura de aquella noche de diciembre era sofocante, y mi tía Antonia Carísimo Jovellanos, apagando la lámpara, abrió la ancha ventana de su cuarto. —Nos alumbraremos con la luna —dijo— y asomándose al patio, aspiró con deleite el aire cargado de fragancias.

En el rectángulo de luz dibujado sobre las vetustas baldosas por la luna, destacaban sus arabescos las artísticas rejas de madera primorosamente labrada. Esas rejas, maravilla del arte colonial acaso única en su género, existen aún en la casa de mis abuelos, la vieja casa todavía en pie a través de tres largos siglos y en la que me parece ver refugiadas, tristes en el olvido a que las condena la ciudad nueva, las románticas memorias de la Asunción de antaño. El desconocido artífice que talló esas joyas dio vida en ellas a un sueño de fantásticas quimeras, infundiendo un espíritu vibrante a la materia.

El amplísimo corredor sobre el cual se abrió la ventana encuadraba el patio cuyas viejas losas rotas y gastadas hablan hasta hoy de las incontables lluvias y de los largos soles ardientes que las resquebrajaron y patinaron. En la época que me pongo a evocar el caserón no estaba aún ruinoso, como empieza a estar actualmente. Retoños jóvenes de la antigua familia que confundían los recuerdos de su origen con las crónicas de la fundación de la ciudad, florecían en la casona solariega blasonada de historia e idealizada de leyenda.

¡Las historias, leyendas y tradiciones! Sabía yo que entre esos recios paredones se había amado y sufrido mucho, y que damas y señorones allí nacidos tuvieron algo que hacer en la vida de la ciudad de los viejos tiempos.

Aquella anciana tía, bajo cuya cabellera blanca un rostro de madona guardaba las huellas de una notable belleza, tenía una historia guardada en lo más recóndito de su recuerdo; una triste y dulce historia de amor que jamás franqueara sus labios. Anciana por su mucho vivir, pero juvenil por su espíritu triunfante de los quebrantos y azares de la existencia, tía Antonia aromaba de romanticismo el secular caserón y con su sonrisa y con su porte ponía en sí misma una gracia llena de melancolía.

Nunca quisiera ella hablarnos de su historia; impedíaselo el cándido pudor de su recuerdo. Pero esa noche, la penumbra discreta de la luna blanca y el aroma intenso del jazmín mango, que en el centro del patio se erguía empenachado con los magníficos ramilletes salmón-rosa de sus flores, fueron, quien sabe por el sortilegio de qué evocación, cómplices decisivos de mi curiosidad hasta entonces resistida.

Y la historia brotó de los labios que fueran tan inútilmente bellos y que guardaban la tristeza amarga y doliente del beso que no dieron ni recibieron jamás...

Gallardo mozo fuera él. Conociéralo al salir de oír misa en la Catedral, aquel jueves santo que fue el último que se celebró con la pompa tradicional antes de estallar la guerra. Apuesto, distinguido, vivo de imaginación, galante en las maneras y en el decir, la niña prendóse en seguida del mancebo.

—Sentí —díjonos la dama— no alegría, sino un deslumbramiento que fue como un estallar de ilusiones en mi alma, seguido de un misterioso terror ante el misterio que se abría en mi corazón. Lo quise apasionadamente y, correspondida por él, el tiempo perdió para mí su medida, a la vez que la vida cobró un nuevo e inefable sentido para mis ojos. Los días se acortaban en el arrobo de una sonrisa fugitiva, tal como se alargaban en la eternidad sombría de una tarde en que no oyera resonar su paso en mi acera.

En casa de nuestros parientes, los Haedo, estuvimos por primera vez juntos, y la visión de aquel atardecer la tengo en las pupilas, tal como las palabras que me dijo resuenan dulcemente en mis oídos, a pesar de que han pasado tantos años, tantos... Cuando nos separamos ese día, comprendí que yo le había dado toda, toda mi vida, y que era suya para siempre, irremisiblemente suya. Y lo fui...

Suspiró tía Antonia, sacudida por la evocación de sus recuerdos, guardó un largo silencio y luego continuó.

—Nos veíamos casi todas las tardes al pasar él por nuestra calle. Le acechaba yo desde ese balcón que da sobre la calle de la Rivera y cuando Salvador —que así se llamaba él— aparecía a pie o a caballo, sentía en mi alma encenderse todos los fulgores del sol más bello. Me pidió y fuimos novios. Renuévase en mí el temblor con que le vi llegar a hacer su primera visita, con la solemnidad que era de rigor en aquel tiempo. Lo veo avanzar, un poco pálido por la emoción, aunque iluminado su rostro por una sonrisa, ante el estrado donde mi madre le acogió afectuosamente. Toda la familia hacía acto de presencia en el salón y Salvador se ganó la voluntad de ancianos y jóvenes porque para unos y otros tuvo durante la velada alguna palabra oportuna o amable.

Y empezábamos ya los preparativos para la boda próxima, cuando caí enferma de cierto cuidado. Luché entre la vida y la muerte durante largo tiempo, y devorada por la fiebre me sumergía en el horror de una pertinaz pesadilla. Era un camino a través de sombras y Salvador se marchaba por él, sin volver la cabeza, desoyendo las imploraciones angustiosas con que yo le llamaba a mi lado. Se iba, se iba sin que yo pudiese atajarlo, sorda su crueldad a mis lamentos. Despertaba sollozando en un grito, y sólo podía volverme a la realidad, en la seminconsciencia de la fiebre, el ver junto a mi lecho a Salvador que fingiendo sonreír mientras lloraba, me colmaba de cariños y hacía burla de mi pesadilla.

Estigarribia, el médico de casa, y más que médico amigo celosísimo, impuso mi salida al campo para procurarme un pronto restablecimiento. Defendíme cuanto pude, no queriendo separarme de Salvador, pero hube de resignarme y una mañana vi llegar a casa el carretón de altas ruedas, con cortinillas de terciopelo granate y acojinados asientos dispuestos para servir de cama, que había de llevarme a la lejana estancia misionera, donde con mi hermana mayor, cuyas ternuras fueron de madre para mí, pasaría una temporada imprecisa.

Subiéronme, más que subí al vehículo, quebradas mis fuerzas por el dolor de la partida. Salvador, a caballo, hízome compañía hasta las afueras de la ciudad y cuando le vi volverse, envuelto en una nube de polvo, no sé qué presentimiento renovó en plena lucidez de mi espíritu la pesadilla febril que tanto me hiciera sufrir en los días de mi enfermedad. Por un camino entre sombras, Salvador se iba, se alejaba, se perdía para mí, insensible a los latidos de mi corazón que le llamaba...

Ni la cariñosa acogida que hallé en la estancia, donde todas las voluntades pusiéronse sin tasa a mi servicio, ni la belleza del campo, ni las mil distracciones con que todos trataban de alegrarme, pudieron sacarme del doloroso abatimiento en que la separación de Salvador me sumergiera. Pasaron quince días, pasó un mes y luego otro y otro más, sin que me llegase una letra de mi novio, y eso que en el transcurso de todo ese tiempo más de un enviado llegara de la ciudad en busca de noticias mías. Yo sufría y callaba. Por complacer a los míos iba sin oponer resistencia a donde querían llevarme para proporcionarme halagos y distracciones: a las yerras, a las tareas, a las moliendas, a las esquilas, pero a todas partes llevaba, muy escondido, mi orgulloso dolor. Me cortejaron jóvenes y apuestos estancieros que se disputaban mi mano. La frialdad de mi indiferencia les hizo ver muy pronto que nada podían esperar de mi corazón.

Y entre tanto, a veces yo me preguntaba: ¿por qué no le escribí para pedirle cuenta de su silencio? ¿Por qué sobre la inmensa llamarada que me devoraba el corazón puse la ceniza de mi helado orgullo? De silencios así están hechos muchos trágicos destinos...

Hasta que, cierto día, uno de mis parientes, Teó, trájome de la ciudad una carta de mi sobrina María Antonia Egusquiza. La abrí con el pavoroso temblor de un presentimiento triste. Después de darme minuciosos informes sobre mis hermanos y diversas circunstancias de la vida de mi familia, María Antonia me ponía este párrafo: "aquí es voz corriente que te casas con un estanciero, joven y apuesto, por lo que te felicito".

Fue aquello como si el mundo se desplomase a mis pies. Hízose la luz en mi entendimiento y lo comprendí todo. Sí, comprendí que mi ilusión había naufragado; vi mi sueño desvanecerse entre las sombras de un camino por el que Salvador se alejaba irremediablemente de mí.

Nadie me vio llorar. Nadie oyó una queja de mis labios. Pasaba las noches atormentada en el infierno del insomnio, retorciéndome, llorando a mares, anhelando la muerte, pero al salir de mi cuarto aparecía serena y sonriente por un esfuerzo de mi orgullosa voluntad. En este estado de ánimo recibí poco después, la noticia terrible: Salvador acababa de casarse con una de mis primas, Dolores.

Mi hermana mayor, una solterona cándida, adivinó en mi tristeza el drama que llevaba en el alma y procuró consolarme. Corazón, el suyo, que jamás fuera agitado por las pasiones, apacible como la inocencia misma, no podía comprender mi dolor. ¿Que un novio se marchaba? Pues puedes elegir el que más te guste entre los muchos festejantes que te rodean —me decía con la más cariñosa convicción, sin adivinar que mi duelo era definitivo—. Y agregaba, tiernamente: ¿no eres hermosa y buena como pocas?

Pero yo, herida sin remedio, cerré orgullosamente mi alma como un cofre, y allá en el fondo de ella, donde nadie podía verlo ni presentirlo, siguió ardiendo inextinguible el fanal de mi cariño. Me había dado totalmente a ese amor, en un voto que era un juramento involable, y en el naufragio de mis ilusiones volví a jurar que sólo para su recuerdo viviría los años todos de mi vida...

Volví a la ciudad, ya restablecida del todo. Una vaga sombra de tristeza que velaba mis ojos, ahogó la alborozada alegría con que me acogieron en casa. Como si nada hubiera ocurrido, nadie me habló de Salvador, ni yo jamás le aludí en mis conversaciones. Pero cuánta lágrima amarga regó la vieja reja confidente, esta misma reja tras la cual estamos ahora y que tanto poder de evocación tiene para mí!

Calló un momento tía Antonia, con los párpados entornados, como si a través de la reja contemplase las imágenes revividas en su relato. Yo la saqué de su silencio preguntándole:

—¿Y no volvió usted a verlo?

—Sí, dos veces volví a verlo. Se daba en el Club Nacional, el gran club de mi tiempo que, como has oído decir en las frecuentes remembranzas de familia estaba instalado en la casa grande que ocupa hoy el tribunal, en la calle Palma. Ni me pasó por la cabeza el ir en los primeros días de cundir la noticia de la fiesta, pero mis hermanas me convencieron de que no debía faltar. Por primera vez me hablaron de Salvador: "debes ir Antonia, para no darle el gusto de mostrarte quebrantada". Poderosa razón fue esta para mi fiero orgullo y dejé que me preparasen el vestido con que había de asistir al sarao. María Antonia, tan buena siempre, lo eligió.

—Irás de *manola* —decidió—: ya dirán los comentos que fuiste la reina de la fiesta.

Y fue un febril vaciar de los viejos arcones en busca de encajes, de sedas, de toda laya de adornos adecuados. De raso color oro era el traje y de terciopelo negro el justillo que descubría los hombros y los brazos. Tú has leído en *El Semanario* la crónica de aquel baile, en la que se dice que ésta, tu tía, convertida por los años en sombra de lo que fue, mereció ser declarada reina de la fiesta...

—Sí, tía —le contesté. —*El Semanario* elogia mucho tu belleza en la crónica de la fiesta, la que suelo leer cuando tú andas en tu arcón revolviendo cosas de aquel tiempo, entre las que guardas el amarillento ejemplar del periódico.

Es que puse en mi tocado una coquetería que hasta entonces nunca exaltara mi deseo de aparecer hermosa. Coquetería de mujer burlada que anhela vengarse embelleciéndose a los ojos de quien no será ya su dueño. El fuego de mi orgullosa altivez encendíame las mejillas y ponía relámpagos en mis ojos. Fui una manola bizarra, arrogante y deslumbradora. Los que así me veían, ¡qué lejos estaban de imaginar el drama de mi corazón!

De pronto le vi venir hacia mí. Temblé toda, pero en seguida me sobrepuse a la emoción del encuentro. Me saludó cortésmente y me pidió una pieza. Vacilé, pero fue un segundo; el orgullo acudió en mi auxilio. Venciendo sollozos que me ahogaban, le tomé el brazo y salí a bailar.

¿Qué me dijo? No lo comprendí bien del todo, pero sí resonó claramente en mi alma un áspero reproche suyo.

—Parientes y amigos suyos me dijeron, Antonia, que usted se casaba en las Misiones...

—¿Yo?

Lo miré largamente, con miradas que debieron parecerle puñaladas, y sólo atiné a repetir:

—¿Yo?

Demudósele el rostro a él, me miró largamente con un aire de infinita sorpresa, y se estremeció todo. Y con voz trémula:

—¿Fue obra de una intriga entonces, de una infame intriga?... —me dijo, ya con los ojos nublados de lágrimas.

Sentí una loca alegría; alegría sí, de que su desvío no hubiese sido olvido con que estafara mi cariño. Sentí reparado mi orgullo de mujer apasionada. Y cuando iban a flaquearme las fuerzas ante su dolor, con riesgo de enajenar mi secreto, el orgullo volvió a prestármelas para escapar de él, como escapé, sin que él comprendiese que aquella *manola* que se le apartaba ceremoniosa y fría, llevaba el corazón traspasado, aunque triunfante...

Horas después, cuando estuve en mi cuarto a solas con el tumulto de sentimientos y de impresiones que se agitaban en mi pecho, lloré, lloré a raudales, pero algo de consolador tenía ese llanto. ¡No me olvidó, no me olvidó! —me gritaba el eco de su palabra temblorosa.

Y renové, entre sollozos, el juramento de seguir siendo idealmente suya... Y mi desesperación trocóse en una suave melancolía, y el turbión desgarrante de mi llanto volvióse un dulce llorar, embellecido por la ilusión intacta. Sin ir a un convento, enclaustré mi vida. Y dejé el mundo a los veinte años floridos, porque mi corazón no sabía darse sino una vez y al darse definitivamente en su lealtad, como se diera, ya no podía recogerse jamás...

—¿Y no volvió a verlo más, tía Antonia?

Sacudió la blanca cabeza, que lo parecía más por el reflejo lunar que la empolvaba de plata, y los ojos maravillosos, que aún conservan a los 70 años toda la luz juvenil, nublárosele de lágrimas.

—¡Oh, sí, volví a verle una trágica tarde, la víspera de ser fusilado. El mariscal López le condenó a morir en aquellos horrorosos días de la guerra y él, al ser conducido al lugar del suplicio pidió que le hicieran pasar por casa. Le estoy viendo aparecer por esa calle de la Rivera, por donde tantas veces paseara bajo mi balcón su apostura y su rendimiento. Venía en cuerda de presos, poblado de barba el rostro, doblado el continente, vencido el mirar de su pupila. Lo adiviné, más que lo reconocí al atisbar su paso. El no me vio, pero sus ojos se clavaron en el balcón de los dulces recuerdos. Sentí su despedida como si la recibiera entre sus brazos y no salí a gritarle entre sollozos mi adiós supremo porque recordé que, aun cuando yo era suya, él no era mío...

[De: *Tradiciones del hogar,* Asunción, 1940.]

UN EPISODIO DE LA RESIDENTA

Más de una vez oyera yo contar que un tío bisabuelo mío, llamado José Carísimo Haedo, quedó abandonado en un camino, en los días de la "Residenta", al huir las señoras y criaturas de su familia que le acompañaban. Y cada vez que en el hogar de mis mayores se evocaba el recuerdo de ese triste episodio, una sombra de dolor empañaba las miradas y se hacía un silencio como de remordimiento. Un día sorprendí a mi tía Dolores Carísimo Jovellanos suspirando ante un retrato en el que la vejez pusiera su pátina venerable, y con la ávida curiosidad que excitaban en mí las personas y cosas de mi familia, le pregunté:

—¿Ese es tío José, el paralítico de la historia que a Ud. la entristece tanto?

Tía Loló adivinó mi deseo y tomando asiento, después de guardar la fotografía en el viejo arcón de sus reliquias, me contó la historia, con aquel su arte único para narrar cosas del pasado.

Inmóvil en su gran sillón de baqueta labrada, vio tío José desencadenarse sobre la patria el huracán de la guerra. Hacía muchos años que, joven aún, la parálisis le dejara inválido. Su juventud ardiente y turbulenta, que él llenara de efímeros amores, de entusiasmos y sueños, era sólo un lejano recuerdo: recuerdo doloroso que en los primeros tiempos de su postración, cuando se sintió hundir en su abismo de desesperanza, le hizo imposible aceptar con resignación su destino. Muerto, muerto irremisiblemente en plena florescencia de la vida, cuando tenía ante la vista un magnífico panorama de ilusiones. Naufragadas para siempre todas sus esperanzas, hundiéndose él cada día más en la nada de una existencia miserable, clavado en su sillón de paralítico, mientras su imaginación se volvía más y más volandera...

Tuvo largos meses de desesperada protesta, de íntima rebelión; deshechas tormentas se desencadenaron en su espíritu, mientras el tiempo no vertió piadosamente en su alma, gota a gota, una dulce resignación.

La familia toda, que en los primeros tiempos sufriera lo indecible a la par suya, fue acostumbrándose a verle como una ruina, siempre quieto en su sillón, en actitud pensativa, como si a través de las cosas que lo rodeaban sólo viera el cuadro bullicioso de sus días felices. El cariño lleno de profunda piedad que los suyos ponían en cuidarlo, y que al principio lo irritaba y humillaba, fue luego infiltrando una paz sedante y misericordiosa en su corazón herido. Tenía tío José varios hermanos, casados unos, solteros otros, que vivían todos juntos en el viejo caserón solariego de nuestra familia, cuya arcaica estructura impregna todavía con su perfume de tradición el ambiente de la ciudad remozada. La callada compasión de los hombres, la ternura efusiva de las mujeres y el halago candoroso de las criaturas, acabaron por calmar, primero, en una suave conformidad la desesperación del inválido y, después, por hacer de esa conformidad una dulce melancolía que florecía en bondad. Amaba y atraía a sí a los niños, sus sobrinos, y nosotros se lo pagábamos disputándonos el placer de arrastrar mimosamente su sillón para llevarlo, en los días claros, bajo la enramada de jazmines que entoldaba el patio colonial de la casona, llenándolo con la fragancia delicada de sus florecillas, y en los días de invierno, junto a los anchos ventanales donde el enfermo se distraía con el movimiento de la calle.

Yo, que era la menor de sus sobrinas, sentía por tío José un cariño inmenso. Rara vez lo dejaba solo: era mi afán serle útil en todos sus menesteres, sirviéndole la comida, encendiéndole los cigarros que uno tras otro fumaba insaciablemente, cebándole el mate, dándole aire con una pantalla en los días de calor. El me pagaba mi consagración queriéndome mucho y contándome cuentos y cosas del pasado, y yo creo que este mutuo cariño lo llenaba de consuelo y desentenebrecía la noche de sus horas.

Muchos años pasaron. Yo fui transformándome poco a poco en una señorita, y aquella ternura por tío José, que fuera un instinto en mí, se hizo aún más grande y solícita cuando la reflexión me permitió medir toda la hondura de la desgracia del inválido. Quísele más, me consagré más tiernamente a su cuidado, y él, a su vez, puso en mí todos los amores frustrados de su triste vida. Me amó con amor de padre, con amor de hermano, con amor de camarada, y sobre todos estos amores, mi juventud bella y sonriente —es fama que yo no era demasiado fea cuando joven— infudió a su alma una devoción que se traducía en orgullo de tenerme a su lado, de ser asistido por mí, de saberme atenta a sus menores deseos. Ese múltiple cariño por mí llenó su corazón y le hizo olvidar que era esclavo de la parálisis. Dejó de estar enfermo y triste. Así como en las ciénagas inmundas surgen blancas y maravillosas las aromadas flores de caña, así también de su miseria física surgió el arrobo de aquel cariño hecho de gratitud y de orgullo, que hizo vivir al enfermo en un nuevo mundo donde todo era suave e íntima alegría.

En eso estalló la guerra, la terrible guerra contra tres naciones, que como un torrente de lava asoló nuestro hermoso territorio. Del viejo caserón solariego salieron, unos tras otros, todos los hombres para ir a ocupar sus puestos en los improvisados batallones. Partieron primero los mayores. Pasaron los años y los menores, ya suficientemente fuertes para empuñar las armas, partieron también. Ninguno regresó: Perico, Bernardo y Mariano cayeron en Estero Bellaco; Adriano, Pancho y Luis seguían en pos de la bandera la vía crucis sublime de la patria. Una ráfaga de pesadilla sacudió al enfermo clavado en su sillón al tener esas noticias. Lloró amargamente su impotencia, que le hacía inútil para correr con los suyos a la gigantesca pelea. Más de una vez, después de sumergirse en una profunda quietud llena de unción, sentíase herido de repente por la alucinación de un milagro, y hacía un esfuerzo supremo para moverse y ponerse de pie; pero en seguida tornaba a la realidad de su invalidez incurable y rompía a llorar con varoniles sollozos de desesperación.

Sombras de duelo y de angustia entenebrecieron nuestra casa. Pasábamos los días llorando a nuestros muertos, temblando por los ausentes, sufriendo la lenta agonía de la patria. Tío José se encerró en un torvo silencio, y yo, comprendiendo su infinito dolor, iba y venía alrededor suyo como una sombra, sin atreverme a turbar sus trágicos pensamientos. Pasados los primeros tiempos, ya ni llorar podíamos: el exceso de pena nos anonadaba y sólo en la quietud de la iglesia, ante la imagen de la Virgen de los Dolores, cuyo culto era tradicional en nuestra familia, hallábamos consuelo rogando por nuestros muertos y pidiendo la protección del Cielo para los que corrían los azares de la guerra.

Un día —han pasado muchos años pero lo tengo presente cual si fuera ayer— cundió como un rayo por la ciudad la orden de abandonarla: era que se temía su ocupación por el enemigo. A prisa empaquetamos las cosas más fáciles de llevar y necesarias para iniciar aquel dramático éxodo de la patria misma en pos de la bandera que la derrota empujaba hacia las más lejanas soledades. La *residenta*[1] iba a comenzar sin que supiéramos dónde ni cuándo terminaría. Ya estaba todo listo para dejar la casa y lanzarnos a aquella heroica aventura, cuando se nos presentó una dificultad imprevista en los primeros momentos. ¿Y tío José? ¿De qué medio nos valdríamos para llevarlo con nosotras? Por cierto que ni se nos ocurrió la idea de dejarle, ni el paralítico nos convenció cuando, midiendo las dificultades que su compañía importaba para nosotras, nos propuso quedarse con una esclava octogenaria también poco apta para la marcha. Púseme yo misma a buscar un vehículo que sirviera para transportar al enfermo y sólo di, en casa de unos parientes, con una carretilla de mano.

Y una mañana muy bella, que nuestra desolación volvía muy triste y sombría, el grupo de mujeres y criaturas abandonaba el viejo caserón de la calle

---

[1] En la historia de la guerra se conoce con el nombre de "la residenta" el éxodo de los habitantes de Asunción, al ser esta ciudad abandonada ante el peligro de la ocupación por el enemigo.

de la Rivera ² y emprendía la más sublime peregrinación del patriotismo. Toda la ciudad tenía un aspecto de animación extraordinaria, pero una animación hecha de azoramiento. Las puertas de las casas se cerraban unas tras otras para no volver a abrirse por manos de sus dueños quién sabe hasta cuándo —¡muchas, nunca!—. El golpe de las maderas al ceñirse a los marcos parecía tener una vibración humana: como un doliente quejido, helaba el alma... Las calles estaban llenas de gente: mujeres, ancianos y criaturas. Cada cual cargaba con un atado. Se desarrollaban escenas tristísimas pero que no nos impresionaban, porque la propia amargura colmaba el corazón haciéndolo insensible al dolor de los demás. Costaba un esfuerzo inaudito decidirse a marchar. La gente se inmovilizaba junto a sus respectivas casas, se prendía con las manos crispadas a los barrotes de las ventanas, quería volver a entrar, y con la mirada húmeda de llanto ponía besos de despedida en todas las cosas familiares que en ese instante cobraban insospechada belleza e irresistible atracción. En grupos salimos de la ciudad y ya en las afueras, la compacta caravana se desgranó. Mientras andábamos, nos cruzábamos preguntas sobre la suerte de parientes y amigos, y las contestaciones eran casi siempre las mismas, formuladas a media voz, entre dos suspiros:

—¿Y tu papá?

—Murió en Humaitá...

—¿Y Pedro?

—Murió también...

¡Todos tenían muertos que llorar!

Ibamos a pie, arrastrando yo la carretilla cargada con tío José. Cuando las jóvenes avivaban el paso, poseídas de una extraña inquietud, como deseosas de hallarse lejos de la ciudad, la voz prudente de los mayores las detenía:

—No se apuren, muchachas, que tenemos mucho que andar y van a cansarse...

—¿Adónde vamos?

—No lo sabemos. Muy lejos, hasta donde podamos...

Y la marcha continuaba, triste, silenciosa, sin rumbo fijo, hecha una pesadilla a lo largo del camino que se retorcía caprichosamente como una pincelada roja trazada en la verde campiña. Yo no cedía a nadie la carretilla en que conducía a tío José, y aunque me era físicamente penoso el esfuerzo que me exigía la conducción del pequeño vehículo por los espesos arenales, ponía en el empeño una inmensa ternura que me lo hacía llevadero.

La ciudad había quedado ya muy atrás. Después de pernoctar en la Trinidad, atravesábamos a la sazón la vasta llanura de Campo Grande. Lluvias recientes dejaran el campo lleno de barro y salpicado de baches que dificultaban enormemente la marcha y, sobre todo, el arrastre de la carretilla, cuyo peso aumentaba en razón de la distancia recorrida y de los obstáculos del terreno. Era necesario detenerse con frecuencia para recobrar aliento. Cuando mi pe-

---

²Después Florida y hoy Benjamín Constant.

queño carro se estancaba en las depresiones cenagosas del terreno, todas las mujeres acudían a prestarme ayuda para hacerlo marchar.

—Déjenme, déjenme —decía tío José, viendo lo mucho que costaba conducirlo— Yo soy un estorbo y no valgo la pena de que ustedes se sacrifiquen por mí!

—Tío, no diga eso —le contestaba yo—. ¿Cómo concibe que seamos capaces de abandonarlo? Lo llevaremos hasta donde podamos y cuando no podamos más, nos quedaremos a su lado para correr todas juntas la misma suerte que usted.

—Pero si se han ido ya los hombres de la familia, ¿qué más da que perezca también este paralítico que de nada les sirve a ustedes?

—Por eso mismo —insistía yo— porque es usted el único hombre que nos queda, queremos conservarlo; es usted nuestro padre...

Y como el pobre enfermo quisiera insistir, yo lo reducía a silencio con besos y caricias. Y la marcha penosa seguía un día y otro día, como si nuestro destino fuera rodar por la tierra. A medio día, nos deteníamos a la sombra de un árbol en alguna limpiada de la selva, y preparábamos la frugal comida. Al caer la noche buscábamos refugio en alguna tapera de las muchas que encontrábamos en nuestro camino y. allí reposábamos, lo mejor que podíamos, hasta el amanecer. Antes de entregarnos al sueño, de rodillas todas, con los ojos puestos en la imagen de la Virgen de los Dolores que nos acompañaba, rezábamos en silencio, con unción que era un éxtasis, para rogar por nuestros muertos y por los que no sabíamos si ya lo eran también. Rezábamos hasta quedar rendidas por el sueño y aun dormidas, musitábamos entrecortadas plegarias...

Pronto las provisiones se acabaron. Un día, el almuerzo sólo consistió en una vaga ilusión de caldo obtenido de unos huesos de ternera guardados de la comida del día anterior. Los campos arrasados, las casas deshabitadas, no ofrecían ninguna perspectiva de alimento: ni una fruta, ni una espiga. El hambre hacía presa de nosotros.

—Mamá —decían los pequeños— danos un hueso...

Y los huesos mondos, conservados cuidadosamente después de haber sido hervidos muchas veces para conseguir un caldo que ya no era tal, servían para engañar el hambre cada vez más imperiosa de las criaturas. Cuando a la distancia divisábamos palmeras, apresurábamos el paso para alcanzarlas más pronto y luego, afanosamente, durante horas, derribábamos con toscos machetes los rectos troncos y los abríamos a lo largo para extraer el meollo, unas veces blando, si el árbol era joven, y otras endurecido, si era viejo, y fabricar con él unas especies de tortas que cocíamos a la manera de los ausentes *mbeyús* [3] en fuentes de barro.

Dos largos meses pasaron. La caravana peregrina habíase detenido en Atyrá. Los fragorosos senderos de la Cordillera nos habían extenuado. Yo

---

[3]Tortas que se hacen con harina de mandioca.

adivinaba en tío José el suplicio insoportable que le producía vernos poco menos que aniquiladas por la fatiga y, a pesar de ello, animadas siempre de la misma abnegada voluntad y de la misma ternura para llevarlo con nosotras. El pobre ya no imploraba que le dejásemos, porque comprendía que lo haría en vano; pero pagaba nuestra solicitud con lágrimas y sólo vivía para bendecirnos. Nos proponíamos permanecer algunos días en Atyrá, cuando llegó la noticia de que una columna enemiga avanzaba sobre este pueblo. Había que huir, pues, y así lo hicimos una noche en que esa noticia nos sacó del sueño. Salimos de la población a la par de la demás gente, pero nosotras, impedidas de andar a prisa por la carretilla en que llevábamos a tío José, quedamos rezagadas. Al subir una cuesta oímos el rumor de los cascos de los caballos del enemigo que herían el áspero pedregal. Nos helamos de espanto. Tratamos de huir más rápidamente, aguijoneadas por un terror llevado al paroxismo por los relatos que se hacían de los desmanes de la soldadesca. Yo pedía a la Virgen de los Dolores que me prestase fuerzas, y sintiéndolas acrecerse en mí, como por milagro, corrí, corrí frenéticamente, arrastrando la carretilla. Mi madre, mis tías y mis hemanas, rodeándome, corrían también cuanto podían.

—Déjenme, déjenme por Dios —clamaba tío José.

Ni siquiera le oíamos. Corríamos, en la noche, cuesta arriba, jadeando más de desesperación que de cansancio. Por un momento creíamos que los enemigos se habían desviado de nuestra ruta y esto nos infundió nuevo aliento. Pero pronto se desvaneció esa ilusión. No tardamos en volver a oír no sólo el rumor de sus corceles, sino también sus voces mismas. Mamá, sus hermanas, las mías, mis primas, huyendo con niños o atados en los brazos, yo empujando la carretilla, y el paralítico suplicando que le abandonásemos, formábamos en la soledad de aquel desierto un cuadro de tragedia. Y el ruido que nos paralizaba la sangre en las venas, se aproximaba, se aproximaba por instantes. Llegó un momento en que no pude más. Me detuve. Dejé caer los brazos. Caí de rodillas, sollozando. Y entonces, una voz que era más bien un rugido, hízome alzar la cabeza. Era tío José, que por un milagro de su voluntad, tendía hacia mí los brazos y me gritaba:

—¡Lola! ¡Déjeme! ¡Te lo mando! ¡Lo quiero! ¡Lo exijo...! ¡Sálvense ustedes... Corran, ocúltense en aquel monte. Pronto, pronto, que ya vienen!

No era un ruego, no... Era una orden que obligaba a obedecer. Había tal angustia en su acento, tal ansiedad en su expresión, tan poderosa intimación en su ademán milagroso, que huímos todas de allí, sin sentido de lo que hacíamos, empujadas por una fuerza misteriosa. Huímos como locas, temblando no tanto por nuestras vidas cuanto por algo infinitamente peor que el enfermo nos hiciera adivinar con su angustia. Huímos dejando abandonado en el camino a tío José...

[De: *Tradiciones del hogar,* Asunción, 1940.]

PERU

RICARDO PALMA

LA GATITA DE MARI-RAMOS, QUE HALAGA CON LA COLA Y ARAÑA CON LAS MANOS

(1788)

(Crónica de la época del trigésimo cuarto Virrey del Perú)

A Carlos Toribio Robinet

AL PRINCIPIAR la Alameda de Acho y en la acera que forma espalda a la capilla de San Lorenzo, fabricada en 1834, existe una casa de ruinoso aspecto, la cual fue, por los años de 1788, teatro no de uno de esos cuentos de entre dijes y babador, sino de un drama que la tradición se ha encargado de hacer llegar hasta nosotros con todos sus terribles detalles.

I

Veinte abriles muy galanes; cutis de ese gracioso moreno aterciopelado que tanta fama dio a las limeñas, antes de que cundiese la maldita moda de adobarse el rostro con menjurjes, y de andar a la rebatiña y como albañil en pared con los polvos de rosa y arroz; ojos más negros que noche de trapisonda y velados por rizosas pestañas; boca incitante, como un azucarillo amerengado; cuerpo airoso, si los hubo, y un pie que daba pie para despertar en el prójimo tentación de besarlo; tal era, en el año de gracia de 1776, Benedicta Salazar.

Sus padres, al morir, la dejaron sin casa ni canastilla y al abrigo de una tía entre bruja y celestina, como dijo Quevedo, y *más gruñona que mastín piltra-*

fero, la cual tomó a su capricho casar a la sobrina con un compadre, español que de a legua revelaba en cierto tufillo ser hijo de Cataluña, y que aindamáis tenía las manos callosas y *la barba más crecida que deuda pública.* Benedicta miraba al pretendiente con el mismo fastidio que a mosquito de trompetilla, y no atreviéndose a darle calabazas como melones, recurrió al manoseado expediente de hacerse archidevota, tener padre de espíritu y decir que su aspiración era a monjío y no a casorio.

El catalán, atento a los repulgos de la muchacha, murmuraba:

Niña de los muchos novios
que con ninguno te casas;
si te guardas para un rey,
cuatro tiene la baraja.

De aquí surgían desazones entre sobrina y tía. La vieja la trataba de gazmoña y papahostias, y la chica rompía a llorar como una bendita de Dios, con lo que enfureciéndose más aquella megera, la gritaba: —¡Hipócrita! A mí no me engatusas con purisimitas. ¿A qué vienen esos lloriqueos? Eres como *el perro de Juan Molleja, que antes que le caiga el palo ya se queja.* ¿Conque monjío? *Quien no te conozca que te compre,* saquito de cucarachas. Cualquiera diría que no rompe plato, y es capaz de sacarle los ojos al verdugo *Grano de Oro.* ¡Si no conoceré yo las uvas de mi majuelo! ¿Conque te apestan las barbas? *¡Miren a la remilgada de Jurquillo, que lavaba los huevos para freírlos!* ¡Pues has de ver toros y cañas como yo pille al alcance de mis uñas al barbilampiño que te baraja el juicio! *¡Miren, miren a la gatita de Mari-Ramos, que hacía ascos a los ratones y engullía los gusanos!* ¡Mal haya la niña de la media almendra!

Como estas peloteras eran pan cotidiano, las muchachas de la vecindad, envidiosas de la hermosura de Benedicta, dieron en bautizarla con el apodo de *Gatita de Mari-Ramos;* y pronto en la parroquia entera los mozalbetes y demás niños zangolotinos que la encontraban al paseo, saliendo de misa mayor, la decían:

—¡Qué modosita y qué linda que va la Gatita de Mari-Ramos!

La verdad del cuento es que la tía no iba descaminada en sus barruntos. Un petimetre, don Aquilino de Lauro, era el quebradero de cabeza de la sobrina; y ya fuese que ésta se exasperaba de andar siempre al morro por un quítame allá esas pajas o bien que su amor hubiera llegado a extremos de atropellar por todo respeto, *dando al diablo el hato y el garabato,* ello es que una noche sucedió... lo que tenía que suceder. La gatita de Mari-Ramos se escapó por el tejado, en amor y compañía de un gato pizpireto, que olía a almizcle y que tenía la mano suave.

II

Demos tiempo al tiempo y no andemos con lilailas y recancanillas. Es decir, que mientras los amantes apuran la luna de miel para dar entrada a la de hiel, podemos echar, lector carísimo, el consabido parrafillo histórico.

El excelentísimo señor don Teodoro de Croix, caballero de Croix, comendador de la muy distinguida orden teutónica en Alemania, capitán de guardias valonas y teniente general de los reales ejércitos, hizo su entrada en Lima el 6 de abril de 1784.

Durante largos años había servido en México bajo las órdenes de su tío (el virrey marqués de Croix), y vuelto a España, Carlos III lo nombró su representante en estos reinos del Perú. "Fue su excelencia —dice un cronista— hombre de virtud eminente, y se distinguió mucho por su caridad, pues varias veces se quedó con la vela en la mano porque el candelero de plata lo había dado a los pobres, no teniendo de pronto moneda con que socorrerlos; frecuentaba sacramentos y era un verdadero cristiano".

La administración del caballero de Croix, a quien llamaban el *Flamenco*, fue de gran beneficio para el país. El virreinato se dividió en siete intendencias y éstas en distritos o subdelegaciones. Establecierónse la Real Audiencia del Cuzco y el tribunal de Minería, repobláronse los valles de Víctor y Acobamba, y el ejemplar obispo Chávez de la Rosa fundó en Arequipa la famosa casa de huérfanos, que no pocos hombres ilustres ha dado después a la República.

Por entonces llegó al Callao, consignado al conde de San Isidro, el primer navío de la Compañía de Filipinas; y para comprobar el gran desarrollo del comercio en los cinco años de gobierno de Croix, bastará consignar que la importación subió a cuarenta y dos millones de pesos y la exportación a treinta y seis.

Las rentas del Estado alcanzaron a poco más de cuatro y medio millones, y los gastos no excedieron de esa cifra, viéndose por primera y única vez entre nosotros realizado el fenómeno del equilibrio en el presupuesto. Verdad es que, para lograrlo, recurrió el virrey al sistema de economías, disminuyendo empleados, cercenando sueldos, licenciando los batallones de Soria y Extremadura, y reduciendo su escolta a la tercera parte de la fuerza que mantuvieron sus predecesores desde Amat.

La querella entre el marqués de Lara, intendente de Huamanga, y el señor López Sánchez, obispo de la diócesis, fue la piedra de escándalo de la época. Su ilustrísima, despojándose de la mansedumbre sacerdotal, dejó desbordar su bilis hasta el extremo de abofetear al escribano real que le notificaba una providencia. El juicio terminó desairadamente para el iracundo prelado, por fallo del Consejo de Indias.

Lorente, en su *Historia*, habla de un acontecimiento que tiene alguna semejanza con el proceso del falso nuncio de Portugal. "Un pobre gallego —dice— que había venido en clase de soldado y ejercido después los pocos lucrativos oficios de mercachifle y corredor de muebles, cargado de familia, necesidades y años, se acordó que era hijo natural de un hermano del cardenal patriarca, presidente del Consejo de Castilla, y para explotar la necedad de los ricos, fingió recibir cartas del rey y de otros encumbrados personajes, las que hacía contestar por un religioso de la Merced. La superchería no podía ser más grosera, y sin embargo, engañó con ella a varias personas. Descubierta la impostura y amenazado con el tormento, hubo de declararlo todo. Su farsa se consideró como crimen de Estado, y por circunstancias atenuantes salió condenado a diez años de presidio, enviándose para España, bajo partida de registro a su cómplice el religioso."

El sabio don Hipólito Unanue que con el seudónimo de *Aristeo* escribió eruditos artículos en el famoso *Mercurio Peruano;* el elocuente mercedario fray Cipriano Jerónimo Calatayud, que firmaba sus escritos en el mismo periódico con el nombre de *Sofronio;* el egregio médico Dávalos, tan ensalzado por la Universidad de Montpellier; el clérigo Rodríguez de Mendoza, llamado por su vasta ciencia el *Bacon del Perú* y que durante treinta años fue rector de San Carlos; el poeta andaluz Terralla y Landa, y otros hombres no menos esclarecidos formaban la tertulia de su excelencia, quien, a pesar de su ilustración y del prestigio de tan inteligente círculo, dictó severas órdenes para impedir que se introdujesen en el país las obras de los enciclopedistas.

Este virrey, tan apasionado por el cáustico y libertino *poeta de las adivinanzas,* no pudo soportar que el religioso de San Agustín fray Juan Alcedo le llevase personalmente y recomendase la lectura de un manuscrito. Era éste una sátira, en medianos versos, sobre la conducta de los españoles en América. Su excelencia calificó la pretensión de desacato a su persona, y el pobre hijo de Apolo fue desterrado a la metrópoli para escarmiento de frailes murmuradores y de poetas de aguachirle.

El caballero de Croix se embarcó para España el 7 de abril de 1790, y murió en Madrid en 1791, a poco de su llegada a la patria.

III

—*¿Hay huevos?*
—*A la otra esquina por ellos.*

(Popular.)

Pues, señores, ya que he escrito el resumen de la historia administrativa del gobernante, no dejaré en tintero, pues con su excelencia se relaciona, el origen de un juego que conocen todos los muchachos de Lima. Nada pondré de mi estuche, que hombre verídico es el compañero de *La Broma* * que me hizo el relato que van ustedes a leer.

* La Broma fue un periódico humorístico que se publicaba en Lima en 1878.

Es el caso que el excelentísimo señor don Teodoro de Croix tenía la costumbre de almorzar diariamente cuatro huevos frescos, pasados por agua caliente; y era sobre este punto tan delicado, que su mayordomo, Julián de Córdova y Soriano, estaba encargado de escoger y comprar él mismo los huevos todas las mañanas.

Mas si el virrey era delicado, el mayordomo llevaba la cansera y la avaricia hasta el punto de regatear con los pulperos para economizar un piquillo en la compra; pero al mismo tiempo que esto intentaba había de escoger los huevos más grandes y más pesados, para cuyo examen llevaba un anillo y ponía además los huevos en la balanza. Si un huevo pasaba por el anillo o pesaba un adarme menos que otro, lo dejaba.

Tanto llegó a fastidiar a los pulperos de la esquina del Arzobispo, esquina de Palacio, esquina de las Mantas y esquina de Judíos, que encontrándose éstos un día reunidos en Cabildo para elegir balanceador, recayó la conversación sobre el mayordomo don Julián de Córdova y Soriano, y los susodichos pulperos acordaron no venderle más huevos.

Al día siguiente al del acuerdo presentóse don Julián en una de las pulperías, y el mozo le dijo: —No hay huevos, señor don Julián. Vaya su merced a la otra esquina por ellos.

Recibió el mayordomo igual contestación en las cuatro esquinas, y tuvo que ir más lejos para hacer su compra. Al cabo de poco tiempo, los pulperos de ocho manzanas a la redonda de la plaza estaban fastidiados del cominero don Julián y adoptaron el mismo acuerdo de sus cuatro camaradas.

No faltó quien contara al virrey los trotes y apuros de su mayordomo para conseguir huevos frescos, y un día que estaba su excelencia de buen humor le dijo:

—Julián, ¿en dónde compraste hoy los huevos?

—En la esquina de San Andrés.

—Pues mañana irás a la otra esquina por ellos.

—Segurito, señor, y ha de llegar día en que tenga que ir a buscarlos a Jetafe.

Contado el origen del infantil juego de los *huevos,* paréceme que puedo dejar en paz al virrey y seguir con la tradición.

IV

Dice un refrán *que la mula y la paciencia se fatigan si hay apuro* y lo mismo pensamos del amor. Benedicta y Aquilino se dieron tanta prisa que, medio año después de la escapatoria, hastiado el galán se despidió a la francesa, esto es, sin decir abur y ahí queda el queso para que se lo almuercen los ratones, y fue a dar con su humanidad en el cerro de Pasco, mineral boyante a la sazón. Benedicta pasó días y semanas esperando la vuelta del humo o, lo que es lo mismo, la del ingrato que la dejaba más desnuda que cerrojo; hasta que convencida de su desgracia, resolvió no volver al hogar de la tía, sino arrendar un entresuelo de la calle de la Alameda.

En su nueva morada era por demás misteriosa la existencia de nuestra gatita. Vivía encerrada y evitando entrar en relaciones con la vecindad. Los domingos salía a misa de alba, compraba sus provisiones para la semana y no volvía a pisar la calle hasta el jueves, al anochecer, para entregar y recibir trabajo. Benedicta era costurera de la marquesa de Sotoflorido, con sueldo de ocho pesos semanales.

Pero por retraída que fuese Benedicta y por mucho que al salir rebujase el rostro entre los pliegues del manto, no debió la tapada parecerle costal de paja a un vecino del cuarto de reja, quien dio en la flor, siempre que la atisbaba, de dispararla a quemarropa un par de chicoleos, entremezclados con suspiros capaces de sacar de quicio a una estatua de piedra berroqueña.

Hay nombres que parecen una ironía, y uno de ellos era el del vecino Fortunato, que bien podía, en punto a femeniles conquistas, pasar por el más infortunado de los mortales. Tenía hormiguillo por todas las muchachas de la feligresía de San Lázaro, y así se desmorecían y ocupaban ellas de él como del gallo de la Pasión que, con arroz graneado, ají mirasol y culandrillo, debió de ser guiso de chuparse los dedos.

Era el tal —no el gallo de la Pasión, sino Fortunato— lo que se conoce por un pobre diablo, no mal empatillado y de buena cepa, como que pasaba por hijo natural del conde de Pozosdulces. Servía de amanuense en la escribanía mayor del gobierno, cuyo cargo de escribano mayor era desempeñado entonces por el marqués de Salinas, quien pagaba a nuestro joven veinte duros al mes, le daba por pascua del Niño Dios un decente aguinaldo y se hacía de la vista gorda cuando era asunto de que el mocito agenciase lo que en tecnicismo burocrático se llama *buscas legales*.

Forzoso es decir que Benedicta jamás paró mientes en los arrumacos del vecino, ni lo miró a hurtadillas y ni siquiera desplegó los labios para desahuciarlo diciéndole: "Perdone, hermano, y toque a otra puerta, que lo que es en ésta no se da posada al peregrino."

Mas una noche, al regresar la joven de hacer entrega de costuras, halló a Fortunato bajo el dintel de la casa, y antes de que éste la endilgase uno de sus habituales piropos, ella, con voz dulce y argentina, como una lluvia de perlas y que al amartelado mancebo debió parecerle música celestial, le dijo:

—Buenas noches, vecino.

El plumario, que era mozo muy socarrón y amigo de donaire, díjose para el cuello de su camisa: —Al fin ha arriado bandera esta prójima y quiere parlamentar. Decididamente tengo mucho aquel y mucho garabato para con las hembras, y a la que le guiño el ojo izquierdo, que es el del corazón, no le queda más recurso que darse por derrotada.

> *Yo domino de todas la arrogancia,*
> *conmigo no hay Sagunto ni Numancia...*

Y con airecillo de terne y de conquistador, siguió sin más circunloquios a la costurera hasta la puerta del entresuelo. La llave era dura, y el mocito, a fuer de cortés, no podía permitir que la niña se maltratase la mano. La gratitud por tan magno servicio exigía que Benedicta, entre ruborosa y complacida, murmurase un "Pase usted adelante, aunque la casa no es como para la persona."

Suponemos que eso o cosa parecida sucedería, y que Fortunato no se dejó decir dos veces que le permitían entrar en la gloria, que tal es para todo enamorado una mano de conversación a solas con una chica como un piñón de almendra. El estuvo apasionado y decidor:

> *Las palabras amorosas*
> *son las cuentas de un collar:*
> *en saliendo la primera,*
> *salen todas las demás.*

Ella, con palabritas cortadas y melindres, dio a entender que su corazón no era de cal y ladrillo, pero que como los hombres son tan pícaros y reveseros, había que dar largas y cobrar confianza antes de aventurarse en un juego en que casi siempre todos los naipes se vuelven malillas. El juró, por un calvario de cruces, no sólo amarla eternamente, sino las demás paparruchas que es de práctica jurar en casos tales, y para festejar la aventura añadió que en su cuarto tenía dos botellas del riquísimo moscatel que había venido de regalo para su excelencia el virrey. Y rápido como un cohete descendió y volvió a subir, armado de las susodichas limetas.

Fortunato no daba la victoria por un ochavo menos. La familia que habitaba en el principal se encontraba en el campo, y no había que temer ni el pretexto del escándalo. Adán y Eva no estuvieron más solos en el paraíso cuando se concertaron para aquella jugarreta cuyas consecuencias, sin comerlo ni beberlo, está pagando la prole, y siglos van y siglos vienen sin que la deuda se finiquite. Por otra parte, el galán contaba con el refuerzo del moscatelillo, y como reza el refrán, *de menos hizo Dios a Cañete y lo deshizo de un puñete.*

Apurada ya la segunda copa, buscando en ella bríos para emprender un ataque decisivo, cuando en el reloj del Puente empezaron a sonar las campanadas de las diez, y Benedicta, con gran agitación y congoja, exclamó:

—¡Dios mío! ¡Estamos perdidos! Entre usted en este otro cuarto y suceda lo que sucediere, ni una palabra, ni intente salir hasta que yo lo busque.

Fortunato no se distinguía por la bravura, y de buena gana habría querido tocar de suela; pero sintiendo pasos en el patio, la carne se le volvió de gallina, y con la docilidad de un niño se dejó encerrar en la habitación contigua.

V

Abramos un corto paréntesis para referir lo que había pasado pocas horas antes.

A las siete de la noche, cruzando Benedicta por la esquina de Palacio, se encontró con Aquilino. Ella, lejos de reprocharle su conducta, le habló con cariño, y en gracia de la brevedad diremos que, como *donde hubo fuego siempre quedan cenizas,* el amante solicitó y obtuvo una cita para las diez de la noche.

Benedicta sabía que el ingrato la había abandonado para casarse con la hija de un rico minero; y desde entonces juró a Dios y en su ánima vivir para la venganza. Al encontrarse aquella noche con Aquilino y acordarle la cita, la fecunda imaginación de la mujer trazó rápidamente su plan. Necesitaba un cómplice, se acordó del plumario, y he aquí el secreto de su repentina coquetería para con Fortunato.

Ahora volvamos al entresuelo.

VI

Entre los dos reconciliados amantes no hubo quejas ni recriminaciones, sino frases de amor. Ni una palabra sobre lo pasado, nada sobre la deslealtad del joven que nuevamente la engañaba, callándola que ya no era libre y prometiéndola no separarse más de ella. Benedicta fingió creerlo y lo embriagaba de caricias para mejor afianzar su venganza.

Entre tanto el moscatel desempeñaba una función terrible. Benedicta había echado un narcótico en la copa de su seductor. Aquí cabe el refrán: *más mató la cena que curó Avicena.*

Rendido Leuro al soporífero influjo, la joven lo ató con fuertes ligaduras a las columnas de su lecho, sacó un puñal y esperó impasible durante una hora a que empezara a desvanecerse el poder del narcótico.

A las doce mojó su pañuelo en vinagre, lo pasó por la frente del narcotizado, y entonces principió la horrible tragedia.

Benedicta era tribunal y verdugo.

Enrostró a Aquilino la villanía de su conducta, rechazó sus descargos y luego le dijo:

—¡Estás sentenciado! Tienes un minuto para pensar en Dios.

Y con mano segura hundió el acero en el corazón del hombre a quien tanto había amado...

. . . .

El pobre amanuense temblaba como la hoja en el árbol. Había oído y visto todo por un agujero de la puerta.

Benedicta, realizada su venganza, dio vuelta a la llave y lo sacó del encierro.

—Si aspiras a mi amor —le dijo— empieza por ser mi cómplice. El premio lo tendrás cuando este cadáver haya desaparecido de aquí. La calle está desierta, la noche es lóbrega, el río corre enfrente de la casa... Ven y ayúdame.

Y para vencer toda vacilación en el ánimo del acobardado mancebo aquella mujer, alma de demonio encarnada en la figura de un ángel, dio un salto como la pantera que se lanza sobre una presa y estampó un beso de fuego en los labios de Fortunato.

La fascinación fue completa. Ese beso llevó a la sangre y a la conciencia del joven el contagio del crimen.

Si hoy, con los faroles de gas y el crecido personal de agentes de Policía, es empresa de guapos aventurarse después de las ocho de la noche por la Alameda de Acho, imagínese el lector lo que sería ese sitio en el siglo pasado y cuando sólo en 1776 se había establecido el alumbrado para las calles centrales de la ciudad.

La obscuridad de aquella noche era espantosa. No parecía sino que la Naturaleza tomaba su parte de complicidad en el crimen.

Entreabrióse el postigo de la casa y por él salió cautelosamente Fortunato, llevando al hombro, cosido con una manta el cadáver de Aquilino. Benedicta lo seguía, y mientras con una mano lo ayudaba a sostener el peso, con la otra, armada de una aguja con hilo grueso, cosía la manta a la casaca del joven. La zozobra de éste y las tinieblas servían de auxiliares a un nuevo delito.

Las dos sombras vivientes llegaron al pie del parapeto del río.

Fortunato, con su fúnebre carga sobre los hombros, subió el tramo de adobes y se inclinó para arrojar el cadáver.

¡Horror!... El muerto arrastró en su caída al vivo.

VII

Tres días después unos pescadores encontraron en las playas de Bocanegra el cuerpo del infortunado Fortunato. Su padre, el conde de Pozosdulces, y su jefe el marqués de Salinas, recelando que el joven hubiera sido víctima de algún enemigo, hicieron aprehender a un individuo sobre el que recaían no sabemos qué sospechas de mala voluntad para con el difunto.

Y corrían los meses y la causa iba con pies de plomo, y el pobre diablo se encontraba metido en un dédalo de acusaciones y el fiscal veía pruebas clarísimas en donde todos hallaban el caos, y el juez vacilaba, para dar sentencia, entre horca y presidio.

Pero la Providencia, que vela por los inocentes, tiene resortes misteriosos para hacer la luz sobre el crimen.

Benedicta, moribunda y devorada por el remordimiento, reveló todo a un sacerdote, rogándole que para salvar al encarcelado hiciese pública su confesión; y he aquí cómo en la forma de proceso ha venido a caer bajo nuestra pluma de cronista la sombría leyenda de la Gatita de Mari-Ramos.

[De: Ricardo Palma, *Tradiciones peruanas completas,* Madrid, Edit. Aguilar, 1964.]

PAN, QUESO Y RASPADURA

(1824)

I

EL MES de diciembre de 1824 principiaba tomando el ejército español, mandado personalmente por el virrey La Serna, la ofensiva sobre el ejército patriota, a órdenes del bravo general Sucre, ese Bayardo [1] de la América.

Ambos ejércitos marchaban paralelamente y casi a la vista, separados por el caudaloso río Pampas, y cambiándose de cuando en cuando algunos tiros. El jefe español se proponía, ante todo, cortar la comunicación de los patriotas con Lima, a la vez que forzar a éstos a descender al llano abandonando las crestas de Matará.

Sucre, comprendiendo el propósito del enemigo, se apresuró a ganar el día 3 la quebrada de Collpahuaico; y habían avanzado camino en ellas las divisiones de vanguardia y centro, cuando la retaguardia fue bruscamente atacada por las tropas de Valdés, el más inteligente y prestigioso de los generales españoles. Los patriotas perdieron en esa jornada todo el parque, uno de los cañones que formaban su artillería y cerca de trescientos hombres. El desastre habría sido trascendental si el batallón Vargas, mandado por el comandante Trinidad Morán, no hubiera desplegado heroica bizarría, dando con su resistencia tiempo para que el ejército acabase de pasar el peligroso desfiladero.

¡Triste burla de la suerte! Treinta años después, el 3 de diciembre de 1854, el general don Trinidad Morán era fusilado en la plaza de Arequipa, en el

---

[1] Se refiere Palma, sin duda alguna, al célebre Pierre Terrail, *seigneur* de Bayard, heroico capitán nacido cerca de Grenoble (Francia) y muerto en Abbiategrasso el año 1524.

mismo día aniversario de aquel en que salvó al ejército patriota, y con él acaso la Independencia de América.

El 8, las tropas realistas, ocupando las alturas de Pacaicasa y del Condorcunca (cuello de cóndor), tenían cortada para los patriotas la comunicación con el valle de Jauja. Los independientes tomaban posiciones primero en Tambo-Cangallo, después en el pueblecito de Quinua, a cuatro leguas de Huamanga, y finalmente a la falda del Condorcunca. Retirarse sobre Ica o retroceder camino del Cuzco era, si no imposible, plan absurdo.

El ejército del virrey se componía de doce batallones de infantería, cinco cuerpos de caballería y catorce cañones. Su fuerza efectiva era de nueve mil trescientos hombres.

Los patriotas contaban sólo con diez batallones, cuatro regimientos de caballería y un cañón que, como recuerdo glorioso, se conservaba hasta 1881 en el museo del cuartel de artillería de Lima. Total, cinco mil ochocientos hombres.

Inmensa, como se ve, era la superioridad de los españoles; pero cada hora que corría sin combatir hacía más aflictiva la situación del reducido ejército patriota, en el que, para mayor conflicto, sólo había carne para racionar a la tropa por uno o dos días más.

El general La Mar se dirigió a una choza de pastores que servía de alojamiento a Sucre. Este le tendió afectuosamente la mano y le dijo:

—¡Y bien, compañero! ¿Qué haría usted en mi condición?

—¡Dar mañana la batalla, y vencer o morir! —contestó La Mar.

—Pienso lo mismo, y me alegro de que no haya discrepancia en nuestra manera de apreciar la situación.

Y Sucre salió a la puerta de la choza, llamó a su ayudante y le dio orden de convocar inmediatamente para una junta de guerra a los principales jefes del ejército.

Una hora después, los generales Sucre, La Mar, Córdova, Miller, Lara y Gamarra, que era el jefe del Estado Mayor, y los comandantes de cuerpo se encontraban congregados a la puerta de la choza, sentados sobre tambores e improvisados taburetes de campaña.

II

Una ligera noticia biográfica de los principales miembros de la Junta de guerra paréceme que viene aquí como anillo en dedo.

Antonio José de Sucre nació en Cumaná en 1795, y desde la edad de diez y seis años se enroló en las filas patriotas. En 1813 mandaba ya un batallón. Desde la batalla de Pichincha empezó a figurar como general en jefe. Siendo, en 1828 presidente de Bolivia, envió su poder a un amigo para contraer matrimonio, en Quito, con la marquesa de Solanda, y ¡curiosa coincidencia!, el mismo día, 18 de abril, en que se celebraba la ceremonia nupcial, era Sucre herido, en Chuquisaca, al sofocar un movimiento revolucionario. El Gran Mariscal de Ayacucho fue villanamente asesinado el 4 de junio de 1830, en la montaña de Berruecos.

Don José de La Mar nació en Cuenca del Ecuador en 1777, y fue llevado por uno de sus deudos a un colegio de Madrid. En 1794 entró en la carrera militar e hizo la campaña del Rosellón al lado del limeño conde la Unión, que mandaba en jefe el ejército español. En el sitio de Zaragoza era ya coronel y muy querido de Palafox. Defendiendo un fuerte cayó mortalmente herido, y su curación fue penosísima. En Valencia mandó después un cuerpo de cuatro mil hombres y, tomado prisionero, el mariscal Soult lo remitió al depósito de Dijón. En 1814, Fernando VII lo ascendió a general y lo envió al Perú con alto destino militar. En 1823 elevó su renuncia ante el virrey La Serna, y aceptada por éste y desligado de todo compromiso con España, tomó servicio en favor de la causa americana. Presidente constitucional del Perú, en 1828, fue derrocado por la más injustificable revolución, y murió desterrado en San José de Costa Rica, en 1830.

El granadino José María Córdova nació en 1800, y en 1822 era general de brigada en premio de su bravura en Boyacá y otros combates. En el mismo campo de Ayacucho fue ascendido a general de división, y cuando acompañando a Bolívar, en su paseo triunfal hasta Potosí, el vecindario del Cuzco obsequió al Libertador con una corona de oro y piedras preciosas, éste no la aceptó y la puso sobre la cabeza de Córdova. La guerra civil se enseñoreó de Colombia en 1829, y Córdova fue asesinado después de una derrota.

Agustín Gamarra nació en el Cuzco en 1785, y aunque sus padres pretendieron hacer de él un teólogo, abandonó el colegio y sentó plaza de cadete en el ejército español, alcanzando en él hasta comandante. Proclamada en 1821 la Independencia, tomó servicio con los patriotas, que lo reputaban, después de Sucre y La Mar, como el militar más competente en materia de organización, disciplina y estrategia. Entrado ya el Perú en el régimen constitucional, fue perenne perturbador del orden, y vivió siendo siempre o presidente o conspirador. Tuvo gloriosa muerte en el campo de batalla de Ingavi en 1840.

III

La junta de guerra decidió, por unanimidad de votos, dar la batalla en la mañana del siguiente día.

Terminada la sesión, Sucre llamó a su asistente y le dijo: "Sirve las once a estos caballeros."

Y volviéndose a sus compañeros de junta añadió: "Conténtense ustedes con mis pobrezas, que para festines tiempo queda si Dios nos da mañana la victoria y una bala no nos corta el resuello."

Y el asistente puso sobre un tambor una botella de aguardiente, un trozo de queso, varios panes y una chancaca.

—¡Banquete de príncipes golosos! —exclamó Córdova.

—No moriremos de indigestión —dijo La Mar, poniendo una rebanada de queso dentro de un pan y cortando con el cuchillo un trocito de chancaca.

A este tiempo el coronel O'Connor, primer ayudante del Estado Mayor, se acercó a Sucre, preguntándole:

—Mi general, ¿quiere usía dictarme el santo y seña que se ha de comunicar al ejército?

—Ahítate, glotón, Pan, queso y raspadura!,[2] —continuó diciendo La Mar y pasando a Miller la ración que acababa de arreglar.

—¡Pan, queso y raspadura! —repitió el gallardo inglés, aceptando el agasajo—. *Very well!* ¡Muchas gracias!

Sucre se volvió hacia Miller, y le dijo sonriendo:

—*Nothing!* ¡Nada! ¡Nada! Pan, queso y raspadura...

—Coronel O'Connor, ahí tiene usted el santo, seña y contraseña, precursores del triunfo.

Y sacando Sucre del bolsillo un librito de memorias, arrancó una página y escribió sobre ella con lápiz:

Pan, Queso y Raspadura

Tal fue el santo, seña y contraseña del ejército patriota al romperse los fuegos en el campo de Ayacucho.

IV

La batalla de Ayacucho tuvo, al iniciarse, todos los caracteres de un caballeresco torneo.

A las ocho de la mañana del 9 de diciembre el bizarro general Monet se aproximó con un ayudante al campo patriota, hizo llamar al no menos bizarro Córdova, y le dijo:

—General: en nuestro ejército, como en el de ustedes, hay jefes y oficiales ligados por vínculos de familia o de amistad íntima: ¿sería posible que, antes de rompernos la crisma, conversasen y se diesen un abrazo?

---

[2]*Raspaduras,* según el Diccionario de la Lengua, es lo que se quita de alguna superficie raspándola. Se usa más en plural, y así se dice *raspaduras de uñas, raspaduras de chancaca,* etc. La voz *chancaca* es provincialismo de México y Perú, y se designa con este nombre el pan o bollo hecho con la melaza o haces de la miel de caña.

—Me parece, general, que no habrá inconveniente. Voy a consultarlo —contestó Córdova.

Y envió a su ayudante donde Sucre, quien en el acto acordó el permiso.

Treinta y siete peruanos, entre jefes y oficiales, y veintiséis colombianos, desciñéndose la espada, pasaron la línea neutral, donde, igualmente sin armas, los esperaban ochenta y dos españoles.

Después de media hora de afectuosas expansiones, regresaron a sus respectivos campamentos, donde los aguardaba el almuerzo.

Concluido éste, los españoles, jefes, oficiales y soldados se vistieron de gran parada, en lo que los patriotas no podían imitarlos, por no tener más ropa que la que llevaban puesta.

Sucre vestía levita azul cerrada con una hilera de botones dorados, sin banda, faja ni medallas, pantalón azul, charreteras de oro y sombrero apuntado con orla de pluma blanca. El traje de La Mar se diferenciaba en que vestía casaca azul en lugar de levita. Córdova tenía el mismo uniforme de Sucre y, en vez de sombrero apuntado, un jipijapa de Guayaquil.

A las diez volvió a presentarse Monet, a cuyo encuentro se adelantó Córdova.

—General, —le dijo aquél— vengo a participarle que vamos a principiar la batalla.

—Cuando ustedes gusten, general —contestó el valiente colombiano—. Esperaremos para contestar a que ustedes rompan los fuegos.

Ambos generales se estrecharon la mano y volvieron grupas.

No pudo llevarse más adelante la galantería por ambas partes.

A los americanos nos tocaba hacer los honores de la casa, no quemando los primeros cartuchos mientras los españoles no nos diesen el ejemplo.

En Ayacucho se repitió aquello de: *A vous, messieurs les anglais, que nous sommes chez nous.*

V

A poco más de las diez de la mañana, la división Monet, compuesta de los batallones Burgos, Infante, Guías y Victoria, a la vez que la división Villalobos, formada por los batallones Gerona, Imperial y Fernandinos, empezaron a descender de las alturas sobre la derecha y centro de los patriotas.

La división Valdés, organizada con los batallones Cantabria, Centro y Castro, había dado un largo rodeo y aparecía ya por la izquierda. La caballería, al mando de Ferraz, constaba de los húsares de Fernando VII, dragones de la Unión, granaderos de la Guardia y escuadrones de San Carlos y de alabarderos. Las catorce piezas de artillería estaban también convenientemente colocadas.

Los patriotas esperaban el ataque en línea de batalla. El ala derecha era mandada por Córdova y se componía de los batallones Bogotá, Voltíjeros, Caracas y Pichincha. La división del general Lara, con los batallones Vargas, Rifles y Vencedores, ocupaba el centro. La Mar, con los cuatro cuerpos peruanos, sostenía la izquierda. La caballería, a las órdenes de Miller, se componía de los húsares de Junín y de Colombia y de los granaderos de Buenos Aires.

Cada batallón de la infantería española constaba de ochocientas plazas por lo menos, y entre los patriotas raro era el cuerpo que excedía de la mitad de esa cifra.

Sucre, en su brioso caballo de batalla, recorría la línea, y deteniéndose en el centro de ella dijo, con entonación de voz que alcanzó a repercutir en los extremos:

—¡Soldados! De los esfuerzos de hoy pende la suerte de la América del Sur. ¡Que otro día de gloria corone vuestra admirable constancia!

Y espoleando su fogoso corcel, se dirigió hacia el ala que ocupaban los peruanos.

La Mar, el adalid sin miedo y sin mancilla, alentó a sus tropas con una proclama culta, a la vez que entusiasta y breve, y que ni la historia ni la tradición han cuidado de conservar.

Los batallones contestaron con un estruendoso ¡viva el Perú!, y rompieron el fuego sobre la división Valdés, que había tomado ya la iniciativa del combate. Era en esa ala donde la victoria debía disputarse más reñidamente.

Entre tanto, la división Monet avanzaba sobre la de Córdova, y el coronel Guas, que mandaba el antiguo batallón *Numancia*, cuyo nombre cambió Bolívar con el de *Voltíjeros*, dijo a sus soldados:

—¡Numantinos! Ya sabéis que para vosotros no hay cuartel. ¡Ea! A vencer o morir matando.

Sucre, que acudía con oportunidad allí donde su presencia era necesaria, le gritó a Córdova:

—General, tome usted la altura y está ganada la batalla.

El valiente Córdova, ese gallardo paladín de veinticuatro años, por toda respuesta se apeó del caballo y, alzando su sombrero de jipijapa [3] en la punta de su espada, dio esta original voz de mando:

—¡División! ¡De frente! ¡Armas a discreción y paso de vencedores!

Y dando una irresistible carga a la bayoneta, sostenido por la caballería de Miller, que acuchillaba sin piedad a los húsares de Fernando VII, sembró pronto el pánico en la división Monet.

Sospecho que también la Historia tiene sus pudores de niña melindrosa. Ella no ha querido conservar la proclama del general Lara a la división del

---

[3] Hasta en escritores serios hemos visto consignada la especie de que, al emprender la famosa arremetida sobre los españoles, Córdova se apeó de su corcel de batalla, desnudó la espada, atravesó con ella el pecho del caballo y, a guisa de bandera, enarboló el tricornio en la punta de su acero, pronunciando a la vez sus inmortales palabras de mando. Varios pintores lo exhiben así en sus cuadros.

Ello quizá sea poético, y duélenos despoetizar la pintura; pero la verdad histórica nos obliga a decir que Córdova no lució ese día sombrero apuntado, sino un blanco jipijapa, y que estuvo muy lejos de herir al noble corcel que lo sustentara en varios combates, acción que habría revestido caracteres de crueldad y de ingratitud.

centro, proclama eminentemente cambrónica; pero la tradición no la ha olvidado, y yo, tradicionista de oficio, quiero consignarla. Si peco en ella, pecaré con Víctor Hugo, es decir, en buena compañía.

La malicia del lector adivinará los vocablos que debe sustituir a los que yo estampo en letra bastardilla. Téngase en cuenta que la división Lara se componía de llaneros y gente cruda, a la que no era posible entusiasmar con palabritas de salón.

—¡Zambos del *espantajo!* —les gritó. Al frente están los godos *puchueleros*. El que manda la batalla es Antonio José de Sucre, que, como ustedes saben, no es ningún *cangrejo*. Conque así, apretarse los *calzones* y... ¡a ellos!

Y no dijo más, y ni Mirabeau habría sido más elocuente.

Y tan furiosa fue la arremetida sobre la división Villalobos, en la cual venía el virrey, que el batallón Vargas no sólo alcanzó a derrotar al centro enemigo, sino que tuvo tiempo para acudir en auxilio de La Mar, cuyos cuerpos empezaban a ceder terreno ante el bien disciplinado coraje de los soldados de Valdés.

Secundó a Vargas el regimiento húsares de Colombia, cuyo jefe, el coronel venezolano Laurencio Silva, cayó herido. Llevado al hospital y puesto un vendaje a la herida, preguntó al cirujano:

—Dígame, socio... ¿Cree usted que moriré de ésta?

—Lo que es morir, me parece que no; pero tiene usted lo preciso para pasar algunos meses bien *divertido*.

—¡Ah! Pues si no muero de ésta, venga mi caballo, que todavía hay jarana para un cuarto de hora, y quiero estar en ella hasta el *conchito*.

Y con agilidad suma, sin escuchar las reflexiones de su amigo el cirujano, saltó sobre el caballo y volvió a meterse en lo recio del fuego.

¡Qué hombres, Cristo mío! ¡Qué hombres! Setenta minutos de batalla, casi toda cuerpo a cuerpo, empleando los patriotas el sable y la bayoneta más que el fusil, pues desde Collpahuaico, donde perdieron el parque, se hallaban escasos de pólvora (cincuenta y dos cartuchos por plaza), bastaron para consumar la Independencia de América.

VI

A las doce del día el virrey La Serna, ligeramente herido en la cabeza, se encontraba prisionero de los patriotas, y ¡lo que son las ironías del destino!, en ese mismo día, a esa misma hora, en Madrid, el rey don Fernando VII firmaba para La Serna el título de conde de los Andes.

La rivalidad entre Canterac, favorito del virrey y jefe de Estado Mayor de los españoles, y Valdés, el más valiente, honrado y entendido de los generales realistas, influyó algo para la derrota. El plan de batalla fue acordado entre

La Serna y Canterac, y al ponerlo en conocimiento de Valdés, tres horas antes de iniciarse el combate, éste murmuró al oído del coronel del Cantabria, que era su íntimo amigo:

—¡Nos arreglaron los insurgentes! Ese plan de batalla han podido urdirlo dos frailes gilitos, pero no dos militares. Los enemigos nos habrán hecho flecos antes que lleguemos a la falda del cerro, y aún superando este inconveniente, no nos dejarán formar línea ordenada de batalla. En fin, soldado soy, y mi obligación es ir sin chistar al matadero, y cumplir como Dios me ayude, con mi rey y con mi patria.

—¿Qué hacer, mi general? —contestó el jefe del Cantabria, estrechando la mano de su superior—. ¡Caro vamos a pagar las francesadas de Canterac!

Desbandada su división, que en justicia sea dicho, se batió admirablemente, Valdés descabalgó y, sentándose sobre una piedra, dijo con estoicismo:

—Esta comedia se la llevó el demonio. ¡Canario! De aquí no me muevo, y aquí me matan.

Un grupo de soldados, de quienes era muy querido, lo tomó en peso y consiguió transportarlo algunas cuadras fuera del campo.

A la caída del sol, Canterac firmaba la capitulación de Ayacucho, y tres días más tarde dirigía a Simón Bolívar esta carta, que acaso medio siglo después trajo a la memoria Napoleón III al rendirse prisionero en Sedán:

"Excelentísimo señor Libertador don Simón Bolívar: Como amante de la gloria, aunque vencido, no puedo menos que felicitar a vuecelencia por haber terminado su empresa en el Perú, con la jornada de Ayacucho. Con este motivo tiene el honor de ofrecerse a sus órdenes y saludarle, en nombre de los generales españoles, su afectísimo y obsecuente servidor que sus manos besa, *José de Canterac*. Huamanga, a 12 de diciembre de 1824."

VII

A las dos de la tarde, fatigado por la sangrienta al par que gloriosa faena del día, llegó el general Miller a la puerta de la tienda de Sucre donde sólo encontró al leal asistente.

—Pancho —le dijo el alegre inglés—, dame un traguito de algo que refresque y un bocado para comer.

El asistente le contestó:

—Mi general, dispense usía si no le ofrezco otra cosa que lo mismo de ayer: un sorbo de aguardiente, pan, queso y raspadura.

—Hombre, guárdate la raspadura y tráeme lo demás, que para raspadura basta con la que hemos dado a los godos.

[De: Ricardo Palma, *Tradiciones peruanas completas*, Madrid, Edit. Aguilar, 1964.]

JOSE ANTONIO DE LAVALLE

EL VIVO SE CAYO MUERTO Y EL MUERTO PARTIO A CORRER

¡Y DALE con las tradiciones! Por más propósitos, juramentos, resoluciones y ofrecimientos que hago de no fastidiar más al público con mis chocheces, ¡nada! De repente y cuando menos lo espero, me cae del techo el argumento de alguna, y ¡zas!, se me corre el papel, sin poder resistir a la tentación. ¿Ni cómo resistirla, cuando veo que el maestro mismo las encomia calurosamente, achacándolas, Dios lo perdone, a un cierto compinche suyo, y no sólo las encomía, sino que diciendo con Molière, *je prends mon bien où je le trouve,* prohíja algunas de ellas y las echa a correr el mundo revueltas en su *ropa vieja?* ¡Pelillos a la mar!, y a despecho de propósitos y juramentos, resoluciones y ofrecimientos, ¡vaya otra tradición!. A bien que Alfonso Karr ha dicho ¿para qué servirían las resoluciones si no fuera para quebrantarlas?

I

¡Qué confusión, qué gritos, qué carreras, qué sollozos, qué barullo, Dios mío, el que reinaba en casa de los marqueses de Campoverde, el día tantos, de tal mes, de cual año, del XVIII siglo! El marqués en el corredor, daba atropelladamente órdenes a toda la numerosa servidumbre masculina de la casa, cuyos individuos la recorrían en todas direcciones, hasta que, uno en la mula calesera, otro en el burro aguador, éste en el mismo caballo de su amo, aquél en sus propias ágiles piernas, se echaban al escape a la calle. Entretanto la marquesa en el dormitorio, daba con no menos atropellamiento, otras órdenes a la no menos numerosa servidumbre femenina, cuyos miembros a su vez, corrían por toda la casa, abriendo y cerrando puertas estrepitosamente y chocando y tropezando unos con otros, sin que nadie atinase ni con lo que ordenaba ni con lo que ejecutaba. Pero, ¡por la Virgen Santísima del Carmen! ¿qué ocurría? ¡Ay! ¡pues no era cosa! Era que Joaquinita, la única hija de los marqueses, el ídolo de sus padres y el encanto de la sociedad aristocrática de Lima, por su hermosura e ingenio, donaire y gracia, se moría de un *insulto*. Habíase desayunado con una taza de leche vinagre: durante la digestión se comió una naranja: almorzó después arroz, y luego se bañó. ¡Qué había de suceder! Lo que Vmd. ve.

Al fin volvieron los criados y con ellos cuantos discípulos de Galeno hallaron a mano, unos en calesa y otros en mula, y cuantos flebotómicos se albergaban en la vecindad; trajeron cuantas drogas indicaba la elemental terapéutica doméstica; y corrió la noticia por todos los ámbitos de la ciudad sin necesidad de alambre telefónico; y se llenó la casa de gente, el patio de mulas y caballos y la calle de coches y de calesas; y aumentó la confusión y arreció el barullo y creció el desorden; y ya nadie se entendía, porque todos hablaban a la vez y cada cual indicaba un remedio distinto, todos igualmente eficaces a estar a su decir, todos igualmente absurdos, a estar a los dictados del sentido común.

Mientras tanto, los médicos, congregados en la *cuadra,* tampoco se entendían entre sí: cada uno era de opinión distinta, tanto en el diagnóstico cuanto en el pronóstico y respecto al método curativo; y cada uno sostenía la suya reforzándola con argumentos *ad hominem,* gritos, y sendos bastonazos aplicados de regatón a los azulejos del piso. Y la enferma se moría; y se había agotado sin fruto, toda la farmacopea casera —lavativa, redaño, emplastos, parches, aceite de almendras, unto-sin-sal, etc.—. Al fin los médicos por vía de transacción, acordaron que se le picasen cuatro sangrías y se le aplicase un vejigatorio de a vara: que, por lo que pudiera tronar, se le preparase espiritualmente; y reunirse ellos nuevamente en la noche, para observar el efecto de sus sabias prescripciones; con lo cual se retiraron satisfechos, no sin recibir antes de mano de la ama de llaves, que en el dintel de la puerta de la sala les esperaba, un doblón de oro cada uno.

Nueva confusión, nuevos gritos, nuevas carreras, nuevas lágrimas y redoblado barullo. Los flebotómicos acudieron al lecho de la enferma: fajaron fuertemente los albos brazos y las torneadas piernas, y aplicando impíos la lanceta en cada uno de esos preciosos miembros, hicieron brotar simultáneamente, cuatro copiosos chorros de generosa sangre, hasta llenar cuatro cumplidos vasos de vital licor. Luego vendaron las heridas y procedieron a aplicar el vejigatorio que debía desollar toda la marmórea espalda.

A la vez que estos verdugos así operaban, se disponía el altar portátil en el cuarto de la paciente y los criados emprendían nuevos corretos en busca del padre de espíritu de la niña, para que la confesase; del crucífero que debía auxiliarla en el tránsito fatal; de flores y de mistura para recibir al Santísimo y de velas para alumbrarle; a solicitar éste de la parroquia; a prevenir lo que ocurría en conventos y monasterios y pedir las oraciones y rogativas de los buenos padres y de las santas monjitas por la salud de la enferma; a tomar, en suma, todas las providencias que eran de rigor en casos tales.

Al sonido del esquilón del Sagrario, que anunciaba que Nuestro Amo se preparaba a salir, hízolo del palacio Virreinal, el coche que nuestros antiguos gobernantes tenían siempre listo para conducirle, arrastrado por cuatro alabarderos y escoltado por dos soldados de la guardia de a caballo y se dirigió a esa iglesia: a ella acudieron también, las cofradías de esclavos del Santísimo y de Nuestro Amo, los parientes y amigos de la familia, la servidumbre de ellos y de ésta y multitud de devotos de ambos sexos, formándose una lucida procesión, cuyo centro era la carroza Virreinal, que ocupaba el cura que conducía el sacramento, y que precedían, rodeaban y seguían, los esclavos del Santísimo con ropones encarnados, elevando en sus manos en una asta, enormes faroles profusamente adornados; las zahumadoras, esparciendo aromático humo de los áurcos pcbctcros que conducían; las mistureras arrojando flores de las grandes bandejas de plata que llevaban; y los cofrades y acompañantes con velas y cirios encendidos. En la puerta de la casa recibieron al Santísimo los miembros de la familia, los parientes más allegados y amigos más íntimos y un refuezo de alumbrantes, mistureras y zahumadoras.

Atinados estuvieron los galenos, y fue en lo único en que lo estuvieron, en mandar disponer espiritualmente a Joaquinita para el gran viaje, pues la pobrecilla, merced a las cuatro sangrías y al vejigatorio de a vara, apenas hubo recibido la extremaunción entregó su alma a Dios, entre las más vivas manifestaciones del más acerbo dolor de sus amantes padres, numerosa parentela y la sociedad de Lima en general.

II

Al siguiente día y a eso de las ocho de la noche, la gran casa de los marqueses de Campoverde ofrecía el más tétrico y lúgubre aspecto. La puerta de calle cerrada y sólo el postigo entreabierto: el patio lleno de gente, principalmente de frailes de todas las órdenes: los bancos del corredor ocupados por bultos negros, de los que se escapaban los sollozos más desgarradores: la sala, cubierta de cortinajes negros y alumbrada únicamente, por una vela colocada en un rincón sobre un velador y cuya débil luz amortiguaba aún, un crespón negro que la envolvía, llena también de hombres, que guardaban el silencio más profundo; la *cuadra,* cubierta igualmente de cortinajes negros y tan débilmente alumbrada como la sala, llena del mismo modo de señoras, que rezaban en voz baja el rosario: en el dormitorio el cadáver de Joaquinita, yacente en la cama imperial de su mamita, y ya en traje de viaje; esto es, revestido de una mortaja franciscana de paño azul, que había costado cuarenta pesos; al pie de la cama el ataúd; más lejos la cuja dorada de la archicofradía de la Purísima; y al rededor de la difunta las criadas que la hacían su última *toilette*.

Al cruzarle una de éstas las ebúrneas manos sobre el pecho, observó que en el anular de la izquierda, brillaba con deslumbradores reflejos, el diamante que le había regalado su amoroso padre el día que cumplió los quince y por el que había pagado cien onzas de oro; y juzgando con razón que prenda tan valiosa no debía enterrarse con su poseedora, procedió a sacarla de su dedo —¡imposible! Jaló, forcejeó—, ¡nada! Apeló en su ayuda a las combinadas fuerzas de sus compañeras ¡tampoco! En tal aprieto acudieron a Venancio. Venancio era un mulato *ita pariter,* a aquel Merejo que ha sacado a relucir en su novela titulada *Salto atrás*,[1] cierto amigo mío,[*] del que puedo decir con verdad, lo que en solemne ocasión dijo el General Echenique (digo, el de veras) de un mi coetáneo, que *es otro yo*. Venancio puso en juego sus hercúleas fuerzas, sin mejor éxito que las fámulas: antes hubieran arrancado el dedo al rígido cadáver, que el anillo al dedo. Poseídas ya aquéllas de supersticioso terror, resolvieron dejarlo en él y procedieron a depositar el cadáver en el ataúd, y a colocar éste, descubierto, en la cuja, que se cubrió con un paño de terciopelo negro con franjas y flecos de plata, dejando visible el rostro, sobre el cual paño se puso la palma virginal, obra primorosa de las monjas de la Concepción, previniéndose luego que todo estaba ya pronto y listo para emprender la marcha.

Rompían ésta las cruces de las cinco parroquias con sus ciriales e interés respectivos; seguían las de las órdenes religiosas; venía luego la cuja, conducida por cuatro robustos negros, revestidos de ropones de terciopelo de igual color, que entonces no se estilaba que los niños de la casa y los amiguitos, hicieran mal lo que cuatro mozos de cordel hacen bien; tras ella una docena de mujeres, cubiertas de pie a cabeza por bayetas negras, que rompían el aire y los tímpanos con sus venales sollozos; luego la parentela; después un centenar de individuos con libreas de todos colores y hachas encendidas y cerrando la marcha todo el gentío de curiosos; flanqueaban esta procesión las comunidades religiosas con las capuchas caladas y velas encendidas en las manos, cantando fúnebres salmodias; y los amigos e invitados, igualmente con velas encendidas; extendiéndose toda ella, como una serpiente luminosa, que desenvolvía sus anillos calle tras calle.

Así se condujo el cadáver al convento de San Francisco y se le depositó en la sala llamada el *De profundis,* situada en el suntuoso primer claustro del nicho, convertida hoy en depósito de los paramentos de la archicofradía de

---

[1] *Salto atrás* es una novela del propio José Antonio de Lavalle, inicialmente publicada en *El Rímac* (Nos. 1, 2, 3, y 4; Lima, 16, 23 y 30 de noviembre; y 7 de diciembre de 1889), trascrita en *La Ilustración Americana* (Año II, Nos. 2, 3 y 4; Lima, 15 de julio, 1º y 15 de agosto de 1891), y luego editada en un folleto, juntamente con *La Hija del Contador* (Lima, La Novela Peruana, 1930). (N. de A. T.)

[*] El propio autor.

Nuestra Señora de la Purísima, ya que los progresos de este siglo de las luces... de gas y eléctrica, lo han dejado sin aplicación. A la cabecera y a los pies de la cuja se colocaron cuatro blandones, que debían arder hasta el siguiente día, y después que se cantaron por las comunidades los responsos correspondientes, se retiraron éstas y los concurrentes, dejando el cadáver solo en ese vasto y tétrico salón, que apenas alcanzaba a iluminar en muy limitado radio, la mortecina luz de las hachas que en los blandones ardían.

III

Apenas se hubo desvanecido el rumor de los pasos del numeroso acompañamiento, que se retiraba del convento, y de los frailes franciscanos, que se recogían a sus celdas, y cesado el chirriar de llaves y cerrojos, y hubo reinado el silencio del descanso en el vasto monasterio, se irguió lentamente en uno de los ángulos más ocuros del *De profundis,* un bulto negro e informe en cuya parte superior parecía que centelleaban dos luces fosfóricas: luego se desprendió de la pared y se dirigió lentamente hacia la zona luminosa que rodeaba el féretro, sin hacer el menor ruido, y girando ya a un lado, ya a otro, las órbitas incandescentes: cuando la hubo alcanzado, hubiérase podido ver a la luz de los cirios, un hombre alto y fornido, cubierto casi hasta los talones, con un poncho de cordellate oscurísimo, bajo el cual ocultaba las manos, y con los pies descalzos: detúvose allí: miró al cadáver con ávidos ojos: pintóse el terror en su semblante: volvió la azorada vista a su rededor: fijó el oído sin percibir el más leve rumor: tornó hacia el cadáver la codiciosa mirada; y como obedeciendo al impulso de una fuerza superior, lanzóse sobre él. Cuando hubo llegado cerca del féretro levantó y arrojó al suelo febrilmente, el paño que lo cubría y con él la palma virginal: rompió violentamente las ligaduras, que mantenían las pulidas manos de la muerta cruzadas sobre el pecho: apoderóse de la siniestra, en la cual brilló en ese momento el anillo al reflejo de la luz de los blandones, con el fulgor de una estrella: sacó debajo del poncho un gran cuchillo de cocina: dio con él un feroz tajo al dedo anular, y... un ¡ay! desgarrador rompió el silencio de la noche, resonando por todo el convento, mil veces repercutió por el eco de sus bóvedas, y seguido del ruido que produce al caer violentamente un cuerpo pesado; y luego, inmediatamente, por un estallido semejante al de una vejiga inflada de aire, estrellada con fuerza sobre el suelo.

A tan extraños y aterrantes ruidos, despertaron los frailes sobresaltados, saltaron de sus tarimas y acudieron en tropel al *De profundis* de donde provenían. ¡Cuál sería su espanto y su sorpresa al penetrar en él y encontrarse con la muerta de pie, con la capucha de la mortaja caída, el pelo desceñido y extendido el brazo izquierdo de cuyo extremo manaba sangre, y a sus pies, tendido boca arriba, los brazos en cruz y en su diestra un cuchillo ensangrentado, el cráneo estrellado y los sesos desparramados, un hombre que la miraba a través del velo de la muerte, con los ojos desmesuradamente abiertos y en los que se retrataban el terror y el espanto más intenso! ¡Era el mulato Venancio!

Al día siguiente Joaquinita Campoverde yacía en su lecho, entre sábanas de holanda recamadas y bordaduras de encaje, cubierta por una colcha de la China de raso celeste bordada de mil colores, y reposando su cabeza en almohadones de tafetán carmesí, con fundas de olán de hilo, en el que, mediante su juventud, ayudada por suculentas sustancias de gallina, gelatinas de pavo, y mazamorritas de yemas, y los cuidados tiernísimos de sus amantes padres, cuyo gozo no puede caber en la mente de los que no lo sean, recuperó bien pronto la sangre, cuya copiosa extracción a tal extremo la llevara, y con ella la salud, tornándose el suntuoso entierro que se la había dispuesto en San Francisco, en la más solemne misa de gracias que se ha celebrado bajo sus bóvedas, inclusa la del último día de San Andrés Avelino, que es cuanto hay que decir.

[De: José Antonio de Lavalle, *Tradiciones,* Edit. de Alberto Tauro, Lima, Gráfica Stylo, 1951.]

NUESTRA SEÑORA DEL MILAGRO DE CORONGO

¡Pietá; pietá, Signor! ¿Cómo? ¿Más tradiciones todavía? Sí, benévolo lector, *unita más,* porque es ésta tan original y ruidosa, que más que por la tosca pluma de ganso de este anciano criado de Vmd., merecía ser tratada por el cálamo de oro del *maestro.* Vaya en gracia y, ¡al avío! Vamos allá.

I

¿Ha estado Vmd. en Corongo? ¿No? Pues entonces juzgo congruente describir a Vmd. el teatro, antes de referirle la acción.

Corongo en los buenos tiempos del Rey nuestro señor, era una parroquia perteneciente al partido de Conchucos, provincia de Tarma, Arzobispado de Lima y tendría pico más o pico menos unos dos mil habitantes, todos indios cerrados, que hablaban solamente su quechua, huraños, mal encarados, altivos y robustos. La población se halla situada en un plano ligeramente inclinado y está dividida por un riachuelo que la cruza, en dos barrios, llamados el *alto y el bajo,* los que se comunican por medio de un puente. Su clima es templado, aunque algún tanto frío, como que se halla a unas cuatro mil varas sobre el nivel del mar, según dicen los sabios. Inútil es decir para el que bien conozca el género humano, que los coronguinos del barrio alto y los coronguinos del barrio bajo, se detestan entre sí, como los griegos y los troyanos, los cartagineses y los romanos, los españoles y los moros, y otros pueblos que yo me sé y que por prudencia callo. El odio parece ser como el hambre y la sed, una necesidad imperiosa del hombre

II

El santo patrono de Corongo es el príncipe de los apóstoles, San Pedro, y su fiesta, el 29 de junio, se celebraba allí con toda la pompa que los posibles de los vecinos permitían. Después de la solemne misa cantada, con su obligado acompañamiento de repiques, cohetes y camaretas, salía el santo, en procesión acompañado por todo el pueblo y recorría ambos barrios. A su regreso a la iglesia se detenían los portadores del anda a tomar largo respiro, en la esquina de la plaza, y entonces todos los acompañantes corrían a colocarse en ésta, en dos hileras, los del barrio alto a un lado y los del bajo al otro, teniendo todos a sus pies, grandes montones de piedras preparadas de antemano, y detrás de ellos a sus mujeres y a sus hijos, con un buen repuesto de estos proyectiles en canastos. Formadas las hileras, los portadores del anda enterraban la cabeza, tomaban vuelo y partían a todo correr por el centro hacia la Iglesia. Entonces de ambos lados, se lanzaban una nube de piedras sobre la sagrada imagen. Si a pesar de ella el Santo penetraba al templo con la cabeza en su lugar, se auguraba mal año, pérdida de la cosecha, muerte del ganado y otras calamidades; pero, si sucedía lo contrario, lo que era generalmente el caso, el augurio cambiaba completamente; y, si además de la cabeza del santo, caían también al impulso de las piedras, los peces que llevaba en la mano, mejor que mejor: todo debía esperarse en punto a abundancia y felicidad en el curso del año.

Después de la decapitación, seguíase una tenaz lucha por la posesión de la cabeza, entre los habitantes de uno y otro barrio, en la que muchos huesos se rompían y dos o tres vidas se perdían. Los victoriosos se llevaban la cabeza en triunfo, y, como si fuese la de algún malhechor, la colocaban en el tope de un alto palo en el centro de su barrio; pretendiendo que esta cabeza los premunía de todos los daños que pudiese hacerles el rayo, mientras los del otro barrio quedaban expuestos a sus terribles efectos. Los perdidosos tenían la obligación de costearle nueva cabeza al santo para la procesión del siguiente año.

III

En el de 18... que era cura de Corongo un sacerdote limeño de mucha ilustración y piedad, procuró extinguir tan irreverente superstición y al intento escribió a un su amigo en esta ciudad, encargándole que, a cualquier costo, evitase que el escultor a quien se había encomendado la ejecución de la nueva cabeza, la terminase en tiempo oportuno, para la procesión del 29 de junio, lisonjeándose con la esperanza, de que, si pasaba un año sin presenciar tal impiedad, la costumbre seguramente se abandonaría. En efecto el amigo cumplió el encargo, y como llegase el 28 de junio y San Pedro estuviera aún acéfalo, el buen cura estaba muy tranquilo fumando su cigarrito después de comer, y felicitándose de su treta, cuando en esto se le presentan los mayorales del año y le dicen que la procesión se realizaría al siguiente día, como de costumbre. ¿Sabe Vmd. lo que habían hecho los indios? Habían tomado una imagen de la Santísima Virgen y la habían vestido con los trajes de San Pedro, asegurando que estaba parecidísima al santo, salvo que lo representaba cuando era mozo, tenía pelo y no le habían salido aún las barbas.

La procesión se llevó por tanto a efecto, y aquel año, más que en otro alguno, se esforzaron los coronguinos en decapitar a la efigie que a la de San Pedro suplía; pero ¡oh prodigio! la Virgen entró incólume al templo, sin que la hubiese tocado una sola siquiera, de los millares de piedras que sobre ella se arrojaron.

Desde ese día abandonaron los coronguinos la impía costumbre de apedrear a San Pedro, y veneran con gran devoción, la imagen de la Santísima Virgen, que en él lo suplió, bajo la advocación de *Nuestra Señora del Milagro.*

[De: José Antonio de Lavalle, *Tradiciones,* Lima, Gráfica Stylo, 1951.]

CLORINDA MATTO DE TURNER

EL SANTO Y LA LIMOSNA

I

CUENTAN de los conquistadores que llegaron a las Lucayas al mando de Lucas Vásquez de Ayllón, que, cierto día en que los indios concurrieron en gran número a visitar los buques, los españoles levantaron anclas dando al aire velamen, y sin atender las quejas y lamentos que daban los indígenas, emprendieron marcha con rumbo a España, donde querían vender aquella *mercancía,* alzando así *con el santo y la limosna.*

La broma, que para los indios ninguna gracia debió tener puesto que todos murieron en la travesía, unos víctimas de la tristeza y otros del hambre negándose a recibir alimentos, fue igualmente desgraciada para Vásquez de Ayllón y sus compañeros que vieron sin fruto los trabajos de aquel penoso viaje.

Más feliz anduvo un señor cura de almas que sin duda leyó la anterior relación y quiso aplicar moraleja de cuento a la privada hacienda. Fecundos nuestros conquistadores en la inventiva de explotación, no perdonaban ni al caballo de Santiago para hacerlo cómplice de sus industrias.

Y no se diga que por calumniar no pagamos timbres ni derechos fiscales los revistadores de antiguallas, sacando a lucir secretos con chirimiyas, y levantando los hombros para decir, *en salvo está el que repica.*

II

En la villa de *Yanaoca,* donde es patrón el santo Santiago, existían tres caballos de la propiedad del santo. Uno era de plata, otro de plomo y el tercero de pasta de yeso, y como la aristocracia de los indios consiste en pasar *cargo o alferado,* allí eran las cuitas del alférez, para que el santo saliese en caballo de plata, llegando a tomarse como afrentoso el nombre del indio en cuyo cargo salía a lucir el humilde rocinante de yeso, que, bien mirado, a la fin de más noble materia que el hombre estaba fabricado.

Holgárame yo si la malicia de los lectores no fuese capaz de decir si costarían largo y duro los derechos de alquila del rocín de plata.

Pero, algún otro caso existe, entre los muchos que a la pluma se agolpan, al hablar de aquellas regiones donde *la sangre se hereda y el vicio se apega,* al decir del refrán, y donde la inocencia de los naturales está en pugna con la malicia de los extractores.

San Pablo de Cacha, es un pueblecito diseminado en una preciosa llanura: parece un vasto campamento colocado para alivio del viajero, y cuando se va al Departamento del Cuzco, desde el de Puno, San Pablo recuerda las siguientes jornadas hospitalarias, pintorescas y melancólicas con la tristeza de la resignación: San Pedro de Cacha, Tinta, Combapata, Checacupe, Cusipata y Quiquijana, con su espléndido puente de actualidad histórica, porque allí fue capturado con soga de cáñamo uno de los gobernantes del Cuzco.

En San Pablo, pues, se festeja a los tres reyes el seis de Enero.

Los magos también tienen sus alféreces, y en los tiempos a que se refieren nuestros apuntes, el número de éstos no bajaba de cuarenta. Cada alférez, después de la misa, montaba brioso corcel para hacer la visita a la casa parroquial donde el señor cura, al despedir las visitas, tiene la obligación de presentar la estribera a cada indio para que vuelva a montar, acto de cortesía por el cual cada diablo aflojaba cincuenta fernandinos que, cantando la sonora canción metálica, caían sobre la fuente de plata del sacristán.

Echenle ustedes un poco de aritmética a esta buena laya de cortesía. Cincuenta, por cuarenta, son si no andamos descaminados 2.000 pesos fuertes que forman bonita bicoca, y cualquiera no los gana fácilmente alcanzando cuarenta estribos y dando la mano a besar.

III

Hemos traído todo aquello a cuento, como quien hace un pan de unas tortas, pero como dice el refrán *más vale saber que haber,* valgan verdades, y vamos al hilo de la tradición, que tiene de habérselas con el cura Pánfilo, sobre cuya benevolencia y dulzura nada tendríamos que apuntar, pues ellas iban en armonía con su carácter, pero, sí echaremos en letra de molde la manera como aprovechó la lección de don Lucas Vásquez de Ayllón tentado por el pecado de la avaricia, cargado con el santo y la limosna.

IV

San Bartolomé, Apóstol de las Indias, es el Santo Patrón de Tinta donde lo miran como al mismito Señor Jesucristo, y todo individuo que sabe ganar un *sol,* fuera del que cuotidianamente nos manda a calentar el Padre Universal, lo gana para aplicarlo al día del Santo Patrón, que es una verdadera *Saint Barthelemi* donde se bebe, se baila, se va a los títeres, se bota la fortuna en el *albazo* y se remata en la *diana.*

El 24 de agosto de 1704 se encontraban los vecinos en la plaza, como de costumbre, cuando rodearon las esquinas cerrando las bocacalles una porción respetable de agentes vestidos de verde con cascabeles en los pies, y otros fueron llevándose a las mujeres hacia el templo principal y a los varones a la capilla de San José, cuyos escombros y sitio cedió el Iltmo. Tordoya, de feliz recuerdo, para la construcción de un local para escuela de niños.

Una vez encarcelado el pueblo, sin darse cuenta del motivo, fueron sacados los hombres de tres en tres y llevados al templo donde el párroco les echaba dura amonestación, mostrándoles la relajación de costumbres en que había caído su feligresía, pues en todo el año no hubo un solo matrimonio, y las rentas parroquiales iban camino de menguante. Y en seguida, enyugábalos con sacramento, según les cayó la suerte.

¡Qué iban a hacer los indios!

Juntáronse en manada, al capricho de la fortuna.

Para eso era el indio el *ganado* del esquileo del corregidor, el cura, el alcalde y todo ser que manejaba la vara del mandato.

Aquel noviazgo público acaso hubiese pasado desadvertido como todos los abusos del coloniaje, a no mediar enemistad entre el párroco y el alcalde de naturales y sin la intervención de dos indios respondones que enseñados por títere aficionado a abogadear, presentaron humilde queja ante el alcalde don Miguel López Zúñiga, Conde de Pedrosa, Marqués de Valdés, manifestando que los habían casado con sus propias esposas, y que, si a repetir sacramento se resignaron, fue en la creencia de que les darían otras mujeres con quienes pudiesen vivir en la paz, que, con las suyas era imposible, y que ellos abonaron sonantes los cuatro doblones a que el párroco rebajó, por aquella vez, los 13 pesos que de costumbre costaba una *costilla.*

Calóse las espuelas don Miguel que tenía genio de fósforo y tomó camino de Tinta para poner sal en la mollera del bueno del cura; pero, uno de los indios asustado con lo que iba a resultar, apretó la carrera y se puso como un rayo en la casa cural.

Momentos después el doctor Pánfilo salía al galope de su bestia, llevando pesada grupa, camino de *Laurayani,* ruta de Arequipa, de donde diz llegó hasta Chuquisaca de Bolivia, lugar donde no alcanzaron requisitorias.

Mientras tanto, los que perdieron soga y cabra fueron los indios reclamantes para quienes *ellas* se tornaron en lobas rabiosas, acaso también descontentas, o solamente injuriadas por el reclamo.

[De: Clorinda Matto de Turner, *Tradiciones cuzqueñas,* Cuzco, Universidad Nacional del Cuzco, 1954, p. 87-90.]

¡VAYA UN DECRETO!

(Al Director y propietario del diario "La Bolsa", Sr. Francisco Ibáñez)

I

El 24 de septiembre de 1601 se hizo a la vela en Cádiz el galeón "Petate" tripulado por 132 hombres al mando de don Gasco Nuño Guzmán, con rumbo a la rica tierra del Perú, Manila y las islas de los Ladrones, llamadas después Marianas.

El "Petate" traía parte de la quincallería pedida por el Virrey don Luis de Velasco para expender en las colonias españolas; formando parte del cargamento, ocho cajones de anteojos.

Después de una penosa travesía con vientos contrarios, en la que los navegantes carecieron de agua y adularon a dos gallinas que cuotidianamente dejaban sus dos frutas de corral, como dijo Palma, arribó el galeón al puerto del Callao.

II

El 12 de diciembre de 1602 se recibió en el Cuzco el cajón que traía cuatro provisiones reales y la nueva del nacimiento de la infanta doña Ana en Valladolid, acaecida el día 22 de septiembre de 1601, noticias que el Cuzco iba a celebrar con luminarias, corrida de toros y repiques de la campanita de Santo Domingo, la única que en aquel tiempo sonaba aquí.

Las cuatro provisiones venidas en el cajón, o correo como diríamos hoy más pomposamente, no carecían de interés y por tanto las dejaremos apuntadas: una para que los fieles ejecutores del Cuzco puedan visitar los Molinos, pesos y medidas dentro de tres leguas en contorno: otra para que al abogado de Cabildo se le dé salario: la tercera ordenando se guarde lo proveído en la repartición de indios para el servicio de la plaza, en que se asignaban diez y seis para panaderos: y cuarta sobre el orden de jurisdicción de los Corregidores: todo lo cual quedó a fojas 144 del Libro de Provisiones.

Otro papel curioso venido en aquel correo, era un aviso a Cabildo, Justicia y Regimiento, de que el cariño del Virrey enviaba al Cuzco los ocho cajones de anteojos venidos desde Cádiz en el "Petate", con orden de venderse lo más pronto posible.

Don Gabriel Paniagua de Loaiza mandó inmediatamente *chasquis* que debían traer aquellos cajones, pues en esta como en otras ocasiones, el sudor del indio pagaría los caprichos del amo, supliendo con la ligereza de la carrera la falta de los ferrocarriles que estaban destinados a ensanchar el comercio en el siglo XIX.

Merced al indio llegaron al Cuzco los cajones de anteojos y sólo quedaba que buscar el rápido acomodo de unos miles de gafas, mueble inservible si hemos de fijarnos en la calidad de la vista de nuestros antepasados. Por desgracia está probado que los conquistadores hallaron en el Perú dos géneros de minas a cual más abundantes para explotar: las de ricos metales encerrados en el seno de la tierra, y las minas *hablantes* que contaban en cada *mita*. No eran otra cosa los pobres indios que producían pingües fortunas para el patrón, cosechando para sí la ingratitud y el oprobio, pues como afirma un historiador de nuestros días, los Corregidores y Sub-intendentes obligaban a comprar cosas de desecho como si fueran de primera necesidad: "les vendían mulas cansadas, granos averiados, vino picado, tres o cuatro veces más caro que si hubiese sido excelente", sin otro derecho que el de ser objetos que vendía la autoridad. Fundado en ese principio ordenó el Corregidor Paniagua, que todos los indios de allende las cordilleras, asistiesen ¡con galas! a la misa que iba a celebrarse en todos los puntos de su jurisdicción, por la salud de la Reyna madre que había dado a sus vasallos la infanta doña Ana.

El indio obedeció sin réplica, y el día señalado no se vio en toda la extensión del Corregimiento del Cuzco, un solo indio que no llevase gafas, sometiéndose a esa mortificación que produce el cristal en una vista limpia y clara.

En cambio el decreto produjo buenos doblones que fueron a reforzar los cajones en que vinieron los anteojos.

¡Vaya un decreto!

De seguro que desde entonces don Gabriel sería para el Virrey no sólo Paniagua sino *Panioro*.

¿Dónde buscaremos nosotros un don Gabriel que rubrique la orden para que todos los indios compren un ejemplar de nuestras tradiciones y nos refuercen la bolsa?

[De: Clorinda Matto de Turner, *Tradiciones cuzqueñas,* Cuzco, Univ. Nac. del Cuzco, 1954, p. 12-13.]

ANIBAL GALVEZ

LA PRESA Y LA CALDERON

Crónica Limeña - 1750

I

Poco ANTES de la una de la tarde del veinte de junio de 1750, detúvose a la puerta del domicilio de don Ignacio Manrique, una elegante carroza blasonada cuyo conductor llevaba en la librea los colores del marqués de Casa Calderón, Caballero de la orden de Santiago, y Regente del Tribunal Mayor y audiencia real de cuentas.

Descendió de ella el marqués en persona, y, franqueado el paso a la sala de recibo por un esclavo, presentóse Manrique diciendo:

—Beso las manos al señor Marqués... ¿a qué debo el honor de tan grata visita?

—Señor don Ignacio, a demandar un favor que de la bondad de su merced espero alcanzar.

—Pues mande su señoría: que, sirviéndole, el favorecido seré siempre yo.

—Pues sabrá su merced que reparada la casa, con grandes gastos en verdad, vamos a ocuparla nuevamente; pero la cuadra está tan oscura que no se ve en ella la palma de la mano. Si su merced, como encargado de la compostura por su parienta doña Isabel, muy señora mía y de mis respetos, permitiera que se abrieran las ventanas que a ella dan, haría un grande bien, más que a mí, a mi hija doña Juana.

—¡Ah, mi señor marqués; y cuánto me duele no poder servir, tanto como yo quisiera, a mi señora doña Juana y a US! Pero es el caso que a capricho tiene doña Isabel, no abrir tales ventanas que cerradas están de orden de la Real Justicia.

—Duéleme más, contestó el de Casa Calderón, el verme obligado a proceder por mi cuenta, por que no por respetos a un montón de papel con sellos de Don Felipe V o de Don Fernando VI, ni a los caprichos de doña Isabel, he de permitir que el botón de rosa de mi Juana se marchite por falta de aire y de luz.

—¡Válgame Dios, señor marqués! Pudo su señoría excusar esta segunda instancia que ya dije que no en la primera, y un Manrique tiene una sola palabra...

—Dios guarde a su merced.

—Y al señor marqués, amén.

Y la visita terminó, con un gesto de enojo de parte del de Casa Calderón y una mueca de fastidio del de Manrique.

II

Aquí un poco de Lima antiguo.

En la época de esta crónica, las cuadras que hoy se llaman de la "Concepción" y de "Presa" formaban una sola con el primer nombre, pues la de las tiendas de Paz Soldán, era parte del monasterio de las Concebidas.

Años antes del de 1750 se hizo propietario de la casa, que después fue de los condes de Monte Blanco, el señor coronel don Diego Miguel de la Presa, a quien le tocó dar nombre a la cuadra conocida con el de "Presa".

La hermosa casa dicha conserva hasta hoy, en el interior, su aspecto colonial, con sus vidriados y azulejos, sus arquerías conventuales, sus espaciosas habitaciones y jardines y los escudos nobiliarios pintados en columnas y paredes.

Así la conocí, ahora pocos años.

Colindante con la que fue casa del señor Marqués de Casa Calderón, viejo pleito sostenían los propietarios sobre si debían estar abiertas o cerradas dos ventanas que caían a la casa de Presa, debiendo dar luz a la del marqués, y sin duda la Real Audiencia había encontrado bueno el derecho de Presa, pues las ventanas estaban bien tapadas, por su orden, sin que un solo rayo de sol penetrara al interior.

El espantoso terremoto de 1746 dejó mal parados ambos edificios, y desde tres años atrás los dueños se ocupaban en componerlos, y el 20 de junio un enjambre de esclavos levantaba una pared de ladrillo en el predio de Presa y otro tal daba la última mano a las obras de reparación y arreglo en el de Casa Calderón.

Advierto aquí que ya en 1750 era difunto el señor don Diego y vivían sus hijos y herederos don Fernando de la Presa Carrillo y doña Isabel de la Presa Carrillo viuda del Teniente de Maestre de campo, General don Juan Baptista Palacio, de la orden de Santiago.

III

Doña Juana Calderón y Vadillo, hija del señor marqués de Casa Calderón y esposa de don Gaspar de Ceballos, fue quien más sintió la herida que la de Presa y Carrillo les infiriera con la clausura de las ventanas, y, en tono suplicatorio primero, y amenazador después, pidió la apertura, llegando a decirla que, aun cuando el señor marqués podía dar luz a la casa por otro lado, era para ella, (para doña Juana) cuestión *de punto* que se abrieran las ventanas, por que si no, lo que había ejecutado "una señora de poder absoluto" lo desharía "otra señora de propia voluntad".

En tal estado se hallaban los ánimos cuando llegó el marqués después de su visita a Manrique.

Nervioso, con las facciones contraídas, visiblemente mortificado entró a su cuarto de estudio.

A pasos largos recorría la habitación, murmurando frases sueltas.

—Ni la Audiencia, que el diablo lleve, ni el temblor que se llevó a tantos han podido abrir las malditas ventanas... ¡Está bien!... pero... ¡Qué diantres!... Venga lo que viniere ya procuraremos salir del enredo... Sí... ¡afuera miedos...!

Aquí se interrumpió, pasó a la cuadra y mordiéndose los labios, paróse a contemplar las dos ventanas que como dos manchas negras interrumpían el fondo claro del resto de la habitación. Volvió los ojos a otro lado y los espejos y colgaduras que pendían de los muros pareciéronle, en la oscuridad que reinaba, otras tantas ventanas tapiadas que le insultaban, mofándose de su orgullo de noble, condecorado y juez.

Cególe la ira, cerró los ojos y en ese momento de demencia creyó que esas manchas eran borrones que una señora, doña Isabel, había hecho caer sobre el blanco lienzo de su reputación de caballero noble y de hombre de valimento. Era más de lo que podía soportar. Llamó con voz alterada a uno de sus cajeros el español don Juan Manuel González de Quijano y le ordenó que tomando los esclavos necesarios rompiese las tablas que interrumpían la luz.

La orden se cumplió en el acto, pero al ruido acudieron los familiares de la casa de Presa a impedir que continuara la operación, y armóse descomunal combate sobre el techo, en que salieron a relucir puñales, chafalotes y pistolas, y en que las piedras y ladrillos volaban para caer sobre costillas y cabezas.

Resultados de la acción fueron: una ventana abierta; varios barrotes destrozados y cuatro hombres lesionados de los de Presa, entre ellos don Pablo Carrillo, pariente de doña Isabel, que sacó cuatro heridas, una de ellas grave y que necesitaba en opinión del cirujano, una *costura de pellejero,* pues según los prácticos no debía en tal caso emplearse los *puntos ordinarios.*

IV

Pocos momentos después de sosegado el combate el marqués de Casa Calderón recibía esta esquelita:

"Al señor marqués de Casa Calderón:
Aprovechando de la ausencia de mi señora hermana doña Isabel, los esclavos de su merced la han inferido grave ofensa en su hogar.

Huélgame, y mucho el saber que su merced ha autorizado y dirigido este desafuero, y de noble y de caballero es dar satisfacción entera a quien se ofendió, faltando a los deberes de la hidalguía y a los del respeto que a una señora del linaje de mi hermana es debido.

Espero la respuesta en su casa y Ciudad de los Reyes, a los 20 días de junio de 1750 años.
Fernando de la Presa y Carrillo".

Leía la esquela el marqués de Casa Calderón cuando llegó don Fermín Francisco de Carbajal y Vargas, conde del Castillejo y Alcalde ordinario de la ciudad de los Reyes y su jurisdicción por su Majestad con algunos soldados de la guardia del virrey, quien le intimó que guardase carcelería en su propia casa, por mandato de su excelencia el señor don José Antonio Manso de Velasco.

Igual orden había intimado, momentos antes, a don Fernando de la Presa que quedó preso en su domicilio.

La noticia había llegado al Excmo. señor Virrey bastante abultada. Alarmóse mucho y llamó a los dos alcaldes ordinarios que lo eran el indicado conde del Castillejo y el maestre de campo don Bentura Ximénez Lobatón y Azaña.

Sólo acudió el primero a quien el Virrey le dijo:
—Pase US. con el auxilio necesario de mi guardia a la calle de la Concepción y contenga los excesos a que se han entregado el marqués de Casa Calderón y don Fernando de la Presa, a quienes pondrá presos en sus casas, mandándoles guarden carcelería.

Y el conde cumplió al pie de la letra el mandato y bien vigilados los presos regresó a palacio para dar cuenta de lo sucedido.

V

Tan grave fue el escándalo, que el Virrey creyó conveniente elevar a proceso el hecho, y expidió el siguiente auto:

"Respecto de que habiendo llegado a mi noticia que entre el señor marqués de Casa Calderón y don Fernando de la Presa, y las familias de uno y otro, se habían suscitado disgustos, llegando a sacar las espadas, ordené verbalmente a los Alcaldes ordinarios, pasasen con el auxilio de mi guardia a contener estos excesos, prevengo a los referidos alcaldes pongan presos en sus casas a los dichos señor marqués de Casa Calderón y don Fernando de la Presa, mandándoles guardar en ellas carcelería por apercibimiento de que se les agravará las penas, y en caso de haber heridas, harán cabeza de proceso y averiguación sumaria, y en caso de que lo tengan por necesario, y conforme a justicia pondrán en la cárcel a los criados, y allegados de una y otra familia que resultaren culpadas; y en atención a que el origen de este suceso ha resultado del empeño con que se ha tomado el cerrar de una parte y abrir de otra ciertas ventanas, harán notificar a unos y a otros, las dejen en el estado en que se hallaren al tiempo de esta diligencia, hasta que por la Real Audiencia se resuelva lo que sea de justicia, respecto de hallarse pendiente en aquel Tribunal este negocio, y de lo que resultare me darán cuenta.—Lima, 20 de junio de 1750".

Y se formó proceso por los alcaldes ordinarios; y en él declararon los familiares, carpinteros, albañiles, oficiales, aprendices, peones y toda la muchitanga, pero ninguno de los amos y señores; y, por último, se libró mandamiento de prisión contra toda la servidumbre de ambas casas, inclusive tres chapetones familiares de Casa Calderón, hijos del valle de Toranzo en las montañas de Burgos.

Cuando el Alguacil Mayor de la ciudad, don Agustín Joseph de Ugarte, fue a cumplir el mandato no encontró en ambas casas más sujetos que aprehender que dos heridos: el Marqués y doña Isabel habían suprimido los criados.

VI

La conspiración fraguada en ese año de 1750 cuyo desenlace trágico se realizó en la plaza de armas; la sublevación de Huarochirí; la reconstrucción de Lima y el Callao y tantos afanes más, distraían toda la atención del ilustre Virrey y aspiraba a que no hubiera discordia ni motivos de desavenencia entre sus gobernados.

Hizo llamar al marqués de Casa Calderón y a don Fernando de la Presa y Carrillo que continuaban guardando carcelería y les dijo:

—Mis nobles amigos: haya paz entre sus mercedes; que sus querellas son motivo de escándalo y de alegría para los enemigos del reyno y de su majestad. Asunto baladí es el de las ventanas, y fácil de arreglar con un poco de buena voluntad.

—Vuestra excelencia indicará el cómo, dijo de la Presa.
—Muy sencillo: ¿No son dos ventanas las cerradas?
—Así es, Excelentísimo Señor.
—Pues bien: ábrase una y quede cerrada la otra.
—Pero así quedará tuerta mi cuadra, arguyó Casa Calderón.
—Sí marqués: tuerta pero no ciega como está ahora.
—Concedido —agregó don Fernando— con aire de General victorioso que asiente a las bases de una capitulación.
Y el pleito terminó y la gente quedó en paz, menos doña Juana y doña Isabel que nunca se perdonaron.
Encontrándose una mañana en la Iglesia de la Compañía, doña Isabel cerró un ojo mirando a doña Juana, y ésta, roja por la rabieta, le infló los carrillos aludiendo a la obesidad de aquélla y a su segundo apellido.
A la mañana siguiente en la puerta de la casa del marqués se leía esta quisicosa escrita con letra garrapatuna:

Tuerta se quedó la cuadra,
tuerto se quedó el salón,
tuerta se quedó la casa
de la Juana Calderón.

Cosas de la servidumbre eran éstas, que muy nobles y muy señoronas eran la Presa y la Calderón para descender un solo peldaño de la altura en que se hallaban por su nacimiento y educación.

[De: Aníbal Gálvez, *Cosas de antaño, Crónicas peruanas,* Lima, Imp. de "El Tiempo", 1905, 156 p.]

VENTURA GARCIA CALDERON

EL ESCULTOR DE LA VIRGEN

> ...*Porque es estilo de Dios hacer obras maravillosas con instrumentos ineptos.*
>
> Padre Juan de Alloza

Esto se halla referido, simple y santamente, con las castas palabras del siglo, en el libro de mi paisano Juan de Alloza, *Cielo estrellado de mil y veintidós ejemplos de María* (1691). Yo he alterado apenas tan sideral catastro de santidad con un poco de retórica basta y la deplorable sonrisa del incrédulo...

Después de haber abjurado la religión de sus mayores, don Francisco Tito Yupanqui, indio neto de las vecindades de Potosí, combatía con ejemplar devoción las asechanzas de los demonios. Los demonios —todo el mundo lo sabe— son peruanos. Se encierran en el vientre de las doncellas para retar de allí a los sacerdotes; se encarnan en lechuzas para absorberse el aceite de los santos candiles, y por la noche, vestidos de luz, oliendo a azufre, salen a comprar las almas de los viajeros con algunos patacones de plata. Sabido es que los hombres tratan siempre de vender sus almas como cosa ruin y de poca monta. Sólo que hoy faltan compradores...

Para conjurar las malas artes del Maligno, llevaba nuestro Yupanqui un rosario de cristal de roca y bolas de oro, que, según la tradición limeña, fue llevado al cielo en un rapto y lo bendijeron allí los ángeles. Francisco Tito Yupanqui quiso tan noblemente imitar a sus maestros, los españoles, que no mascaba coca porque es árbol infernal, según los teólogos; no revestía el poncho de los indios; sólo tuvo oraciones y lágrimas para la Virgen María, su patrona. Este fue el punto de partida de su extraña pasión terrena. No le bastaban a mi compatriota aquellas rígidas vírgenes coloniales llegadas de Castilla la

Vieja, que ostentaban un dolorido rostro andaluz sobre el triángulo de velludo carmesí. Don Francisco Yupanqui hubiera querido arrodillarse ante más peruana imagen, una chola con trenzas de frutera sobre los hombros, con un lindo manto de bayeta colorada que disimulara apenas las rollizas formas de la Naturaleza; una Virgen María, en fin, que no llevara al hijo en brazos, sino colgado de la espalda, en el poncho, a usanza indígena. Entonces, ingenuamente, pensó que la devoción podía suplir al arte no aprendido, y concibió la idea audacísima de esculpir el busto de la Virgen.

Era de barro, como el Adán de la Biblia, este primer ensayo para la iglesia del pueblo; pero el cura, inhumano, la mandó quitar de allí, riendo a carcajadas. Hubiera sido prudente, sin embargo, acrecentar los motivos de plegaria. El pueblo había padecido hambre el año último, pues el cielo no quiso conceder lluvias. Así, faltaba la chicha de maíz, que es suave como el vino de misas para saborear el *charqui* de carnero con el *chuño* y las lenguas saladas. Francisco Yupanqui comprendió que concitar la benevolencia de la Virgen con un acto suyo de piedad famosa sería más eficaz que las dádivas habituales: las chirimoyas junto al ruedo del manto, los *guayruros,* el vellón de la llama blanca para escabel. Tomó consejo de su hermano don Alonso Viracocha Inca, y se fueron juntos a Potosí a ver las imágenes de Nuestra Señora en las iglesias. En Santo Domingo de la Candelaria se detuvieron arrobados. Era esa Virgen tan acabada y perfecta, que hubiera querido imitarla el ingenuo escultor, y así lo dijo a su hermano en su rudo lenguaje indoespañol:

—La mi Dios con el Vergen, so madre, muy bunito. Dil mesma manera lo pentaremos.

Se encerraron entonces un mes en el pueblo, haciendo desfilar por su cabaña a todas las lindas mozas que pudieran servirles de modelos. Primero pintaban en un lienzo la santa efigie, y luego corrían a la iglesia del pueblo, pidiendo misericordia de Nuestro Señor para acertar "el pentadura del emagen", como dice mi compatriota en la exquisita carta en que explaya sus propósitos y su pasión terrena. Cuando la imagen les pareció digna de la Santa Madre de las Misericordias, la copiaron en el barro, destrozando cada día la obra hecha la víspera, descontentos siempre.

Pero una mañana, después de mandar decir una misa de Santísima Trinidad, nuestro colega estuvo satisfecho de su obra y la llevó en seguida a la casa de algunos pintores llegados al pueblo para consultar su opinión autorizada. Nada faltaba a la estatua, sino ponerla "con oro", como dice Yupanqui. Los pintores eran de Castilla, y pensaban, sin fundamento, que estos indios bárbaros no podían esculpir cosa buena, a pesar de las estupendas vasijas de los cenotafios peruanos.

En casa de los doctores del arte comenzó a padecer nuestro Yupanqui. Hubo dos bandos en seguida. Unos aseguraban, con solemnes visajes, que le faltaba la barba a este dudoso retrato de San José; otros pedían donosamente que se enviara al escultor al Santo Oficio por calumniador y hereje notorio. Entonces, tesonero y paciente, como indio neto, Francisco Yupanqui amarró su estatua al lomo de su llama favorita y partió a Chuquisaca para ver al señor obispo y pedir licencia de esculpir, a fin de que nadie pudiera sospechar sus puras intenciones. Su eminencia era de España y no podía comprender el alma divinamente ingenua del perulero. Este mismo ha copiado en su lenguaje las palabras atroces que escuchó entonces:

—No le quiero dar licencia para que lo seáis pentor, ni que lo hagáis la hechura del Vergen, y si queréis ser pentor, pentadlo la mona con el mico.

Temblaba el indio bajo la afrenta; pero no dijo palabra, encomendándose a la Reina de los Angeles. No se limitó a tan ruda franqueza el obispo, sino amenazó al infeliz artista con castigarlo ejemplarmente si seguía esculpiendo vírgenes. ¿Qué hacer con la escultura burlada y escarnecida por todos los soldados españoles que hallaba al paso? Se quedó nuestro Yupanqui amohinado, como él mismo refiere, yendo en seguida a la iglesia del lugar para pedir al Señor el don de esculpir imágenes convincentes, que tuvieran el verismo tremendo de las estatuas castellanas. "Sin duda, —nos advierte un cronista de la época— el demonio, que barruntaba que esta imagen le había de quitar la posesión de tantas almas y había de desterrarle de aquella gobernación, procuraba poner estorbos al devoto escultor." Más confortado, después de orar y sollozar, volvió a Chuquiaso, por los caminos serranos, en compañía de otros indios gemidores, que se detenían a beber aguardiente en los *tambos,* lamentando en sus *quenas* la injusticia artística de los blancos. En un villorrio, el pueblo de Hayo, —que sea maldito para siempre— quisieron pasar la noche durmiendo en las vecindades del Cabildo. Mas llegó el corregidor ceñudo y vociferante:

—¿Para qué traer a casa este difunto?

Respondió Yupanqui, humildemente, que no se trataba de un fallecido, sino de la hechura de la Santa Virgen. Burlándose de aquella osada pretensión del artista, el corregidor fue arrojando a ramalazos a los indios, que debieron de pasar la noche a la intemperie, y tocaron *yaravíes* desesperados en torno de la imagen de barro. Una luna de paz y de perdón ascendió entonces en la noche mariana, y su aureola de plata, tras la divina cabeza humilde, difundía por el valle entero la dulzura de una asunción inmóvil. Arrodilladas a ambos lados de la escultura, dos llamas apoyaban la cabeza en las celestes manos. Al amanecer emprendieron todos de nuevo el camino de Chuquiaso, y llevaron la imagen a la celda del padre Navarrete, famoso predicador de indios, quien vio salir del rostro esculpido rayos de luz que deslumbraron los ojos del cuerpo y encendían en fuego de amor divino el alma. Conociendo así que la beldad del objeto corporal importa poco si fueron piadosas las manos que amasaron el barro del mundo, salió a interceder con don Jerónimo de Marañón, corregidor de Copacabana. Este tuvo pruebas en seguida de la santidad de la imagen. Y fue que, llevando el pendón en una fiesta, le cayó de lo alto la cruz, que era de bronce, pesada y grande, sin hacerle daño alguno.

Comenzaron entonces para nuestro Yupanqui días de gloria y paz interna. Cada mañana su imagen se tornaba más preciosa, o lo parecía, por lo menos, a quienes se detenían a contemplarla, que algo semejante puede decirse de las más famosas obras de arte. El mismo cuenta con pueril satisfacción este desagravio final con que recompensaba la Providencia al artesano de buena fe. El cacique envió a diez hermanos de una cofradía "para que trajesen al Vergen, y lo llegaron a este pueblo y lo aderezaron sos andas e tomaron a costas el Vergen así como el sol quería ir salendo. Y lo posimos el Vergen al pie del cerro y lo acodían todos los gentes y sos trompetas."

Así, con trompetas de júbilo y las varas de la justicia humana y el estandarte de la Virgen, que llevaba el propio corregidor español, entró en la iglesia la imagen de un pobre indio para probar a la faz de España y sus togados impertinentes y sus feroces alguaciles que un perulero podía también esculpir imágenes milagreras como los renombrados artífices de Castilla la Vieja. Con lo cual fue fundada la devoción de Nuestra Señora de Copacabana y quedaron de antemano fundadas y amparadas por su divino auxilio las futuras revoluciones del Perú.

[De: V. García Calderón, *Cuentos Peruanos,* Madrid, Ed. Aguilar, 1961, pp. 322-330.]

LOS MALES DEL SEÑOR OBISPO

ESTO ES historia antigua, pero juraría que puede repetirse en mi cándida ciudad de "limeños mazamorreros"...

Para curar al señor Obispo, que seguía gimiendo en su palacio, habían ensayado, sin éxito, los remedios del cielo y de la tierra. De los conventos ricos llegaban los finos regalos que pudieran confortar a la Amada de Salomón; los caldos gordos con "posturas de gallina", como decía la discreción de sor Filomena, que velaba al enfermo; las chirimoyas, que no hacen daño, pues son perfume del Señor (que sea alabado), y la *chanfaina,* manjar de pobres, y los lindos tamales en sus hojas de plátano, trabados con tan fino hojaldre de maíz que nunca pueden agravar la calentura.

Beatas morenas traían, benditas ya por manos consagradas y olorosas a santo sahumerio, las pastas blancas y doradas en forma de corazón, de corona de espinas, de cordero pascual, de paloma evangélica; fina delicia cuando la madre abadesa supo batir la yema con azúcar y amasarla, durante cinco rosarios por lo menos, con las almendras cabezonas. De todo ello probaba, "para que no se le reventara la hiel", el señor Obispo. Sobre toda golosina opinaba doctamente, a pesar de estar un poco arromadizado y por ende menos apto a discernir sabor y olor.

Mas a pesar del trisagio rezado cumplidamente para recordar los afanes del santo sepulcro, no hallaba alivio el señor Obispo; y fue menester llamar a los mejores físicos de la ciudad: don Panchito, el barbero sangrador y un hereje luterano venido de Flandes.

Llegaron todos en sus mulas ostentosas, recubiertas con gualdrapa morada, llevando dos relojes al cinto, muy galanes. Pero aquí fue confusión y desorden como en la Torre de la Escritura. El hereje recetaba sospechosa medicina, el barbero pretendió que era aquello el vicio de la sangre apostemada *per modum putredinis,* la cual había tabifactado el calor nativo. E irguiendo su lanceta, quería ya sangrar el brazo de Su Eminencia para sacarle ocho onzas de sangre corrupta. Tan sólo don Panchito se inclinaba a recetar el chocolate como es infalible medicina, a saber, con canela, pimienta negra, agua exprimida de las flores del limón, toronja y almendras dulces.

El barbero, que era medio astrólogo, replicó citando los signos y planetas que influyen en la natural condición humana, para terminar aconsejando la sangría, que esclarece los tuétanos. Por cristiana humildad, recomendó además los evangelios colocados sobre el vientre desnudo, las fricciones con agua del Carmelo, las hilas secas en forma de cruz y un pegado de ungüento basilicón que conservara la natural humedad de la parte. En persistiendo el daño, el paciente podría beber, diluida en una onza de vino, la flor en donde se retrata la pasión de Cristo. Para caso más grave reservaba el aceite de alacranes, el bálsamo de calabazas y la enjundia de cóndor.

Mas don Panchito, que miraba a unos y otros con mal reprimida sonrisa; don Panchito, que era un tanto descreído, como lo son muchos del gremio, empezó a menear la cabeza. Y cuando sor Filomena le afianzaba con la mano el estribo para que pudiera montar con todo reposo, murmuró en voz baja, que le oyeron todos:

—¡Dieta y mangueta y siete ñudos a la braguita!

[De: Ventura García Calderón, *La venganza del Cóndor,* Lima, Ed. Peisa, Biblioteca Peruana, 1974.]

CARLOS CAMINO CALDERON

EL BRUJO DE CHICAMA

SANTO DOMINGO de Chicama, el pueblo que en 1538 fundara —en terrenos de la encomienda de Don Diego de Mora— Fray Domingo de Santo Tomás, se vanagloriaba de poseer un Convento en el que se habían formado los más esclarecidos varones de estos andurriales, una fábrica de la que había salido la primera azúcar de caña elaborada en el país, y un vivero que producía los más famosos haraganes y brujos de todo el Perú. Por algo decían los viejos trujillanos: *En Chicama, la mujer brujeando y el hombre en la cama...*

El hecho que vamos a referir —y que sirvió para consolidar sin jerónimo de dudas el prestigio de Chicama, y de sus brujos— se realizó en plenos días consulares; cuando Bolívar, desde la Quinta de la Magdalena, dictaba la ley a millones de libertos; cuando recibía el incienso de los socarrones limeños y cuando el *Palomo* —la flor y nata, el concho y la espuma de los caballos del Libertador— era el segundo amo del Perú.

Por entonces, el amor, el cuidado, y la adulación que rodeaban al *Palomo*, causaban envidia hasta a las más renombradas muchachas de la ciudad de los virreyes, y del champuz de leche... Y eso que las muchachas de mi tierra, no son de las que se quedan para dar migas al gato. Pero el *Palomo* era todo un señor caballo de siete cuartas; albo como un ampo de nieve; eléctrico; más suave que hamaca filipina, y tan ligero como *Elborak,* la divina jumenta que con el Profeta a cuestas, recorre los siete paraísos en el escaso tiempo que tarda en derramarse un vaso de agua.

Como todo caballo de chipén, el *Palomo* poseía el valor, la nobleza, y las crines del león; la fuerza, el brío y la piel del toro; los ojos, las canillas, y el brinco del venado; las orejas, la cola y el trote del zorro; la arrogancia, la vista, y la potencia del gallo. Además, tenía tres cosas de la mujer; pero esas cosas, el lector no debe verlas en letras de molde.

En noviembre del terrible 1814, Bolívar viajaba para informar al Congreso de la pérdida de Venezuela. Sus más enconados enemigos —Rivas, Bermúdez, y Castillo— daban sobre él como en real de moros. Lo acusaban nada menos que de ser el culpable de las desgracias de la patria.

Al llegar a Santa Rosa de Viterbo, en una mula más cansada que la letanía, Bolívar encontró un guía que se comprometió para acompañarlo hasta Tunja, pero se negó a proporcionarle la yegua de la que era poseedor. La yegua estaba en meses mayores, y la mujer del guía —que diariamente encomendaba el vientre de la yegua a San Nicolás de Tolentino— había soñado que el potro que naciera, estaba destinado para un gran General:

—¡Y Casilda es "oráculo", patrón! —había dicho el guía...

—Dile a Casilda que me guarde el potro —recomendó Bolívar cuando despidió al guía.

Y el potro llegó, pocos años después, cuando Bolívar iniciaba la batalla en Pantano de Vargas:

—¡Aquí está su potro, patrón! ¡Casilda se lo manda!

Desde Pantano de Vargas, el *Palomo* fue el caballo de las entradas triunfales. En el *Palomo* entró el Libertador a Santa Fe, después de Boyacá: el caballo iba lujosamente enjaezado, y el caballero iba sin camisa. En el *Palomo* entró a Caracas, después de Carabobo. Y a Quito, después de Bomboná. Y a Lima, después de Junín...

Dice Capella Toledo que Bolívar amaba al *Palomo* como a una parte de su ser, y que el caballo, agradecido, desde lejos reconocía a su amo. Al ruido de sus pasos, al timbre de su voz, relinchaba, tendía plumífera la cola, piafaba... Al montarlo Bolívar, el noble bruto temblaba de respeto.

En el Perú, el *Palomo* era más mirado que la bandera de Miramamolín Yacub; y Eduardo Egar, mariscal del Libertador; Pedro Gaoutwill, cochero, y seis soldados de Caballería, eran así como sus Chambelanes y Guardias de Corps.

Por esos jocundos días de la Magdalena, Bolívar —cegado con el brillo de sus glorias y desoyendo la verdadera voz de la opinión y la del mismo Sucre— trabajaba febrilmente para que se adoptara su proyecto de Constitución, por la que él sería Presidente hasta que la Parca le cayera encima, y su plan de Federación en el que entrarían como en un alfajor de tres tapas, la Gran Colombia, el Perú y Bolivia.

Respecto de la Federación, pensamos que Bolívar desconocía el cuarteto del lego de La Merced:

Siendo Dios el sumo Bien,
y el Demonio el sumo mal,
¿cómo quieres tú que estén
Dios y el Diablo en un costal?...

En cuanto a su Constitución Vitalicia, creemos que Bolívar estaba muy lejos de pensar que poco tiempo después de ser jurada en Lima, los traviesos peruanos le aplicarían aquello de "dos son los días verdaderamente felices del hombre: el día que toma mujer, y el día que la entierra".

El General Santa Cruz, Presidente del Consejo de Gobierno, y gallazo que jamás engolillaba en falso, era el más empeñado en hacer tragar a los pueblos la rueda de molino que el Libertador les presentaba envuelta en la Vitalicia. Y como si bien contaba el abad, no le iban en zaga los monacillos, los demás miembros del Consejo —Unanue, Pando y Larrea— también metían el hombro, y empujaban la carreta.

El Secretario del Libertador —un Coronel Don José Gabriel Pérez que según Luis Alayza y Paz Soldán era más malo que la cicuta— echaba sangre por los codos garrapateando lindezas a las autoridades elegidas para comadronas del vástago que "ya coronaba", como dicen esas profesionales...

No había pluma bastante bien tajada para alabar a La Fuente, Prefecto de Arequipa, y a Gamarra, Prefecto del Cuzco, los dos Departamentos más machos de la República: donde los hombres se amarran con riel de tren los pantalones, y dejan la cadena de buque para las mujeres!

¡Todo se presentaba blanco, migado, y en taza! De la oposición encabezada por el taimado Luna Pizarro, y por el ternejo Alvarez, a Bolívar no le llegaba ni la tos.

Naturalmente, al *Palomo* también le tocaba su ala en la gloria y adulación de que su amo era objeto; y menudeaban las palmaditas en el cuello, que le daba el Presidente del Consejo de Gobierno. Y las sobaditas del anca, que le prodigaba el Fiscal de la Corte Suprema. Y las cosquillas en el hocico, que le hacía el Ministro de Relaciones Exteriores.

Sin embargo del enorme cúmulo de asuntos que debía atender, tres veces al día Bolívar abandonaba el trabajo para ver, con sus propios ojos, si al *Palomo* le habían pasado la almohaza más aparente, los cepillos más suaves; si habían cribado la cebada; si habían escogido la paja; si le había encontrado alguna raspadura en la boca, o alguna vejiga en las cañas; si tomaba el pienso con avidez; si bebía con ansia... Y en la noche, el Libertador no se retiraba a descansar sin haber alargado el ronzal con sus propias manos, y sin haber cubierto al caballo con una de las suntuosísimas mantas confeccionadas, muchas de ellas, por delicadas señoras que no le hacían un babero a los hijos.

Así andaba el ajo cuando, una mañana, el Coronel Don Pedro Blanco —Jefe del Batallón "Junín", que montaba guardia al Libertador— recibió un notición que lo dejó patidifuso: ¡el *Palomo* había desaparecido!... Y el bravísimo cochabambino que no había sentido miedo cuando en la batalla de Junín hizo prodigios de valor, al frente de su Escuadrón, sintió que la sangre se le helaba en las venas, y que se le relajaba el esfínter que mira a los talones.

Diez minutos después, del Cuartel General salían comisiones a los fundos vecinos de la Magdalena y en "Orbea", "Cueva", "Buenamuerte", "Desamparados", "Jesús María" y "Oyague", no quedó rincón que no fuera registrado como camisa de muchacha pulguienta. ¡Vana empresa! Al cabo de doce horas de búsqueda, el *Palomo* no aparecía ni en flor ni en rama.

Bolívar —el impulsivo y violento Bolívar que toda la vida andaba buscando pelo al huevo, y que por lo menor gritaba y chillaba como un energúmeno— estaba hecho un trapo de cocina. El abatimiento y la consternación —no la ira— se pintaban en su semblante. ¡Qué cierto es que el pequeño mal espanta, y el grande amansa!

Mientras tanto, la noticia se había esparcido como fama de pródigo; y desde Lima, las gentes llegaban a bandadas para presentar el pésame que recibía el Jefe del Estado Mayor, General Miguel Figueredo. Bolívar, tirado en su hamaca y declarado en huelga de hambre, no se daba cuenta ni de los dedos de la mano. El General Lara, el crudo Lara decía que el Libertador no quería ver a nadie...

Pero el Libertador estaba de suerte. Y como al que está de suerte el viento le apaña la leña, cuando más grande era su consternación y más silencioso su dolor, y cuando en los salones de la Quinta el sabio Unanue rememoraba los caballos célebres —Bucéfalo, Incitatus, Babieca, Rocinante— encontrándolos chiquirrititos al lado del *Palomo,* corrió la voz de que un cholo de Chicama, que acababa de llegar a la Magdalena portando pliegos de la Prefectura de Trujillo, garantizaba encontrar el caballo mediante un acto... ¡de brujería!

—¡Anda lanza para Francia! —había dicho el Vicario General del Ejército Libertador, doctor Torres, santiguándose—. Sin embargo, cuatro bravos encabezados por el Teniente Coronel Santana, edecán del Libertador, se pararon en dos patas y salieron en busca del chicamero. Ya se habían removido todos los poderes humanos. Ya se había implorado a todos los poderes divinos y el *Palomo* no aparecía. Era tiempo, pues, de poner en juego a las potencias infernales...

A poco andar, Santana y cuatro bravos encontraron al chicamero quien se dispuso a brujear en presencia de ellos.

Por primera providencia, tomó una olla de barro en la que aún yacían restos del sancocho, la llenó de arena, y la colocó sobre un fogón de adobes. En seguida, ordenó a Santana que pusiera un peso en la olla: —¡*Pa yamá, a la sombra del ladrón,* —dijo—. Santana puso hocico de a vara, pero no tuvo más remedio que largar el peso que, inmediatamente, pasó a la faltriquera del brujo.

Cuando la arena estuvo caliente, el oficiante echó en ella un puñado de granos y menestras, y pidió otro peso: —¡*Pa yamá, ar cabayo!*...

Santana, que ya empezaba a ver turbio como si nadara bajo el agua, puso otro peso que corrió la suerte del primero.

—¡*Mucha vista, cabayeros!* —decía el chicamero— *ese panamito blanco es el Palomo que luán leváu a un potrero. Esos garbanzos son toros y vacas questán pastando junto con él. Esos triguitos son borregos.*

Hubo unos momentos de silencio al cabo de los cuales el brujo continuó: —*Esa nube que sale de la oya es la noche questá muy oscura. Hay que aclararla pá podé vé. ¡Eche otro peso a la oya, Coronel!*

Santana tragó saliva espesa como algodón, y cerrando los ojos, largó otro infeliz peso...

Ahora, el brujo ya veía al ladrón. Era un frejol grueso. Debía ser hombre gordo. Los perros —tres granitos de arroz inmóviles en el centro de la olla— no habían sentido al ladrón. Estaban dormidos...

De pronto, el frejolón lanzó un crujido y rebotó sobre la arena que iba calentándose: —¡*Ya saltó la tapia er ladrón!* —gritó el chicamero. Y como el frejolón empezara a descascararse, continuó: —*Ya se quita el poncho pá laciá ar Palomo!*

En la arena, muy caliente ya, los perros empezaron a moverse en todas direcciones, y de blancos que eran, se volvieron prietos de tanto ladrar.

Por fin, se acercó el ladrón y laceó al *Palomo*: *¡Ya se lo yeba! ¡Ya se lo yeba! Pasan un puentecito. ¡Suben por la falda diun cerro!*... *Ya se me perdió la güeya. ¡Eche otro peso en la oya, pá encontrala, Coronel!*

Santana, que hubiera ido a Tetuán por monas con tal de encontrar al *Palomo*, echó su último peso y sintió que se le moría Dios en el cuerpo...

No sabemos cuánto tiempo más duró la sesión de brujería, ni lo que en ella continuó haciendo el chicamero. Lo cierto del caso es que al volver al Cuartel General, Santana y sus cuatro bravos se quedaron pafuncios al ver —¡parece mentira!— al ver nada menos que al Libertador... ¡abrazado al cuello de su *Palomo*!

¿Casualidad? ¿Brujería?... ¡Sólo Dios lo sabe! Y sólo Dios sabe, si al *Palomo* quisieron robárselo a la de verdad, o si lo que quisieron fue, solamente, darle un lavado de cabeza —con aserrín de clavos—, al Libertador.

Aquel fue un misterio más impenetrable que el velo de Isis. El asesinato de Monteagudo, y el suceso del *Palomo,* fueron —por mucho tiempo— los mayores rompecabezas que tuvieron los limeños.

Menos mal que no hubo sino un perjudicado. Y que el perjudicado fue Santana, el pobre Santana que era muy amarrete y segurola, y a quien nadie había podido arrancarle un peso ni con las tenazas de Nicodemus.

¡Prodigios de los brujos de Chicama!...

[De: Carlos Camino Calderón, *Tradiciones de Trujillo,* Trujillo (Perú), Imp. Moderna, 1944, 80 p.]

PUERTO RICO

MANUEL FERNANDEZ JUNCOS

LA GARITA DEL DIABLO

I

EN EL COSTADO norte del castillo de San Cristóbal, y formando parte de la roca sobre la cual se eleva el macizo y formidable muro, hay un pequeño cabo o promontorio que penetra en el mar como a distancia de cincuenta pasos, a cuyo extremo se ve una garita de aspecto ruinoso y sombrío.

Las olas que se agitan allí violentamente formando caprichosas cascadas entre los arrecifes de la orilla, azotan sin cesar los costados del estrecho promontorio, como luchando y revolviéndose airadas contra aquel brazo de piedra eternamente extendido sobre el mar.

Cuando arrecian los vientos del norte, y el océano se encrespa y ruge más de lo acostumbrado en aquella parte de la costa, hay ocasiones en que la garita desaparece un momento, entre la nube que levantan las olas al estrellarse contra el peñasco donde aquélla se encuentra cimentada; pero bien pronto vuelve a descollar sobre la bruma la negruzca bóveda de la garita, como la enorme cimera de un gigante medio sumergido entre las agitadas ondas.

Esta garita, cuya costosa y sólida construcción data de hace más de un siglo, se encuentra hoy completamente abandonada, y la tradición popular cuenta cosas muy peregrinas acerca de ella, designándola con el siniestro nombre de *la garita del diablo*.

II

He aquí, en resumen, la parte más sustancial de la conseja:

A causa de los repetidos ataques de embarcaciones extranjeras contra este y otros varios puertos de la Isla, pidieron con insistencia y obtuvieron por fin sus gobernadores la real autorización para fortificar las plazas más importantes.

Siendo ésta la principal de todas, se dio comienzo en ella a la construcción del castillo del Morro y de otros varios fuertes, baluartes y baterías.

A mediados del siglo anterior, época en que principiaron las obras de fortificación en San Cristóbal y sus cercanías, se aprovechó la favorable disposición del peñasco ya descrito, para construir en él una especie de atalaya desde la cual pudiera vigilarse por la noche toda aquella parte del mar.

Un centinela perteneciente a la guardia interior del castillo tenía a su cargo esta vigilancia, y cada dos horas bajaban a relevarle por una galería subterránea que desemboca al pie del muro.

No declara la tradición por cuanto tiempo fue desempeñado sin tropiezo ni accidente alguno desagradable este servicio militar: sólo dice que una noche, al ir el cabo de guardia con el soldado que había de relevar al centinela, notaron que éste no se encontraba en su puesto. La garita estaba desierta, así como el pasadizo aislado y estrecho que hacia ella conducía.

Llamaron, dieron gritos, esperaron durante algún tiempo, y por último subieron en busca de algunas linternas y bajaron a registrar después inútilmente todos los parajes de por allí.

El centinela había desaparecido.

Gran sensación produjo esta noticia en toda la ciudad, y hasta entre la misma tropa se llegó a mirar con algún recelo la garita mencionada.

Transcurrido algún tiempo, y cuando ya se iba olvidando aquella lastimosa y súbita desaparición, otra nueva y en idénticas circunstancias vino a ocasionar nuevos temores y a servir de asunto a infinidad de comentarios. Esta vez se había encontrado el fusil, nada más que el fusil, dentro de la garita. El centinela había desaparecido como el anterior.

Ni el más leve indicio de lucha ni de violencia se advertía en aquellas inmediaciones. Las fieras del mar no alcanzaban a la garita, ni se podían comer a los soldados enteros, con gorra, cartuchera y todo: esto era absurdo.

Según la versión popular más admitida, el mismo diablo en persona debió haber tomado parte en tan extraño escamoteo. Y vino luego a confirmar esta creencia la misteriosa desaparición de dos o tres centinelas más.

Desde entonces la guardia de San Cristóbal dejó de poner centinelas en aquel sitio; se cerró a cal y canto la puerta de la subterránea galería que por allí desembocaba, y la *garita del diablo* quedó sola y vacía como el cadáver de un réprobo abandonado a los embates del mar y a las maldiciones de la tierra.

III

Una de las muchas veces que oí en una tertulia de campesinos la narración tradicional de la *garita del diablo,* se hallaba cerca de mí un viejecito de humilde porte, de semblante alegre y de mirada viva y sagaz, que por momentos apretaba y contraía los labios como para contener una sonrisa de burlona incredulidad.

Chocóme desde luego el singular contraste que ofrecían la tranquilidad un tanto desdeñosa del viejecito, con la inquietud, la emoción y hasta el espanto que se revelaba en las fisonomías y las actitudes de los demás oyentes. Algunas palabras que le oí pronunciar después a manera de comentario a cierto pasaje del cuento, y la opinión que expuso al final sobre la reserva con que debían acogerse ciertas narraciones, exageradas por la supersticiosa fantasía del pueblo, me afirmaron en la sospecha de que aquel anciano sabía algo más de lo dicho respecto de los sucesos misteriosos de la *garita del diablo*.

No tardé mucho tiempo en hallar una ocasión oportuna para interrogarle sobre este punto, y después de algunas reservas y precauciones que creyó indispensables para su seguridad individual, se expresó del modo siguiente:

IV

"Servía yo, hace más de cuarenta años, en el batallón Fijo de tropa veterana, acuartelado en San Cristóbal, y había hecho ya varias veces el servicio de centinela nocturno en la que nosotros llamábamos entonces garita del mar.

No era, en verdad, muy apetecible que digamos pasar dos largas horas en aquel sitio solitario, envuelto en las tinieblas de la noche, rodeado de escandalosos marullos y combatido sin cesar por un viento más húmedo que frío, y sutil y penetrante como la lengua de un calumniador.

Una noche (la recuerdo como si hubiera pasado ayer) me tocó en turno la vigilancia del lugar citado, desde las once a la una. El tiempo estaba lluvioso y el ruido del mar se oía más fuerte que de costumbre desde la plaza del castillo. De buena gana hubiera dado la mitad de las *sobras* de aquel mes, por librarme de tan molesto servicio.

Llegada la hora, bajé con el cabo de guardia por la angosta y húmeda galería que conduce hasta la orilla del mar. Al abrir la puerta, un golpe de aire con agua nos azotó el rostro.

El cabo lanzó una interjección poco decente y continuó su camino hacia la garita. Pronto se ejecutaron las ceremonias del relevo, y quedé solo y expuesto a las inclemencias de aquel sitio.

Pasó un cuarto de hora, que me pareció sumamente largo.

—¡Centinela alerta! —gritaron desde lo alto del castillo. Y la voz llegó a mis oídos débil y entrecortada por la fuerza del viento y por el ruido de las olas.

Contesté como de costumbre, y seguí paseando lentamente desde el muro a la garita y viceversa.

Aquella monotonía, aquella soledad y sobre todo aquel aire húmedo que penetraba hasta los huesos, me iban haciendo insoportable el servicio. ¡Y todavía faltaban siete cuartos de hora!

El centinela no puede sentarse ni fumar, y esto último sobre todo era un martirio para mí. Yo tenía dos cigarros de *boliche* que había comprado poco antes en la cantina, para fumarlos después que me relevaran, y a cada paso que daba se movían en el holgado bolsillo de mi blusa, mostrándose ante mis ojos las dos agudas perillas como aguijones constantes del deseo.

Nunca le había sentido más vivo y tenaz; no recuerdo haber luchado nunca con una tentación más apremiante. La hora, el mal tiempo, la prohibición misma... todo me incitaba a fumar con una avidez irresistible.

Jamás breva cubana de las más exquisitas y tentadoras, había sido apetecida con más ansia que aquellas memorables tagarninas.

No sé cuántas veces se dirigió mi mano hacia el bolsillo, como llevada por un extraño resorte, y la volví a retirar luego recordando la rigurosa prohibición de la Ordenanza.

Por fin cedí a la tentación, en auxilio de la cual vino un aguacero que me obligó a refugiarme en la garita. Una vez en ella, y seguro de que nadie me podía ver, dejé el fusil a un lado, requerí el yesquero, llevé a la boca uno de los cigarrillos y golpeé con violencia el pedernal.

Una oleada inoportuna vino a chocar en aquel momento contra la base de la garita, y un chorro de agua salada que penetró por la tronera vino a caer sobre los chismes de sacar fuego, dejándolos inservibles por aquella vez.

No hay para qué decir que este fracaso me produjo una gran desazón.

Salí de allí medio ciego de ira, y empecé a pasearme precipitadamente con las manos en los bolsillos. Me había olvidado del fusil y hasta de la Ordenanza.

Poco a poco me fui refrescando (la noche no era para menos) y lo primero que noté al recobrar la calma fue el cigarro de *boliche* que seguía fuertemente oprimido entre mis labios.

Acrecentado el deseo con la contrariedad, se avivó más aún con la presencia del *cuerpo del delito,* y el gusto de echar siquiera un par de fumadas era en aquel momento mi principal aspiración.

Seguí paseándome, cada vez más atormentado por la vehemencia del deseo, y de pronto se fijó mi vista en la luz más inmediata, sino era la única que se distinguía, en una de las casuchas o bohíos que por aquella época había diseminados en las inmediaciones del matadero.

Después de recordar aproximadamente la distancia, calculé que se podía ir a donde estaba la luz en poco más de cinco minutos.

Pocas veces he sido tan activo para poner en práctica un pensamiento, como lo fui entonces aguijoneado por el deseo tentador.

Algunos segundos después de haber formado el cálculo de la distancia consabida, ya me había descolgado por la orilla del muro y caminaba cautelosamente en dirección al arrabal inmediato.

—¡*Centinela alerta!* —volvieron a gritar en este instante desde lo alto del castillo.

—¡A buena hora mangas verdes! —dije para mí, apresurando el paso y oprimiendo el *boliche* entre los dientes, con una ansiedad digna por cierto de mejor cigarro.

Llegué por fin al anhelado lugar. Era un ventorrillo de pobre apariencia, en el cual había estado yo alguna otra vez.

Pedí una copa de aguardiente, y me abalancé sin cumplidos hacia el grosero mechón que ardía en el centro de la estancia.

¡Qué sabrosas me parecieron las primeras fumadas de aquel cigarro fementido!

Tal era mi aturdimiento al entrar, que ni siquiera advertí la concurrencia de gente que invadía los departamentos contiguos e interiores de la tienda. El amo de ella celebraba el bautizo de una niña.

Un repique de vihuela y *güiro* anunció en aquel instante el principio de uno de esos deliciosos *jaleos* del país, llamado *merengue* sin duda por analogía.

Miré instintivamente hacia el lado de la garita. Todas las sombras de la noche parecían haberse amontonado sobre aquel lugar.

La obligación me llamaba, sin embargo, y era preciso volver al abandonado puesto.

Me asomé a una de las puertas que daban a la sala del baile, para satisfacer mi curiosidad de mozo antes de irme.

Yo no sé si el estado de mi espíritu, la excitación del aguardiente o la fuerza del contraste entre la negra soledad de la garita y el bullicioso cuadro que se presentaba ante mis ojos, o quizá todas estas circunstancias juntas, ejercieron en mis sentidos tan agradable fascinación. Lo cierto es que me sentí como transportado a un mundo ideal, a un paraíso de deleites.

¡Qué chicas, Dios poderoso...!

(Y al decir esto el narrador juntaba las manos, animábase visiblemente su fisonomía, y sus ojos brillaban por instantes como encendidos por una chispa de galvanizada concupiscencia).

Había entre todas una del color de las gitanillas de mi tierra —porque aquí donde usted me ve soy de Triana—, había, digo, una trigueñita de ojos de fuego que era *toa sal*, como se dice en Andalucía.

¡Aquel cuerpo, y aquel aire, y aquel... qué sé yo! Perdone usted que me entretenga en detalles pueriles que no vienen al caso, pero que no he podido nunca olvidar.

Maldije el servicio y la guardia que me impedían permanecer en aquel sitio; pero era necesario volver y volví.

Digo, llegué con heroica resolución hasta la puerta de la tienda, y bien sabe Dios qué hubiera seguido a no ser por un fuerte aguacero que caía en aquel instante, sonando como una granizada sobre el techo de yaguas del ventorrillo.

Bendije en mi interior el agua que venía tan oportunamente a proporcionarme algunos minutos más de placer. Porque entonces más que nunca se me ocurrió pensar en lo peligroso que sería exponerme, acalorado como estaba, a los rigores de un aguacero.

Por otra parte, según mis cálculos serían poco más de las doce; tenía tiempo de sobra para volver a la garita, y no había cuidado de que a tal hora y con aquel tiempo se asomase por allí ninguno de los jefes de la guardia.

Haciéndome estas consoladoras reflexiones, llegué de nuevo hasta el salón de baile, situándome resueltamente al lado de la encantadora trigueña. La disparé algunos requiebros a quemarropa, y ella correspondió llamándome atrevido, *sangrigordo* y no sé cuántas cosas más, pero sin mostrarse enfadada ni dar señas de menosprecio ni esquivez.

Entonces la hablé con más formalidad y respeto, me esforcé en describir todas sus gracias, dije que estaba muerto por ella y que sólo me faltaban cuatro meses para cumplir (cuando la verdad era que me faltaban cuatro años), y otra porción de tonterías que no hay para qué recordar.

Llegaba yo a lo más apasionado y patético de mi discurso, cuando oí clara y distintamente el sonido de una campana. ¡Era la del castillo que anunciaba la hora de mi relevo!

Me quedé un instante como alelado y confuso, y salí después, sin despedirme, siguiendo apresuradamente el camino en dirección a la garita.

Cuando llegué como a cien pasos de distancia, ya el cabo y el compañero que había de sustituirme andaban con linternas encendidas buscándome por aquellos alrededores.

El tiempo se me había pasado sin sentir, y yo había incurrido en la más tremenda de las responsabilidades.

La Ordenanza militar dispone que sea pasado por las armas todo centinela que abandone su puesto.

La pena es rigurosa y excesiva, particularmente en tiempo de paz y con las circunstancias atenuantes de la hora, el tiempo, el lugar y hasta la oleada inoportuna que me humedeció los chismes de sacar fuego. ¡Maldito cigarro...!

Pero la Ordenanza me señalaba ya como reo de muerte, y en aquel tiempo se aplicaba la Ordenanza (sobre todo a los soldados) con inflexible severidad.

No debía, pues, forjarme ilusiones acerca de mi situación, ni era prudente desperdiciar el tiempo. Antes de amanecer debía encontrarme fuera de la ciudad y en parte donde pudiera sustraerme a las pesquisas que se hicieran en mi busca.

Tomé, pues, la firme resolución de defender mi vida, y emprendí la marcha favorecido por las tinieblas de la noche.

Cuando pasé por junto al ventorrillo, acababan de salir las gentes del baile y se iban diseminando en dirección a varias callejas del antiguo *Ballajá*.

Allí, en un grupo de bulliciosas compañeras, y tal vez refiriéndoles las aventuras del soldado requebrador y *sangrigordo*, iba ella, la linda cuarterona de ojos de fuego, la que —después del malhadado *boliche*— había sido la causa involuntaria de mi perdición.

Aquella misma noche llegué rendido de fatiga a la playa de *Paloseco,* en un pequeño bote que encontré atado en el lugar que hoy ocupa la *Carbonera*.

Después... sería muy largo de contar. Vine a este barrio, pedí posada y amparo a un pobre campesino que me cedió el mejor lugar de su choza y el mejor plato de su mesa, tomé parte en sus trabajos y me habitué a sus costumbres, adquirí luego algunas tierras, hice un bohío, fundé una familia y heme aquí convertido en un *jíbaro* neto, en un *aplatanado* andaluz.

Poco después de mi llegada a este sitio, ya circulaba la noticia de que el diablo había hecho de las suyas en la ciudad, llevándose a un centinela en cuerpo y alma, sin dejar de él más que un pedazo de yesca y el fusil.

Por eso yo me sonrío a veces cuando oigo que atribuyen al diablo mi desaparición de la garita, cuando la verdad es que él no tomó parte ninguna en el asunto, a menos que no fuera obra suya la tentación del *boliche* y el hechizo de la encantadora trigueña de *Ballajá*".

Y tal como me lo contó el viejecito, que descansa ya en el seno de la madre tierra, lo agrego aquí como apéndice o complemento de lo que dice la tradición acerca de la *garita del diablo*.

[De: Manuel Fernández Juncos, *Galería puertorriqueña - Tipos y caracteres - Costumbres y Tradiciones*, México, Instituto de Cultura, 1958, 383 p.]

CAYETANO COLL y TOSTE

LA CASA ENCANTADA

(1524)

I

HABIENDO dispuesto los Reverendos Padres Jerónimos, en 1519, que la *Cibdad de Puertorrico* fuera trasladada de *Caparra* a la *Isleta,* donde actualmente se encuentra, comprendió su fundador Ponce de León que sus enemigos habían triunfado en el litis entablado en su contra desde los tiempos de Juan Cerón, con el fin de trasladar a otro punto de la isla el primer burgo cristiano. Resolvió, por ende, el Conquistador irse a poblar el Biminí y la Florida, descubiertas por él en la Pascua de 1512.

Gran organizador el Leonés, preparó diestramente su expedición, y el 26 de febrero de 1521, se hizo a la vela desde el puerto del viejo San Germán, a la desembocadura del *Guaorabo,* con rumbo a los citados países en demanda de nuevas aventuras por aquella azul lontananza.

Al poco tiempo se supo en San Juan, el desastre del desembarco de los expedicionarios en La Florida y los combates sangrientos con los terribles indios *Seminolas,* así como la necesidad apremiante de Ponce de León, herido gravemente en un muslo, de reembarcar su gente y replegarse a la Habana, donde falleció.

La familia del Conquistador, apesadumbrada, cerró la casa de Caparra y se vino a vivir a la incipiente ciudad, a la Casa Blanca, que entonces era toda de madera, al amparo de García Troche, casado con la hija mayor del Adelantado de *Biminí* y la *Florida,* y que desempeñaba el cargo de Alcayde de la Fuerza.

El inmenso caserón de dos pisos, fabricado en Caparra, con todos los bajos de tapiería, fuerte, almenado y con saeteras, y los altos de recias maderas del país con un amplio balcón a la redonda de los cuatro costados, donde solía pasearse el Conquistador muy a menudo; y las techumbres y la gran buharda con rojas tejas de Castilla, traídas de La Española, quedó todo ello entregado a un fiel guardián, chapado como los antiguos indomables vasallos, natural también de Tierras de Campos, como su señor, y a quien el Capitán Poblador distinguía cariñosamente llamándole "mi buen Gaspar de Hinojosa".

II

—Señor Alcayde, ahí fuera está Hinojosa de Caparra, que quiere hablar con Su Merced.
—Que pase.
El viejo soldado penetró con paso firme al saloncito de retén de la Fuerza, donde García Troche despachaba oficialmente. Quitóse su vieja gorrilla de cuartel y esperó a ser interrogado.
—¿Qué deseas, Hinojosa? —dijo el Alcayde.
—Señor, vengo a comunicar a Su Merced, que he tenido que dejar la casa del Capitán don Juan, en cuyos bajos vivía cómodamente con mi familia y trasladarme a un descabalado bohío, un cuchitril, algo lejos, para complacer a mi mujer y mis hijas. Y como arriba, en los pisos altos, hay intereses que custodiar, necesito que se me auxilie con un par de guardianes de confianza, que puedan allí pernoctar.
—¿Y por qué tu familia no quiere vivir en la casa del Adelantado, siendo tan cómoda?
—¡Señor —dijo Hinojosa, con las mejillas lívidas y visible turbación—, la casa está encantada...!
—¿Cómo encantada?
—Señor, después que se recibió la noticia de la desgraciada muerte del señor don Juan, a los pocos días se empezaron a sentir ruidos en la parte alta de la casa. Mi mujer me llamó la atención varias veces y yo lo atribuí a las ratas; pero una noche, que estaba desvelado, sentí andar en el balcón. Las pisadas no podían confundirse, a pesar de que silbaba un recio viento turbonado en la cañada. Eran pisadas fuertes de botas. Sigilosamente me eché fuera de la cama, empuñé el espadón y por la puertecilla trasera me salí al batey. Las hojas secas de los árboles inmediatos rodaban en torbellinos por el suelo. Había un poco de claridad lunar. Yo miré con cautela hacia el balcón y quedé sobresaltado. Se me cayó la espada de la mano. ¡Señor! Distinguí perfectamente al Capitán don Juan, de espalda. Llevaba su peto, su casco, sus botas y su tizona. Marchaba majestuosamente, como si se paseara a lo largo

del balcón. ¡Cuántas veces en vida le vi recrearse así! ¡No era una sombra, era la realidad! Refugiéme, señor, a mi cuarto, esperé a que amaneciera, y sin decir nada a mi mujer ni a mis hijas, las mandé al rancho indicado y me he venido a San Juan a dar cuenta a Su Merced de lo que ocurre.

E Hinojosa aterrizó su mirada; y pálido y sudoroso se quedó esperando órdenes.

—Bien —dijo García Troche secamente—. Daré parte al señor Obispo Manso. Se dirán misas por el descanso del alma del Adelantado. Y se asperjará con agua bendita toda la casa por si son maleficios de Satanás. No digas a nadie, absolutamente, lo que me acabas de referir.

García Troche conferenció con Su Ilustrísima Alonso Manso, y se tomaron las medidas indicadas.

III

Al mes de haber ocurrido el suceso relatado hubo una gran tormenta, que casi dejó destruida la ciudad. El Alcalde, Pedro Moreno, quedó arruinado y García Troche le prestó la casa de Caparra, ínterin reedificaba la de la Capital, arrasada por el ciclón. Cuál no sería el asombro del Alcayde de la Fuerza al ver aparecer a Moreno al día siguiente y decirle pálido, amohinado y con acentuada agitación nerviosa:

—Amigo mío, afortunadamente no llevé mi familia a Caparra.

—¿Por qué? —le replicó García Troche.

—¡Pues sencillamente, porque esa casa está encantada! ¡A la media noche sale el Adelantado, vestido en son de guerra a pasearse por el balcón...!

—Vamos, vamos, Moreno, os habéis dejado sugestionar por el supersticioso de Hinojosa.

—Nada de eso, García Troche. Hinojosa me preparó un aposento de los altos. Y a la media noche, sentí que pisaban fuertemente en el balcón. Me vestí. Abrí sigilosamente una ventanilla y vi, de refilón, pasar al Adelantado. Iba hablando y gesticulando. Y llevaba en la diestra el espadón...

—Pero, ¿le visteis la cara?

—Para qué, si era él. Su estatura, su modo de andar. Su casco y su peto. Lo conocí en seguida. La silueta del Adelantado se destacaba en aquella lobreguez de la noche vigorosamente. Se oía bien claro el retintín acompasado y metálico de sus doradas espuelas. Cerré cuidadosamente la ventanilla y aquí me tenéis. ¡Yo no me meto con la gente del otro mundo! ¡Ni por un cuento de maravedises de oro, llevo mi familia a Caparra...!

IV

García Troche volvió a hablar con el señor Obispo.

—Mandaré al alguacil de la Santa Hermandad para que le demande, a ver qué pide de nosotros el Capitán don Juan —replicóle Su Ilustrísima, arrugando su ancha frente.

El alguacil Pérez de Zúñiga con cuatro corchetes, después de confesar y comulgar, vestidos de paño negro, se trasladaron a Caparra, a fin de pernoctar en la casa del Adelantado e interrogarle de parte del Santo Oficio. Hinojosa los hospedó en los bajos y quedaron en vela todos. A la media noche se empezaron a sentir los ruidos.

—En verdad, Pérez, que estás metido en un lío muy peligroso. Recordad que el Capitán Poblador, tenía en vida un genio muy fuerte, que nadie se lo podía aguantar —díjole el fiel Hinojosa.

—No embargante —contestó Pérez de Zúñiga—, yo me ceñiré a cumplir con mi deber. Sólo debo interrogarle, como alma del otro mundo, qué pide de los que quedamos en éste. ¡Y *pax Christi*...!

Hinojosa abrió la puerta excusada y se deslizó al batey. Detrás de él Pérez y los corchetes. La noche tenía el claror astral. A ras de tierra, contiguo a la maraña salvaje del boscaje cerca de la quebrada, flotaba una neblina gris, diáfana. Aquellas brumas parecían un grupo de fantasmas. El espíritu humano acoge con fervor lo misterioso. Plañía fuertemente el terral entre las branquias de una gran ceiba. El terror se apoderó de improviso del pecho de todos. Pérez de Zúñiga sintió un hondo desasosiego.

—Hinojosa —dijo quedamente el aguacil al guardián—, te vamos a pedir un favor.

—Diga, Pérez de Zúñiga.

—Pues, tú serás testigo en el día de mañana ante el Santo Oficio, que el Capitán pide misas y oraciones. ¡Porque lo que es el hijo de mi madre, no sube esa escalera a habérselas con el Adelantado...!

Y se pasaba la mano por la frente llena de copioso sudor.

—¡Tampoco nosotros! —dijo el más audaz de los corchetes.

Intentaron orar y no pudieron. Un silencio mortal reinaba en aquella soledad. En el balcón se destacaba distintamente la alta figura del Conquistador, que marchaba con paso fuerte y acompasado. Soplaba recio el terral. Acongojados se acogieron los vigilantes a los bajos del caserón, acuciados por el miedo.

V

La casa de Caparra fue desalojada, y todos los enseres y recuerdos de Juan Ponce de León fueron trasladados a la Capital. El caserón fue clausurado después de llevar a la ciudad todo lo utilizable. Más tarde se utilizaron las maderas y quedaron en ruinas las tapierías. Hoy se encuentra con gran dificultad parte de los cimientos.

A los cinco años de ocurrir estos sucesos, decía un padre dominico al Prior del Convento:

—Acabo de confesar en artículo de muerte al viejo cacique Adamanay, tan adicto al Conquistador, y me ha referido que todos los días, después de haber sabido la muerte de don Juan, dejaba a media noche el conuco y se iba al caserón de Caparra y se ponía, el muy osado, la armadura completa del Capitán; siendo su ufanía pasearse un buen rato por el amplio balcón de la casa. Preguntado por qué hacía eso, me contestó enfáticamente, con el gesto sincero de un convencido: "Para adquirir el valor y la destreza del señor don Juan, que era un gran guerrero".

¡Los indígenas de las Antillas tenían sus creencias raras, aunque en cuestión de creencias supersticiosas todos los pueblos tienen sus extravagancias...!

[De: Cayetano Coll y Toste, *Tradiciones y leyendas puertorriqueñas,* Barcelona y San Juan, Edit. Maucci, S.A., 3 vols., 1924 y 1925.]

EL SALVADOR

FRANCISCO GAVIDIA

EL ENCOMENDERO

I

La promesa

EN 15** Juan Pérez de Sardoal, rico encomendero del partido de San Salvador, se había casado con doña Sol de Melara y Ceballos, "bajo promesa de ser Conde".

II

El Valle de las Hamacas

Ciertamente, aunque el aspecto de San Salvador haya cambiado y con seguridad muchos o todos los accidentes de la vegetación de sus alrededores, el vastísimo paisaje que ofrecía "el valle de las hamacas" al viajero que, desde una de las vueltas en las alturas del camino de San Marcos avistase la llanura, o sea el fondo verde de la hondonada que forman los bosques y arboledas, era en el año de 15** el mismo que hoy se ofrecería a la vista de quienquiera que se tome la molestia de ir a contemplar este magnífico espectáculo.

Entonces como hoy, entre el cerro de San Jacinto, que es un agrupamiento de colinas y el volcán de San Salvador, se hallaría el abismo de aire y de luz, cuyo fondo es el suelo del valle, sembrado de cerros y aun volcanes, de diversas alturas, elevándose unos pequeños frente a frente de otros que son mayores: el de Mejicanos ante el de Milingo; aquí el volcán de Apopa, allá el volcán de Nejapa.

Las llanuras, como lagos verdes, se extienden delante y detrás de estos grupos de pirámides. La vista hacia el Norte puede ver cómo quiebra por mil partes el inmenso suelo del valle, se riza y se arruga ásperamente, sube en olas por diversos rumbos; olas monstruosas que aquí y allá se agrupan y como en un mar fantástico y ciclópeo, se petrifican escalonándose inmóviles, y formando por fin los centenares de cimas que se vuelven al cielo o llegan a fundirse en el azul, que parece vibrar con un vago estremecimiento ya en las lejanías de Honduras.

Una de estas colinas elevadas, del San Jacinto, la del Sureste, la que se avecina a San Marcos, era el asiento del castillo de Sardoal, altura la del castillo y paisaje el del valle de las hamacas como para alimentar los sueños de grandeza y también la soberbia del conquistador, que desde allí veía la recién fundada villa y los pueblos del valle como el pastor desde una roca ve su rebaño que se ha esparcido por los campos.

Sardoal era el Alcalde Mayor (pues El Salvador no era todavía una Intendencia) título que había comprado al Rey.

III

Las Encomiendas

Este día, que es uno de los primeros de agosto, espera Sardoal su título de Conde, y están reunidas en la explanada del castillo todas sus encomiendas: las indiadas enfurecidas, tanto tiempo aherrojadas, encadenadas, dejan oír su murmullo gutural, y sus imprecaciones lanzadas en su idioma pipil; los mayordomos recogen de esta o de aquella pueblada brazadas de flechas de los indios que se fingen inadvertidos y que llegan armados en su encomienda, dejándoles sus armas a los caciques, por un resto de cortesía y porque su mediación y su autoridad ayudan más con frecuencia para el manejo de las encomiendas que el rigor de los administradores. Hay grupos que a veces son los habitantes de una población entera, que ya sumisos y silenciosos, dejan muy poco qué hacer para su gobierno. A la sombra de los muros del castillo están los infinitos empleados que gobiernan las encomiendas, los escuderos a caballo, armados como para un combate; los calpixques y los médicos, los alahuaes de encomienda, los calpullis de descuajes, vestidos de pieles y no menos armados, pues a las veces son grandes cazadores; los capataces de minas, los inspectores de las filas, los que guían los cargadores, los proveedores de maíz, sal, plátanos, carnes, pescado, chiles, ojo de gallo y aguardiente, y por fin, también entre los que mandan la encomienda, los esclavos negros. Mujeres vivanderas siguen estos ejércitos de la servidumbre.

Aun dentro de las mismas encomiendas ha dejado este astucioso conquistador, como para conformarse a cierto orden, las jerarquías y las autoridades que recuerden el hábito de obediencia a la indiada.

Entre las muchedumbres míranse aún los birretes de oro en que se levanta la insignia multicolor de los pompones o plumeros de los ex príncipes generales y caciques o jefes, rodeados de sus familias, todos como una prensa de sumisión y obediencia en el trabajo de los mismos pueblos que en un tiempo gobernaron. Así se verían las tribus de Israel en Babilonia.

Muchas veces la prisión de un príncipe de la familia de Atlacatl obligaba a todo un pueblo a deponer las armas de una rebelión cautelosamente fraguada.

Hay entre ellos quienes sólo llevan un aro de oro que les ciñe la frente, y ante éstos como ante los príncipes esclavizados, las encomiendas se inclinan, se postran o se sorprenden y admiran dolorosamente; estos del aro son pontífices. Extrañas y confusas insignias distinguen a los sacerdotes.

La piedad de Juan Pérez había transigido con sus dotes de gran político: mucha parte de la disciplina y sumisión de las encomiendas se debía a esta tolerancia del castellano. Las colas de quetzal, ondeando en medio de las muchedumbres, arrancadas de cuajo a su pueblo natal, mantenían la ilusión de que eran los caciques quienes guiaban estos éxodos; aun en medio de los trabajos más rudos e inhumanos, el rumor, que llegaba de las lejanías, de los chinchines, marimbas, chirimías, tímpanos, parches y maderos, de los bailes y juegos religiosos, alrededor de los príncipes y sacerdotes, hacía creer a los pipiles que continuaban con su vieja monarquía.

Unos han pasado largos meses en la selva en el descuaje, otros en las minas. Separados los súbditos de sus príncipes, los hijos de sus padres, las mujeres de sus maridos, depués de los trabajos y penalidades de una verdadera esclavitud, su encuentro en las explanadas, a la vera de las empalizadas que rodean el castillo, ha sido ocasión de escenas dolorosas: reprimidos furores, gritos de dolor, amenazas, juramentos y llanto.

—¡Qué vocerío! ¡qué extraño rumor! —dijo doña Sol, que ocultaba con exclamaciones de temor su inquebrantable orgullo femenino o su **ambición de linajuda**.

Sardoal que aspira a sobrepujar su porte de segundón, respondió asido al puño de su espada:

—Así voceaban los siervos de la gleba bajo las almenas del solar de los Sardoal y Pogi-Martino en Extremadura.

Esto lo dijo para tomar realce, él propio, a pesar de sus riquezas, a los ojos de su esposa, que aunque pobre e hija de hidalgo, de una belleza y porte peregrinos, tenía en sus venas del azul más puro, una gota de sangre de reyes. Y esta consideración hacía palidecer todo el brillo de la inmensa fortuna del segundón de Pogi-Martino.

IV

La Estrella de la Mañana

Cuando este hidalgo tenía casi todas las encomiendas del gran partido que se llamó de San Salvador, sus aspiraciones no se allanaron a sólo ser más acaudalado terrateniente.

De estas encomiendas las de Aculhuaca, Paleca, Soyapango, Ilopango y San Martín "le eran debidas por derecho"; y de su amigo y compañero de armas, el difunto Juan Alonso, el viejo, capitán de la conquista, había heredado las encomiendas de Mixchaca, de San Marcos, los Ramos, y la que se extendía a los pies del castillo, que en español empezaron a llamar Bella Vista (el antiguo Pamaxtán), donde hacía pocos años se alzaba el templo del dios del valle.

Colocado en esta altura que domina las vegas en que arrastra su pobre caudal el Acelhuate, el templo mostraba, por una enorme puerta trapezoidal, llena de esculturas en que la vegetación se mezclaba por modo simbólico, el gran monolito cubierto de leyendas, que ostentaba en alto relieve una diosa que abría los ojos a los torrentes de luz y a los vientos embalsamados que vuelan por el luminoso valle como dentro de inmenso anfiteatro.

Esta escultura era una faz con máscara de pájaro; la adornaba un collar de gotas de rocío, y representaba la Estrella de la Mañana, el Quetzalcoatl, que era la deidad protectora del valle.

El templo había sido demolido. Los grandes bloques esculpidos en que estaban historiados los sucesos del país, desde los tiempos de los reyes mayas de Payaquí y de la cautelosa inmigración de los pipiles, formaban la mayor parte de los corrales del castillo.

El cuerpo de este edificio se alzaba sobre la antiquísima plataforma del templo.

Parte de las paredes había sido aprovechada, hay que confesar que con acierto, pues un lienzo de muro en que se abrían tres grandes troneras o respiraderos aztecas de ornamentación de yerba y cabezas de ocelote, estaba rematado o sobrecargado por anchos ventanales moriscos, bordados de arabescos y de mosaicos, bordados de arabescos de los trapecios y de los símbolos mayas, y en los cuales se habían empleado piedras de colores del templo.

Este lienzo de pared conservado correspondía al oratorio de las vestales de la Estrella de la Mañana y era hoy el dormitorio, todo él de paredes, techo y pavimento de piedras de colores, de doña Sol.

Los conquistadores sabían que los templos de los dioses del país no habían sido manchados jamás por la sangre de sacrificios humanos y cuando los quiso establecer el rey Cuaumichín infame, fue derribado por el pastor, Tutecotzimit, que sólo por este hecho fue padre o fundador de una dinastía.

Los templos por tanto no inspiraban horror.

El monolito de la Estrella de la Mañana era hoy un poste o amarradero del corral.

Hay que añadir las encomiendas de Mixtán, San Cristóbal, Extli-Popol, la Torrecilla y Belén.

Indios innumerables habían perecido en las empresas del terrible encomendero; pero el núcleo de algunos de estos pueblos permanecía intacto; y después del suceso que vamos a referir pudieron volver a la tribu o lugar de su origen y con el tiempo vinieron a ser pueblos con municipio.

Sólo algunos de esos pueblos ya el día de aquella tarde habían perecido en los arduos trabajos que el encomendero por doquier había emprendido.

El vocerío sordo y reprimido que se alzaba hasta las salas del castillo hubiera puesto el espanto en otro corazón que no fuese el de Juan Pérez.

Mas —¿qué espanto podía asaltarle?

El venir las encomiendas con sus jefes y príncipes, obligados, los que habían dado lugar a vestir las insignias de su antigua realeza, algunos de los cuales habían sido tan ricos como él, era un acto de arrogancia y poder.

V

Van-Dyck o Guandique

El Alférez, más español que flamenco, como podría juzgarse por su apellido, don Antonio de Van-Dick, o Uan-Dique, como se escribía, o en fin Guandique, como se pronunciaba en la Colonia de Usulutlán o Usulután —donde adquirió, a raíz de la conquista, para sí y los suyos, la inmensa isla que atraviesa un buen río, dos circunstancias, por las cuales, el tener un río y ser suya, se llamó la isla de Guadiaguandique, nombre con que hasta hoy día se le conoce— era amigo de Juan Pérez de Sardoal, el segundón de Pogi-Martine.

Había partido hacía dos años para la Corte, y aprovechando la coyuntura, el encomendero y el Cabildo le habían confiado unas diligencias "y unos muy grandes presentes para el Emperador".

En las cuales diligencias se manifestaba por el Ayuntamiento y por los conventos de dominicos y franciscanos, que don Juan Pérez de Sardoal, segundón de Pogi-Martino, había provisto los conventos y dádoles tierras; edificado la grande ermita del viejo barrio de la Vega, el primero que hubo en la villa; y consagrado el recuerdo de la prosperidad de su casa, en tres retablos de plata maciza en las iglesias de los dichos conventos y en las Mercedes; que había debelado tres insurrecciones del partido, acaecidas cuando se tuvo noticia del viaje del Adelantado señor don Pedro de Alvarado a la Corte; que le eran afectos los principales de la ciudad, por haber dotado quince doncellas con seiscientos ducados "para que se casasen con españoles o con ladinos de buen parecer", según rezaba el documento de la donación y eran palabras del mismo Juan Pérez, que, finalmente, "poseía veintiséis mil indios de encomiendas que eran de las tribus o caseríos y pueblos que se expresaban; que por tanto, por ser señor de tantas tierras e homes, le otorgase Su Muy Graciosa y Católica Majestad el título de Conde de San Salvador, ya que todas las tierras de esta parte de las Indias de Occidente designaba S. M. de fecha reciente con el título de Reyno de Goathimala".

Ahora bien, el Alférez Antonio de Van-Dyck o Guandique, como se pronunciaba, estaba de vuelta de España, viniendo por México.

VI

El Rey ofrece el Condado

Recién llegado a la Corte, escribió que Su Majestad Real e Imperial había agradecido el obsequio de dos redomas de bálsamo; de un quintal de chocolate "que ya de enantes había aprendido a catar S. M., y certificaba ser el de este partido de San Salvador, de tan buen sabor como el de Soconusco"; de una caja de plátanos-pasa; "de un gran frasco de cristal conteniendo una legumbre o fruta en aceite, cuyo nombre es *aguacate,* y cuya exportación recomendaba el Emperador, que hablaba extremos de esta dicha fruta o legumbre"; de dos loros verdes; y "de cuatrocientos mil ducados", e incluía un pliego de apuntes sellado y firmado por el Mayordomo Real, a los cuales corresponden las expresiones que hemos singularizado.

Incluía, además, una nota del Secretario de S. M. a Van-Dyck "como interesado", en que le hacía saber "que S. M. otorgaría y crearía tan luego como diligenciase la solicitud el Consejo que había a su cargo el Libro de la Nobleza y el de Indias, el nuevo título de Conde de San Salvador, que para un su pro-hombre solicitaba la nueva villa y en el partido de este nombre, en las Indias Occidentales".

En fin, él, Van-Dyck traería los pliegos de S. M. como dejase la Corte y regresara a San Salvador, viniendo por México.

Poco después conmovió las jóvenes ciudades de toda la América Española, la noticia de que el padre Fray Bartolomé de Las Casas era atendido y honrado por el Emperador ante quien había perorado y discutido con sus contradictores y Van-Dyck había hecho su regreso al Nuevo Mundo en la misma carabela que trajera al padre Las Casas a Chiapas.

De Ciudad Real, en Chiapas, Van-Dyck anunciaba lacónicamente su arribo a San Salvador para la fiesta del Pendón o del seis de agosto en que se fundó la villa.

Este laconismo equivalía para Sardoal a referirse a lo escrito en cartas anteriores.

—No dice más — dijo doña Sol.

—Ni debe decir —añadió Pérez—, porque ya está dicho.

La dilación era larga, pues iban sobre tres años desde la partida de Sardoal, de San Salvador; pero en aquel tiempo todos los asuntos pedían aplazamiento de tan gran duración, y lo cierto es que Van-Dyck había hecho al partir, su testamento, en que disponía, para en caso de muerte natural, o en naufragio, o en cautiverio en tierra de moros infieles, o a manos de piratas, de los derechos que con su familia tenía en la isla de Guadiaguandique.

La declaración del Condado, a que ascendería la cabecera del partido, cuyas tierras poseía Juan Pérez, había ocasionado la reunión de las encomiendas, aun aquellas que trabajaban en minas lejanas. A una corona condal no le vendría mal, aunque de conversos sospechosos, un cortejo de diademas principescas y de halos de oro pontificales, que como hemos dicho se conservaban para mantener la disciplina y la obediencia, como insignias, a cuya veneración estaban acostumbrados, y por ser tantos y de mucha valentía, los pueblos que formaban las encomiendas del de Sardoal.

El nuevo Conde se mostraría a sus vasallos con la Condesa. Que allí en Guatemala se pasasen las cosas nadie sabía cómo, por la distancia, a él no le importaba nada; "mas lo que en el Cuzcatlán", eran las palabras de Juan Pérez, "él haría de sus tierras un pedazo de España, y la nobleza y el feudo tomarían cuerpo como en sus mejores tiempos".

Así era en efecto, pues el castillo ostentaba una gran magnificencia. En sus patios se alzaba un teatro y en la servidumbre se contaba una compañía de cómicos. Fuera de los arquitectos venidos de España, cobraban en las planillas del castillo, varios maestros mosaistas, tres muy buenos pintores que pintaban para la castellana, y ella obsequiaba a templos y conventos con una largueza que era verdad señorial.

La belleza arquitectónica y suntuosidad del castillo, los bosques y las explanadas artificiales, las avenidas y jardines, las fuentes y las balaustras, pobladas de estatuas mitológicas, el garbo y puntualidad de la servidumbre, las damas, doncellas y pajes; todo lo que se había traído de España en tiempo, en verdad, breve, y a fuerza de grandísimas sumas de dinero, en lienzos, obras de arte, muebles, chucherías y alhajas, y algunas gentes del servicio, avezadas a los usos de la Corte, todo en el fondo, era preparado para recibir ¡...un pedazo de pergamino!

Mientras no llegase, siempre encontraría el soberbio Sardoal, en medio de muchas exterioridades de cariño, un leve, un imperceptible pliege de desdén, en la sonrisa fascinadora y delicada de doña Sol.

VII

La fiesta del Salvador en 15**

La fiesta del Pendón Real, sacado en procesión por las calles de la nueva ciudad, tuvo de importante este año, el desfile de las encomiendas de Juan Pérez.

El terrible encomendero cerraba la fila de los hombres y cabalgó en su caballo negro, armado de todas las armas, despidiendo un solo brillo ambos caballo y caballero, que parecían de una sola pieza. Así custodió en el desfile la espada de don Pedro de Alvarado, que se guardaba en la ermita del pueblo de Mejicanos y que se paseaba todos los años en San Salvador con el Pendón Real, el seis de agosto, honores acordados probablemente después que se había recibido la noticia de la muerte del Adelantado, ocurrida en México.

Doña Sol, vestida de brocatel, en una litera pintada, toda cubierta de revoloteos de Cupidos, y llevada en hombros de esclavos negros, cerraba por su parte el desfile de las mujeres y le hacían séquito las quince doncellas principales, protegidas y dotadas por su casa.

Pero lo que había impuesto, sobre todo, a la opinión de los nobles que todavía rehusaban sus simpatías al nuevo Condado y al nuevo Conde, y a las hijas de hidalgos que se mortificaban con que la hija de otro hidalgo llegara por fin a Condesa, fue el desfile de las encomiendas, reunidas en la Garita y traídas juntas de allí a la villa, y después al castillo.

La ciudad estaba en fin persuadida; esperaba el título de Condado con igual orgullo y fiereza que Juan Pérez el de Conde. La multitud de la nueva ciudad se dirigió aquella tarde a la explanada del castillo, apenas terminado el desfile y la procesión religiosa, con las encomiendas, en las cuales los de la villa examinaban usos, vestidos, idiomas, arcos, insignias, plumas y diademas, las figuras de mujeres de extraña belleza como eran las hijas y parientes de reyes, y el decoro de las insignias de los príncipes y princesas.

Así se mostraba Juan Pérez, tirano y gran señor.

VIII

Las Cédulas Reales

La llegada de Van-Dyck al castillo se anunció en las últimas horas de la tarde, con el desfile de los frailes y del Ayuntamiento, los alguaciles, partesanas y encomenderos y un pelotón de Caballería de armaduras de acero, que era orgullo de la villa desde la última rebelión.

Todo esto pareció a Juan Pérez una adhesión más del futuro Condado; pues Van-Dyck no traía otro nombramiento alguno, que se supiese, para poner así en movimiento la autoridad religiosa y la civil, fuera del de Alférez Real.

Cuando apareció entre la multitud los indios que suponían que el título de Conde equivalía al de Rey, y que por allí entendieron que sus cadenas se remachaban para siempre, volvieron las espaldas al camino y dirigiéndose al poste del corral que lo era el monolito de la Estrella de la Mañana, rompieron a llorar y entonaron un himno en que se repetía una palabra con renovados llantos por varias veces.

El fiero Sardoal iba a mandar a imponerles silencio por medio de los capataces de minas, pero atento a su título y a la cortesanía, volvióse al emisario que llegaba a las graderías de la explanada central del castillo.

Entonces Sardoal advirtió algo que le sorprendió.

El Alférez se había hecho fraile, y con sorpresa de Sardoal, dirigió a las encomiendas algunas palabras de su propio idioma.

Los jefes indios de las encomiendas se volvieron a él estupefactos.

—¡Cómo! exclamó riendo don Juan Pérez de Sardoal— señor Alférez Antonio de Van-Dyck, no solo me hallo que os habéis metido a fraile pero también habéis aprendido las lenguas de estos infieles; que para mí ha sido un imposible... Pero echadme los brazos... y presentaros he a mi señora la Condesa...

—Poco habéis cambiado en vuestras aficiones del mundo, señor don Juan. Verdad es que en este "valle de las hamacas" o sea San Salvador, poco se ve y el buen ánimo se edifica de tarde en tarde... ¡tan lejos está del mundo...! Yo, señor don Juan, vengo de ver metido fraile como yo, a aquella sacra cesárea Majestad del Emperador Carlos Quinto... Por lo que hace a la lengua de los indios la aprendí en una larga y accidentada navegación de seis meses con el padre Las Casas...

—Noticia me dáis que es muy para conturbarme... de haberse metido fraile el Emperador.

—Pues de ello hace largos diez meses.

—Extraño exceso de religión, a fe mía; mas me consuela, señor y amigo, la esperanza de que don Felipe, su hijo, levantará las casas españolas que abatió el Emperador... Bien sabéis lo que fueron hace no más de cien años... y lo que nosotros hemos visto es una sombra de su antiguo poderío y esplendor.

—Don Felipe, como su padre, no fue nunca en su política con los grandes de España sino un alumno del gran Cisneros: los grandes señores de España no volverán a levantar cabeza.

—Tal creéis... Mas veamos el título —dijo el encomendero, tomando unos pliegos de las manos del religioso—, y ya que sois letrado y habláis el idioma de estos indios, hacedles ver cuáles son mis nuevas prerrogativas, y a todos, los de la villa y los del castillo, el estilo y el tratamiento y otras usanzas en que se distingue la nobleza de la hidalguía y de la gente llana... Ea!... sonad las bocinas! ¡y haced que se lleguen cerca las encomiendas!

Se oyó el estruendo de las trompetas y la muchedumbre empezó a moverse pesadamente para aproximarse, como somnolienta, entre el asombro y el temor.

De pronto Juan Pérez dio una gran voz:

—Mas ¿qué me habéis dado aquí...? ¿Qué es esto? ¿Qué rubor me hacéis pasar? ¿Qué ordenanzas puede haber para los señores de América, que hemos combatido, día y noche, y tantos años, por el Rey, y qué favor y privilegios del Rey para los indios, sus enemigos, mal sujetos a vasallos recientes? ¿Qué cédulas me dais aquí?, ¡por Santiago Apóstol! ¡Tomadlas que me queman las manos...!

—Reportaos, que os hablo a nombre del Protector General de los Indios... —dijo Van-Dick tomando las cédulas reales—. Me envía como su ejecutor el padre Las Casas, y esas cédulas del Rey os previenen la libertad de los indios de vuestras encomiendas...

—Así os entiendo como si dijerais la misa... ¿Pues no escribisteis de España que el Rey me otorgaba el título de Conde bajo el nombre de este partido de San Salvador? ¿Quién ha deshecho esto del Rey?

—El padre Las Casas.

—¿Qué queréis decir?

—Quiero decir que todos estos indios son libres y os repito que soy el ejecutor de las cédulas del Rey en representación del Protector General de los indios, Fray Bartolomé de Las Casas... Tocante a vuestro título, no los habrá en América con tierras y con siervos, porque a tal distancia y estando de por medio la mar Atlántica, sería un poder irreductible y sin medida el de un señor feudal... Esto piensa el Rey... Esto piensa el gran Cisneros... Esto ha aprovechado como tan gran político el Apóstol Las Casas, mi señor y maestro desde hace poco tiempo y para toda la vida que ha matado el despotismo feudal en cierne en estas Indias Occidentales al tiempo con su pluma ha destruido esta nueva servidumbre de las encomiendas en las tierras de España.

—Mirad vos cómo ha de ser, señor Alférez, o digo, señor Fraile, porque estas leyes u ordenanzas de Indias, vienen a echar abajo toda la máquina de estos pueblos, el rango y jerarquía de los conquistadores y los indios, la firmeza de la religión que muchos aún profesan por la fuerza, el estado y la hacienda de muchas familias que viven de rentas que los padres y hermanos tienen como empleados de las encomiendas, la sujeción de estas comarcas, que están mal sujetas y que son valerosas y levantiscas. Bien recordará vuesa paternidad la herida y derrota del señor don Pedro Alvarado en esta comarca.

Después bajando la voz en tono familiar y a la vez dejando de manifiesto todas sus dotes y talentos de Capitán, dijo:

—Y luego, señor ejecutor de estas ordenanzas de Indias, tan letrado como sois, no olvidaréis que el poder del Rey nuestro señor, finca y en todo se reposa en el poder de algunas familias de Capitanes que, como Juan Pérez de Sardoal, han sabido sujetar las fieras indiadas, mantener la religión, emprender el trabajo, concertar muchos intereses y darles cuerpo a estas ciudades, donde todo lo mejor para el Rey son las casas españolas y todo lo peor el recuerdo de los caciques de su poderío y riquezas, y en estos indios occidentales el de sus dioses, sus señores y sus costumbres. ¿Creéis, señor, que esta fábrica de este castillo fuera posible sin el señor que mantiene los arquitectos? ¿Esas pinturas y esculturas y ese teatro de este castillo, pudieran ser sin el señor que alienta y alimenta a los pintores, a los escultores y a los cómicos? ¡Pues qué! ¿De otro modo, podremos los hijos de las casas nobles de España, ser otra cosa que miserables desterrados, cerdos que se engordan con pepitas de oro, y que pierdan su educación y su modo de ser cortesano y gentil, que ha sido la estampa en que se han mirado y que remedan todas las Cortes de Europa? Las indiadas y los príncipes idólatras, los soldados y aventureros sin letras, ¿podrán hacer de las colonias y posesiones de España una imagen de España? ¿Qué es esto del Rey con los señores y dueños de las tierras de la América? Decidme, en una palabra, ¿suspendéis esas ordenanzas?

Y respondióle Van-Dick:

—No, ¡por Santiago Apóstol! ¡Y por Dios y sus Santos no las suspenderé!

IX

Os Magna Sonaturum

Entonces Van-Dick, volviéndose a las muchedumbres de las encomiendas, y hablándoles en pipil, díjoles más o menos:

—Sabed que el Rey nuestro señor, por estas leyes que veis en mis manos, os liberta del poder de los señores encomenderos: alabad por esta libertad a Dios y a nuestro Señor Jesucristo y a su Santa Madre primero, y después a mi señor Fray Bartolomé de Las Casas, quien inspirado por Dios, mientras vosotros gemíais en los bosques y en las minas, en trabajo desmedido, y perecías a la inclemencia del sol, y a la fuerza letal de los miasmas de los pantanos y los derrumbes de las minas, él ha permanecido sin que lo sepáis, sin esperar nada de vosotros, a los pies del trono del Emperador, puede decirse, largos veinte años, hasta conseguir que seáis hombres libres como los conquistadores que hasta aquí fueron vuestros amos.

Las encomiendas que al oír el nombre de Dios, de Jesús y María, habían doblado la rodilla, con muestras de ceder a un hábito que en principio fue una enseñanza e imposición de la fuerza y del látigo de los capataces, manifestaron un asombro que puso en la faz de los siervos un relámpago de una luz potente e inexplicable.

—Mirad allí la imagen de la Estrella de la Mañana, confundida con los útiles más comunes del trabajo del castillo... No os ha libertado... No ha animado vuestras penalidades... En otro tiempo esa hermosísima Estrella, precediendo al Sol, vuestro dios antiguo, padre y creador del verdor de los bosques y los cerros, que se alzan dentro de esta inmensa llanura, sí, en otro tiempo, la Estrella de la Mañana, al despedir a la noche, os convocaba al trabajo... Este valle carece de ríos y ella os dio ese hilo de agua que se llama Acelhuate... Esta es vuestra tradición. Ya veis que hablo bien de vuestros dioses... Pues bien, así como vuestro Rey de Cuscatlán obedecía al Emperador de Payaquí, y el Emperador de Payaquí al Gran Pontífice Maya de Palenque, en otro tiempo, como lo refieren esas esculturas, así la Estrella de la Mañana sólo es una piedra preciosa en la corona de María, a cuyos pies está la luna, y a cuyas espaldas, el sol que está irradiando en aquellas alturas sólo viene a ser su sombra. No: la Estrella no ha valvado. Ahora conoced lo que es nuestro Dios. Le ha bastado hablar por la boca de Las Casas y han caído a sus pies invisibles, las cadenas de millones de siervos americanos. Mirad ese castillo soberbio: ved esas filas de mosquetería y esos caballeros: esa selva de partesanas cuyos hierros ha humedecido la sangre de vuestros antepasados: recordad las maderas preciosas, el oro y la plata y los diamantes con que enriquecen al Rey y a los conquistadores vuestras manos esclavas: todo esto se oponía a vuestra libertad. Y sin embargo la palabra de Las Casas os ha libertado. Esa palabra es la palabra de "nuestro Dios..."

Ahora el padre Las Casas, con vuestros hermanos de la Vera Paz, ha hecho el pacto o alianza más grato para vuestro Dios, habiendo pedido al Rey de España que no los combatiera con las armas, porque él emplearía la palabra divina; los pueblos le han comprendido, como vosotros me comprendéis a mí y se han sometido a nuestro Dios y a nuestro Rey. Vosotros, jurad que acogéis de corazón la religión cuyo Dios os ha libertado y que obedeceréis al Rey de España, y Dios, en cambio os saca de esta servidumbre como en otro tiempo a los israelitas; y el Rey, que nombrará su Alcalde Mayor, os permite que elijáis tres Regidores para el gobierno de la villa y de vuestros pueblos. Vosotros, que sois libres desde este momento, nombraréis los Regidores que os gobiernen, que en cuanto al Alcalde Mayor, el Rey ha nombrado al señor don Juan Pérez de Sardoal.

Los que volvieron a verle advirtieron que Sardoal había dejado la plataforma y que oía estas últimas palabras desde la galería del balcón morisco.

Un largo silencio sucedió a la voz de Van-Dick en los grupos de las encomiendas: sometidos a la influencia de una revelación, estaban recogidos en sí mismos. Un leve y confuso murmullo se oyó en que se percibía este nombre:

"Las Casas..." "Las Casas..."

Siguiéronse aún grandes murmullos. En fin, los jefes los primeros, príncipes, caciques, sacerdotes y guerreros, avanzaron, saliendo de sus diversas filas, agitando así los grupos que cubrían las explanadas y que les daban paso, y uno a uno repitiendo las palabras "Las Casas", "Las Casas", deponían sus aros o diademas de oro y plumas, y sus armas a los pies del catequista. Las graderías se cubrieron de un hacinamiento de trofeos.

Un cacique anciano resumió los sentimientos de aquella muchedumbre de pueblos:

—Tomad de los señores de Cuzcatlán, que en otro tiempo se libertaron venciendo a los del antiguo reino de Payaquí, este oro y estas plumas para el altar del Dios de Las Casas.

No bien pronunciaron estas palabras, y como si se hubiera roto el ensalmo que tenía atados a aquellos millares de hombres a la servidumbre, un grito que pudo acallar al trueno, subió a los cielos y la muchedumbre se agitó como un mar, al moverse por las explanadas, para volver a sus pueblos y a sus hogares; mas en medio de esta agitación vióse de pronto el techo del castillo coronado por la furia de las llamas, y su Mayordomo gritó con espanto:

—¡Hase incendiado el bálsamo, que habrá para arder toda una semana!

Cuando la gente del servicio quiso acudir, el puente levadizo echado sobre el foso que separaba el castillo de las explanadas, había sido levantado, y Sardoal atravesó la galería de los balcones moriscos a la vista de la muchedumbre.

Pronto salieron a estos balcones grandes remolinos de fuego huracanado: se oía en el interior como el rugido de una tempestad.

El encomendero se dirigió al sitial cuyos blasones resplandecían en el testero de una sala regia. Doña Sol, su esposa, que le había visto tantas cosas maravillosas, arrodillada ante el sitial, le besaba la mano y lloraba.

Así esperaron la muerte, que llegó en el misterio espantoso del humo y de las llamas enfurecidas.

[De: Francisco Gavidia, *El Encomendero*, 2ª ed., San Salvador, El Salvador, 1960.]

FRANCISCO HERRERA VELADO

EL VOLCAN

Recuerdo que cuando iba a la escuela, jamás dejé de hacer la inspección que era reglamentaria entre mis compañeros de primeras letras. Todos los días nos acercábamos temblando de emoción a espiar "el subterráneo", un sitio donde estaba depositado el tesoro del Diablo.

¡Chist...! Allí está... Vámonos.

Era en Izalco. Había cerca del cabildo una gran excavación, y en su fondo veíamos —desde lejos, por suspuesto— la entrada a dos túneles de mampostería. Contaban que sacando tierra para hacer adobes, descubrieron aquella obra gigantesca. Algunos curiosos exploraron los túneles "sin poder hallarles fin". Así decían. Hubo los consiguientes comentarios en el pueblo. Desde luego intervinieron las comadres. Y tras discusiones y sospechas nació la leyenda. ¿No era pecado que los católicos visitasen esa obra diabólica?

Un alcalde prudente opinó de igual manera, y mandó cerrar la excavación.

Muchos años después, platicando con ño Julián Sisco, un indio que hablaba muy bien el español y fue gran narrador de tradiciones izalqueñas, confirmó la historia del subterráneo tal como yo la sabía, y en seguida me contó algo más interesante.

—Sí, señor, ahí guardó el Diablo su tesoro, cuando lo sacó del sitio donde estaba enterrado antes.

—¿En dónde lo tenía?

—¡Ah! ¿no sabe usted? El tesoro estaba en el mismo lugar en que fabricó el Cerro.

—Cuénteme esa historia, ño Julián.
Y el indio me contó lo que os voy a referir.

Había dos avarientos —el marido y su mujer— cuyos nombres nadie sabe, porque ninguno quiso volver a mentarlos después de la catástrofe que acabó con ellos y sus tierras.

Vivían en una gran hacienda —el lugar que ahora ocupa el Volcán—, y alquilaban sus terrenos a los indios pobres, quienes eran sus víctimas perennes.

Aquellos guatales parecían una bendición de Dios. Las mazorcas del maíz eran tres veces más grandes que las de ahora. Y conviene saber, señor, que entonces no daban mulquite las milpas. Pero el hacendado y su mujer tenían muy mal corazón y una codicia insaciable. Cuantas veces iban los naturales a pagar el censo, les quitaban más de lo convenido o se quedaban con toda la cosecha.

Pronto expiaron sus fechorías aquellos miserables. Cierta noche, bajo una tempestad de rayos, llegó a la hacienda un señor embozado. Llevaba anteojos negros y sobrebotas de charol. Montaba en soberbio caballo. Eso fue todo lo que pudieron decir de él algunos colonos.

Como el embozado tenía apariencia de rico, los patrones salieron a recibirlo con mucha amabilidad. Pero ellos solamente; porque los mozos que allí vivían contaron que todos habían sentido un miedo inexplicable. También los animales dieron muestras de terror. Los perros aullaron con la cola entre las piernas; y el ganado que estaba en un rodeo echó a correr hacia la montaña, con mugidos inusitados.

¿Qué platicaron los patronos y el huésped? Quizá algo muy interesante y divertido; porque estuvieron alegres, bebiendo hasta altas horas de la noche.
Al amanecer partió el extraño amigo, prometiendo volver.
—Volvió todas las noches. Así empezó la obra.
—¿Cuál, ño Julián?
—La fabricación del Cerro.
—¡Ah!...
Decía ño Julián que, conociendo aquel viajero la gran codicia de los hacendados, les habló del fabuloso tesoro que estaba enterrado allí. Les dijo quién era él... —ya lo habéis comprendido: el Diablo—; y luego, celebraron un tratado para sacar el tesoro.

Tenían que hacer un pozo, cuya excavación quedaba a cargo del hacendado y su mujer, quienes deberían personalmente horadar cierto sitio indicado. El amigote les prometió que llegaría todas las noches a dirigir el trabajo.

Así lo hicieron. Tres días después el pozo tenía una profundidad enorme, aunque el cavador no hacía otra cosa sino echar la tierra en el barril que colgaba de la garrucha. Grande era éste; y sin embargo, la mujer tiraba de la cuerda con mucha facilidad. ¡Es claro, había alguien que les ayudaba! —Ya comprendéis que no hago más que repetir las palabras de ño Julián.

Todas las noches llegaba el director de la obra. Iba a sacar a su amigo, a quien le habría sido imposible salir del pozo sin la ayuda del poderoso compañero.

Y llegó el momento esperado.

Una noche apareció el tesoro. El barril salió completamente lleno de oro y piedras preciosas. A la luz de la luna, aquella pedrería de diferentes colores se cubrió de fantásticos destellos.

—¡Cómo sería el gozo de los avaros! Adentro del pozo se oían los alegres gritos del cavador. —"¡Hay más; hay más!" Y arriba, su mujer gritaba también como loca: —"¿Hay más; hay más?"

—Hay más —dijo el Diablo, quien llegó en tal momento, y soltando una atroz carcajada agarró del pelo a la mujer y la echó al pozo.

—Aquella misma noche, señor, llevóse su tesoro el Diablo, y lo depositó en el lugar que usted conoce.

—¿Y ese pozo, ño Julián?

—Espere usted, que aquí viene lo gordo. Al saber el señor cura lo que había ocurrido, fue a la hacienda acompañado de mucha gente. Iba a conjurar el lugar maldito. Pero con los exorcismos se empeoró aquello.

—¡No!

—Sí; porque al caer el agua bendita que echó el señor cura, sucedió una cosa tremenda. De la boca del pozo empezó a salir un vocerío que causaba espanto. Eran los alaridos de los condenados... ¡Dios nos guarde! —Y ño Julián se persignó antes de continuar—. Al oír los gritos, el señor cura y sus acompañantes comprendieron qué era aquello, y echaron a correr. A tiempo lo hicieron; porque el pozo infernal comenzó a arrojar humo; y en seguida, uan columna de fuego. Tal es el origen de ese vómito de *teshcal* hirviente que tantos siglos cuenta ya.

Esta es la historia del Cerro. Así fue cómo aquellos compinches del Diablo, por codiciosos y ladrones, abrieron en su propia hacienda la puerta del infierno.

La puerta del infierno. Eso dicen los indios que es el volcán de Izalco. Y es artículo de fe entre ellos, que allí se encuentran los ricos que durante su vida fueron como los hacendados de la leyenda.

Pero no creáis que solamente para los ricos malos de Izalco hizo el Diablo esta concesión. No. También van a parar allí los de toda la República.

[De: Francisco Herrera Velado, *Agua de coco - Tradiciones y Cuentos,* San Salvador, El Salvador, Ministerio de Educación, Dir. de Publicaciones, 1974, p. 33-38.]

URUGUAY

ISIDORO DE-MARIA

EL PAVO DE LA BODA

1800 - 1825

A Ricardo Palma - Perú

DE SEGURO, que eso de ser uno pavo de la boda, a nadie le gusta, ni pagar el pato; pero los hubo, como castañas, quieras o no, allá "en los tiempos de entonces", en que no había *boda sin pavo,* aunque sí, pavos sin boda en los bolsazos. Y cuentan que aun en los tiempos de los ramilletes con pajaritos de la Confitería del Angel, de Raimundo o de Buero, no faltaron también pavos de boda haciendo el gasto.

Los antiguos eran así, gente llana, bonachona, sin ribetes de presunción ni de monadas, que lo mismo se despachaban sin ceremonia un pavo relleno, que un par de pichones o una jícara de chocolate a la española en sus festejos.

No daban *tés* a la inglesa, ni *recibos* a la francesa, ni tarjetas de convite, ni de visitas, ni de "Fulano y Zutana ofrecen a usted su casa, o su nuevo estado"; pero en cambio no faltaba el recadillo con la criada o el criado a su merced el ama o el amo, que le espera luego o mañana a sus mercedes a tomar la sopa o el chocolate, o a participar *del pavo,* si de casorio se trataba.

Tenían su inclinación, como buenos hijos de Adán, a la costilla, para cumplir aquella santa parábola de "creced y multiplicaos", con la bendición de Dios, formando la humana familia. Verdad es que el ejemplo venía desde muy atrás, como el de "la bendición mi padre, la bendición mama, la bendición madre señora", y la respuesta: "Dios te haga bueno, o Dios te dé su gracia"; porque sabrán ustedes, que desde el arribo de los primeros pobladores de Montevideo, de lo primero que se trataba, al empadronarse, era de casorio para constituir el hogar, y así formaron troncos los Carrasco, Alvarez,

Ledesma, Mascareño, Prieto, Baldenegro, González, López, Ortega y otros antiguos Macedonios de esta tierra.

Según eso, cualquiera dirá que no había solterones en aquel tiempo. Los hubo, porque no hay regla sin excepción, pero eran habas contadas en San Felipe y Santiago, los rebeldes a la casaca y a costear el pavo de la boda.

Todo al contrario. Eran por lo común casamenteros, y tanto que Currillo o Perulero cantaba al son de la guitarra:

> *Casaca me he de poner,*
> *que sea de arpillera o coco;*
> *que estoy loco, loco, loco,*
> *por querer a una mujer.*

Oír las referencias de doña Tecla, o de algún cotorrón como don Cirilo de aquellos tiempos, sobre los casamientos, y los casamenteros, y el *pavo de la boda*, era cosa divertida, y capaz de abrir el apetito al más desganado.

Dejemos a un lado los preliminares de pedir la mano de la pretendida al padre, más serio que el Guardián de San Francisco, y del carmín que asomaba a las mejillas de las pretendidas, cuando llegaba el momento del interrogatorio paterno, consultando su voluntad y dándole consejos; hagamos caso omiso de la dote, del Notario y de las amonestaciones con el consabido: "si hay algún impedimento que lo manifieste, que es la 1ª, 2ª, o 3ª amonestación", que ponía nerviosa a la interesada al oírlo, mirando a las devotas de soslayo, y haciéndosele la boca agua al futuro, y vamos a la celebración del casorio, hasta el *pavo de la boda*.

Nada de coches para ir a la iglesia a recibir la bendición, y unirse con *el lazo indisoluble* ante Dios y la sociedad, aunque los pájaros remonten después el vuelo del nido. Van a *patita,* muy contentos, a la luz del día y tempranito para oír la misa. Cierto es que no tenían mucho que andar para ir a la Matriz, dentro del recinto de la muy noble de San Felipe y Santiago. A esa costumbre raras excepciones se contaron, como fue la del Barón de la Laguna, cuando preso en las redes de Cupido, como cualquier otro mortal, se sometió a la blanda coyunda de la belleza de Rosa Herrera, convertida en Baronesa; o la del Brigadier Calhado con Dolores Juanicó, o el doctor José Pedro de Oliveira con la de Berbecet, a cuyos desposorios fueron conducidos en coche a la iglesia.

No había tutía. El que quería casarse no tenía más remedio que ir a pie tempranito a la iglesia, salvo en artículo *mortis,* que eso de hacerlo en coche *nequaquam,* porque sólo lo poseía una que otra familia aristocrática. A buen seguro que fuese el cura a casar a nadie a su casa, aunque fuese el más pintado.

Nada de casamientos a domicilio, ni de bombástica, ni de regalos de fantasía por parte de los convidados, poniendo en contribución el bolsillo ajeno por el prurito de la vanidad, aunque libres estaban entonces de salir a relucir en la lista de obsequios en la *Gazeta*. Esas cosas no se conocían, aunque se tratase de otra clase de regalos de raro mérito, así por el estilo de aquel de la Princesa Carlota a Contucci, de una *baraja magnífica de plata y un par de guantes tan finos y delicados, que venían dentro de una nuez.* Vamos, como regalo de Princesa.

Bastaba en el regalo de boda, en los de más fuste, el anillo de boda, la cruz de oro de la amorosa madre, los pendientes o el collar del padre, el prendedor, el abanico de nácar o de seda con lentejuelas, o cualquier otro objeto de los padrinos, y santas pascuas.

Nada de trajes blancos o adornos de azahares, como de rigor, exhibidos con antelación por la modista. Las vanidades humanas no entraban en el reino de la gente de entonces.

No era de rigor el traje blanco en las desposadas, ni la corona de azahares. Vestían indistintamente, de negro o de color con más o menos lujos y elegancia, cubiertas, eso sí, con el infaltable velo blanco, ricos pendientes, valiosas alhajas, y el zapato de raso blanco. Por supuesto, que el traje y el *prenderío* era arreglado a la condición social de los desposados; pero el color negro era el más común, o el violado, sin que eso se opusiese a los colores claros. ¡Qué bonita estaba la novia prosternada ante el altar en la velación y qué cuchicheos entre las devotas que lo presenciaban!

¿Y dónde dejaremos las *arras*? Bonito ceremonial de riguroso uso en las velaciones, instituido para la formalidad del acto de los esponsales.

El desposado pasaba a las manos de la desposada *las trece monedas* de regla (sin la agüería del número), a manera del juego del anillo, que la novia dejaba caer de las suyas a la bandeja, que buen cuidado tenía el sacristán o el acólito de colocar bajo de ellas para recibirlas. Las tales trece monedas habían de ser precisamente columnarias, bien fuesen de plata u oro. El rumboso las echaba de oro entre las manos de la novia, y el que no podía hacerlo así, las echaba de medios o reales de plata.

—¡Y qué ojos abriría el sacristán al verlas caer en la bandeja si eran amarillas! porque al fin, algo de las *arras* de la novia podía tocarle, o le tocaba a la iglesia.

Consumatum. Los novios ya están casaditos, aunque después puedan llamarle cascote al que da que hacer a la navaja del barbero. El himeneo consumado, y sigue la parte patética del abrazo maternal y filial, del ósculo a la desposada, y del abrazo de los padrinos. Y vamos a casa, al chocolate del desayuno, desposados, padres y padrinos, que luego entrará en juego el *pavo de la boda,* que ya estará en el horno de la panadería de Catá, o de Montero, o de Jiménez, esperando su turno para la fiesta de la comilona.

Como en la época era costumbre comer al mediodía y cenar a la noche, la parte culinaria, la comilona de boda tenía lugar a la una o poco después de la tarde.

La mesa, más o menos espléndida, estaba pronta para los convidados a la boda, y en su centro el gran *pavo relleno de la boda.* Bien podía haber manjares de toda clase en la mesa, pero el *pavo* no faltaba en ninguna, por modesta que fuese. Formaba el centro obligado de toda mesa de boda.

De esa costumbre nos vino el refrán del *pavo de la boda.* ¡Que les haga buen provecho!

—Pasemos al comedor, —dice el jefe de la casa— y a él se dirigen los novios, los padrinos y los convidados, conduciendo galantemente a las damas del brazo. Toman asiento, y la comilona empieza con todo lo mejor y apetitoso que ha podido preparar la cocina casera, porque no era costumbre servirse de otras, ni habría dónde recurrir, por la sencilla razón de que las fondas del Vapor, de Himonet, y aun de la Concordia después, no estaban a la altura de los *Restaurants* ni Hoteles de moderna data.

La mesa estaba cubierta con abundancia de aves, pasteles de fuente, cremas, budines, dulces, frutas y tantos otros manjares, ostentando en su centro el gran *pavo de la boda,* gordo y dorado, como diciendo a los convidados *comedme,* que ya sabéis quien soy: el *pavo de la boda.*

Aquí el trinchante. El amo, o el señor de casa lo despresa, y sirve a los novios las primeras presas. Todos hacen honor al *pavo de la boda,* y entre bromas y no bromas, se lo *manducan* de preferencia, y adiós *pavo de la boda,* inmolado a la costumbre de la fiesta del casorio, lo mismo en la mesa del pudiente, que en la del que no lo es, porque no había boda *sin pavo.*

No hubo antiguo que no conservase con gusto el recuerdo del *pavo de la boda,* que pasó a refrán, con el *que nos quedamos.*

[De: Isidoro De-María, *Tradiciones y recuerdos - Montevideo antiguo,* Montevideo, Imp. Elzeviriana de C. Becchi, 1887, 168 p.]

VICTOR ARREGUINE

ARTIGAS Y LOS PERROS CIMARRONES

A Ricardo Palma - Lima

CIERTO DÍA, y éste era el 31 de mayo de 1730, los cabildantes de Montevideo, que lo eran Juan Camejo Soto, José Fernández Medina, Cristóbal Cayetano de Herrera, Jorge Burgos y Bernardo Gaytán, se levantaron con un deseo nunca visto, de legislar en pro de la Provincia, que llamaban República; y con la chola llena de proyectos, y el calzón corto, y las calzas largas, la casaca y capa negras, el botín de hebilla, y la blanca y tiesa pechera mostrando por botones brillantes, y la vara de la justicia en la diestra mano, tomaron asiento, como lo habían de costumbre, en la Sala Capitular, y entre otras cosas dispusieron sus señorías lo que sigue:

"Lo QUARTO [1] que teniendo la Señoría tan presente los notables daños que se siguen y Experimentan de los Perros Zimarrones que an ocurrido sobre esta Ciudad y Estancias como es comerse los Animales recién nacidos que es causa de no auer Multiplicación, de Cauallos, Bacas y Obejas, Yasimismo Los Daños que de d^{chos} Perros se Experimentan en las Sementeras siendo causa, de que cueste al doble, el Segar los trigos acordó que el mejor remedio para extinguir y finalizar esta perrada es que cada Vecino Caueza de familia sea obligado amatar dos Perros en Cada mes, comenzando acontarse desde primero de Junio Ycontinuando el mes de Julio, en la misma forma y subcesiuamente en los Meses siguientes, hasta que Conste á la Señoría de este Cauildo este vencida, esta pretension, y que cada Vecino sea obligado cada mes a entregar quatro orejas, de los dos que hubiere Muerto, ante los alcaldes, quien devera dar Reciuo en caso necesario y guardar las dhas orejas para

---

[1] Actas y Acuerdos del Cabildo de Montevideo.

quando por la Señoria, selepidan y si alguna persona Cumplido el mes no entregare las dhas orejas por cada vna que le faltare se le haia de quitar vn Real; para que con el dinero de los que faltaren manden matar los Alcales ordinarios los que alcanzare al costo".

¡Diablos con los tales cimarrones! ¡Nada menos que la grave atención de los Cabildantes hubo de ocuparse en exterminarlos! Tras disposición semejante debió de ser cosa graciosa ver a los campesinos, al finar cada mes, presentarse en las toscas alcaldías, con un manojo de orejas en la mano y decirle al Alcalde:
—¡Ola, señor Alcalde, aquí venimos con este tesorillo de orejas. Alabado sea Dios y qué trabajo nos cuesta trabucar a esa pícara dañina canallesca perrada.

Los cimarrones, aunque no autóctonos, o de origen americano, sino español, eran tan salvajes y libres como el mismo charrúa. Nada de humillaciones, nada de sometimientos.

Errantes por el campo, a manera de manadas de lobos, hambrientos, altivos y hurraños, hacían guerra a muerte al ganado, devorándole las crías. *Cuatreros* prematuros, no conocían más guarida que lo hondo de las selvas frondosas y vírgenes, y si alguna vez hacían vida común con el indio, no por eso perdían su independencia feroz.

El gato montés y el jaguareté, fieras nativas, casi nunca dejaban el pajonal. Atacaban la presa cerca de sus madrigueras, a la vuelta de un recodo de monte, o de una picada de río.

Aquéllos se organizaban en bandas, como salteadores de caminos, realizando sus excursiones y sus luchas por la vida a campo abierto.

Hacia el año diez del presente siglo, a fuerza de bala y cuchilladas y trampas y veneno, los colonos españoles habían casi puesto término a la dinastía cimarrona. Por su parte, los arcabuceros castellanos otro tanto habían hecho con los charrúas y demás indígenas del territorio, compeliendo a los sobrevivientes en los combates, a clavar sus tolderías en las remotas e impenetrables espesuras vegetales, y, de no, a someterse a la codicia de los encomenderos.

Pero vino la guerra de la independencia y presto asomaron los indios traídos por el instinto, que les decía hicieran causa con los revolucionarios, y constituyeron un formidable auxiliar de carne y valor para los independientes.

Puesto en calzas bermejas el enemigo de la patria, ya no pudo perseguir a los perros cimarrones, que a la sombra de la libertad procrearon pasmosamente y afilaron los colmillos para hincarlos no tan sólo en terneros y ovejas, pero también en los españoles. Sin pelos ni señales refiere cierto cronista el caso de que una famélica banda de cimarrones se devoró, allá por el año catorce, a un asistente del capitán Mondragón, el cual asistente era gordo; y como éste sucedieron algunos otros, por donde se llegó a creer que los cimarrones, cuando pillaban un español solo y sin armas en el campo, se lo comían como pan bendito y que, por ende, algún convenio misterioso habían de tener con los patriotas.

Después de la invasión portuguesa de 1812, traída por el General Souza al territorio de la República —por entonces ni República, ni cosa que lo valga sino revuelto torbellino de instintos y deseos de independencia—, el General Artigas anduvo de mal en peor, peleando a los portugueses, a los porteños y a los españoles, por separado, en el espacio de no muchos años. Sarratea, aquel General de ingenio corto y lengua larga —nombrado General a usanza republicana, al estallar la revolución—, y otros prohombres argentinos, no tenían mayor gusto que dañar al caudillo, quien sosteniendo la integridad de su territorio, contribuía a asegurar la de toda América.

Mas no por siempre debía permanecer eclipsada la estrella del caudillo; y si unas veces se veía acosado por los que como él y su pueblo se hallaban envueltos y confundidos en la guerra, otras era acariciado y mimado por la fortuna y por los mismos que la víspera le desearan echar un cordel al cuello.

Gauchos, indios, tapes y charrúas, y chinas patrias, capaces de habérselas a lanza o machete con el más pintado tercio castellano, en el campo de pelea, formaban el ejército de Artigas, el caudillo querido desde el Yaguarón a Córdoba y de Montevideo al Paraguay, por el paisanaje errabundo, que en él veía al patriarca de una nacionalidad latente, llamada a muy altos destinos, además de ver al abnegado caudillo, que hablaba de la patria y de la democracia, con modos tan vehementes que a ellos se les figuraba el revelador de algo que ellos soñaron allá en los días tristes de absoluta dominación extranjera.

A tal ejército, sin más ayuda que sus músculos, sus conocimientos del suelo y sus expertos y bravíos instintos, ni más guía que su jefe, solía Artigas dirigir arengas concisas y llenas de fuego, empleando siempre frases que llegaran al alma y tuviesen para cada soldado el poder, el influjo por vago misterioso de la esperanza, y al par el fuego de la *caña* [2] con pólvora. Así cuenta la tradición que un día estando al frente de sus bravos, diezmados por resistencias heroicas al invasor, a raíz de haber sido comido por los cimarrones un enemigo, cosa que el ejército no ignoraba, les recordó que hasta los perros atacaban a dentelladas al usurpador del suelo, prueba de que hasta a ellos la tiranía era odiosa.

En otra ocasión, diezmadas las fuerzas de Artigas; rota, no abatida, su bandera; sombrío el porvenir, y sin más esperanza que la de la muerte, respondió a un enviado de los portugueses que habían venido en proponerle la paz a trueque del sometimiento: Diga usted a quien lo manda, que Artigas, cuando le falte gente, con perros cimarrones ha de pelear a los enemigos de la patria.

Y no fue vano alarde la frase, pues en más de una refriega, también éstos tomaron parte en favor de los republicanos, de quienes parecían ser aliados en aquellas horas de correrías y vicisitudes en que los americanos compraban la independencia al precio de la vida.

[De: Víctor Arreguine, *Narraciones nacionales,* Montevideo, 1900, 61 p.]

[2] Caña, aguardiente.

VENEZUELA

ARISTIDES ROJAS

MAS MALO QUE GUARDAJUMO*

Crónica Popular

"¡SÉPASE quién es Calleja!" y "¡Es más malo que Calleja!", son dos refranes que pertenecen el uno a México, y el otro a Lima. Si estos dos Callejas fueron hermanos, a lo menos por el nombre, hay otro refrán que fraterniza con ellos, y es venezolano, a saber: "¡Más malo que Guardajumo!" Aceptemos que si Guardajumo no fue de la parentela de los Callejas, pertenece a los bastardos de la familia, y sigamos con el refrán.

Abrimos a Palma, en su célebre libro de *Tradiciones peruanas,* y leemos: "En México es popularísima esta frase: ¡Sépase quién es Calleja!

En la guerra de independencia hubo en el ejército realista un General don Félix María Calleja, al cual dieron un día aviso de que los *guachinangos* o patriotas habían fusilado con poca o mucha ceremonia, que para el caso da lo mismo, cuatro o cinco docenas de pirineos.

El General español montó a caballo y se puso a la cabeza de sus tropas diciendo: ¡Ahora van a saber esos *pipiolos* quién es Calleja!

Veremos de los dos cuál es más bruto
Si Roldán eres tú, soy Farraguto.

Y sorprendiendo a los insurgentes, cogió algunos centenares de ellos, los enterró vivos en una pampa, dejándoles en descubierto la cabeza y mandó que un regimiento de caballería evolucionara al galope. Cuando ya no quedaron

---

*Los llaneros no dicen Guarda humo, como debe escribirse, sino que aspirando la h, pronuncian Guardajumo, uniendo las dos voces. Hoy, Guardajumo es el apodo del famoso salteador, tema de esta crónica.

bajo los cascos de los caballos, cráneos qué destrozar, aquel bárbaro se dio en el pecho una palmada de satisfacción exclamando: Sépase quién es Calleja. Y en seguida, para quedar más fresco, se bebió un canjilón de horchata con nieve.[1]

He aquí el origen del refrán mexicano ¡Sépase quién es Calleja! Respecto del peruano: ¡Es más malo que Calleja!, Palma nos hace un historial de aquellos célebres *talaverinos,* del batallón "Talavera", compuesto de ochocientos angelitos "escogidos entre lo más granado de los presidios de Ceuta, Melilla y la Carraca en 1814". Uno de los oficiales de esta pandilla de presidiarios, el Capitán don Martín Calleja, vestido de gala, tropezó, en cierto domingo al doblar una esquina, con un pobre negro que cabalgaba en un burro. Que el Capitán no supiera sacarle la suerte al animal o que el jinete, por torpe en el manejo del asno, no pudiera evadir el percance, es lo cierto que el talaverino metió el pie en un charco, y el lodo le puso el pantalón en condiciones de inmediato reemplazo, como nos dice Palma.

Ya supondrá el lector lo que sucedió y debía suceder: el Capitán desenvainando la espada se fue sobre el burro y lo atravesó. En seguida acometió al infeliz jinete, quien lloró, suplicó, imploró, a cuyas plegarias fue sordo el Capitán, pues le clavó el arma en el pecho, acompañando el lance con sapos y culebras que salían de la boca de tan valeroso militar.

¡Qué nos importa la suerte del jumento y la del pobre esclavo! La justicia humana es elástica, y a ella debemos someternos. Pero si no hubo justicia, por lo menos surgió el refrán que dice: ¡Es más malo que Calleja!

Pues señor, estos dos Callejas no valen un bledo al lado del famoso Guardajumo, cuyo nombre es conocido en la dilatada pampa del Guárico, desde fines del último siglo. Guardajumo es uno de los pocos hombres que han sabido poner por obra los siete pecados capitales: amó a Dios y al prójimo sobre todas las cosas; codició lo ajeno y todo fue suyo; sacrificó hombres, mujeres y niños; satisfizo todos los apetitos, infundió pavor, y desapareció, alcanzando lo que tantos hombres ambicionan: un nombre ruidoso, la gloria.

En el pueblito de los Angeles, antiguo lugar de misión al sur de Calabozo, nació por los años 1780 a 1782 el indio Nicolás, descendiente de aquellos feroces Guamos, que en remotas épocas asolaron las comarcas del Guárico. Desde muy niño, Nicolás había dado indicios de rapacidad, pues robaba a la madre cuanto objeto podía para venderlo al primer muchacho con quien tropezara. Mal acompañado siempre, Nicolás continuaba dando pruebas de lo que sería algún día, cuando sufre el primer carcelaje, al cual siguieron otros más; pero como mozo astuto y ágil, hubo de sustraerse a poco andar, de las persecuciones de la autoridad, burlando toda vigilancia. Adulto al comenzar el siglo, Nicolás da comienzo a su carrera de crímenes atroces: ya atrae a los viajeros y los sacrifica, ya azota los hatos cuyos animales destruye; ya roba a los arrieros conductores de mercancías. Si desaparece por algún tiempo es para hacerse olvidar, volver resuelto a la carga con nuevas fuerzas y cometer todo género de atentados.

---

[1] Palma. *Tradiciones peruanas.* Tercera serie.

Siempre estaba acompañado de hombres perdidos que obedecían a sus órdenes y siempre se presentaba con su infernal gavilla de manera tan inesperada, que no dejaba tiempo para la defensa. Su ligereza, su agilidad y su manera de aparecer y desaparecer, motivaron que los pueblos le tomasen por brujo, y por esto huían de él como del espíritu maligno. Llamábale el vulgo Guardajumo y con este nombre era conocido en muchas leguas a la redonda de la zona de los llanos de Barcelona, del Guárico, de Aragua, etc. Nombraban así porque cometía un crimen, y tras éste otros, sin que las autoridades pudieran apresarle. Se creía, y él lo aseguraba, que sabía transformarse en tronco de árbol cubierto de humo por todas partes, para reírse de cuantos le buscaban. Decían otros, que debía tal nombre al no formar una sola fogata en el lugar de la pampa donde almorzaba, sino varias muy limitadas, para que así no pudiera la columna de humo verse desde lejos. Tal fue la opinión del vulgo, respecto del temido bandolero.

En los días en que Guardajumo, acompañado de su gente, talaba los llanos y era el espanto de los viajeros y pobladores de hatos, comerciaban con la vecina isla inglesa de Trinidad dos jóvenes, español el uno y venezolano el otro. Las mercancías entraban por el puerto de Güiria, y en recuas eran conducidas a los diversos pueblos del Guárico. Para salvar el producto de su trabajo de la codicia de la turba de asesinos a cuya cabeza sobresalía Guardajumo, los dos comerciantes se pusieron al frente de su caravana, acompañados de peones valerosos. En cierta noche, al pasar del abra de los llanos barceloneses a la pampa del Guárico, la caravana fue acometida por los salteadores. El choque fue muy rápido porque los jóvenes se lanzaron sobre los bandidos, derribaron a cuatro de ellos e hicieron poner en fuga a los restantes, entre los cuales iba herido el famoso Nicolás.

¿Quiénes eran estos esforzados mancebos que con tanto brío habían vencido a tan temida pandilla de salteadores? Ya lo diremos más adelante.

Después de repetidas aventuras, siempre sangrientas, en las cuales el célebre Nicolás satisfacía sus pasiones insaciables, fue delatado por uno de sus compañeros, su tío Chepe Gune, tan malo como el sobrino. Sentenciado a muerte, no hubo en Calabozo verdugo que lo llevara al patíbulo, teniendo que pedirse uno a Caracas. El vulgo, que se hace siempre eco de todas las patrañas imaginables, asistió a presenciar la ejecución de Guardajumo, creyendo que iban a efectuarse las promesas del criminal, cuando aseguraba que de la horca iba a escaparse, porque conocía los medios que debía poner en juego para que el cordón no le tocara el cuello. Mil y más mentiras fueron creídas, y no faltaron personas que se encerraron en sus casas el día de la ejecución, temiendo que se realizaran los vaticinios de Guardajumo.

Vuelta la paz a los llanos del Guárico y con ella la confianza y el contento, los llaneros tornaron a sus bailes y recreaciones favoritas. Un poeta caloboceño, Gil Parpacén, perteciente a un grupo de hermanos que más tarde figuró con brillo en la guerra de independencia, compuso el siguiente *corrido,* canto popular, para celebrar la memoria del célebre bandolero descendiente de los guamos.² Aceptaron la poesía los cantores llaneros, y durante muchos años fue la canción celebrada de la pampa. A proporción que nos alejamos de aquella época, 1800-1806, los versos van desapareciendo, porque nuevos cantores suceden a los que mueren; no así el refrán, pues en muchos pueblos y ciudades para fotografiar a ciertos tipos se dice todavía: *más malo que Guardajumo.*

He aquí un fragmento del corrido de Parpacén:

En nombre de Dios, comienzo,
autor de todo lo creado,
y su patrocinio invoco
para morir arreglado.

Sepa el mundo y sepan todos
que esto que voy declarando
es mi final voluntad:
que se guarde y cumpla mando.

Yo, Nicolás Guardajumo,
cuyo apellido me han dado,
mis ruidosos procederes;
descendiente de los Guamos.

En la misión de los Angeles
casado y avecindado,
viéndome, como me veo,
a la muerte muy cercano.

No por achaque ni mal
que mi Dios me haya mandado,
sino porque mis delitos
me han reducido a este estado.

Y, por muy justa sentencia,
a muerte estoy condenado,
y a que en manos de un verdugo
públicamente sea ahorcado.

Y mi cabeza se ponga
en un eminente palo,
donde sirva de escarmiento
y de freno a los malvados.

---

²Este apellido nos recuerda los cuatro distinguidos hermanos Parpacén, hijos del Guárico, los cuales figuraron en la época de independencia. Gil Parpacén fue el poeta de la familia y de la patria; Nicolás militó desde un principio con los republicanos, y fue una de las víctimas de Mosquitero en 1813; y Dionisio y Diego figuraron en primera línea en las campañas de Páez. El último, como teniente, fue uno de los ciento cincuenta centauros de las Queseras del Medio.

*No pidan misericordia
ni hagan ningún alegado,
pues yo, que soy el paciente,
con todo me he conformado.*

*Luego que yo, con mi vida
haya mi culpa pagado,
a Dios remito mi alma
y a su tribunal sagrado.*

*De mi cuerpo no dispongo
ni después de ajusticiado.
¡Que la justicia disponga
y obre según he mandado!*
....
*A una enamorada mía
le di un fuerte machetazo,
del que pienso que murió
según noticias me han dado.*
....
*¡No me contuvo la unión
ni el parentesco inmediato!
¡Dios perdone tantas culpas
y tan atroces pecados!*

*La muerte que yo más siento
y la más he llorado
fue la que yo mismo di
en el caño del Caballo
a uno nombrado Loreto,
con quien estaba cenando.*

*Pues con su propio cuchillo
(que él me lo había prestado)
le di varias puñaladas
solamente por robarlo.*
....
*Y supuesto que del mundo
la justicia me ha juzgado
falta ahora la del cielo
que es caso más apretado.*

*¡Sufre Dios al pecador
hasta el tiempo prefinido,*

*y luego que le ha servido
de tiernísimo amador
se vuelve Dios juzgador!*

*De la nada, polvo y humo
se ha formado aquel Dios Sumo.
La última hora ya presumo
que ha llegado a Guardajumo.*

*Y ya el Todopoderoso
quiere que de aquesta suerte
pague tanta y tanta muerte
el infame Guardajumo.*

*Ya determinó el Dios Sumo,
omnipotente e inmenso,
que de tres palos suspenso
satisfaga Guardajumo.*

Tornemos ahora a la noche en que el bandido fue herido. ¿Quiénes fueron aquellos mozos comerciantes, resueltos, valerosos, hombres de pecho al agua, que pusieron en fuga a los asaltadores? Ambos frisaban en los veinticinco años, y ambos ignoraban que iban a desempeñar importantísimo papel en el drama sangriento que a poco iba a conmover la América española. Para ambos había llegado el momento de separarse para seguir rumbos opuestos; el venezolano se quedaba a la sombra del hogar paterno, en tanto que el español iba a desplegar en el comercio nuevos instintos y a sufrir justas persecuciones. ¿Quiénes eran? La historia los conoce con los nombres de Jacinto Lara el uno, y el otro con el de José Tomás Rodríguez, que se cambia por el de José Tomás Boves. ¡Qué dos tipos! No tenían de común sino el arrojo, el valor, la resolución inquebrantable, que por lo demás no admiten paralelo. El uno, Boves, iba a aparecer como el azote de los campos y de las ciudades, el monstruo de la guerra a muerte, el hombre feroz, implacable, en el caballo de Atila; la hidra de mil cabezas, retorciéndose en charcas de sangre. El otro, es el tipo del militar apuesto y distinguido, el patricio que, después de conquistar laureles desde las orillas del mar hasta las nevadas cimas del Cuzco, alcanza victorias, grados, honores y recompensas, y acompaña a Bolívar en su caída, para después ir como Cincinato a reposar de largas fatigas y por largo tiempo, bajo la sombra de los árboles amigos del hogar, al lado de la esposa y de los hijos.

Cuando llegan los días de 1810 a 1811, Lara se había ya afiliado en el bando patriota. A poco aparece Boves en la pampa venezolana, como el trueno que en lontananza anuncia la tempestad. Había llegado la época tenebrosa. ¿Quiénes serán los vencedores, quiénes los vencidos? Lara comienza con Miranda, y cuando estalla la catástrofe de 1812, busca a Bolívar y le acompaña con éxito feliz al comenzar por Occidente la campaña de 1813; pero a poco el joven guerrero, después de mil peripecias desgraciadas, logra salvarse, para aparecer en la región opuesta, a las órdenes del Jefe oriental, General Mariño. La guerra a muerte estaba en todo su esplendor. El esforzado mancebo de los años de 1804 a 1806, va a tropezar con su antiguo compañero de la pampa del Guárico; van a chocar frente a frente y quizás sin reconocerse. En Bocachica está Lara afortunado, desgraciado en el Arador; y tras de victorias y derrotas, llega a Carabobo, al lado de Bolívar y Mariño. Carabobo fue un gran triunfo al borde de un abismo. De repente reaparece Boves y frente a él Lara en la Puerta, en Aragua, en Maturín y en Urica, sepulcro de aquél. La derrota ha perseguido por todas partes a los patriotas; pero el vencedor había sido vencido. Atila, en las convulsiones de la muerte, se había asido de la misma yerba tostada por el casco de su caballo.

A poco reaparece Lara en la pampa venezolana a orillas del Orinoco y del Apure, con Piar y con Páez. Desde esta época, 1816-1817, el esforzado campeón no sufre interrupciones, que prolongada serie de victorias le acompaña. Con Bolívar trasmonta en 1819 los Andes de Cundinamarca para participar de los triunfos de Bonza, Gámeza, Vargas y Boyacá. Aparece en seguida al frente de los batallones "Rifles", "Pamplona" y "Flanqueadores", y en tierra neogranadina se corona acá y allá de inmarcesible gloria; continúa con Bolívar en la campaña del Ecuador y entra después en el Perú al frente de los batallones "Rifles", "Vargas" y "Vencedores". Las legiones de Colombia, los jinetes venezolanos dominan los Andes y siguen en solicitud de las ciudades indígenas y de la cuna de Manco-Capac.

Con su Miller *los "Usares" recuerdan*
el nombre de Junín: Vargas su nombre,
y "Vencedor" el suyo con su Lara
en cien hazañas cada cual más clara.[3]

Adelante, que en Ayacucho está Lara mandando la retaguardia y contribuyendo al brillante éxito de esta gran jornada. Había llegado a la elevada meta de su carrera, después de haber militado por todas partes y dejado nombre preclaro en los anales de tantos pueblos americanos.

[De: Arístides Rojas, *Leyendas históricas de Venezuela,* Caracas, Imp. Nacional, 1972.]

[3]*Olmedo.* Canto a Bolívar.

JUAN VICENTE CAMACHO

LA VIRGEN DE LA SOLEDAD

Tradición religiosa

I

CORRÍAN los años de 178... dichosísimos para los habitantes de las comarcas venezolanas. Aceptado el régimen español en toda la provincia, nadie se curaba de la forma de gobierno, pues aún no había venido al mundo el torrente revolucionario que naciendo en Francia, cambió la faz de las sociedades humanas. La paz de las familias, el aumento de las propiedades y cuidados de otra especie ocupaban a nuestros mayores, impregnados todavía del espíritu caballeresco y religioso que nos dejaron los castellanos del siglo XVI. Dios y mi Rey era la divisa de los hispano-americanos, quienes no habían soñado todavía con las ideas que tan *felices* nos hacen a nosotros sus privilegiados descendientes.

Por esa época vivía no lejos del ameno campo de Choroní, inmortalizado por los sonoros versos de Maitín, el célebre poeta, en las risueñas y siempre fecundas tierras de Chuao, una familia patriarcal, de esas cuyo tipo envidiable va desapareciendo a medida de nuestro progreso. Era una de esas familias de que se ven aún entre nosotros pálidos reflejos que son como un anacronismo en los presentes tiempos de dicha y bienandanza. Llamábase el jefe de ella D. Juan del Corro y su esposa Doña Felipa de Ponte y Villena. Dios había bendecido su enlace, y hermosos, robustos y bien educados hijos encantaban el recinto doméstico; unido esto a algunos criados que veneraban al buen hidalgo D. Juan del Corro como se venera siempre la virtud sin mancha, y la ancianidad.

Al amanecer de un hermoso día de verano, D. Juan entró en su sala después de haber presenciado la distribución de los trabajos del campo, y animado con su ejemplo y buenas palabras de laboriosidad de sus labriegos, a quienes hacía olvidar con cuidados paternos su suerte miserable. Traía casaca de raso blanco con vueltas y acuchillados de paño azul bordado, pantalones de seda estrechos y unidos a la rodilla con hebillas de piedras preciosas; y su peluca empolvada remataba en un largo lazo de cintas plegadas.

Acercóse D. Juan a su esposa con el aire galante y caballeresco que usaban nuestros mayores aun en el hogar doméstico, y tomándola una mano se sentó en un mullido sillón coronado por sus armas.

—Felipa —le dijo D. Juan con grave acento haciendo sonar contra los botones de su casaca la cruz roja de Santiago—; Felipa, cuando Dios en su infinita bondad bendijo nuestra casa mandándonos el último de nuestros hijos, tuve momentos dolorosos, temiendo que fuera llegada tu última hora.

—Sí —contestó Doña Felipa de Ponte y Villena, tomando un polvo de su caja de oro y pasándola a D. Juan—; sí, Juan, momento fue aquel en que creí perder la vida al darla a nuestro pobre Francisco. Y no fueron de tanto cuidado los dolores que sufrí, pues, al cabo, a Dios gracias, no han tenido malos resultados; pero sí me acongoja el estado infeliz de nuestro Paquito que ha tenido un año no de vida sino de sufrimientos superiores a su edad.

—Así es, Felipa; en vano nuestro amigo el maestro Santiago Ordóñez ha apurado los recursos de su ciencia para salvar los días de ese niño que Dios nos deparó para consuelo de nuestra vejez; el infeliz se muere de una enfermedad de languidez, y diariamente le veo consumirse como una lámpara que se apaga por falta de aceite.

—¡Pobre niño!, murmuró Doña Felipa, asomando dos lágrimas a sus ojos todavía hermosos.

—Al ver primero tus sufrimientos y después los de nuestro hijo, yo me encerré en mi oratorio para rogar humildemente a Dios por nosotros. En aquel momento de abstracción religiosa yo ofrecía al cielo que si salvaba tus días haría colocar la imagen de Nuestra Señora de la Soledad en el templo de San Francisco de Caracas; que allí arderían en su honor constantemente cuarenta cirios en los días santos; que sus vestidos sólo serían tocados por los hermanos de la orden y eso con un hacha encendida en la mano izquierda. El cielo oyó mi oración, continuó D. Juan haciendo una profunda reverencia, y tú estás salva, aunque se muere nuestro hijo.

—Si tal promesa hiciste, Juan, es preciso cumplirla a cualquier costa, y tal vez la Santa Señora nos conserve por nuestra fe la vida de Francisco.

En este momento entró a la sala un joven robusto que tendría hasta catorce años de edad, con una fisonomía llena de candor y la inocencia de los primeros años.

—Fernando —le dijo D. Juan con tono severo—, ¿por qué has dejado solo a nuestro padre capellán, siendo esta la hora del estudio?

—El mismo capellán es quien me manda, padre —respondió Fernando con tono sumiso—. Todos los criados están en el campo y los que sirven la casa han ido a ayudar al desembarque. El padre me envió a decir a su merced que mi padrino el señor D. Sancho de Paredes, capitán de armada, acaba de llegar a la playa.

—¡D. Sancho! —exclamaron a una voz D. Juan y su esposa.

—Corre hijo, ve en persona a traernos a nuestro buen amigo, y pídele antes su bendición.

Salió el joven de prisa a cumplir la orden de su padre, y los dos ancianos se entregaron al regocijo de la llegada de D. Sancho, que miraban como una cosa providencial, pues el capitán debía de hacer viaje a España en el navío de Indias, siendo esta la coyuntura más propicia para su encargo.

Un momento después entró el capitán, que podía ser un hombre como de cuarenta años, tostado por el sol tropical y con el aire franco y desenfadado que tienen los españoles de buena raza.

Entraron en conversaciones los esposos con D. Sancho, a quien tenían como de la familia, porque todavía en ese tiempo había esa amistad fraternal y desinteresada que nosotros sólo conocemos por tradición.

—Compadre —le dijo D. Juan estrechándole cordialmente la mano—, deseamos a U. un viaje dichosísimo y esperamos que si va a la corte manifieste a nuestro Soberano que en este rincón de sus dominios vive Juan del Corro, el más adicto de sus vasallos.

—S. M. bien sabe su nombre, D. Juan; testigo mi último viaje en el cual traje a U. la cruz de Santiago con que honró a U. su real munificencia...

—Sé hasta dónde llegan las bondades de S. M. cuyo nombre bendecimos todos los días.

—Pero lo que hoy esperamos de la atención de U., Don Sancho —dijo Doña Felipa—, no son condecoraciones terrestres que estimamos como es debido, sino la imagen de Nuestra Señora de la Soledad para ofrecerla a la Madre de Dios en humilde tributo de sus bondades para con nuestra casa.

—Inútil me parece repetir a U. Doña Felipa, que siempre estoy dispuesto a cumplir las órdenes que tiene a bien darme.

—Queremos, compadre D. Sancho —continuó D. Juan del Corro arreglando los vuelos de su camisa—, queremos que vaya U. a la Corte y disponga que el mejor escultor de las Españas haga la imagen de la Soledad sin excusar gastos de ninguna especie, pues deseamos hacer al templo de San Francisco un presente regio, aunque nos vaya en ello toda nuestra fortuna.

—Y encargará U., Doña Felipa, los vestidos y ornamentos más ricos de oro y plata para vestir dignamente la imagen de Nuestra Señora.

—Todo se hará a medida de sus deseos, respondió Don Sancho de Paredes, abrazando cordialmente a los dos esposos y despidiéndose para su largo viaje en medio de los votos y bendiciones de toda la familia.

II

Ocho meses después con buen viento y mar bonanza salía para Indias el navío San Fernando, despachado en el puerto de Vigo.

Felices fueron los primeros días de navegación, pero al entrar en el mar de las Antillas, empezó a sufrir la embarcación frecuentes huracanes que casi diariamente se levantaban en su inmensidad tempestuosa.

Un día amaneció el cielo de color de plomo, amontonándose en el horizonte algunas nubes eléctricas cuya vibración luminosa aclaraba sólo de vez en cuando la oscuridad del espacio.

D. Sancho de Paredes estuvo viendo estos preparativos con el ojo experimentado de marino, y llamando la chusma empezó a disponer su navío para resistir la tempestad.

Un viento frío empezó a azotar las cuerdas del buque y algunas gotas de lluvia caían a veces sobre la cubierta. Las olas se encrespaban llevando la cabeza coronada de espuma y estrellándose con sordo rumor en los costados del buque. Bien pronto con el viento arreció la lluvia y el pesado navío era arrojado por la tempestad, lanzándolo desde la cúspide de las olas furiosas hasta los abismos más espantosos.

D. Sancho hizo arrojar al agua toda carga, derribó los masteleros para no oponer resistencia a las ráfagas furiosas, y animaba con su voz y su ejemplo a la medrosa tripulación. Sólo quedaba sobre cubierta la caja que contenía la imagen de la Soledad con sus suntuosos vestidos y unas piezas de galón de oro que llevaba a Caracas. Por un instinto religioso no había querido arrojarla a las olas sino en el último caso; pero ya el buque iba haciendo tanta agua, que hubo de verse en la dura extremidad de lanzar al mar la santa escultura y salvarse con sus marinos en los botes a todo trapo.

Bien pronto el San Fernando hundió la proa en las ondas rabiosas, giró con rapidez sobre las aguas y rompiendo la armazón de sus tablas con un ruido que parecía un quejido lastimoso, desapareció en un torbellino de espuma. Los náufragos fueron arrojados por el viento a las playas de la isla de Trinidad.

III

Casi a la misma hora y en la misma sala de su heredad, D. Juan del Corro y su esposa Doña Felipa departían amigablemente formando mil conjeturas sobre la próxima llegada del San Fernando, y la consagración de la imagen de la Soledad a quien debían la salud de su hijo Francisco, el cual estaba jugando a los pies de su madre.

Entró en la sala su hijo Fernando y con gozo infantil refirió a sus padres cómo estando los criados desechando un desagüe al mar, habían dado con una gran caja cerrada que por su peso debería ser algún rico tesoro arrojado allí por las olas.

Suspensos y admirados del caso los nobles ancianos salieron apoyados en su hijo y se dirigieron a la playa donde les esperaba una escena singular. Sus criados, puestos en círculo, contemplaban con ojos ávidos de curiosidad y asombro una gran caja, cerrada herméticamente y llena por todas partes de algas marinas y ramas de corales.

A la llegada de D. Juan y su esposa, sus servidores se apartaron con respeto, y a la orden de su señor dos robustos negros empezaron a romper la caja misteriosa. Al quitar la cubierta descubrieron unas cuantas piezas de galón de oro del hilo más puro, en el mejor estado de conservación: más abajo había riquísimos paños de terciopelo morado oscuro con anchas franjas de bordados de oro; y en último término la imagen de la Madre de Dios, pálida y macilenta, con las manos cruzadas sobre el pecho y los ojos inundados de lágrimas.

Por un movimiento involuntario todos cayeron de rodillas ante aquella aparición divina, y como eran tiempos aquellos de fe y bienandanza, el padre capellán entonó el himno *Ave Maris Stella* que fue repetido en coro por los presentes. Concluidas las preces fue llevada la imagen con gran veneración y colocada en el oratorio de la casa, donde se le celebró una misa en acción de gracias, asistida por los habitantes de veinte leguas a la redonda, quienes pasmados del caso, venían a adorar la milagrosa aparición.

Doña Felipa de Ponte se cortó sus largos cabellos negros, sedosos y brillantes a pesar de sus cuarenta años, y formó con ellos un hermoso tocado a la Virgen de la Soledad.

IV

Poco tiempo después los hermanos de la Tercera Orden de San Francisco, rica y venturosa entonces, colocaban en la nave de la derecha la imagen de Nuestra Señora, celebrando su inauguración con misa pontifical, repique de campanas y cantos armoniosos.

Un gentío inmenso se amontonaba en las naves del templo, distinguiéndose entre todos a D. Juan y su esposa, vestidos de ricas galas.

Concluida la función religiosa y desocupado ya el templo por los fieles, sólo quedaban bajo las naves perfumadas de incienso, los Hermanos Terceros y la familia de D. Juan, quienes referían con lágrimas de gozo a los buenos frailes la aparición de la imagen divina.

Estando en estas pláticas entró pálido y agitado Don Sancho de Paredes y se arrodilló en silencio ante la Virgen, entregándose a una muda contemplación. Los frailes y sus amigos respetaron su éxtasis religioso y sólo después que hubo concluido recibió las felicitaciones y abrazos de todos por su vuelta, recibiendo mil preguntas ya sobre su viaje, ya sobre el *San Fernando* que todos creían perdido.

Don Sancho sin separar los ojos de la Virgen, exclamó con acento humilde:
—Hermanos, adoremos la voluntad de Dios. Un año hace todavía que sorprendido por una tempestad en el mar Caribe, arrojé a las aguas con la carga del navío una caja cuadrada que encerraba esa imagen, hecha ante mi vista y por mi dirección en Madrid. Con mis propias manos la entregué a las olas pidiendo antes perdón a Dios, y ahora la veo con sus mismos vestidos, bajo su solio mismo en las naves de San Francisco. Sólo Dios es poderoso, y en su mano está el orden de la naturaleza. El en su infinita bondad salvó la imagen de las aguas para presentarla a la humilde adoración de los fieles.

Don Juan refirió entonces lo que ya sabemos, y todos, después de adorar con santo regocijo el divino milagro, salieron del templo para asegurar el hecho bajo su firma ante los alcaldes ordinarios, para ejemplo y edificación de los venideros siglos.

V

La imagen de Nuestra Señora de la Soledad se conserva todavía en San Francisco con gran devoción de los fieles y sumo respeto de los dos frailes que quedan de aquella comunidad.

El cabello que Doña Felipa de Ponte y Villena puso en la cabeza de la Virgen, conserva todavía su brillo y su frescura al través de tantos años sin el menor detrimento, como nos lo ha asegurado el buen lego que cuida de sus ornamentos y vestidos.

Este hecho se conservó por mucho tiempo en el gran libro de los archivos de la comunidad, llamado *El Becerro,* el cual debe haber corrido la misma suerte que le cupo a todas las antigüedades de nuestros conventos.

Existe del mismo modo una tradición con que concluiremos este artículo, ya demasiado largo, y a la cual damos fe como los humildes sin hacer interpretaciones.

Las lluvias frecuentes habían obstruido las calles de tal modo, que era imposible hacer venir desde el pueblo de Macarao la madera que debía emplearse en la construcción del coro que se llama de la Soledad.

Estaban los frailes buscando el modo de traerla, cuando un día las vigas arrebatadas por una creciente intempestuosa del Guaire, quedaron atravesadas en el paso del río donde termina la calle de las Leyes Patrias. De allí fue conducida por bueyes hasta el convento, y con ellas se construyó el pequeño coro que se ve a la derecha de la Iglesia.

[De: *El Heraldo de Lima,* Lima, miércoles 20 de setiembre de 1854, N.º 172, Vol. I, página 4, 1ª, 2ª y 3ª columnas. También en: J. V. Camacho, *Tradiciones y relatos,* Caracas, Biblioteca Popular Venezolana, Min. de Educación, 1962, p. 5-15.]

ANDRES A. SILVA

CADA UNO TIENE SU MODO DE MATAR PULGAS

(Cuento Tradicional)

HE AQUÍ como refiere la tradición el origen de esta frase.

Había en cierta ciudad, cercana al campo, una venta con honores de posada, que hoy llamaríamos *hotel* o *restaurant,* por seguir la manía de afrancesarlo todo, o bien para usar de la hipérbole, esa figura retórica, especie de inmenso pulpo que todo lo abarca en estos tiempos fecundos de bienandanza cangregil.

La directora o patrona de la posada era una corpulenta viuda; y como tal, resbaladiza como una *guabina,* y con más mañas que mula de alquiler. Era, como se dice, todo un trozo de mujer; ¡pero qué mujer! Aquella mujer era *mucho hombre,* como dijo Ricardo Palma.

Llamábase Fredegunda Quiñones: rayaba ya en los 50 años, era alta, robusta, de nariz aguileña, como el pico del cuervo, color pálido cetrino, ojos verduscos rayados, pequeños, movibles con la expresión de los del ave de rapiña. A pesar de esta fisonomía antipática, se esforzaba ella en ser amable y complaciente con sus parroquianos; y afectaba entonces una sonrisa, que dibujaba en sus labios la sonrisa burlona de Voltaire. Aunque la acompañaban en la posada dos cocineras para preparar la comida de los huéspedes, ella se reservaba condimentar los mejores potajes, y con ella se entendían todos para sus pedidos. Constantemente tenía un cuchillo en la mano, como para cortar los frutos, verduras y viandas del hervido; pero abrigaba su tamaña intención de hacer algunos ojales en el cuerpo de cualquier prójimo que tratase de ofenderla, como había sucedido más de una vez.

Uno de los huéspedes, llamado Pepe Perules, andaluz por más señas, y como tal ladino y chistoso, era muy afecto a la cacería, y gustaba mucho, quizá por eso, de las aves y liebres guisadas; por lo cual siempre traía a la posada distintas piezas, recomendándole a Fredegunda que se las preparase bien sazonadas, para sus comidas, pues no se alimentaba con otra cosa.

En efecto, Fredegunda le hacía servir sus platos, lo más bien condimentados; pero el andaluz notaba que siempre faltaba algún pedazo importante del ave o de la liebre que le mandaba guisar; y como por una parte, le repugnaba mucho la mentira y el engaño, y por otra, Fredegunda le mermaba la comida, y era además goloso, la interpelaba con frecuencia, más o menos en estos términos:

—¡Ola! señá Fredegunda, diga usted, patrona, ¿esta perdiz por qué viene a la mesa mocha de la rabadilla, y *chinga* de la pechuga?

—Usted debe saber, don Pepe, que como "cada cocinera tiene su modo de guisar", yo les mocho muchas veces un muslo, otras media pechuga; y si es conejo, por lo consiguiente, le quito medio pescuezo; y si es pato, cojo el almizcle, y machuco todo eso en el almirez, luego echo esa mescolanza en la salsa para que el plato quede bien *soculento;* porque ya le digo, y le vuelvo a decir, que "cada uno tiene su modo de guisar".

Tan frecuentes eran ya estas discusiones entre el andaluz y la posadera, que casi todos los huéspedes conocían la socorrida frase de Fredegunda, y mechificaban constantemente al andaluz, a quien embromaban a cada paso diciéndole "ande amigo, cada uno tiene su modo de guisar".

¡Mentira! Lo que había de cierto en estas mutilaciones, era que Fredegunda, como buena cocinera, con el objeto de probar la sazón de la comida, se metía diariamente entre pecho y espalda, dos o tres bocados del respectivo plato; y, a todas las interpelaciones, contestaba con su proverbial respuesta: "cada uno tiene su modo de guisar".

Mal humorado y bilioso estaba el andaluz con aquella sisa diaria de la comida, aquel embuste sempiterno, y la burla de los amigos; hasta que se dio a meditar cómo tomaba la revancha, desquitándose de aquella pesada broma, sin atacar la persona de Fredegunda, que como hemos dicho, era mujer de pelo en pecho.

Después de una larga meditación, solo, en el interior de su alcoba, el andaluz levantóse de repente, y dándose un golpe en la frente, radiante de contento, ni más ni menos como Galileo cuando descubrió el movimiento de la Tierra, exclamó:

—¡Gracias a Dios! ¡Ahora, Fredegunda, ráscate si puedes!

En efecto, llegada la noche, despojóse completamente como quien se prepara a dormir, con solo la camisa de noche, y se acostó.

A la una de la madrugada, se oyeron varias detonaciones en la pieza de don Pepe. Todos los huéspedes, alarmados y en pie, se agruparon al postigo abierto de la ventana, y le vieron encorvado sobre la cama con una pistola en la mano derecha, la palmatoria con la bujía en la izquierda, preocupado completamente en apuntar con mucho cuidado, y disparar con bala sobre las sábanas y las almohadas, como tratando de matar algo, con lo cual llenaba la cama de humo y agujeros.

Al principio los espectadores estaban todos mudos y en silencio, sorprendidos con aquel espectáculo raro, creyendo que al parroquiano se le había vuelto el juicio; pero al fin Fredegunda, viendo que don Pepe le estaba convirtiendo la cama en chinchorro, a fuerza de agujeros, le gritó indignada:

—Ea, camarada, ¿qué es eso? ¿se ha vuelto usted loco? ¿qué está usted haciendo?

A lo que el andaluz, volviendo el rostro con marcada impasibilidad, le contestó:

—¡Toma! poco espantarse, patrona; sus pulgas me vuelven loco, y no me dejan dormir; pero las mataré todas.

—Pero hombre ¡por Dios bendito! Si usted me está quemando la cama... No dispare usted más.

—¡Hola patrona! no hay nada de lo dicho: *cada uno tiene su modo de matar pulgas.*

Al oír esta frase, Fredegunda no pudo menos que recordar: *su modo de guisar,* y lo llamó a transacción, en la cual estipularon: 1º que al una no seguiría guisando como antes; 2º que el otro no mataría más pulgas con pistola.

Y aquí el cuento se acabó,
y la tradición quedó.

[*El Ateneo de Lima,* Nº 17, año I, tomo II, Lima, 1886.]

TULIO FEBRES CORDERO

UN TRABUCAZO A TIEMPO

(Episodio histórico)

ANASTASIA era su nombre de pila. Del apellido no hablan las crónicas. Mujer varonil que servía a las reverendas monjas del Convento de Santa Clara como criada en las diligencias de calle. Era ella la que todas las tardes cerraba la portería por fuera y anudaba luego la llave de la cuerda que al efecto era arrojada por una de las altas rejas del Convento que daban a la calle, costumbre que todavía recordarán muchos vecinos de Mérida.

Desde que se supo que un gato había arañado a Barreiro, cuando éste disciplinaba un batallón en Mérida, vino a ser proverbial entre los españoles el dicho de que "en Mérida hasta los gatos eran patriotas". Muy lógico es, pues, que Anastasia, como buena merideña, lo fuese hasta la médula de los huesos.

En las pulperías y en el mercado, a donde iba con frecuencia por razón de su oficio, podía ella apreciar los rumbos de la política y de la guerra. Supo al dedillo en 1813 cómo el Brigadier Bolívar había derrotado a Correa en Cúcuta y que éste, después de otra derrota en La Grita, venía de raspas cuando se adueñó de Mérida y acampó en la plaza con todas sus tropas.

Anastasia tenía vara alta con todos los patriotas notables, que conocían su fidelidad y su entusiasmo por la causa. So pretexto de vender granjerías del Convento, se introdujo un día en la casa del viejo patriota D. Lorenzo Maldonado; y allí supo los planes de alzamiento en que andaban los insurgentes, apoyados en la aproximación de Bolívar, con quien estaban en comunicación directa, y las comisiones que en los mismos ojos de Correa enviaban ya a los campos y pueblos vecinos para mover la gente.

Anastasia bailaba en un pie de contenta por todo ello, y no veía las santas horas de oír ya por la ciudad el grito entusiasmador de *¡Viva la Patria!*: sobre todo cuando Correa cerró su campamento, circunscribiéndolo a la plaza, en vista de los movimientos alarmantes que notaba en la ciudad y las noticias cada vez más apremiantes de que Bolívar llegaba. La vanguardia de su ejército estaba ya en Bailadores.

Sintió Anastasia que le palpitaba el corazón con fuerza y dominada por un pensamiento súbito, se dijo interiormente:

—¡Es una corazonada! ¿qué puede ser que no sea? Manos a la obra.

Después del terremoto de 1812 y las tristes vicisitudes porque pasó la Patria, nadie pensó en Mérida en reedificar formalmente los edificios. Para 1813, por el mes de abril, un año después de la catástrofe, había muchas casas ruinosas de pavoroso aspecto, completamente abandonadas. A cada paso tropezaba la vista con escombros, de suerte que aun en torno de la plaza principal el aspecto era tristísimo, contribuyendo a ello principalmente la ruina del antiguo templo, que amenazaba venirse al suelo aun antes del terremoto; por lo que estaba iniciada la fábrica de una gran Catedral sobre los planos de la de Toledo, en cuyas cepas todavía visibles, se gastaron cerca de ochenta mil fuertes. Tal era Mérida en 1813.

Vióse a Anastasia sacar un lío de su pobre casucha, y echar a caminar por las ruinosas calles, cruzando por aquí y por más allá, como sin rumbo fijo, hasta perderse entre los escombros de un caserón mitad derruido y mitad en pie, que distaba pocas cuadras de la plaza.

—Perdóneme su merced —dijo a la madre Portera, al acto de despedirse por la tarde—, pero voy a hacerle un encargo. Aquí traigo una vela para que se la encienda esta noche a Nuestra Señora de las Mercedes, para que me saque de un apuro.

—¿Y qué te pasa Anastasia?

—Mañana lo sabrá su merced, si Dios nos da vida.

—Cuidado, Anastasia, mira que los tiempos son muy críticos, y hemos sabido que te ocupas mucho en las cosas de la guerra.

—Pierda cuidado, su merced, que no es nada.

La monja Portera se retiró cavilosa, porque no se le ocultaba el carácter políticamente inquieto de la criada, en tanto que ésta exclamaba a media voz:

—¡Si ella supiera!

La noche se echó encima. La ciudad, pasadas las nueve, quedó sin un farol siquiera. Oíanse de cuando en cuando los alertas de las avanzadas de Correa, apostados en los ángulos de la plaza.

Un bulto informe se adelanta en medio de las tinieblas por detrás de los escombros que rodeaban en mucha parte la plaza. Detiénese en un paredón, resto de antigua sala, y allí quédase inmóvil por algunos instantes. De pronto una voz vibrante y robusta rompe el sepulcral silencio con el grito de *¡Viva la Patria!* seguido de una detonación de arma de fuego y el redoble de un tambor. El primer pensamiento de los realistas fue que Bolívar caía de sorpresa sobre la plaza.

Fácil es comprender la alarma que cundió en el campo de Correa. Sonaron muchos tiros y gritos de combate en las avanzadas que unas con otras se creyeron enemigas. En medio de aquella gran confusión, quien creía que en el seno mismo del campamento había algún traidor, quien que era obra de algún espíritu maligno. Sea lo cierto que en la madrugada, y aún ignorante de la verdad del caso, Correa juzgó como más acertado abandonar a Mérida y emprender marcha hacia Betijoque.

Al amanecer del día 18 de abril se oyó un toque de diana en la plaza. Asomáronse con cautela los patriotas, a quienes tenían en vela y con suma ansiedad los tiros y gritos de la noche y el movimiento de tropas sentido en la madrugada; y vieron llenos de sorpresa que no había en la plaza más alma viviente que Anastasia, con un trabuco terciado y dándole al parche con más bríos que un tambor mayor.

La fiel insurgente era secreta depositaria de algunos elementos de guerra escondidos por los patriotas en su humilde vivienda después del desastre de 1812; y si a esto se agrega que era ella la que tocaba el tamboril en los inocentes regocijos del Convento, comprenderemos por qué tuvo tan a la mano armas y tambor, y por qué también sabía tocar de lo lindo este instrumento bélico.

Muy lejos estamos de atribuir sólo a este incidente la marcha de Correa, cuyo ejército no era una bicoca, pues pasaba de mil hombres. El se fue porque después de los hechos de armas de Cúcuta y la Angostura de La Grita y las noticias ciertas de que Bolívar avanzaba no podía, por ningún respecto, permanecer en Mérida, ciudad enemiga en cuyos alrededores organizaba ya el bravo Campo Elías tropas de voluntarios con qué auxiliar al Ejército Libertadores. Pero es lo cierto que Correa precipitó su retirada por el heroísmo de la criada del Convento, la varonil Anastasia, que infundió por aquel medio en el ánimo de las tropas derrotadas cierto terror pánico inevitable, pues no faltó quien atribuyese a espanto tan descomunal alboroto.

Cuando el sol apareció brillante sobre la nevada cima de la ciudad, la plaza hervía, no diremos en soldados, porque carecían de armas, sino de ciudadanos prontos a sacrificarse por la Patria. Bolívar, desde Cúcuta, donde supo lo ocurrido y la actitud patriótica de Mérida, envió a D. Cristóbal Mendoza con el carácter de Gobernador de la Provincia para organizarla; y el 23 de mayo llegó él mismo, por primera vez, a la ciudad de la Sierra. Quinientos merideños salieron con él a campaña y puede decirse también que quinientos merideños dieron entonces su sangre por la Patria, pues dice la tradición que sólo quince regresaron a sus hogares.

De Anastasia, la pobre, nada más se dice. El heroísmo la sacó un día de la oscuridad en que vivía: la exhibió grande después de una feliz aventura y todos la vieron en la plaza pública transfigurada por el inmenso regocijo de su alma, gritando *¡Viva la Patria!* al sonoro redoble de la caja de guerra y con el arma cruzada sobre el pecho. Pero la tradición no dice más. Habla sólo de un hijo, a quien mandó a la guerra a ejemplo de las matronas de Esparta, el cual fue a morir fusilado en Bogotá.

Tal es la leyenda de la varonil Anastasia y la historia de un trabucazo a tiempo.

[De: Tulio Febres Cordero, *Archivo de Historia y Variedades,* tomo II, Caracas, Edit. Suramérica, 1931.]

LOS CALZONES DEL CANONIGO

(Recuerdo histórico)

"Un eclesiástico fue el que llamó a los mejicanos a la independencia; y un eclesiástico fue también el que hizo escuchar a los peruanos la primera palabra de libertad y les excitó a la insurrección". Son palabras de Federico Lacroix.

Y el 19 de abril de 1810, a una señal del Canónigo Madariaga desde los balcones del Cabildo de Caracas, cae el gobierno de Emparan y clarea la libertad en el horizonte de Venezuela.

Y en Bogotá, otro eclesiástico, el Canónigo Rosillo, es el primero en proponer al virrey Amar la constitución de una Junta Suprema, como la de Quito, atrevimiento que le cuesta la cárcel, de donde sale el 21 de julio, en brazos del pueblo, para ocupar asiento al lado de Camilo Torres, Baraya y otros patriotas distinguidos.

Y acá, en el seno de las altas montañas, en el corazón de la Cordillera andina, la decisión y entusiasmo de otro Canónigo, el Dr. D. Francisco Antonio Uzcátegui, fue mucha parte a la actitud noble y patriótica de Mérida en 1810.

El 16 de septiembre de este año la Casa Consistorial de Mérida era objeto de la atención general: se constituía la Junta Patriótica. Concluido el acto, los respetables patriotas que la componían y muchos de los concurrentes diéronse como era lógico, a comentar el hecho de suyo trascendental, en el seno de la amistad y de la confianza.

El entusiasmo del Canónigo Uzcátegui, miembro de la Junta, era notorio; y su exaltación por la Independencia, desde el principio, produjo favorable impresión en el ánimo del pueblo, naturalmente receloso ante esta conmoción política inusitada y al parecer temeraria. Hablaba con calor en defensa de Mérida, sin que le preocupase mucho el peligro más próximo para aquellos días: las armas de Maracaibo, que caerían desde luego sobre la indefensa pero sublevada Provincia.

No faltó en aquella oportunidad quien, reflexionando sobre el gravísimo paso que se daba, llamase la atención del Dr. Uzcátegui, que parecía ser el alma de aquel movimiento, diciéndole en tono amigable, pero con sorna, estas o semejantes palabras:

—Nuestra libertad está ya escrita y firmada, resta ahora sostenerla. Hemos hecho lo más fácil, pero lo que falta...

Aquí le interrumpe con vehemencia el exaltado Canónigo, y arrollándose la sotana hasta la cintura, exclama con muestras de una resolución irrevocable:

—Para lo que falta, mi amigo, hay calzones debajo de estos hábitos. Por mi parte, sabré sostener afuera lo que he firmado aquí.

La Junta Patriótica empezó sus trabajos sin vacilaciones de ningún género, con el celo y patriotismo que requerirían las circunstancias. El bravo Campo Elías, con el título de Capitán de Granaderos, fue nombrado inmediatamente Jefe Militar de la Provincia. Se cortaron los caminos con fosos, y se hicieron trincheras en las alturas que miran al Lago de Maracaibo, para resistir toda invasión.

Gemía el pueblo bajo crecidísimos impuestos, y la Junta echa por tierra los pechos reales; se despreciaba a los naturales, llamándoles *indios,* como dictado de bajeza, y la Junta los llama públicamente ciudadanos; y prohíbe darles en lo sucesivo aquel tratamiento; Carlos IV había negado rotundamente la gracia de Universidad para el Colegio de Mérida, porque S. M. no creía conveniente se propagase la ilustración en la América, y la Junta Patriótica, en el primer bando que hace leer en la plaza pública, crea la Universidad, semejante en todo a la de Caracas, porque a su juicio era conveniente instruir a la juventud americana.

Los patriotas de Mérida de 1810 entraron con firmeza y energía en la hermosa senda de esa revolución extraordinaria que más tarde, capitaneada por Simón Bolívar, había de pasear sus armas en carro triunfal por los dilatados campos del Nuevo Mundo.

¿Qué novedad es esa que arranca tan sinceros aplausos y se lleva las miradas de todos hacia las poéticas márgenes del Albarregas?

Espesas columnas de humo, rumor de voces, rechinar de herramientas, ruido inusitado se percibe allí bajo las frondosas ceibas que pueblan la campiña.

Es la quinta del Canónigo Uzcátegui, convertida súbitamente en taller de fundición, en inmensa fragua. Casa, criados, dinero, todo lo ha puesto el abnegado clérigo al servicio de la Independencia, hasta su asidua consagración a una fábrica de armas y ollas de campaña, materia absolutamente extraña a su carácter y a sus conocimientos.

De la quinta del Canónigo de Mérida salieron diez y seis cañones montados en sus cureñas, a tronar en los campos de batalla por la libertad de la Patria!

Así sostenía su firma este patriota benemérito.

[De: *Archivo de Historia y Variedades,* Caracas, Edit. Suramérica, 1931, p. 20-21, Vol. I.]

CRONOLOGIA*

---

* Esta cronología ha sido revisada y ampliada por el Departamento Técnico de la Biblioteca Ayacucho.

Vida y obra de los tradicionistas

1848	(Manuel) Ricardo Palma, futuro fundador del género y creador de las "tradiciones", publica en *El Comercio* de Lima, sus primeras poesías. Dirige, a los 15 años de edad *El Diablo,* periódico político y satírico. (Había nacido en Lima el 7 de febrero de 1833). Nace en Lima, Manuel González Prada, quien será fogoso crítico contrario al "tradicionismo". Nace en Chile Augusto Orrego Luco y en París, Paul Groussac.
1849	Palma empieza a crear obras teatrales.

| *América Latina* | *Mundo exterior* |

En el Congreso Americano reunido en Perú, se acuerda un Pacto defensivo de las cinco naciones contra intervenciones extranjeras, que luego no es ratificado por los Estados. Tratado Guadalupe-Hidalgo: México cede Texas y Nuevo México a EE.UU. Constitución de Honduras disuelve el Congreso venezolano. Belzú, presidente de Bolivia, inicia era de "caudillos bárbaros". Inglaterra se apodera del puerto nicaragüense de San Juan.

De Paula Vigil: *Sobre la autoridad de los gobiernos*. Saco: *Ideas sobre la incorporación de Cuba a los Estados Unidos*. Generación de los "bohemios" inicia el romanticismo en Perú: Aréstegui y *El padre Horán*. J. V. Lastarria: la *Revista de Santiago*.

Souloque se proclama Faustino I, emperador de Haití. Fuerzas paraguayas ocupan Misiones. Insurrección de Páez contra Monagas en Venezuela. Exilio de Monagas. Perú acrecienta ventas de guano a Europa. En León, Nicaragua, un Congreso de representantes concreta la formación de una Representación Nacional centroamericana. Alamán presidente del Ayuntamiento de México, organiza el Partido Conservador. En Colombia, el general José

Regreso de Narváez al gobierno español; sofocado levantamiento carlista; expulsión del embajador inglés. Gobierno liberal de Saldanha en Portugal. En Francia, Revolución de Febrero, caída de Luis Felipe; proclamación de la Segunda República; insurrecciones proletarias de junio, represión de Cavaignac; elección de Luis Bonaparte. Levantamiento en Sicilia, Milán, Venecia y Roma; huída del Papa. Los "Días de Marzo" en las calles de Berlín; insurrección y huida del príncipe heredero; asamblea de Francfort por un Reich alemán. Revolución en las calles de Viena; dimisión de Metternich. Levantamiento en Hungría: República de Kossuth. Sanción de la Ley de Salud Pública en Inglaterra; guerra anglo-boer.

Kneip: hidroterapia. Inauguración de la línea Barcelona-Mataró. Stephenson-Fairbairn: puente de acero "Britania" de la línea Chester-Holyhead.

Marx-Engels: *Manifiesto comunista*. S. Mill: *Principios de economía política*. Macaulay: *Historia de Inglaterra*. Mann: *Lecciones sobre educación*. J. Grimm: *Historia de la lengua alemana*. A. Dumas: *La Dama de las Camelias*. Rossetti: Hermandad prerrafaelista. Menzel: *Entierro en Berlín de los caídos en Marzo*. Schumann: *Manfredo*.

Austria reprime los movimientos del norte de Italia; derrotados Garibaldi y Mazzini; República de Roma; Víctor Manuel II, rey de Piamonte y Cerdeña. Actuación de Luis Bonaparte y la Montaña en Francia; ministerio extraparlamentario de Bonaparte; subsidio para construcción de viviendas populares; prohibición de huelga de mineros. El Parlamento alemán sanciona Constitución Federal; Rey de Prusia rechaza la corona; disolución del

Vida y obra de los tradicionistas

1850	Nace en Guadalajara, el autor costumbrista José López Portillo y en San Juan, Cayetano Coll y Toste, tradicionista de Puerto Rico. Nace Andrés Antonio Silva, historiador y tradicionista de Venezuela.

| *América Latina* | *Mundo exterior* |

Hilario López, liberal, electo presidente. Rafael Núñez inicia su carrera política como secretario de gobierno de Cartagena.

Alamán: *Historia de México* (—52). Márquez: *La bandera de Ayacucho y Pablo*. B. Mitre: *Al cóndor de Chile*. Se funda la Academia de Pintura de Chile.

Acuerdo entre la Confederación y el comisionado inglés en el Plata. Muere San Martín en Francia y Artigas en el Paraguay. Ley en Brasil contra la trata de negros. Noboa presidente de Ecuador. Los jesuitas expulsados de Colombia y reincorporados en Ecuador. Echenique es electo presidente del Perú. Belzú presidente constitucional de Bolivia. Manuel Montt candidato oficial en Chile.

A. Magariños Cervantes: *Caramurú* (Madrid). Sarmiento: *Recuerdos de provincia*. Fundación en Santiago, de la *Sociedad de la Igualdad* (F. Bilbao, S. Arcos, J. Zapiola, E. Lillo, M. Recabarren) y publicación de su periódico *El Amigo del Pueblo*.

Parlamento. Alianza austro-rusa contra Hungría; dimisión de Kossuth. Encíclica *Nostris et Nobiscum*. Gral. Taylor presidente de Norteamérica.

Fizeau: experiencias sobre la velocidad de la luz. Francis: turbina hidraúlica radial. Worms: plancha estereotipo curva. Livingstone descubre el lago Ngami. Moniel realiza las primeras experiencias con hormigón armado.

Dickens: *David Copperfield* (—50). Lamartine: *Raphael*. Fernán Caballero: *Las Gaviotas*. Ruskin: *Las siete lámparas de la arquitectura*. Courbet: *El hombre del cinturón*. Nicolai: *Las alegres comadres de Windsor*. Muere Chopin.

Destitución de Saldanha y gobierno de Thomas en Portugal. Cavour ingresa al gabinete de Piamonte. Ley Falloux sobre enseñanza y ley electoral de Thiers en Francia. Convenio de Olmutz; reparto de Schleswing y Holstein entre Prusia y Austria; nueva Constitución prusiana. En Estados Unidos renovación del convenio Clay sobre la esclavitud en California; Fillmore presidente. En Inglaterra la producción de algodón 1,85 millones de Km; ley sobre jornada de 10 horas en industrias textiles para mujeres y adolescentes; primera ley sobre librerías populares.

Kelvin: memorias sobre el calor. Se funda la agencia Reuter. Singer: máquina para coser. Primer cable submarino entre Dover y Calais. Classius: 2ª ley de termodinámica.

Bastiat: *Armonías económicas*. Carlos Curci: *Cività Cattolica*. Schopenhauer: *Parerga y Parilopomena*. Emerson: *Los hombres representativos*. Hawthorne: *La letra escarlata*. Corot: *Danza de las ninfas*. Goya: *Los proverbios*. Wagner: *Lohengrin*. Muere Balzac.

1851	Palma debuta como autor de teatro con *La hermana del verdugo,* drama romántico.
1852	Palma estrena en Lima el drama *Rodil*.

América Latina	Mundo exterior

J. Gregorio Monagas, hermano de Tadeo, presidente de Venezuela. Los conservadores, dirigidos por Julio Arboleda, inician un levantamiento contra López, en Colombia. El general Urbina es nombrado Jefe supremo en Ecuador. El gobernador entrerriano Urquiza se pronuncia contra Rosas. Tratado de alianza entre Corrientes, Entre Ríos, Montevideo y Brasil. Urquiza cruza la Banda Oriental, levanta el sitio de Montevideo y marcha sobre Buenos Aires. Primera locomotora en Sudamérica, desde Caldera a Copiapó en Chile. El ejército de los Estados unionistas invade Guatemala y es derrotado por Carrera, designado presidente de Guatemala. Los conservadores conquistan el gobierno en toda América Central, a excepción de Honduras. En Cuba, nuevo fracaso de Narciso López, quien es fusilado. El general Arista presidente de México.

Mármol: *Amalia* (—55). Maitín: *Obras poéticas*. Gonçalves Dias: *Ultimos Cantos*. Muere Echeverría en Montevideo.

Concluye el gobierno de Narváez en España; concordato con el Papa. Saldanha regresa al gobierno en Portugal; acta adicional en la Constitución: reformas liberales. Golpe de Estado de Luis Bonaparte; disolución de la Asamblea; presidencia vitalicia. Bismarck representante de Prusia en la dieta germánica. Revuelta de los Taiping en China.

Primera exposición universal en Londres; federación de mecánicos. 220.000 irlandeses emigran a EE. UU. Creación de la Bolsa de Barcelona. Monier patenta sistema de hormigón armado.

Juan Donoso Cortés: *Ensayo sobre el catolicismo; el liberalismo y el socialismo*. Macaulay: *Ensayos biográficos*. Melville: *Moby Dick*. Hnos. Goncourt: *Diarios* (—48). Longfellow: *La leyenda dorada*. Murger: *Escenas de la vida de bohemia*. Nerval: *Viaje a Oriente*. Paxton: palacio de cristal. Ruskin: *Las piedras de Venecia*. Verdi: *Rigoletto*. Schumann: *Hermann y Dorotea*. Exilio de Hugo.

En Colombia se suprime la esclavitud. Es sofocado el levantamiento de Julio Arboleda. Se exilia al arzobispo Mosquera. Núñez rector del Colegio Nacional de Cartagena. Fracasa una invasión de Flores al Ecuador. Nueva Constitución y elección de Urbina como presidente. Se proscribe a los jesuitas y se suprimen los últimos vestigios de la esclavitud. Código Civil peruano. En Caseros, Urquiza derrota a Rosas, que abandona el país en un barco inglés y se establece en Southampton. Los gobernadores convocan un Congreso Constituyente y se nombra a Urquiza director provisional. Buenos Aires se separa de la Confederación y no participa del Congreso, que se reune en Santa Fe. Pacto entre blancos y colorados. El blanco Giró presidente. La independencia paraguaya es re-

Establecimiento del Imperio en Francia con Luis Bonaparte. Cavour presidente del Consejo de Piamonte. Negociaciones de Austria con Alemania del Sur para la unión aduanera; denuncia de Prusia; coalición de Darmstad; independencia de Montenegro. Reconocimiento de Transvaal independiente por Inglaterra.

Remodelación de París. Haussmann prefecto del Sena. Kelvin: Principio de la disipación de la energía. Fundación del Banco Crédit Mobilier en París. Norman Bouchaut instala el primer "Gran Almacén": *le Maison du Bon Marché* de París.

Comte: *Catecismo positivista*. Spencer: *Principios de psicología* (—57). R. Ihering: *Principios del derecho romano*. Ca-

Vida y obra de los tradicionistas

1853	Se establece en Lima como diplomático y después como desterrado, el venezolano Juan Vicente Camacho, pionero en el género "tradicionista", conjuntamente con Palma.
1854	Palma publica sus primeras tradiciones: *Lida* y *Mauro Cordato*. Nace en Costa Rica, el tradicionista Manuel de Jesús Jiménez y en Cuzco, Clorinda Matto.

América Latina	Mundo exterior
conocida por la Confederación argentina. Comienza etapa de prosperidad material, desarrollo cultural y realización de obras públicas. José Trinidad Cabañas, presidente de Honduras, trata de reconstruir la Unión Centroamericana; invade Guatemala pero es derrotado. Alberdi: *Bases.* J. F. Lisboa: *Diario de Timón.* M. Bilbao: *El inquisidor mayor.*	rey: *Armonía de los intereses agrícolas, manufactureros y comerciales.* Los Grimma inician el *Diccionario alemán.* Gautier: *Esmaltes y camafeos.* Beecher-Stowe: *La cabaña del tío Tom.* De Lisle: *Poemas antiguos.* Turgueniev: *Relatos de un cazador.* Baltard: Mercado Central de París (—58).
Se sanciona la Constitución argentina. Precaria paz entre Buenos Aires y la Confederación. En Uruguay, Giró rechaza los tratados firmados por Lamas con Brasil, que implican importantes cesiones territoriales. La Asamblea los reconoce y Giró renuncia. Conflictos armados entre colorados y blancos. En México, el presidente Arista renuncia. Alamán escribe a Santa Anna ofreciéndole la presidencia en nombre del Partido Conservador. Santa Anna es designado presidente, con poderes ilimitados, y nombra ministro de Relaciones Exteriores a Alamán, quien poco después muere. Los principales jefes liberales son desterrados. Fracasa una revolución organizada por liberales y conservadores en Venezuela. Elecciones presidenciales en Colombia; los conservadores se abstienen y los liberales se dividen en radicales o gólgotas y moderados o draconianos. Triunfa el candidato de éstos, Obando. Se sanciona una constitución liberal, federal y democrática. Separación de la Iglesia y el Estado. R. Núñez diputado por el partido Liberal. Polémica Sarmiento-Alberdi: *Cartas quillotanas; Las ciento y una.* Corpancho: *Brisas de mar.* A. de Azevedo: *Poesías.* Nace Martí. Muere Caro.	Dimensión de Bravo Murillo en España. Muere la reina María de Portugal; minoridad de Pedro I y regencia de Saldanha. Propuestas rusas a Inglaterra sobre el reparto de Turquía; comienza la guerra de Crimea; ocupación rusa de los principados danubianos; flota franco-inglesa en los Dardanelos. Restauración del Zollverein. Rusia y EE. UU. reclaman acceso al Japón. Pierce presidente de EE. UU.; adquisición del Sur de Arizona a México. Los Taiping se apoderan de Nankín. Avances de la Iglesia en la educación francesa. Primer congreso científico internacional de Estadística en Bruselas. Explotación de los yacimientos carboníferos en el Ruhr. Herzer: Revista liberal-socialista en Londres. Gobineau: *Ensayo sobre la desigualdad de las razas humanas* (—55). Lieber: *La libertad civil y el gobierno autónomo.* Hugo: *Los castigos.* Gogol: *Taras Bulba.* Verdi: *La Traviata* y *El Trovador.* Liszt: *Rapsodias húngaras.* Nace Van Gogh.
Abolición de la esclavitud en Venezuela. Revolución de Ayutla contra Santa Anna en México. Buenos Aires formaliza su segregación del resto de las provincias. El	En España escándalo por la conducta de la reina; movimiento de conservadores y liberales; gob'erno de Espartero; la reina madre abandona el país. Francia e Inglate-

Vida y obra de los tradicionistas

1855	Palma publica *Poesías*. Nace en Valparaíso, Chile, Justo Abel Rosales. Nace en Santo Domingo César Nicolás Pensón.

América Latina	*Mundo exterior*

Estado de Buenos Aires dicta su Constitución. Urquiza es electo presidente constitucional de Argentina. El coronel Venancio Flores presidente de Uruguay. Continúan las luchas entre blancos y colorados; Flores pide apoyo militar a Brasil. Carrera presidente vitalicio de Guatemala. En Colombia, golpe de Estado del general Melo, que establece una dictadura apoyada por las sociedades democráticas. Liberales y conservadores se alían contra él y lo derrotan. R. Núñez secretario de Guerra y Hacienda. En Perú, Castilla encabeza en Arequipa una revolución liberal contra Echenique y declara abolida la esclavitud y el tributo indígena. Combate también contra Vivanco, a quien derrota en Arequipa. Almeida: *Memorias de un sargento de milicias* (-55). Varnhagen: *Historia general de Brasil*. T. I. Pesado: *Los aztecas*. Mitre: *Rimas*. G. Blest Gana: *Poesías*.

rra declaran la guerra a Rusia. En EE.UU. conflicto de Kansas; formación del partido Republicano; discurso de Lincoln contra la esclavitud.

Berthelot: Principios de la termodinámica. Riemann: Geometría no-euclidiana. Producción de acero con convertidores Besemer. Primera hilandería en Bombay. Fundición en Dakar. Ferrocarriles sobre los Alpes y en la India. Se declara el dogma de la Inmaculada Concepción de la Virgen.

Mommsen: *Historia de Roma*. Nerval: *Las quimeras* y *Silvia*. Tennyson: *La carga de la brigada ligera*. Tiutchev: *Poesía*. Viollet-le-Duc: *Diccionario razonado de la arquitectura francesa*. Nacen Rimbaud y Poincaré.

El conservador Mallarino presidente de Colombia. En Perú, victoria de Castilla sobre Echenique. Se instala el "gobierno de la moralidad", de tendencia liberal. Se reune la Convención nacional, electa por voto popular directo, que designa a Castilla presidente provisional. División de la Convención entre constitucionalistas y castillistas. En Bolivia, Belzú anuncia su renuncia. Le sucede su yerno, el general Córdova que derrota en las elecciones al Dr. Linares. Tratado de límites entre Argentina y Chile. El norteamericano Walker, con una fuerza mercenaria, interviene en Centroamérica junto a los liberales. Irisarri ministro de Guatemala en Estados Unidos, desarrolla una activa campaña contra Walker. Luego de vender la Mesilla a Estados Unidos Santa Anna abandona el país; el liberal Commonfort presidente de México (11/XII) después de las presidencias interinas de Martín Carrera (15/VII), Gral. Rómulo Díaz de la Vega (11/IV) y el

Predominio liberal en las Cortes Constituyentes españolas; reformas eclesiásticas. Mayoría de Pedro I de Portugal. Atentado contra Napoleón III; leyes sobre trabajo y propiedad industrial. Gobierno de Palmerston en Inglaterra. Guerra de Crimea: Batalla de Sebastopol con derrota aliada; Piamonte y Cerdeña intervienen contra Rusia. Masacre de musulmanes en Yunnan.

Autorización a Lesseps para construir el canal de Suez. 1ª Exposición Internacional de París. Los Rothschild fundan el Kreditanstalt de Viena. Primera huelga general en España. Nightingale: Los heridos de Crimea son atendidos por enfermeras.

Büchner: *Fuerza y materia*. Le Play: *Los obreros europeos*. Browning: *Hombres y mujeres*. Baudelaire: *El Spleen de París*. Nerval: *Aurelia*. Whitman: *Hojas de hier-

1856	Nace en Guatemala, Manuel Diéguez Flórez.
1857	

| América Latina | Mundo exterior |

Gral. Juan Alvarez (4/X).

Cisneros: *El pabellón peruano.* Baralt: *Diccionario de galicismos.* B. Herrera funda *El Católico* para combatir las ideas liberales en el Perú.

ba (—97). Courbet: *El taller.* Muere Kierkegaard.

Con el apoyo de los dos principales caudillos, es electo Pereira presidente de Uruguay. Walker vence a las fuerzas de Costa Rica y Guatemala y se proclama presidente de Nicaragua. En Venezuela, José Tadeo Monagas presidente. Páez viaja a Europa. En Ecuador, el general Robles sucede a Urbina. García Moreno, catedrático de matemática y física, es nombrado Rector de la Universidad (-1858). En Perú, en la Convención se discute la amnistía a los partidarios de Echenique, resistida por los liberales y finalmente aprobada. Intensos debates sobre la cuestión religiosa, que concluyen con la decisión de no tolerar otra religión que la católica, con la supresión de los diezmos y la desautorización del retorno de los jesuitas. Pardo y Aliaga elabora un proyecto constitucional. La Convención aprueba finalmente una Constitución liberal y antiautoritaria. Vivanco se subleva en Arequipa. Continuas sublevaciones contra Córdova en Bolivia. Montt reelecto en Chile.

Vélez de Herrera: *Romancero cubano.*

O'Donnell reemplaza a Espartero en el gobierno en España, fracasa levantamiento liberal; gobierno de Narváez. Caída de la "Regeneración" en Portugal. Memorándum de Cavour sobre Italia. Francia e Inglaterra firman tratado con Rusia en París; fin de la Guerra de Crimea. Convención internacional sobre guerra naval.

Ley sobre Sociedades Anónimas en Inglaterra. Hallazgo del Neanderthal. Síntesis de un colorante de anilina. Burton-Speke: Expedición a la zona de los grandes lagos africanos.

Tocqueville: *El Antiguo Régimen y la Revolución.* Taine: *Ensayo sobre Tito Livio.* Barretto Browning: *Aurora Leigh.* Oksakov: *Crónica familiar.* Ibsen: *La fiesta en Solhaug.* Teatro de la Zarzuela en Madrid. Nace O. Wilde.

Reforma de la Constitución y nueva elección de J. T. Monagas en Venezuela. El conservador Mariano Ospina presidente de Colombia. El gobierno ecuatoriano concierta arreglos con Inglaterra por la deuda externa y compromete en él tierras reclamadas por Perú (convención Icaza-Pritchet). García Moreno repite su expedición al cráter del Pichincha. En Perú, Vivanco ataca el Callao pero es rechazado. Castilla pone sitio a Arequipa y disuelve la Convención. Gobierno de Linares en Bolivia; programa de orden y moraliza-

Graves crisis financieras en Inglaterra; incremento de su expansión colonial y conquista de mercados; revuelta de los cipayos. Franco-ingleses ocupan Cantón. Entrevista de Napoleón III con el Zar. Guillermo de Prusia asume la regencia de Federico Guillermo IV. Constitución esclavista en Kansas; caso Dred Scott; Buchanan, presidente.

Primer censo en España: 15 millones de habitantes. Ley Moyano de instrucción pública; fundación de la academia tomista.

1858	Palma colabora en *El Liberal*. Nace en Guayaquil, Nicolás Augusto González. Palma prologa el *Teatro* de Manuel Ascencio Segura.

| América Latina | Mundo exterior |

ción; asunción de la dictadura. Las fuerzas centroamericanas unidas derrotan a Walker, que se refugia en EE.UU. En Nicaragua comienza el treintenio conservador. Se promulga la Constitución liberal de México y se elige presidente a Comonfort. Pronunciamiento conservador en Tacubaya, desconociendo la Constitución.

Del Campo: *Carta de Anastasio el Pollo sobre el beneficio de la señora La Grúa.* Alencar: *El guaraní.*

Sancionada la Constitución federal de Colombia (22/V), se crea la "Confederación Granadina". Regreso de jesuitas al país, que asumen la dirección del Colegio San Bartolomé por orden del gobierno. Después de nueve meses de sitio, Castilla toma Arequipa; es electo presidente del Perú. En Valencia (Venezuela), liberales y conservadores inician una revolución contra Monagas. Su jefe, el general Castro, presidente. Se establece en Valencia la Convención Nacional que sanciona una nueva Constitución. Los liberales radicales organizan otro levantamiento: en Santo Thomas se crea la Junta patriótica y se designa jefe a Falcón. Walker fracasa en un nuevo intento y es ejecutado en Costa Rica. En México, el conservador Zuloaga reemplaza a Comonfort. Juárez organiza un gobierno en Veracruz. Miramón, jefe de las fuerzas conservadoras en el norte; e importantes victorias y conquistas del liderazgo en el ejército. Es nombrado presidente sustituto de Zuloaga.

Heredia, Quintero, Zenea: *El laúd del desterrado.* J. L. Mera: *Poesías.* A. Blest Gana: *El primer amor.* J. A. Torres funda *El Correo Literario,* en Chile.

Fiebre amarilla en Lisboa. Fundación de las Universidades de Calcuta y Madrás. Pasteur: Estudio de la fermentación por los microrganismos. Kekulé: tetravalencia del carbono. Producción de papel con pulpa de madera. Elisha Otis patenta el ascensor.

Buckle: *Historia de la civilización de Inglaterra.* Flaubert: *Madame Bovary.* Baudelaire: *Las flores del mal* y traducción de *Historias extraordinarias* de Poe. Eliot: *Escenas de la vida clerical.* O. Feuillet: *La novela de un joven pobre.* Champfleury: *Manifiesto El Realismo.* Courbet: *Muchachas a la orilla del Sena.*

Retorna O'Donnell al gobierno en España; organización de la Unión Liberal. Entrevista Napoleón III-Cavour en Plombières, acuerdan acción conjunta contra los austríacos. Atentado Orsini contra Napoleón III. Inglaterra elimina la Compañía de las Indias; derrota final de los cipayos. Los franco-ingleses toman Tien-Tsin; comercio de China abierto a ingleses y franceses; reglamentación del comercio de opio. En EE.UU. campaña electoral de Illinois; Douglas contra Lincoln.

Polémica de Pasteur y Pouchet sobre generación espontánea. Virchow: patología celular. Constitución de la Compañía del canal de Suez. Adhesión de los países al sistema métrico decimal de 1795. Fundación de los transportes Wells Fargo. Apariciones de la Virgen a Bernardette Soubirous en Lourdes.

Carlyle: *Historia de Federico II.* Proudhon: *La justicia en la Revolución y en la Iglesia.* Wagner: *Sigfrido.* Offenbach: *Orfeo en el infierno.*

Vida y obra de los tradicionistas

1859	Nace en La Coruña, España, el tradicionista cubano Alvaro de la Iglesia. Palma viaja al Ecuador. Luego colabora en *La Revista de Lima,* importante revista creada ese año, que acoge muchas tradiciones.
1860	Palma publica tradiciones en Lima y Buenos Aires. Es desterrado a Chile. Nace en Mérida, Venezuela, Tulio Febres Cordero, insigne tradicionista.

| América Latina | Mundo exterior |

Tratado entre los gobiernos de Gran Bretaña y Guatemala, por el que este país entrega a aquél el territorio de Belice. Gobierno progresista del General Fabre Gefrard en Haití. Miramón dictador de México. El general constitucionalista Degollado es derrotado en Tacubaya, mientras Miramón fracasa en el asalto a Veracruz. Manifiestos de Juárez y de Miramón. Se sancionan las Leyes de Reforma. En Argentina, tropas de la Confederación, mandadas por Urquiza, derrotan a las de Buenos Aires, encabezadas por Mitre. El tratado de San José de Flores fija las condiciones de reincorporación de Buenos Aires a la Confederación. En Ecuador, el general Robles instala su gobierno en Guayaquil mientras García Moreno se subleva en Quito contra el gobierno militar. El general Franco se proclama en Guayaquil jefe supremo; Urbina y Robles, los principales jefes "marcistas", se refugian en Chile. Mientras Franco acuerda con el peruano Castilla, García Moreno, que encabeza el partido civilista, solicita protección a Francia. En Venezuela, Castro, Tovar y Gual se alternan en la presidencia, mientras se extiende la revolución federal. El jefe federal Zamora derrota en Santa Inés al ejército constitucional.

J. V. González: *Biografía de J. F. Ribas*. Orgaz: *Las tropicales*. F. Pardo y Aliaga: *Constitución Política* (poema satírico). Nace Gutiérrez Nájera.

España rechaza la proposición norteamericana para adquirir Cuba; guerra de Marruecos. Ruptura de Napoleón III con católicos; etapa liberal del Imperio; ocupación de Saigón. Piamonte y Cerdeña declaran la guerra a Austria con el apoyo de Francia; victorias de Magenta y Solferino; Piamonte incorpora Lombardía y Toscana; Venecia en poder de Austria; Garibaldi inicia campaña libertadora. Fortalecimiento del ejército prusiano con Guillermo Hohenzollern. EE.UU. reconoce el gobierno de Benito Juárez en México; ejecución de John Brown; guerra contra la esclavitud.

Drake: perforación para extracción de petróleo en EE.UU. Bunsen-Kirchhoff: Espectroscopia. Monturiol: Prueba del sumergible "El Ictíneo".

Darwin: *El origen de las especies*. S. Mill: *Sobre la libertad*. Marx: *Crítica de la economía política*. Dickens: *Historia de dos ciudades*. Hugo: *La leyenda de los siglos* (—83). Tennyson: *Los idilios del rey*. Bécquer: Primeras *Rimas*. Manet: *El bebedor de ajenjo*. Ingres: *El baño turco*. P. Webb: La casa roja de W. Morris. Gounod: *Fausto*.

Tovar presidente constitucional de Venezuela. Páez, que volvió de EE.UU., ministro de Guerra. Muere el caudillo federal Ezequiel Zamora. Continúa la guerra y el gobierno obtiene importante victoria en Coplé. En Colombia, el general Mosquera, transformado en liberal, inicia en Cauca un levantamiento. R. Núñez se traslada al exterior; reside primero en EE.UU. y lue-

España ocupa Tetuán; fracasa un levantamiento carlista. Francia firma tratado comercial con Inglaterra. Liberalización de ley aduanera. Revolución en Sicilia y Nápoles dirigida por Garibaldi; ambas regiones se incorporan a Italia. Se restablecen en Hungría las instituciones autónomas. Saqueo de Pekín por fuerzas europeas. Rusia funda Vladivostok. Lincoln

1861	En Valparaíso, Palma publica versos y prosas en la *Revista de Sudamérica* y la *Revista del Pacífico,* publicaciones que acogen tradiciones de autores chilenos. Contacto con Amunátegui, Concha y otros tradicionistas y escritores chilenos.

América Latina

go es cónsul en Liverpool, hasta 1874, colaborando además con varios periódicos americanos. En Ecuador, el general Flores, vuelto del Perú, es puesto por García Moreno al frente del ejército que combate a los peruanos. El peruano Castilla ocupa Guayaquil, reconquistada poco después por los ecuatorianos. En Perú, Castilla reune un nuevo congreso, con predominio de sus partidarios, presidido por B. Herrera. Este presenta un proyecto de Constitución, de carácter autoritario extremo, que es rechazado. Se suprime el fuero eclesiástico y Herrera renuncia a la Cámara, retirándose de la vida política. B. Mitre gobernador de Buenos Aires y Derqui presidente de la Confederación. Se reforma la Constitución, para posibilitar la reincorporación de Buenos Aires. En Uruguay, Berro (blanco) presidente; política neutral e independiente de las potencias vecinas. El capitán general Serrano establece trato cordial con los sectores liberales de Cuba. En México, fracasa el segundo intento de Miramón ante Veracruz. Intervención norteamericana contra una flotilla que lo apoyaba. Trato Mon-Almonte con España. Derrota final de Miramón en Capulalpán. Triunfo de las Reformas liberales. El liberal Gerardo Barrios es electo presidente de El Salvador.

J. V. González: *Historia de Venezuela*. P. J. Rojas funda *El Independiente* (-1863). P. Herrera: *Ensayo sobre la historia de la literatura ecuatoriana*.

En Venezuela, Páez asume la dictadura. P. J. Rojas ministro y presidente sustituto. Infructuosa entrevista de Páez y el jefe federalista Falcón. Mosquera entra en Bogotá y asume la presidencia de Colombia. Decretos de tuición de cultos, expulsión de jesuitas y desamortización de bienes eclesiásticos. Julio Arboleda dirige la oposición conservadora. En Ecuador, la Con-

Mundo exterior

presidente de EE.UU., secesión de Carolina del Sur.

Londres: 2,8 millones de habitantes. Berlín: 493 mil. Speke-Grant: Descubrimiento de los afluentes del Nilo. Lenoir: Máquina de explosión. Fechner: Elementos de la psicofísica. Primer Congreso Internacional de química en Karlsruhe. Crémieux funda la Alianza Israelita Universal. Se instala en Elche la primera máquina de alpargatas.

Taine: *La Fontaine y sus fábulas*. Burckhardt: *La cultura del Renacimiento en Italia*. Baudelaire: *Los paraísos artificiales*. Ovstrovsky: *La Tormenta*. Saint-Saëns: *Oratorio de Navidad*.

Parlamento italiano. Muerte de Cavour. Estatuto de campesinos liberados de la esclavitud en Rusia. Principado de Rumania. Formación de los Estados Confederados de América. Secesión de Virginia; bloque de estados sudistas.

S. Mill: *Sobre el utilitarismo*. Proudhon: *Teoría del impuesto*. Eliot: *Silas Marner*.

| 1862 | Nace en Guatemala Agustín Mencós. Aparece en México, *Leyendas mexicanas* de José María Roa Bárcena.
Campaña antintervencionista americana de R. Palma en Chile. Allí termina *Anales de la Inquisición de Lima,* estudio histórico. |

América Latina	Mundo exterior

vención Constituyente, presidida por Flores, le restituye sueldos, honores y propiedades que le arrebataran los "marcistas". Se sanciona una nueva Constitución, que elimina las limitaciones a los derechos políticos, y se elige presidente a García Moreno. En Bolivia, revolución contra Linares, que marcha al exilio acompañado por M. Baptista. Luego de un frustrado intento, se produce en La Paz una matanza de partidarios de Belzú, entre los que está el ex presidente Córdova. Nuevo enfrentamiento entre Buenos Aires y la Confederación. En Pavón, Mitre derrota a Urquiza, que se refugia en Entre Ríos. El ejército porteño comienza a ocupar el interior del país. J. J. Pérez presidente de Chile. Carrera interviene en Honduras, en un conflicto entre el presidente Guardiola y la Iglesia, acentuando la influencia guatemalteca. El presidente de Santo Domingo, Santana, acuerda con España la anexión de la isla a la Corona. En México, los constitucionalistas ocupan la capital. Expulsión del Nuncio y de los principales obispos; separación de la Iglesia y el Estado. Se suspende el pago de la deuda externa. Las partidas conservadoras mantienen la guerra; asesinato de los principales dirigentes liberales. Desembarco de las primeras tropas intervencionistas. Miramón se refugia en Cuba y luego pasa a Europa.

Cisneros: *Julia*. Primera Exposición Nacional en Brasil.

Dostoievski: *Recuerdos de la casa de los muertos*. Garnier inicia la construcción de la Opera de París.

Guerra a muerte entre constitucionalistas y federales en Venezuela. Conflicto entre Colombia y Ecuador; tratado de Tulcán entre García Moreno y Arboleda. Intensa lucha periodística. Se firma en Roma el Concordato que regulariza las relaciones de la Iglesia con el Estado ecuatoriano. San Román sucede a Castilla en la presidencia del Perú. Achá, uno de los

Intento de Garibaldi contra Roma. Batalla de Aspromonte. Bismarck primer ministro prusiano. Negativa de Prusia al acceso de Austria al Zollverein. Batalla de Antietam en EE.UU. Lincoln libera a los esclavos en los estados rebeldes. Los franceses en Cochinchina y Obock.

Foulcault mide la velocidad de la luz. Ber-

Vida y obra de los tradicionistas

1863	Palma regresa al Perú. Publica *Anales de la Inquisición de Lima*. Nace en San Salvador, Francisco Gavidia. Empieza el prestigio continental de R. Palma por su acción política contra la intervención extranjera y por su obra literaria; difusión de sus primeras "tradiciones" en periódicos y revistas de varios países.

| América Latina | Mundo exterior |

jefes de la revolución contra Linares, es electo presidente de Bolivia. En Argentina, Mitre presidente provisional primero y constitucional después. Muere el presidente de Paraguay Carlos Antonio López; lo sucede su hijo Francisco Solano. Barrios trata de organizar una alianza federativa centroamericana; oposición de Carrera. Por el tratado de Soledad el gobierno mexicano obtiene el retiro de España e Inglaterra, Miramón realiza en París gestiones para lograr la intervención francesa. Las tropas francesas, que inician su acción, son derrotadas en Puebla. Juárez ocupa ciudad de México.

Segura: *Las tres viudas*. A. Blest Gana: *Martín Rivas*.

nard descubre el rol de los nervios vasomotores.

Spencer: *Primeros principios*. Hugo: *Los miserables*. Thiers: *Historia del consulado y el imperio*. Flaubert: *Salambó*. De Lisle: *Poemas bárbaros*. Manet: *Lola de Valencia*.

Antonio Guzmán Blanco y Pedro José Rojas, en nombre de los dos bandos, firman el convenio de Coche. Decreto de Garantías. Se instala la Asamblea Constituyente. Falcón presidente de Venezuela. Se sanciona la Constitución de Rionegro y se crean los Estados Unidos de Colombia. La constitución procura limitar la autoridad presidencial. Conflicto de Ecuador con Colombia, debido al apoyo de Mosquera a los liberales ecuatorianos. Flores es derrotado por Mosquera en Guaspud, y firma un tratado de paz. García Moreno aprueba el Concordato, aunque el Congreso demora la ratificación. Ante el fallecimiento de San Román, asume Pezet la presidencia de Perú. La escuadra española en El Callao. Achá renueva su gabinete e inicia una política de orden y fomento económico en Bolivia. Los franceses capturan Puebla, luego de un sitio de 62 días. Juárez abandona la capital, donde entran los franceses. El general Forey designa un Ejecutivo y una Junta de Notables, que emiten su *Dictamen* sobre la forma de gobierno. Carrera invade El Salvador y derroca a Gerardo

Impacto de la guerra de secesión sobre la industria textil inglesa. Lasalle funda la asociación de trabajadores alemanes. Bismarck disuelve el Landtag. Revolución en Polonia. Creación de bancos nacionales por los nordistas en EE.UU. Batalla de Gettysburgh. Lincoln inicia "reconstrucción" del Sur. Protectorado francés en Camboya.

Fundación del Crédit Lyonnais en Francia. Renan: *Vida de Jesús*. Proudhon: *Sobre el principio federativo*. Ibsen: *Los pretendientes*. Litré: *Diccionario de la lengua francesa* (—68). Dostoievski: *Memorias del subsuelo*. Manet: *Almuerzo en la hierba*. Sainte-Beuve: *Nuevos lunes* (—70). Salón de los Rechazados, en París. Primer número del *Petit Journal*.

1864	Palma viaja a Europa (Inglaterra, Francia e Italia) donde afirma su credo liberal y su voluntad de crear una literatura arraigada en América y no imitativa.
1865	Palma, de regreso al Perú, hace escala en Nueva York, donde recibe la noticia del asesinato del Presidente Lincoln. Nace en Guanajuato, Luis González Obregón, tradicionista mexicano, y en Lima el peruano Aníbal Gálvez.

| América Latina | Mundo exterior |

Barrios, reemplazándolo por el conservador Dueñas. También coloca un gobierno adicto en Honduras. Muere en Nueva York Antonio J. de Irisarri. Muere asesinado Comonfort.

Arona: *Ruinas*. Hostos: *La peregrinación de Bayoán*. Hernández: *Vida del Chacho*. Isidoro Errázuriz funda el diario *La Patria* en Chile.

Se sanciona la Constitución federal de Venezuela. En Colombia, Manuel Murillo Toro presidente: el civilismo liberal; política de pacificación. El general Urbina invade el Ecuador desde el Perú. El general Flores, que los combate, muere poco después. En Perú, la escuadra española ocupa las islas Chincha; agitación general contra el gobierno, acusado de ineptitud y tolerancia. Los españoles refuerzan su flota. Se instala en Lima el Congreso Americano, al que concurren Bolivia, Colombia, Venezuela, Ecuador, Chile, Argentina y Perú. Se solucionan cuestiones de límites entre Bolivia y Perú. Chile rompe relaciones con Bolivia. En México, una Comisión de la Junta de Notables ofrece la corona a Maximiliano de Austria, quien acepta (10/IV), luego de acordar con Napoleón III. Juárez, perseguido por las tropas francesas, instala su gobierno cerca de la frontera. Miramón es nombrado Gran Mariscal y embajador en Berín.

Machado de Assis: *Chrysálidas*. A. Blest Gana: *La flor de la higuera*.

Fundación de la Asociación Internacional de Trabajadores. Primera Internacional, en Londres. Cruz Roja Internacional, en Ginebra. Encíclicas papales contra el libre pensamiento. Tratado de Viena austro-pruso-danés. Conflicto entre Lincoln y el Congreso. Sherman ocupa Atlanta y Georgia. Reelección de Lincoln.

Rohls explora el Sahara.

Fustel de Coulanges: *La ciudad antigua*. Spencer: *Principios de biología*. Le Play: *La reforma social*. Los Goncourt: *Renée Maupertius*. Tennyson: *Enoch Arden*. Rodin: *El hombre de la nariz rota*. Degas: *Retrato de Manet*.

García Moreno derrota a los sublevados en Guayaquil y realiza una fuerte represión. Jerónimo Carrión presidente de Ecuador. Se firma el tratado Vivanco-Pareja, humillante para Perú. M. I. Prado encabeza una revolución en Perú y asume la dictadura. Gabinete de unión nacional. Perú y Chile declaran la guerra

Reconocimiento legal del valor cheque en Francia. Ministerio Russel en Inglaterra.

Congreso norteamericano vota abolición esclavitud. Capitulación de Lee en Appomatox. Asesinato de Lincoln. Negativa del Congreso a admitir estados sudistas reconstruidos.

1866	Nace en Cuenca, Ecuador, Manuel J. Calle, escritor costumbrista.

| América Latina | Mundo exterior |

a España. Melgarejo depone a Achá e inicia una sangrienta dictadura en Bolivia. Vuelve Belzú y obtiene importantes éxitos, pero muere asisinado. Flores asume la presidencia de Uruguay. *Guerra del Paraguay*: Paraguay declara la guerra a Brasil y Argentina (que no autorizó el paso de tropas paraguayas por su territorio). Argentina, Brasil y Uruguay firman el Tratado de la Triple Alianza. Los paraguayos atacan la ciudad argentina de Corrientes. Victorias de la flota brasileña en Riachuelo y de la vanguardia de las tropas aliadas en Yatay. Gerardo Barrios, que intenta recuperar el poder, es capturado y fusilado en Nicaragua. Muere Rafael Carrera; el sucede el general Cerna. España abandona la isla de Santo Domingo. Al concluir el período constitucional, Juárez decide continuar en su cargo de presidente.

V. Considérant: *Cuatro cartas al mariscal Bazaine* (-68). Zaldumbide: *El Congreso, don Gabriel García Moreno y la República*. J. V. González publica sus biografías políticas de Vargas, Tovar y el general Ribas. Nace José Asunción Silva. Mueren Fermín Toro y Andrés Bello.

C. Bernard: *Introducción a la medicina experimental*. Proudhon: *Sobre el principio del arte*. Carroll: *Alicia en el país de las maravillas*. Tolstoi: *Guerra y Paz* (—69). Los Goncourt: *Germinie Lacerteux*. Manet: *Olympia*.

Bombardeo del Callao y derrota española. Tratado de límites entre Chile y Bolivia y acuerdo para dividir exportaciones de guano. Derrotas de Solano López en la guerra de la Triple Alianza: Tuyutí y Curuzú. En Brasil, decreto que concede la libertad de los esclavos que sirvan a la Guerra del Paraguay.

J. Montalvo: *El Cosmopolita* (-68). Gutiérrez González: *Memoria sobre el cultivo del maíz en Antioquia*. Del Campo: *Fausto*.

Polémica en la Internacional entre proudhonianos y marxistas. Confederación del Norte de Alemania. Conflicto entre Austria y Prusia. Batalla de Sadowa: fusiles de retrocarga y ferrocarriles para movilización. Venecia se une al reino de Italia. *Black friday* londinense. El Congreso de EE.UU. asegura la igualdad civil en los negros. Fundación del Ku-Klux-Klan.

Nobel inventa la dinamita. Inauguración del primer cable transatlántico.

Dostoievski: *Crimen y castigo*. Verlaine: *Poemas saturnianos*. Antología *Parnaso Contemporáneo*. Swinburne: *Poemas y ba-*

1867	Nace en Alajuela, Costa Rica, el tradicionista Ricardo Fernández Guardia. Palma apoya la causa liberal de José Balta, futuro presidente del Perú; desterrado a Guayaquil. Nace Roberto J. Payró, en Argentina. Juan de Arona: *Cuadros y episodios peruanos,* poesías costumbristas.
1868	Palma senador por Loreto: prestigio político. Nacen Luis G. Urbina en México, Salomón Ponce Olivera en Panamá, y el uruguayo Víctor Arreguirre. Muere Felipe Pardo y Aliaga, costumbrista peruano, en Lima.
1869	

América Latina	Mundo exterior
	ladas. Corot: *La iglesia de Marissel*. Offenbach: *La vida parisiense*.
Fusilamiento de Maximiliano y Miramón en Querétaro. Entrada de Juárez a Ciudad de México. Guerra civil en Haití. Mosquera prisionero; asume Santos Acosta en Colombia. Se abre el Amazonas a la navegación internacional. En Brasil, tratado de límites con Bolivia. Prohibición de venta separada de matrimonios esclavos y limitación de edad para la separación de padres e hijos.	Imperio ultramarino de Inglaterra: 200 millones de habitantes. Etapa de fortalecimiento de los estados nacionales. Conspiración de los fenianos en Inglaterra. Compromiso austro-húngaro, constitución de la Doble Monarquía. Garibaldi invade estado pontificio. Comienzo del reino de "carpetbaggers" en el sur de EE.UU. Constitución federal de Canadá. EE.UU. compra Alaska a Rusia.
Isaacs: *María*. Cuervo: *Apuntaciones críticas sobre el lenguaje bogotano* (-72). Caro y Cuervo: *Gramática de la lengua latina*. Lastarria: *La América*. Sousândrade: *El guesa errante* (-88). E. M. de Hostos: *Romeo y Julieta*. Nace Rubén Darío.	Invención de la prensa rotativa de Marinoni. Exposición Internacional de París. Marx: *El Capital* (T. I.). Ibsen: *Peer Gynt* y *Brand*. B. Harte: *Papeles vagabundos*. Millet: *El Angelus*. Gounod: *Romeo y Julieta*.
Juárez reelegido. Grito de Yara en Cuba. Tratado de Colombia con EE.UU. sobre construcción del canal de Panamá queda incompleto. Sarmiento, presidente de Argentina, Fernando Guzmán de Nicaragua. En Perú, Balta inicia la era de los ferrocarriles. Las tropas aliadas de Brasil, Argentina y Uruguay ocupan Asunción.	Disolución de la sección francesa de la Internacional. Primer congreso de Trade-Unions. Primer Ministerio Gladstone: los liberales en el poder. Revolución en España, huida de Isabel, Prim dictador. Derecho de voto garantizado a los negros en EE.UU. Comienza "occidentalización" de Japón.
Calcaño: *Blanca de Torrestella*. M. Altamirano: *Revistas Literarias de México*, folletín de *La Iberia*. Macedo: *Memorias del sobrino de mi tío*. Lola Rodríguez de Tió pone letra a *La Borinqueña*, himno nacional de Puerto Rico.	Restos del hombre de Cromagnon. Fundación de la Escuela Práctica de Altos Estudios en París. Bécquer: *Rimas*. Dostoievski: *El idiota*. Lautréamont: *Los Cantos de Maldoror*. Browning: *El anillo y el libro*. Wagner: *Los maestros cantores*.
Alzamiento de Las Villas en Cuba. Segundo tratado sobre el canal de Panamá, también incompleto. Golpe de Estado en Ecuador, García Moreno Jefe Supremo. Primer censo nacional argentino. 1.737.076 habitantes. Revolución liberal	Concilio del Vaticano. Constitución del partido social-demócrata en el congreso de Eisenach. Tensiones diplomáticas entre Francia y Prusia por la cuestión española. Grant presidente de EE.UU. Inauguración del canal de Suez.

1870	Nace en Querétaro, Heriberto Frías, tradicionista mexicano.
1871	Se funda en Lima la revista *El Correo del Perú* que acoge en sus páginas, durante casi todo el decenio, tradiciones de autores peruanos (Palma, Lavalle, Matto, etc.) e hispanoamericanos (Concha, y otros chilenos).

América Latina	Mundo exterior

iniciada por Máximo Jerez en Nicaragua. En Perú, Nicolás Piérola, ministro de Hacienda de Balta, suprime el sistema de consignaciones del guano y realiza un contrato con la casa Dreyfus. Decreto Imperial concede a Edward P. Wilson autorización para la explotación petrolera en Bahía.

Macedo: *Víctimas y verdugos*. Castro Alves: *Espumas flotantes*. F. Varela: *Cantos del desierto y de la ciudad*. I. M. Altamirano: *Clemencia*. G. G. de Avellaneda: *Obras literarias* (-71). *El Cubano Libre*. *La Prensa,* en Buenos Aires.

Mendeleiev: ley periódica de los elementos.

Dickinson: *Poemas*. Flaubert: *La educación sentimental*. Verlaine: *Fiestas galantes*. Verne: *Veinte mil leguas de viaje submarino*. Franck: *Las Beatitudes*.

Caída de Melgarejo en Bolivia. Gobierno liberal de Salgar en Colombia. Primera presidencia de Guzmán Blanco en Venezuela. Fin de la guerra del Paraguay, muerte de Solano López, destrucción del desorrollo económico y de la población del país, principalmente masculina. Revolución de las Lanzas en Uruguay. España reconoce independencia uruguaya. Lanzamiento del Manifiesto Republicano. Resolución final del caso "Canadá"; Brasil debe pagar a los EE.UU. 106.740,05 dólares. En Puerto Rico se funda el Partido Liberal Reformista.

Torroella: *El mulato*. L. V. Mansilla: *Una excursión a los indios ranqueles*. F. Távora: *Cartas a Cincinato*. Estreno de la ópera de Carlos Gomes *O Guaraní* en el Teatro Lírico de Río de Janeiro. *La Nación* en Buenos Aires.

Guerra franco-prusiana. Capitulación de Napoleón III en Sedán. Caída del Segundo Imperio. Gambetta proclama en París gobierno de defensa nacional. Alemanes sitian París. Agitación en Irlanda. Dogma de la infalibilidad papal en el Concilio Vaticano. Asesinato de Prim. Amadeo de Saboya rey de España. Primera hilandería mecánica en Japón. Extracción de petróleo inicia nueva revolución industrial. Rockefeller funda la Standard Oil Co.

Schliemann: primeros descubrimientos de Troya.

Taine: *Sobre la inteligencia*. Pérez Galdós: *La fontana de oro*. Cézanne: *Naturaleza muerta con péndulo*. Delibes: *Coppelia*.

Organización del Gabinete por el Vizconde de Rio Branco. Ley de vientres Rio Branco para los esclavos nacidos a partir del 28 de septiembre, en Brasil. Juárez se reelige; oposición de Porfirio Díaz. Estudiantes fusilados en Cuba. Constitución liberal en Costa Rica (hasta 1949). Conflicto de Guzmán Blanco con la Iglesia venezolana. Melgarejo asesinado en

Armisticio franco-prusiano. Creación del Imperio de Alemania en Versalles. Revolución de París: la Semana Sangrienta de la Comuna. Estatuto legal de los Trade-Unions en Inglaterra. Escándalo de Tammany-Hall en N. York. Abolición de los clanes y reorganización administrativa en Japón.

Vida y obra de los tradicionistas

1872	Palma publica la primera serie de sus *Tradiciones Peruanas* en la Imprenta del Estado. Difusión de su obra en toda América Hispana. Aparece *Leyendas históricas de Venezuela* de Arístides Rojas. Nace Modesto Chávez Franco en El Oro, Ecuador (1872-1952). Muere en París, Juan Vicente Camacho, primer tradicionista de Venezuela.
1873	

América Latina	Mundo exterior
Lima. Ferrocarril Barranquilla-Salgar y Pisco-Yca. Fiebre amarilla en Buenos Aires. Asociación Rural del Uruguay. Errázuriz Zañartu, presidente de Chile. Vicente Cuadra, presidente de Nicaragua. Alencar: *El tronco de Ipé*. J. D. Cortés: *El parnaso peruano*. Martí: *El presidio político en Cuba*. J. M. Gutiérrez, V. F. López y A. Lamas: *Revista del Río de la Plata*. Muere fusilado Juan Clemente Zenea. Nacen José E. Rodó y González Martínez.	Darwin: *El origen del hombre*. Renan: *La reforma intelectual y moral*. Bakunin: *Dios y el Estado*. Zola: *Los Rougon-Macquart* (—93). Carroll: *A través del espejo*. G. A. Bécquer: *Rimas*. Inauguración de la Opera de París. Nace Proust.
Muerte de Juárez y presidencia de Lerdo de Tejada. Rebelión conservadora en Honduras. Levantamiento campesino en El Salvador; decreto para inmigración china. Reprimida en Carite, Filipinas, revuelta de nativos contra España. M. Pardo, primer presidente civil del Perú. Primer Censo Nacional en Brasil: 10.112.061 habitantes. J. Hernández: *Martín Fierro*. H. Ascasubi: *Santos Vega*. A. Lussich: *Los tres gauchos orientales*. L. Mendonça: *Nieblas matutinas*. B. Guimarâes: *El buscador de diamantes* y *El seminarista*. Taunay: *Inocencia*. M. Corchado Juarke: *Historias de ultratumba*. Víctor Meireles pinta *La Batalla del Riachuelo*.	Congreso de la Internacional en La Haya. Don Carlos se proclama rey de España: nuevas guerras carlistas. La "Kulturkampf" en Alemania. Amnistía de los sudistas en EE.UU. Fundación de la Oficina Internacional de Pesas y Medidas. Butler: *Ereubon*. Spencer: *Estudios de sociología*. Daudet: *Tartarín de Tarascón*. Brandes: *Grandes corrientes de la literatura europea del siglo XIX*. Daumier: *La Monarquía*. Renoir: *Los remeros de Chatou*.
Ferrocarril Veracruz-México. España ejecuta a los revolucionarios cubanos del "Virginius". Barrios en Guatemala confisca iglesias y expulsa congregaciones. Ley aboliendo esclavitud en Puerto Rico. Primo de Rivera, gobernador. Matrimonio civil en Venezuela. Muere Páez en Nueva York. Tratado secreto entre Perú y Bolivia contra Chile. El Congreso ecuatoriano consagra su país "al Sagrado Corazón de Jesús". Carrera naval armamentista de Chile. Crece la corriente inmigratoria hacia el Plata.	Crisis económica mundial. El ejército alemán evacua Francia. Abdicación de Amadeo I en España y proclamación de la República. Alianza de los tres emperadores europeos. Monometalismo-oro en Europa y EE.UU. Primera máquina de escribir. Marx: edición definitiva de *El Capital*. Rimbaud: *Una temporada en el infierno*. Barby d'Aurevilly: *Las diabólicas*. Verne: *La vuelta al mundo en ochenta días*. Pé-

1874	Palma publica la segunda serie de sus *Tradiciones Peruanas* (Imp. Liberal de *El Correo del Perú*).
1875	Palma publica la tercera serie de sus *Tradiciones peruanas*. (Editor Benito Gil). Aparece en Chile *Leyendas y tradiciones* de Enrique del Solar. Nace en Guayaquil, Gabriel Pino Roca. Tercera serie de *Tradiciones* de Palma. (Benito Gil, Lima).

América Latina	Mundo exterior

Martí: *La República española ante la Revolución cubana.* M. Acuña: *Versos.* Lévy: *Nicaragua.* J. E. Caro: *Obras escogidas en prosa y verso.* Alencar: *Sueños de oro* y *La guerra de los buhoneros.* Joaquim Norberto: *La conspiración minera.* Nacen Gómez Carrillo y Mariano Azuela.

rez Galdós comienza los *Episodios Nacionales.*

Lerdo de Tejada atacado por conservadores y liberales. Comité Revolucionario cubano. Primo de Rivera sustituido por J. L. Sanz como gobernador de Puerto Rico. Nueva Constitución en Venezuela y ruptura con la Santa Sede. Primera locomotora llega al Titicaca, atravesando los Andes. García Moreno carga la cruz por las calles de Quito en una procesión de Semana Santa. Vencida en Argentina revolución mitrista; Avellaneda presidente; Segunda Guerra del Desierto. Enmienda del tratado de Chile con Bolivia; impuestos a Chile por las industrias de Atacama. Tratado brasileño con Perú acerca de mutuas concesiones de territorio.

Cuervo: *Notas a la Gramática de Bello.* J. P. Varela: *La educación del pueblo.* J. C. Zenea: *Poesías completas* (póstumo). A. Tapia y Rivera: *La leyenda de los veinte años.* Alencar: *Ubirajara.* B. Guimarâes: *El indio Alfonso.* Taunay: *Oro sobre azul* e *Historias brasileñas.* Sousândrade: *Obras poéticas.* Pereira Barreto: *Las tres filosofías,* 1ª parte.

Ministerio Disraeli a la caída de Gladstone en Inglaterra. Alfonso XII rey de España. Demócratas reconquistan mayoría en el Congreso norteamericano. Ley contra la prensa socialista en Alemania.

Stanley atraviesa Africa. Fundación de la Unión Postal Internacional en Berna.

Valera: *Pepita Jiménez.* Grieg: *Peer Gynt.* Strauss: *El murciélago.* Primera exposición impresionista (Sala del fotógrafo Nadar). Monet: *La impresión.*

Rebelión yaqui en Sonora. Elección para la presidencia de Tomás Estrada Palma, en Cuba. Disidencias dentro de los insurrectos cubanos: el regionalismo villareño. En Puerto Rico Sanz es sustituido por el general segundo de la Portilla, también conservador. Creación de la Universidad de Guatemala. Auge de las exportaciones cafetaleras en Costa Rica. García Moreno asesinado en Quito. Salitre en Antofagasta. Fracasa revolución de Piérola con-

Las congregaciones expulsadas en Alemania. Congreso de Götha que reune a los partidos obreros alemanes. Parnell en la Cámara de los Comunes. Conflicto de Bismarck con Francia. Inglaterra adquiere de Egipto las acciones del canal de Suez.

Fundación del *Petit Parisien.* Mme. Blavatsky funda la Sociedad Teosófica en Nueva York. M. Berthelot: *La síntesis química.* Tolstoi: *Ana Karenina* (—77). Meredith:

1876	Tertulias de Juana Manuela Gorriti en Lima. (n. 1818) en las que se leen asiduamente tradiciones. Aparece *Narraciones históricas* de Miguel Luis Amunátegui. Nace en Panamá, el folklorista Narciso Garay, y en San Salvador, Francisco Herrera Velado.
1877	Palma publica su cuarta serie de *Tradiciones* (Gil, Editor). Aparece dirigido por Palma, M. A. Fuentes y Acisclo Villarán, *La Broma,* periódico satírico, que publica tradiciones de Palma, Fuentes, Acisclo y Aureliano Villarán, Nicolás A. González, etc. Manuel Fernández Juncos, funda en Puerto Rico, *El Buscapié* (-83). Nacen Juan Pablo Echagüe y Carlos Ibarguren, en Argentina.

América Latina	Mundo exterior
tra Pardo en Perú. Se agudiza la crisis financiera argentina. Destierro de principistas en Uruguay; Revolución Tricolor. Ley de Servicio Militar obligatorio y fundación de la Sociedad para el Culto y la Difusión Positivista en Brasil. Alencar: *Señora, El sertanero* y *El jesuita*. L. Mendonça: *Alboradas*. B. Guimarães: *La esclava Isaura*. Tobías Barreto: *Estudios de filosofía y crítica*. J. A. Saco: *Historia de la esclavitud*. Montalvo: *La dictadura perpetua*. Academia mexicana de la lengua. Nacen Julio Herrera y Reissig y Florencio Sánchez.	*La carrera de Beau-champ*. Tennyson: *La Reina María*. Bizet: *Carmen*. Saint-Saëns: *Danza macabra*. Manet: *Los remeros de Argenteuil*.
Rebelión de Porfirio Díaz contra Lerdo de Tejada: Plan de Tuxtepec; muere Santa Anna. Primer ingenio azucarero con máquinas de vapor en Santo Domingo. Rebelión liberal en Honduras: M. A. Soto. Hilarión Daza, dictador de Bolivia. Revolución liberal de Veintemilla en Ecuador. Tercer levantamiento de López Jordán en Argentina. Vapor "Frigorifique" hace su primer viaje llevando carne argentina a Europa. Ley de inmigración y colonización. Latorre inicia en el Uruguay la década de dictadura militarista. Aníbal Pinto presidente de Chile. Lola Rodríguez de Tió: *Mis cantares*. Montalvo: *El regenerador*. B. Mitre: *Historias de Belgrano y de la independencia argentina*. H. H. Gottel y F. Carnevallini: *El Porvenir de Nicaragua*. F. Távora: *La cabellera*. Castro Alves: *Gonzaga o la Revolución de Minas*. Aparece la *Revista Ilustrada*. Revista *La Tertulia*.	Disolución de la primera Internacional. Guerra de Turquía en los Balcanes. Movimiento "Tierra y Libertad" en Rusia. Creación de la Asociación Internacional Africana. Koch descubre el bacilo del ántrax. Bell inventa el teléfono. Primer motor a explosión construido por Otto. Inauguración del Festival wagneriano de Bayreuth: *El anillo de los nibelungos*. Taine: *Orígenes de la Francia contemporánea*. Mallarmé: *La siesta de un fauno*. Twain: *Las aventuras de Tom Sawyer*. Pérez Galdós: *Doña Perfecta*. Zola: *La taberna*. Renoir: *El molino de la Galette*.
Porfirio Díaz electo presidente de México. Estrada Palma prisionero en Cuba; V. García presidente; pacificación de Las Villas. Decreto de Barrios que reconoce trabajo forzoso del indígena guatemalteco. Motines en Quito contra Veintemilla.	Guerra ruso-turca. Muere Thiers. Hayes, presidente de EE.UU., retira las tropas del sur. Victoria, emperatriz de la India. Reorganización del partido liberal en Inglaterra.

1878	Nace en Chile, Joaquín Díaz Garcés. Nace en Santo Domingo, Jesús Troncoso de la Concha (1878-1955), autor de *Narraciones dominicanas*.
1879	Palma publica numerosas tradiciones en la nueva *Revista Peruana*, (-1880), de índole historicista. Nace en Santiago, Aurelio Díaz Meza, importante tradicionista chileno.

América Latina	*Mundo exterior*
Crisis financiera en Perú y Chile. Unión Tipográfica, primer sindicato argentino. Muere Rosas en Inglaterra. Reforma educativa de J. P. Varela en Uruguay; ley de educación común. Pedro J. Chamorro presidente de Nicaragua. Squier: *Perú, viaje y exploración en la tierra de los Incas*. Zorrilla de San Martín: *Notas de un himno*. O. V. Andrade: *Prometeo*. Fundación del Ateneo de Montevideo. *Revista de Cuba* (-84). Sociedad Antropológica. Martí profesor de Literatura en la Universidad de Guatemala. Muere J. de Alencar.	Edison inventa el micrófono y el fonógrafo. Empleo de vagones frigoríficos en EE.UU. Flaubert: *Tres cuentos*. Mommsen: *El sistema militar de César*. Traducción al francés de la *Filosofía del inconsciente* de Hartmann. Carducci: *Odas bárbaras*. Rodin: *La edad de bronce*. Saint-Saëns: *Sansón y Dalila*. Brahms: *Primera Sinfonía*.
Enmienda constitucional prohibiendo reelección presidencial. Fracasa rebelión de Escobedo contra Díaz en México. Pacto del Zanjón y fin de la Guerra de los Diez Años en Cuba. España concede representación en Cortes. Gobierno liberal independiente de J. Trujillo en Colombia; obras de construcción del ferrocarril del Pacífico y excavaciones del Canal de Panamá por compañía francesa. Asesinado el ex presidente Pardo; tensión en Perú por los problemas entre Chile y Bolivia (éste viola enmienda del 74 e impone impuestos a las exportaciones de Antofagasta). Veintemilla presidente constitucional con facultades extraordinarias en Ecuador. Alberto de Oliveira: *Canciones románticas*. S. Romero: *La filosofía en el Brasil*. Martí: *Guatemala*. Galván: *Enriquillo* (-82). Medina: *Historia de la literatura colonial de Chile*. Lastarria: *Recuerdos literarios*. Wilde: *Tiempo perdido*. Félix Medina: *Lira nicaragüense*. *Revista Puertorriqueña* (Gautier Benítez, Elzaburu).	Humberto I rey de Italia. León XIII Papa. Armisticio de Andrinópolis y tratado de San Stefano: los turcos entregan Chipre a Inglaterra. Disolución del Reichstag y leyes antisociales en Alemania. Booth funda el Ejército de Salvación. Edison y Swan inventan la lámpara eléctrica. Utilización de la hulla blanca. J. Neruda: *Cuentos de la Mala Strana*. Sully Prudhomme: *La justicia*. Queiroz: *El primo Basilio*. Nietzsche: *Humano, demasiado humano*.
Sublevación de marinos en Veracruz; orden de Díaz: "mátalos en caliente". La "guerra chiquita" en Cuba. Constitución liberal y positivista en Guatemala (-1945). Leyes antiejidales en El Salvador y pro-	Alianza austro-alemana. Fin de la "Kulturkampf". Atentados contra Alejandro II. Consolidación de la Tercera República francesa. Fortalecimiento militar e industrial del Reich germano. Se inicia difusión

1880 | Entre 1880 y 1884, Palma publica asiduamente en *La Prensa* de Buenos Aires.

América Latina	Mundo exterior
ceso de concentración de la riqueza: las "catorce familias". L. Salomon presidente de Haití (-88). Guzmán Blanco presidente de Venezuela. Rebeliones en Antioquia; levantamiento del ejército en Bogotá. Se frustra conspiración de Alfaro en Guayaquil. Guerra del Pacífico o "salitrera": Chile contra Bolivia y Perú; ocupación de Antofagasta y Atacama; Prado abandona presidencia, asume Piérola; muerte del capitán Grau y cuantiosas pérdidas peruanas. Campaña del Desierto al mando de Roca; incremento de líneas férreas y de la educación pública. Latorre, presidente constitucional del Uruguay. Pinheiro Machado funda el Partido Republicano Riograndense en Brasil.	de sistemas de enseñanza laica y común. Pasteur descubre el principio de las vacunas. Wundt: laboratorio de psicología experimental. Ibsen: *Casa de muñecas*. Dostoievski: *Los hermanos Karamazov* (—80). H. James: *Daisy Miller*. Meredith: *El egoísta*. Chaicovski: *Eugenio Oneguin*. Nace Einstein.
Varona, Barreto, Tejero y otros: *Arpas cubanas*. J. L. Mera: *Cumandá*. J. Hernández: *La vuelta de Martín Fierro*. E. Gutiérrez: folletín de *Juan Moreira*. Guido y Spano: *Ráfagas*. Zorrilla de San Martín: *La leyenda patria*. S. Romero: *Cantos del fin del siglo*. F. Távora: *El matrero*. M. Zeno Gandía: *Desde el fondo del alma*. Exposición General de Bellas Artes en Río de Janeiro.	
Se funda en Santo Domingo la Liga Antillana para procurar la independencia de las Antillas. Primer cargamento bananero de Costa Rica a Nueva York. Abolición gradual de la esclavitud en Cuba. Baldorioty inicia campaña en *La Crónica* por gobierno propio en Puerto Rico. Constitución liberal de Honduras (-93). Región de Alta Verapaz, gran productora de café guatemalteco (plantadores alemanes); Barrios presidente constitucional. Gobierno de R. Núñez en Colombia: ley de Instrucción Pública; se levanta destierro a obispos y se deroga la Ley de Inspección de Cultos; el poeta J. Isaacs encabeza levantamiento en Antioquia; empieza la época del café. Chile controla todo el Pací-	Guerra anglo-boer. Fundación de la Compañía del canal de Panamá. Elecciones liberales en Inglaterra: Gladstone reemplaza a Disraeli. Decreto contra las congregaciones en Francia. J. Ferry presidente del Consejo. Ebert descubre el bacilo de la tifoidea. Invención de la bicicleta. H. Taine: *Filosofía del arte*. E. Zola: *Naná*. Maupassant: *Bola de sebo*. Swinburne: *Cantos de primavera*. Tennyson: *Balada*. Menéndez Pelayo: *Historia de los heterodoxos españoles* (—82). A. Daudet: *Numa Rumestán*. Rodin: *El pensador*.

1881	Nace Abel Alarcón, tradicionista boliviano. En el incendio de Miraflores provocado por las fuerzas de ocupación chilenas, Ricardo Palma pierde importantes manuscritos de sus obras. Aparecen *Cuadros Caraqueños* y *Artículos de costumbres* del venezolano Nicanor Bolet Peraza.

| América Latina | Mundo exterior |

fico; las acciones de la guerra se extienden a Lima. Presidencia de Roca en Argentina: "Paz y Administración". Renuncia Latorre en Uruguay: "los uruguayos son ingobernables". Joaquín Nabuco funda la Sociedad Brasileña contra la Esclavitud.

E. M. de Hostos funda la Escuela Normal de Puerto Rico. Varona: *Conferencia filosófica* (-88). Pereira Barreto: *Positivismo y tecnología*. Silvio Romero: *La literatura brasileña y la crítica moderna*. Montalvo: *Las Catilinarias* (-81). Altamirano: *Rimas y Cuentos de invierno*. M. J. Othón: *Poesías*. Pérez Bonalde: *Ritmos*. Ameghino: *La antigüedad del hombre en el Plata*.

En Brasil, gobierno de liberales. Primera elección directa, exclusión de los analfabetos; electorado de 1.114.660 votantes sobre una población estimada de 11 millones de habitantes. Votan sólo 145.296 ciudadanos. Problemas fronterizos entre México y Guatemala por las regiones de Chiapas y Soconusco. En Cuba, Constitución española de "los notables". Constitución venezolana, inspirada en la suiza; arbitraje español por litigios fronterizos con Colombia; telégrafo Bogotá-Caracas. Deterioro de la educación pública en Ecuador. Batalla de Chorrillos y Miraflores y ocupación chilena de Lima, con destrucción de la Biblioteca Nacional. Presidencia de Santa María en Chile abre etapas de auge económico, colonización y fomento de la educación. Incremento de los latifundios en Argentina: venta por ley de territorios conquistados al indio; tratado de límites con Chile.

Machado de Assis: *Memorias póstumas de Brás Cubas*. A. de Azevedo: *El mulato*. A. Bello: *Filosofía del entendimiento*. López Prieto: *Parnaso cubano*. Cambaceres:

Muere Disraeli. Salisbury, líder conservador. Alejandro II asesinado, asciende Alejandro III. Garfield, presidente de EE. UU., pero muere en septiembre. Se renueva la alianza de los Tres Emperadores europeos.

Ribot: *Las enfermedades de la memoria*. H. James: *Washington Square*. France: *El crimen de Sylvestre Bonnard*. Verlaine: *Cordura*. Verga: *Los Malavoglia*. Renoir: *El almuerzo de los remeros*. F. de Saussure enseña lingüística en la Escuela Práctica de Altos Estudios de París (—91). Muere Carlyle.

1882	
1883	Nace en Colombia, el tradicionista Enrique Otero D'Acosta. Aparecen 6 series de *tradiciones* de Palma (Carlos Prince, editor) y *El demonio de los Andes,* recopilación de tradiciones sobre el conquistador español Francisco de Carvajal, (en Nueva York). Es nombrado Palma Director de la Biblioteca Nacional, cuya restauración asume. Publica su sexta serie de *Tradiciones peruanas*. Aparecen en Santiago, *Tradiciones serenenses* de Manuel Concha. *Seis leyendas* del mexicano José López Portillo, y en San Juan, *Costumbres y tradiciones* de Manuel Fernández Juncos. Muere José Rosendo Gutiérrez, historiador y tradicionista de Bolivia.

América Latina	*Mundo exterior*
Potpourri. Martí funda la *Revista Venezolana*. *Anales,* del Ateneo de Montevideo; debate Bartolomé Mitre-Vicente Fidel López. Muere Cecilio Acosta.	
Colaboración del partido de los "científicos" con la dictadura de P. Díaz. Heureaux presidente de Santo Domingo (-99). La "república aristocrática" en Costa Rica: P. Fernández Oreamuno. Veintemilla se proclama Jefe Supremo de Ecuador. Comienza unificación y reconstrucción del Perú tras la derrota ante Chile. Fundación de La Plata, capital de la provincia de Buenos Aires. Gral. Santos presidente del Uruguay.	Triple Alianza: Austria, Alemania, Italia. Leyes sobre la enseñanza primaria en Francia. Muere Gambetta. Expulsión de los judíos de Rusia. Intervención inglesa en Egipto e italiana en Eritrea. Primeras leyes restringiendo la emigración a EE.UU. Chinos y japoneses ocupan Seúl.
	Koch descubre el bacilo de la tuberculosis. Charcot: experiencias de la Salpetrière.
Martí: *Ismaelillo*. Villaverde: *Cecilia Valdés* (ed. definitiva). L. Bonafoux: *El avispero*. Montalvo: *Siete tratados*. Pérez Rosales: *Recuerdo del pasado* (-86). Medina: *Los aborígenes de Chile*. T. Dias: *Fanfarrias*. Ayón: *Historia de Nicaragua* (I). Tobías Barreto: *Estudios alemanes*. Araripe Jr.: *José de Alencar*. S. Romero: *Introducción a la historia de la literatura brasileña*. La Nación nombra a Martí su corresponsal en Nueva York.	Carducci: *Confesiones y batallas*. J. M. Pereda: *El sabor de la tierruca*. Manet: *El bar del Folies-Bergère*. Wagner: *Parsifal*. Nacen Joyce y Stravinski. Muere Emerson.
Asesinato del redactor de *Corsário*, Apulco de Castro, en Río de Janeiro. Fundación de la Confederación Abolicionista, por José do Patrocíneo. Concesión venezolana a Cía. Hamilton para explotar "bosques y asfaltos". Comienzo del movimiento nacional ecuatoriano de la "Restauración". Tratado de Ancón y fin de la ocupación de Lima; Chile se anexa Tarapacá y ocupa Tacna y Arica por diez años; las riquezas salitreras chilenas pasarán a inversionistas británicos. Gobierno de Iglesias en Perú. Campañas de ocupación de territorios indios en el Chaco argentino; se inicia fuerte proceso de devaluación monetaria. Expropiación de los territorios araucanos del sur de Chile, tras	Los franceses en Indochina y guerra franco-china. Ocupación de Madagascar. Segundo Ministerio Ferry. Fundación de la Fabian Society en Londres. *Emancipación del Trabajo,* primera organización marxista rusa, creada por Plejanov y Akselrod en Suiza. Kautsky funda *Die neue zeit;* Malatesta, en Florencia, *La Questione sociale*. Nacen Mussolini y J. M. Keynes (m. 1946). Muere Marx.
	Dépez realiza el primer transporte de energía eléctrica a distancia. Se inaugura el puente de Brooklyn.
	Nietzsche: *Así hablaba Zaratustra* (-91). Stevenson: *La isla del tesoro*. Maupassant:

Vida y obra de los tradicionistas

1884	Correspondencia de Palma con los tradicionistas mexicanos Riva Palacio y Peza y con Altamirano, Acuña y Sierra. Aparecen en Bogotá las *Leyendas históricas* de Luis Capella Toledo. Nace en Quito, Ecuador, Cristóbal de Gongotena y Jijón y en Lima Carlos Camino Calderón.

América Latina	Mundo exterior
la última gran sublevación india. Adán Cárdenas presidente de Nicaragua. Gutiérrez Nájera: *Cuentos frágiles.* Varona: *Estudios literarios y filosóficos.* J. Calcaño: *Cuentos fantásticos.* Sarmiento: *Conflictos y armonías de las razas en América.* V. F. López: *Historia de la República Argentina.* I. De María: *Anales de la Defensa de Montevideo* (-87). Raimundo Correia: *Sinfonías.* Capistrano de Abreu: *El descubrimiento del Brasil y su desarrollo en el siglo XVI.* B. Guimarâes: *Rosaura abandonada.* S. Romero: *Cantos populares del Brasil.* Zorrilla de San Martín: *primera cátedra de Literatura.* Se funda *El Clamor del País,* periódico liberal portorriqueño.	*Una vida.* Bourget: *Ensayos de psicología contemporánea.* Dilthey: *Introducción a las ciencias del espíritu.* Amiel: *Diario íntimo.* Menéndez Pelayo: *Historia de las ideas estéticas en España* (-91). Delibes: *Lakmé.* Franck: *El cazador furtivo.* Nacen Franz Kafka y Ortega y Gasset. Muere Wagner.
Abolición de la esclavitud en la provincia de Ceará, en Brasil. Reforma constitucional en México para permitir reelección de Díaz y nuevo código minero que facilita penetración extranjera. Crisis económica cubana; G. Gómez y Maceo dirigen movimiento revolucionario desde el exilio. R. Fajardo Izquierdo gobernador de Puerto Rico. Tratado Keith-Soto instala empresas bananeras en Honduras. J. Crespo presidente electo de Venezuela. Segundo gobierno de Núñez en Colombia; constitución del Partido Nacional. Alzamiento y derrota de Eloy Alfaro en Ecuador. J. M. P. Caamaño, presidente, (10/II). Pacto de Truce: Bolivia pierde costa de la provincia de Atacama. Ferrocarril trasandino argentino-chileno; Ley Avellaneda argentina de enseñanza primaria laica, gratuita y obligatoria. Sufragio universal en Chile para alfabetizados mayores de 25 años. Gavidia: *Versos.* Barros Arana: *Historia general de Chile.* L. V. López: *La Gran Aldea.* Groussac: *Fruto vedado.* Acevedo Díaz: *Brenda.* J. Nabuco: *El Abolicionis-*	Crisis bursátil en Nueva York. Convocatoria de la Conferencia Colonial Internacional en Berlín. Los ingleses en Sudán, colonia alemana del sudoeste africano. Ley de seguro social en accidentes de trabajo en Alemania. Minas de oro en Transvaal. Ley Waldech-Rousseau sobre sindicatos en Francia. Nuevamente legalizadas en Francia las sociedades obreras. Ferrocarril transcaspiano llega a Samarcanda. Los hermanos Renard construyen un globo dirigible. Persons: turbina de vapor a reacción. Mergenthaler: linotipia (-86). H. de Chardonnet: seda artificial a la nitrocelulosa. Maxim: ametralladora. Eastman: película fotográfica en rollos. Spencer: *El hombre contra el Estado.* Engels: *El origen de la familia, la propiedad y el estado.* G. B. Shaw: manifiesto de la sociedad fabiana. Huysmans: *Al revés.* Daudet: *Safo.* De Lisle: *Poemas trágicos.* Strindberg: *Casados* (1ª serie). Verlaine: *Poetas malditos.* Grupo "Los XX". Bruckner: *Séptima sinfonía.* A. Gaudi: *La Sagrada Familia.* Degas: *Las planchadoras.* Rodin: *Los burgueses de Calais* (-86).

Vida y obra de los tradicionistas

1885	Nace en Lima, Ventura García Calderón.
1886	Nace en Costa Rica, el cronista Leonardo Montalván. En *El Ateneo* de Lima se publican tradiciones de Palma y otros peruanos. Muere en Chile, Vicente Pérez Rosales, autor de *Recuerdos del pasado* y Benjamín Vicuña Mackenna. Nace en Managua el tradicionista nicaragüense Gustavo A. Prado.

| *América Latina* | *Mundo exterior* |

ta. A. de Oliveira: *Meridionales*. A. de Acevedo: *Casa de pensión*. Rigoberto Cabezas y Anselmo H. Rivas fundan el primer diario: *Diario de Nicaragua,* después *Diario Nicaragüense*.

Ley de colonización en México; apresamientos contra Guatemala. El presidente Barrios proclama la Unión Centroamericana; oposición de Costa Rica, Nicaragua y El Salvador; invasión guatemalteca a El Salvador; muerte de Barrios; la Asamblea revoca el decreto presidencial. Concesión venezolana Hamilton transferida a Nueva York y Bermúdez Co. Los "marines" ocupan Colón, Panamá. Fracción del liberalismo colombiano contra el gobierno federal; fuerte repercusión en la economía del país. Pena de muerte en Ecuador. Renuncia de Iglesias en Perú; Cáceres entra a Lima. Ascenso de conservadores en Brasil.

S. Romero: *Estudios de literatura contemporánea*. Vicente de Carvalho: *Fosforescencias*. Martí: *Amistad funesta*. G. Prieto: *El romancero nacional*. Lastarria: *Antaño y hogaño*. W. H. Hudson: *La tierra purpúrea*. R. Obligado: *Poesía y Santos Vega*. Varona: *Revista Cubana* (-95). Salvador Brau: *La campesina*.

Guerra servio-búlgara. Alfonso XIII rey de España: regencia de María Cristina de Habsburgo. Gabinete Salisbury en Inglaterra. Presidencia de Cleveland en EE. UU. Creación del Estado independiente del Congo. Los italianos ocupan Massaua y los ingleses Nigeria. Creación de la De Beers Cy Co. que controla la minería de Africa del Sur. Partido Obrero belga. Unión cooperativas de sociedades francesas de consumo.

Pasteur: vacuna contra la rabia. Nordenfelt construye un submarino. Daimler inventa la motocicleta. H. Richardson: Almacenes Marshall, Fried & Co. en Chicago.

Nietzsche: *Más allá del bien y del mal*. Marx: *El Capital* (tomo II), compilado por Engels. Andersen: *Cuentos*. Zola: *Germinal*. Laforgue: *Lamentaciones*. Guyau: *Esbozo de una moral sin obligación ni sanción*. Twain: *Huckleberry Finn*. Charnay: *Las antiguas ciudades de nuevo mundo*. Nacen Ezra Pound, L. H. Lawrence y Sinclair Lewis. Mueren Victor Hugo y Rosalía de Castro.

Fundación de la Sociedad Promotora de Inmigración en Brasil. Definitiva abolición de la esclavitud en Cuba. Ley de educación en Costa Rica. Constitución liberal en El Salvador (-1945); fuerza pública armada para controlar la vagancia en el campo. Cuarta y última elección de Guzmán Blanco en Venezuela. Cáceres presidente de Perú, Balmaceda de Chile, Juárez Celman de Argentina, Núñez reelecto en Colombia y nueva Constitución centralista: la República de Colombia.

Tratado de Bucarest sobre la cuestión servio-búrgara. Se concluye el Canadian Pacific. 1º de mayo: huelga de los obreros de Chicago por jornada laboral de ocho horas; la policía acusa de atentado a sus líderes. Se funda la Federación de Obreros Americanos. Primer ferrocarril en China.

Hertz descubre las ondas electromagnéticas.

Rimbaud: *Las iluminaciones*. Moréas: *Ma-*

1887	Aparece en Lima la revista semanal *El Perú Ilustrado,* la cual recoge tradiciones de Palma, Lavalle, Matto de Turner. Aparece, *Montevideo Antiguo, tradiciones y recuerdos* del uruguayo Isidoro Demaría. Palma publica *La bohemia de mi tiempo.*

América Latina	Mundo exterior

Alberto de Oliveira: *Sonetos y poemas.* García Icazbalceta: *Bibliografía mexicana del siglo XVI.* Díaz Mirón: *Poesías escogidas.* R. J. Cuervo: *Diccionario de construcción y régimen de la lengua castellana* (-93). Alexandre Levy: *Suite brasileña para orquesta.* Discurso de Manuel González Prada en el Ateneo de Lima. Escuela Nacional de Bellas Artes en Bogotá. J. Batlle y Ordóñez: *El Día* en Montevideo. Sarah Bernhardt, por primera vez en el Río de la Plata. Nace Ricardo Güiraldes.

nifiesto simbolista. D'Amicis: *Corazón.* E. Pardo Bazán: *Los pasos de Ulloa.* Kraft-Ebing: *Psicología sexual.* Stevenson: *El extraño caso del doctor Jekill y míster Hyde.* Tolstoi: *Sonata a Kreutzer.* Chejov: *Cuentos.* Bartholdi: *La libertad iluminando el mundo.* Rodin: *El beso.*

En Brasil, por viaje de Don Pedro II a Europa, comienza la tercera regencia de Isabel; el Club militar comunica a la Regente que el ejército se niega a participar en la captura de esclavos fugitivos. Instrucción primaria obligatoria en México; telégrafo entre México y Guatemala. Primera zafra azucarera cubana con mano de obra asalariada. Primer concordato entre Colombia y la Iglesia. Tratado de límites Ecuador-Perú. Proceso chileno de debilitamiento del poder presidencial y predominio del Parlamento. Restauración del principismo en el Uruguay, tras una década de gobierno militarista. Formación del Partido Democrático en Chile. Primer censo en Buenos Aires: 433.375 habitantes. Evaristo Carazo presidente de Nicaragua. Romualdo Palacio nuevo gobernador de Puerto Rico; se inicia persecución contra autonomistas, Baldorioty preso.

Primera conferencia imperial inglesa. Condominio franco-inglés sobre las Nuevas Hébridas. Elección de Sadi-Carnot en Francia. 11/XI: ejecución de los cinco dirigentes obreros anarquistas de Chicago. Gran conmoción nacional e internacional.

Invención del neumático.

Kipling: *Cuentos simples de las colinas.* D'Annunzio: *Las elegías romanas.* Strindberg: *Hijo de sirvienta.* Pérez Galdós: *Fortunata y Jacinta.* A. Owen: *El sueño de una ciudad ideal.* Van Gogh: *El padre Tanguy.* Debussy: *La doncella elegida.* Antoine funda el Teatro Libre. Nace Le Corbusier.

E. Rabasa: *La bola.* J. Rizal: *Noli me tangere.* E. M. de Hostos: *Lecciones de derecho constitucional.* M. Zeno Gandía: *La señora duquesa.* B. Mitre: *Historia de San Martín y de la emancipación americana* (-88). Ayón: *Historia de Nicaragua* (II vols.). A. de Azevedo: *El hombre.* J. Guadalupe Posada se instala en Ciudad de México.

Vida y obra de los tradicionistas

1888	Oposición entre las posiciones de Palma y González Prada, convertido este último en acérrimo enemigo del tradicionismo, "falsificación agridulcete de la historia". Muere en Santiago Miguel Luis Amunátegui. Nace en Coahuila, el tradicionista mexicano Artemio del Valle-Arizpe. Muere el tradicionista boliviano Nataniel Aguirre.
1889	Aparece *Ropa Vieja* de Palma (7ª serie de *Tradiciones,* C. Prince, editor). Nace en Asunción, Teresa Lamas de Rodríguez Alcalá. Matto de Turner publica su novela *Ave sin nido*.

| América Latina | Mundo exterior |

Ley Aurea de abolición de la esclavitud en todo el Imperio. Pedro II regresa al Brasil. Nueva reelección de Díaz. Predominio político-económico de la burguesía cafetalera en Costa Rica. Cía. Universal del Canal Interoceánico declarada en quiebra (14/XII). Rebelión de J. Crespo en Venezuela; presidencia de Rojas Paúl. Desarrollo industrial en Uruguay; fuerte desvalorización de la moneda en Argentina.

R. Darío: *Azul*. E. M. de Hostos: *Moral Social*. L. Díaz: *Sonetos*. F. Gamboa: *Del natural*. Altamirano: *El zarco*. Acevedo Díaz: *Ismael*. S. Romero: *Historia de la literatura brasileña*. Medina: *Colección de documentos inéditos para la historia de Chile* (-912). García Salas: *El Parnaso Centroamericano*. Ramón Uriarte: *Galería poética centroamericana*. Nacen J. E. Rivera y López Velarde. Muere Sarmiento.

Ascensión de Guillermo II. Conflicto germano-norteamericano por las islas Samoa. Papado: *Encíclica Libertas*.

Exposición Universal de Barcelona. Creación del Instituto Pasteur. Expedición de Nansen a Groenlandia. Doehring: cemento armado pretensado. Forest: primer motor de gasolina.

Bosanquet: *Lógica*. Nietzsche: *El anticristo*. Ribot: *Psicología de la atención*. Maupassant: *Pedro y Juan*. Strindberg: *La señorita Julia*. Ibsen: *La dama del mar*. Chejov: *La estepa*. Van Gogh: *Autorretrato*. Gauguin: *El cristo amarillo*. Debussy: *Arabescos*. Rimsky-Korsakov: *Sherezade*. Nace O'Neill; muere Louisa M. Alcott.

Proclamación de la República de Brasil (15/XI). Depuesto el Emperador, por tropas al mando del coronel Botelho de Magalhães. Código civil español en Filipinas. Pacto provisional de unión entre El Salvador, Honduras y Guatemala. Primera conferencia de los Estados americanos en Washington. Convención Cubana en Cayo Hueso. Fundación del Partido Demócrata Venezolano. Campaña de represión periodística en Colombia. Contrato Grace en Perú para explotación por 66 años del guano y los ferrocarriles. Primera sección del puerto de Buenos Aires; representación argentina en el Congreso de París que funda la Segunda Internacional. Roberto Sacasa a la presidencia de Nicaragua y con él concluyen los llamados "30 años conservadores".

Payno: *Los bandidos de Río Frío* (-91). Ayón: *Historia de Nicaragua* (III). Martí: *La edad de oro*. J. Sierra: *México so-*

Conferencia colonial de Bruselas. Huelgas mineras en Alemania y leyes de protección social. Huelga de los estibadores en Inglaterra. Harrison presidente de EE.UU. Muere Luis I de Portugal. Cecil Rhodes recibe las concesiones africanas. Congreso de París y fundación de la Segunda Internacional. Establecimiento del 1º de Mayo como fecha de reinvindicación de la jornada de ocho horas.

Primer rascacielos en Nueva York. Exposición Internacional de París: la torre Eiffel. Eastman: fotografía en celuloide.

Bergson: *Ensayo sobre los datos inmediatos de la conciencia*. Kropotkin: *El apoyo mutuo*. Durkheim: *Elementos de sociología*. Chejov: *La gaviota*. Yeats: *Peregrinaciones de Oisen*. Van Gogh: *Paisaje con ciprés*. Nacen Arnold Toynbee y Martin Heidegger.

1890	Primera edición extranjera de las *Tradiciones peruanas* de Palma. Aparece la 2ª edición de *Leyendas históricas de Venezuela* de Arístides Rojas.
1891	Aparece *Ropa apolillada* (octava y última serie de las *Tradiciones* de Palma, C. Prince, editor). Muere en La Serena, Chile, Manuel Concha. Aparece *Cosas añejas* de César Nicolás Pensón en Santo Domingo. Nace en Tegucigalpa, el escritor hondureño Rafael Heliodoro Valle. Aparece *México viejo,* de Luis González Obregón.

| *América Latina* | *Mundo exterior* |

cial y político. J. A. Silva: *Nocturno II.* José Verissimo: *Estudios brasileños,* 1ª serie. Capistrano de Abreu: *Caminos antiguos y poblamiento del Brasil.* Gómez Carrillo llega a Europa. Muere Montalvo.

En Brasil, Segundo Censo Nacional: 14.333.915 habitantes. Creación del Partido Obrero en Río de Janeiro. Enmienda constitucional mexicana permitiendo reelección. Perjuicios económicos para Cuba por la reforma arancelaria norteamericana. Golpe de Estado de C. Ezeta en El Salvador. R. Andueza Palacio presidente de Venezuela; reclamaciones de EE.UU. Morales Bermúdez, adicto a Cáceres, presidente de Perú. Leyes colombianas regulando la actividad comercial. Crisis económica en Chile y nuevo gabinete Balmaceda en oposición al Congreso. Quiebra la Baring Brothers; grave crisis financiera en el Río de la Plata. J. Herrera y Obes presidente del Uruguay: el civilismo; leyes inmigratorias. Unión Cívica, primer partido político argentino de corte moderno; revuelta contra Juárez Celman, renuncia y ascenso de Carlos Pellegrini. Por primera vez se celebra en el Río de la Plata el 1º de Mayo. Creación de la Unión Panamericana, en Washington a iniciativa de EE. UU.

Del Casal: *Hojas al viento.* Romerogarcía: *Peonía.* L. G. Urbina: *Versos.* T. Carrasquilla: *Simón el Mago.* A. de Azevedo: *O cortiço.* Fundación de la Escuela Nacional de Bellas Artes en Río de Janeiro.

Bismarck abandona el gobierno (20/III); el poder queda en manos de los Junkers. Conferencia de Berlín de protección al trabajo. Convenciones coloniales anglo-alemana y anglo-francesa. Ley Sherman antitrust en EE.UU.; tarifas aduaneras proteccionistas McKinley. Quiebra Banco Baring (Londres); crisis económica mundial. Nace Charles de Gaulle.

Behring: suero antidiftérico. Otto Lilienthal: artefacto volador.

C. Lombroso: *El delito político y la revolución.* W James: *Principios de psicología.* Wundt: *Sistema de filosofía.* Zola: *La bestia humana.* Wilde: *El retrato de Dorian Gray.* Frazer: *La rama dorada.* Hamsun: *Hambre.* Cézanne: *Jugadores de cartas.* Borodin: *El Príncipe Igor.* Franck: *Sinfonía en re menor.* Suicidio de Van Gogh.

Deodoro da Fonseca, electo presidente de Brasil; disolución del Congreso por el presidente, revolución de la Marina liderada por el almirante Custodio José de Melo. Renuncia de Deodoro y presidencia del general Floriano Peixoto. Malestar económico y político en Cuba. Se divide el partido autonomista puertorrique-

Acuerdo anglo-italiano sobre Abisinia. Acuerdo colonial anglo-lusitano. Construcción del Transiberiano. Fundación del Bureau internacional de la paz en Berna. Fracasa golpe de estado a Boulanger, quien se suicida. Encíclica *Rerum Novarum* de León XIII inicia nueva actitud de la iglesia católica ante la cuestión social.

Vida y obra de los tradicionistas

1892	Aparece *El Cojo Ilustrado,* revista literaria en Caracas, que acoge a muchos costumbristas y tradicionistas. Palma viaja a España para concurrir a las celebraciones del 4º centenario del descubrimiento de América. Contacto con Zorrilla, Cánovas, el conde de Cheste, Menéndez Pelayo, Campoamor, Núñez de Arce, Valera y otros. Reacción contra el "purismo" de la Academia, que no acepta su propuesta de incorporación de americanismos. Muere en Buenos Aires, Juana Manuela Gorriti y se editan sus *Veladas literarias de Lima,* tomo I, que contiene muchas tradiciones hispanoamericanas.

América Latina	Mundo exterior
ño. Sentencia arbitral dictada por España sobre límites entre Colombia y Venezuela. Crisis financiera argentina, suspensión de pagos, creación del Banco de la Nación Argentina, regreso del gral. Mitre. Primer congreso de la Federación de Trabajadores de la Región Argentina. El Congreso contra Balmaceda en Chile, batalla de Concón, renuncia, asilo y suicidio de Balmaceda en la embajada argentina; almirante Montt Presidente. Oliveira Paiva: *Dona Guidinha do Poço*. Martí: *Versos sencillos* y *Los pinos nuevos*. Martell: *La Bolsa*. Lamas: *Génesis de la revolución*. *La Habana Literaria* (-92). Joaquín Torres García en Cataluña.	Michelin patenta el neumático. Se descubre el Pitecántropo de Java. C. Doyle: *Las aventuras de Sherlock Holmes*. Ibsen: *Hedda Gabler*. Hardy: *Teresa de Uberville*. Monet: empieza *Las ninfas*. Gauguin: *Las mujeres de Tahití*. R. Strauss: *Muerte y transfiguración*. Muere Rimbaud.
Rizal organiza en Manila la sociedad secreta "La Liga Filipina". "Katipunan", por A. Bonifacio. Crisis azucarera y auge del café en Puerto Rico. Revolución liberal en Honduras proclama presidente a Bonilla. Sublevación de los Taraumaras en Tomóchic. J. Crespo se proclama dictador en Caracas. Batalla Cururuyuqui contra indios en Bolivia. Núñez reelecto en Colombia con M. A. Caro de vice. Sáenz Peña presidente de Argentina; L. Alem prisionero, radicales abstencionistas. Fundación del Partido Obrero Argentino. Batlle y Ordóñez propone organización política uruguaya basada en clubes populares. Insurrección en Rio Grande do Sul. Mato Grosso declara su independencia bajo el nombre de República Transatlántica. H. Frías: *Tomóchic*. Del Casal: *Nieve*. Francisco González Marín: *Romances*. Lafone Quevedo: investigaciones arqueológicas en el norte argentino. Guido Spano presidente de *El Ateneo*, en Buenos Aires. Nace César Vallejo.	Convención militar franco-prusiana. Tarifas proteccionistas en Francia. Escándalo de Panamá en Francia: quiebra de Lesseps. H. Ford construye su primer modelo de automóvil. Lorentz descubre los electrones; Schleich la anestesia local. E. Haeckel: *El monismo*. Poincaré: *Nuevos métodos de la mecánica celeste*. Wilde: *El abanico de Lady Windermere*. Hauptmann: *Los tejedores*. Toulouse-Lautrec: *Jane Avril ante el Moulin Rouge*. Leoncavallo: *Los payasos*. E. Munch: *La danza de la vida*. Mueren Ernesto Renán, Walt Whitman.

Vida y obra de los tradicionistas

1893	Edición española de las *Tradiciones peruanas* de Palma (Barcelona, Ed. Montaner y Simón). Palma visita Cuba. Muere en Santiago, Chile, Enrique del Solar y en Lima, José Antonio de Lavalle.
1894	Aparece *Historia, leyendas y tradiciones de Cartagena* de Camilo S. Delgado. Muere en Quito, Ecuador, Juan León Mera, autor de la leyenda "La Virgen del Sol" (1861). Aparece *Crónicas de la Antigua Guatemala* de Agustín Mencós. Muere Arístides Rojas, tradicionista de Venezuela.

América Latina	Mundo exterior
Revolución federalista en Río Grande (-95). El almirante Custodio de Melo bombardea Río de Janeiro. J. Y. Limantour ministro de Hacienda y artífice del "milagro económico" del porifirismo. Aumenta campaña autonomista en Cuba; división del partido Unión Constitucional y formación del Partido Reformista. Elecciones en Puerto Rico, los autonomistas no participan. Reconocimiento de la soberanía británica sobre Belice, Guatemala. Año de grave agitación política en Colombia. Manifiesto a la Nación del Partido Liberal venezolano. Vía férrea Lima-La Oroya. Conflicto con los radicales en Argentina. Roca captura Rosario. Influencia "directriz" presidencial en Uruguay. Fuerzas liberales en León declaran a Zelaya presidente de Nicaragua.	Guerra de Melilla. Protectorado francés en Dahomey; ocupación de Siam. Autonomía de Irlanda rechazada por la cámara de los Lores; fundación del Independent Labour Party en Inglaterra. Segunda presidencia de Cleveland en EE.UU., crisis bursátil; abolición de la Ley Sherman; protectorado en Hawai. Insurrección de los jóvenes checos en Praga. Masacre en Armenia. Nueva Zelandia: derechos políticos plenos a la mujer. Nace Mao-Tse-tung.
	Exposición colombina de Chicago. Ford construye su primer automóvil. Elster-Seitel: célula fotoeléctrica. Diesel construye motor de gas-oil. Morey: primer proyector cinematográfico.
Cruz e Souza: *Broqueles*. Del Casal: *Bustos y Rimas*. Acevedo Díaz: *Grito de gloria*. Mueren Altamirano y Del Casal. Nace V. Huidobro.	Jean Grave: *La sociedad moribunda y la anarquía*. Heredia: *Los trofeos*. Menéndez Pelayo: *Antología de poetas hispanoamericanos* (-95). Mallarmé: *Verso y prosa*. Aparece en Londres el primer número de la revista *The Studio*, con la ilustración *Salomé* de Beardsley. Munch: *El grito*. Chaicovski: *Sinfonía Patética*. Dvorak: *Sinfonía del Nuevo Mundo*.
Bonilla presidente de Honduras. Motines populares en Puerto Rico por arresto de autonomistas; Muñoz Rivera, Fernández Juncos, Abril y otros. Terremoto en Venezuela; Crespo presidente y conflicto con la Guayana Británica. Muere R. Núñez. Producción cafetalera colombiana alcanza por primera vez los veinte mil kilos. Tacna y Arica pasan a poder de Chile, sin que ningún plebiscito sea convocado. J. I. Borda presidente de Uruguay.	Asesinato de Sadi-Carnot. Proceso Dreyfus. Nicolás II zar de Rusia. Guerra entre China y Japón (VII). Los italianos invaden Abisinia.
	Yersin: bacilo de la peste. Roux: suero antidiftérico.
M. Zeno Gandía: *La Charca*. Nina Rodríguez: *Los africanos en el Brasil*. Silvio Romero: *Doctrina contra doctrina*. J. A. Silva: *Nocturno*. M. González Prada: *Páginas libres*. E. Acevedo Díaz: *Soledad*. Revista *Cosmópolis* en Caracas y *Azul* en México. Nace J. C. Mariátegui.	Marx: Edición del Volumen III de *El Capital*. Durkheim: *Reglas del método sociológico*. Dilthey: *Ideas sobre una psicología descriptiva y analítica*. Buchner: *Darwinismo y socialismo*. S. y B. Webb: *Historia del "tradeunionismo"*. Kipling: *El libro de la jungla*. Debussy: *Preludio a la siesta de un fauno*. Massenet: *Thais*.

Vida y obra de los tradicionistas

1895	Nace en Pisco, Perú, Raúl Porras Barrenechea, el futuro historiador y crítico de Palma.
1896	Aparece el tomo IV de la edición barcelonesa de las *Tradiciones peruanas* de Palma. Muere en Santiago Justo Abel Rosales y en México, Vicente Riva Palacio. Aparece en San Francisco *Memorias de antaño* de Antonio Batres Jáuregui y *Cuentos del General* de Vicente Riva Palacio, en Madrid, obras cuyo contenido es formado por tradiciones de Guatemala y México respectivamente.

| *América Latina* | *Mundo exterior* |

Cuestión de Palmas con Argentina; laudo arbitral del presidente Cleveland favorable al Brasil. El movimiento separatista puertorriqueño adquiere fuerza. Segunda guerra de independencia cubana; José Martí muerto en Dos Ríos. Eloy Alfaro entra en Quito. Revuelta liberal en Colombia, dirigida por Santos Acosta. Reclamaciones extranjeras a Venezuela y ultimátum Richard Olney a Gran Bretaña. Piérola entra en Lima: presidente. Renuncia Sáenz Peña en Argentina; asume Uriburu. Pacto de Amapala entre Honduras, Nicaragua y El Salvador para una común política exterior. Conflicto con Inglaterra por la Mosquitía; ocupación de Corinto; pago de indemnización; retirada. Nacen el general Augusto César Sandino y Víctor R. Haya de la Torre.

Farías Brito: *La finalidad del mundo* (-1905). Adolfo Caminha: *Buen criollo* y *El normalista*. J. Nabuco: *Balmaceda*. Coelho Neto: *Espejismo*. L. Díaz: *Bajorelieves*. S. Chocano: *En la aldea*. Muere Gutiérrez Nájera.

Convención sino-japonesa de Pekín. Inauguración del canal de Kiel. Muere Engels.

Roentgen: los rayos X. Lumière: primer aparato cinematográfico. Expedición polar de Nansen.

Hertzl: *El estado judío*. Valéry: *La soirée con el Sr. Teste*. Wells: *La máquina para explorar el Tiempo*. Unamuno: *En torno al casticismo*. Valle-Inclán: *Femeninas*. Conrad: *La locura de Almayer*. Sienkiewicz: *Quo Vadis?* Verhaeren: *Las ciudades tentaculares*. Crane: *La roja insignia del coraje*. Gauguin: instalado en Tahití. Cézanne: *Las bañistas*.

Muere Maceo en Cuba. Intentos de asesinar al presidente Crespo. Se oficializa división del partido conservador colombiano. Batalla de Huanta en Perú y muerte de 500 campesinos. Suicidio de Leandro Alem en Argentina; aprestos bélicos para la cuestión de fronteras con Chile. Errázuriz presidente. Fundación de la ciudad planificada de Belo Horizonte, en Brasil.

Zeno Gandía: *Garduña*. Matos Bernier: *Cromos ponceños*. Rui Barbosa: *Cartas de Inglaterra*. Leopoldo Míguez: *Prometeo*. Coelho Neto: *Sertón*. Nervo: *Perlas negras*. Gutiérrez Nájera: *Poesías*. T. Carrasquilla: *Frutos de mi tierra*. Paul Groussac funda *La Biblioteca*. Se suicida J. A. Silva.

Acuerdo Ruso-Austríaco sobre los Balcanes. Continúa la expansión colonial: los ingleses en Sudán. Los franceses en Madagascar. Derrota italiana en Africa (Abisinia).

Fundación del *Daily Mail*. Primeros Juegos Olímpicos en Atenas. Marconi: la telegrafía sin hilos. Becquerel: la radiactividad.

Ribot: *Psicología de los sentimientos*. Kropotkin: *La anarquía*. Bergson: *Materia y memoria*. Renouvier: *Filosofía analítica de la historia*. Bjornson: *Más allá de nuestros poderes*. Puccini: *La bohemia*. Gauguin: *Nacimiento de Cristo*. Muere Nobel; se establecen los Premios que llevan su nombre.

	Vida y obra de los tradicionistas
1897	Aparece *Tradiciones y leyendas mexicanas* de Vicente Riva-Palacio. Nace en La Paz, Bolivia, Alberto Ostria Gutiérrez. Muere Modesto Omiste, tradicionista boliviano.
1898	Muere en Guatemala Juan Fermín Aycinena, autor de *Relatos tradicionales*.

América Latina	*Mundo exterior*
Mediante Decreto Real, España concede autonomía a Puerto Rico. Eloy Alfaro incorpora indios a la ciudadanía ecuatoriana. Gran Bretaña somete a arbitraje su disputa con Venezuela. Auge de la explotación del caucho en oriente peruano. Segunda insurrección nacionalista de Aparicio Saravia en Uruguay. Muere Antonio Conselheiro, vencido en Canudos. Nabuco: *Un estadista del Imperio* (-99). R. Jaimes Freyre: *Castalia bárbara*. L. Lugones: *Las montañas de oro*. P. Groussac: *Del Plata al Niágara*. Rodó: *La vida nueva*. Blest Gana: *Durante la Reconquista*. S. Argüello: *Primeras ráfagas*.	Conflicto greco-turco al unirse Creta a Grecia. McKinley presidente de EE.UU. Fundación del sionismo en Basilea: primer Congreso Internacional israelita. Minas de oro en Klondyke. Braun: tubo de rayos catódicos. Lorentz: teoría del electrón. Polémica en París entre Ferdinand Brunetière y Marcelin Berthelot sobre "el fracaso de la ciencia". Adler: primer vuelo en aeroplano. A. Desmoulins: *A qué se debe la superioridad de los anglosajones*. Ellis: *Estudios sobre psicología sexual*. A. Gide: *Los alimentos terrestres*. Wells: *El hombre invisible*. Ganivet: *Idearium español*. Rostand: *Cyrano de Bergerac*. Rousseau ("Le Douanier"): *La gitana dormida*.
Explosión del "Maine" en La Habana; guerra hispanoamericana. Independencia de Cuba; Tratado de París; España renuncia a la soberanía. EE.UU. invade y se anexa Puerto Rico, el general Brooke gobernador. Consejo de los Estados Unidos de Centro América en Amapala. J. A. Roca nuevamente presidente de Argentina, Andrade de Venezuela, Sanclemente de Colombia, Campos Salles, de Brasil. En Nicaragua, Nueva Constitución. Zelaya presidente por segunda vez. Primer automóvil en Lima; primer ascensor en Buenos Aires. Santos Dumont asciende en su primer dirigible, en Brasil. Nace J. E. Gaitán. Cruz e Sousa: *Evocaciones*. Alphonsus de Guimarães: *Septenario y Cámara ardiente*. S. Romero: *Nuevos estudios de literatura contemporánea*. G. Valencia: *Ritos*. Chocano: *La selva virgen*. Vargas Vila: *Flor de fango*. Valenzuela y Nervo: *Revista moderna*. Visconti: *Juventud*, (premio Exposición de París - 1900).	España entra en guerra con los EE.UU.; paz de París (10/XII). Filipinas, Puerto Rico y las islas Guam cedidas a EE.UU. por 20 millones de dólares; anexión definitiva de Hawai. Se abre el caso Dreyfus en Francia. L. Daudet y Maurras fundan *Acción Francesa*. Surge el Partido socialdemócrata en Rusia. Mueren Bismarck y Gladstone. Los esposos Curie descubren el radio. Koldewey inicia excavaciones de Babilonia. Bordet: suero hemolítico. Le Bon: *Psicología de la muchedumbre*. Rosa Luxemburgo: *Reforma y Revolución*. Zola: *Yo acuso*. Wilde: *Balada de la cárcel de Reading*. D'Annunzio: *El fuego*. Howard: *Mañana...*, teoría de la ciudad-jardín. Rodin: *Balzac*. Puvis de Chavannes: *Genoveva velando sobre Lutecia*. Nacen E. Hemingway y F. García Lorca.

	Vida y obra de los tradicionistas
1899	Nace en Guatemala, Miguel Angel Asturias, autor de *Leyendas de Guatemala*. Muere en el mismo país Antonio Batres Jáuregui.
1900	Aparece *Cachivaches* de Ricardo Palma. Nace en Honduras Arturo Mejía Nieto. Aparece *Narraciones nacionales* del uruguayo Víctor Arreguine.

América Latina	Mundo exterior

Protectorado norteamericano sobre Cuba. EE.UU. impone el inglés como idioma oficial de Puerto Rico. Presidente dominicano Heureaux asesinado y jefe revolucionario Jiménez, presidente. Gobierno de T. Regalado en El Salvador. Guerra civil en Colombia "los mil días"; Uribe Uribe y B. Herrera contra el gobierno conservador. C. Castro entra en Caracas: presidente; fallo de la Comisión de Límites de París entre Venezuela y Gran Bretaña. Romaña presidente de Perú. Atacama, territorio favorable a Chile y no a Argentina.

Gómez Carrillo: *Bohemia sentimental* y *Maravillas*. G. Valencia: *Anarkos*. Chocano: *La epopeya del morro*. C. Zumeta: *El continente enfermo*. M. Díaz Rodríguez: *Cuentos de color*. J. J. Tablada: *Florilegios*. Machado de Assis: *Don Casmurro*.

Conferencia de la Paz en La Haya. Acuerdo anglo-ruso para dividirse China y principio norteamericano de "puerta abierta" en China. Convención franco-inglesa sobre el Sudán. Los boers derrotan a los ingleses. Revuelta en Filipinas contra los norteamericanos. Segundo proceso Dreyfus.

Bosanquet: *Teoría filosófica del Estado*. Tolstoi: *Resurección*. Rilke: *Canción de amor*. Veblen: *Teoría de la clase ociosa*. Haeckel: *Enigmas del Universo*. Maurras: *Tres ideas políticas*. Zola: *Fecundidad*. Ravel: *Pavana para una infanta difunta*. Sibelius: *Sinfonía Nº V*. A. Schoenberg: *La noche transfigurada*. V. Guimard: entrada al Metro de París.

William Hunt primer gobernador, civil, colonial de Puerto Rico. Francia exige con su flota indemnización dominicana. Castro, presidente constitucional de Venezuela; Marroquín, de Colombia por golpe de Estado. Tratado de límites argentino-chileno por zona de los Andes. Censo uruguayo: 936.000 h. Imposición de los Estados Unidos a Nicaragua y Costa Rica de los tratados Hay-Corea y Hay-Calvo, para adquirir la ruta del canal. Expulsión del Obispo de Nicaragua. Doheney & Co. organiza la Mexican Petroleum Co. con una primera extracción en Ebano (14/V). Censo brasileño: 17.384.340 habitantes. Peste bubónica en Río de Janeiro.

Silvio Romero: *Ensayos de sociología y literatura*. J. Nabuco: *Mi formación*. J. Sierra: *Evolución política del pueblo mexicano*. García Monge: *El Moto* y *Las hijas del campo*. Vargas Vila: *Ibis*. Rodó: *Ariel*. Díaz Romero: *Harpas en el silencio*. Orre-

Fundación del Labour-Party, de la Federación General de Trade-Unions en Inglaterra y de la Unión General de sindicatos cristianos en Alemania. V Congreso internacional socialista en París. Ley Millerand sobre duración jornada de trabajo. Fundación de la Asociación Internacional para la protección legal de los obreros. Asesinato de Humberto I y ascensión de Víctor Manuel III. Expedición internacional contra Pekín. Los franceses en el Tchad, los ingleses en Pretoria y Transvaal.

Max Planck: teoría de los *quanta*. Zeppelin: su primer dirigible. Evans: la civilización minoica.

Freud: *La interpretación de los sueños*. Husserl: *Investigaciones lógicas*. Croce: *Materialismo histórico y economía marxista*. Ellen Kay: *El siglo de los niños*. Spitteler: *Primavera olímpica*. Harnack: *Naturaleza del cristianismo*. Dreiser: *Sister Carrie*.

	Vida y obra de los tradicionistas
1901	Aparece en San José de Costa Rica *Cuentos ticos* de Ricardo Fernández Guardia.
1902	Aparecen *Cuadros de costumbres* del costarricense Manuel de Jesús Jiménez. Mueren en Santo Domingo César Nicolás Penzón y en Guatemala Agustín Mencós.

América Latina	*Mundo exterior*
go Luco: *Un idilio nuevo.* Fundan en León la revista *El Alba,* que difundirá el daríísmo poético. J. J. Tablada en el Japón.	Chejov: *Tío Vania.* Puccini: *Tosca.* G. Fauré: *Prometeo.* A. Gaudí: *Parque Güell* (—1914). Mueren Ruskin, Nietzsche, Wilde.
Revuelta Maya en Yucatán. Constitución en Cuba (21/II); Enmienda Platt (12/VI) y presidencia de Tomás Estrada Palma (31/XII). El ejército puertorriqueño es sustituido por tropas norteamericanas. Batalla de San Cristóbal, fuerzas colombianas del gral. Rangel Garbiras (28/VII). Segundo Congreso Panamericano en México.	A la muerte de Victoria es coronado Eduardo VII en Inglaterra. Asesinado el presidente McKinley en EE.UU. Le sucede Theodoro Roosevelt. Tratado Hay-Pauncefote sobre el canal de Panamá. Formación de la United States Steel Corp. Paz en Pekín.
Díaz Mirón: *Lascas.* M. Díaz Rodríguez: *Idolos rotos.* González Prada: *Minúsculas.* H. Quiroga: *Los arrecifes de coral.* Viana: *El guri.* L. A. Herrera: *La tierra charrúa.*	Freud: *Psicología de la vida cotidiana.* Maeterlinck: *La vida de las abejas.* Th. Mann: *Los Buddenbrook.* B. Shaw: *Tres piezas para puritanos.* Mahler: *Octava Sinfonía.* Primer Premio Nobel: Sully Prudhomme. Muere Toulouse-Lautrec. Nacen Malraux y Alberti.
Ultimátum de Gran Bretaña y Alemania a Venezuela (7/XII), bloqueo de puertos (11/XII), bombardeo de Puerto Cabello (13/XII), Roosevelt árbitro (20/XII). Compañía francesa del Canal de Panamá vende acciones a EE.UU. Convención de arbitraje obligatorio de Nicaragua, El Salvador, Honduras, Costa Rica y Guatemala, Corte de Arbitraje (4/X). México firma tratado de arbitraje obligatorio con países latinoamericanos (29/I). Tercera presidencia de Zelaya en Nicaragua (1/II). Convención dominicana con EE.UU. por reclamaciones económicas (28/IV). Presidencia de F. de Paula Rodrigues Alves en Brasil (15/XI). Doctrina Drago y Ley de residencia en Argentina.	Paz entre Inglaterra y los boers. Fin de la resistencia filipina a EE.UU. Alianza anglo-japonesa. EE.UU. adquiere las acciones francesas del canal de Panamá. Se concluye construcción del Transiberiano. Alfonso XIII jura la Constitución como rey de España. Rutherford: estudios sobre la radiactividad. Fundación de la Carnegie Institution. Loisy: *El Evangelio y la Iglesia.* Gide: *El inmoralista.* C. Doyle: *El sabueso de los Baskerville.* Croce: *Estética.* H. James: *Las alas de la paloma.* Debussy: *Pelléas y Mélisande.* Muere Emile Zola.
A. Nin Frías: *Ensayos de crítica e historia.* Graça Aranha: *Canaan.* Da Cunha: *Los sertones.* D'Halmar: *Juana Lucero.* Othon: *Poemas místicos.* M. Díaz Rodríguez: *Sangre patricia.*	

Vida y obra de los tradicionistas

1903	Nace en Cundinamarca, Colombia, José Antonio León Rey, autor de las tradiciones contenidas en *Tierra embrujada* (Bogotá, 1942).
1904	
1905	Aparece en Santiago de Chile *Episodios nacionales* de Luis Orrego Luco. Aparece en Guayaquil *Leyendas del tiempo heroico* de Manuel J. Calle.

América Latina	Mundo exterior
Batlle y Ordóñez presidente con votos del grupo blanco de Acevedo Díaz (1/III) en Uruguay. Senado rehúsa ratificar tratado Hay-Herrán con EE.UU. sobre el canal (12/VIII). Insurrección en Panamá y declaración de independencia (4/XI) reconocida por los EE.UU. que impide envío de tropas colombianas (7/XI); Tratado cediendo Zona del Canal (18/XI). Tratado de Petrópolis: Bolivia cede Acre a Brasil (17/XI). Cuba cede base a EE. UU. que ocupa Guantánamo (11/XII). Protocolos de pagos de Venezuela con EE.UU., México, Francia, Holanda y Bélgica. Debates en el Tribunal de La Haya por las reclamaciones.	Muere León XIII y asciende Pío X al Pontificado. Condena de la obra de Loisy. Tratado Bunau-Varilla para construir el canal de Panamá. Escisión entre bolcheviques y mencheviques en el Congreso de los socialistas rusos en Londres.
	Ford: construcción de fábrica de automóviles. Hnos. Wright: vuelo en aeroplano.
F. Sánchez: *M'hijo el dotor*. V. Pérez Petit: *Los modernistas*. Darío Herrera: *Horas lejanas*. Bunge: *Nuestra América*. Julio Ruelas en la *Revista Moderna* de México. Portinari: *Cargadores de café*. Mueren Vicente Fidel López y Eugenio María de Hostos.	Lévy-Bruhl: *Moral y ciencia de las costumbres*. E. Taylor: *Cultura primitiva* (1ª ed. 1871). Gorki: *Los bajos fondos*. S. Butler: *El camino de toda carne*. Shaw: *Hombres y superhombres*. Dewey: *Estudios de teoría lógica*. D'Annunzio: *Laúdes del cielo*. Se constituye la Academia Goncourt. Muere Paul Gauguin.
Asamblea de Puerto Rico vota por la "estadidad". Muerte de A. Saravia en Uruguay (8/1); Centrales obreras FORU, anarquista y UGT, socialista. Bolivia: Tratado de paz con Perú y Chile cediendo provincias marítimas a cambio del ferrocarril Arica-La Paz (20/X). Resolución del Tribunal de La Haya sobre reclamaciones europeas contra Venezuela. Rafael Reyes presidente de Colombia (7/VIII) y Manuel Quintana de Argentina (12/VI).	Japoneses hunden la flota rusa en Port Arthur y Vladivostock. Sun Yat-sen funda el Kuo Ming Tang. Ruptura entre Francia y el Papado. Congreso Socialista en Amsterdam. Sublevación de los boers en Transvaal.
	T. Garnier: Proyecto de Ciudad Industrial.
Salvador Brau: *Historia de Puerto Rico*. José de Diego: *Pomarrosas*. Blest Gana: *Los trasplantados*. F. García Calderón: *De Litteris*. B. Lillo: *Sub terra*. A Santamaría expone en Bogotá.	Pirandello: *El difunto Matías Pascal*. R. Rolland: *Juan Cristóbal* (—12). London: *El lobo de mar*. Reymont: *Los campesinos*. Puccini: *Madame Butterfly*. Picasso se instala en el Bateau-Lavoir. Fundación de *L'Humanité*. Nace Salvador Dalí. Muere Chejov.
La aduana dominicana en manos de EE. UU. (18/I). R. Reyes dictador de Colombia, extiende su período hasta 1914 (1/	Los japoneses ocupan Port Arthur. Batallas de Mukden y Tsu-shima. Constitución de la Central obrera socialista. "Domingo

1906	Se publica *Mis últimas tradiciones peruanas* de Palma (Maucci, Barcelona). Nace en Santiago de Chile, Hermelo Arabena Williams. Muere en Montevideo Isidoro Demaría y en Caracas, Nicanor Bolet Peraza.
1907	

América Latina	*Mundo exterior*
II). Estrada Cabrera presidente de Guatemala (15/III). Estrada Palma, reelecto en Cuba (1/XII). Acuerdo de pagos venezolanos con Gran Bretaña y Alemania (21/III); reclamaciones francesa y norteamerina; Castro reelecto (7/VII). Motines de protesta en Chile por carestía (24/X). F. Sánchez: *Barranca abajo* y *En Familia*. Lugones: *La guerra gaucha*. Darío: *Cantos de vida y esperanza*. Henríquez Ureña: *Ensayos críticos*. Echeverría: *Concherías*. J. Clausell: *Paisajes mexicanos*. A. Villoldo: *La morocha* (tango).	rojo" en San Petersburgo. Ley de 9 horas en Francia. Segunda presidencia de Th. Roosevelt en EE.UU. Lorentz, Einstein, Minkowski: la relatividad restringida. Freud: *Teoría de la sexualidad*. Unamuno: *Vida de don Quijote y Sancho*. Rilke: *Libro de horas*. Falla: *La vida breve*. Los *fauves* en Francia; *Die Brücke* en Alemania. Matisse: *La alegría de vivir*. Max Linder en la Pathé. Rilke, secretario de Rodin, en París. Isadora Duncan en Rusia. Nace Jean Paul Sartre. Muere Julio Verne.
Eloy Alfaro depone a L. García en Ecuador (17/I); Constitución liberal. Terremoto en Valparaíso (16/VIII). Presidencia de F. Alcorta en Argentina (12/III). Tercera presidencia de Zelaya en Nicaragua (17/IV). Leyes jubilatorias en Uruguay (21/VII). Insurrección liberal en Cuba (24/II); desembarco de los "marines" y control norteamericano (29/VIII); Ch. Magoon, gobernador. Otto M. Cione: *El Arlequín*. Chocano: *Alma América*. Payró: *El casamiento de Laucha*. Fray Mocho: *Cuentos*.	Encíclica *Vehementer nos* y condena por Pío X de Murri y Tyrell. Rehabilitación de Dreyfus. Huelgas en Moscú, reunión y disolución de la Duma. Terremoto en San Francisco, California. Premio Nobel de la Paz a Th. Roosevelt. Nerust: tercer principio de la termodinámica. Eijkman: sobre las vitaminas. Montessori: la "Casa de los Niños". Inaguración del túnel de Simplón. Reacción de Wasserman. Westermarck: *origen y evolución de las ideas morales*. Hobhouse: *Moral en evolución*. U. Sinclair: *La jungla*. Glasworthy: *La saga de los Forsyte* (—28). Pascoli: *Odas e himnos* (—13). Keyserling: *Sistema del mundo*. Bierce: *Diccionario del diablo*. Musil: *Las tribulaciones del estudiante Törless*. Alain: *Divagaciones*. Muere Paul Cézanne.
En Uruguay C. Williman presidente; abolición de la pena de muerte (22/IX). Tribunal de La Haya fija deudas venezolanas en 691.160 libras esterlinas. Perú firma tratado de amistad con Chile (18/XII). Jornada de ocho horas para menores y mujeres en Argentina (14/	Encíclica *Pascendi* contra el modernismo. Segunda Conferencia de La Haya. Acuerdo anglo-ruso sobre Asia: la *Triple Entente*. Gustavo V, rey de Suecia. Fundación de la Compañía Shell. Willstatter: estudios sobre la clorofila. Lu-

1908	Muere en México, José María Roa Bárcena.
1909	Muere en Buenos Aires la tradicionista peruana Clorinda Matto de Turner y en Lima Ricardo Rossel.

| América Latina | Mundo exterior |

X). Nicaragua ocupa la capital de Honduras, renuncia de Bonilla (11/IV). Nueva presidencia de Alfaro en Ecuador (V). Conferencia Centroamericana en Washington (13/XI).

Blanco Fombona: *El hombre de hierro*. Ramos Mejía: *Rosas y su tiempo*. Darío: *El canto errante*. F. Sánchez: *Nuestros hijos*. Vaz Ferreira: *Los problemas de la libertad*. F. Matos Bermier: *Isla de arte*. L. Bomafoux: *Bombas y palos*.

Entrevista Creelman a P. Díaz en *Person's Magazine*; F. Madero candidato del antirreeleccionismo (15/IV). J. M. Gómez presidente de Cuba (14/IX). A. Leguía, presidente del Perú (22/IX). Castro anula concesiones norteamericanas, conflicto con Holanda y bloqueo (7/IX); Gómez se proclama presidente de Venezuela (19/XII/35). Primera Corte Centroamericana de Justicia en Costa Rica (25/V).

G. Prada: *Horas de lucha*. Vaz Ferreira: *Moral para intelectuales*. A. Broqua compone *Tabaré*. Laferrère: *Las de Barranco*. F. Braga, Sociedad de Conciertos Sinfónicos del Brasil.

Modificaciones de las fronteras uruguayas con Brasil (30/X). Entrevista Taft-Díaz en México (16/X). Tratado de paz con los yaquis (4/I). Conflictos laborales encabezados por los anarquistas en Argentina (I/V); asesinato del cnel. Falcón. Revolución contra Zelaya en Nicaragua con intervención de los "marines" (20/XII). Retiro de tropas norteamericanas de Cuba (1/II). Colombia reconoce la soberanía

mière: fotografía en colores. Gral. Baden-Powell funda los *boy-scouts*. E. Cohl inventa el dibujo animado.

Bergson: *La evolución creadora*. W. G. Summer: *Falkways*. W. H. R. Rivers: *The Todas*. Gorki: *La madre*. W. James: *Pragmatismo*. George: *El séptimo anillo*. Yeats: *Deirdre*. Albéniz: *Iberia*. Teatro Matyinski: presentación de Nijinski, Karsavina, Paulova y Dreobrajenskaya en *Don Giovanni*. Nace Alberto Moravia. Muere Sully Prudhomme.

Bélgica se anexa el Congo. Creta se une a Grecia. Austria se anexa la Bosnia-Herzegovina. Levantamiento de los jóvenes turcos en Salónica. Asesinato de Carlos en Portugal y coronación de Manuel. Jornada de 8 horas en minas británicas.

Blériot atraviesa la Mancha en avión. W. MacDougall: *introducción a la psicología social*. Wasserman: *Gaspar Hauser*. Chesterton: *El hombre que fue jueves*. Sorel: *Reflexiones sobre la violencia*. Pound: *A lume spento*. Romains: *La vida unánime*. Khlebnikov: *Poesías*. Larbaud: *Las poesías de A. O. Barnabooth* (—23): Fundación del periódico *Acción Francesa* en París (Maurras, L. Daudet, Bainville, Bourger). Mahler: *El Canto de la Tierra*. Galería Kahnweiler: exposición cubista. El cine descubre California: nacimiento de Hollywood. Nace Simone de Beauvoir.

Taft presidente de EE.UU. Semana trágica en Barcelona y fusilamiento de Ferrer. Acuerdo franco-alemán sobre Marruecos, austro-italiano sobre los Balcanes, ultimátum austríaco a Servia. Mohamed V, sultán de Turquía.

Peary en el Polo Norte. Ford fabrica tractores.

H. Hubert & M. Mauss: *Esbozo de una*

1910	Publica Palma *Apéndice a mis últimas tradiciones peruanas* (Maucci, Barcelona).
1911	Aparecen en Caracas, *Tradiciones y leyendas* de Tulio Febres Cordero.

América Latina	Mundo exterior
de Panamá en tratado Root-Cortez con EE.UU. (9/I).	*teoría general de la magia*. A. van Gennep: *Los ritos de transición*. Lenin: *Materialismo y empiriocriticismo*. Marinetti: *Manifiesto futurista*. Maeterlinck: *El pájaro azul*. Stein: *Tres vidas*. F. L. Wright: *Robie House* (Chicago). Braque: *Cabeza de mujer*. Ballets rusos de Diaghilev en París. Fundación de *La Nouvelle Revue Française* (Copeau, Gide, Claudel y Schlumberger). Freud y Jung en EE.UU.
Vaz Ferreira: *Pragmatismo*. E. Acevedo: *Artigas*. Lima Barreto: *Recuerdos del escribiente Isaías Carminha*. Rodó: *Motivos de Proteo*. Blest Gana: *El loco estero*. A. Arguedas: *Pueblo enfermo*. Villa-Lobos: *Cánticos sertaneros*. Ateneo de la Juventud en México: A. Caso, P. Henríquez Ureña, A. Reyes, J. Vasconcelos.	
Plan de San Luis de Potosí de Madero (5/X); Díaz, presidente por octava vez (1/XII); revuelta en Puebla (A. Serdan) (18/XI), Guerrero y Chihuahua. Hermes da Fonseca vence a Rui Barbosa en Brasil (1/III). Colombia confiere la educación superior a los jesuitas (19/I). R. Sáenz Peña, presidente de Argentina (13/III); Estrada Cabrera nuevamente de Guatemala (5/III). Ferrocarril trasandino Valparaíso-Mendoza (16/V). Conferencia Panamericana en Buenos Aires.	Japón se anexa Corea. La Unión Sudafricana entra al Commonwealth. George V asciende al trono, a la muerte de Eduardo VII de Inglaterra. Venizelos preside el Consejo de Creta. Caída de la monarquía en Portugal. Francia: huelga de ferroviarios y ley de pensiones a la vejez.
	Paso del cometa Halley.
M. Ugarte: *El porvenir de América Española*. E. Herrera: *Su Majestad el Hambre*. Vaz Ferreira: *Lógica viva*. Zorrilla de San Martín: *La epopeya de Artigas*. C. Torres: *Idola fori*. Gerchunoff: *Los gauchos judíos*. Dr. Atl.: Centro Artístico. Revista *Puerto Rico Ilustrado*. Muere Manuel de Jesús Galván.	Santayana: *Tres poetas filófosos*. Kilke: *Cuadernos de Malte Laurids Brigge*. R. Roussel: *Impresiones de África*. Russell-Whitehead: *Principia Mathematica*. Tagore: *Gitanjali*. Claudel: *Cinco grandes odas*. Lévy-Bruhl: *Las funciones mentales en las sociedades inferiores*. Rostand: *Chantecler*. Mack Sennett: *The slapstick comedy*. Stravinski: *El pájaro de fuego*. Mueren Tolstoi, Mart Twain y Robert Koch.
P. Díaz sale de México; Madero presidente. Zapata presenta Plan de Ayala. Colombia invade Perú y ocupa Pedrera. Segunda presidencia de Batlle y Ordóñez en Uruguay: amplia legislación social y laboral.	Taft disuelve la Standard Oil y la Tobbaco Co. Sun Yat-sen proclama la República de Nankin. Golpe de Agadir. Guerra ítalo-turca; Italia se anexa la Tripolitania. Seguros sociales en Inglaterra.
Barrett: *El dolor paraguayo*. Eguren: *Simbólicas*. González Martínez: *Los senderos ocultos*. A. Reyes: *Cuestiones estéticas*. E. Banchs: *La urna*. E. Herrera: *El león ciego*. Lima Barreto: *El triste fin*	Rutherford: teoría atómica nuclear. Amundsen en el Polo Sur. F. Grabner: *El método en etnología*. F. Boas: *El significado del hombre primitivo*. J. G. Frazer: *La rama dorada* (1ª ed., 1890). D. H. Lawrence: *El pavo real blanco*. Mansfield: *Una pensión*

1912	
1913	Aparece en San Salvador *El Encomendero* de Francisco Gavidia.

América Latina	Mundo exterior
de Polycarpo Quaresma. Ramón J. Marín: *Tierra adentro.* En París: *Revista Mundial* (Darío).	*alemana.* Jarry: *Ubu encadenado.* Saint-John Perse: *Elogios.* Kandinski y Klee fundan *El jinete azul.* Duchamp: *Desnudo bajando una escalera N° 1.*
Insurrección negra en Cuba, desembarco de "marines" y gral. Menocal presidente. Rosendo Matienzo Cintrón funda el Partido Independentista de Puerto Rico. Informe cónsul británico sobre explotación de indios en Putumayo. Reacción papal y arresto del director de British Rubber Co. Conflicto argentino-paraguayo. Desembarco de "marines" en Honduras y Nicaragua. Nemesio Canales: *Paliques.* F. García Calderón: *Les démocraties latines de l'Amérique.* R. Uribe: *De cómo el liberalismo no es pecado.* París: *Revista de América* (Hnos. García Calderón).	Comienzos de la primera guerra balcánica. Triunfos servios, búlgaros y griegos. Protectorado francés sobre Marruecos. Convención horaria internacional. Trabajo en cadena de las fábricas Ford. Se hunde el "Titanic" en viaje inaugural. Hopkins: las vitaminas. E. Durkheim: *Las formas elementales de la vida religiosa.* C. Jung: *Transformación y símbolo de la libido.* Claudel: *La anunciación a María.* R. Luxemburgo: *La acumulación de capital.* Papini: *Un hombre acabado.* A. Machado: *Campos de Castilla.* Valle Inclán: *Voces de gesta.* Ravel: *Dafnis y Cloé.* Schoenberg: *Pierrot lunar.* Muere Menéndez Pelayo.
Asamblea del Partido Unión de Puerto Rico protesta contra el régimen colonial y declara que la independencia es su aspiración suprema. "Trágicos diez días" de Huerta. Asesinato de Madero y Suárez. Acciones de Carranza, Villa, Obregón. Concesiones ecuatorianas a Pearson & Son para la explotación petrolera. Leyes de naturalización en Venezuela. Fuerte inmigración a Argentina. Luis Lloréns Torres: *Visiones de mi musa;* funda la *Revista de las Antillas.* Carriego: *El alma del suburbio.* Rodó: *El Mirador de Próspero.* Gallegos: *Los aventureros. La Adelita, La Cucaracha,* en México; *El apache argentino,* en Buenos Aires.	Turquía reinicia hostilidades. Nueva guerra balcánica. Poincaré presidente de Francia, Wilson de EE.UU. Tratado de Bucarest y acuerdo anglo-alemán sobre colonias portuguesas. Zanzíbar incorporada al Africa oriental inglesa. Bohr: teoría de las circunstancias. Haber: síntesis rayos X. Freud: *Totem y tabú.* Husserl: *Filosofía fenomenológica de la vida.* Proust: *En busca del tiempo perdido* (—27). Apollinaire: *Alcoholes y Los pintores cubistas.* Unamuno: *Del sentimiento trágico de la vida.* Stravinski: *La consagración de la primavera.* Malevich: *Manifiesto del Suprematismo.* Primera gran exposición de arte moderno: *Armory Show* de Nueva York. Nace Albert Camus.

Vida y obra de los tradicionistas

1914	Muere el tradicionista boliviano Julio Lucas Freire.
1915	Aparecen en La Habana, *Cuadros viejos* de Alvaro de la Iglesia. *La Prensa* de Buenos Aires publica la última tradición de Palma: "Una visita al mariscal Santa Cruz". Aparece en México *Cuentos vividos y crónicas soñadas* de Luis G. Urbina. Se estrena en Lima la obra teatral *Las Tapadas,* cuyos autores fueron J. C. Mariátegui y Julio Baudouin.
1916	Aparece, en La Habana, *Cosas de antaño,* de Alvaro de la Iglesia y *De la Gleba* del panameño Salomón Ponce Olivera. Muere en Lima Carolina Freire de Jaimes. Se estrena en Lima *La Mariscala,* drama de J. C. Mariátegui y Abraham Valdelomar.

| *América Latina* | *Mundo exterior* |

"Marines" en Veracruz y Port-au-Prince. Renuncia Huerta, Carranza presidente, Zapata y Villa en su contra. Conferencia Aguascalientes. Explotación comercial del petróleo en Venezuela. Tratado Thompson-Urrutia: Colombia reconoce independencia de Panamá. Tratado Bryan-Chamorro para canal interocéanico por Nicaragua. Apertura del canal de Panamá. W. Braz Pereira Gomes elegido presidente del Brasil.

M. Gálvez: *La maestra normal*. Arévalo Martínez: *El hombre que parecía un caballo*. Darío: *Canto a la Argentina*. M. Ponce: *Estrellita*. L. Llorens Torres: *Sonetos sinfónicos; El grito de Lares*.

Primera guerra mundial. Francia, Inglaterra, Rusia, Bélgica, Servia, Montenegro y Japón contra Austria, Hungría, Alemania y Turquía. Asesinato del archiduque Francisco Fernando en Sarajevo. Austria declara la guerra a Servia; Alemania a Rusia y a Francia; Inglaterra a Alemania. Asesinato de Jaurés. Muerte de Pío X. Benito XV Papa. Ley anti-trustes en EE. UU. Invasión de Bélgica. Batalla del Marne.

Kafka: *En la colonia penitenciaria*. J. Ramón Jiménez: *Platero y yo*. Joyce: *Dublineses*. Ortega y Gasset: *Meditaciones del Quijote*. Dreiser: *El titán*. Chaplin: *Carlitos periodista*. W. C. Handy: *St. Louis Blues*.

Líderes obreros puertorriqueños fundan el partido de los trabajadores con el nombre de Partido Socialista. Protectorado norteamericano sobre Haití. Códigos Penal y de Procedimiento en Venezuela, bajo Gómez. "Marines" en Santo Domingo, derrota de rebeldes y muerte de Maximito Cabral. Tratado ABC, con Brasil y Chile, de arbitraje obligatorio.

E. Barrios: *El niño que enloqueció de amor*. J. Gálvez: *Posibilidad de una literatura genuinamente nacional*. L. Palés Matos: *Azaleas*. Revista *Panida* en Colombia. Matos Rodríguez: *La cumparsita*.

Empleo de gases asfixiantes por los alemanes. El *Luisitania* torpedeado. Italia declara la guerra a Austria. Declaración de guerra aliada a Bulgaria. Alemania declara la guerra submarina y los aliados deciden el bloqueo marítimo. Triunfos alemanes en el frente ruso. China restablece la monarquía hasta el final de la guerra europea.

Einstein: Teoría de la relatividad generalizada.

W. H. Duckwoeth: *Morfología y antropología*. Kafka: *La metamorfosis*. Maiakowski: *La nube en pantalones*. Wölfflin: *Principios fundamentales de la historia del arte*. Trakl: *Sebastián en el sueño*. A. Lowell: *Seis poetas franceses*. Falla: *El amor brujo*. Griffith: *El nacimiento de una nación*. Revista *Orfeo* en Portugal.

Yrigoyen presidente de Argentina. Menocal reelecto en Cuba. Construcción de carreteras en Venezuela. Jornada de 8 horas en Ecuador. Promulgación del Código Civil Brasileño.

López Velarde: *La sangre devota*. Azuela:

Batalla de Verdún y del Sommne. Batalla de Jutlandia. Rumania entra en guerra. Ofensivas rusa e italiana. Segunda Conferencia Socialista Internacional. Congreso Socialista Francés. Formación del Spartakusbund en Alemania. Asesinato de Ras-

1917	Aparece *Vetusteces* de Luis González Obregón, tradicionista mexicano.
1918	Mueren M. González Prada, en Lima y Manuel J. Calle, en Cuenca, Ecuador. Muere en París, el tradicionista ecuatoriano Nicolás Augusto González. *Historias, historietas y cuentecillos* de José López Portillo.

América Latina	*Mundo exterior*
Los de abajo. J. de Diego: *Cantos de rebeldía.* Lugones: *El payador.* Huidobro: *Adán.* Revista *Colónida* en Perú. Muere Darío.	putín en Rusia. Reelección de Wilson en EE.UU. Barbusse: *El fuego* (premio Goncourt). Freud: *Introducción al psicoanálisis.* C. J. Webb: *Teorías de grupo en religión.* Joyce: *Retrato del artista adolescente.* Dewey: *Democracia y educación.* Saussure: *Curso de lingüística general* (póstumo). Movimiento Dada en Zurich.
Revolución de Gómez en Cuba y desembarco de "marines". Tratado de EE.UU. con Haití extendido hasta 1936. Imposición a los puertorriqueños de la ciudadanía norteamericana, lo que impone la obligación de servir en la guerra; reclutamiento de puertorriqueños. Uruguay rompe relaciones con Alemania. Hundimiento del buque "Paraná" por submarino alemán, relaciones diplomáticas suspendidas; Brasil le declara la guerra a Alemania. H. Quiroga: *Cuentos de amor, de locura y de muerte.* R. Rojas: *La literatura argentina.* Reyes: *Visión de Anáhuac.* J. Torri: *Ensayos y poemas.* Triunfo del "son" en Cuba. Pascual Contursi: *Mi noche triste.*	EE.UU. declara la guerra a Alemania. Declaración Balfour sobre el sionismo. Abdicación de Nicolás II. Lenin en Rusia. El Soviet toma el poder en Petrogrado: la Revolución Rusa. Negociaciones de Brest-Litovsk. Finlandia proclama su independencia. Nacen John Kennedy e Indira Gandi. A. Machado: *Poesías completas.* C. Wissler: *Los Indios americanos.* Valéry: *La joven Parca.* Ramuz: *La gran primavera.* Lenin: *El imperialismo, estadio superior del capitalismo. El estado y la revolución.* Hamsun: *Los frutos de la tierra.* Satie: *Parade.* A. Berg: *Wozzeck* (—22). Mary Pickford: *Pobre niña rica.* Original Dixieland Jazz Band: *Dixie jazz Band One Step* (primer disco de jazz). Mondrian: *De Stijl* Creación del premio Pulitzer.
Suspensión de relaciones Perú-Chile. Argentina, gran exportador de carne en el mundo; revuelta estudiantil en Córdoba, comienza el movimiento de la Reforma Universitaria. Primera exportación petrolera venezolana. Protesta norteamericana e inglesa contra México por las concesiones de petróleo. Confederación Regional Obrera. Nueva Constitución en Uruguay. Terremoto en Puerto Rico. Vallejo: *Los heraldos negros.* Huidobro:	Fin de la Primera Guerra Mundial. Retirada de los alemanes en la posición Hindenburg. Conferencia de Versalles. Los "catorce puntos" de Wilson. Ruptura entre los aliados y los soviets. Lenin establece el gobierno en Moscú. Ejecución de Nicolás II. Se votta la Constitución Soviética. Creación de la Tcheka. Derecho de voto a las mujeres en Inglaterra. Italia y Austria se reparten Yugoslavia. Guerra de liberación de la ocupación rusa y alemana por parte de los países bálticos.

1919	Muere el 6 de octubre, a los 86 años en Miraflores, Lima, don Ricardo Palma y en Guatemala, Manuel Diéguez.
1920	Aparece en Managua, *Leyendas coloniales* del nicaragüense Gustavo A. Prado.

América Latina	Mundo exterior
Poemas árticos y Ecuatorial. Hudson: *Allá lejos y hace tiempo*. Azuela: *Las moscas*.	Premio Nobel de Física a Planck. Spengler: *La decadencia de Occidente*. Kautsky: *La dictadura del proletariado*. Rosa Luxemburgo: *Programa de la Liga Espartaco*. Gómez de la Serna: *Pombo*. Apollinaire: *Caligramas*. Ozenfant y Le Corbusier: *Después del cubismo*. Modigliani: *Retrato de mujer*.
Asesinato de Zapata. Leguía presidente de Perú (—30). Gutiérrez derrocado en Bolivia, Snowden gobernador militar en Santo Domingo. Huelga portuaria en la Argentina, ley marcial, represión. En Brasil muerte de Rodrigues Alves; Epitacio Pessoa, presidente. En Colombia por primera vez la producción cafetalera sobrepasa los cien mil kilos; se crea el partido socialista. A. Arguedas: *Raza de bronce*. López Portillo y Rojas: *Fuertes y débiles*. Ibarbourou: *Las lenguas de diamante*. M. Bandeira: *Carnaval*. Lima Barreto: *Vida y muerte de M. J. Gonzaga de Sá*. Nervo: *La amada inmóvil*.	Saldo de la Primera Guerra Mundial: 10 millones de muertos. Desintegración del imperio austro-húngaro por el tratado de Saint-Germain en Laye. Tratado de Paz de Versalles, que quita colonias a Alemana. Fundación de la III Internacional Comunista en Moscú. Italia: aparición de los "fascios". Se crea la "Sociedad de Naciones". Proclamación de la República de Baviera. Rosa Luxemburgo, Liebkneck y otros militantes, asesinados. Entrada de Gandhy en la lucha por la independencia de la India. Frustrada revolución en Egipto. E. Nordenskiold: *Estudios comparados de Etnografía*. Ganivet: *Epistolario*. Gide: *Sinfonía pastoral*. Jakobson: *La nueva poesía rusa*. Ungaretti: *La alegría*. Hesse: *Demian*. Pound: *Cantos*. (—57). Gropius crea la *Bauhaus*. Primer periódico tabloide en EE.UU.
Asesinato de Carranza en México. Alessandri presidente de Chile, Obregón de México, Tamayo de Ecuador. Servicio militar obligatorio en Venezuela. En Brasil 4º censo nacional: 30.635.605 habitantes. J. Edwards Bello: *El roto*. Tablada: *Li Po y otros poemas*. M. G. Guzmán: *A orillas del Hudson*. G. de Torre: *Manifiesto vertical*. A. Reverón: *Procesión de la Virgen en El Valle*. Villa-Lobos: *Triste Nº 1*.	Disolución del Imperio Turco. Comienza a sesionar la "Sociedad de Naciones". En Alemania se funda el Partido Obrero Nacionalsocialista (nazi). Ley Seca en EE. UU. Huelgas en Francia e Italia. II Congreso de la III Internacional en Leningrado y Moscú: se adoptan los 21 puntos de Lenin. "Domingo de sangre" en Dublín. F. Jackson Turner: *La frontera en la historia americana*. Thomas & Znaniecki: *El*

1921	Aparece *Tradiciones del hogar* de la escritora paraguaya Teresa Lamas de Rodríguez Alcalá.
1922	Aparece en México, *Cosas tenedes* de Antonio del Valle-Arizpe. Muere en Lima Aníbal Gálvez.

América Latina	*Mundo exterior*
	campesino polaco en Europa y América. Trotski: *Terrorismo y comunismo.* Sh. Anderson: *Pobre blanco.* S. Lewis: *Main Street.* O'Neill: *Emperador Jones.* Maiakovski: *150.000.000.* Valle Inclán: *Divinas palabras.* Fitzgerald: *De este lado del paraíso.* Cavafis: *Poemas* (publicados en 1935). Primer filme expresionista: *El gabinete del doctor Caligari,* de R. Wiene. Knut Hamsun: Premio Nobel de Literatura. Mueren Pérez Galdós y A. Modigliani.
Grave crisis salitrera en Chile. Vasconcelos Ministro de Educación en México. IV Conferencia Panamericana de La Habana. Creación de los Partidos Comunistas argentino y boliviano. Renuncia del presidente Suárez en Colombia. Orellana, presidente de Guatemala.	Fundación de los Partidos Comunistas italiano y chino. Se funda el Partido Nacional Fascista en Italia. Irlanda se convierte en parte del Imperio Británico. Huelga minera en Gran Bretaña. Hitler preside el Partido Nacionalsocialista en Alemania. Lenin pone en práctica la nueva política económica. En EE.UU. repercusión del caso Sacco-Vanzetti.
López Velarde: *Suave patria.* A. E. Blanco: *Tierras que me oyeron.* F. S. Valdés: *Agua de tiempo.* J. E. Rivera: *Tierra de promisión.* Revista *Prisma* en Buenos Aires y *Alfa* en Montevideo. Orozco, Rivera y Siqueiros fundan el Sindicato de Pintores, en México.	Einstein Premio Nobel de Física. Rorschach: psico-diagnóstico. E. Sapir: *Lenguaje.* P. Radin: *El hombre primitivo como filósofo.* Scheler: *De lo eterno en el hombre.* Giraudoux: *Susana y el Pacífico.* Pirandello: *Seis personajes en busca de autor.* Ivanov: *El tren blindado.* Jung: *La psicología del inconsciente.* Lang: *El doctor Mabuse.* Chaplin: *El chico.* Von Stroheim: *Mujeres insensatas.* Revista *Ultra* en España.
Borno, presidente de Haití. Fin de la ocupación norteamericana en Santo Domingo: presidencia de J. Vicini. Primera Corte Internacional de La Haya. En Brasil A. da Silva Bernardes presidente. Ley marcial y supresión de las libertades civiles. Iniciación movimiento tenientista. Mistral: *Desolación.* Vallejo: *Trilce.* Girondo: *Veinte poemas para ser leídos en el*	Mussolini marcha sobre Roma: la dictadura fascista en Italia. Constitución de la Unión de Repúblicas Socialistas Soviéticas (URSS). Se escinde el Partido Socialista Italiano. IV Congreso de la III Internacional: Stalin, Secretario General del Partido Comunista soviético. Fin del dominio naval británico, con el tratado de desarme de Washington. Pío XI, Papa. Egipto, reino independiente.

1923	Aparece en Buenos Aires, *Zapatos viejos* del hondureño Arturo Mejía Nieto. Muere, en México, José López Portillo y en Buenos Aires, Justo Pastor Servando Obligado.
1924	Aparece en Quito, Ecuador, *Al margen de la historia* de Cristóbal de Gangotena y Jijón. Edición definitiva madrileña de *Tradiciones peruanas* de Ricardo Palma (6 tomos).

América Latina	*Mundo exterior*
tranvía. Pocaterra: *Cuentos grotescos*. M. Zeno Gandía: *El negocio*. J. Parra del Riego: *Polirritmos*. A. Caso: *Ensayos críticos y polémicos*. Movimiento estridentista en México. P. Figari expone en París.	Descubrimiento de la insulina. B. Malinowski: *Argonautas del Pacífico occidental*. Lévy-Bruhl: *La mentalidad primitiva*. Weber: *Economía y sociedad*. Joyce: *Ulises*. Valéry: *El cementerio marino*. Martin du Gard: *Los Thibault*. Colette: *La casa de Claudine*. F. E., Cummings: *La sala enorme*. Milhaud: *La creación del mundo*. T. S. Eliot: *Tierra baldía*. Muere Proust. Benavente: Premio Nobel de Literatura.
Aumenta la acción del Estado contra la Iglesia; asesinato de Pancho Villa. Industrialización intensiva en Colombia. Indemnización de EE.UU. por la independencia de Panamá: 25 millones de dólares. Protesta de los Trece en Cuba. Juancho Gómez, hermano del dictador, asesinado en Caracas; fuerte represión. Borges: *Fervor de Buenos Aires*. Neruda: *Crepusculario*. A. Discépolo: *Mateo*. Ugarte: *El destino de un continente*. Güiraldes: *Xamaica*. H. Frías: *¿Aguila o Sol?*. A. E. Blanco: *Canto a España*.	Golpe frustrado de Hitler en Alemania. Primo de Rivera impone dictadura en España. República de Turquía: régimen de Kemal Ataturk. Victoria laborista en Inglaterra. Francia y Bélgica ocupan la cuenca del Rhur. El Fascista, único partido en Italia. Primer empleo del BCG ocntra la tuberculosis M. Boule: *Los hombres fósiles*. Svevo: *La conciencia de Zeno*. Rilke: *Elegías de Duino*. Lukacs: *Historia y conciencia de clase*. Cassirer: *Filosofía de las formas simbólicas*. Esenin: *El Moscú de las tabernas*. Ortega y Gasset funda la *Revista de Occidente*. De Mille: *Los Diez Mandamientos*. Nace María Callas.
Calles presidente de México, Machado de Cuba, Córdoba de Ecuador, Ayala de Paraguay. Intervención de las fuerzas armadas en Chile, disolución del Congreso y renuncia de Alezzandri. Fundación del APRA en México por H. de la Torre, en exilio. En Brasil Segundo Movimiento Tenientistas, comandado por I. Dias Lopes. Se destaca la Columna Prestes: Gran Marcha. Neruda:*Veinte poemas de amor y una can-*	Muerte de Lenin. Stalin y Trostki se disputan el poder en la URSS. Se proclama la República de Grecia. Asesinato del diputado socialista Matteotti en Roma. Inglaterra y Francia reconocen a la URSS. Caso Loeb-Leopold en EE.UU. R. Alberti: *Marinero en tierra*. Breton: *Manifiesto Surrealista* y *La Revolución Surrealista* (—29) con Vitrac, Péret, Eluard, Aragon, Leiris). Stalin: *Los principios del leninismo*. Mann: *La montaña*

Vida y obra de los tradicionistas

1925	Aparece en Puerto Rico, *Leyendas puertorriqueñas* (3 vols.) de Cayetano Coll y Toste.
1926	

América Latina	Mundo exterior
ción desesperada. A. Arráiz: *Aspero*. B. Lynch: *El inglés de los güesos*. J. E. Rivera: *La vorágine*. V. Ocampo: *Testimonios*. Revista *Martín Fierro* en Buenos Aires. M. Bandeira: *Poesías* (incluye *Ritmo disoluto*). O. de Andrade: *Manifiesto Palo-Brasil*. Revista *Estética* en Río. Villa-Lobos: *Tristes* N° 2 y 7 y primer concierto en París.	mágica. Eluard: *Morir de no morir*. Hitler: *Mi lucha* (—25). Saint-John Perse: *Anabase*. Gershwin: *Rapsodia en azul*. Eisenstein: *La huelga*. Klee expone en Nueva York. Muere Kafka. Nace Truman Capote.
"Marines" en Honduras durante la guerra civil. Siles presidente de Bolivia. Alessandri reasume poder en Chile, nueva Constitución, tensiones con el cnel. Ibáñez, nueva renuncia. Huelga en Colombia. Agitación y manifestación en Cuba. Albizu Campos recorre América en busca de solidaridad con la independencia de Puerto Rico.	Pacto de Locarno (Alemania y los Aliados). Albania se transforma en República. Virulencia racista en EE.UU.: el Ku-Klux-Klan. Muerte de Sun Yat-sen en China. Fundación de la Liga revolucionaria de la juventud vietnamita. Hindenburg presidente de Alemania. Trostki destituido de sus funciones.
Graça Aranha: *Espíritu moderno*. M. de Andrade: *La esclava que no es Isaura*. A. Ramos Sucre: *La torre de Timón*. Vasconcelos: *La raza cósmica*. De Greiff: *Tergiversaciones*. Sanín Cano: *La civilización manual*. Borges: *Inquisiciones* y *Luna de enfrente*. Ma. E. Vaz Ferreira: *La isla de los cánticos*. M. Zeno Gandía: *Redentores*. Revista *Los Nuevos,* en Bogotá. R. Barradas en la Exposición Internacional de París.	G. Róheim: *Totemismo en Australia*. Dos Passos: *Manhattan Transfer*. Ortega y Gasset: *La deshumanización del arte*. Drieiser: *Una tragedia americana*. Kafka: *El proceso*. Babel: *Caballería roja*. Fitzgerald: *El gran Gatsby*. Montale: *Huesos de sepia*. G. Diego: *Versos humanos*. Exposición de pintores surrealistas en París. Eisenstein: *El acorazado Potemkin*. Chaplin: *La quimera del oro*. Vidor: *El gran desfile*. Nacimiento del "charleston". Fundación del *New Yorker*. G. B. Shaw: *Premio Nobel de Literatura*.
A Díaz presidente de Nicaragua. Se inicia oposición armada de Sandino. A. Aroya en Ecuador, tras derrocamiento de Córdova. Gran influencia de Ibáñez en Chile. Guerra religiosa en México. Formación de la Confederación Obrera Argentina. En Brasil W. Luis Pereira de Souza presidente.	Huelga general en Gran Bretaña. Comienza la dictadura de Salazar en Portugal. Alemania ingresa a la "Sociedad de Naciones". Hirohito emperador de Japón. Dictadura de Pilsudski en Polonia. Rebelión del PKI abortada en Indonesia.
Ronald de Carvalho: *Toda América*. M. Rojas: *Hombres del sur*. Güiraldes: *Don Segundo Sombra*. A. Acosta: *La zafra*. C. García Prada: *La personalidad histórica*	Creación del Círculo Lingüístico de Praga. K. Kautsky: *¿Son los judíos una raza?* Valle Inclán: *Tirano Banderas*. R. Alberti: *Cal y canto*. M. Pidal: *Orígenes del español*. Mao-Tse-tung: *Sobre las clases sociales en la sociedad china*. T. E.

Vida y obra de los tradicionistas

1927	Aparece *Las calles de México,* tradiciones de Luis González Obregón.
1928	Muere en San Juan, Puerto Rico, Manuel Fernández Juncos.

| *América Latina* | *Mundo exterior* |

de Colombia. R. Arlt: *El juguete rabioso.* Salarrué: *El Cristo negro.* Revistas: *Amauta,* en Perú, *Horizontes,* en México y *Poliedro* y *Vértice* en Puerto Rico. Grupo *Que,* en Buenos Aires (A. Pellegrini).

Lawrence: *Los siete pilares de la sabiduría.* Hemingway: *El sol también sale.* Exposición de Shagall en N. York. y de Klee en París. F. Lang: *Metrópolis.* Renoir: *Nana.* Murnau: *Fausto.* "Edad de oro" de los comics (—30). Muere C. Monet.

Intervención económica de EE.UU. en México. Ibáñez presidente de Chile. Intervención norteamericana en Nicaragua: confirmado jefe de la resistencia: Sandino, liberal. Segunda huelga petrolera en Colombia. Tratado de límites entre Brasil, Paraguay y Argentina.

Chiang-Kai-shek rompe con el Partido Comunista chino e instala su gobierno en Nankin. En Italia, fortalecimiento del fascismo y disolución de sindicatos. Asesinato de Sacco y Vanzetti en EE.UU. Se inaugura en Bruselas el Congreso de pueblos oprimidos.

Lindbergh primer vuelo transatlántico sin escalas.

J. Garmendia: *La tienda de muñecos.* B. Traven: *El tesoro de la Sierra Madre* (publicado en Alemania). Pocaterra: *Memorias de un venezolano de la decadencia.* Oquendo de Amat: *Cinco metros de poemas.* M. de Andrade: *Amar, verbo intransitivo.* Revista *Avance,* en Cuba.

W. Kohler: *La mentalidad de los monos.* G. Elliot Smith: *Ensayos sobre le evolución del hombre.* Santayana: *Los reinos del ser* (—40). Mauriac: *Thérèse Desqueyroux.* Heidegger: *El ser y el tiempo.* Hesse: *El lobo estepario.* W. Reich: *La función del orgasmo.* Kafka: *América.* Cocteau: *Orfeo.* García Lorca estrena *Mariana Pineda.* Primer filme sonoro de dibujos animados con *El gato Félix.* Crosland: *El cantante de jazz* (primer filme musical sonoro). Eisenstein: *Octubre.* Gropius: el teatro total. H. Bergson: Premio Nobel de Literatura. Mueren Juan Gris e Isadora Duncan.

Obregón reelecto y asesinado en México. Machado reelegido en Cuba. Yrigoyen presidente de Argentina. Plebiscito de Tacna y Arica por viejas cuestiones de la guerra del Pacífico. Huelga bananera contra la United Fruit en Colombia: represión y masacre. Brasil se retira de la Liga de Naciones. Puerto Rico azotado por huracán: 200 muertos, 85 billones de dólares en pérdidas.

Primer Plan Quinquenal de la URSS. Trotski enviado a Siberia. Pacto Briand-Kellog de no agresión. En Italia, nueva ley electoral con lista única. Hoover electo presidente de EE.UU.

Fleming descubre la penicilina.

Mariátegui: *Siete ensayos de interpretación de la realidad peruana.* P. Henríquez

M. Scheler: *El puesto del hombre en el cosmos.* A. Métraux: *La religión de los Tupinambas.* M. Mead: *Adolescencia en Samoa.* D. H. Lawrence: *El amante de Lady Chatterley.* A. Huxley: *Contrapunto.*

Vida y obra de los tradicionistas

1929	Muere Paul Groussac en Buenos Aires.
1930	Aparece en Santiago de Chile *Leyendas y episodios chilenos* de Aurelio Díaz Meza. Aparece *Leyendas y tradiciones* de Gabriel Pino Roca. Muere en Puerto Rico, Cayetano Coll y Toste. Aparece *Leyendas de Guatemala* de Miguel Angel Asturias.

| *América Latina* | *Mundo exterior* |

Ureña: *Seis ensayos en busca de nuestra expresión*. M. L. Guzmán: *El águila y la serpiente*. M. Fernández: *No toda es vigilia la de los ojos abiertos*. M. Brull: *Poemas en menguante*. Price-Mars: *Ainsi parla l'oncle*. M. de Andrade: *Macunaíma*. O. de Andrade: *Manifiesto Antropófago*. Revista *Válvula* en Venezuela y *Contemporáneos* en México. Portinari gana el Premio "Viaje a Europa".

Woolf: *Orlando*. Sholojov: *El Don apacible*. Breton: *Nadja*. Propp: *Morfología del cuento*. García Lorca: *Romancero gitano*. Aleixandre: *Ambito*. J. Guillén: *Cántico*. Malraux: *Los conquistadores*. Brecht: *La ópera de tres centavos*. Ravel: *Bolero*. Braque: *La mesa redonda*. Buñuel: *El perro andaluz*. Primer Congreso Internacional de lingüística en La Haya.

Período de "Maximato" en México, influencia de Calles. Muere Batlle y Ordóñez en Uruguay, lo sucede Brum. Proceso de aislamiento del presidente Yrigoyen, en Argentina, dentro de su propio partido. Se mantiene resistencia de Sandino en Nicaragua. Moncada presidente. Impacto de la crisis económica norteamericana sobre los países latinoamericanos.

Gallegos: *Doña Bárbara*. M. Fernández: *Papeles de recién venido*. Arlt: *Los siete locos*. Amorim: *La carreta*. Guzmán: *La sombra del caudillo*. Ramos Sucre: *Las formas del fuego*. T. de la Parra: *Memorias de Mamá Blanca*. Tarsila expone en Río y San Pablo.

Crisis bursátil en Nueva York, con vastas repercusiones mundiales. Victoria electoral del laborismo en Gran Bretaña. Creación del estado del Vaticano, por el Concordato de Letrán. Albania invadida por Italia pasa a ser protectorado. Comunistas y nacionalistas se fortalecen en Alemania; otro golpe frustrado de Hitler. Trotski desterrado a Constantinopla. Propagación del gangsterismo en EE.UU. favorecido por la prohibición.

Byrd sobrevuela el Polo. Butenandt: Hormona policular pura.

K. Manheim: *Ideología y utopía*. R. Lynd: *Middletown*. Ortega y Gasset: *La rebelión de las masas*. Reich: *Materialismo dialéctico y psicoanálisis*. Faulkner: *El sonido y la furia*. Hemingway: *Adiós a las armas*. Moravia: *Los indiferentes*. Cocteau: *Los niños terribles*. Remarque: *Sin novedad en el frente*. Von Sternberg: *El ángel azul*. Museo de Arte Moderno inaugurado en Nueva York. Thomas Mann: Premio Nobel de Literatura.

Yrigoyen depuesto por Uriburu; disolución del Congreso y Ley Marcial en Argentina. Ortiz Rubio presidente de México; agudización crisis política y económica. Leguía destituido por golpe militar en Perú. Creación del APRA (antes en México, en 1924). Trujillo gana elecciones en Santo Domingo (—61). Siles derrocado en Bolivia. En Brasil estalla la revo-

Tras el putsch de Munich, intentos de Hitler por vía legal: cien diputados nacionalsocialistas electos. Cae Primo de Rivera en España. Fundación en Portugal del partido único "Unión Nacional". Gandhi inicia en la India el segundo gran movimiento de desobediencia civil.

Haldane y Fischer: Teoría de la evolu-

Vida y obra de los tradicionistas

1931	Muere en Guayaquil Gabriel Pino Roca, tradicionista ecuatoriano. Aparecen *Cuentos y narraciones* del salvadoreño Francisco Gavidia, y *Archivo histórico y variedades* del venezolano Julio Febres Cordero.
1932	

| *América Latina* | *Mundo exterior* |

lución de octubre comandada por el Movimiento Tenientista: deposición de W. Luís y ascenso de Getulio Vargas, hasta 1945. Albizu Campos presidente del Partido Nacionalista puertorriqueño.

Torres Bodet: *La educación sentimental.* Haya de la Torre: *Ideario de acción aprista.* Guillén: *Motivos de son.* M. Bandeira: *Libertinaje.* C. Drummond de Andrade; *Alguna poesía.* En Santiago de Chile, primera Facultad de Bellas Artes de América.

Gral. Ubico en el poder, en Guatemala, por 13 años. Estallido popular en Chile, renuncia de Ibáñez. Gómez reasume titularidad del Ejecutivo en Venezuela. Terra, presidente de Uruguay y Salamanca de Bolivia. Sánchez Cerro derrota a Haya de la Torre en elecciones presidenciales de Perú. Primer sindicato obrero en Brasil (estibadores) de Río.

Scalabrini Ortiz: *El hombre que está solo y espera.* Vallejo: *Tungsteno.* Uslar Pietri: *Las lanzas coloradas.* Huidobro: *Altazor.* J. Amado: *País de Carnaval.* Spilimbergo: *Figura.* Revista *Sur* en Buenos Aires.

Guerra del Chaco entre Bolivia y Paraguay. Gral. Justo, presidente de Argentina. Alessandri por segunda vez en Chile. "Año de la barbarie" en Perú, represión de la rebelión montañesa. Gral. Rodríguez en México: impulso a la reforma agraria. Insurrección campesina en El Salvador y masacre ordenada por el gral. M. Hernández. Fracaso de la Revolución Constitucionalista contra Vargas en Brasil.

---

ción. Descubrimiento del planeta Plutón.

Seligman Editor: *Enciclopedia de Ciencias Sociales.* Musil: *El hombre sin atributos* (—43). Dos Passos: *Paralelo 42.* Auden: *Poemas.* Quasimodo: *Agua y tierra.* Hammett. *El halcón maltés.* Buñuel: *La edad de oro.* El burlesco en cine: H. Lloyd, B. Keaton, Laurel y Hardy, Hnos. Marx. Klee: *En el espacio.* Premio Carnegie para Picasso. Rouault ilustra *La Pasión* y *El Circo* de Suárez. Fotografías de Cartier-Bresson. Suicidio de Maiakovski. Sinclair Lewis: Premio Nobel de Literatura.

Republicanos ganan elecciones municipales en España. Alfonso XIII renuncia, proclamación de la República. Japón ocupa Manchuria. Conferencia de la India en Londres con presencia de Gandhi. Ossiezky encarcelado por denunciar el rearme de Alemania. Inglaterra abandona el respaldo oro de la libra. Crisis generalizada en EE. UU. Vasta agitación iniciada por el Partido Comunista Indochino.

Trotski: *La revolución permanente.* H. Miller: *Trópico de Cáncer.* V. Woolf: *Las olas.* García Lorca: *Poemas de cante jondo.* Eliot: *Marcha triunfal.* Esculturas de Giacometti. Ola terrorífica en cine: *Frankestein* de Whale, M. (inspirado en *El Vampiro de Düsseldorf*), de F. Lang, *Drácula* de Browning.

Hindenburg derrota a Hitler en elecciones presidenciales de Alemania, y F. D. Roosevelt a Hoover en EE.UU. Se frustra proyecto de Mussolini de crear bloque de cuatro potencias (Italia, Francia, Alemania e Inglaterra). Manchuria, estado independiente. Aumenta agresividad de Japón. Constitución del reino de Arabia Saudita. Siam, monarquía constitucional.

| 1933 | Mueren en Chile Aurelio Díaz Meza y Augusto Orrego Luco.
Aparecen en Madrid varias series de tradiciones de Artemio del Valle Arizpe.
Se celebra en el Perú el centenario del nacimiento de Ricardo Palma. |

América Latina	*Mundo exterior*
J. de la Cuadra: *Horno*. López y Fuentes: *Tierra*. Rojas: *Lanchas en la bahía*. E. Verissimo: *Fantoches*.	A. Richard: *Hambre y trabajo en una tribu salvaje*. R. Thurnwald: *Lo económico en comunidades primitivas*. A. Huxley: *Un mundo feliz*. Céline: *Viaje al fin de la noche*. Caldwell: *El camino del tabaco*. Sholojov: *Campos roturados*. Romains: *Los hombres de buena voluntad* (—47). Artaud: *Manifiesto del teatro de la crueldad*. Breton: *Los vasos comunicantes*. Aleixandre: *La destrucción o el amor*. Calder expone en París.
Huelga general, cae Machado en Cuba. Lo sucede Grau San Martín. Revuelta de los suboficiales de F. Batista. Terra asume totalidad del poder en Uruguay. Asesinato de Sánchez Cerro en Perú. Elección de O. Benavídes "Plan sexenal" en México. Muere Yrigoyen en Argentina. Avance de las tropas paraguayas en Bolivia.	Moratoria y devaluación del dólar. Roosevelt impone la política del "New Deal". Economía alemana en quiebra: 5 millones de obreros sin trabajo. Incendio del Reichstag. Hitler nombrado Canciller. Iniciación de la campaña antisemita. Creación de los campos de concentración. Pacto de las cuatro potencias (Italia, Francia, Inglaterra, Alemania). Se crea la "Falange" en España.
Martínez Estrada: *Radiografía de la pampa*. Neruda: *Residencia en la tierra*. F. Espínola: *Sombras sobre la tierra*. L. A. Sánchez: *América: novela sin novelistas*. Salarrué: *Cuentos de barro*. J. Amado: *Cacao*. A. Carpentier: *Ecué-Yamba-O!*	Joliot-Curie: radiactividad artificial.
	Malraux: *La condición humana*. García Lorca: *Bodas de sangre*. Stein: *Autobiografía de Alice B. Tocklas*. Salinas: *La voz a ti debida*. Cooper-Schoedsacks: *King Kong*. El nazismo clausura la *Bauhaus*. Se levanta la censura contra J. Joyce en EE. UU.

BIBLIOGRAFIA

I. ANTOLOGIAS

ANTOLOGIAS GENERALES

FLORES, ANGEL: *Antología del relato Hispanoamericano,* New York, Las Américas, 1959.
———: *Historia y Antología del cuento y la novela en Hispanoamérica.* Nueva York, 1959.

GARCÍA CALDERÓN, VENTURA: *Los mejores cuentos americanos.* Barcelona, s. f.

MANZOR, ANTONIO R.: *Antología del cuento hispanoamericano.* Santiago de Chile, 1939.

MENTON, SEYMOUR: *El cuento hispanoamericano.* (2 tomos). México, 1964. (2ª ed. 1966).

VÁSQUEZ, ALBERTO: *Cuentos de América española.* Nueva York, 1952.

CORONADO, MARTÍN: *Literatura americana* (prosa y verso) Selección por... Buenos Aires, Igón Hermanos, 1885, 2 tomos.

ANTOLOGIAS NACIONALES

Argentina

PAGÉS LARRAYA, ANTONIO: *Cuentos de nuestra tierra.* Selección Buenos Aires, Edit. Raigal, 1952. 447 p.

El cuento argentino. Buenos Aires, Club de Difusión del libro americano, 19...

Bolivia

BOTELHO GOSÁLVEZ, RAÚL: *Cuentos bolivianos.* Selección y prólogo por R.B.G. Santiago de Chile, Edit. Zig-Zag, 1940.

OTERO, GUSTAVO ADOLFO: Crestomatía boliviana. La Paz, Renacimiento, 1926. 159 p.

Colombia

HOLGUÍN, ANDRÉS: *Los mejores cuentos colombianos.* Bogotá (1959).
Museo de cuadros de costumbres. Bogotá, Biblioteca de El Mosaico, 1866, 2 vols.
PACHÓN PADILLA, EDUARDO: *Antología del cuento colombiano.* Bogotá, 1959.
Varios cuentistas colombianos. Bogotá, Biblioteca Aldeana de Colombia, 1936.
Varios cuentistas antioqueños. Bogotá, Biblioteca Aldeana de Colombia, 1936.

Costa Rica

SOTELA, ROGELIO: *Literatura costarricense; antología y biografías.* San José, Imp. Alsina, 1932. 200 p.

Cuba

BUENO, SALVADOR: *Antología del cuento en Cuba*; 1902-1952. La Habana, 1953.
Colección de novelas, cuentos, leyendas... de autores cubanos, La Habana, 1885.

Chile

INSTITUTO DE LITERATURA CHILENA: *Antología del cuento chileno.* Santiago, 1963.
SILVA CASTRO, RAÚL: *Cuentistas chilenos del siglo XIX,* Santiago, 1934.

Guatemala

ECHEVERRÍA B. Y AMILCAR, R.: *Antología de prosistas guatemaltecos:* Leyenda, narración y novela. Guatemala, Ed. Universitaria, 1957. 365 p.
LAMB, RUTH: *Antología del cuento guatemalteco.* México, 1959.

Honduras

DURÓN, RÓMULO E.: *Honduras literaria* (antología) Tegucigalpa, Tip. Nacional, 2 vols. 1896-1899.

México

CARBALLO, EMMANUEL: *Cuentistas mexicanos modernos.* 2 vols. México, 1956.
LEAL, LUIS: *Antología del cuento mexicano.* México, 1957.
MANCISIDOR, JOSÉ: *Cuentos mexicanos del siglo XIX.* México, (1946).
NOVO, SALVADOR: *Antología de cuentos mexicanos e hispanoamericanos.* México, 1923.
ORTIZ DE MONTELLANO, BERNARDO: *Antología de cuentos mexicanos.* Madrid, 1926.
RAMÍREZ CABAÑAS, JOAQUÍN: *Antología de Cuentos Mexicanos.* 1875-1910, Buenos Aires, 1943.

Nicaragua

TIJERINO, GUSTAVO: *Antología nacional en prosa.* (Nicaragua), León, Ed. Hospicio, 1942, 161 p.

Panamá

MÉNDEZ PEREIRA, OCTAVIO: *Antología panameña. Verso y prosa.* Panamá, Edit. La Moderna, 1926, 350 p.
MIRÓ, RODRIGO: *El cuento en Panamá. Estudio, antología y bibliografía.* Panamá, 1950.

Puerto Rico

CARRERAS, CARLOS N.: *Florilegio de cuentos puertorriqueños.* San Juan, 1924.
LAGUERRE, ENRIQUE A.: *Antología de cuentos puertorriqueños.* México, 1954.

Perú

ESCOBAR, ALBERTO: *La narración en el Perú,* Lima, Librería Editorial J. Mejía Baca, 1ª ed. 1956; 2ª ed. 1960.
GARCÍA CALDERÓN, VENTURA: *Del Romanticismo al Modernismo,* París, S. Ed. Ollendorf, 1910, 545 p.
———: *Costumbristas y Satíricos,* (peruanos), Colección la Cultura peruana, 2 vols., París, Brouwer, 1938.
TAURO, ALBERTO: *Tradiciones peruanas de Ricardo Palma. Editadas con sus fuentes.*

El Salvador

BARBA SALINAS, MANUEL: *Antología del cuento salvadoreño.* (1880-1955). San Salvador, Ed. Ministerio de Cultura, 1959, 512 p.

Uruguay

FERNÁNDEZ MEDINA, BENJAMÍN: *Cuentos y narraciones de autores uruguayos.* Montevideo, 1920?
FILARTIGAS, JUAN M.: *Antología de narradores del Uruguay.* Montevideo, 1930.
LASPLACES, ALBERTO: *Antología del cuento uruguayo.* 2 vols. Montevideo, 1943-1944.

Venezuela

Antología de costumbristas venezolanos del siglo XIX; 1830 a 1900. Caracas, 1940.
Antología del cuento venezolano. Edición del Ministerio de Educación. Caracas, 1955.
MENESES, GUILLERMO: *Antología del cuento venezolano.* Caracas, 1955.

II. OBRAS QUE CONTIENEN TRADICIONES

Argentina

DÁVALOS, JUAN CARLOS: *Cuentos y relatos del Norte Argentino.* Buenos Aires, 1946.
ECHAGÜE, JUAN PABLO: (S. Jean Paul) *Tradiciones, leyendas y cuentos argentinos.* Buenos Aires, Espasa-Calpe, S. A., 1944.
ESCARDÓ, FLORENCIO: *Reseña histórica, estadística y descriptiva con tradiciones orales de las repúblicas Argentina y Uruguay.* Montevideo, 1876, 492 p.
FRÍAS, BERNARDO: *Tradiciones históricas.* Buenos Aires, Ed. Tor, 1923-1930, 5 tomos.
GORRITI, JUANA MANUELA: *Sueños y realidades.* Buenos Aires, 1865.
———: "Los Mellizos del Illimani", en: *La Revista de Lima,* 1873. t. II, Nº 2.

———: *Panoramas de la vida* (Colección de fantasías y leyendas y descripciones americanas). 2 vols., Buenos Aires, 1876.

——— (y otros): *Veladas literarias de Lima,* Buenos Aires, Imp. Europea, 1892.

———: *Narraciones.* (Selección de W. G. Weyland), Buenos Aires, Ediciones Estrada, 1946.

GROUSSAC, PAUL: *Relatos argentinos.* El N° 9090; El hogar desierto; La rueda loca; La herencia; La monja. Madrid, Buenos Aires, 1922.

IBARGUREN, CARLOS: *Historias del tiempo clásico.* Buenos Aires, 1924.

LEGUIZAMÓN, MARTINIANO: *Recuerdos de la tierra,* Buenos Aires, 1896.

———: *Hombres y cosas que pasaron,* Buenos Aires, 1926.

LÓPEZ, VICENTE FIDEL: *La novia del hereje.* Buenos Aires, 1854-1855.

———: *La loca de la guardia,* Buenos Aires, 1896.

MANSILLA, LUCIO VÍCTOR: *Retratos y recuerdos,* Buenos Aires, 1894.

OBLIGADO, J. PASTOR SERVANDO: *Tradiciones argentinas,* Barcelona, Edit. Montaner y Simón, 1903, 4 volúmenes.

———: *Tradiciones argentinas* (con prólogo de E. Pagés Larraya), Buenos Aires, Hachette, 1955.

OBLIGADO, RAFAEL: *Leyendas argentinas,* Montevideo, 1920.

PAYRÓ, ROBERTO J.: *El falso Inca,* Buenos Aires, 1905.

———: *En las tierras de Inti,* Buenos Aires, 1909.

SARMIENTO, DOMINGO F.: *Facundo; o Civilización y barbarie,* New York, 1868.

Bolivia

AGUIRRE, NATANIEL: *Cuentos de mi nodriza,* La Paz, 1886.

———: *La bellísima Floriana,* París-México, C. Bouret, 1909-1911, vol. II de sus *Obras.* El tomo II incluye también las tradiciones "La Quintañona" y "Don Ego".

ALARCÓN, ABEL: *De antaño y hogaño,* La Paz, 1906.

———: *Cuentos del viejo Alto Perú,* La Paz, 1936.

———: *Era una vez...,* Historia novelada de la Villa Imperial de Potosí. 3ª ed., La Paz, (Bolivia), Fundación Universitaria, 1952.

BOTELHO GOSÁLVEZ, RAÚL: *Los toros salvajes y otros relatos,* Santiago de Chile Edit. del Pacífico S. A., 1965, 125 p.

CAMPERO, MANUEL: *Leyendas bolivianas,* Sucre, 19....

DÍAZ VILLAMIL, ANTONIO: *Leyendas de mi tierra,* La Paz, 1929.

GUTIÉRREZ, JOSÉ ROSENDO: *Maldición y superstición: leyenda boliviana del siglo XVIII.* La Paz, 1857.

JAIMES, JULIO LUCAS: "El alferazgo de Santiago Apóstol" en: *La Revista de Lima,* 2ª época, 1873. Tomo I, N° 1, pp. 65-72. "Los Tesoros de Rocha" en: *La Revista de Lima,* 2ª época, 1873, Tomo I, N° 4-5.

———: *La villa imperial de Potosí, su historia anecdótica, sus tradiciones y leyendas fantásticas, sus grandezas y opulencias fabulosas.* (Tradiciones), Buenos Aires, 1905.

OMISTE, MODESTO: *Crónicas potosinas.* Potosí, Imp. El Tiempo, 1893-1896, 5 vols.

OSTRIA GUTIÉRREZ, ALBERTO: *Rosario de Leyendas.* (Prólogo de Alfonso Reyes). La Paz, 1925.

Colombia

CAPELLA TOLEDO, LUIS: *Leyendas históricas,* Bogotá, Imp. de la Luz, 1884, 3 vols.
CORDOVEZ MOURE, JOSÉ MARÍA: *De la vida de antaño.* 3ª ed., Bogotá, Ed. Minerva, 1955.
———: *Reminiscencias de Santafé y Bogotá.* Lima, I Festival del Libro Colombiano, 1958?, 244 p.
DELGADO, CAMILO S.: *Historia, leyendas y tradiciones de Cartagena,* Bogotá, s/a., 4 vols.
———: *Leyendas,* Bogotá, Biblioteca Aldeana de Colombia, 1936, 146 p.
OTERO D'ACOSTA, ENRIQUE: *Historietas, leyendas y tradiciones colombianas,* Manizales, Casa Editorial A. Zapata, 1934.
LEÓN REY, JOSÉ ANTONIO: *Tierra embrujada,* Bogotá, Ed. Centro, 1942. 238 p.
VERGARA Y VERGARA, JOSÉ MARÍA: *Cuadros de costumbres* (tomo I de sus *Obras escogidas*), Bogotá, Ed. Minerva, 1931.

Costa Rica

FERNÁNDEZ GUARDIA, RICARDO: *Cuentos ticos,* San José, Costa Rica, 1901.
Crónicas coloniales de Costa Rica, San José de Costa Rica, 1920.
GONZÁLEZ ZALEDÓN, MANUEL: *La Propia,* San José, Costa Rica, 1972.
JIMÉNEZ, MANUEL DE JESÚS: *Cuadros de costumbres,* San José, Costa Rica, 1902.
MONTALVÁN, LEONARDO: *Aromas de santidad (Crónicas y cuentos de la época colonial),* San José, Costa Rica, 1919.

Cuba

IGLESIA, ALVARO DE LA: *Relatos y retratos históricos,* La Habana, 1911.
———: *Cuadros viejos,* La Habana, 1915
———: *Cosas de antaño,* La Habana, 1916.
———: *Tradiciones Cubanas,* Lima, Biblioteca Básica de Cultura Cubana, 2º Festival del Libro Cubano, 2 vols., 1958.
———: *Tradiciones Cubanas,* (ed. de L. A. de la Cuesta), Montevideo-Madrid, 1974, 186 p.

Chile

AMUNÁTEGUI, MIGUEL LUIS: *Narraciones históricas,* Santiago, Imp. Nacional, 1876.
ARABENA WILLIAMS, HERMELO: *Entre espadas y basquiñas. Tradiciones chilenas.* (Pról. de Bernardino Abarzúa. Ilust. de Pedro Subercaseaux). Santiago de Chile, Zig-Zag, 1946, 460 p., ilust.
———: *Blasones, duendes y damillas. Tradiciones chilenas.* Santiago, Ed. Zig-Zag, 1948.
CAMPOS HARRIET, FERNANDO: *Leyendas y tradiciones penquistas.* Santiago, Ed. Orbe, 1975.
CONCHA, MANUEL: *Tradiciones serenenses,* Santiago, R. Jover, 1883.
DÍAZ GARCÉS, JOAQUÍNS (s. "El peregrino") *Leyendas y episodios nacionales,* Santiago, Ed. Difusión, 1944, 292 p.
DÍAZ MEZA, AURELIO: *Leyendas y episodios chilenos. Crónicas de la Conquista.* 3ª ed., Santiago, Soc. Imp. y Lit. Universo, 1930, 2 vols.
———: *En plena Colonia,* Santiago, 1930, 2 vols.
———: *Patria Nueva,* Santiago, 1930.

————: *Patria Vieja,* Santiago, 1930.
————: *Leyendas y episodios chilenos,* Santiago, Ed. Nascimento, 1975.
ORREGO LUCO, LUIS: *Episodios nacionales de la Independencia de Chile,* Santiago, Lit. y Enc. Barcelona, 1905, 247 p.
ORREGO LUCO, AUGUSTO: *La patria vieja,* Santiago, (1934 y 1935).
PÉREZ ROSALES, VICENTE: *Recuerdos del pasado.* Santiago, Zig-Zag, 1949, 500 p.
ROSALES, JUSTO ABEL: *Historia y tradiciones del Puente de Cal y Canto.* Santiago, Ed. Difusión, 1947, 166 p.
SOLAR, ENRIQUE DEL: *Leyendas y tradiciones.* 1ª parte, Santiago, 1875; 2ª parte, Santiago, 1881 y 3ª parte, Santiago, 1882.
VICUÑA MACKENNA, BENJAMÍN: *Chile, Relaciones Históricas. Colección de artículos y tradiciones sobre asuntos nacionales.* Tomos I y II. 928 y 1008 pp. Santiago, Imp. del Centro Edit. de R. Jover, 1878.

República Dominicana

GALVÁN, MANUEL DE JESÚS: *Enriquillo,* Santo Domingo, 1882.
PENSON, CÉSAR NICOLÁS: *Cosas añejas, tradiciones y episodios de Santo Domingo.* Santo Domingo, 1891, 270 p.
————: *Cosas añejas, tradiciones y episodios dominicanos.* Santo Domingo, Biblioteca Taller 9, 1972.
TRONCOSO DE LA CONCHA, JESÚS: *Narraciones dominicanas,* Santo Domingo, 1946.

Ecuador

CALLE, MANUEL J.: *Leyendas del tiempo heroico,* Guayaquil, 1905.
————: *Leyendas históricas,* Guayaquil, 1909.
CAMPOS, FRANCISCO: *Narraciones históricas ecuatorianas,* Quito, 18....
CHÁVEZ FRANCO, MODESTO: *Crónicas del Guayaquil Antiguo,* 2ª ed. Guayaquil, Imprenta y Talleres Municipales, 1944, 2 vols.
ESPINOZA, JOSÉ MODESTO: *Artículos de costumbres.* Friburgo, Alemania, 1899.
GANGOTENA Y JIJÓN, CRISTÓBAL DE: *Al margen de la Historia.* Leyendas de pícaros, frailes y caballeros. 3ª ed. Quito, Edit. Casa de la Cultura Ecuat., 1962, 193 p.
GONZÁLEZ, NICOLÁS AUGUSTO: (s. "El proscrito"), (Sus tradiciones, dispersas, se publicaron en *La Broma,* periódico de Lima, 1877-78).
MERA, JUAN LEÓN: *La virgen del Sol,* (leyenda indiana en verso), Quito, 1861.
PINO ROCA, GABRIEL: *Leyendas, tradiciones y páginas de la historia de Guayaquil,* Guayaquil, 1930.
TOBAR BORGOÑO, CARLOS: *Tradiciones quiteñas,* Quito, 19   .

Guatemala

ASTURIAS, MANUEL ANGEL: *Leyendas de Guatemala,* Lima, 1er. Festival del Libro Centroamericano, 1959, 192 p.
AYCINENA, JUAN FERMÍN: *Relatos tradicionales,* Guatemala, 1898.

BATRES JÁUREGUI, ANTONIO: *Memorias de antaño,* San Francisco, New York, Pacific Press Publ. Co, 1896, 286 p.

BATRES MONTÚFAR, JOSÉ: *Tradiciones de Guatemala,* Guatemala, 1840?

DIÉGUEZ FLORES, MANUEL: *Tradiciones, artículos literarios y estudios de Derecho,* Guatemala, Imp. Sánchez y de Guise, 1923, 252 p.

MENCOS FRANCO, AGUSTÍN: *Crónicas de la Antigua Guatemala.* Guatemala, Ministerio de Educación Pública, 1956, 164 p.

Honduras

MEJÍA NIETO, ARTURO: *Relatos nativos,* Tegucigalpa, 1923.

———: *Zapatos viejos.* Buenos Aires, J. Samet, 1930, 160 p.

VALLE, RAFAEL HELIODORO: *El espejo historial.* México, Edic. Botas, 1937, 354 p.

ROSA, RUBÉN ANGEL: *Tradiciones hondureñas. Comayagüela,* Honduras, Imp. Bulnes, 1952, 120 p.

México

CORDERO Y T., ENRIQUE: *Leyendas de la Puebla de los ángeles.* Puebla, Fotolitográfica LEO, 1975.

FRÍAS, HERIBERTO: *Episodios militares mexicanos,* París, V. de C. Bouret, 1901, 2 vols.

GONZÁLEZ OBREGÓN, LUIS: *México viejo, Noticias históricas, tradiciones y leyendas y costumbres,* México, 1891-95.

———: *Vetusteces,* México, 1917.

———: *Las calles de México - leyendas y sucedidos,* México, Imp. León Sánchez, 1927.

———: *México viejo anecdótico.* México, Ed. Patria, 1945. 739 p.

LÓPEZ PORTILLO, JOSÉ: *Seis leyendas,* México, 1883.

———: *Historias, historietas y cuentecillos,* México, 1918.

MERA, JUAN DE DIOS y RIVA PALACIO, VICENTE: *Tradiciones y leyendas mexicanas,* México.

PEREYRA, CARLOS: *Quimeras y verdades en la historia.* Madrid, M. Aguilar, 1945.

RIVA PALACIO, VICENTE: *Cuentos del general,* Madrid, Tip. Sucs. de Rivadeneyra, 1896, 292 p.

———: *Tradiciones y leyendas mexicanas,* México, s.f., J. Ballescá (1897?).

ROA BÁRCENA, JOSÉ MARÍA: *Leyendas mexicanas,* México, 1862.

VALLE, RAFAEL HELIODORO: *Imaginación de México.* Buenos Aires, Espasa-Calpe, Argentina, Col. Austral, 1945, 216 p.

VALLE ARIZPE, ARTEMIO DEL: *Cosas tenedes,* México, 1922.

———: *Virreyes y virreinas de la nueva España.* (Leyendas, tradiciones). Primera y Segunda serie. Madrid, Biblioteca Nueva, 1933.

———: *Amores y picardías.* (Leyendas, tradiciones y sucedidos del México virreinal). Madrid, Biblioteca Nueva, 1933.

———: *Del tiempo pasado.* (Leyendas, tradiciones y sucedidos del México virreinal). Madrid, Biblioteca Nueva, 1934.

———: *Libro de estampas.* Leyendas, tradiciones y sucedidos del México virreynal. Madrid, Biblioteca Nueva, 1934, 352 p.

———: *Cuentos de México Antiguo.* Madrid, Espasa-Calpe, Bs. As., 1943, 157 p.

———: *Cuadros del México virreinal.* México, Edt. Iris, 1943, 443 p.
———: *Historia de vivos y muertos.* Tradiciones, leyendas y sucedidos. México, Edt. Iris, 1947.
———: *Espejo del tiempo.* México, Ed. Patria, 1951.
———: *Sala de tapices.* México, Ed. Patria, 1951.
URBINA, LUIS G.: *Cuentos vividos y crónicas soñadas,* México, 1915.

Nicaragua

PRADO, GUSTAVO A.: *Leyendas coloniales,* Managua, 1920?

Panamá

GARAY, NARCISO: *Tradiciones y cantares de Panamá.* Panamá.
PONCE AGUILERA, SALOMÓN: *De la Gleba.* Panamá, 1916.

Paraguay

RODRÍGUEZ ALCALÁ, TERESA LAMAS DE: *Tradiciones del Hogar,* Asunción (Paraguay), 1921 y 1928.

Perú

CAMINO CALDERÓN, CARLOS: *Tradiciones de Trujillo,* Trujillo (Perú), Imp. Moderna, 1944, 80 p.
GÁLVEZ, ANÍBAL: *Cosas de antaño y Crónicas peruanas.* Lima, Imp. de "El Tiempo", 1905, 156 p.
GARCÍA CALDERÓN, VENTURA: *Cuentos peruanos.* Madrid, Ed. Aguilar, 1961.
———: *La venganza del Cóndor.* Lima, Ed. Peisa, Biblioteca Peruana, 1974.
JAIMES, CAROLINA FREIRE DE: "Quien da pronto, da dos veces". Tomo I, N° 1 *La Rev. de Lima,* 1873.
LAVALLE, JOSÉ ANTONIO DE: *Tradiciones.* (Ed. de Alberto Tauro), Lima, Gráfica Stylo, 1951, 197 p.
MATTO DE TURNER, CLORINDA: *Tradiciones cuzqueñas completas,* (ed. de Estuardo Núñez), Lima, Edit. Peisa, 1976.
PALMA, RICARDO: *Tradiciones peruanas completas,* Madrid, Ed. Aguilar, 1964, p. 1474.
———: *Epistolario,* Lima, Ed. Cultura Antártica, 1957, 2 vols.
PORTILLO, JULIÁN M. DEL: *Cuadros de costumbres populares peruanas.* La novena de la Merced. Primer cuadro. Escrito para *El Correo Peruano* que lo ha publicado en su folletín. Lima, Imp. del Correo Peruano, 1846, 65 p.
ROSSEL, RICARDO: *Catalina Tupac-Roca.* Leyenda tradicional peruana, (en verso), Lima, Benito Gil, Editor, 1879, 134 p.
———: *Leyendas nacionales* en: *Obras literarias.* Lima, 1890-91, 2 vols.

Puerto Rico

COLL Y TOSTE, CAYETANO: *Leyendas puertorriqueñas.* San Juan, Ed. Puerto Rico Ilustrado, 1924-25. 3 vols.

―――: *Tradiciones y leyendas puertorriqueñas.* Barcelona, Ed. Maucci y San Juan, 1924 y 1925. 3 vols.
―――: *Selección de leyendas puertorriqueñas,* México, Ed. Orión, 1957, 202 p.
―――: *Narraciones históricas.* Barcelona, Edit. Rumbos, 1962, 212 p.
Fernández Juncos, Manuel: *Costumbres y tradiciones,* S. Juan, 1883.
―――: *Galería puertorriqueña. Tipos y caracteres. Costumbres y tradiciones.* México, Edit. Cultura, 1958, 383 p.
―――: *Antología de sus obras.* México, Edit. Orión, 1960, 188 p.

El Salvador

Gavidia, Francisco: *El encomendero.* San Salvador, El Salvador, 1913. (2ª edición, 1960).
―――: *Cuentos y narraciones.* San Salvador, El Salvador, 1931, (2ª ed., 1961).
―――: *Obras completas.* San Salvador. Min. de Educ., 1976, 464 p.
Herrera Velado, Francisco: *Agua de coco - Tradiciones y cuentos.* San Salvador, El Salvador, Min. de Educ., 1974.

Uruguay

Arreguine, Víctor: *Narraciones nacionales.* Montevideo, 1900, 161 p.
―――: *Lanzas y potros.* Montevideo, Ed. O. M., Bertani, 1913, 147 p.
Demaría, Isidoro: *Montevideo antiguo. Tradiciones y recuerdos.* Montevideo, Imp. Elzeviriana de C. Becchi, 1887, 168 p.

Venezuela

Bolet-Peraza, Nicanor: *Cuadros caraqueños,* Caracas, 188....
―――: *Artículos de costumbres y literarios,* Caracas, 1881.
Camacho, Juan Vicente: *Tradiciones y relatos,* (Estudio biográfico, crítica y recopilación por Estuardo Núñez). Caracas, Biblioteca Popular Venezolana. Ministerio de Educación, 1962.
Febres Cordero, Tulio: *Tradiciones y leyendas,* Caracas, 1911.
―――: *Archivo Histórico y Variedades,* 2 vols., Caracas, Tip. Suramérica, 1931.
―――: *Mitos y tradiciones.* Caracas, Dirección de Cultura y Bellas Artes. Ministerio de Educación, 1952.
Rojas, Arístides: *Leyendas históricas de Venezuela.* Caracas, 1890-91.
Silva, Andrés Antonio: Publicó tradiciones en *El Cojo Ilustrado* de Caracas y *El Ateneo* de Lima, en 1890.

III. OBRAS CRITICAS SOBRE LAS TRADICIONES

Abarzúa, Bernardino: Prólogo a: Arabena Williams, Hermelo. *Tradiciones chilenas,* Santiago, Zig-Zag, 1946.
Abreu Gómez, Ermilo: "La tradición literaria en Honduras" en: *Honduras Rotaria,* Tegucigalpa, junio de 1957.

BAKULA P., JUAN MIGUEL: "D. Ricardo Palma en Colombia", en *Fénix,* órgano de la Biblioteca Nacional, Lima, 1958.

BARBAGELATA, HUGO D.: *La novela y el cuento en Hispanoamérica,* Montevideo, 1947.

BARRIENTOS, ALFONSO ENRIQUE: "El cuento guatemalteco", en: *El Imparcial,* Guatemala, 4 junio, 1949, p. 9.

BAZIN, ROBERT: *Historia de la Literatura americana en lengua española.* Buenos Aires, Edit. Nova, 1963.

BUENO, SALVADOR: *Trayectoria del cuento y la narración breve en Cuba.* La Habana, 1952.

————: "Tendencias del cuento en Cuba", en: *Cuadernos,* 15, París, nov.-dic., 1955, pp. 62-66.

————: "El cuento en Hispano-América", en: *Cultura,* El Salvador, 7, enero-feb., 1956, pp. 137-144.

CUESTA, LEONEL DE LA: Estudio preliminar a: Alvaro de la Iglesia, *Tradiciones cubanas,* Montevideo, Ed. Géminis, 1974.

DEMARÍA, ISIDORO: Prólogo a su obra *Montevideo antiguo - Tradiciones y recuerdos,* Montevideo, Imp. Artística, 1892.

DÍEZ DE MEDINA, FERNANDO: *Literatura Boliviana.* Madrid, Eds. Aguilar, 1954, 416 p.

ESCOBAR, ALBERTO: "El cuento peruano", en: *Estudios Americanos,* Sevilla, IX (1955), p. 289-312.

————: *La narración en el Perú; estudio, antología y notas.* Lima, J. Mejía Baca, s. f. (1956), 2ª ed. 1960.

————: *Tensión, lenguaje y estructura: Las Tradiciones peruanas.* Lima, Univ. de San Marcos 1962 (separata de la revista *Sphinx*).

FABBIANI RUIZ, JOSÉ: *El cuento en Venezuela.* Caracas, 1953.

FERNÁNDEZ CABRERA, CARLOS: *La novela y el cuento en Cuba.* La Habana, 1952.

FLORIT, EUGENIO: Prólogo a la edición de: Alvaro de la Iglesia, *Tradiciones cubanas,* Montevideo, Ed. Géminis, 1974.

GÓMEZ RESTREPO, ANTONIO: *Historia de la literatura colombiana,* (2ª ed.), Bogotá, Imp. Nacional, 1945-1946, 4 vols.

LAGUERRE, ENRIQUE A.: "Resumen histórico del relato en Puerto Rico", en: *Revista del Instituto de Cultura Puertorriqueña,* San Juan, I (1958), p. 12-14.

LANDARECH, S. J., ALFONSO MARÍA: "Itinerario del cuento salvadoreño", en: *Estudios literarios,* San Salvador: Ministerio de Cultura, Departamento Editorial, 1959, pp. 22-32.

LASTRA SALAZAR, PEDRO: "Notas sobre el cuento hispanoamericano del siglo XIX", en: *Mapocho,* N° 2, Santiago, Chile, julio, 1963, pp. 197-217.

LATORRE, MARIANO: "Génesis y evolución del cuento chileno en: *Anales de la Universidad de Santiago de Chile,* XCV (1937), p. 11-13.

LEAL, LUIS: *Breve historia del cuento mexicano,* México, Manuales Studium, Ediciones D'Andrea, 1956.

LEAVITT, STURGIS E.: Ricardo Palma and the Tradiciones Peruanas. En: *Hispania,* XXXIV, 1951, p. 352.

LIDA, MARÍA ROSA: *El cuento popular hispanoamericano y la literatura.* Buenos Aires, 1941.

LISCANO, JUAN: "El cuento hispano-americano", en: *Revista Nacional de Cultura,* XX, N° 130, Caracas, 1958, p. 7-14.

LOVELUCK, JUAN: *El cuento chileno.* (1864-1920). Buenos Aires, 1964.

MANTERO, MANUEL: "Literatura narrativa en el Perú", en: *Estudios Americanos,* Sevilla, XIV (1957), p. 41-49.

MATLOWSKY, BERNICE D.: *Antología del cuento hispanoamericano: guías bibliográficas.* Washington, D. C.: Pan-American Union, 1950.

MARIÁTEGUI, JOSÉ CARLOS: *Siete ensayos de interpretación de la realidad peruana,* (cap. El proceso de la literatura). Lima, Sociedad Editora Amauta, 1928.

MARTÍ, DOLORES: "El ensayo, la novela y el cuento durante la República", en Revista *Carteles,* La Habana, mayo, 1952.

MEDINA, JOSÉ TORIBIO: Prólogo a: Aurelio Diaz Meza, *Crónicas de la Conquista,* Santiago, 1925, p. III-XI.

MEDINACELI, CARLOS: "El cuento en Bolivia", en: *Kollasuyo,* núm. 32, La Paz, enero, 1942.

MELÉNDEZ, CONCHA: La literatura de ficción en Puerto Rico, en: *Asomante,* XX, 1964, iii, 7-23.

———: "El cuento en Cuba y Puerto Rico", en: *Revista Hispánica Moderna,* XXIV, 2-3 (ab.-jul., 1958), p. 201-212.

———: Introducción a: Manuel Fernández Juncos, *Galería puertorriqueña.* Tipos y caracteres. Costumbres y tradiciones, San Juan, Inst. Cultura Puertorriqueña, 1959.

———: *El arte del cuento en Puerto Rico.* New York, 1961.

MELFI, DOMINGO: "Panorama literario chileno: La novela y el cuento". En: *Atenea,* Concepción, N° 58, octubre de 1929.

MILIANI, DOMINGO: *Vida intelectual de Venezuela,* Caracas, Ministerio de Educación, 1971, p. 110.

MIRÓ, RODRIGO: "El cuento", en: *La literatura panameña de la República.* Panamá, 1960, pp. 47-52.

MIRÓ QUESADA, S. AURELIO: "Ricardo Palma, la Academia y las tradiciones", en: *Boletín de la Academia Peruana de la Lengua,* N° 4, Lima, 1960.

MONGUIO, LUIS: Sobre un milagro en Meléndez, Palma y Barrios. En: *Revista Hispánica Moderna,* tomo XIII, New York, 1956, p. 5-8.

NOLASCO, SÓCRATES: *El cuento en Santo Domingo,* Rep. Dominicana, 1957.

NÚÑEZ, ESTUARDO: Estudio biográfico-crítico a: Camacho, Juan Vicente, *Tradiciones y relatos.* Caracas, Biblioteca Popular Venezolana, Min. de Educ. 1962, p.

———: El género o especie "tradición" en el ámbito hispanoamericano. En: *Boletín de la Academia Puertorriqueña de la lengua española.* San Juan, año III y IV, 1975-76, p. 39-64.

OVIEDO, JOSÉ MIGUEL: *Genio y figura de Ricardo Palma.* Buenos Aires, Eudeba, 1965.

———: Palma entre ayer y hoy. Prólogo a: R. P. *Cien tradiciones peruanas.* Biblioteca Ayacucho, tomo VII, Caracas, 1977.

PAGÉS LARRAYA, ANTONIO: Prólogo a *Tradiciones argentinas* de Justo Pastor Obligado, Buenos Aires, Hachette, 1955.

PALMA, CLEMENTE: "La tradición, los tradicionistas y las cosas de don Ricardo Palma", en *Ricardo Palma 1833-1933,* Sociedad Amigos de Palma, 1933, p. 217-231.

PALMA, RICARDO: *Tradiciones peruanas.* Editadas con sus fuentes y con estudio preliminar por Alberto Tauro. Lima, UNMSM, 1968.

Pastor Benítez, Justo: *Algunos aspectos de la literatura paraguaya.* Río de Janeiro, 1935.

Picón Salas, Mariano: *Formación y proceso de la literatura venezolana.* Caracas, Ed. Cecilio Acosta, 1941.

Porras Barrenechea, Raúl: *Tres ensayos sobre Ricardo Palma.* Lima, J. Mejía Baca, 1954.

————: *El sentido tradicional en la literatura peruana.* Miraflores (Lima). Instituto R.P.B., 1969, 107 p.

Riva Agüero, José de la: *Carácter de la Literatura del Perú Independiente.* Lima, Imp. E. Rosay, 1905, 299 p. Reedición en: *Obras Completas,* vol. I. Lima, 195...

Sánchez, Luis Alberto: *La literatura peruana, derrotero para una historia espiritual del Perú.* Lima, Editorial Ediventas S.A. 1965-66, 5 vols.

Sánchez, José: "El cuento hispanoamericano", en: *Revista Iberoamericana,* XVI, 31, México, feb-julio, 1960, p. 101-122.

Silva Castro, Raúl: Prólogo a Manuel Concha, *Tradiciones serenenses,* Santiago, Edit. del Pacífico, 1952.

————: "El cuento", en: *Panorama literario de Chile.* Santiago, 1961, pp. 346-393.

Soto, Luis Emilio: "El cuento" en: *Historia de la literatura argentina,* dirigida por Rafael Alberto Arrieta, Buenos Aires, 1959, tomo IV, pp. 285-450.

Tamayo Vargas, Augusto: *La literatura peruana.* Lima, Edit. Studium, 1977, 2 vols.

Tauro, Alberto: Las Tradiciones peruanas y sus fuentes. En: *Boletín Bibliográfico de la U. de San Marcos,* Lima, XXXIX, Nºs. 1-4, 1966.

Umphrey, George W.: Ricardo Palma, tradicionista. En: *Hispania,* VII, 1924, p. 151-153.

Undurraga, Antonio de: "Aportaciones de Latinoamérica al cuento de Occidente", en: *Cuadernos,* Nº 53, París, oct., 1961, pp. 159-165.

Uslar Pietri, Arturo: "El cuento venezolano" en: *Letras y hombres de Venezuela,* México, 1948, pp. 154-163.

Valle, Rafael Heliodoro: La literatura regional en Centro América. En: *Boletín de la Unión Panamericana,* Washington, octubre 1922.

Winn, Conchita H.: Más sobre las fuentes y documentos de información de que se sirvió R.P. Sus lecturas en lenguas extranjeras. En: *Revista Hispánica Moderna,* XXXIX, 1968.

————: Ricardo Palma y los tradicionistas mexicanos: En: *Homenaje a Andrés Iduarte,* Clear Creek, Indiana, The American Hispanist, 1976.

Zum Felde, Alberto: *Proceso intelectual del Uruguay y crítica de su literatura.* Montevideo, Ed. Claridad, 1941. 639 p.

INDICE

PRÓLOGO, por *Estuardo Núñez* ... IX

CRITERIO DE ESTA EDICIÓN ... XLIII

ARGENTINA

FLORENCIO ESCARDO
  Ni Dios ni naides la pisa ... 1

BERNARDO FRIAS
  La encomienda del obispo ... 7

PASTOR S. OBLIGADO
  Casamiento a puñaladas ... 10
  La primera sangre ... 14

JUAN PABLO ECHAGÜE
  Estomba, el héroe loco ... 24

JUANA MANUELA GORRITI
  Coincidencias ... 28

BOLIVIA

NATANIEL AGUIRRE
  La bellísima Floriana ... 33

JOSE R. GUTIERREZ
    La Virgen del Carmen, reo de rebelión   54

JLIO LUCAS JAIMES
    Donde se prueba el cómo el Diablo es un eximio arquitecto   59

ABEL ALARCON
    Auto de fe   65

RAUL BOTELHO GOSALVEZ
    La calavera   76

COLOMBIA

JOSE MARIA CORDOVEZ MOURE
    Villeta   81

LUIS CAPELLA TOLEDO
    Un Ordenanza infame   85

CAMILO S. DELGADO
    La monja alférez   89

ENRIQUE OTERO D'ACOSTA
    No hay deuda que no se pague...   93

JOSE ANTONIO LEON REY
    Las campanas de Fomeque   97

COSTA RICA

RICARDO FERNANDEZ GUARDIA
    Versos y azotes   101
    Palabra de caballero   108

CUBA

ALVARO DE LA IGLESIA
    Papelito "jabla" lengua   115

CHILE

VICENTE PEREZ ROSALES
    Tierras auríferas   119

MIGUEL LUIS AMUNATEGUI   124
    Por ser cristiano

MANUEL CONCHA   131
    Un cura vencido por un mocho

ENRIQUE DEL SOLAR   138
    Don Lorenzo de Moraga, el emplazado

JULIO ABEL ROSALES   146
    Animas, diablos y fantasmas del puente de Cal y Canto

AURELIO DIAZ MEZA   153
    —¡Es mía! Yo la espanté... —¡Es mía! Yo la cogí...

HERMELO ARABENA WILLIAMS   160
    A moda coqueta, basquiña suelta; y a viejo oidor, corto calzón

REPUBLICA DOMINICANA

CESAR NICOLAS PENSON   165
    El santo y la colmena

M. DE J. TRONCOSO DE LA CONCHA   170
    El cura de los ingenios y el ingenio de los curas

ECUADOR

NICOLAS AUGUSTO GONZALEZ   175
    La predicción cumplida

MODESTO CHAVEZ FRANCO   181
    Robinson Crusoe estuvo en Guayaquil

CRISTOBAL DE GANGOTENA Y JIJON   186
    La Virgen de la empanada

J. GABRIEL PINO ROCA   189
    La procesión de ánimas

GUATEMALA

ANTONIO BATRES JAUREGUI   195
    Las fantasmas del palacio

MANUEL DIEGUEZ
    La cuestión de las almohadas   199

AGUSTIN MENCOS FRANCO
    Hermano enfermo y jubilado   204

MIGUEL ANGEL ASTURIAS
    Leyenda del Sombrerón   208

HONDURAS

RAFAEL HELIODORO VALLE
    La Virreyna de la esmeralda   213

J. M. TOBIAS ROSA
    Leyenda del puente Mallol   216

MEXICO

VICENTE RIVA PALACIO
    El voto del soldado   221

LUIS GONZALEZ OBREGON
    El barbero de su Excelencia, tradición del Palacio Nacional   225

ARTEMIO DEL VALLE-ARIZPE
    La ejecución de un difunto   231

ENRIQUE CORDERO y T.
    Los camotes de Santa Clara   236

NICARAGUA

GUSTAVO A. PRADO
    El paquete de la cinta negra de Fray Antonio de la Huerta Casso   239

PANAMA

SALOMON PONCE AGUILERA
    La apuesta   243

PARAGUAY

TERESA LAMAS DE RODRIGUEZ ALCALA
    Junto a la reja 249
    Un episodio de la Residenta 255

PERU

RICARDO PALMA
    La gatita de Mari-Ramos, que halaga con la cola y araña con las manos 261
    Pan, queso y raspadura 270

JOSE ANTONIO DE LAVALLE
    El vivo se cayó muerto y el muerto partió a correr . . . 278
    Nuestra Señora del Milagro de Corongo 284

CLORINDA MATTO DE TURNER
    El santo y la limosna 287
    ¡Vaya un decreto! 290

ANIBAL GALVEZ
    La Presa y la Calderón 292

VENTURA GARCIA CALDERON
    El escultor de la virgen 298
    Los males del señor Obispo 302

CARLOS CAMINO CALDERON
    El brujo de Chicama 304

PUERTO RICO

MANUEL FERNANDEZ JUNCOS
    La garita del Diablo 309

CAYETANO COLL y TOSTE
    La casa encantada 316

EL SALVADOR

FRANCISCO GAVIDIA
    El encomendero 321

FRANCISCO HERRERA VELADO
  El volcán   334

URUGUAY

ISIDORO DE-MARIA
  El pavo de la boda   339

VICTOR ARREGUINE
  Artigas y los perros cimarrones   343

VENEZUELA

ARISTIDES ROJAS
  Más malo que Guardajumo   347

JUAN VICENTE CAMACHO
  La Virgen de la Soledad   354

ANDRES A. SILVA
  Cada uno tiene su modo de matar pulgas   360

TULIO FEBRES CORDERO
  Un trabucazo a tiempo   363
  Los calzones del Canónigo   367

CRONOLOGÍA   371

BIBLIOGRAFÍA   469

TITULOS PUBLICADOS

1
SIMON BOLIVAR
DOCTRINA DEL LIBERTADOR
Prólogo: Augusto Mijares
Selección, notas y cronología: Manuel Pérez Vila

2
PABLO NERUDA
CANTO GENERAL
Prólogo, notas y cronología: Fernando Alegría

3
JOSE ENRIQUE RODO
ARIEL - MOTIVOS DE PROTEO
Prólogo: Carlos Real de Azúa
Edición y cronología: Angel Rama

4
JOSE EUSTASIO RIVERA
LA VORAGINE
Prólogo y cronología: Juan Loveluck
Variantes: Luis Carlos Herrera Molina S. J.

5-6
INCA GARCILASO DE LA VEGA
COMENTARIOS REALES
Prólogo, edición y cronología: Aurelio Miró Quesada

7
RICARDO PALMA
CIEN TRADICIONES PERUANAS
Selección, prólogo y cronología: José Miguel Oviedo

8
EDUARDO GUTIERREZ Y OTROS
TEATRO RIOPLATENSE
Prólogo: David Viñas
Compilación, notas y cronología: Jorge Lafforgue

9
RUBEN DARIO
POESIA
Prólogo: Angel Rama
Edición: Ernesto Mejía Sánchez
Cronología: Julio Valle-Castillo

10
JOSE RIZAL
NOLI ME TANGERE
Prólogo: Leopoldo Zea
Edición y cronología: Márgara Russotto

11
GILBERTO FREYRE
CASA-GRANDE Y SENZALA
Prólogo y cronología: Darcy Ribeiro
Traducción: Benjamín de Garay y Lucrecia Manduca

12
DOMINGO FAUSTINO SARMIENTO
FACUNDO
Prólogo: Noé Jitrik
Notas y cronología: Susana Zanetti y Nora Dottori

13
JUAN RULFO
OBRA COMPLETA
Prólogo y cronología: Jorge Ruffinelli

14
MANUEL GONZALEZ PRADA
PAGINAS LIBRES - HORAS DE LUCHA
Prólogo y notas: Luis Alberto Sánchez

15
JOSE MARTI
NUESTRA AMERICA
Prólogo: Juan Marinello
Selección y notas: Hugo Achugar
Cronología: Cintio Vitier

16
SALARRUE
EL ANGEL DEL ESPEJO
Prólogo, selección, notas y cronología: Sergio Ramírez

17
ALBERTO BLEST GANA
MARTIN RIVAS
Prólogo, notas y cronología: Jaime Concha

18
ROMULO GALLEGOS
DOÑA BARBARA
Prólogo: Juan Liscano
Notas, variantes y cronología: Efraín Subero

19
MIGUEL ANGEL ASTURIAS
TRES OBRAS
(*Leyendas de Guatemala, El Alhajadito*
y *El Señor Presidente*)
Prólogo: Arturo Uslar Pietri
Notas y cronología: Giuseppe Bellini

20
JOSE ASUNCION SILVA
OBRA COMPLETA
Prólogo: Eduardo Camacho Guizado
Edición, notas y cronología: Eduardo Camacho Guizado
y Gustavo Mejía

21
JUSTO SIERRA
EVOLUCION POLITICA DEL PUEBLO MEXICANO
Prólogo y cronología: Abelardo Villegas

22
JUAN MONTALVO
LAS CATILINARIAS Y OTROS TEXTOS
Selección y prólogo: Benjamín Carrión
Cronología y notas: Gustavo Alfredo Jácome

23-24
PENSAMIENTO POLITICO DE LA EMANCIPACION
Prólogo: José Luis Romero
Compilación, notas y cronología: José Luis Romero
y Luis Alberto Romero

25
MANUEL ANTONIO DE ALMEIDA
MEMORIAS DE UN SARGENTO DE MILICIAS
Prólogo y notas: Antonio Cándido
Cronología: Laura de Campos Vergueiro
Traducción: Elvio Romero

26
UTOPISMO SOCIALISTA
(1830-1893)
Prólogo, compilación, notas y cronología: Carlos M. Rama

27
ROBERTO ARLT
LOS SIETE LOCOS / LOS LANZALLAMAS
Prólogo, vocabulario, notas y cronología: Adolfo Prieto

28
LITERATURA DEL MEXICO ANTIGUO
Edición, estudios introductorios, versión de textos y cronología:
Miguel León-Portilla

29
POESIA GAUCHESCA
Prólogo: Angel Rama
Selección, notas, vocabulario y cronología: Jorge B. Rivera

30
RAFAEL BARRETT
EL DOLOR PARAGUAYO
Prólogo: Augusto Roa Bastos
Selección y notas: Miguel A. Fernández
Cronología: Alberto Sato

31
PENSAMIENTO CONSERVADOR
(1815-1898)
Prólogo: José Luis Romero
Compilación, notas y cronología: José Luis Romero y Luis Alberto Romero

32
LUIS PALES MATOS
POESIA COMPLETA
Y PROSA SELECTA
Edición, prólogo y cronología: Margot Arce de Vázquez

33
JOAQUIM M. MACHADO DE ASSIS
CUENTOS
Prólogo: Alfredo Bosí
Cronología: Neusa Pinsard Caccese
Traducción: Santiago Kovadloff

34
JORGE ISAACS
MARIA
Prólogo, notas y cronología: Gustavo Mejía

35
JUAN DE MIRAMONTES Y ZUAZOLA
ARMAS ANTARTICAS
Prólogo y cronología: Rodrigo Miró

36
RUFINO BLANCO FOMBONA
ENSAYOS HISTORICOS
Prólogo: Ramón J. Velásquez
Selección y cronología: Rafael Ramón Castellanos

37
PEDRO HENRIQUEZ UREÑA
UTOPIA DE AMERICA
Prólogo: Rafael Gutiérrez Girardot
Compilación y cronología: Angel Rama y Rafael Gutiérrez Girardot

38
JOSE M. ARGUEDAS
LOS RIOS PROFUNDOS Y CUENTOS SELECTOS
Prólogo: Mario Vargas Llosa
Cronología: E. Mildred Merino de Zela

39
LA REFORMA UNIVERSITARIA
Selección, prólogo y cronología: Dardo Cúneo

40
JOSE MARTI
OBRA LITERARIA
Prólogo, notas y cronología: Cintio Vitier

41
CIRO ALEGRIA
EL MUNDO ES ANCHO Y AJENO
Prólogo y cronología: Antonio Cornejo Polar

42
FERNANDO ORTIZ
CONTRAPUNTEO CUBANO DEL TABACO Y EL AZUCAR
Prólogo y cronología: Julio Le Riverend

43
FRAY SERVANDO TERESA DE MIER
IDEARIO POLITICO
Selección, prólogo, notas y cronología: Edmundo O'Gorman

44
FRANCISCO GARCIA CALDERON
LAS DEMOCRACIAS LATINAS
LA CREACION DE UN CONTINENTE
Prólogo: Luis Alberto Sánchez
Cronología: Angel Rama

45
MANUEL UGARTE
LA NACION LATINOAMERICANA
Compilación, prólogo, notas y cronología: Norberto Galasso

46
JULIO HERRERA Y REISSIG
POESIA COMPLETA
Y PROSA SELECTA
Prólogo: Idea Vilariño
Edición, notas y cronología: Alicia Migdal

47
ARTE Y ARQUITECTURA DEL MODERNISMO BRASILEÑO
(1917-1930)
Compilación y prólogo: Aracy Amaral
Cronología: José Carlos Serroni
Traducción: Marta Traba

48
BALDOMERO SANIN CANO
EL OFICIO DE LECTOR
Compilación, prólogo y cronología: Gustavo Cobo Borda

49
LIMA BARRETO
DOS NOVELAS
(*Recuerdos del escribiente Isaías Caminha* y
El triste fin de Policarpo Quaresma)
Prólogo y cronología: Francisco de Assis Barbosa
Traducción y notas: Haydée Jofre Barroso

50
ANDRES BELLO
OBRA LITERARIA
Selección y prólogo: Pedro Grases
Cronología: Oscar Sambrano Urdaneta

51
PENSAMIENTO DE LA ILUSTRACION
(Economía y sociedad iberoamericanas en el siglo XVIII)
Compilación, prólogo, notas y cronología: José Carlos Chiaramonte

52
JOAQUIM M. MACHADO DE ASSIS
QUINCAS BORBA
Prólogo: Roberto Schwarz
Cronología: Neusa Pinsard Caccese
Traducción: Jorge García Gayo

53
ALEJO CARPENTIER
EL SIGLO DE LAS LUCES
Prólogo: Carlos Fuentes
Cronología: Araceli García Carranza

54
LEOPOLDO LUGONES
EL PAYADOR Y ANTOLOGIA DE POESIA Y PROSA
Prólogo: Jorge Luis Borges (con la colaboración de Bettina Edelberg)
Edición, notas y cronología: Guillermo Ara

55
MANUEL ZENO GANDIA
LA CHARCA
Prólogo y cronología: Enrique Laguerre

56
MARIO DE ANDRADE
OBRA ESCOGIDA
Selección, prólogo y notas: Gilda de Mello e Souza
Cronología: Gilda de Mello e Souza y Laura de Campos Vergueiro

57
LITERATURA MAYA
Compilación, prólogo y notas: Mercedes de la Garza de Camino
Cronología: Miguel León-Portilla
Traducciones: Adrián Recinos, Alfredo Barrera y Mediz Bolio

58
CESAR VALLEJO
OBRA POETICA COMPLETA
Prólogo y cronología: Enrique Ballón

59
POESIA DE LA INDEPENDENCIA
Compilación, prólogo, notas y cronología: Emilio Carilla
Traducciones: Ida Vitale

60
ARTURO USLAR PIETRI
LAS LANZAS COLORADAS Y CUENTOS SELECTOS
Prólogo y cronología: Domingo Miliani

61
CARLOS VAZ FERREIRA
LOGICA VIVA / MORAL PARA INTELECTUALES
Prólogo: Manuel Claps
Cronología: Sara Vaz Ferreira

62
FRANZ TAMAYO
OBRA ESCOGIDA
Selección, prólogo y cronología: Mario Baptista Gumucio

63
GUILLERMO ENRIQUE HUDSON
LA TIERRA PURPUREA
ALLA LEJOS Y HACE TIEMPO
Prólogo y cronología: Jean Franco
Traducciones: Idea Vilariño

64
FRANCISCO LOPEZ DE GOMARA
HISTORIA GENERAL DE LAS INDIAS
VIDA DE HERNAN CORTES
Prólogo y cronología: Jorge Gurría Lacroix

65
FRANCISCO LOPEZ DE GOMARA
HISTORIA DE LA CONQUISTA DE MEXICO
Prólogo y cronología: Jorge Gurría Lacroix

66
JUAN RODRIGUEZ FREYLE
EL CARNERO
Prólogo, notas y cronología: Darío Achury Valenzuela

Este volumen,
el LXVII de la BIBLIOTECA AYACUCHO
se terminó de imprimir
el día 30 de julio de 1979
en los talleres de Italgráfica, S.R.L.
Avenida Principal de Boleíta,
Tercera Transversal
Dtto. Sucre, Edo. Miranda.
En su composición se utilizaron
tipos Garamond
de 12, 10 y 8:8 puntos.